DIREITO DAS CONCESSÕES DE SERVIÇO PÚBLICO

Concessões, parcerias, permissões e autorizações

EGON BOCKMANN MOREIRA

DIREITO DAS CONCESSÕES DE SERVIÇO PÚBLICO

Concessões, parcerias, permissões e autorizações

3ª edição revista, ampliada e atualizada

Belo Horizonte
FORUM
CONHECIMENTO JURÍDICO
2024

FÓRUM
CONHECIMENTO JURÍDICO

Luís Cláudio Rodrigues Ferreira
Presidente e Editor

Coordenação editorial: Leonardo Eustáquio Siqueira Araújo / Aline Sobreira de Oliveira
Revisão: Érico Barboza
Capa e projeto gráfico: Walter Santos
Diagramação: Formato Editoração

Rua Paulo Ribeiro Bastos, 211 – Jardim Atlântico – CEP 31710-430
Belo Horizonte – Minas Gerais – Tel.: (31) 99412.0131
www.editoraforum.com.br – editoraforum@editoraforum.com.br

Técnica. Empenho. Zelo. Esses foram alguns dos cuidados aplicados na edição desta obra. No entanto, podem ocorrer erros de impressão, digitação ou mesmo restar alguma dúvida conceitual. Caso se constate algo assim, solicitamos a gentileza de nos comunicar através do *e-mail* editorial@editoraforum.com.br para que possamos esclarecer, no que couber. A sua contribuição é muito importante para mantermos a excelência editorial. A Editora Fórum agradece a sua contribuição.

Dados Internacionais de Catalogação na Publicação (CIP) de acordo com ISBD

M838d Moreira, Egon Bockmann

Direito das concessões de serviço público: concessões, parcerias, permissões e autorizações / Egon Bockmann Moreira. -- 3. ed. rev. ampl. e atual. --. Belo Horizonte: Fórum, 2024.

494p. 17x24cm

ISBN impresso 978-65-5518-865-3
ISBN digital 978-65-5518-864-6

1. Serviço público. 2. Contrato administrativo. 3. Licitação. 4. Concessão de serviço público. 5. Permissão de serviço público. 6. Autorização. 7. Arbitragem. I. Título.

CDD: 342
CDU: 342

Ficha catalográfica elaborada por Lissandra Ruas Lima – CRB/6 – 2851

Informação bibliográfica deste livro, conforme a NBR 6023:2018 da Associação Brasileira de Normas Técnicas (ABNT):

MOREIRA, Egon Bockmann. *Direito das concessões de serviço público*: concessões, parcerias, permissões e autorizações. 3. ed. rev. ampl. e atual. Belo Horizonte: Fórum, 2024. 494p. ISBN 978-65-5518-865-3.

SUMÁRIO

APRESENTAÇÃO À 3ª EDIÇÃO
Egon Bockmann Moreira 11

APRESENTAÇÃO À 2ª EDIÇÃO
Egon Bockmann Moreira 13

APRESENTAÇÃO À 1ª EDIÇÃO
Egon Bockmann Moreira 15

CAPÍTULO I
NOÇÕES PRELIMINARES 19
§1 Programa Nacional de Desestatização – PND 19
§2 Desestatização e privatização substancial 20
§3 Privatização substancial *versus* concessões e permissões 23
§4 Concessões de serviços e/ou de obras públicas 24
§5 Concessões, permissões e fim lucrativo 26
§6 Fim lucrativo, direitos e deveres dos usuários 29
§7 Concessão de serviços públicos e segurança jurídica 32
§8 Segurança jurídica e mutabilidade dos contratos de concessão 35
§9 Normas gerais de licitação e contratação 43
§9-A Normas gerais de licitação e contratação e a Lei nº 14.133/2021 45
§10 Constituição, art. 175, e serviços públicos 48
§11 Normas legais pertinentes 51
§12 Cláusulas contratuais 54
§13 Autorizações e serviços públicos 58

CAPÍTULO II
A ESTRUTURA JURÍDICA DA CONCESSÃO DE SERVIÇO PÚBLICO 69
§14 Definições legais, seus efeitos e limites 69
§15 O concedente 70
§16 O concedente e a Administração indireta 74
§16-A O concedente e pessoas jurídicas de direito privado 75
§17 O concedente e "convênios de serviço público" 78
§18 O concedente e "consórcios públicos" 81
§19 Concessão de serviço público e suas definições 84
§20 Concessão de serviço público: relação jurídica unitária e complexa 86
§20-A Concessão de serviço público: objeto, conteúdo e partes 93
§21 Concessão de serviço público e modalidades de licitação 98

§21-A Concessão de serviço público e o "diálogo competitivo" ... 100
§21-B Concessão de serviço público e tipos de licitação ... 102
§21-C Emenda Constitucional nº 113/2021 e o pagamento de outorga com precatórios ... 105
§22 Concessão de serviço público a pessoa jurídica, consórcio de empresas e Sociedades de Propósito Específico – SPEs ... 110
§23 Capacidade para desempenho "por sua conta e risco" ... 115
§23-A A matriz de alocação de riscos: conceito, eventos desafiadores e excepcional revisão ... 129
§24 Riscos na concessão, variáveis endógenas e exógenas ... 137
§25 Concessão de serviço público, "prazo determinado" e prorrogações ... 141
§25-A A prorrogação antecipada e relicitação ... 146
§26 Concessão de obra pública ... 150
§27 Concessão de obra pública e "direitos reais administrativos" ... 154
§28 Concessão de serviço público precedida de obra pública ... 162
§29 Siglas anglo-saxônicas: DBFOT, BOT, ROT e BOO ... 164
§30 Concessões comuns e *project finance* ... 166
§31 Remuneração e amortização ... 169
§32 Permissão de serviço público ... 173

CAPÍTULO III
A FISCALIZAÇÃO DA CONCESSÃO ... 179
§33 Fiscalização e os deveres do "Estado de Garantia" ... 179
§34 O concedente "responsável pela delegação" ... 183
§34-A Fiscalização e aplicação subsidiária da Lei nº 14.133/2021 ... 184
§35 Fiscalização formal e fiscalização substancial ... 185
§36 Fiscalização versus poder de polícia ... 186
§37 Fiscalização e relação administrativa especial ... 189
§38 Fiscalizar implica punir? ... 192
§39 Fiscalização, polícia administrativa e terceiros ... 194
§40 Fiscalização e "cruzamento" de competências: dever de cooperação interorgânica e as "decisões coordenadas" ... 195
§40-A Fiscalização, competências e governança ... 198
§41 Modalidades de fiscalização: as quatro ordens previstas em lei e seus desdobramentos ... 201
§42 Fiscalização e cooperação dos usuários e concessionário ... 207
§43 Fiscalização e mutabilidade contratual ... 210
§44 Fiscalização e devido processo legal ... 212
§45 Fiscalização, custos e fontes ... 213
§46 Fiscalização, custos e "taxa de fiscalização" ... 216
§47 Fiscalização, custos e "taxa regulatória" ... 223
§48 Fiscalização, custos e equilíbrio econômico-financeiro ... 225
§49 Quem fiscaliza o fiscal? ... 226

CAPÍTULO IV

A FORMALIZAÇÃO DA CONCESSÃO

A FORMALIZAÇÃO DA CONCESSÃO ... 231
§50 Concessão de serviço público e sua formalização jurídica: perfeição, validade e eficácia ... 231
§51 Formalização e esclarecimentos ao edital ... 233
§52 Contrato de concessão: lei, normas pertinentes, edital e proposta ... 236

CAPÍTULO V

A PUBLICIDADE DO ATO JUSTIFICADOR ... 239
§53 Concessão comum e o mérito do projeto ... 239
§53-A Vantagens socioeconômicas e financeiras: o *Value for Money* – VfM do projeto concessionário ... 241
§54 Conveniência e oportunidade da outorga: publicidade e debate prévios ... 243
§55 Caracterização do objeto, área e prazo ... 246
§56 Publicidade do ato justificador: consequências jurídicas ... 247

CAPÍTULO VI

O SERVIÇO ADEQUADO ... 249
§57 Princípios da Lei Geral de Concessões ... 249
§58 Serviço adequado e as "Leis de Rolland" ... 252
§59 Serviço adequado como o pressuposto ... 253
§60 Serviço adequado ao pleno atendimento dos usuários ... 254
§61 Serviço adequado conforme a Lei Geral, as normas pertinentes e o contrato ... 257
§62 Serviço adequado: regular, contínuo, eficiente, seguro, atual, geral e cortês ... 259
§63 Serviço adequado, atualidade tecnológica e universalização ... 263
§64 Serviço adequado e modicidade tarifária ... 267
§65 Interrupção devido a razões de emergência, de ordem técnica e de segurança 269
§66 Interrupção devido a inadimplemento do usuário ... 270
§67 Interrupção e direito de greve ... 275

CAPÍTULO VII

A RELAÇÃO JURÍDICA NAS CONCESSÕES DE SERVIÇO PÚBLICO ... 279
§68 Relação jurídica concessionária ... 279
§69 Relações jurídicas multilaterais ... 282
§70 Relação jurídica concessionária: direitos, deveres e obrigações ... 284
§71 Direito subjetivo público à prestação do serviço ... 287
§72 Deveres, obrigações e demais posições passivas dos usuários ... 297
§73 Natureza e regime jurídico dos contratos de prestação ... 302
§74 Código de Defesa do Consumidor e prestação do serviço ... 303
§75 Direito à informação para defesa de direitos ... 309
§76 Direito à liberdade de escolha do prestador e situações de monopólio ... 310
§77 Obrigação de informar irregularidades ao concedente e à concessionária ... 312
§78 Obrigação de informar ilicitudes ... 313
§79 Obrigação de colaborar com as boas condições dos bens ... 314

CAPÍTULO VIII
O DIREITO À ESCOLHA DA DATA DO VENCIMENTO 315
§80 Direito do usuário à escolha do dia de vencimento 315

CAPÍTULO IX
A POLÍTICA TARIFÁRIA 317
§81 Concessão de serviço público e política tarifária 317
§82 Concessão de serviço público e remuneração tarifária 321
§83 Princípios econômicos fundamentais das tarifas 323
§84 Fixação da tarifa ótima: nível e estrutura tarifária 324
§85 Remuneração tarifária: lucro e situações de mercado concorrencial, monopólios naturais e exclusividades 327
§86 Tarifa, preços equitativos e desagregação 332
§87 Remuneração e "cestas tarifárias" 334
§88 Estrutura tarifária e discriminação de tarifas 336
§89 Piso tarifário e "tarifas mínimas" 337
§90 Tarifa e direito intertemporal 338
§91 Tarifa e serviços públicos alternativos e gratuitos 340
§92 Remuneração tarifária e efetiva disponibilidade do serviço 342
§93 Reajuste e revisão tarifária 344
§94 Revisão tarifária, ROR e IPC-X 351
§95 Reajuste, revisão e variação dos índices 354
§96 Reajuste, revisão e expectativas inflacionárias 356
§97 Tarifa e impacto tributário 358
§98 Alteração unilateral e dever de reequilíbrio simultâneo 361
§98-A Alteração unilateral: requisitos de validade 365
§99 Alteração unilateral e alteração circunstancial 371

CAPÍTULO X
AS CONDIÇÕES DO CONTRATO E SEU EQUILÍBRIO ECONÔMICO-FINANCEIRO 373
§100 Concessão e equilíbrio econômico-financeiro 373
§101 Valor Presente Líquido – VPL 376
§102 Taxa Interna de Retorno – TIR 379
§103 Custo Médio Ponderado de Capital – CMPC 382
§104 Variações no equilíbrio: alterações circunstanciais 384
§104-A Alterações circunstanciais, consequências e respectivas soluções de reequilíbrio 387
§105 Equilíbrio, incompletude e capacidade de aprendizagem dos contratos 393
§106 Permissão e equilíbrio econômico-financeiro 396

CAPÍTULO XI
RECEITA NÃO TARIFÁRIA 397
§107 Fontes secundárias de receitas 397
§108 Previsão contratual das receitas 399

§109 Concessões cruzadas de obras e/ou serviços, "câmaras de compensação" e "projetos associados" ... 400
§110 Fontes desmaterializadas: os "créditos de carbono" ... 402
§111 Prazo dos contratos das fontes secundárias ... 403

CAPÍTULO XII
TARIFAS DIFERENCIADAS ... 405
§112 Tarifas diferenciadas e princípio da isonomia ... 405
§113 Tarifas progressivas ... 406

CAPÍTULO XIII
INTERVENÇÃO NA CONCESSÃO ... 409
§114 O motivo e a finalidade da competência interventiva ... 409
§115 Os contratos de concessão e a intervenção ... 411
§116 A intervenção e o devido processo administrativo ... 412
§117 A intervenção e o dever de respeito à motivação ... 414
§118 A intervenção e o dever de respeito à sua finalidade típica ... 415
§119 A intervenção, o interventor e suas competências ... 416
§120 A intervenção e o dever de respeito à LINDB ... 417
§121 A intervenção e os seus prazos ... 418
§121-A A intervenção, sua extinção e consequências ... 419

CAPÍTULO XIV
A EXTINÇÃO DA CONCESSÃO ... 421
§122 O ciclo de vida dos contratos de concessão: a importância da extinção ... 421
§123 As categorias de extinção contratual ... 422
§124 Encampação: conceito e lógica ... 424
§125 Encampação: cinco requisitos de validade ... 427
§126 Caducidade: conceito, lógica, requisitos e consequências ... 431
§127 Rescisão, anulação, falência e demais modos de extinção ... 434
§128 Extinção, amortização e bens reversíveis ... 437
§129 Extinção e métodos adequados de solução conflitos ... 440

REFERÊNCIAS ... 445

ANEXO
LEI Nº 8.987, DE 13 DE FEVEREIRO DE 1995 ... 477

ÍNDICE ALFABÉTICO-REMISSIVO ... 491

APRESENTAÇÃO À 3ª EDIÇÃO

Em vista do significativo sucesso editorial da 2ª edição (e respectiva 1ª reimpressão), bem como dos avançados desafios que o tema constantemente propõe, fez-se necessária a elaboração da 3ª edição deste *Direito das Concessões*. O eixo central foi a integral revisão e atualização do texto, com especial foco nas novidades legislativas, regulatórias e jurisprudenciais. Inclusive, prestou-se bastante atenção nas inovações trazidas pela Lei nº 14.133/2021, a Lei Geral de Licitações, cujo art. 186 preceitua sua aplicação subsidiária à Lei nº 8.987/1995 (Lei Geral de Concessões) e à Lei nº 11.019/2004 (Lei Geral de PPP).

Apesar de serem diplomas normativos com racionalidades distintas – a Lei nº 14.133/2021 aplica-se aos contratos bilaterais com desembolso orçamentário público (compras, serviços e obras) –, fato é que nela existem dispositivos que merecerão ser levados ao dia a dia das concessões, parcerias, permissões, autorizações. Basta pensarmos na matriz de alocação de riscos e aplicação subsidiária dos critérios estatuídos nos arts. 22 e 103 da Lei Geral de Licitações. Igualmente, o prestígio aos métodos de solução adequada de conflitos restou definitivamente consolidado nos arts. 151 a 154 da Lei nº 14.133/2021. Muito a pensar e a desenvolver, portanto.

Este é um livro que escrevi com muito gosto, resultado de décadas de pesquisas e de trabalho como professor, advogado, árbitro e parecerista. Agradeço imensamente aos leitores pelo prestígio conferido às duas primeiras edições deste *Direito das Concessões*, em especial devido ao diálogo e críticas recebidas.

Fica também registrada a minha gratidão à Leila Cuéllar e ao Rodrigo Cuéllar Bockmann Moreira pelo carinho, força e apoio constantes, nas horas certas e incertas.

Curitiba – Salvador, junho de 2024.

Egon Bockmann Moreira
egon@xvbm.com.br

Escrita entre setembro de 2005 e julho de 2010, a primeira edição deste *Direito das Concessões de Serviço Público* foi então publicada e, aos poucos, recebeu prestigiosa acolhida pela academia e tribunais.[1] Tratava de assuntos à época inéditos, senão pouco explorados no direito brasileiro. Pretendeu colaborar na construção da autonomia cognitiva de contratos administrativos de longo prazo, que envolvem não só investimentos privados mas também a gestão de bens e serviços de titularidade pública. Basta pensarmos quão escassos eram os debates nas contratações administrativas sobre as ideias de matriz de risco, base objetiva do negócio, teoria dos contratos incompletos, *Value for Money* (*VfM*); mutação contratual como garantia da segurança jurídica; governança, regulação contratual/discricionária e mesmo a hoje célebre Taxa Interna de Retorno (TIR).

Aliás, houve quem me dissesse que muitos desses assuntos eram desnecessários, e que o livro complicava demais (sendo de difícil leitura). Igualmente, recebi belas críticas ao vivo em congressos e seminários a respeito da teoria dos contratos incompletos, e uma amiga economista, a quem eu muito respeito, disse na mesa de debates que "esses temas arrepiam a nós, economistas" (anos depois, Oliver Hart receberia o Nobel de Economia devido à sua contribuição exatamente a essa teoria). Mas, dentre todas, talvez a *segurança jurídica advinda da certeza da mudança* e o prestígio à *mutabilidade como algo conatural aos contratos de concessão* tenham sido as ideias que geraram reações mais intensas. Fiquei bastante honrado e feliz em ter modestamente contribuído para o debate dessas questões. Gosto muito de receber críticas. Felizmente, tais temas, e tantos outros, vêm sendo renovadamente estudados e têm tido sua aplicação prática aperfeiçoada. Já se tornaram usuais no cotidiano das concessões.

Parece-me, portanto, estar consolidada a noção de que contratos de concessão são negócios jurídico-administrativos complexos e diferenciados, que muito pouco se identificam com os contratos de desembolso orçamentário (empreitada, compra e venda, serviços, etc.). São investimentos privados em bens e serviços públicos, cada qual com suas peculiaridades e desafios – tanto na concepção, como execução e finalização. Seria por demais ingênuo defender a existência de dois contratos concessionários iguais entre si, ou que experimentem impactos, conflitos e soluções equivalentes em sua execução contratual.

Por outro lado, nos mais de 12 anos que intermedeiam a escrita das duas edições, muitos livros e artigos de elevada qualidade foram publicados, nos mais diversos ambientes acadêmicos e profissionais. Houve debates de suma importância no Supremo Tribunal Federal (prorrogação; relicitação; mudança no polo passivo do contrato; equilíbrio econômico-financeiro; mutações contratuais; conflitos federativos, etc.). Igualmente, muitos foram os seminários, *lives*, *webinars* e *podcasts* a tratar dos desafios. A

[1] Dentre citações no STF, STJ, TCU, bem como em teses, livros e artigos, peço licença para prestar a minha gratidão ao Professor Vitor Rhein Schirato, pela generosa recensão publicada na *Revista de Contratos Públicos* nº 3, publicada pelo CEDIPRE, da Faculdade de Direito da Universidade de Coimbra.

maioria dos artigos e teses hoje é publicada em revistas e plataformas digitais. Surgiram também novos assuntos, ao lado de leis e regulamentos impensáveis no passado. Sem a mínima pretensão de esgotar os temas, trabalhei, nos limites do humanamente possível, para me aproximar da fronteira do conhecimento. Esforcei-me em detectar e citar compreensões diversas sobre os mais variados temas – especialmente as destoantes da minha. Aumentaram, portanto, as citações, os diálogos e as críticas – sempre muito respeitosas (como escrevi na 1ª edição, só critico aqueles textos que admiro). Ainda assim, estou certo de que contribuições valiosas ficaram de fora (e lamento muito por isso).

Esta 2ª edição pretendeu rever e atualizar todo o livro (salvo a *Introdução* à 1ª edição), e também instalar novos capítulos, tópicos e itens de análise, especialmente com base na produção acadêmica brasileira, nas decisões dos tribunais superiores, e – por que não dizer – na experiência prática do autor, que há mais de 25 anos leciona, advoga e funciona como parecerista, mediador ou árbitro em conflitos envolvendo essa ordem de contratações administrativas. A prática na vida das concessões comprovou que cada contrato se revelará quando de sua real execução, despertando provocações que não resultam em soluções padronizadas ou apriorísticas. Conforme defendido desde a 1ª edição deste livro, o projeto concessionário – independente das próprias partes – deve ser o protagonista das nossas preocupações. Projeto de interesse público, que se revelará quando de sua execução e instalará capacidade de aprendizagem *sui generis*, caso a caso, evento a evento, momento a momento, conflito a conflito, solução a solução. Da mesma forma que não há dois contratos de concessão idênticos entre si, igualmente as soluções para eventuais conflitos não podem ser iguais. Inexiste aplicação automática das teses, citações e julgados trazidos neste livro: ao contrário, cada caso exigirá a análise circunstanciada. Por isso que este livro valoriza tanto, e na medida do possível, o "em sentido contrário" em notas e comentários.

Igualmente, esta edição é atenta às alterações legislativas mais relevantes, como, por exemplo, a Lei de Licitações, a 14.133/2021, a Lei de Prorrogações e Relicitações, a 13.448/2017, e a LINDB de Direito Público, a 13.655/2018. Isso sem se falar na Emenda Constitucional nº 113/2021 e nas leis setoriais, como o Novo Marco do Saneamento (Lei nº 11.445/2007, com a redação que lhe foi dada pela Lei nº 14.026/2020). Muitas reflexões e desafios, a incidir na Lei nº 9.987/1995 e a fazer com que ela persista a ser a Lei Geral de Concessões brasileira.

Este livro teve sua revisão iniciada num momento peculiar da vida brasileira (e mundial), em que o isolamento social gerou a valorização da convivência familiar e das verdadeiras amizades. Ele não teria sido escrito sem o constante apoio da Leila Cuéllar e do Rodrigo Cuéllar Bockmann Moreira, a quem agradeço imensamente. Não precisei roubar horas do nosso convívio, porque ambos são generosos demais e me ensinaram que a vida nada mais é do que a doação de todo o tempo necessário às pessoas amadas. São ela e ele o meu norte e a minha esperança de que dias melhores sempre virão.

Curitiba, Salvador e Coimbra, junho de 2022.

Egon Bockmann Moreira
egon@xvbm.com.br

APRESENTAÇÃO À 1ª EDIÇÃO

Este livro começou a ser pensado por volta de setembro/2005, pouco depois dos 10 anos das Leis nºs 8.987 e 9.074 (promulgadas em março e julho/1995, respectivamente). Vivia-se forte paradoxo no direito brasileiro das concessões de serviços públicos: por um lado, havia o furor decorrente da Lei nº 11.079/2004 (parcerias público-privadas – PPPs), que se apresentava como um dos desenlaces mais eficientes para o desenvolvimento nacional. A Lei das PPPs traria nova solução europeia para os contratos de infraestrutura (desta feita com sotaque britânico), quebrando barreiras ortodoxas no relacionamento público-privado (tudo apresentado como se os transplantes legislativos tivessem o condão de mudar as realidades históricas). Com o passar do tempo descobriu-se que a Lei das PPPs é ótimo diploma legal, mas, felizmente, não faz mágicas. Prova disso é a dificuldade quanto a projetos nacionais com este formato.

Por outro lado – e aqui está a contradição –, a Lei nº 8.987/1995 (Lei Geral de Concessões) era muitas vezes tratada como se fosse mero apêndice da Lei nº 8.666/1993 (Lei de Licitações e Contratos Administrativos), o que trazia consigo a implementação de racionalidade idêntica – ou complementar – a ambos os diplomas. Os contratos de concessões de obras e serviços públicos eram tidos como singela modalidade de contrato administrativo de obras e/ou serviços, o que causou o lamentável equívoco de as soluções construídas para as licitações e contratações administrativas ordinárias serem aplicadas sem maiores reflexões aos contratos de concessão e permissão. Parcela significativa da doutrina e da jurisprudência esqueceu-se de que os contratos administrativos estáticos têm natureza e regime jurídico diversos daqueles dinâmicos (gestão de obras e serviços públicos por pessoas privadas, sempre em longo prazo). Nem mesmo foi eficaz a expressão constitucional que impõe a compreensão das concessões e permissões em vista do "caráter especial de seu contrato" (art. 175, parágrafo único, I).

Note-se bem o contrassenso: o país nem bem havia se apercebido de que as licitações e os contratos de uma e de outra espécies são realidades muito diversas (nos planos normativo e fático), mas ainda assim pretendia bandear-se para as PPPs.

Esse paradoxo gerou-me o sentimento de que não havia sido explorado todo o potencial da Lei Geral de Concessões. Apesar de em boa parte os serviços públicos que hoje usamos não serem apenas "serviços públicos", mas sim "contratos de concessão de serviços públicos" (ou permissão), dava-se a percepção imóvel desta espécie contratual, superestimando-se o passado em detrimento do que havia de diferente no presente. Tudo isso como se as concessões fossem empreitadas de obras públicas esticadas no tempo (ou sucessão de várias empreitadas com vários serviços – valorizando-se uma ou outra parte em detrimento da compreensão holística da concessão). Ora, fato é que esses contratos não se concretizam num vínculo estático com três partes (concedente – concessionário – usuário), mas sim em imensas redes contratuais, instalando relações jurídicas multilaterais ao redor de complexos projetos de longo prazo. O contrato não tem a mesma natureza daquele regido pela Lei nº 8.666/1993, as licitações não podem ser compreendidas da forma antiga – e o mesmo se diga quanto ao equilíbrio econômico-financeiro do projeto concessionário bem como aos modos de ele ser desenvolvido e encerrado.

Nada obstante a persistência do passado em se fazer presente, as concessões e permissões são cada vez mais relevantes – tanto para o Direito quanto para as relações socioeconômicas. A importância do tema está em que o relacionamento entre pessoas privadas, concessionários e concedentes expandiu-se para a quase unanimidade das situações ordinárias da vida brasileira atual. Os serviços públicos do dia a dia não são só serviços públicos, mas sim *concessões e permissões de serviços públicos*. A técnica concessionária invadiu o cotidiano das cidades: todos os dias as pessoas acendem a luz ao acordarem; tomam banho com uso de aquecedor (a gás ou elétrico); bebem água tratada; fazem o café da manhã com alimentos que vieram de portos e foram transportados por aviões, trens ou em rodovias; têm o lixo removido de suas residências; conversam com amigos e fazem negócios na telefonia móvel; andam de ônibus, metrôs e aviões; usam a Internet por meio da banda larga de sua TV a cabo ou telefone. Em maior ou menor grau, as concessões e permissões já tomaram conta da nossa vida urbana (considerações à parte, os dramáticos problemas de exclusão social).

O transcurso de 15 anos desde a promulgação da Lei Geral de Concessões parece-me autorizar a conclusão de que o detalhe mais significativo está em que esses contratos não existiam quando ela foi promulgada. O Brasil não dispunha de uma lei geral nesse setor. Apenas alguns contratos haviam sido instalados anteriormente, mas se tornaram caducos pouco tempo depois (não obstante alguns insistam em permanecer no mundo dos fatos, como os *contratos-zumbis* de algumas das concessões de transporte rodoviário: mortos-vivos que persistem a mal-assombrar o direito das concessões). Exceções à parte, fato é que as atuais concessões e permissões foram geradas a partir de 1995 e são obras em progresso, que continuamente aprendem com a experiência e se renovam.

Assim, não seria ideal estabelecer novo ponto de partida? Desenvolver algo baseado nas peculiaridades da própria Lei Geral, adotando-a e aos seus contratos atuais como o modo de entendimento da sua racionalidade? Um estudo construtivo que pretendesse compreender o início desse novo modelo de relacionamento público-privado, bem como sua paulatina elaboração pela academia e tribunais? Algo que não só examinasse a técnica concessionária, mas sobretudo as necessidades dos usuários de serviços públicos em vista dos contratos de concessão celebrados na atualidade? Em suma, um livro que se preocupasse com o presente e o futuro desses complexos projetos concessionários, que se desenvolverão com cada vez maior intensidade nas próximas décadas.

Pois é esta a proposta deste *Direito das Concessões de Serviço Público*: por meio de texto balizado pela Lei nº 8.987/1995, pretende-se valorizar os avanços civilizacionais que repercutiram nos serviços públicos e na técnica concessionária. Fatos que vão desde a evolução tecnológica dos serviços até o modo de implementação e regulação deles (concessões e permissões num ambiente de agências reguladoras), passando pela natural incompletude de seus contratos e a necessidade de nova visão quanto à sua mutabilidade.

O foco primário está na autonomia da própria Lei Geral de Concessões como o ponto de partida dessa evolução (normativa e fática), mas sem abdicar de que o direito das concessões convive com outros complexos de normas – jurídicas (Lei de Licitações e Contratações Administrativas, Lei de Processo Administrativo, Código Civil, Código do Consumidor etc.) e não jurídicas (morais, econômicas, técnicas, boas práticas etc.)

–, os quais não podem ser desprezados. O mesmo se diga quanto ao escrito e julgado antes da promulgação da Lei Geral: esta não é oriunda de um *big-bang* normativo, doutrinário e jurisprudencial – como se possível fosse partir o tempo e ignorar todo o processo histórico a ela subjacente. Ao intérprete cabe a tarefa contínua de detectar o desenvolvimento das normas e *constituir, desconstituir* e *reconstituir* seu significado – afinal, elas "não são textos nem o conjunto deles, mas os sentidos construídos a partir da interpretação sistemática de textos normativos".[1]

Este, portanto, é o desafio deste *Direito das Concessões de Serviço Público*: seu marco zero é a Lei Geral de Concessões e sua construção como fenômeno social de suma importância neste contemporâneo Estado Brasileiro e sua Administração de infraestruturas. Esta é a razão de existir deste livro, cuja escrita teve por guia a inteligência da Lei nº 8.987/1995. Como o leitor terá a oportunidade de detectar, cada capítulo corresponde a um artigo da Lei Geral de Concessões – não com o significado de limitar o desenvolvimento do trabalho, mas sim de estabelecer pontos de partida. Todos os capítulos, ao seu tempo, serão subdivididos em parágrafos – para facilitar a apresentação dos temas a serem explorados (e a utilização do índice remissivo). Dessa forma, esta proposta de *inteligência da Parte Geral* da Lei nº 8.987/1995 pretende *expandir* o trato das *concessões de serviço público* e caminhar para um estágio mais avançado.

Como se vê desde o "Índice" – e em especial nas "Referências" –, junto com o Direito, este livro vale-se de breves estudos feitos a respeito de Economia, Administração, Finanças, Sociologia e História. Frise-se que não se está a defender aquilo que Rogério Ehrhardt Soares denominou de "Ciência do Direito sem Direito"; uma "posição que decorre da completa capitulação do normativo perante o empírico, por força duma atitude de elevação das leis sociais e prevalentemente económicas a instrumentos exclusivos da modelação do mundo". O que se pretende é desenvolver a pesquisa num campo onde "as investigações de caráter histórico, sociológico ou económico são recebidas e sentadas à mesa duma Ciência Jurídica interessada em apreender a essência e os fins do Estado Moderno".[2] As soluções propostas pretendem ser, portanto, jurídicas – mas convivem bem e têm grande satisfação em humildemente prover-se dos ensinamentos das demais Ciências. Aqui reside um dos motivos para algumas citações eventualmente cansativas, por longas e em idiomas estrangeiros: aproximar o jurista de outros conceitos técnicos, a fim de descortinar e tornar legíveis alguns dos fatos econômico-sociais a que se refere a Lei Geral de Concessões.

Antes de passar à melhor parcela desta "Introdução" (o meu preito de gratidão aos amigos), quando menos uma ressalva merece ser feita. Há, vez por outra, no texto deste livro a alteração no entendimento de alguns temas que já foram por mim enfrentados. Parece-me inevitável constatar que a influência do tempo, das leituras e da vida traz consigo novas ponderações quanto ao tratamento de alguns tópicos. Nada de decisivo, mas sim algumas mudanças nesta perene construção de um conhecimento que, de partida, se sabe precário. Eu sempre me preocupei com isso em face do "dever" de consistência na produção acadêmica, até que um dia me deparei com breve texto de Pablo Picasso entre duas das salas do *Musée National Picasso*, em Paris. Numa tradução livre: "Quando eu pretendo falar da evolução de um artista, parece-me que

---

1 ÁVILA, H. *Teoria dos princípios*: da definição à aplicação dos princípios jurídicos. 10. ed. São Paulo: Malheiros Editores, 2009, p. 30.

2 SOARES, Rogério Ehrhardt. *Direito público e sociedade técnica*. Coimbra: Atlântida, 1969, p. 14 e 17 (respectivamente).

o acomodamos entre dois espelhos face a face, que reproduzem a sua imagem ao infinito. Ou contemplamos as imagens sucessivas dentro de um dos espelhos, como se estas representassem o passado e aquelas dentro do outro espelho o futuro, enquanto sua imagem verdadeira é considerada como seu presente. Ou percebemos que todas elas são só aparências postas em diferentes planos". A produção e a convicção deste escritor são as mesmas, o semblante delas é que se altera em diversos planos – quer sob a influência dos espelhos da sua subjetividade, quer daqueles vindos dos fatos ao seu derredor. Tenho para mim que gostar de fazer Ciência pressupõe acolher a boa convivência com o diálogo e com a crítica racional. O respeito acadêmico – aos outros e a si próprio – traz consigo o dever da crítica: é porque eu prezo meus professores, meus alunos e meus pares (e também porque me respeito) que me imponho o dever de questionar, criticar e, quiçá, contrariar.

Isto posto, posso passar à parte que mais me agrada desta abertura: o agradecimento àqueles que incentivaram, com suas lições, exemplo, amizade e tolerância intelectual, o desenvolvimento deste trabalho. Orgulho-me do grande número de agradecimentos que faço, mas quem me dera poder retribuir fielmente a todos. Sou muito grato ao Marçal Justen Filho, ao Celso Antônio Bandeira de Mello, ao Luiz Alberto Machado, à Aldacy Rachid Coutinho, ao Jacinto Nelson de Miranda Coutinho, ao António José Avelãs Nunes, ao Vital Moreira, ao Pedro Gonçalves, ao Almiro do Couto e Silva, ao Carlos Ari Sundfeld e à Vera Monteiro. Cada qual ao seu tempo, modo e lugar, todos em muito colaboraram para a descoberta e construção destas páginas – assim, a estes Professores e Amigos presto os meus agradecimentos e a minha homenagem por meio deste livro, elaborado nos estreitos limites da minha humildade e das minhas forças. Também faço questão de expressar minha profunda gratidão aos meus bons amigos: Eroulths Cortiano Jr., cujo incentivo e companheirismo foram fundamentais ao concurso que prestei na Faculdade de Direito da UFPR e com quem ainda preciso aprender a não levar tão a sério as vicissitudes acadêmicas; Bernardo Strobel Guimarães e Célio Lucas Milano, meus sócios no escritório de Advocacia, cujo apoio, revisões, interlocução e crítica permitiram a escrita deste livro; e a Ivan Xavier Vianna Filho, amigo com quem tive algumas de minhas primeiras aulas e de quem hoje sou um novo sócio. Igualmente agradeço à Fabiane Tessari Lima da Silva, pelo especial e minucioso auxílio nas pesquisas e revisões, e à Heloísa Conrado Caggiano, que igualmente revisou o texto original e contribuiu para seu aperfeiçoamento. Muitíssimo obrigado a todos!

Num parágrafo à parte, a gratidão e o amor perene àqueles que conferem sentido à minha vida: Leila Cuéllar, minha mulher, e Rodrigo Cuéllar Bockmann Moreira, nosso filho. Estes dois são o estímulo de que eu preciso para encarar novos desafios, transpor os contratempos do cotidiano, pensar no futuro e tomar consciência de que viver é, sim, muito bom e de que o amor e a amizade conferem significado maior à existência. Parece-me que é justamente esta mistura que nos faz um pouco mais humanos, torna a vida mais suave e permite que tenhamos grandes sonhos e fortes esperanças.

Curitiba, julho de 2010.

Egon Bockmann Moreira
egon@ebm.adv.br
egon@xvbm.com.br

NOÇÕES PRELIMINARES

§1 Programa Nacional de Desestatização – PND

A Lei nº 8.987/1995 foi editada pouco antes do Programa de Desestatização de empresas, bens e serviços públicos promovido pelo Governo Federal a partir de meados da década de 1990. Ela conferiu especificidade a um dos aspectos do Programa Nacional de Desestatização – PND, que desde 1990 era instrumento oficial de política pública (Lei nº 8.031, de 12.4.1990, sucedida pela Lei nº 9.491, de 10.9.1997). O PND é um dos principais mecanismos do processo de reforma do Estado, pois tem como um de seus objetivos fundamentais "reordenar a posição estratégica do Estado na economia, transferindo à iniciativa privada atividades indevidamente exploradas pelo setor público" (Lei nº 9.491/1997, art. 1º, I).

A legislação instituidora do PND brasileiro disciplina tanto o tipo de empreendimentos que podem ser desestatizados como as respectivas formas operacionais e a competência da Comissão Diretora do Programa, autorizando-a a definir administrativamente quais empresas estatais serão alienadas à iniciativa privada. Tais preceitos foram objeto de várias ações de inconstitucionalidade, e o STF consolidou a desnecessidade de ato legislativo particular a descrever cada uma das empresas objeto de desestatização. Basta a autorização genérica em lei, a ser concretizada pelo órgão administrativo competente (caso a caso, empresa a empresa).[1]

Tal entendimento foi confirmado pelo Tribunal Pleno do STF em 2021, em acórdão de cuja ementa consta que: "(...) Para a desestatização de empresa estatal é suficiente a autorização prevista em lei que veicule programa de desestatização. Precedentes. 4. Autorização legislativa genérica é pautada em princípios e objetivos que devem ser observados nas diversas fases deliberativas do processo de desestatização. A atuação do Chefe do Poder Executivo vincula-se aos limites e condicionantes legais previstos".[2] Se é exigível lei individual para a criação das estatais, a mesma lógica não se aplica à

[1] Os *leading cases* são: ADI nº 562-UF, Min. Ilmar Galvão, *DJ* 16.10.1998; ADI-MC nº 586-DF, Min. Ilmar Galvão, *DJ* 20.11.1992; ADI-MC 1.584-DF, Min. Nelson Jobim, *DJ* 2.4.2004. Legislações estaduais com dispositivos semelhantes foram julgadas constitucionais: ADI nº 234-RJ, Min. Néri da Silveira, *DJ* 15.9.1995; ADI nº 1.724-RN, Min. Néri da Silveira, *DJ* 22.10.1999; ADI-MC nº 1.564-RJ, Min. Marco Aurélio, *DJ* 14.12.2001. Ponto fulcral foi a necessidade de legislação exclusiva, caso a caso, para empresas que prestam serviço público – tese que restou vencida.

[2] STF, ADI nº 6241, Min. Cármen Lúcia, *DJe* 22.03.2021.

sua desestatização: aqui já se tem previamente o número certo e limitado de empresas públicas; ali não se pode autorizar a geração de quantidade imprecisa de entidades pela via administrativa.

A seu tempo, a ADI nº 5.624, em sede de medida cautelar relatada pelo ministro Ricardo Lewandowski, teve o voto médio assim ementado: "I – A alienação do controle acionário de empresas públicas e sociedades de economia mista exige autorização legislativa e licitação pública. II – A transferência do controle de subsidiárias e controladas não exige a anuência do Poder Legislativo e poderá ser operacionalizada sem processo de licitação pública, desde que garantida a competitividade entre os potenciais interessados e observados os princípios da administração pública constantes do art. 37 da Constituição da República. III – Medida cautelar parcialmente referendada pelo Plenário do Supremo Tribunal Federal".[3] O debate diz respeito ao artigo 29 da Lei das Estatais (Lei nº 13.303/2016), que, em seu inc. XVIII, preceituou a dispensa de licitação para a "compra e venda de ações, de títulos de crédito e de dívida ou de bens que produzam ou comercializem". O acórdão decidiu pela validade constitucional dessa ordem de alienações sem lei prévia, desde que nas empresas estatais de segundo grau (subsidiárias e controladas), eis que controladas pelas próprias empresas estatais. Para as estatais primárias, a lei autorizadora da venda de ações (inclusive o poder de controle) gera todos os efeitos de direito. Referiu-se à jurisprudência mansa e pacífica do próprio STF (ADI nº 234; ADI nº 1.348 e ADI nº 1.703), consolidando o entendimento de que a venda do poder de controle implica a legítima transferência de bens, serviços e contratos de titularidade da respectiva empresa.

Desde então, vêm sendo transferidos à iniciativa privada não só as empresas exploradas pelo Estado sob o regime estrito de direito privado (siderúrgicas, petroquímicas, fertilizantes etc.), mas em especial os empreendimentos constitucional ou legalmente qualificados de *serviços públicos*. O processo de desestatização dos serviços públicos assumiu especial envergadura com a edição da Lei nº 8.987/1995.

§2 Desestatização e privatização substancial

A transferência de empresas, bens e serviços públicos às pessoas privadas pode-se dar de modo *formal* ou *substancial*. Aqui, há a desestatização absoluta (o Estado abdica da titularidade); lá, a desestatização executiva ou de gestão (o Estado persiste titular). Mas fato é que o direito brasileiro dos serviços públicos apresenta singularidade: há reserva constitucional da titularidade pública dessa ordem de empreendimentos qualificados juridicamente como "serviços públicos".

A Constituição brasileira comete determinados serviços ao Poder Público e diz que sua exploração poderá ser direta ou por meio de concessões e permissões (além das autorizações). Apesar de não existir definição do que vem a ser "serviço público" em cada um dos quadrantes constitucionais que tratam do assunto, a imputação ao Poder Público de determinada categoria de incumbências passíveis de concessão e permissão traz consigo a qualificação normativa de serviço público (seja sob a forma

---

[3] ADI nº 5.624 MC-Ref, rel. Min. Ricardo Lewandowski, Tribunal Pleno, *DJe* 29/11/2019.

de competências explícitas, seja na condição de execução da tarefa propriamente dita).[4] É devido à determinação constitucional que tal ordem de serviços é cometida ao Estado; e também por prescrição constitucional eles são concedíveis, permissíveis ou autorizáveis. Logo, a desestatização instalada ao nível infraconstitucional não pode ser quanto à titularidade do serviço, mas deve circunscrever-se à sua gestão. Aqui não se pode falar em privatização substancial – matéria abrangida pelo PND, mas estranha à Lei nº 8.987/1995.

Já quanto a empresas, bens e serviços pertencentes ao Estado mas não vinculados a serviços públicos, a legislação ordinária pode estabelecer a desestatização *substancial* ou *material*: "uma verdadeira privatização de actividades públicas, ou seja, de uma deslocação de certas tarefas do Estado para o mercado, do sector público para o sector privado".[5] Os bens e fatores de produção saem por completo de um setor da ordem econômica (o público) e ingressam noutro (o privado). Ainda que em algumas zonas persista forte regulação intrusiva, a atividade econômica deixa de ser pública (quer sob o ângulo subjetivo, quer sob o objetivo) e passa a ser privada, *tout court*.

Por exemplo, na desestatização de bancos, o Estado desfaz-se do controle societário; dos bens móveis e imóveis; da carteira de clientes; dos funcionários e até do nome da instituição – enfim, dá-se a mais completa *despublicatio*. Mas persistirá intensa e extensa regulação exógena oriunda das autoridades que disciplinam o Sistema Financeiro Nacional.

Trata-se da hipótese prevista na Lei nº 9.491/1997 como "a alienação, pela União, de direitos que lhe assegurem, diretamente ou através de outras controladas, preponderância nas deliberações sociais e o poder de eleger a maioria dos administradores da sociedade" (art. 2º, §1º, "a"). Caso contrário, *substancial não será* a desestatização, ou se estará diante da denominada "respiração do sector público" (alienação de parcela do capital social, com ou sem ação de classe especial ao minoritário) ou "de uma mera circulação de capitais ao interior do sector público" (de uma pessoa estatal para outra); não diante de uma privatização material, a qual "exige que o bem em causa transite do 'hemisfério público' para o 'hemisfério privado' dos meios de produção".[6]

---

4 A Constituição vale-se da locução "serviço público" nestes dispositivos, nem sempre com o mesmo significado: art. 20, IV (bens da União); art. 21, XIV (competência da União para assistência financeira ao Distrito Federal); art. 30, V (competência dos Municípios para serviços de interesse local); art. 34, VII, "e" (intervenção da União nos Estados e Distrito Federal para garantir o mínimo na saúde); art. 35, III (intervenção da União nos Territórios e dos Estados nos Municípios para garantir o mínimo na saúde); art. 37, XIII (remuneração de pessoal); art. 37, §3º, I (reclamações relativas à prestação dos serviços); art. 37, §6º (responsabilidade objetiva); art. 39, §7º (programas de qualidade e produtividade); art. 40, III e §16 (aposentadoria e regime previdenciário de servidores); art. 54, I, "a" (impedimento de deputados e senadores para contratos com concessionárias); art. 61, §1º (iniciativa privativa do Presidente quanto a projetos de lei de serviços públicos); art. 136, §1º, II (estado de defesa, ocupação e uso temporário de bens e serviços públicos); art. 139 (estado de sítio e intervenção nas empresas de serviços públicos); art. 145, II (taxas de serviços públicos); art. 167, IV (vinculação de receitas para a saúde); art. 175, *caput* e parágrafo único, I (incumbência do Poder Público e exigência de lei especial para concessões e permissões); art. 198, *caput* e §2º (serviços de saúde e recursos); art. 202, §5º (empresas permissionárias ou concessionárias patrocinadoras de entidades fechadas de previdência privada); art. 241 (consórcios públicos e convênios de cooperação).

5 GONÇALVES, Pedro; MARTINS, Licínio Lopes. Os serviços públicos económicos e a concessão no Estado regulador. *In:* Vital Moreira (org.). *Estudos de Regulação Pública – I*. Coimbra: Coimbra Editora, 2004, p. 181. V. também GONÇALVES. Pedro, *Entidades privadas com poderes públicos*. Coimbra, Livraria Almedina, 2005, p. 151-170 e 321-419.

6 OTERO, Paulo. *Privatizações, Reprivatizações e transferências de participações sociais no interior do sector público*. Coimbra: Coimbra Editora, 1999, p. 16 e 19. A esse respeito, v.: SUNDFELD, Carlos Ari. A participação privada nas empresas

Em determinados casos, à luz do art. 8º da Lei nº 9.491/1997, combinado com o §7º do art. 17 da Lei nº 6.404/1976,[7] poderá ser criada ação de classe especial que estabeleça em favor da pessoa pública privatizadora certa condicionante quanto a alguns aspectos do futuro exercício do poder de controle. Os direitos oriundos da ação de classe especial serão privativos da pessoa pública e devem ser especificados desde o edital de licitação até o estatuto social da pessoa desestatizada. Contemplam não só o direito negativo de veto em determinados temas, mas também, a depender de previsão estatutária, o direito de participar ativamente em decisões de superlativa importância. O assunto deve ser previsto no estatuto, submetendo-se a interpretação restritiva.[8]

A *privatização substancial* exige, portanto, a transferência integral do poder de controle e do acervo de empresa controlada (direta ou indiretamente) pelo Poder Público – sendo que a alienação deverá ser feita para pessoa cujo controle seja titularizado com exclusividade por particulares. "Controlar uma empresa significa poder dispor dos bens que lhe são destinados, de tal arte que o controlador se torna senhor de sua atividade econômica."[9] Transferem-se o poder decisório, as tarefas e o patrimônio outrora públicos – com o que se dá a *despublicatio* deles todos. A partir de então, será o empresário privado quem autonomamente desenvolverá, em concorrência com os demais participantes do mercado, aquela "atividade econômica organizada para a produção ou a circulação de bens ou de serviços" (CC, art. 966, *caput*).

A toda evidência, poderá haver venda de poder de controle de empresas estatais sem a absoluta *despublicatio*, naqueles casos em que a empresa estatal é uma concessionária de serviços públicos. Aliena-se a posição contratual, não o bem nem o serviço público. O polo passivo do contrato de concessão não mais será ocupado por pessoa jurídica

---

estatais. *In:* SUNDFELD, Carlos Ari (coord.), *Direito Administrativo Econômico*. 1. ed. 2. tir. São Paulo: Malheiros Editores, 2002, p. 264-285; e a decisão do STF na ADI-MC nº 1846-SC: "Lei n. 10.760/1998, de Santa Catarina, que veda ao Poder Executivo, às empresas públicas e de economia mista cujo controle acionário pertença ao Estado assinarem contratos ou outros instrumentos legais congêneres em que em suas cláusulas conste a transferência do controle técnico, administrativo ou de gestão compartilhada das mesmas – Inconstitucionalidade" (Min. Carlos Velloso, *DJ* 8.11.2002).

7 Lei nº 9.491/1997: "Art. 8º. Sempre que houver razões que justifiquem, a União deterá, direta ou indiretamente, ação de classe especial do capital social da empresa ou instituição financeira objeto da desestatização, que lhe confira poderes especiais em determinadas matérias, as quais deverão ser caracterizadas nos seus estatutos sociais".
Lei nº 6.404/1976: "Art. 17. As preferências ou vantagens das ações preferenciais podem consistir: (...). §7º. Nas companhias objeto de desestatização poderá ser criada ação preferencial de classe especial, de propriedade exclusiva do ente desestatizante, à qual o estatuto social poderá conferir os poderes que especificar, inclusive o poder de veto às deliberações da assembleia-geral nas matérias que especificar".

8 A ação de classe especial é a reserva de parcela do poder de controle da sociedade anônima atribuída ao sócio minoritário com a finalidade de intervir em determinadas decisões-chave. Diz respeito a aspectos específicos do poder de controle técnico e administrativo, cujo exercício é condicionado à anuência do acionista minoritário. Será eficiente a cláusula que preveja *quais direitos* são reservados ao titular da ação de classe especial; *quem será* esse acionista e por meio de qual pessoa exercitará seus poderes; *como* se dará o exercício de tais direitos; *quais atos societários* o exigem como requisito de perfeição, validade e eficácia. Aprofundar em: Carvalhosa, Modesto. *Comentários à Lei de Sociedades Anônimas*. 4. ed. v. 1. São Paulo: Saraiva, 2002, p. 163-166; Salomão Filho, Calixto. *Golden share*: utilidade e limites. *In: O novo direito societário*. 3. ed. São Paulo: Malheiros Editores, 2006, p. 120-127; Moraes, Luíza Rangel de. Ações de classe especial. *Revista de Direito Bancário, do Mercado de Capitais e da Arbitragem*, 22/129-155. São Paulo: RT, out./dez. 2003; Rodrigues, Nuno Cunha. *Golden Shares:* as empresas participadas e os privilégios do estado enquanto accionista minoritário. Coimbra: Coimbra Editora, 2004, *passim*; PELA, Juliana Krueger. *As golden shares no direito societário*. São Paulo: Quartier Latin, 2012, *passim*.

9 COMPARATO, Fábio Konder; SALOMÃO FILHO, Calixto. *O poder de controle na sociedade anônima*. 4. ed. Rio de Janeiro: Forense, 2005, p. 124.

cujo poder de controle pertence ao Estado, que será sucedido por sociedade empresarial privada. Por exemplo, cogite-se da venda do poder de controle de concessionárias de água e saneamento – ou do setor portuário.

§3 Privatização substancial *versus* concessões e permissões

A privatização substancial não se confunde com as concessões e permissões. Nestas espécies de *privatização formal* (ou *organizatória*, ou *de gestão*) persiste íntegra a titularidade pública dos serviços. A desestatização dá-se na superfície do serviço a ser prestado, não na sua essência. A depender do serviço e/ou da obra, a maioria dos bens permanece no setor público dos meios de produção (*v.g.*, rodovias, ferrovias e usinas hidrelétricas). Apenas a gestão e o domínio imediato dos bens a ela essenciais são transferidos ao empreendedor privado, por prazo certo. Tudo isso com a publicização de algumas facetas das atividades do empresário privado (por exemplo, a responsabilidade objetiva do art. 37, §6º, da CF) – o que autoriza o alerta de que, muito embora o concessionário não faça parte da estrutura orgânica da Administração Pública, fato é que ele passa a exercer atividade materialmente pública. A privatização formal, portanto, implica a outorga de afazeres públicos ao empreendedor privado (com todos os aspectos ativos e passivos que disso decorrem).

A compreensão dessa ordem de transferências de gestão é sobremaneira importante para a respectiva blindagem dos processos decisórios internos à própria concessionária. Nada obstante existam discussões político-terminológicas a respeito (se é ou não uma "privatização"), fato é que os contratos de concessão transferem à pessoa privada a administração dos bens e serviços inerentes ao escopo contratual, por prazo certo e nos limites do previsto no edital e no contrato. Em suma, *privatiza-se a gestão* dos bens e serviços públicos, com metas a serem supervisionadas pelo poder concedente.[10] Isso implica forte blindagem ao núcleo decisório da sociedade empresarial concessionária, que não integrará a estrutura hierárquica do poder concedente (ou respectiva agência reguladora), mas a ele se vinculará por meio de contrato administrativo e respectivo clausulado.

A definição estampada na Lei nº 9.491/1997 é clara: "a transferência, para a iniciativa privada, da execução de serviços públicos explorados pela União, diretamente ou através de entidades controladas, bem como daqueles de sua responsabilidade" (art. 2º, §1º, "b"). Dá-se a transposição *subjetiva* da *administração* de tarefa que persiste pública, pois não há mudança de fundo na natureza do serviço e respectiva titularidade. Desestatiza-se a gestão, não o serviço ele mesmo: um *serviço público* passa a ter *execução privada*.

Como se infere do dispositivo, não é necessária a estrutura empresarial prévia, mas basta a atribuição normativa de determinado serviço público à União ("daqueles de sua responsabilidade"). Um exemplo do setor de telecomunicações dá nitidez à questão:

---

[10] Por isso que tenho como inexata a expressão tradicional, de que concessões e permissões transferem a "mera execução" do serviço, não sua titularidade. Talvez o verbo "executar" fosse adequado a contratos de tempos passados, mas hoje não é mais. Quem meramente executa apenas leva a efeito pautas e critérios predefinidos (executa-se uma sonata de Beethoven de acordo com a partitura; executa-se uma obra nos termos do projeto). Contratos de concessão são negócios jurídicos de longo prazo, incompletos e que demandam gestão dinâmica e administração inovadora, obedientes aos pactuado, mas não limitadas como na "mera execução".

privatizaram-se o sistema instalado da telefonia fixa e o de telefonia móvel, sendo que a maior parte deste foi criada pelas próprias empresas que venceram a licitação (pois dantes não existia em operação estatal).

§4 Concessões de serviços e/ou de obras públicas

Como será visto no Capítulo II (em especial §§20 e 26), são três as alternativas concessionárias postas à disposição da Administração pela Lei Geral de Concessões: (a) exclusiva de serviços, (b) exclusiva de obras; e (c) de serviços combinados com obras.[11]

Na *concessão exclusiva de serviço público*, o Estado transfere à iniciativa privada a gestão de específico serviço, qualificado normativamente como público (de titularidade pública por força da lei). Esta espécie contratual tem como pressuposto a não atribuição da execução de obra pública ao futuro concessionário. Concede-se apenas e tão somente a pura organização e prestação da tarefa; a administração e a execução visando ao aperfeiçoamento do serviço, porque transferido a quem detém melhor qualificação técnico-operacional e/ou dispõe de recursos financeiros. Trata-se de serviços que podem ser prestados de imediato pelo vencedor da licitação, pois prescindem de qualquer atividade que se enquadre na ideia de obra pública (antes, durante ou depois do contrato).

A concessão pura de serviço aloja-se em duas hipóteses: aquele cuja prestação não tenha vínculo de dependência com obra a ser executada pelo concessionário e aqueloutro cuja obra que permite sua execução já exista (e persista no tempo, ao encargo da Administração Pública ou de terceiro). Por exemplo: transporte rodoviário de passageiros em região urbanizada; telecomunicações digitais virtuais; desassoreamento de canais de acesso a portos; serviços aeroportuários em aeroportos já construídos. Tais serviços podem envolver a compra (ou o repasse) de bens, mas jamais a execução de obras pelo concessionário.

Já na *concessão exclusiva de obra pública* o que se tem é uma técnica de financiamento de obras estatais por pessoas privadas (com recursos próprios e/ou de terceiros). A obra é o resultado do trabalho de construção civil realizado em determinado bem público (uma empreitada). Caracteriza-se a concessão pura de obra por ser estática e exauriente a tarefa prestacional atribuída ao concessionário: realiza a obra pública e, depois, valendo-se da base física por ele implementada, cobra a tarifa do usuário durante certo lapso (assumindo os riscos inerentes à rentabilidade). O concessionário de obra pública não administra qualquer serviço público. Em termos singelos, há duas fases: a construção, seguida da cobrança. O concessionário implementa a obra, que será explorada e remunerada por terceiros (nem sempre o usuário final). É o que se pode

[11] Entendimento compartilhado por Marcos Juruena Villela Souto, para quem "o legislador ampliou a abrangência do contrato, admitindo que o contratado remunere-se apenas com a exploração da obra, desvinculando-se da prestação de um serviço público" (*Direito administrativo das concessões*. 5. ed. Rio de Janeiro: Lumen Juris, 2004, p. 317) e Dinorá Musetti Grotti (A experiência brasileira nas concessões de serviço público. Disponível em: https://www4.tce.sp.gov.br/sites/default/files/A-experiencia-brasileira-concessoes-servico-publico-artigo_0.pdf). Em sentido contrário, para Antônio Carlos Cintra do Amaral a Lei nº 8.987/1995 tratou apenas de concessão de serviço, pois se limitou "a distinguir a concessão de serviço público precedida de execução de obra pública e concessão não precedida da execução de obra pública" (*Concessão de serviço público*. 2. ed. São Paulo: Malheiros Editores, 2002, p. 39).

dar na construção de ponte, ferrovia ou gasoduto – seguida apenas da arrecadação de tarifas dos usuários dessas obras.

Por fim, na *concessão de serviço público precedida da execução de obra pública* o que se tem é a necessidade de o concessionário implementar a obra (construção, reforma etc.) que servirá de base física à gestão do serviço público a ser por ele executado (sozinho ou em concorrência com terceiros). O poder concedente não dispõe da infraestrutura adequada para a prestação do serviço. Além disso, devido a razões de ordem administrativa (ou relativas ao financiamento), é conveniente que o serviço seja prestado por particulares. Logo, não é só uma obra ou só uma concessão de serviço.

Conjugadas as duas características, ao concessionário será atribuído o dever de executar a obra (ou ao menos parcela essencial dela) para depois prestar o serviço e se remunerar por ambos (além de perceber os custos administrativos e a amortização do investimento). Por exemplo, a construção de terminal ferroviário e sua gestão; a instalação de rede de água tratada com sistemas de fornecimento e georreferenciamento, sucedida pela respectiva exploração econômica; a construção de aeroporto e sua operação; a construção e/ou recuperação de rodovia conjugada com a gestão de serviços de manutenção viária, engenharia de tráfego, sistemas de controle e inspeção, balanças de pesagem, guinchamento, resgate paramédico e atendimento pré-hospitalar.[12]

Aqui podemos falar a respeito de projetos *greenfield* e *brownfield*, expressões comumente usadas em contratos de desenvolvimento de infraestrutura. Os projetos *greenfield* envolvem a respectiva construção a partir do zero, em ambiente onde inexistem estruturas anteriormente implementadas. Por isso, autorizam maior criatividade e flexibilidade na concepção da melhor solução, com processos de desenvolvimento sem restrições prévias decorrentes de sistemas preestabelecidos. Em consequência, tendem a ter custos iniciais mais elevados. A seu tempo, os projetos *brownfield* dizem respeito à manutenção, aperfeiçoamento, modificação e atualização de infraestrutura preexistente. Logo, geram custos de adaptação e restrições à concepção e soluções, bem como a necessidade de integração e continuidade com a infraestrutura – o que, se gera os respectivos custos de atualização, implica também a redução de alguns dos riscos do negócio. Ambos os tipos de projetos se encaixam bem nas concessões de obras e de serviços e obras.

A despeito de os incisos II e III do art. 2º da Lei nº 8.987/1995 se referirem a "concessão de serviço público" e a "concessão de serviço público precedida da execução de obra pública", fato é que o inciso III, *in fine*, prevê que "o investimento da concessionária seja remunerado e amortizado mediante a *exploração* do serviço ou *da obra* por prazo determinado" – instalando duas hipóteses alternadas. Isso, unido ao *caput* do art. 1º, que fala de concessão de "serviços públicos *e de* obras públicas", torna nítido que a lei

---

[12] Ressalve-se aqui a compreensão de Floriano de Azevedo Marques Neto, para quem "a exploração de rodovia não é serviço público coisíssima nenhuma. (...). A concessão de rodovia envolve a concessão de um bem público segundo o qual o Estado delega ao particular o direito de explorar todas as potencialidades deste bem, devendo, em contrapartida, assumir as obrigações de interesse da coletividade (...)" ("Algumas notas sobre a concessão de rodovias", *RTDP* 40/173. São Paulo: Malheiros Editores, 2002). Esta também é a compreensão de Gonçalves, Pedro. *A concessão de serviços públicos*. Coimbra: Livraria Almedina, 1999, p. 38 (nota 46), 91 e 152. Ressalvas que devem ser compreendidas em termos, pois se referem à concessão do "bem" rodovia apartada das características acima descritas (o que, em meu entender, não é factível). Neste sentido: GARCIA, Flávio Amaral. *Regulação jurídica das rodovias concedidas*. Rio de Janeiro: Lumen Juris, 2004, p. 48-53.

contempla a concessão de obras públicas em sentido estrito. O tópico será mais bem tratado no Capítulo II (em especial nos §§20, 26 e 27).

§5 Concessões, permissões e fim lucrativo

Nas concessões e permissões, ao mesmo tempo em que a gestão do serviço público se torna privada, nela se insere o objetivo do lucro. Se, quando administrado pelo Estado, o serviço tem no lucro uma variável acidental que, se existir, reverterá primordialmente à esfera pública (gerando superávit ou déficit), aquele cujo gerenciamento se outorga ao empresário particular tem no ganho um elemento propositado. Daí a importância de conferir especial atenção a esse fato, que é um dos pontos mais importantes da Lei nº 8.987/1995 (e demais leis que tratam de projetos concessionários). Essa razão de cumprir objetivos de interesse público por meio de investimentos privados reforça o dever de obediência ao equilíbrio econômico-financeiro do contrato.

Assim, as concessões e permissões versam sobre serviços públicos que possam efetivamente gerar vantagens econômicas ao prestador. A *atividade empresarial concessionária* é empresa produtiva, com estilo autônomo de gestão referente ao serviço e/ou à obra concedidos. Não se concebe que o empreendedor faça investimentos sem essa perspectiva: o fundamental são as boas expectativas de lucros. O contrato administrativo não garante o lucro ao investidor, mas se destina a manter estáveis as variáveis externas, de molde a que ele possa experimentar os ganhos projetados.

Sublinhe-se que o razoável e adequado numa economia capitalista como a brasileira é que a lei e os contratos prestigiem a isonomia e a competitividade na busca de lucros pela iniciativa privada. As concessões não podem ser uma espécie de *rent-seeking* (a ação privada na busca de ganhos especiais e não justificados oriundos do Poder Público[13]). A concessão de serviço público não é uma bondade conferida pelo governo a empresários privilegiados, nem um presente do príncipe a seus suseranos. Pode dar existência a ganhos ou perdas (aqui está o risco inerente a todo investimento privado). Não se compadece de proveito abusivo nem de comportamentos oportunistas, mas prestigia o ganho oriundo da atividade empresarial que dê importância ao valor social do trabalho, à dignidade da pessoa e à livre iniciativa (Constituição, arts. 1º, III e IV, e 170). Aqui, a mão visível do Estado deve ser firme e competente. Ao Poder Público cumpre zelar por tais princípios constitucionais, implementando-os numa perspectiva desenvolvimentista.

Nas concessões regidas pela Lei nº 8.987/1995 os ganhos têm origem primária nos pagamentos feitos pelos usuários (além das receitas alternativas, complementares, acessórias ou de projetos associados – art. 11 –, que de usual significam algo menor). Caso a equação econômico-financeira do projeto permita que dele se aufiram rendimentos oriundos das tarifas pagas pelos usuários e que estes colham os benefícios proporcionais ao todo do empreendimento, está-se diante de uma concessão comum ou permissão (projetos financeiramente autossustentáveis: aqueles cuja receita permite amortizar os

---

[13] Sobre *rent-seeking*, v.: Krueger, Anne O. The political economy of the rent-seeking society, *The American Economic Review* 64(3)/291-303, jun. 1974; e TOLLISON, Robert D. Rent-seeking. *In:* NEWMAN, P. (ed.). *The New Palgrave Dictionary of Economics and the Law*. v. 3. Nova York: Pallgrave MacMillan, 2002, p. 315-322.

investimentos, cobrir os custos operacionais e gerar taxa de retorno adequada). Caso contrário poderá existir uma parceria público-privada – PPP (as concessões que aqui chamarei de *incomuns* – as administrativas e as patrocinadas – da Lei nº 11.079/2004[14]) ou a prestação direta do serviço pelo Estado.

Isto é, numa concessão comum o projeto ele mesmo deve causar a prestação do serviço adequado e a taxa de retorno atrativa (além da amortização e custos operacionais). Essa taxa de retorno é composta pela rentabilidade normal sobre o capital investido em visa da base objetiva existente quando da elaboração de edital e proposta, acrescida de percentual relativo ao risco do investimento. Quanto menor o risco, proporcionalmente menor será a taxa que comporá essa parcela da remuneração do investidor (ampliar nos §§23 e 81 e ss.).

Mas há algo mais que dá o tom das contemporâneas concessões de serviço público. Em contrapartida ao lucro, os contratos hão de prever prestações extraordinárias, para além daquelas outrora atribuídas ao Estado (as antigas "Leis de Rolland" ou "missões de serviço público" – cf. §58, adiante). Não haveria lógica alguma em instalar a concessão com o intuito de gerar regalias ao concessionário ao passo que os usuários permaneceriam recebendo prestações idênticas àquelas outrora fornecidas pelo Poder Público. Há de existir uma rede de benefícios mútuos (concedente, usuários, concessionário e terceiros), pois no setor de serviços públicos o lucro do investidor deve ser o estímulo para a melhor prestação (não um fim em si mesmo).

Não se pode esquecer de que até pouco tempo "esse conjunto de serviços ficava, pois, *à margem do mercado*, por se entender que a satisfação, nestas condições, de determinadas necessidades colectivas básicas é um pressuposto essencial para garantir a todos o próprio exercício dos direitos e liberdades fundamentais".[15] Essa característica persiste na ampla maioria dos serviços públicos – que puramente mercadológicos não são, e nem podem nisso se transformar. Não se pode abdicar das conquistas civilizacionais relativas a essa gama de prestações que beneficiam os cidadãos.

Mais ainda: se essa transformação por meio da competição mercadológica é questionada na União Europeia, há maiores razões para que a racionalidade substancial dos serviços públicos permaneça firme em países não desenvolvidos (máxime no Brasil, em vista das previsões constitucionais). Aqui persistem necessidades e valores coletivos que o mercado, por si só, não garante – e que o Estado tampouco conseguiu cumprir sua missão.[16]

---

[14] Foi a Lei nº 11.079/2004 quem criou tais categorias, dissociando-as em razão da fonte da receita: "Art. 2º Parceria público-privada é o contrato administrativo de concessão, na modalidade patrocinada ou administrativa. §1º Concessão patrocinada é a concessão de serviços públicos ou de obras públicas de que trata a Lei nº 8.987, de 13 de fevereiro de 1995, quando envolver, adicionalmente à tarifa cobrada dos usuários contraprestação pecuniária do parceiro público ao parceiro privado. §2º Concessão administrativa é o contrato de prestação de serviços de que a Administração Pública seja a usuária direta ou indireta, ainda que envolva execução de obra ou fornecimento e instalação de bens. §3º Não constitui parceria público-privada a concessão comum, assim entendida a concessão de serviços públicos ou de obras públicas de que trata a Lei nº 8.987, de 13 de fevereiro de 1995, quando não envolver contraprestação pecuniária do parceiro público ao parceiro privado".

[15] Nunes, António José Avelãs. *A Constituição Europeia: a* constitucionalização do neoliberalismo. São Paulo/Coimbra: Ed. RT/Coimbra Editora, 2007, p. 95.

[16] Basta pensarmos no setor de saneamento, tal como demonstrado no estudo realizado pelo Centro de Estudos em Regulação e Infraestrutura da FGV (FGV CERI), elaborado por Juliana Jerônimo Smiderle, Morganna Werneck Capodeferro e Ana Tereza Marques Parente, sob a direção de Joísa Dutra, a demonstrar que, em 2018, apenas 53% da população brasileira tinha acesso à rede coletora de esgoto ("Reformulação do Marco legal do saneamento no Brasil".

Ora, é incontroverso que a Constituição brasileira celebra um sistema capitalista e prestigia a liberdade de empresa. Isso, contudo, não significa que os empresários estejam autorizados a exercer abusivamente esse direito: como todas as outras, a liberdade de empresa encontra limites normativos – inclusive em sede constitucional (justiça social, dignidade da pessoa, função social da propriedade, autorizações, atividades excluídas etc.). O que se acentua quando à empresa é outorgada a gestão de atividade qualificada normativamente como serviço público. Como afirma Marcus Vinicius Corrêa Bittencourt, "a partir do momento em que o operador econômico presta materialmente um serviço qualificado como público pela ordem jurídica, a sua esfera de liberdade recebe um condicionamento intenso por ordem do Estado".[17] Este condicionamento intenso significa que o exercício da liberdade é funcionalizado ao fim estabelecido em sede normativa: aqui residem os deveres público-privados de satisfação de exigências de interesse público (universalidade, continuidade, regulação, supervisão etc.). Se o empresário decidir ingressar nesse setor, o fará por livre e espontânea vontade. Mas, uma vez lá dentro, o desempenho de sua atividade econômica será obediente aos objetivos públicos daquele serviço – tal como estruturados em lei, nos regulamentos, no edital e, sobretudo, no próprio contrato de concessão.

Por isso que, em regra, os serviços concedidos hão de experimentar um *plus* oriundo da transição público-privado. A concessão dos serviços não é ancilar ao lucro, mas sim ao fim público a eles inerente. "Em suma – escreveu Fábio Konder Comparato –, é perfeitamente contraditório organizar o vasto setor das empresas de interesse social em função do lucro, que se não justifica, em bom Direito, senão como estímulo ou incentivo aos agentes privados, no desempenho da função social que lhes é constitucionalmente assinalada."[18] A ideia primal está em que não se deve conceder um serviço público com o escopo de que nele se instale mais um *locus* de aplicações financeiras, tal como se nova bolsa de valores fosse. Não se está diante de jogos de soma zero, nos quais para que uma parte ganhe a outra necessariamente tem de perder.[19] Todos devem ganhar: os três primariamente envolvidos (concedente, concessionário e usuários), bem como terceiros (os efeitos sociais externos ao projeto concessionário).

Mas fato é que, para a decisão do Poder Público de efetivar a concessão, o peso do lucro do investidor privado há de ser menor que aquele dos benefícios sociais (população em geral e usuários em particular). Aqui entram em cena o *mérito* da escolha pela concessão (adiante, §53) e a definição da respectiva *política tarifária* (§81). Quando

---

Disponível em: https://ceri.fgv.br/sites/default/files/publicacoes/2020-04/cartilha_reforma_saneamento_digital.pdf.pdf.

17 BITTENCOURT, Marcus Vinicius Corrêa. *Controle das concessões de serviço público*. Belo Horizonte: Fórum, 2006, p. 77.

18 COMPARATO, Fábio Konder. A reforma da empresa. *In: Direito Empresarial:* estudos e pareceres. 1. ed. 2. tir. São Paulo: Saraiva, 1995, p. 14. Não resta dúvida de que a concessionária e a permissionária são empresas de interesse social – seja no sentido substancial do termo, seja em decorrência do fato de, na maioria das vezes, serem submetidas à Lei das S/A (Lei nº 8.987/1995, arts. 2º, I e II, 19 e 20; Lei nº 6.404/1976, arts. 278 e ss.).

19 *Rectius*: nos *jogos de soma zero* o ganho de uma das partes é igual à perda da outra; um participante só pode ganhar aquilo que o outro perde. Cf. Neumann, John von. Morgenstern, Oskar. *Theory of Games and Economical Behavior*. Princeton: Princeton University Press, 1972, p. 34 (nota 2), 46-48 e 504-505. Sobre os *jogos de soma zero e o Direito*, v.: Baird, Douglas G.; Gertner, Robert H.; Picker, Randal C. *Game Theory and the Law*. 6. reimpr. Cambridge: Harvard University Press, 2003, p. 35-46; Pinheiro, Armando Castelar; Saddi, Jairo. *Direito, economia e mercados*. Rio de Janeiro: Elsevier, 2005, p. 157-200.

de sua prestação, o serviço concedido não será regido por uma *rationale* de mercado calcada na autonomia competitiva dos agentes econômicos.

Nada obstante o ganho seja pedra angular (garantido legal e contratualmente), não é em torno dele que giram a concessão e a permissão de serviços públicos – mas sim da satisfação de necessidades básicas da população. Para isto é importante a posição de *garante* assumida pela Administração: como se trata da transferência da prestação de serviços constitucionalmente imputados ao Estado a fim de satisfazer demandas básicas do ser humano, "o compromisso administrativo deixa de ser executivo e passa a ser institucional, consistindo no dever de *garantir* que as tarefas em causa são efectivamente exercidas".[20] A Administração, portanto, passa a ser detentora de responsabilidade compartilhada com o respectivo concessionário do serviço público.

§6 Fim lucrativo, direitos e deveres dos usuários

O tema torna-se complexo quando da compatibilização do lucro razoável do investidor com o maior número de futuras vantagens aos usuários – o que se dá no interior de um sistema caracterizado pela baixa capacidade econômica de boa parcela destes (no caso brasileiro). Quanto maiores os deveres e as obrigações do concessionário, maior o preço a ser cobrado: *there ain't no such thing as a free lunch* – nada é de graça, e se algo assim parece é porque existe cobrança embutida no preço pago pelo beneficiado ou por terceiros.[21] Ou, como em muitas das redes sociais, se o serviço é de graça deve-se ao fato de que a mercadoria é o próprio usuário. Mas, como nas concessões comuns a receita é oriunda das tarifas pagas pelos usuários, estes arcarão com custos proporcionais à magnitude dos serviços prestados (quanto às fontes secundárias, o nome diz tudo).

Constatação que deve ser compreendida numa ordem jurídica em que persiste a qualificação constitucional de boa parte dos serviços públicos como essenciais à subsistência digna do ser humano.[22] Premissa que não pode ser perdida de vista: a Constituição e algumas leis brasileiras elegem um extrato de atividades e as imputam

---

[20] GONÇALVES, Pedro. *A concessão de serviços públicos, op. cit.*, p. 10.

[21] A expressão *there ain't no such thing as a free lunch*, que resultou no acrônimo "TANSTAAFL", tem origem nos Estados Unidos da América de meados do século XIX (cujos *saloons* ofereciam "almoço de graça" contra o pagamento de bebidas) e deu origem ao título do célebre livro de Milton Friedman publicado em 1975 (*There's no such thing as a free lunch:* essays on public policy. Chicago: Open Court Publishing Company, 1975).

[22] Digo "boa parte" porque no Brasil há serviços qualificados normativamente como públicos que *nada têm a ver* com a dignidade da pessoa: loterias, portos mercantis, transporte aéreo e televisão a cabo provam demais. Nem se diga que seriam exceções a confirmar a regra ou que "reflexamente" prestigiariam tal princípio (considerações à parte a tese de que não teriam a natureza de serviços públicos, nada obstante assim a lei dispor). Nenhum dos raciocínios se aplica (a abundância de exceções os desnatura; o pensamento reflexivo aplica-se melhor às padarias e construtoras de casas). Não há relação de causalidade irrestrita nem regime jurídico exclusivo a revelar a quintessência material dos serviços públicos. Dá-se apenas a combinação de alguns serviços que assim são (água e saneamento é o mais forte deles) com outros que circunstancialmente podem sê-lo (energia elétrica, telecomunicações) e outros tantos que jamais o serão (loterias e televisão a cabo). Nem por isso uns são "mais serviços públicos" que os outros. Sobre o conceito contemporâneo de serviço público como integrante da Ordem Econômica constitucional, v. MOREIRA, Egon Bockmann. Os serviços públicos e sua lógica jurídico-econômica: reflexões a partir do artigo 175 da Constituição. *Revista de Direito Público da Economia – RDPE*, Belo Horizonte, Fórum, 68/9-43, out./dez. 2019. Numa perspectiva mais ampla a respeito do alargamento/vulgarização da dignidade e outros direitos fundamentais, v.: FRANKENBERG, Günther. Tirania da dignidade? Paradoxos e paródias de um valor supremo. *In: Gramática da Constituição e do Direito*. Trad. de E. Antoniuk. Belo Horizonte: Del Rey, 2007, p. 305-320; e Nabais, J. Casalta. Algumas reflexões críticas sobre os direitos fundamentais. *Revista de Direito Público da Economia – RDPE*, Belo Horizonte, Fórum, 22/61-95, abr./jun. 2008.

como de prestação indispensável (direta ou indiretamente pelo Estado), excluindo-as da liberdade plena dos mercados. As concessões de serviços públicos transitam em dois ambientes, ajustados por raciocínios diversos mas aqui intimamente articulados: os direitos dos usuários (orientados por valores, não preços) e o fim lucrativo do concessionário (orientado por preços, não valores).[23] Por isso o alerta de que a incumbência constitucional – os serviços públicos são titularizados pelo Poder Público – não pode ser frustrada através de contratos porventura descolados da realidade brasileira.

A conclusão está em que, no atual cenário brasileiro, será socialmente iníquo e economicamente ineficaz exigir investimentos vultosos para o provimento de um serviço público se a futura tarifa não corresponder à prestação e à capacidade econômica média do conjunto de usuários. Como de há muito firmou Oswaldo Aranha Bandeira de Mello, "enquanto a taxa se estabelece por razões políticas, o preço se fixa por motivos econômicos. Já a tarifa tem como causa esses dois elementos conjugados".[24] Logo, os motivos econômicos do investidor privado devem ser pautados por razões de política pública. Um serviço porventura caro não será socialmente efetivo: deixará de beneficiar os usuários mais carentes e correrá o sério risco de colocar o sistema prestacional em colapso devido ao incremento da inadimplência. De nada adianta construir uma ponte *high-tech* se os usuários têm carros velhos e carroças: a cobrança da tarifa impedirá o acesso ao outro lado do rio. Para ser um bom projeto concessionário, os excessos devem estar ausentes.

Caso o custo básico a ser futuramente arcado pelos usuários seja realmente alto, é o caso de prestação direta pelo Estado – ou de concessões que tenham como ponto de partida projetos associados mui rentáveis ou o aporte de recursos públicos (como são as PPPs). Como Alexandre Faraco e Diogo Coutinho escreveram a propósito do "compromisso regulatório" nas indústrias de rede privatizadas, "a regulação deve, enfim, buscar uma espécie de 'ponto ótimo', no qual as tarifas para o consumidor sejam as mais baixas possíveis, sem prejuízos de retornos considerados adequados para os investidores privados".[25] Este deve ser o norte para instalação e desenvolvimento da atividade prestacional do concessionário.

Também por isso o lucro do investidor não deve ser visto como o eixo central para os contratos de concessão, mas sim o projeto concessionário relativo ao serviço e sua adequada prestação a todo o universo de possíveis usuários (bem como os benefícios sociais dele derivados). O modelo contemporâneo da concessão não acolhe a transferência de gestão orientada a investimentos monumentais com custos e lucros equivalentes. Mais que isso, envolve variáveis sem precedentes no perfil anterior, derivadas de obrigações até então inéditas (ao concessionário e ao poder concedente) e novas categorias de direitos e deveres dos usuários.

---

[23] Sobre a compatibilidade e adequação do raciocínio jurídico com o raciocínio econômico, v. o ensaio de Lopes, José Reinaldo de Lima. Raciocínio jurídico e economia. *Revista de Direito Público da Economia – RDPE*, Belo Horizonte, Fórum, 8/137-170, out./dez. 2004.

[24] Bandeira de Mello, Oswaldo Aranha. Aspecto jurídico-administrativo da concessão de serviço público. *RDA – Seleção Histórica*, Rio de Janeiro, Renovar, 208-209, 1995.

[25] FARACO, Alexandre; Coutinho, Diogo. Regulação de indústrias de rede: entre flexibilidade e estabilidade. *Revista de Economia Política*, São Paulo, Editora 34, 27(2)/264, abr./jun. 2007.

Tais peculiaridades serão analisadas ao longo deste livro, mas desde logo é de se frisar que as concessões contemporâneas (i) são orientadas pela noção de *concorrência* (*ex ante*, quando das licitações, e/ou *ex post*, quando do exercício do serviço – aqui, tanto a real como a virtual); (ii) geram novos *deveres de controle* não intrusivo por parte do concedente (garantia da prestação; criação e supervisão de mercados; implementação de deveres contratuais de universalização; respeito à autonomia de gestão do concessionário etc.); (iii) instalam inéditos *deveres prestacionais* ao concessionário (obrigações de serviço universal; compartilhamento de infraestruturas etc.); (iv) dão origem a *direitos reforçados* dos usuários (tanto sob o ângulo dos direitos subjetivos como sob o prisma objetivo, na condição de componentes fundamentais da ordem jurídica); (v) imputam *deveres específicos* para os usuários (que arcam com os custos de indústrias de rede); (vi) são institucionalizados em *contratos incompletos*, qualificados pela respectiva *mutabilidade* e *capacidade de aprendizagem* (tecnológica, normativa etc.); (vii) demandam específico *estatuto regulatório* de estatura superior (leis e regulamentos setoriais), de molde a impedir que a prestação de serviços públicos seja disciplinada apenas em sede contratual; (viii) convivem com *metas de universalização*, destinadas a concretizar políticas públicas de acesso universal a bens e serviços públicos.

Em suma, este livro defende a aplicação da Lei Geral de Concessões inserida em seu contexto histórico, geográfico e socioeconômico. Apreciação que acolhe com simpatia a influência, mas firmemente refuta o cego atendimento às premissas europeias dos serviços públicos – sejam do século XIX ou deste século XXI – ou às *public utilities* anglo-saxônicas. Para o Direito Brasileiro eles não são nem *commodities* nem serviços econômicos de interesse geral: são serviços públicos brasileiros, nos termos da Constituição do Brasil e da legislação vigente.[26]

Os serviços públicos – bem como as respectivas concessões e permissões – são frutos do nosso tempo e espaço. Ou, melhor, são frutos dos nossos tempos e espaços. A *adequação* de cada um deles é dependente do momento e do local em que são prestados. Com lastro em Giannini, pode-se afirmar que a qualificação de algo como serviço público deve-se sobretudo a uma consideração valorativa de prevalência: não é apenas um empreendimento fundado no Poder Público ou por ele exercido, mas sim atividade reservada ao Estado em vista das necessidades essenciais à convivência humana em determinado momento histórico.[27] Tais demandas coletivas são definidas ao seu tempo e exigem que o serviço público seja prestado de maneira contínua, mas não imutável (afinal, a sucessão de momentos históricos traz consigo as mudanças sociais, e estas resultam na alteração das respectivas necessidades socioeconômicas). Constatação que se multiplica nas concessões e permissões, as quais instalam numerosas relações de interdependência e de subordinação, a impor maiores esforços.

---

[26] Aplica-se a advertência de Miguel Reale: "O êrro de muitos administrativistas tem sido se perder em cogitações abstratas, como se houvesse um arquétipo de 'serviço público' na órbita do direito administrativo, com abstração das categorias prevalecentes no campo do direito constitucional. É, em suma, nas matrizes constitucionais que é possível modelar a tipologia do serviço público em cada país, demonstrando o Direito Comparado que êsses tipos apresentam certas 'constantes' ou 'elementos correspondentes e complementares' em ordenamentos subordinados ao mesmo ideário político-constitucional" (Concessão e permissão de serviço público (parecer), *RDP*, São Paulo, RT, 6/85, out./dez. 1968).

[27] Cf. Giannini, Massimo Severo. *Il Pubblico Potere:* Stati e Amministrazioni Pubbliche. Bolonha: Il Mulino, 1986, p. 72-73.

Como pontificou o saudoso professor Almiro do Couto e Silva, há no Brasil "razoável equilíbrio entre o poder do Estado e as forças de mercado, compondo estável compromisso entre conceitos antigos e novas realidades econômicas e tecnológicas", autorizando a compreensão de um "serviço público 'à brasileira'".[28] A experiência brasileira dos serviços públicos – e sua constitucionalização – demanda o exame atento à Lei Fundamental e às leis ordinárias disciplinadoras do assunto, que fornecem as condições necessárias e suficientes à solução dos desafios nacionais.

Daí a conclusão de que a atual aplicação do direito das concessões não pode ter como ponto de partida o ambiente a ele pretérito (brasileiro ou estrangeiro), nem mesmo um Direito porventura novo, porém lançado em universo díspar: na medida em que é outro o contexto socionormativo, outra deve ser a construção hermenêutica.

§7 Concessão de serviços públicos e segurança jurídica

A importância das concessões igualmente decorre do fato de os serviços públicos brasileiros ocuparem destacado papel socioeconômico, pois alguns dos principais setores da economia nacional são assim cometidos ao Poder Público (energia; água e saneamento; transporte aquaviário e portos; telecomunicações; navegação aérea e infraestrutura aeroportuária; transporte ferroviário e rodoviário; gás canalizado etc.). Demais disso, e quando menos desde a década de 1980 até meados dos anos 1990, em muitos casos os serviços estavam abandonados à própria sorte, sem capital e tecnologia que permitissem seu aproveitamento pelos cidadãos (os de saneamento assim persistiram até a primeira década dos anos 2000). Esta peculiaridade traduziu-se na exigência, logo

[28] COUTO E SILVA, Almiro do. Privatização no Brasil e o novo exercício de funções públicas por particulares. Serviço público 'à brasileira'?. *RDA*, Rio de Janeiro, Renovar, 230/74, out./dez. 2002. Este livro acolhe a magna tese do professor Almiro do Couto e Silva quanto à especificidade de um "serviço público 'à brasileira', mas não enfrentará a tarefa de Hércules (ou de Sísifo – não sei ao certo) de debater o conceito de "serviço público". A "questão brasileira" do serviço público merece ser vista quando menos em BANDEIRA DE MELLO, Celso Antônio. *Prestação de serviços públicos e administração indireta*. 2. ed. 3. tir. São Paulo: RT, 1987, p. 18-27, *Curso de Direito Administrativo*. 27. ed. São Paulo: Malheiros Editores, 2010, p. 670-695, e Serviço público e sua feição constitucional no Brasil. *In: Grandes Temas de Direito Administrativo*. São Paulo: Malheiros Editores, 2009, p. 270-288; Grau, Eros Roberto. *Direito, conceitos e normas jurídicas*. São Paulo: RT, 1988, p. 100-114, e *A ordem econômica na Constituição de 1988*. 13. ed. São Paulo: Malheiros Editores, 2008, p. 100-146; Justen Filho, Marçal. *Teoria geral das concessões de serviços públicos*. São Paulo: Dialética, 2003, p. 16-49, e *Curso de Direito Administrativo*. 15. ed. Rio de Janeiro: Forense, 2024. p. 405-480; Modesto, Paulo. Reforma do Estado, formas de prestação de serviços ao público e parcerias público-privadas: demarcando as fronteiras dos conceitos de 'serviço público', 'serviços de relevância pública' e 'serviços de exploração econômica' para as parcerias público-privadas. *In:* SUNDFELD, Carlos Ari (coord.), *Parcerias público-privadas*. 1. ed. 2. tir. São Paulo: Malheiros Editores, 2007, p. 446-456 (a nota 15 contém ampla citação da bibliografia nacional); Aguillar, Fernando Herren. *Direito Econômico:* do Direito Nacional ao Direito Supranacional. São Paulo: Atlas, 2006, p. 264-305; GROTTI, Dinorá Musetti. *O serviço público e a Constituição brasileira de 1988*. São Paulo: Malheiros Editores, 2003, máxime às p. 87-106; Moreira Neto, Diogo de Figueiredo. *Curso de Direito Administrativo*. 15. ed. Rio de Janeiro: Forense, 2009, p. 473-485, e Mutações nos serviços públicos. *In: Mutações do direito público*. Rio de Janeiro: Renovar, 2006, p. 351-382; DI PIETRO, Maria Sílvia Zanella. *Direito Administrativo*. 18. ed. São Paulo: Atlas, 2005, p. 95-107; ARAGÃO, Alexandre Santos de. *Direito dos serviços públicos*. 4. ed. Belo Horizonte, Fórum, 2021, máxime às p. 103-152; MOREIRA, Egon Bockmann. Os serviços públicos e sua lógica jurídico-econômica: reflexões a partir do artigo 175 da Constituição. *Revista de Direito Público da Economia – RDPE*, Belo Horizonte, Fórum, 68/9-43, out./dez. 2019; MONTEIRO, Vera, Quem presta serviços públicos?. *In*: SUNDFELD, Carlos Ari *et al. Curso de Direito Administrativo em Ação*. São Paulo: Malheiros; JusPodivm, 2024. p. 306-323.

A respeito da jurisprudência do STF, consulte-se VOJVODIC, Adriana de Moraes. Nos labirintos do STF: em busca do conceito de serviço público. *In* Coutinho, Diogo R.; VOJVODIC, Adriana (org.). *Jurisprudência Constitucional:* como decide o STF?. São Paulo: Malheiros Editores/*sbdp*, 2009, p. 414 e ss.

no começo do regime dos contratos de concessão, de aportes significativos por parte do concessionário, cujo retorno existirá apenas em longo prazo (investimentos de longa maturação).

O que se vivia era paradoxal: em vários setores constitucionalmente tidos como essenciais à vida (*v.g.*, água e energia), a escassez – ou a má gestão – de recursos públicos não permitia sequer a respectiva manutenção, quanto mais sua boa execução e o alcance de objetivos socioeconômicos primários. Em outros tantos (telecomunicações, por exemplo) as inovações tecnológicas dos anos 1990 demandavam insólita aplicação de valores e mesmo a instalação de estruturas, serviços e mercados até pouco tempo inéditos – o que projetava pesados e contínuos fluxos de investimentos. Constatação que persiste em muitas áreas atualmente geridas pelo Poder Público, nada obstante os esforços empreendidos (água e saneamento; energia; portos; ferrovias; rodovias; aeroportos etc.).

Pelo ângulo do usuário, trata-se de serviços cuja prestação adequada e segura é exigida pelo ordenamento jurídico (tanto ao nível constitucional como infraconstitucional). São obras e serviços legislativamente selecionados do regime de mercado em sentido estrito, e que por isso se subordinam a projetos público-desenvolvimentistas que visem a assegurar a igualdade e a dignidade de todos os habitantes do Brasil (usuários ou não). Daí a necessária estabilidade e segurança dos projetos concessionários e permissionários.

Já sob o enfoque da relação concedente-concessionário, o que de comum assiste a todos esses setores é a necessidade de projetos com desembolsos significativos num primeiro momento (sobretudo nas concessões, sejam elas *green* ou *brownfield*), orientados pela segurança de seu retorno em longo prazo. Esta é essencial em empreendimentos de engenharia financeira duradoura que de partida envolvam aportes maciços de recursos. Investimentos dessa ordem só se sustentam num cenário de conhecida estabilidade político-jurídica: regras claras previamente estabelecidas e depois obedecidas, que permitam dar consistência a projeções elaboradas com número certo de variáveis endógenas.

Aqui entra em cena a segurança jurídica, em sua dimensão subjetiva, estampada no *princípio da confiança*: porque de boa-fé confia no poder concedente (e nos dados disponibilizados em bases oficiais e, em especial, no edital de licitação), o concessionário faz seus investimentos de acordo com o definido no edital, proposta e contrato (as circunstâncias fáticas que formam a base do negócio e fixam o respectivo equilíbrio econômico-financeiro – v. §§99 e 104, adiante).

Assim, alinhamo-nos a Almiro do Couto e Silva, que atribui ao princípio da segurança jurídica duas dimensões: a *objetiva*, ou estabilização objetiva, limitadora da retroatividade do ato estatal (art. 5º, inc. XXXVI, da Constituição), com a proteção ao direito adquirido e ao ato jurídico perfeito. Já a *dimensão subjetiva* refere-se à proteção da confiança depositada pelo particular em relação aos efeitos jurídicos do agir estatal: "(a) impõe ao Estado limitações na liberdade de alterar sua conduta e de modificar atos que produziram vantagens para os destinatários, mesmo quando ilegais; ou (b) atribui-lhe consequências patrimoniais por essas alterações, sempre em virtude da crença gerada nos beneficiários, nos administrados ou na sociedade em geral de que aqueles atos eram legítimos, tudo fazendo razoavelmente supor que seriam mantidos".[29] A atividade concessionária depende, portanto, da conjunta participação de todos os envolvidos – concedente, concessionário, usuários e terceiros –, que devem se comportar segundo as legítimas expectativas recíprocas.

Desestatizar os serviços públicos brasileiros através de concessões reclama legislação específica não só como baliza técnica, mas também na condição de referência institucional. A relevância social e a magnitude dos investimentos dos serviços públicos exigem segurança jurídica reforçada – tanto para os investidores quanto para o Poder Público e usuários. A solidez institucional e a consistência na execução dos contratos são dados que atenuam os custos de transação – o que em sede de serviços públicos concedidos pode implicar melhores serviços, menores tarifas e lucros razoáveis. Os contratos de concessão necessitam de estatuto próprio, pois – como acentua Fernando Araújo – "a plena força jurídica das obrigações emergentes do contrato, reduzindo o risco, faz aumentar as 'disposições de transaccionar' de ambas as partes, aumentando o volume das trocas e a eficiência do mercado na generalização de ganhos para *todos* os envolvidos. A menos que predomine uma avidez muito míope, qualquer pessoa que queira vincular-se livremente através de um contrato terá todo o interesse em que o Direito reforce *objetivamente* a seriedade de seu compromisso".[30]

Considerações à parte a adesão irrestrita à teoria institucionalista, fato é que o desenvolvimento socioeconômico exige instituições estáveis e favoráveis a tal fim, com lastro sobretudo no Direito. As instituições, compreendidas como "as regras do jogo", importam – e muito –, pois por meio delas se organiza a vida de uma sociedade não apenas em seus aspectos políticos, senão também em outras facetas decisivas que afetam os interesses e o comportamento dos indivíduos, reduzindo as incertezas e conferindo estrutura estável para as condutas humanas.[31] Sem dúvida que esse é um dos objetivos da Lei nº 8.987/1995 (e o mesmo se diga em relação às leis setoriais que se seguiram a ela, bem como quanto às que criaram as agências reguladoras independentes).

Aliás, a inexistência da Lei Geral de Concessões era um dos principais alertas da doutrina, como se infere da manifestação de Lúcia Valle Figueiredo no debate promovido por Geraldo Ataliba e Luiz Alberto Machado em dezembro/1990: "Precisaria haver uma disciplina legislativa, porque a nossa disciplina legislativa é quase nenhuma a respeito

---

[29] O princípio da segurança jurídica (proteção à confiança) no direito público brasileiro e o direito da Administração pública de anular seus próprios atos administrativos. *Revista de Direito Administrativo – RDA*, Rio de Janeiro, FGV, 237/274, jul./set. 2004. O princípio da confiança legítima é tutelado pelo STF em vista de seus *status* constitucional: "O princípio da segurança jurídica, em um enfoque objetivo, veda a retroação da lei, tutelando o direito adquirido, o ato jurídico perfeito e a coisa julgada. Em sua perspectiva subjetiva, a segurança jurídica protege a confiança legítima, procurando preservar fatos pretéritos de eventuais modificações na interpretação jurídica, bem como resguardando efeitos jurídicos de atos considerados inválidos por qualquer razão. *Em última análise, o princípio da confiança legítima destina-se precipuamente a proteger expectativas legitimamente criadas em indivíduos por atos estatais*". (ARE nº 823985 AgR, Min. Roberto Barroso, *Dj*. 23.03.2018).

[30] ARAÚJO, Fernando. Uma análise económica dos contratos (Parte I: A abordagem económica, a responsabilidade e a tutela dos interesses contratuais). *RDPE*, Belo Horizonte, Fórum, 18/84, abr./jun. 2007.

[31] Como advertiu Douglas C. North: "(...) the inability of societies to develop effective, low cost enforcement of contracts is the most important source of both historical stagnation and contemporary underdevelopment in the Third World" (*Institutions, Institutional Change and Economic Performance*, Cambridge, Cambridge University Press, 1990, p. 54). V. também o estudo de Fernando Araújo quanto aos contratos e o neoinstitucionalismo (*Teoria Económica do Contrato*. Coimbra: Livraria Almedina, 2007, p. 93-101 e 105-137).

de concessão de obra pública, praticamente inexiste para concessão de serviço público".[32] Daí esta Lei Geral de Concessões – LGC, editada em 13.2.1995 (acrescida da Medida Provisória nº 890, de 14.2.1995, depois convertida na Lei nº 9.074/1995, bem como de alterações pontuais ao interno da LGC).

§8 Segurança jurídica e mutabilidade dos contratos de concessão

Em tempos de Pós-Modernidade, nada mais adequado que falar em *segurança advinda da certeza da mudança*. Pois este aparente contrassenso é o que se passa nas concessões contemporâneas: a flexibilidade dos contratos é um dos itens que reforçam a segurança jurídica na prestação adequada do serviço. Ou, melhor: *a segurança contratual presta-se a garantir a mutabilidade do negócio jurídico firmado*.

A concessão comum deve ser objetivamente a mais eficiente dentre as formas de prestação disponíveis para aquele serviço. É o específico modo de gestão privada dos serviços públicos, mais adequado para determinados setores econômicos de titularidade estatal.[33] *Grosso modo*, este é o motivo que legitima a escolha pública e assim estipula as *condições do contrato* de concessão de serviço (Lei nº 8.987/1995, art. 10 – v. §§100 e 104, adiante).

Por outro lado, o contrato de concessão não deve abdicar de um escopo macro, de caráter público-desenvolvimentista. Sua celebração não há de se cingir a objetivos microeconômicos, porventura centrados na dificuldade de caixa do setor público unida ao instinto animal do investidor privado. A Lei Geral de Concessões é instrumento de cooperação público-privada, criadora de condições institucionais desenvolvimentistas a serem implementadas em contratos administrativos centrados na cooperação entre os sujeitos participantes.[34] Não é devido a um acaso que o texto constitucional frisa "o

---

[32] ATALIBA, Geraldo; Machado, Luiz Alberto. Iniciativa privada e serviços públicos: fórmulas de estímulo e garantias para atrair capitais e experiência gerencial privados para os serviços públicos. Separata da *RDP*, São Paulo, RT, 98/62, abr./jun. 1991. No mesmo sentido, de há muito Arnoldo Wald anotou: "No Brasil, ainda, faz falta legislação adequada e garantidora a respeito da concessão de obra, o que tornou discutíveis as tentativas de concessões realizadas no Governo Sarney no plano ferroviário e rodoviário" (Ressurgimento da concessão. *RDP*, São Paulo, RT, 95/108, jul./set. 1990).

[33] Situação *sui generis* nos cenários brasileiro e europeu continental, pois os serviços públicos vêm sendo reconsiderados em termos de *prestação eficiente* e também na condição de *atividade de gestão privada em regime de concorrência*. Como firmou Marcos Juruena Villela Souto, em sede de serviços públicos brasileiros a regulação envolve também "a promoção da universalização e da competição, onde viável (competição que se dá *pelo serviço* – licitação –, *no serviço*, *entre serviços* e *entre serviços e atividades econômicas*)" (*Direito administrativo regulatório*. 2. ed. Rio de Janeiro: Lumen Juris, 2005, p. 97-98). Os diversos ângulos desse desafio podem ser vistos em: MOREIRA, Vital. Os serviços públicos tradicionais sob o impacto da União Europeia, *RDPE*, Belo Horizonte, Fórum, 1/227-248, jan./mar. 2003; MAMELI, Barbara. *Servizio Pubblico e Concessione*. Milão: Giuffrè Editore, 1998, p. 395-477 e 571-650; ARAGÃO, Alexandre Santos de. *Direito dos serviços públicos*, *op. cit.*, p. 315-378; Grotti, Dinorá Musetti. *O serviço público e a Constituição brasileira de 1988*, *op. cit.*, p. 318-335; NUSDEO, Ana Maria de Oliveira. Agências reguladoras e concorrência. *In*: SUNDFELD, Carlos Ari (coord.). *Direito Administrativo Econômico*. 1. ed. 2. tir. São Paulo: Malheiros Editores, 2002, p. 159-189; JUSTEN, Mônica Spezia. *A noção de serviço público no direito europeu*. São Paulo: Dialética, 2003, *passim*; Aguillar, Fernando Herren. *Direito econômico:* do direito nacional ao direito supranacional, *op. cit.*, p. 248-257; MOREIRA, Egon Bockmann. Contrato de concessão de serviço público: sua compreensão contemporânea. *RTDP*, São Paulo: Malheiros Editores, 44/133-145, 2003.

[34] Esta preocupação tem fonte primária nos estudos de Calixto Salomão Filho (Função social dos contratos: primeiras anotações. *RDM*, São Paulo, Malheiros Editores, 132/7-24, out./dez. 2003; Direito como instrumento de transformação social e econômica. *RDPE*, Belo Horizonte, Fórum, 1/15-44, jan./mar. 2003; Breves acenos para uma análise estruturalista dos contratos. *RDPE*, Belo Horizonte, Fórum, 17/41-74, jan./mar. 2007).

caráter especial" do regime dos contratos de concessão e permissão (art. 175, parágrafo único, I).

O assunto justifica investigação mais ampla daquilo que se pode exigir do Poder Público, pois os contratos de concessão devem ser vistos num Estado forte, inteligente e funcional, que regule a economia e instale condições para que as pessoas privadas desenvolvam projetos de interesse público. Estado, esse, que estimule o ganho individual sem se curvar a interesses rentistas e às vicissitudes dos mercados: a agenda há de ser aquela estabelecida pelo Poder Público, em atendimento ao interesse coletivo primário. Ao assim fazer, o Estado se presta à garantia da prestação do serviço concedido e instala uma relação de respeito e confiança, mas não de dominação (seja do privado pelo público, seja vice-versa). O Estado concebido como a autoridade pública que não se permite os desvios do autoritarismo.

A concessão há de ser compreendida como a integração cooperativa entre concedente e concessionário, ambos unidos para prestar o serviço adequado a uma tarifa módica, em vista do interesse coletivo. Isso não significa que se trate de algo semelhante a uma sociedade mercantil: concedente, concessionário e usuários não são sócios no empreendimento (afinal, os sócios fazem aportes equivalentes à sua participação, têm o mesmo objetivo lucrativo e compartilham solidariamente os ônus e bônus). Aqui, não só a racionalidade é outra, como são diversos os institutos disciplinadores. O que se dá é um projeto com ao menos um escopo comum: a *adequada prestação* do serviço concedido.

A defesa da colaboração concedente-concessionário tem em mira o fato de que projetos de porte somente são exitosos quando todas as partes tenham como interesse primário o próprio projeto e seu sucesso. A concessão não é singela alternativa institucional para prevenir déficits públicos e/ou gerar lucros às pessoas privadas. Trata-se de instrumento de cooperação e complementaridade público-privada, em que os interesses são horizontalmente alinhados e compostos, com vistas à prestação de serviço público cuja adequação persista no tempo.

É certo que o poder concedente apenas encontrará colaboradores sérios e competentes desde que esteja ciente da necessidade de remuneração adequada. "Ninguém (salvo algum aventureiro) – escreveu Marcello Caetano – consentiria em tomar à sua conta a onerosa exploração de um serviço público sem a garantia de um mínimo de segurança na retribuição."[35] A rentabilidade oriunda de contratos de longo prazo reclama a definição prévia dos riscos e o respeito à equação econômico-financeira, ambos combinados com a flexibilização contratual – esta, compreensiva das peculiaridades da avença e da necessidade de sua persistência no tempo.

Desde sua constituição, o contrato de concessão viverá a constante tensão entre o dever de respeito aos termos negociais *versus* os riscos e incertezas fáticas. Concedente e/ou concessionário rígidos e fechados, incapazes de se adaptar a novas realidades,

[35] CAETANO, Marcello. *Manual de Direito Administrativo*. 10. ed., 9. reimpr. t. II. Coimbra: Livraria Almedina, 2008, p. 1.125. Ou, como BANDEIRA DE MELLO, Celso Antônio consignou: "Não há duvidar, pois, que é da índole dos contratos administrativos a formação de um ajuste equilibrado, obsequioso aos interesses de ambos os contratantes, empenhados em um esforço comum útil ao interesse público, e forjado sobre condições que tornem *economicamente exequíveis* as prestações a que se tenha obrigado o contratado, já que uma 'tarefa de interesse geral' não poderia assujeitar-se às áleas de um contrato que lhe fosse ruinoso" (O equilíbrio econômico nos contratos administrativos. *In: Grandes Temas de Direito Administrativo*. São Paulo: Malheiros Editores, 2009, p. 212-213).

certamente gerarão a péssima prestação do serviço, com onerosidade para todos os envolvidos (sobretudo os usuários). O mesmo se diga em relação ao concedente e/ou concessionário que ignorem os termos do pacto e a respeito de contratos que não esquadrinhem adequadamente os riscos do negócio. Nestes casos, o sucesso do projeto será deixado de lado, em favor de leituras ortodoxas dos dispositivos legais e contratuais (ou de "desleituras" deles) – e o resultado será o fracasso em médio prazo.

Assim, e se é bem verdade que o *pacta sunt servanda* se presta a dar estabilidade à relação contratual (sufocando arroubos unilaterais), ela não é óbice à adaptação consensual que, dentro da legalidade, traga efetivas vantagens ao contrato, aos serviços prestados e aos usuários. A imutabilidade absoluta das relações contratuais, baseada na vontade dos sujeitos contratantes, é própria da construção dogmática do Liberalismo oitocentista – isto não mais existe neste século XXI (assim se espera). As circunstâncias do contrato e sua respectiva base objetiva permitem a manutenção da estabilidade do projeto concessionário ao longo dos anos, adaptando-o às exigências do mundo dos fatos.

Nos dias de hoje, a lei, os regulamentos e o contrato são facilitadores, não obstáculos à persistência da execução do empreendimento concessionário. O contrato e a relação jurídica dele oriunda são detentores de natural *capacidade de aprendizagem*, a qual deve ser bem explorada pelas partes envolvidas (v., adiante, §105). Muito embora as alterações frequentes ou abruptas não devam ser encaradas como desejáveis, os contratos de concessão – naturalmente incompletos que são – podem experimentar mudanças consensuais que visem a atender às necessidades públicas. Por isso que o projeto estampado no contrato administrativo não pode ser compreendido como uma sucessão de fases estanques, estáticas e exaustivas, como se o tempo não fosse implacável em seus efeitos. Ao contrário, trata-se de sequência de atos e fatos que merece compreensão dinâmica e integradora, orientada pela finalidade pública a ser atingida naquele específico projeto concessionário.[36-37]

Claro que a resposta instintiva a eventuais incompletudes contratuais (ou regulatórias) é a melhor elaboração das cláusulas ou dos regulamentos. Se os administradores públicos fossem oniscientes e onipotentes, a fixação de cláusulas perfeitas, combinada com a regulação adequada, poderia gerar a incolumidade dos projetos de concessão e sua imutabilidade. Mas fato é que esse mundo é imaginário; o mundo real é imperfeito, e a perenidade de projetos de desenvolvimento exige sua respectiva mobilidade estatutária – inclusive por meio da previsão expressa de válvulas de escape negociais (procedimentos de reequilíbrio, remodelagem das prestações, recursos administrativos,

---

36 Como escreveu Cintra do Amaral "por melhor que seja o planejamento da concessão, sempre haverá a hipótese de terem as partes que alterar e adaptar o contrato, na etapa de execução". E, depois: "Nos contratos de concessão de serviço público, mais que em outros tipos de contrato administrativo, faz-se necessária uma atuação flexível por parte da Administração Pública – flexibilidade, essa, que foge aos padrões a que se acostumou a doutrina jurídica excessivamente formalista" (*Concessão de serviço público, op. cit.*, 2. ed., p. 52-53).

37 Com as devidas ponderações, o tema traz à memória a doutrina de Clóvis do Couto e Silva a propósito da "obrigação como processo", expressão que tenciona "sublinhar o ser dinâmico da obrigação, as várias fases que surgem no desenvolvimento da relação obrigacional e que entre si se ligam com interdependência" (*A Obrigação como Processo*. São Paulo: José Bushatsky Editor, 1976, p. 10). Isto é, mesmo num plano microscópico, a correlação entre os sujeitos da relação e respectivos deveres e direitos não se esgota na análise fechada e imutável que porventura despreze a base negocial, a finalidade visada pelo negócio, as vicissitudes da vida e a necessária cooperação entre as partes ao longo do tempo. Ampliar adiante, nos §§99, 104 e 105.

comitês de solução de disputas, negociação, mediação, arbitragem etc. – algumas das denominadas cláusulas de *hardship* – cf., adiante, §105 e §129).

Nesse sentido, a Lei nº 13.448/2017 positiva as alternativas de *prorrogação* e *relicitação* de contratos nos setores rodoviário, ferroviário e aeroportuário da Administração federal (v. adiante, §25-A). Especial destaque merece a figura da relicitação, na qual as partes negociam solução consensual que, simultaneamente, extingue o contrato e impede a decretação de caducidade, mesmo no caso de inadimplemento do concessionário (Lei nº 8.987/1995, art. 38). Ou seja, o legislador reconheceu os desafios experimentados pelos contratos de longo prazo e permitiu que as partes resolvam, amigavelmente, alguns dos conflitos e desafios mais sérios dessa ordem de contratação.[38] Este é exemplo prático de mutação contratual estabilizadora do projeto concessionário.

Também é preciso insistir em que os projetos concessionários envolvem *investimentos de longa maturação*: não há contrapartida imediata ao significativo aporte de capitais por parte do empreendedor, mas sim a projeção equilibrada referente às receitas, despesas e lucros. Uma coisa é o singelo contrato de empreitada, com dois anos de duração, preço e equilíbrio econômico-financeiro fechados (cuja (re)composição circunscreve-se às tradicionais álea ordinária e extraordinária[39]). Outra realidade, completamente diferente e muitíssimo mais complexa, existe num contrato de concessão com vultoso aporte de recursos e projeções estatísticas para mais de duas décadas, no qual o concessionário competirá em mercados locais, nacionais, comunitários e até mesmo globais.[40] Mais ainda, é certo que o longo prazo do projeto o fará experimentar reveses positivos e negativos oriundos das próprias necessidades socioeconômicas do setor (e daqueles a ele circundantes).

O princípio da indução, que orienta as projeções econômicas e leva as pessoas a tomarem decisões para o futuro em vista dos resultados do passado, nada constrói nem assegura: serve apenas para testar empiricamente os modelos científicos e permitir certo conforto para as escolhas. O futuro, definido de forma precária com lastro em informações pretéritas, determina a solução presente – com a finalidade de fazer as escolhas mais eficientes para o objetivo determinado.

---

[38] Ampliar em: ÁVILA, Natália Resende Andrade; MOREIRA, Egon Bockmann. Relicitação: a lógica jurídico-econômica por trás do instituto. *Revista de Contratos Públicos*, Coimbra: CEDIPRE/Univ., n. 30, p. 99-121, set. 2022; GUIMARÃES, Bernardo Strobel; CAGGIANO, Heloisa Conrado. Prorrogação contratual e relicitação na Lei nº 14.448/17: perguntas e respostas. *In:* MOREIRA, Egon Bockmann (coord.). *Tratado do equilíbrio econômico-financeiro*. 2. ed. Belo Horizonte: Fórum, 2019, p. 621-632; e FREITAS, Rafael Véras de. As prorrogações e a relicitação previstas na Lei nº 13.448/2017. *In:* Moreira, Egon Bockmann (coord.). *Tratado do equilíbrio econômico-financeiro*. 2. ed. Belo Horizonte: Fórum, 2019, p. 633-652.

[39] Que merece ser recompreendida à luz da matriz de risco dos contratos, cláusula obrigatória nos contratos de parceria público-privada (Lei nº 11.079/2004, arts. 4º, inc. VI; e 5º, inc. III), exigida pela Lei nº 14.133/2021 (arts. 22 e 103), sempre que possível. Afinal, se as partes definem consensualmente a quem caberá os custos pela concretização desde ou daquele risco, esvazia-se a lógica tradicional das áleas. Existe uma escolha subjetiva que confere objetividade à responsabilização pelo evento, pouco importa se tradicionalmente "ordinário" ou "extraordinário". O tema será ampliado adiante, no §23-A.

[40] Imagine-se a economia brasileira nas décadas de 1980 e 1990, quando os serviços públicos eram majoritariamente vinculados a estatais, havia estagflação e o setor público era responsável por 30 a 50% dos investimentos. A inflação anual chegou a ser de 1.038,00% (1988), 1.783,00% (1989), 1.476,71% (1990), 1.157,84% (1992) e 2.708,17% (1993). Tais números transbordam qualquer projeção, por mais conservadora que seja. Aprofundar em: Carneiro, Dionísio Dias; MODIANO, Eduardo. Ajuste externo e desequilíbrio interno: 1980-1984. *In:* ABREU, M. de Paiva (org.). *A ordem do progresso*. 16. tir. Rio de Janeiro: Campus, 1990, p. 323-346; e BAER, Werner. *A economia brasileira*. 2. ed. São Paulo: Nobel, 2002, p. 288 e ss. V. §96, adiante.

Em países como o Brasil, cujo federalismo é instituidor de milhares de entes políticos autônomos (União, Estados, Distrito Federal e Municípios), além dos revezes oriundos do avanço tecnológico e da concorrência, persiste o significado do longo prazo como a possibilidade da instalação de riscos e vantagens de difícil ponderação apriorística. Ou seja, no decorrer de tantos anos podem surgir fatos que subvertam as projeções originais – tanto positivos como negativos (crescimento econômico avantajado; incremento no consumo e poder aquisitivo dos usuários; aumento do universo de pagantes; alteração na política governamental; medidas provisórias; governos populistas; agressividade do concedente; avidez tributária; mudanças abruptas nas projeções cambiais; surpresas no cenário internacional; pandemias, inundações catastróficas etc.).[41] Ao que tudo indica, a economia brasileira está a se estabilizar desde a década de 1990 – mas a experiência mundial demonstra que não há estabilidade eterna (*crash* da Bolsa de 1929; crises do petróleo de 1956, 1973, 1991 e 2008; crises cambiais da década de 1990; crise do *subprime* a partir de 2006; crise bancária de 2008-2009; pandemia de covid-19 de 2020-2021 etc.).

Essas variantes exógenas (unidas àquelas endógenas ao contrato) têm o condão de, a depender do caso concreto, implicar a necessidade de alteração do momento ou da forma de execução de algumas das obrigações contratuais. Podem importar a prorrogação ou a diminuição do tempo ou do espaço do contrato; a incorporação de novos serviços ou a exclusão de alguns contratualmente estabelecidos; o incremento da essencialidade do serviço ou a sua imprestabilidade.

Mas fato é que tais exigências só serão reveladas quando da execução do contrato, no exato momento em que concedente e concessionário se depararem com obstáculo de difícil ou impossível transposição (físico, tecnológico, econômico, político – tanto faz). O mesmo se diga quanto a vantagens imprevisíveis no momento da elaboração do modelo contratual. A ligação entre o contrato – seco, fechado, certo, indiscutível – e os fatos enfrentados quando da sua execução – ricos, coloridos, variados, circunstanciados – determina ao aplicador uma leitura que não rejeite estes (os fatos) em suposto cumprimento daquele (o contrato).[42]

É fato incontroverso que, por mais bem planejada que seja a cronologia da execução contratual, ela sempre corresponderá a uma aproximação do que se verificará

---

41 A história brasileira é rica em exemplos negativos. No primeiro Governo Vargas o Decreto nº 22.626/1933 (Lei de Usura) e o Decreto nº 23.501/1933 (proibição da "cláusula-ouro") revogaram dispositivos do Código Civil e praticamente vedaram o reajuste das tarifas nas concessões. Este represamento da inflação multiplicou-se e "com a escalada inflacionária da década de 50, reduziu à míngua a remuneração das concessionárias, afugentando os capitais privados dos serviços de utilidade pública" (SIMONSEN, Mário Henrique. *30 Anos de Indexação*. Rio de Janeiro: FGV, 1995, p. 16). Ampliar em MOREIRA, Egon Bockmann. Anotações sobre a história do direito econômico brasileiro (Parte I: 1930-1956). *RDPE*, Belo Horizonte, Fórum, 6/67-96, abr./jun. 2004. Já, neste século XXI, o Ministro das Comunicações incentivou o ajuizamento de ações em face das concessionárias de telefonia e da agência reguladora ANATEL, a fim de suspender o reajuste contratual das tarifas – já que ele não conseguia fazê-lo administrativamente. Ao seu tempo, o Governador do Paraná "anulou" unilateralmente e sem o devido processo, acordo de acionistas celebrado numa sociedade de economia mista concessionária do serviço de água (v. MOREIRA, Egon Bockmann. Para que a Administração faz processos?, *In*: SUNDFELD, Carlos Ari *et al*. *Curso de Direito Administrativo em Ação*, *cit*., p. 269-284). Ambos os casos foram objeto de controle jurisdicional que pôs cabo às aventuras administrativas (respectivamente: STJ, CComp 39.590-RJ, Min. Castro Meira, *DJ* 15.9.2003; RMS nº 18.679-PR, Min. Eliana Calmon, *DJ* 2.12.2004 – este comentado por Luiz Daniel Haj Mussi na *RDPE*, 9/239-252. Acordo de acionistas na sociedade de economia mista. Belo Horizonte, Fórum, jan./mar. 2005).

42 A sentença foi escrita a partir do texto de Luiz Alberto Machado a propósito do tipo penal: "O tipo de fato não se confunde com o fato; este reveste-se de todas as *nuances*, todo o colorido da conduta. O fato é rico, variado, circunstanciado. O tipo é seco, conclusivo, fechado" (*Direito Criminal*. São Paulo: RT, 1987, p. 98).

concretamente. As projeções feitas pelo edital, proposta e contrato envolvem série limitada de variáveis que nem sempre se comportam de forma adequada. É altamente provável que elas se concretizem, mas não é certo. Não é fática ou tecnicamente possível, como em qualquer prognóstico que envolva períodos longos, a perfeita previsibilidade de todos os eventos (nem dos riscos, muito menos das incertezas). Sempre haverá vicissitudes inerentes à realidade, que no futuro precisarão ser consideradas, para o ajuste da adequada prestação dos serviços, nada obstante terem sido menosprezadas no projeto inicial. Em todos os casos, a peça mais importante a ser preservada é o próprio empreendimento, seu objeto e conteúdo.

Por conseguinte, a mutabilidade aqui defendida diz respeito à preservação do projeto concessionário em si mesmo, como empreendimento de interesse público. Tal proteção se revela na garantia do equilíbrio econômico-financeiro do contrato, que assegura a prestação do serviço adequado aos usuários e a justa remuneração do concessionário. O projeto concessionário deve ser concebido como algo que resista ao tempo – e sua perenidade depende em muito da respectiva mutabilidade.

Por tudo isso, a aplicação da Lei nº 8.987/1995 não pode ser uma sequência seca de raciocínios silogísticos, numa rotina de relações causais incontroversas instaladas pelos textos da lei e do edital. Isso simplesmente não encontra correspondência no mundo dos fatos. O intérprete deve abdicar da aplicação cega, monolítica e ortodoxa da legalidade, pena de sacrificar a segurança jurídica. "Ao dar-se ênfase excessiva ao princípio da legalidade da Administração Pública – escreveu Almiro do Couto e Silva – e ao aplicá-lo a situações em que o interesse público estava a indicar que não era aplicável, desfigura-se o Estado de Direito, pois se lhe tira um dos seus mais fortes pilares de sustentação, que é o princípio da segurança jurídica, e acaba-se por negar justiça."[43] A estabilidade do contrato exige leituras que deem segurança ao projeto de desenvolvimento social nele albergado. Nem o avanço tecnológico nem outras novidades podem ser preditos ou subestimados nesses períodos lassos típicos dos contratos de concessão, em que a única coisa imutável é a certeza da mudança.

Caso se pretenda subestimar a dinamicidade do contrato de concessão, ele morrerá; caso se intente declinar da cooperação entre os signatários, os custos e litígios serão incrementados. O contrato de concessão é algo que deve ser compreendido em sua vida ativa, conforme consignam Arnoldo Wald, Luíza Rangel de Moraes e Alexandre de M. Wald, pois "decorre de um imperativo categórico do mundo de hoje, que é, como vimos, caracterizado como sendo o da descontinuidade, da incerteza e da mudança".[44] Daí a consequência de a prestação adequada do serviço exigir a convivência aberta com o novo – instalando a compreensão relacional das célebres "Leis de Rolland": a igualdade e a continuidade dependem, em muito, da efetiva mutabilidade dos contratos de concessão. Para que persista a segurança jurídica da concessão é necessário que ela sirva de garantia à mutabilidade de algumas das operações inicialmente previstas.

---

[43] Silva, Almiro do Couto e. Princípios da legalidade da Administração Pública e da segurança jurídica no Estado de Direito Contemporâneo. *RDP*, São Paulo, RT, 84/62, out./dez. 1987.

[44] Wald, Arnoldo; Moraes, Luíza Rangel de; Wald, Alexandre de M. *O direito de parceria e a lei de concessões*. 2. ed. São Paulo: Saraiva, 2004, p. 40.

Mas aqui não se trata só de alterações unilaterais, como nos casos em que o concedente vence a resistência do concessionário e impõe nova tecnologia ou acréscimo nas obras (leia-se "novos custos").[45] Nem tampouco de alteração que beneficie a economia do contrato em favor do concessionário. A mutação contratual aqui defendida é via de mão dupla, objetivamente instalada em favor do contrato (não do contratante nem do contratado). Ou, melhor: a mutabilidade consensual é aquela que deve ser prestigiada, com foco no projeto concessionário, que permita ao contrato se adaptar às novas circunstâncias e permanecer no tempo.

Trata-se de solução prestigiada pelo direito brasileiro, em especial depois da positivação da Lei nº 13.655/2018, que acrescentou dispositivos à Lei de Introdução às Normas do Direito Brasileiro – LINDB, cujo art. 22 exige que sejam "considerados os obstáculos e as dificuldades reais do gestor e as exigências das políticas públicas a seu cargo, sem prejuízo dos direitos dos administrados".[46] Tais parâmetros legislativos reforçam o dever de respeito à mutabilidade contratual e aos fatos que influenciam o contrato de concessão.

Algo nesse sentido, a legislação espanhola contém a chamada "cláusula de progresso" nos contratos de concessão. Diversa da "cláusula técnica" (adaptação da atividade a avanços científicos, com remissão genérica ao estado da técnica), a cláusula de progresso estabelece o dever do concessionário de se ajustar ao avanço tecnológico de acordo com a regulação pública do setor (assegurado o equilíbrio econômico-financeiro). A cada momento em que surjam normas regulamentando o desempenho da atividade, o concessionário deve a elas se adaptar. Na lição de Joaquín Tornos Mas, significa "a obrigação de manter a obra em conformidade com o que, a cada momento e segundo o progresso da Ciência, disponham as normativas técnicas, meio-ambientais, de acessibilidade e eliminação de barreiras e segurança dos usuários".[47]

---

[45] Aliás, uma das clássicas oposições à natureza contratual do contrato administrativo reside naquilo que Orlando Gomes, com lastro em Forsthoff, denomina de "particularidade que os alemães registram como *falta de estabilidade jurídica do vínculo*, e entre nós se qualifica como *indeterminação do conteúdo, alterabilidade dos efeitos* ou mesmo *cláusula de sujeição*. Como se sabe, justifica-se a possibilidade de *alteração unilateral* do contrato pelo Estado no pressuposto de que o *interesse público* exige essa prerrogativa. (...). Tornou-se, realmente, uma das *singularidades* do contrato administrativo essa *instabilidade jurídica*" (Os contratos e o direito público. *In: Transformações Gerais do Direito das Obrigações*. 2. ed. São Paulo: RT, 1980, p. 84). Aliás, não foi devido a um descuido que Otto Mayer qualificou a concessão como ato administrativo (*Derecho Administrativo Alemán*. 2. ed. t. IV. Tradução de H. H. Heredía e E. Krotoschin. Buenos Aires: Depalma, 1982, p. 149 e ss.). Numa perspectiva mais ampla a propósito da *realidade* "contrato administrativo" e seus modelos dogmáticos, v.: GONÇALVES, Pedro. *O contrato administrativo*: uma instituição do direito administrativo do nosso tempo. Coimbra, Livraria Almedina, 2003, p. 12-21; Caetano, Marcello. *Manual de Direito Administrativo*. 10. ed., 9. reimpr. t. I. Coimbra: Livraria Almedina, 2007, p. 574-579; Nabais, J. Casalta. *Contratos fiscais:* reflexões acerca da sua admissibilidade. Coimbra: Coimbra Editora, 1994, p. 9-84; Carvalho, Orlando de. Contrato administrativo e acto jurídico público. *In: Escritos:* páginas de direito, i. Coimbra: Livraria Almedina, 1998, p. 169-246; Almeida, Fernando Dias Menezes de. *O contrato administrativo*. São Paulo: Quartier Latin, 2007; Liberati, Eugenio Bruti. *Consenso e Funzione nei Contratti di Dirittto Pubblico*, Milão: Giuffrè Editore, 1996, p. 2-61; FLEINER, Fritz. *Instituciones de Derecho Administrativo*. Tradução de S. A. Gendin. Barcelona: Editorial Labor, 1933, p. 154-171.

[46] Sobre o art. 22 da LINDB, v. JORDÃO, Eduardo. Acabou o romance: reforço do pragmatismo no direito público brasileiro. *Revista de Direito Administrativo Edição Especial*, 2018, p. 63-92. Disponível em: https://bibliotecadigital.fgv.br/ojs/index.php/rda/article/view/77650. Sobre a LINDB, indispensável é a consulta ao livro de SUNDFELD, Carlos Ari. *Direito Administrativo*: o novo olhar da LINDB. Belo Horizonte: Fórum, 2022.

[47] TORNOS MÁS, Joaquín. Derecho y obligaciones del concesionario. *In:* MORANT, R. Gómez-Ferrer (dir.). *Comentario a la Ley de Contratos de las Administraciones Públicas*. 2. ed. Madri: Civitas, 2004, p. 1244 (tradução livre). V. também López, Tomás Quintana. Algunas cuestiones sobre la cláusula de progreso en el contrato de concesión de obras públicas. *REDA*, Madri, Civitas, 131/421-444, jul./set. 2006; GIL, José Luis Melián. *Progreso tecnológico y*

Claro que não se está a defender a outorga de juridicidade irrestrita a quaisquer modificações contratuais e a equívocos técnicos porventura presentes no edital ou na proposta. Nem, tampouco, a validade de alterações supérfluas no cronograma, a supressão de prestações principais ou a inserção de atividades inéditas e desnecessárias ao objeto e conteúdo do contrato. Muito menos se trata da advocacia de flexibilidade contratual irresponsável, como se contrato não houvesse. Nada disso.

O que se defende é a *mutabilidade contratual*, não a *degeneração contratual*, pois às partes não é dado ignorar todo o arcabouço normativo dos contratos administrativos. A mutabilidade exige a juridicidade da mudança. Não se trata de escolhas discricionárias, ao livre talante das partes, mas de adaptações às circunstâncias, a fim de preservar o projeto concessionário e atender às necessidades públicas.

O raciocínio tem como pressuposto que os dados do edital, da proposta e do contrato são fidedignos (os melhores que um homem comum dentre os de elevado conhecimento técnico poderia fazer quando de sua elaboração), porém não são eternos. Por mais firmes que sejam, edital, proposta e contrato não vergam o mundo dos fatos. O ponto de partida são os princípios da segurança, da legalidade, da confiança legítima e da boa-fé objetiva – por meio dos quais se pretende a persistência dos escopos primários do projeto.

O que sobreleva em casos de concessão de serviço público, nos quais os atos da Administração (edital, cálculos, projeções técnicas, modelo do contrato, partilha de riscos, remuneração etc.) são revestidos pela presunção de legitimidade, "é a qualidade, que reveste tais atos, de se presumirem verdadeiros e conformes ao Direito, até prova em contrário. Isto é: milita em favor deles uma presunção *juris tantum* de legitimidade; (...)".[48] Afinal, é exatamente por que a pessoa privada confia nas informações oficialmente divulgadas pela Administração Pública, que ela aceita o convite estampado no edital e formula a proposta.

Porém, fato é que nem mesmo a mais apurada perfeição técnica tem o condão de tornar os contratos de concessão imunes ao tempo e ao avanço científico. A incerteza e a aleatoriedade dos fatos futuros são fortes demais para serem coibidos pelo contrato (*intra* e *extra muros*). Mais ainda: seria um contrassenso, atentatório à eficiência administrativa, pretender estancá-los e, assim, impedir que o contrato de concessão acompanhe a evolução da vida.

A segurança advinda da mutabilidade das concessões tem como pressuposto justamente a boa-fé da conduta recíproca das partes contratantes, qualificada pela presunção de legitimidade dos atos administrativos e pelo escopo público perseguido pelo contrato. Neste ponto estão as ideias-chave que autorizam compreender que a

---

servicios públicos. Madri: Civitas, 2006, *passim*; ARQUER, José Manuel Sala. Las concesiones de servicio público en un contexto liberalizado. *In:* López-MUÑIZ, José Luis; QUADROS, Fausto de. *Direito e Justiça:* VI Colóquio Luso-Espanhol de Direito Administrativo. Lisboa: Universidade Católica Editora, 2005, p. 52-53. Para visão mais ampla do caso espanhol, v. Valcárcel Fernández, Patricia. Works and services concession contracts: the way to boost PPP in Spain?. *In:* BOGDANOWICZ, P.; CANTARA, R.; TELLES, P. (ed.). *Public-Private Partnerships and Concessions in the EU.* UK: Edward Elgar Publishing, 2020, p. 168-188.

48 BANDEIRA DE MELLO, Celso Antônio. *Curso de Direito Administrativo*, cit. 27. ed., p. 419. Quanto à boa-fé nos contratos administrativos, v. MOREIRA, Egon Bockmann. A Lei de Licitações, o princípio da boa-fé objetiva e o abuso de direito. *In:* MATTOS, M. R. Gomes de (coord.). *O abuso de poder do Estado*. Rio de Janeiro: América Jurídica, 2005, p. 64-82.

perenidade contratual depende de o contrato ser permeável às necessárias mudanças que o tempo impõe (ampliar nos §§84, 98, 99, 104 e 105 – que tratam do regime tarifário, equilíbrio econômico-financeiro e respectivas alterações).

§9 Normas gerais de licitação e contratação

O *caput* do art. 1º da Lei nº 8.987/1995 e seu parágrafo único dão o tom de que ela é *a norma geral de licitação e contratação* para as concessões e permissões de serviços públicos, compreendidas como contratos administrativos especiais (CF, art. 175, parágrafo único, I). "No campo das concessões – escrevem Arnoldo Wald, Luíza Rangel de Moraes e Alexandre de M. Wald – devem ser consideradas impositivas para os Estados e Municípios as normas gerais estatuídas nas Leis 8.987/1995 e 9.074/1995, que regulamentam as matérias expressamente enunciadas no art. 175 e seu parágrafo único."[49] O tema remete ao *caput* e ao inciso XXVII do art. 22 da Constituição brasileira – norma de organização que fixa a competência privativa da União nessa matéria legislativa.

A Constituição estabelece a repartição das competências federativas (pressuposto da autonomia das pessoas políticas), qualificando-as como exclusivas, concorrentes e comuns – o que exige sua recíproca estabilização. A previsão sobre as normas gerais visa a suprimir (ou atenuar) os potenciais conflitos que possam emergir de tamanho número de competências oriundas de um mesmo texto constitucional, sobremodo nos temas que envolvam interesses nacionais. Trata-se de competência funcionalizada pela ideia de Federação, conforme discorreu Geraldo Ataliba: "Só é coerente entender como próprio da norma geral a complementação da Constituição em que a atuação do mecanismo de harmonia entre as pessoas políticas o exija peremptoriamente".[50]

A referência à expressão "normas gerais" tem quádruplo efeito: (i) a União está proibida de legislar minúcias em sede de normas gerais; (ii) os Estados, o Distrito Federal e os Municípios estão impedidos de legislar em sentido contrário às normas gerais; (iii) as normas gerais não podem se afastar da teleologia dessa competência constitucional (questões de interesse comum do país, em razão das quais se outorga essa competência extraordinária à União, para que legisle a respeito de temas nacionais); (iv) por fim, todas as pessoas políticas devem adaptar suas legislações à Lei nº 8.987/1995 e às peculiaridades relativas àqueles serviços de sua titularidade.

---

[49] Wald, Arnoldo; Moraes, Luíza Rangel de; Wald, Alexandre de M. *O direito de parceria e a Lei de Concessões, op. cit.*, 2. ed., p. 149.

[50] ATALIBA, Geraldo. Normas gerais de direito financeiro e tributário e autonomia dos Estados e Municípios. *RDP*, São Paulo, RT, 10/48, out./dez. 1969. Ampliar em: Justen Filho, Marçal. *Comentários à Lei de Licitações e Contratações Administrativas:* Lei 14.133/2021. São Paulo: Thomson Reuters/RT, 2021, p. 18-25; MONTEIRO, Vera. *A caracterização do contrato de concessão após a Lei 11.079/2004* (tese). São Paulo: Faculdade de Direito da USP, 2009, p. 98-124 (com larga pesquisa de doutrina e jurisprudência); Oliveira, Rafael Carvalho Rezende. *Nova Lei de Licitações e Contratos Administrativos.* Rio de Janeiro: Forense, 2021, p. 10-16; Moreira, Egon Bockmann; Guimarães, Fernando Vernalha. *Licitação pública.* 2. ed. São Paulo: Malheiros Editores, 2015, p. 38-50; MOREIRA, Egon Bockmann. Breves notas sobre a Parte Geral da Lei das Parcerias Público-Privadas. *RT*, São Paulo, RT, 848/11-26, jun. 2006, e Por uma nova compreensão das 'normas gerais de licitação'. *JOTA*. Disponível em: https://www.jota.info/opiniao-e-analise/colunas/publicistas/por-uma-nova-compreensao-das-normas-gerais-de-licitacao-04052021. Sobre o federalismo brasileiro e suas peculiaridades contemporâneas, v.: BERCOVICI, Gilberto. *Dilemas do Estado Federal brasileiro.* Porto Alegre: Livraria do Advogado, 2004, *passim*; e Almeida, Fernanda Dias Menezes de. *Competências na Constituição de 1988.* 4. ed. São Paulo: Atlas, 2007, *passim*.

Apesar da dificuldade da definição caso a caso, "a lógica impõe a constatação de que na competência da União não se inclui o tratamento de aspectos particulares, de detalhes de organização, de questões contingentes. As normas gerais contêm apenas os *princípios* da regulamentação da matéria, os *deveres básicos* dos indivíduos e do Estado e os *instrumentos* a serem utilizados pela Administração".[51] Caso a lei (ou algum de seus dispositivos) rotulada de "geral" ultrapasse esses limites, não ostentará essa natureza jurídica e se aplicará unicamente à Administração Federal. A norma continuará válida, mas com incidência restrita.

Na medida em que as normas gerais têm caráter nacional, a Lei nº 8.987/1995 incide sobre todas as unidades da Federação. Claro que cada uma das pessoas políticas poderá editar legislação que minudencie a norma geral (sem a contrariar) e a adapte às peculiaridades exigidas pelos serviços de competência daquele ente federativo, bem como os regulamentos que permitam a aplicação da lei local. Serão inconstitucionais as normas estaduais, municipais e distritais que contrariem as nacionais.[52] Além disso, será válida a especificação material das normas gerais por meio de leis especiais (federais, estaduais e municipais) que disciplinem certos setores da economia ou criem novas espécies contratuais para a concessão de serviços públicos.

Por conseguinte, existem duas ordens de classificação das normas gerais de concessão, que poderíamos chamar de *vertical-federativa* e *horizontal-material*. Em termos federativos, a Lei nº 8.987/1995 é *lei geral* em relação a todas as leis estaduais, distritais e municipais. Já em termos de sucessão no tempo de leis com conteúdo material semelhante, a Lei nº 8.987/1995 é uma lei geral em relação às leis setoriais especiais como, por exemplo, a Lei nº 12.815/2013 (Lei de Portos) e a Lei nº 11.445/2007 (Lei de Saneamento Básico), que tratam de contratos concessionários especiais. A Lei nº 8.987/1995 configura uma *norma geral para todos os entes da federação* e também uma *norma geral para todas as contratações concessionárias.*

No que respeita à divisão de competências, atualmente merece ser compreendido em termos o alerta dantes lançado por Carlos Ari Sundfeld quanto aos decretos regulamentares: cada qual vincularia só e tão somente a Administração interna à esfera política da autoridade que o emanou: "Em linha de consequência, um decreto editado pelo Presidente da República com o intuito de regulamentar a Lei Federal de Licitações e Contratos Administrativos só pode dirigir-se aos próprios entes federais, que estão submetidos ao seu poder hierárquico ou tutelar, chefe que é do Poder Executivo Federal. Pelas mesmas razões, os Municípios não devem acatamento aos decretos regulamentares editados pelos governos dos Estados cujo território integrem".[53] Mas, por que atualmente "em termos"? Devido ao fato de que, hoje, existem regulamentos federais que são efetivamente prestigiados por todas as demais pessoas federativas e assim incorporados às normatividades subnacionais. Mais: decretos federais que se

---

[51] SUNDFELD, Carlos Ari. Sistema constitucional das competências. *RTDP*, São Paulo: Malheiros Editores, 1/276, 1993.

[52] STF: ADI nº 3.670-DF, Min. Sepúlveda Pertence, *DJ* 18.5.2007; ADI nº 1.824-RS, Min. Néri da Silveira, *DJ* 29.11.2002; e ADI nº 2.338-SC, Min. Moreira Alves, *DJ* 9.5.2003.

[53] SUNDFELD, Carlos Ari. *Licitação e contrato administrativo*. 2. ed. São Paulo: Malheiros Editores, 1995, p. 34. Em sentido contrário, v. Krell, Andreas Joachim. A constitucionalidade da regulamentação da Lei de Consórcios Públicos (n. 11.107/2005) por decreto presidencial. *RDE*, Rio de Janeiro, Renovar, 5/341-395, jan./mar. 2007.

destinam a ser plurifederativos, com incidência nacional, o que se acentuou com o art. 187 da Lei nº 14.133/2021, autorizador de que estados, Distrito Federal e municípios apliquem os regulamentos editados pela União para a execução da Lei Geral de Licitações e Contratos (aplicável subsidiariamente, por força de seu art. 186, à Lei nº 8.987/1995).

O exemplo mais marcante é o Decreto nº 6.017/2007, que regulamentou a Lei nº 11.107/2005 (*Dispõe sobre normas gerais de contratação de consórcios públicos*) e tem aplicação expandida para todos os entes federativos que desejem constituir pessoas autárquicas plurifederativas. O mesmo se diga dos decretos, diretrizes, normas de referência e demais atos administrativos gerais que regulamentem a Lei de Saneamento (Lei nº 11.445/2007, com as modificações advindas da Lei nº 14.026/2020).[54] Igualmente merece destaque o já mencionado art. 187 da Lei nº 14.133/2021 – que, no âmbito de seus efeitos internos, expressamente autoriza o seguinte: "Os Estados, o Distrito Federal e os Municípios poderão aplicar os regulamentos editados pela União para execução desta Lei".

Existe nova categoria de atos regulamentares que disciplina, em termos federativos, a pauta de ação das demais pessoas políticas. Os destinatários da regulação podem ser, portanto, pessoas distintas daquelas que integram a Administração que emana o ato regulamentar (sobretudo caso ele seja federal). Podem ser entidades da Administração direta ou indireta, autárquica ou empresarial, reguladora ou não. Fato é que devem obediência ao regulamento de fonte federal, mas com efeitos nacionais.[55]

O mesmo se diga em relação a eventuais decretos regulamentares pertinentes à Lei nº 8.987/1995.

§9-A Normas gerais de licitação e contratação e a Lei nº 14.133/2021

Conforme já mencionado, o art. 186 da Lei nº 14.133/2021 (Lei Geral de Licitações e Contratos Administrativos) trouxe significativos aportes às demais legislações regentes de contratos administrativos, inclusive os concessionários. A isso não importa a defesa nem da revogação, nem da submissão da Lei nº 8.987/1995, mas a necessidade de serem desenvolvidos raciocínios argumentativos e esforços de convivência legislativa. O tema será reiterado ao longo deste livro, sobretudo ao tratar de temas de especial incidência

---

[54] Sem qualquer exagero, o mais importante julgado das últimas décadas para o setor de saneamento básico foi a declaração de constitucionalidade da Lei nº 14.026/2020, o novo marco do Saneamento Básico, concluído pelo STF ao início do mês de dezembro de 2021. Foram quatro ações diretas de inconstitucionalidade (6.492, 6.536, 6.583 e 6.882), em que a maioria do Plenário acompanhou o voto do Ministro Luiz Fux. O julgado consolidou a competência da União para editar diretrizes setoriais em termos nacionais, lado a lado com a titularidade da Agência Nacional de Águas (ANA) para estatuir parâmetros nacionais de conformidade regulatória setorial, também com incidência nacional. Igualmente, a decisão prestigia a opção legislativa, em nível nacional, para a extinção dos antigos contratos de programa e celebra a necessidade de respeito às metas de universalização setorial, por meio de novos contratos e licitações.

[55] Ampliar em: Krell, Andreas J. *Leis de normas gerais, regulamentação do poder executivo e cooperação intergovernamental em tempos de reforma administrativa*. Belo Horizonte: Fórum, 2008; LOUREIRO, Gustavo Kaercher; COSTA, Eduardo Cunha da. O problema da titularidade dos serviços públicos de saneamento básico e os interesses federativos intermediários. *FGV-CERI*. Disponível em: https://ceri.fgv.br/sites/default/files/publicacoes/2021-09/titularidade-dos-serivcos-de-saneamento.pdf; MOREIRA, Egon Bockmann. Serviço de água e esgotamento: notas sobre o Decreto 10.710/2021 e a 'comprovação da capacidade econômico-financeira'. *Revista Colunistas Direito do Estado*. Disponível em: http://www.direitodoestado.com.br/colunistas/egon-bockmann-moreira/servicos-de-agua-e-esgotamento-notas-sobre-o-decreto-10710-2021-e-a-comprovacao-da-capacidade-economico-financeira.

da Lei nº 14.133/2021. Por ora, discorreremos apenas a propósito da teorização geral dessa ordem de incidência normativa.

Em termos de convivência horizontal entre diplomas normativos de hierarquia equivalente (que é o que nos importa neste momento), a Lei nº 14.133/2021 tornou-se a *Lei Geral de Licitações e Contratos* também em face da Lei nº 8.987/1995, que disciplina os *contratos especiais de concessão e permissão*. Tomemos por base o fato de que se faz necessária certa harmonia em torno da realidade normativa que merece ser chamada de *contrato administrativo*.[56] Ao lado dos respectivos microssistemas pertinentes aos contratos de compra e venda, de empreitada de obras ou serviços, de inovação tecnológica etc., os contratos de concessão e de parceria constituem *microssistema normativo autônomo*. Isso importa dizer que o contrato administrativo de concessão possui a respectiva autonomia cognitiva, pois se estrutura por meio de regras e princípios próprios, que lhe conferem diferença específica em comparação com os demais microssistemas contratuais. Porém, isso não implica afastá-lo em absoluto dos outros contratos administrativos. Haverá hipóteses em que o contrato de concessão se aproximará mais deste ou daquele microssistema, sem que isso afete sua emancipação gnosiológica. O contrato administrativo de concessão necessita bem acolher a aplicação subsidiária, assim como a eventual interpretação extensiva, de normas licitatórias e contratuais codificadas em outros diplomas normativos que não a Lei nº 8.987/1995. O que se dá é o fato de que as normas da legislação superveniente – em especial, a Lei nº 14.133/2021 – serão aplicadas, de modo subsidiário, nos contratos de concessão e respectivas licitações. A *Lei Geral de Licitações e Contratos* incidirá em todos os contratos regidos por *leis regedoras de contratos especiais*. Mas como se dará essa aplicação?

Tal como prescrito em seu art. 186, a Lei nº 14.133/2021 destina-se também a *suprir as lacunas* da Lei nº 8.987/1995 e de outros diplomas administrativo-contratuais – seja por *instalar novas hipóteses de incidência* (ausência da norma: lacuna normativa), seja por *criar novas compreensões* no sistema processual (atualizando de modo contínuo a construção de normas que não mais correspondam à realidade social e, também, permitindo soluções licitatórias e contratuais mais justas: lacunas ontológicas e axiológicas).[57] O art. 186 valeu-se da aplicação subsidiária (aquela que ajuda ou que reforça/aumenta) e positivou a incidência da Lei nº 14.133/2021 a contratos administrativos nos casos em que se constatar omissão legislativa e naqueles em que o dispositivo a ser aplicado possa ser intensificado, valorizado ou aprimorado no caso concreto. Em vista dessa previsão expressa, a Lei nº 14.133/2021 é *complementar* à Lei nº 8.987/1995: esta assume a condição de lei principal (ou primária) a fim de que os dispositivos daquela (subsidiária) a completem para resolver um tema específico.

---

56 Com especial enfoque na nova racionalidade oriunda da Lei nº 14.133/2021, aprofundar em MOREIRA, Egon Bockmann; GARCIA, Flávio Amaral. *Contratos Administrativos na Lei de Licitações*. São Paulo: Thomson Reuters/RT, 2024. p. 27-41.

57 Ressalve-se o reparo de José de Oliveira Ascensão, ao advertir que "não há lacuna da lei quando a própria lei indica um direito subsidiariamente aplicável. É o que se passa quando o Código Comercial manda aplicar subsidiariamente o Direito Civil. Uma omissão do Código Comercial não é pois uma lacuna na lei em sentido técnico, desde que na lei civil se encontre uma norma aplicável àquele caso" (*Introdução à Ciência do Direito*. 3. ed. Rio de Janeiro: Renovar, 2005. p. 363). O caso da aplicação da Lei nº 14.133/2021 à Lei nº 8.987/1995 talvez seja um pouco mais sutil, em vista da redação do art. 186 daquela e das peculiaridades aplicativas desta.

O que importa dizer que a aplicação da Lei nº 14.133/2021 aos contratos regidos pela Lei nº 8.987/1995 tem como pressuposto a compatibilidade fundamental da norma a ser aplicada com a racionalidade da licitação e do contrato das concessões de serviço público (que são peculiares em relação às licitações e contratos administrativos gerais). Demanda esforço argumentativo e requer a devida fundamentação, adequada ao caso concreto. Isto é, exige-se que as normas da Lei nº 14.133/2021, cuja aplicação se pretenda, sejam passíveis de coexistir, subordinar-se e se conciliar com a plausibilidade lógica da Lei nº 8.987/1995, sendo capazes de funcionar conjuntamente em vista da racionalidade dos contratos de concessão. Mas, atenção: uma vez que a Lei nº 14.133/2021 não revogou a Lei nº 8.987/1995, a sua aplicação aos contratos concessionários pressupõe a harmonização recíproca dos diplomas normativos (e não a exclusão de um deles), fazendo com que a Lei Geral de Licitações e Contratos se integre e se subordine à racionalidade da Lei Geral de Concessões, sempre de modo subsidiário. Quando as normas da Lei nº 14.133/2021 ingressam no microssistema das licitações e contratos de concessão, passam a ser orientadas por sua lógica própria: deixam de ser *lei geral* e passam a ser *lei especial*. A compatibilidade é a ideia-chave para tal incidência.

Por conseguinte, a leitura de ambos os diplomas normativos deve ser integrada, de molde a fazer com que a Lei nº 14.133/2021 seja, sempre que comprovadamente útil e viável, aplicada: tanto nos casos de omissão da lei específica como naqueles em que proveja solução mais adequada ao caso concreto (desde que compatível com o regime jurídico dos contratos de concessão e sem implicar a revogação do dispositivo legal). O que está em jogo é a aplicação do princípio da efetividade.

Exemplificativamente, pense-se na aplicação dos arts. 22 e 103 da Lei nº 14.133/2021 às licitações e aos contratos de concessão e permissão regidos pela Lei nº 8.987/1995. Muito embora a Lei Geral de Concessões não preveja expressamente a matriz de riscos, mas apenas se valha da expressão genérica "por sua conta e risco" (art. 2º, incs. II, III e IV – ver abaixo, §23), fato é que as leis e regulamentos setoriais incorporaram tais as boas práticas de atenuação dos custos e conflituosidade. Ocorre que os dispositivos da Lei nº 14.133/2021 dão um passo avante na temática e estatuem parâmetros mínimos para a divisão e atribuição de riscos. São essencialmente simétricos à racionalidade dos contratos de concessão, complementando, de modo útil e adequado, a Lei nº 8.987/1995. O mesmo se diga dos arts. 151 a 154 da Lei nº 14.133/2021, definidores dos métodos adequados de solução de conflitos de modo bastante mais completo do que a singela previsão do art. 23-A da Lei nº 8.987/1995.[58] Em sentido contrário, são inaplicáveis os limites percentuais estatuídos no art. 125 da Lei nº 14.133/2021 – eis que sua lógica é restrita aos contratos de desembolso orçamentário público, e não àqueles pertinentes a investimentos privados remunerados pela arrecadação tarifária, como é o caso das concessões comuns e permissões.

O que está em jogo, portanto, é a advertência de Carlos Maximiliano quanto aos limites da analogia: "Não se aplica uma norma jurídica senão à ordem de coisas para a qual foi estabelecida. Não é lícito por de lado a natureza da lei, nem o ramo do Direito a

---

[58] A respeito da matriz de riscos e dos métodos de solução adequada de conflitos na Lei nº 14.133/2021, v. MOREIRA, Egon Bockmann; GARCIA, Flávio Amaral. *Contratos Administrativos na Lei de Licitações, cit.*, p. 123-136 e p. 462-499 (respectivamente).

que pertence a regra tomada por base do processo analógico".[59] Note-se que o STF, por diversas vezes, já decidiu pela impossibilidade de aplicação subsidiária de dispositivos legais incompatíveis com a racionalidade da legislação principal e mesmo pela inviabilidade em decorrência da prévia existência de dispositivo exauriente da matéria. Por exemplo, julgou-se que: "A decisão do Ministro de Estado da Justiça, que resolve o recurso interposto da decisão negativa do refúgio, proferida pelo CONARE, não será passível de recurso. Lei 9.474/97, art. 31. Impossibilidade de aplicação subsidiária da Lei 9.874/99, dado que a aplicação subsidiária ocorre no vazio na norma específica".[60] Igualmente, no caso de processo de tomada de contas, não se aplica legislação extravagante: "O processo de tomada de contas é regulamentado pela Lei nº 8.443/92, não havendo que se falar em aplicação subsidiária do art. 54 da Lei nº 9.784/99, com o objetivo de criar prazo de duração do processo administrativo. Precedente: MS nº 25.641/DF, Relator o Ministro Eros Grau, Tribunal Pleno, DJe de 22/2/08".[61] Também a legislação penal enfrenta tal ordem de impedimentos: "Ante norma especial contida no Código de Processo Penal Militar, a revelar que a citação editalícia possui eficácia e validade, impróprio é evocar o disposto na regra geral, ou seja, no artigo 366 do Código Penal".[62] Existem muitos outros exemplos, mas estes bastam à compreensão de que onde está escrito "aplicação subsidiária" não se pode ler "aplicação substitutiva".

Muito embora a imensa cautela que a aplicação subsidiária determina, fato é que essa constatação demonstra que a promulgação da Lei nº 14.133/2021 deu novas cores e luzes mais intensas aos contratos de concessão e respectivas licitações – o que, desde já, demanda cogitações novidadeiras. Quando menos, exige a reflexão a propósito de alguns temas-chave, que serão desenvolvidos e aprofundados ao longo deste livro.

§10 Constituição, art. 175, e serviços públicos

O *caput* do art. 1º da Lei Geral de Concessões traz enumeração por ordem hierárquica, exemplificativa, das fontes normativas das concessões de obras e serviços, bem como das permissões de serviços públicos.

A Lei nº 8.987/1995 abre com o art. 175 da Constituição brasileira.[63] Este dispositivo tem como matriz a prestação de serviços públicos na condição de *incumbência* do Poder Público. É *dever-poder* (Celso Antônio Bandeira de Mello), um *poder funcional* que a Constituição confia ao Estado Brasileiro, dando-lhe as alternativas de execução direta ou indireta. Em ambas as hipóteses persiste o compromisso do Poder Público: seja a prestação direta, seja a indireta, ela é *dever* do Estado, para cuja execução o ordenamento

---

59 *Hermenêutica e Aplicação do Direito*. 9. ed. Rio de Janeiro: Forense, 1984. p. 212.

60 Ext. nº 785 ED, rel. Min. Carlos Velloso, Tribunal Pleno, *DJ* 20/06/2003.

61 MS nº 31.673 ED, rel. Min. Dias Toffoli, Primeira Turma, *DJe* 02/04/2014.

62 HC nº 126.082, rel. Min. Marco Aurélio, Primeira Turma, DJe 11/05/2017.

63 "Art. 175. Incumbe ao Poder Público, na forma da lei, diretamente ou sob regime de concessão ou permissão, sempre através de licitação, a prestação de serviços públicos.
"Parágrafo único. A lei disporá sobre: I – o regime das empresas concessionárias e permissionárias de serviços públicos, o caráter especial de seu contrato e de sua prorrogação, bem como as condições de caducidade, fiscalização e rescisão da concessão ou permissão; II – os direitos dos usuários; III – política tarifária; IV – a obrigação de manter serviço adequado."

estabelece gama limitada de poderes funcionalizados. A norma dirige-se à União, Estados, Municípios e Distrito Federal (Administração direta e indireta).

Esta competência atribuída aos entes públicos qualifica a *natureza jurídica* da atividade imputada ao Estado, a qual deve obediência a *regime jurídico* próprio (este, passível de definição infraconstitucional). Porém, "para qualificação de um serviço como público, a par do interesse geral que se destina a satisfazer, é indispensável a existência de um vínculo orgânico entre ele e o Estado. Este é o titular do serviço, muito embora sua *gestão* possa ser transferida a particulares".[64] Sendo determinada atividade qualificada juridicamente como serviço público, sua titularidade é conferida em exclusivo ao Poder Público – que o pode explorar diretamente ou através de concessões ou permissões.

Isso significa que nem todas as tarefas atribuídas constitucionalmente ao Poder Público são, *ipso facto* e tão somente, serviços públicos; tampouco que estes sejam apenas aqueles cuja exploração é imputada ao Estado pela Lei Magna. Igualmente se defende que os serviços públicos, nada obstante sua natureza jurídica pública, não se submetem exclusivamente ao regime de direito público. Assim, nem todos os encargos constitucionais do Poder Público configuram serviço público (*v.g.*, art. 177 e incisos) e nem a unanimidade dos serviços públicos tem fonte normativa primária no texto expresso da Constituição. O legislador ordinário bem como o constituinte estadual, desde que observadas as diretrizes constitucionais, têm a prerrogativa de criar novos serviços públicos – e estes, ao seu tempo, podem ser concedidos, permitidos ou autorizados às pessoas privadas, sob regimes jurídicos diversos positivados na legislação infraconstitucional.[65]

É evidente que não se poderá prestigiar a geração espontânea de serviços públicos pelo legislador ordinário, desvinculada do sistema constitucional e da realidade socioeconômica brasileira. Por exemplo, veda-se a qualificação como serviços públicos de indústrias de cigarros, fósforos ou sal – casos em que, nos dias de hoje, nem sequer se poderia cogitar acerca de empresas estatais.[66] Os setores econômicos garantidos

---

64 COUTO E SILVA, Almiro do. Privatização no Brasil e o novo exercício de funções públicas por particulares. Serviço público 'à brasileira'?, *op. cit.*, *RDA*, 230/45. Ou, como Pedro Gonçalves consignou: "O ponto de partida que adoptamos é abertamente subjectivo. Isto é, para nós, o serviço público é uma *actividade pública*. (...). A sustentação da tese subjectivista implica a recusa da aplicação do conceito de serviço público às *actividades do sector privado por cuja existência e resultados a Administração é responsável*" (*A concessão de serviços públicos, op. cit.*, p. 35). No mesmo sentido: ROCHA, Cármen Lúcia Antunes. *Estudo sobre concessão e permissão de serviço público no direito brasileiro*. São Paulo: Saraiva, 1996, p. 27. Em sentido contrário, Eros Roberto Grau refuta o vínculo orgânico e, com lastro nos arts. 199 (saúde) e 209 (educação) da Constituição, qualifica os serviços públicos como *privativos* e *não privativos* do Estado (*A ordem econômica na Constituição de 1988, op. cit.*, 13. ed., p. 122-124). V. também BANDEIRA DE MELLO, Celso Antônio. Serviço público e sua feição constitucional no Brasil, cit. *In: Grandes Temas de Direito Administrativo*, p. 270-288.

65 Ampliar em: MOREIRA, Egon Bockmann. Os serviços públicos e sua lógica jurídico-econômica: reflexões a partir do artigo 175 da Constituição. *Revista de Direito Público da Economia – RDPE*, Belo Horizonte, Fórum, 68/9-43, out./dez. 2019.

66 Os exemplos são de Rubens Gomes de Souza, que, em obra cuja 1ª edição data de 1952, noticia a existência de monopólios como "um processo usado em muitos países quanto a certos produtos de grande consumo – por exemplo, cigarros (França), fósforos (Suécia), sal (Itália), gasolina (México, Uruguai) etc.; o Estado se reserva, com caráter de monopólio, esses ramos da indústria ou de comércio, seja para assegurar a respectiva produção e fixar o preço no interesse do povo, seja simplesmente com o fito de lucro" (*Compêndio de legislação tributária*. Ed. póstuma. São Paulo: Resenha Tributária, 1981, p. 163). Descrição semelhante quanto ao Estado Francês é feita por André de Laubadère em seu *Direito Público Económico*. Tradução de M. T. Costa. Coimbra: Livraria Almedina, 1985, p. 36-37. Já, José Manuel Sala Arquer aponta que o Estado Espanhol se valeu da conversão formal de certas atividades industriais em serviço público com o objetivo de constituir monopólios administrativos – que, ao depois,

pela livre iniciativa não podem ser invadidos e convertidos em serviços públicos (o que instalaria barreira de entrada à liberdade de iniciativa). Aqui a racionalidade é toda própria, oriunda da estruturação lógica da Constituição (a ser respeitada) e do interesse coletivo (a ser atendido) – os quais, sobre não serem compartilhados pelos demais setores econômicos, não são constantes no tempo e no espaço.

A Lei nº 8.987/1995 é a lei-quadro, a Lei Geral que dá aplicação ao parágrafo único do art. 175 da CF, configurando "o caráter especial" dos contratos de concessão e permissão (inciso I). Ou seja, é a Constituição quem define que esses contratos têm qualidades peculiares que os especificam em relação aos demais contratos administrativos, sobremodo aqueles regidos pela Lei nº 14.133/2021, que neles só se aplica subsidiariamente, nos exatos termos de seu art. 186. E atenção: como acima tratado, a aplicação subsidiária exige motivação que comprove a lacuna (normativa ou axiológica), a demonstrar que inexiste solução legislativa positivada na Lei Geral de Concessões. Não se trata de escolha subjetiva do intérprete a respeito de qual lei aplicar, mas do contraste objetivo entre as legislações.

Mas isso não significa que ela detenha a exclusividade da disciplina das concessões e permissões. É válida – e, na maioria das vezes, imperiosa – a edição tanto daquelas leis reguladoras do funcionamento de concessões, permissões e autorizações em setores econômicos que assim o exijam (por exemplo, Lei nº 12.815/2013 – portos; Lei nº 9.427/1996 – energia elétrica; Lei nº 9.472/1997 – telecomunicações; Lei nº 11.445/2007 – saneamento básico) como de leis que criem novas modalidades de concessões (por exemplo, a Lei nº 11.079/2004 – normas gerais para a PPP). A Lei Geral de Concessões ora comentada incide de forma transversal em todas essas leis específicas e respectivas alterações.

Mas, de qualquer forma, a concessão e a permissão de serviço público devem sempre ser objeto de prévia licitação (CF, art. 175, *caput*). Licita-se o projeto concessionário e se declara vencedora a proposta (não o proponente). Assim, não se pode firmar inédito contrato de permissão ou concessão de serviço público sem que ele seja antecedido de licitação (ou de motivação quanto à inexigibilidade). O STF já teve a oportunidade tanto de declarar a inconstitucionalidade de lei estadual que visou a prorrogar, sem licitação, contratos de concessão já vencidos e dantes não licitados, bem como de cassar decisão judicial que reconheceu o "direito" de particular de prestar serviço público sem prévia licitação.[67] Em suma, há "precedentes do STF no sentido da impossibilidade de prestação de serviços de transporte de passageiros a título precário, sem a observância do devido procedimento licitatório".[68] Tal como neste serviço público, em todos os demais se aplica o requisito da prévia licitação.

Antes de encerrar este tópico, cabe o breve alerta de que a "prévia licitação" exigida não impede a futura e eventual transferência do polo passivo da concessão – seja

---

geravam as chamadas "concessões industriais" (Las concesiones de servicio público en un contexto liberalizado, cit. *In:* LÓPEZ-MUÑIZ, José Luis; QUADROS, Fausto de. *Direito e justiça:* VI Colóquio Luso-Espanhol de Direito Administrativo, p. 44-47).

[67] No primeiro caso, ADI nº 3.521-PR, Min. Eros Grau, *DJ* 9.10.2006 (v. o acórdão e comentários de Bernardo Strobel Guimarães no artigo Princípio da continuidade do serviço público e dever de licitar. *RDPE*, Belo Horizonte, Fórum, 18/221-252, abr./jun. 2007); no segundo, RE nº 264.621-CE, Min. Joaquim Barbosa, *DJ* 8.4.2005.

[68] STF, AgR nº 89-PI, Min. Ellen Gracie, *DJ* 15.2.2008. Entendimento já consolidado no STF: RE nº 140.989-RJ, Min. Octávio Gallotti, *DJ* 27.8.1993; RE nº 214.382-CE, Min. Octávio Gallotti, *DJ* 19.11.1999; Pet nº 2.488-PE, Min. Marco Aurélio, *RTJ*, 184/521; STA 73-SP, Min. Ellen Gracie, *DJ* 15.2.2007 (liminar).

por meio de venda do poder de controle, seja através do translado do contrato em si mesmo (tal como previsto expressamente no art. 27 da Lei nº 8.987/1995)[69] – tampouco o advérbio "sempre" impedirá a prorrogação ou a transferência da concessão, eis que a Constituição exige a licitação para a escolha da melhor proposta e celebração do contrato administrativo, com previsão explícita quanto à sua prorrogação no inciso I do parágrafo único do artigo 175. Ou seja, também a prorrogação é naturalmente constitucional. Igualmente, o STF já consolidou o entendimento de que a licitação para a venda do poder de controle de empresas estatais implica o cumprimento da exigência constitucional.[70]

§11 Normas legais pertinentes

Até meados do século XX os vários setores econômicos conviviam com relativa facilidade num ambiente de paradigmas regulatórios genéricos. Imperavam as grandes codificações, os monumentos legislativos e a racionalidade a eles inerente. Poucas leis a reger todos (ou quase todos) os setores econômicos. Porém, a evolução provocou a dissociação de planos na Economia e também no Direito. As normas de direito econômico rompem com os mais ferrenhos paradigmas legalistas-codificadores, pois "a dimensão de *universalidade, abstracção, perenidade* e *imperatividade,* tida, tradicionalmente, por inseparável do conceito de lei, vê-se, nos dias de hoje, confrontada com a utilização da norma jurídica na regulamentação de espaços cada vez mais reduzidos, diferenciados e maleáveis".[71] As atuais concessões e permissões exigem essa compreensão estatutária que minudencie as respectivas exigências de cada serviço público.

Sublinhe-se que essa característica é marcante na Constituição brasileira. Ao nível federal, para além das competências materiais definidas no art. 21 da Constituição, nos termos do art. 22, é a União titular daquelas para emanar normas sobre determinados assuntos econômicos. Por exemplo, a competência para legislar, de modo privativo,

---

69 A esse respeito: JUSTEN FILHO, Marçal. Considerações acerca da modificação subjetiva dos contratos administrativos. *Fórum de Contratação e Gestão Pública,* 41, Belo Horizonte, Fórum, maio 2005; MARQUES NETO, Floriano de Azevedo; LOUREIRO, Caio de Souza. O caráter impessoal dos contratos de concessão de direito real de uso de bem público. *Revista de Direito Administrativo Contemporâneo,* 23, mar./abr. 2016; SUNDFELD, Carlos Ari. Subconcessão e transferência de concessão. *In:* TELLES, C.; PIRES, T. M.; CORBO, W. (coord.). *O direito público por elas:* homenagem à professora Patrícia Baptista. Rio de Janeiro: Lumen Juris, 2021, p. 97-110; SUNDFELD, Carlos Ari; JORDÃO, Eduardo; Moreira, Egon Bockmann; MARQUES NETO, Floriano de Azevedo; BINENBOJM, Gustavo; CÂMARA, Jacintho Arruda; MENDONÇA, José Vicente Santos de; JUSTEN FILHO, Marçal; MONTEIRO, Vera. É constitucional transferir contratos de concessão. *JOTA*. Disponível em: https://www.jota.info/opiniao-e-analise/colunas/publicistas/e-constitucional-transferir-contratos-de-concessao-17082021. Igualmente, de suma importância são os votos dos Ministros Dias Toffoli e Gilmar Mendes no julgamento da ADI nº 2946, que trata da constitucionalidade do art. 27 da Lei nº 8.987/1995, confirmada pelo Tribunal Pleno do STF.

70 "CONSTITUCIONAL. PRIVATIZAÇÃO. VENDA DE AÇÕES: LEILÃO. Lei 9.074/95, art. 27, I e II. C.F., art. 175. Lei 8.666/93, arts. 3º e 22. I. - Constitucionalidade do art. 27, I e II, da Lei 9.074, de 7.7.95, por isso que a Constituição Federal estabelece, no art. 175, que a concessão e a permissão para a prestação de serviços públicos serão precedidas de licitação e o conceito e as modalidades da licitação estão na lei ordinária, Lei 8.666/93, artigos 3º e 22, certo que o leilão é modalidade de licitação (Lei 8.666/93, art. 22). II. - Ação direta de inconstitucionalidade julgada improcedente" (ADI nº 1.582, rel. Min. Carlos Velloso, Tribunal Pleno, *DJ* 06/09/2002).

71 VAZ, Manuel Afonso. *Direito económico.* 4. ed. Coimbra: Coimbra Editora, 1998, p. 84. Ampliar em: MOREIRA, Egon Bockmann. Direito econômico: regimes jurídicos, normatividade e fontes. *In:* TELLES, C.; PIRES, T. M.; CORBO, W. (coord.). *O direito público por elas:* homenagem à professora Patrícia Baptista. Rio de Janeiro: Lumen Juris, 2021, p. 183-208.

sobre "águas, energia, informática, telecomunicações e radiodifusão" (inc. IV); "serviço postal" (inc. V); "diretrizes da política nacional de transportes" (inc. IX); "regime dos portos, navegação lacustre, fluvial, marítima, aérea e aeroespacial" (inc. X); "jazidas, minas, outros recursos minerais e metalurgia" (inc. XII); "organização do sistema nacional de emprego e condições para o exercício de profissões" (inc. XVI); "seguridade social" (inc. XXIII); "diretrizes e bases da educação nacional" (inc. XXIV); "atividades nucleares de qualquer natureza" (inc. XXVI) e "propaganda comercial" (inc. XXIX). Isso além da competência para editar normas gerais de direito econômico, com incidência nacional (Constituição, art. 24, inc. I e §1º).

Tais competências, conferidas de modo certo e estabelecidas em dispositivos diversos, tornam patente que deverá haver legislações específicas para cada um dos setores econômicos. É viável a positivação de normas gerais (como a Lei Geral de Concessões), em conjunto com norma especial-setorial, a ser minudenciada em regulamentos (por exemplo, a Lei de Portos, 12.815/2013 e os Decretos nº 8.033/2013 e 10.025/2019).

Afinal, uma coisa é certa: não há palavras supérfluas na Constituição, sobremaneira ao definir competências legislativas. A norma demanda, senão exige, a positivação de *microssistemas normativos*, cada qual a instalar a regência dos setores econômicos previstos nos incisos do art. 22 (em combinação, quando for o caso, com as formas de exploração definidas nos arts. 21 e 175). Constatação que se acentua nos bens e serviços cometidos a pessoas de direito público – União, Estados, Distrito Federal e Municípios –, eis que o exercício de suas competências demanda previsão legislativa.

Neste mundo de fragmentação legislativa pós-desestatização não é mais possível compreender de maneira uniforme todos os setores econômicos e assim os equalizar e uniformizar juridicamente – somente normas com alto grau de abstração desempenham esse papel (como se dá no caso da Lei Geral de Concessões). Tais normas, contudo, não se prestam a definir com a precisão necessária as demandas e as respostas para setores com alta dinamicidade social e tecnológica. Igualmente por esse motivo, a desestatização simultânea à criação (estatal e privada) de novos mercados instituiu novo ritmo à prestação de tarefas cometidas ao Poder Público (algumas das quais serviços públicos). Ampliaram-se os horizontes das prestações internas ao serviço e mormente daquelas que determinado serviço público pode gerar (ao externo dele).

Constatação que não tem como premissa a atribuição "de uma natureza inferior, já degradada", aos serviços públicos. Ao contrário, "a causa é muito diferente e mais trivial: a evolução tecnológica permitiu a existência de fenômenos concorrenciais que são exercidos em serviços públicos de rede, até então excluídos antes devido a questões de monopólios naturais do que pela razão metafísica da unidade do Estado".[72]

A multiplicidade das formas de execução dos serviços públicos – e respectivas consequências – fez com que eles deixassem de se ater apenas a justificativas sociopolíticas e fossem acrescidos de racionalidade tecnológico-econômica. Esta complexidade exige que se tenha em mente o alerta lançado por Pedro Costa Gonçalves ao discorrer que "são

[72] Frison-Roche, Marie-Anne. Les rythmes dans l'évolution conjointe et commune des services publics. *In:* Chevalier, J.-M.; EKELAND, I.; Frison-Roche, Marie-Anne (org.). *L'Idée de Service Public Est-Elle Encore Soustenable?*. Paris: Presses Universitaires de France – PUF, 1999, p. 32 (tradução livre). Sobre o serviço público europeu (passado e presente), consulte-se JUSTEN, Mônica Spezia. *A noção de serviço público no direito europeu, op. cit., passim.*

bastante diferentes os problemas jurídicos que cada modalidade de privatização coloca, nomeadamente, quanto à própria possibilidade ou aos limites do âmbito do processo de deslocação. É, por isso, incorrecto fornecer uma resposta global e uniforme para problemas que se concebem substancialmente diversos e que reclamam ponderações jurídicas diferenciadas".[73]

Esta diversidade substancial reclama diplomas com fundamento fático-normativo coerente com as peculiaridades de cada um dos setores econômicos que abrigam os serviços concedidos (e/ou permitidos). Não só a natureza de normas gerais, mas igualmente a especialização setorial proíbe soluções-padrão universais. Daí o porquê de, logo no *caput* do seu art. 1º, a Lei nº 8.987/1995 falar em "normas legais pertinentes". Esta cláusula de abertura reflete a compreensão de que cada uma das áreas da economia vinculadas à prestação dos serviços públicos merece legislação que se refira às suas minúcias – inclusive para escandir o leque de prestações que cada serviço pode gerar, o âmbito de suas receitas e mercados (principal e secundários), e, assim, fixar o respectivo regime jurídico (todos de direito privado administrativo, mas com matizes diferenciados). No que diz respeito às cláusulas gerais, a Lei nº 8.987/1995 é suficiente e tecnicamente arrojada.

Além das normas previstas nas Leis nºs 8.987/1995, 9.074/1995 e 11.079/2004 e nos diplomas setoriais específicos, também se aplicam às concessões e permissões: subsidiariamente, a legislação referente às licitações e contratações administrativas (Lei nº 14.133/2021, art. 186); a Lei do Processo Administrativo Federal (Lei nº 9.784/1999); a Lei de Defesa da Concorrência (Lei nº 12.529/2011). Já a LINDB (Decreto-Lei nº 4.657/1942, com dispositivos incluídos pela Lei nº 13.655/2018) não tem aplicação meramente subsidiária, mas é norma regedora da hermenêutica e critérios de validade de todas as condutas estatais, em todos os níveis federativos. Isso com as devidas ponderações e restrições, cumpridoras do dever de contextualização dos temas.

Sublinhe-se que a Lei Geral de Concessões é a norma geral de todas as concessões de serviço público e também configura a norma especial em face das demais licitações e contratos administrativos *lato sensu*. A Lei nº 14.133/2021 não tem incidência irrestrita nas licitações cujo objeto seja uma concessão. Persiste atual o alerta lançado por Eurico de Andrade Azevedo, à luz da legislação anterior: "Não é possível aplicar, subsidiariamente, a Lei nº 8.666/1993 aos contratos de concessão toda vez que a lei especial for omissa a respeito. É preciso verificar, primeiro, se o dispositivo aplicável é compatível com as *características do instituto, com o caráter especial do seu contrato*".[74]

---

[73] GONÇALVES, Pedro. *Entidades privadas com poderes públicos, op. cit.*, p. 155. Semelhante é a conclusão de Sundfeld quando mescla as noções contemporâneas de regulação e serviço público (Introdução às agências reguladoras. *In:* SUNDFELD, Carlos Ari (coord.). *Direito Administrativo Econômico*. 1. ed. 2. tir. São Paulo: Malheiros Editores, 2002, p. 31-36). Mas isso não significa a inexistência de um *regime jurídico* a conferir identidade mínima às concessões de serviços públicos – como se dá nesta Lei nº 8.987/1995 e suas normas gerais/nacionais. Como consignou Pedro Gonçalves, "o facto de não poder conceber-se um *regime jurídico único, igual para todas as espécies de concessões administrativas*, não exclui que haja um *regime comum a todas elas*. Esse regime, que pode designar-se abreviadamente por 'regime jurídico da concessão', existe mesmo" (*A concessão de serviços públicos, op. cit.*, p. 61. O regime jurídico segue descrito nas p. 68-71).

[74] Azevedo, Eurico de Andrade. Legislação brasileira sobre garantias para as concessões. *RDA*, Rio de Janeiro, Renovar, 214/162, out./dez. 1998. Ou, como bem frisou Marçal Justen Filho nos comentários ao art. 186 da Lei nº 14.133/2021, que autoriza sua aplicação subsidiária à Lei nº 8.987/1995: "O art. 186 deve ser interpretado com grande cautela (...) somente quando existir uma compatibilidade efetiva entre o regime das referidas leis e as

Assim – e o alerta reporta-se sobretudo à Lei de Licitações e Contratações Administrativas –, o contrato de concessão ostenta normatividade toda própria, extraordinária no que diz respeito aos demais negócios jurídicos da Administração. A conclusão advém do inciso I do parágrafo único do art. 175 da CF: a lei reclamada pelo texto constitucional tem como finalidade dispor sobre o *regime jurídico* das concessionárias e permissionárias e o *caráter especial* de seu contrato. Logo, o regime jurídico e o contrato são fora do comum (e o comum está na Lei nº 14.133/2021).

Note-se que o critério da especialidade constante do §2º do art. 2º da LICC estabelece um conceito relacional. A licitação e os contratos de concessão são especiais em relação aos contratos administrativos ordinários. Mas a aplicação de ambas as leis presume a coexistência harmônica entre as normas (não necessariamente a intransponível revogação), exceto se a matéria for expressamente revogada ou se a nova lei se referir em específico ao tema tratado pela anterior (como se dá em muitos dispositivos da Lei nº 8.987/1995).

§12 Cláusulas contratuais

O art. 1º da Lei nº 8.987/1995 reporta-se às "cláusulas dos indispensáveis contratos" como fonte normativa. Ora, não há dúvidas de que tais contratos deverão ser *secundum legem*, regidos que são pela própria Lei nº 8.987/1995, pelo Código Civil e por normas setoriais específicas (legais e regulamentares). Mas a leitura não se exaure nesta singela constatação.

O dispositivo autoriza dois desdobramentos interpretativos: por um lado, o texto dos contratos prestar-se-á a dar especificidade às concessões e permissões. Suas cláusulas é que conferirão personalidade àquela concessão – que pode ser parecida, mas é diferente de todas as outras. Na expressão de Alexandre Santos de Aragão, trata-se de competência para elaborar e celebrar contratos de concessão como *fatos jusgenéticos*: a autonomia "para criar cláusulas contratuais, seja nos espaços não pré-normatizados pela lei, seja na sua integração ou interpretação".[75] A junção do exercício da função administrativa por parte do Estado (que elabora edital e contrato e os submete a consultas e audiências públicas) com a autonomia e a participação das pessoas de direito privado (que examinam o modelo, fazem parte das consultas e audiências públicas, leem o edital, dele pedem esclarecimentos ou correções e com lastro nele fazem suas projeções de investimento e propostas) resultará num documento único, que concentra a essência do objetivo visado por aquela peculiar concessão de serviço público.

Mas, se é bem verdade que os contratos administrativos são *secundum legem* e *numerus clausus* (a lei é a fonte primária da tipologia contratual administrativa), o mesmo não pode ser dito em relação à descrição do conteúdo de todas e de cada uma

características das relações por elas disciplinadas é que será cabível aplicar as normas da Lei nº 14.133/2021" (*Comentários à Lei de Licitações e Contratações Administrativas: Lei 14.133/2021*. São Paulo: Thomson Reuters/RT, 2021, p. 1766-1767).

[75] ARAGÃO, Alexandre Santos de. As boas práticas da indústria do petróleo como o eixo da regulação do setor. *RDPE*, Belo Horizonte, Fórum, 7/18-19, jul./set. 2004. Para, em seguida, consignar: "Vemos, destarte, que, observada a lei, a ANP possui competência para celebrar contratos enquanto fatos jurígenos autonomamente considerados, isto é, as cláusulas de tais contratos são aptas a criar obrigações e direitos para os particulares (principalmente direitos, em que, como visto, as peias do princípio da legalidade são bem menos rígidas, bastando, para alguns autores, a mera não contradição com a lei) *de per se*, não como mera execução subsuntiva de dispositivos legais".

de suas cláusulas. A lei não pode – e nem deve – minudenciar as cláusulas dos contratos (exceção feita à exigência formal de algumas delas). A competência discricionária da autoridade responsável pela elaboração do contrato resultará na aplicação dos deveres estatutários (leis e regulamentos) e na criação de obrigações prestacionais específicas, somente aplicáveis àquele contrato. Há, portanto, reserva de discricionariedade para a definição dos assuntos que serão levados ao interno das cláusulas.[76] Se é cerrado o antecedente dos contratos (subsunção normativa), o conteúdo de suas cláusulas é aberto (aplicação normativa). Ou, melhor: a existência de boa parte das cláusulas tem origem normativa imediata, mas não a substância de todas elas. Daí por que a Lei Geral de Concessões enumera apenas algumas cláusulas como essenciais a todos os contratos de concessão (art. 23), mas não estampa o respectivo conteúdo. Constatação que faz surgir novo questionamento.

Muito embora existam cláusulas expressamente previstas em lei, as quais criam competências públicas, o que se dizer das definidas diretamente no contrato? A resposta dependerá do conteúdo dessas cláusulas: se forem densificações do regime estatutário a competência já existia e é confirmada pela cláusula; se forem extrapolações contrárias a esse regime, serão ilegais; se forem meras cláusulas negociais ordinárias, sem consequências quanto ao regime administrativo-funcional do contrato, não gerarão competências públicas. Afinal, o contrato não é o instrumento normativo primário hábil para conferir deveres-poderes extraordinários à Administração. A conclusão está na natureza do ato que resulta de tais cláusulas: se estatutárias, gerarão *atos administrativos* (princípio da legalidade); se meramente contratuais, resultarão em *atos meramente contratuais* praticados pela Administração (isto é, não administrativos, com todas as implicações daí resultantes).[77]

As cláusulas contratuais são, portanto, peça fundamental para se compreender cada uma das concessões de serviço público. Caso reproduzam o conteúdo de preceitos estabelecidos em lei, instituirão *deveres* às partes contratantes (prestações cuja fonte é imediatamente legal e, por isso mesmo, indisponível). Mas se definirem e/ou criarem prestações próprias, advindas da conjugação do edital com a proposta vencedora, gerarão meras *obrigações* (prestações cuja fonte é imediatamente contratual e, por isso mesmo, disponível). Essa constatação tem consequências diretas nos temas mais sensíveis dos contratos administrativos concessionários, afetando desde a *mutabilidade contratual* até sua *arbitrabilidade objetiva*. Basta constatar a fonte normativa da cláusula e de seu conteúdo:

---

[76] Recorrendo à distinção entre normas *injuntivas* e *supletivas* (e assegurando a *presunção do caráter injuntivo das normas* como critério de interpretação dos contratos administrativos), José Manuel Sérvulo Correia conclui que "*quando uma norma de direito administrativo que regula matéria de contrato administrativo é supletiva, é porque concede um poder discricionário*: a convenção alternativa das partes não será totalmente livre, mas antes contida nos limites em que a própria norma supletiva a rodeia". Mais adiante: "A discricionariedade concedida pelo legislador, através do emprego de normas dispositivas no regime dos contratos administrativos, pode ser uma *discricionariedade de decisão* ou uma *discricionariedade de escolha*" (*Legalidade e autonomia contratual nos contratos administrativos*. Reimpr. Coimbra: Livraria Almedina, 2003, p. 708 e 710). No primeiro caso *decide-se* a inclusão (ou não) de determinada cláusula; no segundo há tanto a *autonomia de escolha* entre duas opções legislativas (*escolha optativa*) como a *formulação* de uma norma supletiva (*escolha criativa*).

[77] Aprofundar em: GONÇALVES. Pedro, *O contrato administrativo*: uma instituição do direito administrativo do nosso tempo, *op. cit.*, p. 105-120; Oliveira, Rodrigo Esteves de. O acto administrativo contratual. *Cadernos de Justiça Administrativa*, Braga, CEJUR, 63/3-17, maio/jun. 2007.

os mandamentos legais de aplicabilidade injuntiva são não negociáveis e, portanto, experimentam limites firmes tanto quanto à mutabilidade como à arbitrabilidade.

Inclusive, as cláusulas contratuais parametrizarão a futura regulação do pacto e o exercício das respectivas competências. O contrato administrativo presta-se a circunstanciar a ação dos órgãos reguladores, que não estarão habilitados a modificar unilateralmente as cláusulas sem o concomitante equilíbrio econômico-financeiro. Ou seja, um terceiro, estranho ao contrato, não detém competência absoluta para derrogar cláusulas contratuais independentemente da vontade das partes – e, se o fizer, deve respeito ao concomitante reequilíbrio e demais consequências do ato de intervenção (Lei nº 8.987/1995, art. 9º, §4º, e 10; LINDB, arts. 20, 22 e 23). Pouco importa se esse terceiro é uma entidade reguladora independente, eis que elas também se submetem à *rule of law*.

Mas a riqueza do contrato e suas perspectivas surgirão quando de sua execução. Afinal, é fato que os contratos dão efetividade às previsões legais e objetividade às decisões do concedente; contudo, sua execução é que fixará a verdadeira face daquela concessão de serviço público. As cláusulas contratuais são os instrumentos mais finos de interpretação – através de sua leitura, compreensão e aplicação é que se desvendarão o conteúdo e a finalidade daquela singular *actividade de subsunção dos factos da vida real às categorias legais* (Afonso Rodrigues Queiró). O processo do desempenho dinâmico das cláusulas revelará o contrato, num microssistema em que as cláusulas se explicarão umas às outras – e quem sabe a aplicação de uma delas exigirá a mitigação de outra.

O conjunto formado pelas normas (legais e regulamentares) e cláusulas estabelecerá o tom a ser seguido na interpretação contratual segundo uma "regulação objetiva" – e não o clássico, e em algumas situações ultrapassado, critério civilista da "vontade das partes" e sua declaração.[78] O interesse público estampado no *projeto concessionário* é maior que a suposta vontade das pessoas de direito público e de direito privado signatárias do negócio jurídico (e que a dimensão a ela atribuída para a efetiva interpretação do pacto). Mais ainda: as circunstâncias do negócio jurídico e a base objetiva do negócio atenuarão a tensão vontade das partes *versus* realidade econômica institucional, valorizando esta em detrimento daquela (v. §§100 e 104, adiante). Será perfeita compreensão do projeto e de suas circunstâncias que explicará as minúcias daquele contrato especial.

Há duas ressalvas a serem feitas: a primeira, a de que o trabalho de interpretação do contrato de concessão não pode se limitar à letra de suas cláusulas (de forma isolada ou conectada a outras letras de outras cláusulas, leis e regulamentos) nem à realidade concreta do tempo em que o texto foi redigido. Como em todos os textos normativos,

---

[78] Como anotou Orlando Gomes: "Observa-se atualmente que aos contratos mais corriqueiros da vida não se aplicam as normas concernentes à declaração de vontade e aos vícios do consentimento. O que se procura investigar no contrato é a chamada regulação objetiva, isto é, o conjunto de regras ou cláusulas que enchem o seu conteúdo, sejam essas cláusulas determinadas unilateralmente, como sucede nos contratos de adesão, seja nos contratos de formação clássica" (Inovações na teoria geral do contrato. *In: Novos Temas de Direito Civil*. Rio de Janeiro: Forense, 1983, p. 98-99).

A respeito da interpretação objetiva, v.: Betti, Emilio. *Teoria geral do negócio jurídico*. t. II. Tradução de F. de Miranda. Coimbra: Coimbra Editora, 1969, p. 263-303; GOMES, Orlando. *Contratos*. 12. ed. Rio de Janeiro: Forense, 1990, p. 224-229. Sobre a interpretação contemporânea dos negócios jurídicos, v. FORGIONI, Paula A. A interpretação dos negócios empresariais no novo Código Civil brasileiro. *RDM*, São Paulo, Malheiros Editores, 130/7-38, abr./jun. 2003. A interpretação do contrato administrativo pode ser vista em: Caetano, Marcello. *Manual de Direito Administrativo*, *op. cit.*, 10. ed. 9. reimpr. t. I, p. 610-614; e MENEGALE, J. Guimarães. *Direito administrativo e ciência da administração*. 3. ed. Rio de Janeiro: Borsói, 1957, p. 369-371.

sua verdadeira compreensão só ocorre ao confrontá-lo com os eventos da vida, num *processo de constante desenvolvimento*. Talvez por isso fosse mais adequado falar em "construção contratual" que propriamente de "interpretação contratual". Aqui surge a *capacidade de aprendizagem* dos contratos de concessão, a renovar sua compreensão em face dos desafios que a realidade constantemente lhe apresenta (§105). Afinal, um contrato de concessão descolado da realidade vigente à sua aplicação não tem consistência jurídica. "É que cada contrato representa uma realidade *a se instante*, de tal modo que a significação e o alcance de suas cláusulas resultam tanto das palavras empregadas quanto da conjuntura e circunstancialidade em que foram escritas."[79] O momento de efetiva normatividade da Lei nº 8.987/1995 (e dos contratos por ela gerados) só existe quando ela é incorporada a casos concretos, quando é vivida pelos usuários, concedente e concessionário (*law in action*).

A segunda ressalva está em afastar, em definitivo, a vetusta compreensão de que a interpretação "correta" seria aquela feita pelo poder concedente, presumindo-se a legitimidade absoluta das palavras da Administração Pública, como se divinas fossem. Essa compreensão, descendente direta da caduca "supremacia do interesse público", não mais se sustenta. Não é acolhida pela legalidade (que determina a fiel execução e respeito ao contrato por ambas as partes), nem pela segurança jurídica (em seu aspecto objetivo, que prestigia o ato jurídico perfeito, e subjetivo, que garante a confiança das partes no pactuado). Inexiste qualquer reserva de "interpretação autêntica" à Administração Pública, eis que a hermenêutica do contrato emana da conjugação de vontades das partes contratantes.

A perspectiva atual da interpretação das cláusulas há de ser cooperativa, plurilateral, e consciente de que contratos de longo prazo experimentarão desafios ao início impensados. A Lei Geral de Concessões e os contratos dela derivados existem em ação, potencialmente flexíveis e adaptáveis às circunstâncias de sua efetividade real. Por isso que ao intérprete cabe papel fundamental, pois é ele quem coloca a norma em coesão com o mundo do ser e faz com que a concessão daquele serviço público tenha vida própria.

A importância das cláusulas contratuais também impacta no seu formalismo. Caso as partes se vejam na contingência de alterar as cláusulas ou o seu modo de execução, necessário se faz o termo aditivo contratual. Como será visto mais abaixo (§§50 a 52 e 104 a 106), os contratos de concessão e de permissão exigem a respectiva formalização, nos termos da lei, bem como são naturalmente propensos a alterações supervenientes. Ao contrário dos contratos regidos pela Lei nº 14.133/2021, cujos termos aditivos são em pequeno número, os contratos de concessão e de permissão, caracterizados pelo longo prazo e natural incompletude, demandam a abertura a modificações – todas necessariamente formalizadas e tornadas públicas pelos meios e formas preceituados em lei. Não merecem ser prestigiadas, portanto, cláusulas informais e/ou pressupostas, tampouco modificações despidas da necessária formalização.

Por fim, essa parte do dispositivo do art. 1º da Lei nº 8.987/1995 reitera a previsão do art. 175 da Constituição ao vedar peremptoriamente qualquer possibilidade de concessão

---

[79] REALE, Miguel. Diretrizes de hermenêutica contratual. *In: Questões de direito privado*. São Paulo: Saraiva, 1997, p. 4. O assunto diz respeito às circunstâncias do contrato, seu equilíbrio econômico-financeiro e respectivas alterações (v. §§99 e 104, adiante).

ou permissão que não seja precedida de licitação e que deixe de tomar substância em específico instrumento contratual.[80] Os arremedos de concessão e permissão que porventura existam sem licitações ou contratos (passados, presentes ou futuros) são francamente ilegais desde outubro/1988 – dando margem não só à sua cassação, mas, a depender do caso concreto, também à responsabilização política, administrativa, civil e criminal dos envolvidos (*v.g.*, Lei nº 4.717/1965 – ação popular; Lei nº 14.133/2021 – delitos nas licitações e contratos administrativos, em especial o Capítulo II-B, acrescentado ao Código Penal; Lei nº 8.429/1992 – improbidade administrativa, com as modificações advindas da Lei nº 14.230/2021).

§13 Autorizações e serviços públicos

Nada obstante as autorizações sejam tema extravagante à Lei nº 8.987/1995, fato é que algumas das previsões constitucionais que delas tratam criaram discussão doutrinária em sede de serviços públicos. São quando menos duas as antigas controvérsias relacionadas à adoção de autorizações nos serviços trazidos nos arts. 21, XI e XII, e 223 da Constituição: a natureza da autorização como ato discricionário unilateral de liberação de atividades privadas (típico da atividade de polícia administrativa) e a necessidade de prévia licitação para a outorga da execução de serviços públicos por particulares. Está-se a tratar de serviços de telecomunicações, radiodifusão (sonora e de sons e imagens), energia elétrica, navegação aérea e aeroespacial, infraestrutura aeroportuária, transporte ferroviário, aquaviário, rodoviário e portos.[81]

---

[80] Mas, atenção: a Constituição exige a licitação para a seleção da proposta mais vantajosa e celebração do respectivo contrato de concessão. Ao mesmo tempo, esta Lei nº 8.987/1995 dá aplicabilidade ao art. 175, parágrafo único, inc. I, e, na condição de lei especial disciplina tanto a *prorrogação* dos contratos (art. 23, inc. XII), quanto à *sucessão* em seu polo passivo (art. 27). A respeito da constitucionalidade dos dois temas, v. os seguintes julgados do Plenário do STF: ADI nº 5.991, Min. Cármen Lúcia, e ADI nº 2946, Min. Dias Toffoli.

[81] Não se olvide que as Constituições de 1946 (art. 5º, XII) e de 1967 (art. 8º, XV) e a Emenda Constitucional nº 1/1969 (art. 8º, XV) expressamente dispunham que competia à União "explorar, diretamente ou mediante autorização ou concessão" determinados serviços (públicos). Como escreveu Pontes de Miranda: "À União compete *explorar*; permite-se-lhe *autorizar* ou *conceder*" (*Comentários à Constituição de 1967 com a Emenda n. 1 de 1969*. 3. ed. t. II. Rio de Janeiro: Forense, 1987, p. 38). O tema foi enfrentado por Ruy Cirne Lima (*Pareceres (Direito Público)*. Porto Alegre: Sulina, 1963, p. 187-191) e Hamilton Dias de Souza e Marco Aurélio Greco (Taxa e preço público. *In:* MARTINS, Ives Gandra da Silva. *Caderno de Pesquisas Tributárias 10:* taxa e preço público. São Paulo: Centro de Estudos de Extensão Universitária/Resenha Tributária, 1985, p. 120-125).
A controvérsia atual e suas variantes podem ser vistas em: Justen Filho, Marçal. *Teoria geral das concessões de serviços públicos, op. cit.*, p. 44-47 e 129-131; Grotti, Dinorá Musetti. *O serviço público e a Constituição brasileira de 1988, op. cit.*, p. 162-203; COUTO E SILVA, Almiro do. Privatização no Brasil e o novo exercício de funções públicas por particulares. Serviço público 'à brasileira'?, *op. cit.*, *RDA*, 230/56-72; ROCHA, Cármen Lúcia Antunes. *Estudo sobre concessão e permissão de serviço público no direito brasileiro, op. cit.*, p. 175-178; DI PIETRO, Maria Sylvia Zanella. *Parcerias na Administração Pública*. 5. ed. São Paulo: Atlas, 2006, p. 145-157; PEREZ, Marcos Augusto. *O risco nos contratos de concessão de serviço público*. Belo Horizonte: Fórum, 2006, p. 97-99; CÂMARA, Jacintho Arruda. *Tarifa nas concessões*. São Paulo: Malheiros Editores, 2009, p. 89-92; ARAGÃO, Alexandre Santos de. *Direito dos serviços públicos, op. cit.*, p. 153-186; MONTEIRO, Vera. *A caracterização do contrato de concessão após a Lei 11.079/2004, op. cit.*, p. 79-98; DIAS, Eduardo Rocha. A cobrança pela outorga de concessões, permissões e autorizações de serviços de telecomunicações. *RDPE*, Belo Horizonte, Fórum, 6/50-59, abr./jun. 2004; Schirato, Vitor Rhein. *Livre iniciativa nos serviços públicos*. Belo Horizonte: Fórum, 2012, especialmente p. 311-324; MOREIRA, Egon Bockmann. Portos brasileiros e seus regimes jurídicos. *In:* MOREIRA, Egon Bockmann (coord.). *Portos e seus regimes jurídicos*. Belo Horizonte: Fórum, 2014, p. 33-74; FERRAZ, Sergio; SAAD, Amauri Feres. *Autorização de serviço público*. São Paulo: Malheiros Editores, 2018; MENEGAT, Fernando. *Serviço Público, regulação e concorrência*. Rio de Janeiro: Lumen Juris, 2020. V. também a compreensão do tema pelo STF na ADI nº 1.668-DF (Min. Ricardo Lewandowski) – em especial este excerto do voto do Min. Sepúlveda Pertence: "Não me parece, à vista

A intensidade da polêmica permite que se apresentem o esboço do debate e uma proposta para seu desenlace, construída em homenagem às seguintes ressalvas: os modelos teóricos da Ciência do Direito, por mais bem elaborados que o sejam, não merecem ser tidos como monolíticos, atemporais e universais, e "se deve interpretar a Constituição a partir da própria Constituição".[82] Não se trata da subversão do plano lógico criado pela técnica jurídica, mas da tentativa de conformar um instituto constitucional às categorias jurídicas tradicionais – agregando a elas o que o Direito contemporâneo construiu.[83]

A compreensão que a seguir se apresenta parte do sistema capitalista de iniciativa dual celebrado pela Constituição, composto por dois setores econômicos: o público (propriedade estatal dos meios de produção) e o privado (propriedade privada dos meios de produção). Esta classificação binária tem como fundamento a natureza pública da pessoa a quem, como regra, é constitucionalmente atribuída determinada iniciativa de ações em certas áreas da economia, com a respectiva exclusão da participação direta e espontânea das pessoas de direito privado (*v.g.*, arts. 21, XI e XII, 175 e 177).

Essa titularidade de bens e serviços implica a *exclusividade da competência estatal*, verdadeira *reserva constitucional* de determinadas atividades – a qual, ao mesmo tempo em que as outorga ao Poder Público, restringe o livre acesso a elas por parte das pessoas privadas (se não proíbe, como no caso dos monopólios e privilégios). Este *setor público* pode ser exercido por pessoas constituídas sob o regime de direito público e/ou sob o regime de direito privado (desde que controladas pelo Poder Público). Salvo os casos de exercício imediato pela Administração (*régie directe*), as atividades do setor público dependem de prévio consentimento normativo para seu exercício: a lei autorizadora da criação da empresa pública ou da sociedade de economia mista (Constituição, arts. 37, XIX, e 173). Estas empresas estatais desenvolverão suas atividades sob o regime de direito privado (com forte tempero publicista, a instalar o direito privado administrativo – como será tratado mais adiante). Todavia, o exercício de tais empreendimentos não está subjetivamente limitado a pessoas estatais, mas pode ser delegado a pessoas privadas.

As tarefas desenvolvidas pelo setor público autorizam sua divisão em três subsetores: (i) os serviços administrativos do Estado (ou serviços públicos administrativos, impertinentes para o tema em exame); (ii) os serviços públicos em sentido estrito

---

da alteração constitucional do inciso XI do art. 21 da Constituição, que haja a impossibilidade essencial de que o serviço, por ser de interesse coletivo, seja prestado em regime público, como está na lei, e, concomitantemente, em regime privado. É esta, boa ou má, a inspiração da revisão constitucional".

82 A sentença é de Almiro do Couto e Silva (Privatização no Brasil e o novo exercício de funções públicas por particulares. Serviço público 'à brasileira'?, *op. cit.*, *RDA*, 230/70). A primeira nota é paráfrase do que escreveu Vital Moreira a propósito de outro assunto: "Na verdade, parte-se do princípio de que a mera elaboração de modelos abstractos atemporais não dá conta por si só da realidade dos modelos de administração estadual e autoadministração social. Estes são o produto de processos de desenvolvimento não arbitrários, a cujas continuidades e descontinuidades importa ter atenção" (*Administração autônoma e associações públicas*. Coimbra: Coimbra Editora, 1997, p. 20).

83 Ressalva oriunda de Orlando Gomes: "Decerto, a realidade social não se dobra a conceitos, nem se enclausura em esquemas. Mas as noções formais não podem variar ao sabor do particularismo de novas realidades. Se esses fatos novos se rebelam ostensivamente contra as construções jurídicas sedimentadas no plano lógico, o papel do jurista não é subvertê-lo porque se encontre em dificuldades no plano da técnica. Uma vez aceitas as categorias tradicionais de lei, contrato, relação jurídica, obrigação, há de conformar seu pensamento, na investigação da natureza de um instituto, a esses conceitos" (Natureza jurídica da convenção coletiva de trabalho. *In: Transformações gerais do direito das obrigações*, cit. 2. ed., p. 201).

(que podem ser desenvolvidos em regime administrativo *stricto sensu* ou em regime empresarial); (iii) a exploração direta de atividade econômica (em regime empresarial, de monopólio ou não). Desta tríade, apenas os serviços públicos em sentido estrito são outorgáveis a particulares por meio das concessões e permissões regidas pela Lei nº 8.987/1995. Este é o brevíssimo resumo jurídico do setor público da economia brasileira.

Já o setor econômico privado admite que todos os demais empreendimentos lícitos sejam livremente desenvolvidos pelos particulares, nos termos do art. 170 da CF e seu parágrafo único. Há liberdade de iniciativa, que habilita os agentes privados a criar empresa e ingressar no mercado, em concorrência com as outras que lá estão (liberdade de investimento, de organização e de contratação). Mas note-se que a liberdade de empresa não é irrestrita, mas nasce com a configuração que lhe for dada pelo ordenamento jurídico. Por isso que Celso Antônio Bandeira de Mello, forte em Alessi, leciona que não há propriamente *limitações administrativas* aos direitos, "uma vez que estas simplesmente integram o desenho do próprio perfil do direito. São elas, na verdade, a fisionomia normativa dele. (...)".[84] Direito fundamental que é, a fisionomia normativa do direito de liberdade de empresa é aquela que lhe dá a Constituição brasileira, integrada e concretizada pela legislação ordinária e regulamentos administrativos.

Quando muito, e a depender de dispositivo legal expresso, são necessários exame e liberação prévios para determinadas iniciativas privadas (parágrafo único do art. 170 – e sua aplicação por meio de diplomas normativos legais, como a Lei nº 13.874/2019). Mesmo no setor privado, para que as pessoas exerçam alguns de seus direitos subjetivos devem obediência a requisitos normativos e se sujeitam à limitação e/ou supervisão administrativa do Estado – o que pode se dar por meio de ato cujo nome é "autorização" (termo que traz consigo a natureza jurídica de certos atos administrativos). Aqui está a autorização que mais se aproxima do conceito clássico: "(...) o ato administrativo discricionário, unilateral, pelo qual se faculta, a título precário, o exercício de determinada atividade material, que sem ela seria vedada".[85] Esta autorização, portanto, tem como ponto de partida o setor econômico privado, a livre iniciativa e a respectiva barreira de entrada existente em lei: desde que cumpridas determinadas exigências, o Estado autoriza que o particular desempenhe aquela atividade econômica. Mais ainda: segundo esta concepção tradicional, o Poder Público *só autoriza*, contudo *não obriga*: uma vez autorizado, o particular exerce sua livre escolha.

---

[84] BANDEIRA DE MELLO, Celso Antônio. *Curso de Direito Administrativo, op. cit.*, 27. ed., p. 818. Ampliar no §36, adiante, que trata do direito administrativo ordenador (poder de polícia").

[85] Bandeira de Mello, Oswaldo Aranha. *Princípios gerais de direito administrativo*. 3. ed. v. I. São Paulo: Malheiros Editores, 2007, p. 560-561. Ou, na lição de Mário Masagão, "autorização é o ato administrativo discricionário pelo qual se permite ao particular exercer atividade que a lei declara, salvo assentimento da Administração, proibida" (*Natureza Jurídica da Concessão de serviço público*. São Paulo: Saraiva, 1933, p. 8-9). Digo que o conceito atual *aproxima-se* do clássico porque nos dias de hoje há autorizações que são vinculadas e/ou não são precárias. Aprofundar em: GONÇALVES, Pedro; MARTINS, Licínio Lopes. Os serviços públicos económicos e a concessão no Estado regulador, *op. cit.*, *In:* Moreira Vital (org.). *Estudos de Regulação Pública – I*, p. 303-313; GONÇALVES, Pedro. *A concessão de serviços públicos, op. cit.*, p. 71-82; SUNDFELD, Carlos Ari. *Direito Administrativo ordenador*. 1. ed. 3. tir. São Paulo: Malheiros Editores, 2003, p. 36-52; POMPEU, Cid Tomanik. *Autorização Administrativa*. 2. ed. São Paulo: RT, 2007, *passim*; PAZ, José Carlos Laguna de. *La autorización administrativa*. Madri: Civitas, 2006, *passim*; GARCÍA DE ENTERRÍA, Eduardo; FERNÁNDEZ, Tomás-Ramón. *Curso de Derecho Administrativo*. 9. ed. v. II. Madri: Thomson/Civitas, 2004, p. 133-146.

Ressalve-se que a autorização administrativa dada aos particulares não é idêntica à autorização normativa para o exercício, pela Administração Pública, de empreendimentos no setor privado da economia. Aqui existe intervenção pública num setor privado; lá, ação no próprio domínio das pessoas privadas. Mas os raciocínios se equivalem, como que num jogo de espelhos: caso o Estado pretenda prosseguir quaisquer projetos empresariais (excetuando-se aqueles já previstos na Constituição), necessitará da já mencionada autorização legal, qualificada pelo atendimento a "imperativos da segurança nacional" e/ou a "relevante interesse coletivo" (Constituição, art. 173). Trata-se de exceção, pois "pode-se inferir que a intenção do texto atualmente em vigor é claramente de *privilegiar* a atuação direta na economia desenvolvida pela empresa *privada*, como regra".[86]

Então, e num sentido amplo, aqui também existe uma barreira de entrada: o Poder Público necessita de autorização normativa, específica e circunstanciada, para que possa exercer aquela atividade econômica própria do setor privado. A ação estatal a ser implementada, não obstante incluída no setor originariamente reservado às pessoas privadas (regime de direito privado "puro"), será posta em prática sob regime híbrido de direito privado administrativo: o Estado atinge fins públicos, definidos em normas de direito público, mas por meio de atos e negócios jurídicos submetidos ao regime de direito privado.[87] "Se um ente da Administração Pública estabelece relações de direito privado para prosseguir fins (de prestação e de direcção) de administração pública que lhe foram confiados por normas de direito público, estamos perante uma actividade formalmente, mas não materialmente, privada (*'fiscalische' Tätigkeit*). Há, pois, um *direito privado* especial *da Administração*. A sua especificidade consiste, entre outras coisas, no facto de os entes da Administração não se encontrarem no pleno gozo da autonomia jurídico-negocial, mas estarem subordinados a numerosas vinculações de direito público".[88] Sobretudo em sede de negócios e atos jurídicos, persistem firmes a *lógica da função* e seu feixe de *deveres-poderes*.

---

86 Excerto do voto do Min. Carlos Velloso no acórdão do STF no AgR no RE nº 369.252-6-PR (*DJ* 17.6.2005). Ampliar em MARQUES NETO, Floriano de Azevedo. Regulação estatal e autorregulação na economia contemporânea. *Revista de Direito Público da Economia – RDPE*, Belo Horizonte, Fórum, 33/73-88, jan./mar. 2011. No mesmo sentido, BANDEIRA DE MELLO, Celso Antônio: "(...) as atividades da alçada dos particulares – vale dizer, atividades *econômicas* – só podem ser desempenhadas pelo Estado em caráter absolutamente excepcional, (...)" (*Curso de Direito Administrativo, op. cit.*, 27. ed., p. 794).

87 Criação da doutrina alemã (sobretudo Hans J. Wolff), o "direito privado administrativo" visa a explicar a normatividade pública nas atividades privadas desempenhadas por pessoas estatais e naquelas tarefas públicas executadas por pessoas privadas. Cf.: SCHMIDT-ASSMANN, Eberhard. *La teoría general del derecho administrativo como sistema*. Tradução de Mariano Bacigalupo *et al.* Madri: Marcial Pons, 2003, p. 299-302; MAURER, Hartmut. *Direito Administrativo geral*. Tradução de Luís Afonso Heck. Barueri: Manole, 2006, p. 42-48, e *Droit Administratif Allemand*. Tradução de M. Fromont. Paris: LGDJ, 1992, p. 39-43; COUTO E SILVA, Almiro do. Privatização no Brasil e o novo exercício de funções públicas por particulares. Serviço público 'à brasileira'?, *op. cit.*, *RDA*, 230/46 (nota 2); CORREIA, José Manuel Sérvulo. *Legalidade e autonomia contratual nos contratos administrativos, op. cit.*, p. 388-390 (nota 99); OTERO, Paulo. *Vinculação e liberdade de conformação jurídica do sector empresarial do Estado*. Coimbra: Coimbra Editora, 1998, p. 277 e ss.; GONZÁLEZ-VARAS IBÁÑEZ, Santiago. *El Derecho Administrativo Privado*. Madri: Montecorvo, 1996, máxime p. 93-160; BARNÉS VASQUEZ, Javier. Introducción a la doctrina alemana del 'derecho privado administrativo'. *In:* PÉREZ MORENO, A. (coord.). *Administración instrumental:* libro homenaje a Manuel Francisco Clavero Arevalo. t. I. Madri: Civitas, 1994, p. 229-238. Sobre a persistência da dicotomia público-privado em direito administrativo, v. GONÇALVES, Pedro. *Entidades privadas com poderes públicos, op. cit.*, p. 270-320.

88 WOLFF, Hans J.; BACHOF, Otto; STROBER, Rolf. *Direito Administrativo*. v. 1. Tradução de A. Francisco de Souza. Lisboa: Fundação Calouste Gulbenkian, 2006, p. 314. Em seguida: "O direito privado da Administração também se aplica às relações jurídicas das *pessoas, concessionárias e não concessionárias, de direito privado*, através das quais os entes da Administração Pública prosseguem as suas funções públicas".

Isto é, quando a Administração Pública ingressa (direta ou indiretamente) no mundo do direito privado ela não se despe de seus deveres de direito público. Ela permanece Administração Pública, a exercer função administrativa por meio dos instrumentos jurídicos mais aptos ao cumprimento dos deveres de interesse público. "O direito administrativo privado – consigna Santiago González-Varas Ibáñez – consiste na sujeição aos direitos fundamentais e aos princípios gerais do direito administrativo relativamente à atividade em regime jurídico-privado dos entes que a Administração cria para o cumprimento de funções administrativas."[89] Não obstante a atribuição constitucional ao legislador para a criação de pessoas públicas submetidas ao direito privado (empresas estatais) e para a outorga de tarefas estatais às pessoas privadas, não poderá haver a despublicização absoluta, como se não fosse pública a entidade geradora das pessoas jurídicas ou dos atos e contratos. Está-se diante daquilo que Pedro Gonçalves qualificou de "uma *técnica jurídica de actuação* e não como sistema normativo ao serviço da liberdade de autonomia (privada) ou da autodeterminação".[90] Para o efetivo cumprimento de seus deveres, a Administração Pública vale-se do direito privado, sem se deixar contaminar (ou beneficiar) por todas as liberdades inerentes ao regime privado.

Ora, fato é que a Constituição confere rol de tarefas à União ("*compete* à União" – dita o art. 21) e possibilita que elas sejam executadas sob quatro modalidades, a saber: (i) exploração direta; (ii) autorização a particulares; (iii) concessão a particulares; e (iv) permissão a particulares. Apesar de não existir definição constitucional expressa a respeito, estas tarefas federais são usualmente qualificadas como serviços públicos – o que advém de interpretação sistemática do texto constitucional, a qual subordina a técnica concessionária e permissionária aos serviços públicos (art. 175).[91] Onde está

---

[89] González-Varas Ibáñez, Santiago. *El Derecho Administrativo Privado, op. cit.*, p. 105 (tradução livre). Ou como consignou Pedro Gonçalves, a propósito do contrato administrativo e o recurso da Administração ao direito privado: "Aqui, importa sublinhar que *a Administração quando usa o direito privado continua a ser Administração*, razão pela qual se tem de concluir que uma coisa é o *direito privado enquanto direito dos privados*, outra, diferente, o *direito privado enquanto direito utilizado pela Administração*: é o que resulta de a Administração, em qualquer caso, actuar para prosseguir interesses alheios (o interesse público), e não, como os particulares, para prosseguir interesses próprios" (*O contrato administrativo:* uma instituição do Direito Administrativo do nosso tempo, *op. cit.*, p. 47).

[90] GONÇALVES, Pedro. *O contrato administrativo:* uma Instituição do Direito Administrativo do nosso tempo, *op. cit.*, p. 47.

[91] Seria desnecessário e infrutífero um dispositivo na Constituição que os definisse literalmente, dizendo: "São serviços públicos: (...)". Não obstante os atributos da estabilidade e da rigidez não signifiquem a imutabilidade substancial (cf.: JELLINEK, Georg. *Reforma y mutación de la Constitución*. trad. C. Foster. Madri: Centro de Estudios Constitucionales, 1991, *passim*; VEGA, Pedro de. *La reforma constitucional:* y la problemática del poder constituyente. Madri: Tecnos, 1985, p. 179-215; FERRAZ, Ana Cândida da Cunha. *Processos informais de mudança da Constituição*. São Paulo: Max Limonad, 1986, *passim*; Chueiri, Vera Karam de; Moreira, Egon Bockmann; Câmara, Heloisa Fernandes; Godoy, Miguel Gualano de. *Fundamentos de Direito Constitucional*. 3. ed. Salvador: Juspodivm, 2024, p. 191-197), a sede normativa constitucional é antitética à dinamicidade e à plasticidade dos serviços públicos: o que hoje é um deles pode deixar de sê-lo amanhã (ou deixar de ser *só* um serviço público em *todas* as modalidades tecnológicas de sua exploração econômica). Isso não significa dizer que algumas das tarefas atribuídas ao Poder Público não sejam serviços públicos: seria um sem-sentido imputar constitucionalmente ao Estado certo empreendimento cuja natureza fosse só empresarial-lucrativa (basta a leitura contextual dos arts. 21, 170 e 173 da Lei Magna) ou só administrativa *stricto sensu*.
O que defendo é a ideia de que, a depender do momento histórico e do setor econômico, determinadas tarefas que a Constituição atribui ao Estado podem ser (ou não) prestadas *exclusivamente* sob o regime tradicional de serviço público, instalando-se, sim, a reserva pública em tais setores e o ônus de o legislador ordinário demonstrar o porquê e o para quê de seu eventual *compartilhamento prestacional* com o setor privado – em regime de concessão, permissão e/ou autorização. Mas quando menos haverá regime de direito privado administrativo, derivado do rol trazido de forma expressa na Constituição. Não pode haver só regime de direito privado puro

escrito "exploração direta, concessão e permissão" lê-se "serviços públicos". Há reserva constitucional de direito público quanto à natureza jurídica de tais atividades; que repercute nos regimes de direito administrativo e direito privado administrativo a discipliná-las. Por outro lado, esse exclusivismo estatal não tem natureza privativa e exauriente. Nas palavras de Cirne Lima: "A exclusividade da competência estatal, enquanto à execução de serviço, é, pois, meramente o lado subjetivo da publicização deste: somente ao Estado, ou a outra pessoa administrativa, pode caber, originariamente, a execução de um serviço público. Não supõe, portanto, necessariamente, a exclusividade da competência estatal na execução dos serviços públicos, a vedação de atividades análogas ou paralelas, exercitadas por particulares: implica, meramente, em vedar-lhes, a estes, no exercício de tais atividades, a invasão dos lindes da competência estatal".[92]

No setor de serviços públicos, portanto, é atenuada a aplicação dos princípios da *livre iniciativa* e da *liberdade de concorrência*, que restam de antemão circunscritos ao disposto no ordenamento: incidem, mas em termos muito mais acanhados que no setor das atividades econômicas privadas. O setor é público, e quem aqui intervém são os agentes econômicos privados: mas isso não significa que essa intervenção tenha de se submeter integralmente ao regime de direito público – se o mesmo não se dá no caminho público-privado, por que deveria ocorrer na direção privado-público? Aos agentes econômicos é, sim, assegurada a *liberdade de iniciativa* para escolher o ingresso no setor dos serviços públicos e lá concorrer com outros tantos particulares (concorrência *ex ante* e/ou *ex post*). Já a *liberdade de empresa* – compreendida como a possibilidade de livre escolha dos meios de produção e respectiva organização autônoma – incide com maior amplitude. Isso porque, em todas as hipóteses (autorização, concessão e permissão), ao empresário privado é outorgada a gestão do serviço público.

Quanto às hipóteses restritas de prestação exclusiva sob regime direto ou de concessão e permissão (*rectius*: na ausência de dispositivo constitucional que preveja a autorização), a solução é única: tais serviços públicos devem ser subsumidos ao art. 175 da Constituição. Não há outra escolha que tenha fundamento constitucional: ou o Poder Público os explora diretamente, ou os outorga a concessionários e permissionários, "sempre através de licitação" – como reza a Constituição.[93]

---

nessas atividades – pois pertencem ao hemisfério público dos meios de produção –, e muito menos ser às vezes regidas pelo direito público e às vezes pelo privado. Mais: mesmo autorizadas, o exercício de tais atividades não verga o regime de direito privado administrativo e nem instala a racionalidade de mercado "puro-sangue". Por isso que não tem qualquer valia para o Direito brasileiro dar-lhes o apelido de "serviços públicos econômicos" ou "serviços econômicos de interesse geral" (ou coisa que o valha). No limite, só uma reforma constitucional pode desestatizá-las em sentido substancial.

92 LIMA, Ruy Cirne. *Pareceres (Direito Público), op. cit.*, p. 12. A propósito, desse dilema, v. a importante tese de Schirato, Vitor Rhein. *Livre iniciativa nos serviços público.* Belo Horizonte: Fórum, 2012.

93 Aqui surge problema sério e excepcional: aquilo que Marçal Justen Filho batizou de "concessões impróprias" máxime as "concessões-convênio" (feitas pela pessoa política detentora do serviço a empresas estatais de outras esferas políticas). Embora eu, respeitosamente, não concorde com essa tese (sobremodo em razão de concessionárias que são sociedades de economia mista controladas pelo Poder Público, mas de capital majoritariamente privado, que geram lucros aos acionistas e têm competidores em seu setor econômico – por exemplo, água e energia elétrica), tenho como indispensável a consulta aos textos do Mestre e respectiva evolução classificatória: Algumas considerações acerca da concessão de serviço público. *In:* Bandeira de Mello, Celso Antônio (org.). *Estudos em homenagem a Geraldo Ataliba* – 2 – Direito Administrativo e Direito Constitucional. São Paulo: Malheiros Editores, 1997, p. 470-487; *Concessões de serviços públicos.* São Paulo: Dialética, 1997, p. 69-78; *Teoria geral das concessões de serviços públicos, op. cit.*, p. 121-125; *Curso de Direito Administrativo, op. cit.*, 15. ed., p. 433-436. Para uma perspectiva geral dos pactos interadministrativos, v. LEITÃO, Alexandra. Os contratos interadministrativos. *In:* GONÇALVES,

Já naqueles serviços em que há previsão expressa da possibilidade de sua exploração também mediante autorização instala-se a terceira hipótese. A Constituição fixa a regra e transfere ao legislador ordinário a competência para decidir se o serviço será: *ou* prestado única e diretamente pela União (sob regime imaculado de direito público nos casos de *régie directe* ou sob regime de direito privado administrativo se criada pessoa nos termos art. 173 da Constituição); *ou* prestado mediante outorga pela União a particulares, através de concessões e permissões de serviços públicos (regime de direito privado administrativo, com aplicação do art. 175 da Constituição, Lei Geral de Concessões e lei setorial específica); *e/ou* prestado pelas pessoas privadas mediante autorizações (regime de direito privado administrativo, com aplicação da respectiva lei setorial).[94]

Se na primeira e na segunda modalidades de prestação de serviços públicos (diretamente ou só por concessões e permissões) o que existe é um regime público que pode sofrer mescla com normas privatísticas excepcionais (*funcionalizadas* em vistas dos deveres públicos), na terceira espécie há um regime privado diferenciado por normas publicísticas excepcionais – inclusive e especialmente quanto ao acesso e ao desempenho.

Assim, a autorização prevista nos arts. 21 e 223 da Constituição é categoria *sui generis* de outorga de específicos serviços imputados ao Estado, que não se submeterão ao mesmo regime da concessão e da permissão – mas sim àquele regime jurídico positivado pelo legislador ordinário.[95] A diferença, portanto, está no negócio jurídico que reveste o ato de outorga (e na desnecessidade do requisito da licitação). Ao contrário das autorizações de outrora, nas atuais de serviços constitucionalmente imputados ao Estado o ponto de partida é o setor público dos meios de produção: aqui o particular não é meramente liberado para fazer aquilo que lhe apraz, mas sim se lhe outorga nova condição, inserindo-o noutro setor. Não se acentua a carga *declaratória* da autorização clássica, mas sim a natureza *constitutiva* do ato administrativo que permite ao agente privado desenvolver, sob regime de direito privado administrativo, certa atividade atribuída normativamente ao Estado.

Pedro (org.). *Estudos de contratação pública – I.* Coimbra: Coimbra Editora, 2008, p. 733-779; DI PIETRO, Maria Sylvia Zanella. *Parcerias na Administração Pública, op. cit.,* 5. ed., p. 71-75. A respeito do crepúsculo dessa ordem de pactos interadministrativos, bem estampada nas Leis nº 11.445/2007 e 14.026/2020, e respectivo velório dos "contratos de programa" v. MOREIRA, Egon Bockmann. O novo marco legal do saneamento e a impossibilidade de prorrogação dos contratos de programa. *Blog Zênite.* Disponível em: https://zenite.blog.br/o-novo-marco-legal-do-saneamento-e-a-impossibilidade-de-prorrogacao-de-contratos-de-programa/. Acesso em: 25 dez. 2021.

94 Com maior precisão, Jacintho Arruda Câmara defende: "Não seria concebível que a lei, pura e simplesmente, eliminasse a incidência do regime de direito público sobre uma atividade reservada pela Constituição à atuação do Estado. Todavia, isto não significa dizer que ao legislador ordinário não cabe qualquer papel em relação à disciplina jurídica de tais atividades. (...). Em tese, é possível afirmar que: (a) o legislador ordinário pode submeter parte das atividades reservadas no texto constitucional ao Estado a regime de direito privado; (b) esta competência é de natureza dinâmica, e pode sofrer adaptações ao longo do tempo; (c) para tanto, não pode esvaziar o conteúdo mínimo que a Constituição buscou dar ao dever do Estado de ser o responsável, em termos gerais, por aquela atividade; (d) sendo assim, o juízo do legislador, nesta matéria, é passível de controle judicial, para aferição da obediência aos termos constitucionais" (*Tarifa nas concessões, op. cit.,* p. 90-91 (nota 17)).

95 O setor de telecomunicações deu margem a intensas discussões a propósito da autorização dos serviços. A respeito de suas peculiaridades no Brasil, v.: Faraco, Alexandre. *Regulação e Direito Concorrencial:* as telecomunicações. São Paulo: Cultural Paulista, 2003, p. 106-133; Xavier, Helena de Araújo Lopes. *O regime especial da concorrência no Direito das telecomunicações.* Rio de Janeiro: Forense, 2003, p. 30-56; MARQUES NETO, Floriano de Azevedo. Direito das telecomunicações e ANATEL. *In:* SUNDFELD, Carlos Ari (coord.). *Direito Administrativo Econômico.* 1. ed. 2. tir. São Paulo: Malheiros Editores, 2002, p. 314-316; CÂMARA, Jacintho Arruda. *Tarifa nas Concessões, op. cit.,* p. 89-92.

Por isso que estas autorizações não apenas *autorizam*, mas igualmente *obrigam*. Será a normatividade específica dos respectivos setores econômicos que definirá a prestação submetida ao regime da autorização (suplementar e/ou concorrencial àquela exercida em regime direto ou de concessão), bem como o desenvolvimento da atividade autorizada. Ou seja, a autorização não pode implicar uma licença para que o particular desenvolva sua atividade ao livre talante, se e quando decidir. Quando autorizado e depois de assinar o respectivo contrato (de adesão), o particular deve cumprir o prometido, sob pena de transformar o pacto numa "autorização de papel", que apenas impede que outras sociedades empresariais desenvolvam a mesma atividade no mesmo espaço (ou seja, uma barreira de entrada derivada do abuso de direito).

Logo, a autorização é uma terceira alternativa para o desenvolvimento das atividades imputadas ao Poder Público pela Lei Magna (ou por meio de legislação infraconstitucional), que não existirá de forma autônoma, tal como se o ponto de partida fosse o domínio privado. Mas essa autorização poderá ser implementada sob regime jurídico especial de direito privado administrativo, configurando, assim, atividade econômica especialmente regulada (acesso, prestação, preços, universalidade, número de autorizados, localização geográfica, deveres de universalização etc.).[96]

Caso a legislação ordinária reserve a prestação do serviço público exclusivamente à União, dúvida não haverá a respeito do regime jurídico e da pessoa que executará a tarefa pública. Se o legislador optar só pelo regime de concessões comuns e permissões, aplica-se a Lei nº 8.987/1995, especificada (ou não) pela legislação que regular o respectivo setor econômico. Se a lei infraconstitucional positivar a possibilidade de autorizações (o que se dará com exclusividade nas hipóteses literais do texto constitucional) poderá haver a convivência (e competição) de pessoas autorizadas com concessionários, permissionários e outros autorizados para a prestação do mesmo serviço – todos desenvolvendo o empreendimento sob o regime de direito privado administrativo.

Dentre estas alternativas, a prestação das atividades trazidas nos arts. 21, XI e XII, e 223 por meio de autorizações é a que merece ser vista com maior cuidado e exige fundamentação específica (normativa e regulamentar). Da dicção constitucional resulta que determinados setores econômicos originalmente públicos (serviços com vínculo orgânico com a União, que deles é titular), a depender da configuração dada a eles pelo legislador ordinário, podem se tornar acessíveis aos empresários privados – tudo conforme os requisitos que serão prefixados em lei (e regulamento). A seu tempo, estes agentes econômicos desenvolverão sua atividade empresarial de acordo com limites e objetivos fixados na lei e no regulamento setorial que lhes possibilitou o acesso a tal mercado, bem como em cumprimento ao clausulado contratual. As autorizações brasileiras dessa ordem de atividades econômicas aproximam-se da família europeia "das novas *licenças com encargos de serviço público* (*v.g.*, no sector da energia eléctrica) ou de *serviço universal* (sector das telecomunicações), que, apesar de se afastarem de

---

96 A propósito dessa ordem de regime especial para a regulação de atividades que prestem serviços coletivos de interesse social, v. Moreira, Vital. *Autorregulação profissional e Administração Pública*. Coimbra: Livraria Almedina, 1997, p. 37-39.

algumas características típicas das autorizações permissivas, não deixam todavia de integrar a figura geral das autorizações".[97]

Mais que isso: o acesso a tal mercado poderá ser instruído com uma cesta de prestações a serem cumpridas pelo futuro autorizado (compartilhamento de infraestrutura, regime especial de controle, serviço universal, encargos de serviço público, prazo certo de execução de obras, encargos ambientais etc.). O sujeito privado sabe de antemão que, caso deferida a autorização por ele requerida, deverá se submeter à lista de encargos predefinida no regime estatutário do serviço – e, assim, será supervisionado pela autoridade competente, fiscalização essa que deverá ser ativa e eficiente: de nada valerá conceder uma autorização específica caso a pessoa privada abandone o projeto empresarial à própria sorte, sem cumprir tempestivamente as obrigações assumidas no contrato de adesão. Quando muito, essa ordem de "autorizações de papel" implica barreiras à entrada de novos agentes econômicos naquela atividade constitucionalmente tida como de relevância pública (afinal, a Constituição atribuiu a competência à respectiva autoridade pública não como um enfeite de árvore de Natal, mas como algo a ser tornado efetivo na experiência concreta). A carga mandamental precisa ser levada a sério.

A rigor, a autorização tornou-se um *tertium genus*: não é o regime próprio dos tradicionais serviços públicos, nem tampouco do extrato comum a todas as atividades econômicas privadas. Trata-se da autorização para o exercício privado de determinadas tarefas econômicas de titularidade da União que não se submetem restritivamente ao regime das concessões e permissões de serviços públicos.

Já não se trata mais de autorização *nihil obstat*, com efeitos declaratórios, consumativos e instantâneos, a qual simplesmente removeria obstáculos ao exercício da liberdade de iniciativa, com a finalidade de limitar o pessoal em prol do coletivo. Em sede de serviços constitucionalmente atribuídos ao Estado, a autorização não apenas declara um direito do particular, mas, sim, uma carga intensa de deveres e obrigações a serem adequados e tempestivamente cumpridos.

Não obstante em alguns casos a autorização para tais serviços tenha a natureza jurídica de ato vinculado, fato é que ela sempre assume a condição de *ato constitutivo*, ao inserir a pessoa privada em setor jurídico-econômico reservado ao Poder Público, e *mandamental*, ao prescrever um feixe de deveres a serem cumpridos pelo autorizado.

A autorização ora tratada é muito mais densa que aquela de outrora; instala complexo de prestações e deveres para ambas as partes – de execução por parte do autorizado e de supervisão por parte do autorizador. Se a autorização clássica apenas torna possível o exercício de um direito, em sede de serviços públicos a autorização obriga ao exercício do direito que é outorgado pela Administração. Essa criação de nova situação jurídica (que antes não existia e que deixará de existir quando extinta a autorização) é emanada sob regime de direitos, deveres estatutários e obrigações contratuais derivadas do ato administrativo autorizador.

Neste ponto surge uma pergunta relevante: afinal, por que autorizar alguns serviços públicos sob este regime? Seria somente para fugir aos rigores da licitação e da Lei Geral de Concessões? Não há sinal de que a resposta seja tão singela – *so much*

---

[97] GONÇALVES, Pedro; MARTINS, Licínio Lopes. Os serviços públicos económicos e a concessão no Estado regulador, *op. cit., In:* Moreira, Vital (org.). *Estudos de regulação pública – I*, p. 304.

trouble for nothing. A racionalidade aqui é outra, estampada em ordem de motivos assim sintetizada: submeter a prestação de específicos serviços ao regime de direito privado administrativo combinado com exigências típicas de um mercado competitivo. Isso significa que os agentes econômicos se submetem a requisitos para a entrada e a muita regulamentação intrusiva combinada com deveres legais e obrigações contratuais. Em contrapartida, não estão no mundo dos contratos administrativos clássicos e respectiva garantia do equilíbrio econômico-financeiro, mas habitarão espaços contratuais marcados pela ideia de risco (e respectiva matriz de alocação). Além disso, não imperam sozinhos em mercados monopolistas, pois entram em setores públicos onde já há quando menos um operador (desfazendo o eventual monopólio histórico).

Além disso, as autorizações tendem a impor a determinados serviços públicos a dinamicidade tecnológica que incrementa os ganhos de escala em alguns setores econômicos. Logo, aqueles que lá estão sabem que novas exigências virão, não mais oriundas apenas da competição licitatória *ex ante* seguida da estabilidade subjetiva do prestador. As futuras autorizações visam a subverter a estabilidade dos concessionários, que tenderiam a ficar numa situação de conforto por décadas. Estabilidade, essa, que tende a gerar abusos, assimetrias e instabilidade. Na medida em que a qualquer instante pode haver concorrentes, o concessionário histórico terá constantes exigências. Já o ingressante se submeterá a quando menos duas ordens de regras: aquelas do poder autorizatário e as do respectivo mercado (isso sem se falar no regulador independente).

Desta forma confere-se ritmo mais apurado a tais setores de interesse público, sem se curvar às estruturas monopolísticas e sem permitir que haja a redução de um serviço tido constitucionalmente como público às vicissitudes dos mercados. Não se ingressa na cilada do regime público monopolístico, nem na dos mercados não regulados. Autorizar por meio de atos administrativos negociais é menos que conceder e permitir, mas é muito mais que só regular e muitíssimo mais que liberalizar.

A autorização para a exploração de certos serviços sob o regime de direito privado administrativo será vinculada ou discricionária (respeitante dos princípios da isonomia e razoabilidade), como leciona Almiro do Couto e Silva.[98] A depender do caso concreto, ou terá a natureza de *ato administrativo contratual* ou de *contrato administrativo de adesão*.[99]

---

98 COUTO E SILVA, Almiro do. Privatização no Brasil e o novo exercício de funções públicas por particulares. Serviço público 'à brasileira'?, *op. cit.*, *RDA*, 230/69-70.

99 Ambos os temas extrapolam em muito o deste livro. Quanto aos atos administrativos consensuais e contratuais, v.: REALE, Miguel. Atos administrativos negociais. *In: Aplicações da Constituição de 1988*. São Paulo: Saraiva, 1990, p. 133-161; Parejo Alfonso, Luciano; JIMÉNEZ-BLANCO, Antonio; ORTEGA ÁLVAREZ, Luis. *Manual de Derecho Administrativo*. 5. ed. v. 1. Barcelona: Ariel, 1998, p. 750-771; e VIRGA, Pietro. *Il Provvedimento Amministrativo*. 4. ed. Milão: Giuffrè Editore, 1972, p. 41-75.
À luz da legislação de telecomunicações portuguesa, Pedro Gonçalves sustenta que "nada obsta a que o acto jurídico constitutivo do licenciamento seja, em vez de um acto administrativo, um *contrato administrativo*. Supomos aliás que a natureza de algumas obrigações que, nos termos da lei, podem ser 'impostas' aos operadores (*v.g.*, prestação de serviço universal) constituirá seguramente uma oportunidade para contratualizar a relação entre a Administração Pública e o operador" (*Direito das telecomunicações*. Coimbra: Livraria Almedina, 1999, p. 180) – no que é prestigiado por Diogo Freitas do Amaral (*Curso de Direito Administrativo*. Reimpr., v. II, com a colaboração de L. Torgal. Coimbra: Livraria Almedina, 2002, p. 521).
Nada obstante a legislação ordinária brasileira nominar tais autorizações de "contrato de adesão: tenho que se subordinam à categoria que Hely Lopes Meirelles denominou de "atos administrativos negociais". A esse respeito, v. Meirelles, Hely Lopes. Formação, efeitos e extinção dos atos administrativos negociais. *Revista de Direito Administrativo – RDA*, Rio de Janeiro, FGV, 158/15-19, jan. 1984. Disponível em: http://bibliotecadigital.fgv.br/ojs/index.php/rda/article/view/44264/43099, e MOREIRA, Egon Bockmann. Atos administrativos

Porém – e reitere-se –, nas duas alternativas este ato/contrato autorizará o exercício do direito fundamental à liberdade de iniciativa em regime de direito privado administrativo em sua execução, no relacionamento do autorizado com a Administração autorizadora, com os concorrentes na prestação do serviço e os respectivos usuários.

negociais. *In:* Wald, A.; JUSTEN FILHO, M.; PEREIRA, C. A. (org.). *O Direito Administrativo na atualidade:* estudos em homenagem ao centenário de Hely Lopes Meirelles. São Paulo: Malheiros Editores, 2017, p. 363-371.

A ESTRUTURA JURÍDICA DA CONCESSÃO DE SERVIÇO PÚBLICO

§14 Definições legais, seus efeitos e limites

A Lei nº 8.987/1995 adotou a técnica legislativa de apresentar definições-padrão circunscritas aos "fins do disposto nesta Lei".[1] Isso se deu não só no art. 2º, mas o método foi adotado ao longo de toda a Lei Geral: o diploma estipulou o significado que pretende atribuir às expressões nele incorporadas.

Constatação que merece nota prévia, pois traz à lembrança a advertência de Victor Nunes Leal: "Tal é o poder da lei que a sua elaboração reclama precauções severíssimas. Quem faz a lei é como se estivesse acondicionando materiais explosivos".[2] O aviso é posto a lume porque, apesar das vantagens práticas, não é da melhor técnica o arrolamento de definições em texto de lei (a não ser para aquelas curtas e inevitáveis, com caráter didático, a fim de circunscrever a aplicação do conceito à lei que os arrola). A tarefa das leis é a de positivar princípios e regras. À doutrina e à jurisprudência reservam-se a análise do Direito posto, a concentração lógica dos preceitos e a construção jurídica – processo, esse, que exige constante renovação.[3] Logo, as definições legislativas não enclausuram o aplicador do Direito.

Além disso, e se é bem verdade que tais definições têm utilidade prática, não se pode olvidar que, ao extremo, elas configuram *proposições jurídicas não normativas*. "Em si – leciona José de Oliveira Ascensão –, uma definição é sem dúvida um elemento de orientação, mas não é decisiva. Se se verificar que há contradição entre certo instituto jurídico, tal como resulta do regime positivamente estabelecido, e a definição legal, aquele prevalece sobre esta, pois o regime vincula e a definição orienta apenas. Tal contradição verifica-se com frequência, pois definir é uma tarefa extremamente delicada,

1 O mesmo se deu – preste-se bem atenção nisso – na Lei nº 14.133/2021, cujo art. 6º traz nada menos que 60 definições "para os fins desta Lei". O que importa dizer que tais definições da Lei Geral de Licitações e Contratos apenas serão aplicáveis à Lei Geral de Concessões caso venha a incidir o art. 186 daquela lei, por meio da aplicação subsidiária. Ampliar acima, no § 9-A.

2 Leal, Victor Nunes. Técnica legislativa. *In: Problemas de Direito Público.* Rio de Janeiro: Forense, 1960, p. 8.

3 Cf. FERRARA, Francesco. *Interpretação e aplicação das leis.* 3. ed. Trad. de M. A. Domingues de Andrade. Coimbra: Arménio Amado Editor, 1978, p. 174-184.

e os legisladores não se enganam menos que as outras pessoas. Por isso se recomenda de há muito que se evitem as definições. Diz-se: *omnis definitio in jure periculosa est.*"[4]

Claro que esta ressalva não significa advogar a letra morta da lei. Ao contrário, a Lei nº 8.987/1995 tem conteúdo normativo específico, relativo a determinados contratos que desempenham importante função pública. Mas as definições legais não encerram a atividade hermenêutica – ao contrário, instalam desafios. O ponto de partida está em que as definições se prestam a ordenar algumas ideias básicas e sua interpretação exige muito mais que a mera apreciação literal. Impõe-se ao leitor a tarefa de sistematizar e harmonizar sua aplicação com os demais diplomas normativos e a natureza jurídica do instituto, a fim de lhes conferir maior efetividade.

§15 O concedente

Toda a Lei nº 8.987/1995 insiste na locução "poder concedente" – o que traz consigo a visão já ultrapassada das relações hierárquicas postas entre Administração e particulares (como será mais bem examinado nos §§20, 33 e 68). Hoje, o uso do "poder" para denominar as pessoas administrativas é *démodé*, se não equivocado. Por isto que este livro abdicará da palavra "poder" para designar a competência atribuída ao órgão ou entidade concedente do serviço público. Na medida do possível, o texto se valerá apenas da palavra "concedente": aquele que tem a competência de fazer a concessão de um direito a outrem, em vista da titularidade positivada em lei e/ou no contrato.

A ideia de concedente pode ser vislumbrada sob dois ângulos: a pessoa política a quem foi atribuída a titularidade de determinado serviço público *ou* a(s) pessoa(s) de direito público que ocupa(m) o polo ativo do contrato de concessão. A definição do inciso I do art. 2º da Lei nº 8.987/1995 ateve-se ao primeiro sentido da expressão, pois estabelece como concedente "a União, o Estado, o Distrito Federal ou o Município, em cuja competência se encontre o serviço público". A norma definidora das atribuições da pessoa política fixa quem pode conceder determinado serviço público. Todavia, essa compreensão merece ser alargada, pois tem efeitos restritos sobre o tema da concessão de serviço público (não em sede de políticas públicas, mas ao nível da sua implementação fática).

Em primeiro lugar, o dispositivo do art. 2º da Lei Geral de Concessões traduz regra básica de direito administrativo, sintetizada com precisão por Caio Tácito: "A primeira condição de legalidade é a competência do agente. Não há, em direito administrativo, competência geral ou universal: a lei preceitua, em relação a cada função pública, a forma e o momento do exercício das atribuições do cargo. Não é competente quem quer, mas quem pode, segundo a norma de Direito. A competência é, sempre, um elemento vinculado, objetivamente fixado pelo legislador".[5] Afinal – e como leciona Cirne Lima –, "todo serviço público supõe competência do Estado, ou de outra pessoa administrativa, para a sua execução. Essa competência há de ser, por força, exclusiva, já que, se não o fosse, não pertenceria ao Estado, ou à pessoa administrativa como tal".[6]

---

[4] Oliveira, José de Ascensão. *Introdução à Ciência do Direito*. 3. ed., *cit.*, p. 501.

[5] TÁCITO, Caio. *Direito Administrativo*. São Paulo: Saraiva, 1975, p. 26.

[6] LIMA, Ruy Cirne. *Princípios de Direito Administrativo*. 7. ed. São Paulo: Malheiros Editores, 2007, p. 509.

A noção jurídica de competência administrativa, como anotam Gustavo Kaercher Loureiro e Eduardo Cunha da Costa, entrelaça quatro elementos: (i) identificação do seu *objeto* ("o âmbito em que os poderes atribuídos ao sujeito se exercitam"); (ii) identificação do *sujeito* a quem se atribui a competência (a "imputação de titularidade"); (iii) especificação do *tipo* de competência ("como ou para que a competência se manifesta") e (iv) determinação do respectivo *modo de exercício* (procedimentos, formas e métodos de exercício).[7]

O preceito do inciso I do art. 2º da Lei nº 8.987/1995 diz que é concedente aquela pessoa política a quem foi outorgada a titularidade do serviço público. Estabelece quem pode definir a existência de uma concessão e nela ser o concedente. Porém, não se olvide da ressalva feita por Joana Paula Batista: "Se, por um lado, a Constituição legitima a titularidade de determinadas atividades pelo Estado, não se pode esquecer que a competência e o seu exercício são realidades distintas. A competência antecede o exercício de determinada atividade, sendo responsável por legitimar essa atuação".[8] Quem pode conceder um serviço público é primariamente aquela pessoa a quem a norma jurídica comete a respectiva titularidade. Essa imputação normativa deriva da Constituição (*v.g.*: União – art. 21, X, XI e XII; Estados – art. 25, §§1º e 2º; Distrito Federal – art. 32, §1º; Municípios – art. 30, V – combinados com o art. 175) ou dos textos legais que porventura criem novos serviços públicos.

Mas o exame do concedente não se encerra na descoberta da atribuição legislativa da titularidade do serviço público (*quem*). Isso porque, ao conferir essa competência a determinada entidade estatal, a norma jurídica lhe imputa o dever de satisfazer o interesse público definido pelo serviço: a prestação daquela comodidade material às pessoas privadas (*o quê*). Em direito público "competência" é sinônimo de responsabilidade. Em sede de serviço público ela é exercida diretamente ou por meio de contrato com modulação diversa dos demais contratos administrativos (*como*). Aqui entram em cena o contrato de concessão e a respectiva relação jurídica material de direito privado administrativo.

Ocorre que o exercício dessa competência, a qualidade de concedente a ser estampada no polo ativo do contrato de concessão, pode ser atribuído a pessoa diversa daquela definida como titular em sede normativa primária. O polo ativo do contrato de concessão (que encerra uma das partes do contrato: o concedente) pode ser composto por vários sujeitos: União e respectiva(s) autarquia(s), idem quanto a Estados e Municípios,

---

[7] O problema da titularidade dos serviços públicos de saneamento básico e os interesses federativos intermediários. *FGV-CERI*. Disponível em: https://ceri.fgv.br/sites/default/files/publicacoes/2021-09/titularidade-dos-serivcos-de-saneamento.pdf.

[8] BATISTA, Joana Paula. *Remuneração dos serviços públicos*. São Paulo: Malheiros Editores, 2005, p. 23. Em sentido semelhante, Gustavo Kaercher Loureiro e Eduardo Cunha da Costa desenvolvem o conceito de titularidade em sentido amplo (a imputação, por uma norma do direito, de um estado de coisas jurídico – uma prerrogativa, uma competência, um direito subjetivo, uma pretensão, um ônus, um dever etc. – a alguém – um sujeito de direito, público ou privado"), em sentido estrito (a imputação de uma competência a determinado sujeito estatal") e "numa acepção ainda mais restrita (...) o termo significa a imputação de espécie muito peculiar de competência: justamente aquela que envolve a atribuição, ao sujeito, de uma tarefa prestacional (atividade econômica)". (O problema da titularidade dos serviços públicos de saneamento básico e os interesses federativos intermediários. *FGV-CERI*. Disponível em: https://ceri.fgv.br/sites/default/files/publicacoes/2021-09/titularidade-dos-serivcos-de-saneamento.pdf).

ou a múltipla combinação de uns e outros, como no caso dos convênios e consórcios do art. 241 da Constituição brasileira.

O que merece ressalva é a necessidade de a alternativa concessionária ser previamente definida por meio de políticas públicas, sob cometimento das respectivas pessoas políticas. "A construção e o estabelecimento das grandes infraestruturas pressupõem uma planificação à escala nacional: é necessário projectar, programar, determinar ou decidir quando, onde e em que termos deve ser efectuada a construção e o estabelecimento. Posteriormente, é ainda necessário decidir acerca da sua gestão ou exploração."[9] Concessões de serviços públicos são projetos de longo prazo, estruturais para o desenvolvimento nacional. Na medida em que seus efeitos se desdobrarão durante décadas, incidindo em setores essenciais a mais de uma geração de brasileiros (que arcarão com os respectivos custos), quem pode primariamente decidir a respeito da oportunidade e conveniência de determinados serviços serem explorados (ou não) sob o regime concessionário comum é a Administração Central, por meio de seu órgão superior.

Devido à imputação constitucional da titularidade do serviço público, bem como em decorrência de sua autonomia político-administrativa, "assiste a cada pessoa política competência para elaborar as normas *específicas* que disciplinam suas respectivas concessões" – leciona Benedicto Porto Neto.[10] As normas nacionais poderão ser minudenciadas pelas entidades federativas – o que traz consigo a possibilidade de ampliação do polo ativo dos contratos de concessão (por exemplo, o compartilhamento da posição contratual de concedente com uma autarquia estadual). Logo, há vinculação entre o contrato de concessão e o estatuto jurídico do respectivo serviço público.

Na medida em que o rol do inciso I do art. 2º da Lei Geral não é exauriente, é de todo válido que tais normas específicas resultem na atribuição do título de concedente a pessoa diversa daquelas ali consignadas. Ou que essa condição seja oriunda de ato administrativo que transfira não a titularidade do serviço, mas o exercício da condição de concedente (por exemplo, da União para o Estado num convênio, ou de vários Municípios para o consórcio público).

Também por isso que, ao enumerar as pessoas políticas como concedentes, a Lei nº 8.987/1995 não exaure o rol de sujeitos que podem ocupar o polo ativo dos contratos de concessão.[11] O dispositivo é incompleto no que respeita ao exercício da competência. Daí por que a locução legal "poder concedente" deva ser lida como *a(s) unidade(s) administrativa(s) que concentra(m) a competência e as atribuições relativas à escolha pública do modelo concessionário e à outorga do serviço público e/ou da obra a ser concedida.*

Já no que diz respeito à relação jurídica definida em cada um dos contratos de concessão, a noção de concedente resulta da atribuição, legal, administrativa e contratual, de feixe específico de competências a ser posto em exercício naquele contrato. Nestes

---

9 GONÇALVES, Pedro; MARTINS, Licínio Lopes. Os serviços públicos económicos e a concessão no Estado regulador, *op. cit., In:* Moreira, Vital (org.). *Estudos de Regulação Pública – I*, p. 175.

10 PORTO NETO, Benedicto. *Concessão de serviço público no regime da Lei 8.987/1995:* conceitos e princípios. São Paulo: Malheiros Editores, 1998, p. 49.

11 Em sentido semelhante: Justen Filho, Marçal. *Teoria geral das concessões de serviços públicos, op. cit.*, p. 292-295. Em sentido contrário: Wald, Arnoldo; Moraes, Luíza Rangel de; Wald, Alexandre de M. *O direito de parceria e a Lei de Concessões, op. cit.*, 2. ed., p. 307.

termos, *concedente é aquela(s) unidade(s) administrativa(s) pública(s) que ocupa(m) o polo ativo do contrato de concessão*. A depender da situação fático-jurídica, esse polo ativo pode ser ocupado por uma ou mais pessoas de direito público.

Em todas as hipóteses deve-se ter em mente que o concedente não desempenha o papel de imperador, a emitir ordens unilaterais para cumprimento sem reflexão pelo concessionário. O contrato de concessão não alberga um núcleo monocêntrico de conhecimento técnico e exercício de "poder" (mesmo porque celebra a *autonomia de gestão* do concessionário e a *participação* dos usuários). Tampouco se está diante de contrato de empreitada, em que há um único objetivo a ser atingido em curto prazo, tal como predefinido pela própria Administração contratante desde o edital e respectivos projetos (básico e executivo). A relação jurídica concessionária é muito mais que isso.

A expressão "*poder* concedente", muito embora tradicional, é inadequada, pois as concessões exigem cooperação recíproca, da qual o contrato é o instrumento, num ambiente em que ambas as partes conhecem as minúcias do projeto. Mais que isso: a natureza social do serviço público exige compreensão cooperativo-desenvolvimentista. A situação do concedente antes se assemelha à do maestro da orquestra, em que todos os músicos têm elevada qualificação, conhecem a partitura e seu andamento, o tempo rítmico e a dinâmica da obra a ser executada, mas na qual é imprescindível que seja mantido o equilíbrio quando de sua execução – o que se dá por meio de prerrogativas extraordinárias, não detidas pelos demais membros da orquestra. O exercício do "poder" do maestro tem como objetivo primário a perfeita concretização da partitura.

Tal como as sinfonias, o projeto da concessão somente é revelado quando implementado de fato, como na frase atribuída a H. von Karajan: "Ninguém pode dizer que conhece uma partitura, por mais que a tenha na cabeça, antes de tê-la experimentado na orquestra". É exatamente isso o que se dá em concessões de serviço público: a execução do projeto exige conhecimento técnico, harmonia, ritmo e equilíbrio durante décadas. O concedente há de ter conhecimento, presença e autoridade, jamais opressão nem autoritarismo. Precisa estar consciente de que haverá mutações, a fim de que o projeto de interesse público seja efetivado. Necessita saber que, muito embora possa haver condutas oportunistas (a depender de prova), a boa-fé do concessionário pressupõe o respectivo comprometimento com o longo prazo e o enfrentamento de desafios impostos pela realidade dos fatos. Mesmo porque ninguém pode dizer que conhece o projeto concessionário sem o ter executado (e a experiência revela que não há concessões sem surpresas ao longo de seu prazo).

O projeto concessionário assume outro característico: o concedente é o maestro do projeto gerido por empresário privado que, devido à sua alta qualificação técnica, efetivamente não precisaria de regente externo. Melhor que todos, o concessionário sabe com excelência o que fazer, quando e onde: isso foi provado no processo de licitação e será a chave do êxito para a rentabilidade dos investimentos. Por isso que o concedente deve se aliar ao concessionário, incentivando-o para que se dê a comunhão entre ambos e a transposição imediata de eventuais contratempos, visando à diminuição dos custos e à perfeição da prestação do serviço aos usuários. O mesmo se diga da entidade reguladora dos contratos concessionários – este terceiro, com elevada capacidade técnica e imparcialidade institucional, precisa se conscientizar de que não vive numa bolha, mas deve interagir e compreender tanto as vicissitudes (políticas) a que o poder concedente se submete quanto os desafios (técnicos, financeiros, etc.) que a execução do contrato impõe ao concessionário. Com isso se atenuará a assimetria de informações e se conferirá maior segurança ao futuro do projeto (aprofundar nos §§104 e 105, adiante), bem como se permitirá a solução mais eficaz dos eventuais conflitos que a execução do contrato venha a experimentar (ver §129, mais abaixo).

§16 O concedente e a Administração indireta

Conforme mencionado, a leitura do inciso I do art. 2º não pode gerar a interpretação restritiva que porventura vislumbre o concedente apenas na Administração Central. A lei que cria uma pessoa da Administração indireta pode a ela atribuir determinado serviço público, outorgando-o diretamente ou permitindo a futura transferência por parte da Administração Central. Só a norma legal instala a titularidade do serviço público (e de sua administração), e só ela pode dispor acerca da outorga a terceiros.

Dentre as pessoas jurídicas da Administração indireta, as de direito público (autarquias e fundações públicas) são as que naturalmente podem conceder os serviços a elas atribuídos, vez que são pessoas administrativas.[12] "As autarquias – explica Benedicto Porto Neto – também estão sujeitas às normas da Lei nº 8.987 quando, titulares de serviços públicos, resolvam outorgar sua prestação a terceiros sob o regime de concessão. É que essas pessoas, com personalidade de direito público, podem ser titulares de serviços públicos e, se autorizadas por lei, têm poderes para outorgar sua prestação a terceiros".[13] As autarquias, regulares ou especiais, ocupam posição que as aproxima do conceito de "poder" concedente: um feixe de competências estatais, com características acentuadas de função administrativa, as quais podem praticar atos imediatamente legais que imponham deveres e obrigações às pessoas privadas, inclusive endocontratuais (aproximando-as quer do exercício de poder de polícia administrativo, quer do das relações de especial sujeição – v. adiante, §§36 e 37).

Inclusive, parece ser mais adequada a participação de pessoa da Administração indireta no polo ativo do contrato de concessão, ao menos para nele interagir por meio de estrutura mais ágil e flexível, com conhecimento técnico aprimorado e memória a respeito do serviço concedido. A Administração direta tende a ser apenas reativa, lenta

---

[12] Por exemplo, a Lei nº 10.233/2001 atribuiu à Agência Nacional de Transportes Terrestres – ANTT, como atribuições específicas pertinentes ao Transporte Ferroviário, a competência para "publicar os editais, julgar as licitações e as seleções e celebrar os contratos para exploração indireta de ferrovias, permitida sua vinculação com contratos de arrendamento de ativos ou concessão de uso", "administrar os contratos de concessão e arrendamento de ferrovias celebrados até a vigência desta Lei, em consonância com o inciso VI do art. 24" e "publicar editais, julgar as licitações e celebrar contratos de concessão para construção e exploração de novas ferrovias, com cláusulas de reversão à União dos ativos operacionais edificados e instalados" (art. 25, I, II e III). Já a Lei nº 9.427/1996, com a aplicação que lhe deu o Decreto nº 10.272/2020 (delegação de competência), atribuiu à Agência Nacional de Energia Elétrica – ANEEL o título de poder concedente relativamente aos serviços de energia elétrica. Como será visto adiante, no §16-A, excepcionalmente, empresas estatais e mesmo companhias sob controle de pessoas privadas podem figurar no polo ativo de contratos de concessão, como se dá em alguns casos do setor portuário e do setor de água e saneamento.

[13] PORTO NETO, Benedicto. *Concessão de serviço público no regime da Lei 8.987/1995:* conceitos e princípios, *op. cit.*, p. 51. No mesmo sentido quanto à natureza das pessoas titulares de atividades públicas, v.: BANDEIRA DE MELLO, Celso Antônio. *Curso de Direito Administrativo, op. cit.*, 27. ed., p. 710; e PEREZ, Marcos Augusto *O risco nos contratos de concessão de serviço público, op. cit.*, p. 62-63.

e conservadora, muitas vezes orientada por critérios antes políticos do que técnicos para a solução dos problemas. Além disso, se o Poder Público havia criado específica entidade de atuação, nela concentrando todo seu pessoal qualificado para o manejo das peculiaridades de um setor econômico (ou do serviço público), seria ineficiente suprimir a participação dessa pessoa do contrato de concessão.

Em escritos anteriores, sustentou-se que não haveria lógica em o Estado criar empresa estatal com a finalidade de lhe atribuir a exploração de determinado serviço público para que ela, ao depois, transferisse a execução desse mesmo serviço a pessoa privada extra-Administração (fora as dúvidas quanto à atribuição da titularidade de serviço público para pessoa estatal submetida a regime de direito privado). Isso porque empresas estatais intuitivamente prestar-se-iam a ser concessionárias de serviços públicos, não concedentes. Ao contrário das autarquias (cuja *ratio essendi* é a descentralização administrativa mediante a outorga de atividades públicas). Mais ainda, arguiu-se também o desafio de compatibilizar a concessão do serviço e sua fiscalização com o regime de direito privado do concedente (e de seus servidores). Seria possível que empregados celetistas não estáveis supervisionassem por décadas o contrato de concessão, indo até o ponto do exercício da encampação? Ora, se a empresa estatal é constituída para executar determinado serviço público (sob a tutela da Administração direta), mas em certo momento a concessão se tornar imprescindível, melhor seria extinguir a empresa ou retirar de sua esfera a prestação daquele serviço público.[14] Todavia, fato é que existem leis, prestigiadas pelos órgãos de controle, que autorizam que estatais ocupem o polo ativo de contratos concessionários. O estudo do tema fez com que a compreensão inicial fosse alterada, porém ainda firme na ideia de que pessoas privadas no polo ativo dos contratos de concessão devem ser compreendidas *cum grano salis*: com reserva, a depender de autorização normativa e das exigências do caso concreto.

§16-A O concedente e pessoas jurídicas de direito privado

Desde a Lei nº 11.079/2004, a Lei de PPP (concessões patrocinadas e administrativas), institucionalizou-se no caso brasileiro a legitimidade de pessoas de direito privado (empresas estatais) para figurarem no polo ativo de contratos de concessão. A fim de avançar no tema, tratemos, rapidamente, do estatuto das empresas estatais brasileiras.

A Lei nº 13.303/2016 (estatuto jurídico da empresa pública, as sociedade de economia mista e de suas subsidiárias) não trata de contratos de concessão, tampouco disciplina as situações nas quais as empresas estatais possam figurar como concedente. Mais:

---

14 Essa crítica foi antes lançada contra o parágrafo único do art. 1º da Lei nº 11.079/2004, que arrola toda a Administração indireta, inclusive as "demais entidades controladas direta ou indiretamente" pelo Estado (MOREIRA, Egon Bockmann. Breves notas sobre a Parte Geral da Lei das Parcerias Público-Privadas, *op. cit.*, *RT*, 848/19-25). Na primeira edição deste *Direito das Concessões de Serviço Público*, defendeu-se a impossibilidade de estatais figurarem no polo ativo, inclusive em decorrência do fato de a Lei nº 11.079/2004 ter trazido o elenco expresso dessas empresas estatais resulta um efeito: esse rol não se estenderia para os demais diplomas legislativos (Lei nº 8.987/1995 e Lei nº 9.074/1995). Desde então, em sentido contrário, v. RIBEIRO Maurício Portugal; PRADO, Lucas Navarro. *Comentários à Lei de PPP:* parceria público-privada, fundamentos econômico-jurídicos. São Paulo: Malheiros Editores, 2007 e 2009, p. 58-63.
Já no que importa ao exercício de polícia administrativa por servidores não estáveis, v. a liminar concedida pelo Min. Marco Aurélio na ADI nº 2.310-DF.

esse mesmo diploma exclui o adjetivo "administrativo" dos contratos celebrados pelas empresas estatais. Estas só podem pactuar contratos civis-empresariais, despidos de qualquer resquício de poderes exorbitantes. Desde a positivação da Lei nº 13.303/2016, o regime jurídico dos contratos celebrados por empresas públicas, sociedades de economia mista e suas subsidiárias é só e tão somente de direito privado. Elas não dispõem de competência que lhes permita celebrar contratos administrativos em sentido estrito (como, aliás, é literal nos arts. 1º, §1º, e 68 da Lei nº 14.133/2021).[15] A lógica é outra.

Como anotou Alécia Bicalho, a Lei das Empresas Estatais "estrutura-se em dois eixos temáticos principais – os mecanismos de governança corporativa e compliance, e as licitações e contratos".[16] Ideias fulcrais que interagem entre si e permitem a interpretação harmônica dos dispositivos legais. Trata-se de legislação que se afasta do regime de direito público e cria alternativas de implementação de soluções próprias da iniciativa privada. A constatação nada tem de superficial ou limitada, eis que foi deslocado o eixo central dessa ordem de negócios jurídicos, instalando alternativas contratuais que se pautam pela necessária criatividade ínsita a empreendimentos empresariais. Opções guiadas pelos conceitos intercomplementares de governança corporativa e *compliance*: a transparência no alinhamento e conciliação dos interesses da organização, diretores e sócios, atenta aos órgãos de regulação e fiscalização, lado a lado com a obediência a normas éticas e legais que prestigiem boas práticas de integridade.[17]

Isso posto, como ficam as empresas estatais caso se cogite de sua participação no polo ativo de contratos concessionários? A resposta não está na Lei das Empresas Estatais, que não alberga, mas tampouco veda os contratos de concessão. Parece-me haver requisitos extraordinários, oriundos de leis especiais, individualizadoras quer dos contratos em si mesmos (como a Lei nº 11.079/2004 e as concessões administrativas e patrocinadas), quer de determinados negócios jurídicos (em razão do específico setor econômico e feixe de contratos nele albergados). O artigo 11-A da Lei nº 11.445/2021, com a redação que lhe foi dada pela Lei nº 14.026/2020, traz hipótese expressa nesse sentido, abrindo as alternativas para as parcerias público-privadas e subconcessões.[18]

---

15 Sobre o regime contratual das empresas estatais e a não aplicação de cláusulas exorbitantes, vide ARAGÃO, Alexandre Santos de. *Empresas estatais:* o regime jurídico das empresas públicas e das sociedades de economia mista. Rio de Janeiro: Forense, 2017, p. 254-255. Ampliar em: MOREIRA, Egon Bockmann, GARCIA, Flavio Amaral, *Contratos Administrativos na Lei de Licitações, cit.*, p. 136-152; Moreira NETO, Diogo de Figueiredo. O futuro das cláusulas exorbitantes nos contratos administrativos. *In:* ARAGÃO, Alexandre Santos de; MARQUES NETO, Floriano de Azevedo (coord.). *Direito Administrativo e seus novos paradigmas*. 2. ed. Belo Horizonte: Fórum, 2016, p. 545-563; Câmara, Jacintho Arrud; SOUZA, Ana Paula Peresi de. Existem cláusulas exorbitantes nos contratos administrativos?. *Revista de Direito Administrativo – RDA*, 279/185-208 (Disponível em: https://bibliotecadigital.fgv.br/ojs/index.php/rda/article/view/82011. Acesso em 26 dez. 2021).

16 Lei de Responsabilidade das Estatais. Disponível em: https://www.jmleventos.com.br/arquivos/news/newsletter_adm_publica/arquivos/ANEXO_1_48_01.pdf.

17 Cf. CRISTÓVAM, José Sérgio da Silva; BERGAMINI, José Carlos Loitey. Governança corporativa na Lei das Estatais: aspectos destacados sobre transparência, gestão de riscos e compliance. *Revista de Direito Administrativo – RDA*, 278/179-210. Rio de Janeiro: FGV, maio/ago. 2019 (Disponível em: http://bibliotecadigital.fgv.br/ojs/index.php/rda/article/view/80054/76588); PINHO, Clóvis Alberto Bertolini de; RIBEIRO, Márcia Carla Pereira. Corrupção e compliance nas empresas públicas e sociedades de economia mista: racionalidade das disposições da Lei de Empresas Estatais (Lei nº 13.303/2016). *Revista De Direito Administrativo – RDA*, 277/241-272. Rio de Janeiro: FGV, jan./abr. 2018. (Disponível em: http://bibliotecadigital.fgv.br/ojs/index.php/rda/article/view/74808/71636).

18 "Art. 11-A. Na hipótese de prestação dos serviços públicos de saneamento básico por meio de contrato, o prestador de serviços poderá, além de realizar licitação e contratação de parceria público-privada, nos termos da Lei nº 11.079, de 30 de dezembro de 2004, e desde que haja previsão contratual ou autorização expressa do titular dos serviços, subdelegar o objeto contratado, observado, para a referida subdelegação, o limite de 25% (vinte e

Aliás, foi Fernando Vernalha Guimarães quem lançou o alerta de que: "De modo peremptório, não se pode recursar a hipótese de pessoas de direito privado titularizarem certas funções integradas no plexo de competências que caracteriza um poder concedente". E, mais adiante, ao tratar da fiscalização por parte do concedente, assinala que da Constituição "não se tira um princípio de *indelegabilidade* do poder de polícia a entes dotados de personalidade jurídica de direito privado. (...) Quando a Constituição autoriza a delegação de serviço público aos privados (art. 175), por exemplo, está a autorizar a absorção por uma entidade privada de certas parcelas do poder de polícia (...)"[19] Ou seja, o tema admite interpretações que ajustem a presença de pessoas privadas – estatais ou não – nos contratos de concessão, inclusive com desdobramentos perante terceiros.

Por exemplo, a Lei de Portos torna válido que o concessionário ocupe, ao mesmo tempo, o polo passivo no contrato de concessão e o polo ativo nos contratos de arrendamento portuário, sendo concessionário num e arrendador noutros (Lei nº 12.815/2013, arts. 4º a 5º-C, c/c Lei nº 10.233, art. 27, incs. XV, XVI e XXVI), que tradicionalmente são contratos sob o regime publicista (ao contrário dos da Lei nº 13.303/2016), chegando a ser qualificados de subconcessão ("imprópria") de serviço público.[20] Mas agora tais subconcessões podem migrar do regime público para o privado, a depender da modelagem do projeto.[21] No caso brasileiro, são empresas estatais a maioria das concessionárias portuárias – e muitas delas estão em vias de ter o seu poder de controle alienado para empresas privadas não estatais.

Em específico no caso Companhia Docas do Espírito Santo (Codesa), o TCU efetivou longa e minuciosa análise do processo de desestatização por meio da venda do poder de controle da companhia estadual que ocupa o polo passivo do contrato de concessão (e ativo nos de arrendamentos portuários). O modelo previsto atribui à concessionária

---

cinco por cento) do valor do contrato. § 1º A subdelegação fica condicionada à comprovação técnica, por parte do prestador de serviços, do benefício em termos de eficiência e qualidade dos serviços públicos de saneamento básico. § 2º Os contratos de subdelegação disporão sobre os limites da sub-rogação de direitos e obrigações do prestador de serviços pelo subdelegatário e observarão, no que couber, o disposto no § 2º do art. 11 desta Lei, bem como serão precedidos de procedimento licitatório. § 3º Para a observância do princípio da modicidade tarifária aos usuários e aos consumidores, na forma da Lei nº 8.987, de 13 de fevereiro de 1995, ficam vedadas subconcessões ou subdelegações que impliquem sobreposição de custos administrativos ou gerenciais a serem pagos pelo usuário final. § 4º Os Municípios com estudos para concessões ou parcerias público-privadas em curso, pertencentes a uma região metropolitana, podem dar seguimento ao processo e efetivar a contratação respectiva, mesmo se ultrapassado o limite previsto no *caput* deste artigo, desde que tenham o contrato assinado em até 1 (um) ano. § 5º (VETADO). § 6º Para fins de aferição do limite previsto no *caput* deste artigo, o critério para definição do valor do contrato do subdelegatário deverá ser o mesmo utilizado para definição do valor do contrato do prestador do serviço. § 7º Caso o contrato do prestador do serviço não tenha valor de contrato, o faturamento anual projetado para o subdelegatário não poderá ultrapassar 25% (vinte e cinco por cento) do faturamento anual projetado para o prestador do serviço."

19 *Concessão de serviço público*. 2. ed., *cit*., p. 158 e p. 161, respectivamente.

20 Cf. Justen Filho, Marçal. *Teoria geral das concessões de serviço público, op. cit*., p. 524; Schirato, Vitor Rein. As infraestruturas privadas no novo marco setorial de portos. *In:* MOREIRA, Egon Bockmann (coord.). *Portos e seus regimes jurídicos*. Belo Horizonte: Fórum, 2014, p. 325-343; MARQUES NETO, Floriano de Azevedo. Concessões Portuárias. *In:* MOREIRA, Egon Bockmann (coord.). *Portos e seus regimes jurídicos, op. cit*., p. 263-273.

21 Sobre tais peculiaridades do setor portuário brasileiro e seus atuais desafios, v. MAYER, Giovana. Notas sobre o regime dos portos brasileiros. *In:* MOREIRA, Egon Bockmann (coord.). *Portos e seus regimes jurídicos, op. cit*., p. 75-110; GARCIA, Flavio Amaral; FREITAS, Rafael Véras de. Portos brasileiros e a nova assimetria regulatória: os títulos habilitantes para a exploração da infraestrutura portuária. *In:* MOREIRA, Egon Bockmann (coord.). *Portos e seus regimes jurídicos, op. cit*., p. 221-261.

privada o desempenho das "funções administrativas" do porto e respectiva exploração indireta das instalações portuárias (por meio dos arrendamentos e outras figuras contratuais), nos termos do art. 20, 21 e 22 do Decreto nº 8.033/2013 (que regula a Lei nº 12.815/2013), combinado com o art. 25 da Lei nº 8.987/1995 (de aplicação subsidiária). A futura concessionária, sucessora da empresa estatal, portanto, efetivará a gestão do ambiente portuário (porto organizado), dos serviços desse condomínio e, em especial, a coordenação das operações portuárias efetivadas por terceiros. Em contrapartida, quem exercerá a fiscalização do contrato de concessão será a Agência Nacional de Transportes Aquaviários – ANTAQ (Lei nº 10.233/2001), assim como fará a regulação e eventual aplicação de penalidades.[22]

Bem vistas as coisas, esse ingresso de pessoas privadas no polo ativo de contratos de concessão – ou no passivo de concessões e ativo de subconcessões – trará consigo a criação/admissão de pessoas privadas a exercer *(parcialmente)* funções administrativas. "A delegação privada ('private delegation') – anota Pedro Costa Gonçalves –, quer dizer, a entrega a particulares da responsabilidade pela execução de funções e tarefas da responsabilidade do Estado coloca estas entidades numa situação que, mais do que mera *colaboração*, assume as feições de uma *substituição* do Estado na execução de tarefas deste."[23] Sublinhe-se, portanto, a diferença: uma realidade é o concessionário gerir bens e prestar serviços aos respectivos usuários; outra, é "o desempenho das funções de administração do porto" (Decreto nº 8.033/2013, art. 20) e, nessa condição, figurar no polo ativo de arrendamentos portuários. Desafios equivalentes existirão, portanto, quando pessoas privadas receberem a delegação para se tornar concedentes em contratos de bens e serviços públicos.

§17 O concedente e "convênios de serviço público"

Igualmente é viável que a legislação autorize a transferência de uma para outra pessoa política da administração e exploração de determinado serviço público (a titularidade do serviço persiste com aquela a quem ele foi originalmente atribuído) – o que concretizará a gestão associada de serviço público mediante convênio. Isso tanto pela lei que criar novo serviço público como por leis específicas que instalem a possibilidade de transferência dos serviços previstos na Constituição (pelo meio formal dos convênios de cooperação).

---

22 Processo TC nº 029.883/2017-2, Plenário, Min. Bruno Dantas, j. 08.12.2021. Sobre esse novo modelo, ampliar em: FERNANDES, Felipe Nogueira; Pinheiro, Bruno de Oliveira. A concessão de portos organizados: o caso CODESA. *In:* CHAVES Mauro Cézar Santiago; ÁVILA, Natália Resende Andrade (coord.). Direito e infraestrutura no Brasil: temas relevantes nos setores aéreo e portuário. *Publicações da Escola da AGU*, Brasília, 13(4), dez. 2021/fev. 2022. Disponível em: https://seer.agu.gov.br/index.php/EAGU/issue/view/170/339; FREITAS, José Carlos Higa de. Comentários aos arts. 5º-B e 5º-C. *In:* MILLER, Thiago Testini de Mello; RÊNIO, Lucas; Silva Aline Bayer da (ed.). *Comentários à Lei 12.815/2013*. São Paulo: Telha, 2020.

23 *Manual de Direito Administrativo*, v. I. Coimbra: Almedina, 2019, p. 740. Ampliar no magistral livro do mesmo autor, *Entidades privadas com poderes públicos* (Coimbra: Almedina, 2005). Ver também todo o Capítulo 4 do livro organizado por Diego Jacome Valois Tafur, Guilherme Jardim Jurksaitis e Rafael Hamze Issa (*Experiências práticas em concessões e PPP*, v. II. São Paulo: Quartier Latin, 2021), que conta com artigos tratando do exercício de funções administrativas pelas concessionárias, da autoria de Fernando Menezes de Almeida (funções públicas por empresas concessionárias), Karlin Olbertz Niebuhr (desapropriações feitas por concessionárias); Rafael Hamze Issa (desapropriações feitas por concessionárias) e Rafael Wallbach Schwind (poder de polícia exercido por concessionárias).

Em ambos os casos, o diploma autorizador e o convênio devem obediência aos arts. 18, 23, parágrafo único, e 241 da CF e, na hipótese de o convênio envolver a União, ao art. 10, §§1º, "b", e 5º, do Decreto-Lei nº 200/1967, e Decreto nº 6.170/2007 (com as modificações vindas do Decreto nº 10.426/2020 e especificação na Portaria Interministerial nº 424/2016). Note-se que a Lei nº 11.107/2005 – consórcios públicos – e o Decreto nº 6.017/2007 (art. 2º, VIII, IX, XIII, XIV e XV) trazem importantes preceitos quanto aos convênios de cooperação e à prestação de serviço público em regime de gestão associada.

O convênio distingue-se claramente do consórcio público (examinado no §18, a seguir). O convênio é acordo de cooperação celebrado entre pessoas políticas, sem a necessidade da constituição de pessoa jurídica autônoma que o administre. Quem administra, licita e assina o contrato de concessão de serviços públicos conveniados são as próprias entidades conveniadas (uma só ou todas, a depender do ajuste), enquanto no consórcio há a realização em comum de determinada atividade por meio de pessoa jurídica constituída para tanto. A relação entre os conveniados gira em torno de um fim específico: por meio do convênio são estabelecidas metas cujo alcance interessa a todas as partes públicas envolvidas, que para isso conjugam esforços.

Por exemplo, a Lei nº 9.277/1996, regulamentada pelo Decreto nº 2.184/1997, instituiu a possibilidade de convênios de cooperação ao autorizar a União a "delegar aos Municípios, Estados da Federação e ao Distrito Federal a administração e exploração de rodovias e portos federais".[24] Aqui se dá a permissão legal para a celebração de convênios de cooperação entre pessoas políticas no setor de portos e rodovias federais. Todas essas pessoas têm autonomia recíproca para isso (CF, arts. 1º e 18).[25] A depender do teor do convênio, àquela que receba a outorga poderá ser atribuída a condição de concedente. Mais que isso: o convênio poderá ser firmado pelos órgãos da Administração direta (por exemplo, União = Presidência da República; e Estado = Governo Estadual) com a participação das pessoas da Administração indireta a quem a lei atribuiu aquele serviço público (por exemplo, DNIT, ANTT ou ANTAQ e a respectiva autarquia estadual), transferindo-se diretamente para a autarquia estadual a função e a qualificação contratual de concedente (com todos os poderes e deveres daí decorrentes, à exceção da titularidade do serviço). Tudo isso a depender das pessoas e serviços envolvidos, mas se existir lei que atribua a exploração de tais serviços a pessoa da Administração indireta será imprescindível que o convênio seja plurilateral.[26]

---

[24] A rigor, não se trata exatamente de delegação. Quem delega constitui e impõe (normalmente de modo unilateral), ao passo que o convênio exige a anuência das partes (e o mesmo se dará no futuro contrato de concessão, que existe devido ao livre ato de vontade do concessionário). Como observa Régis Fernandes de Oliveira, "a *celebração de convênio*, como previsto pela Constituição Federal, *não se confunde com a delegação administrativa*. A previsão constitucional é diversa e o regime jurídico é diferente. Convênio é acordo que se celebra quando há manifestação de vontade convergente dos partícipes. Na delegação, a outorga independe da vontade do delegado" (*Delegação e avocação administrativas*. 2. ed. São Paulo: RT, 2005, p. 31-32).

[25] Por exemplo, por meio da Lei nº 20.668/2021, o Estado do Paraná delega a gestão de rodovias estaduais à União, a fim de que trechos de rodovias federais e estaduais sejam integrados por meio de contratos de concessão nos quais figurará como concedente a Agência Nacional de Transportes Terrestres – ANTT.

[26] Ambos, convênio e consórcio, constituem o que Diogo de Figueiredo Moreira Neto denominou de "prestação complexa de serviços públicos", em que *pessoas se associam para realizar a mesma prestação*, tendo, ao menos uma delas, competência administrativa para fazê-lo, comportando delegações complexas recíprocas" (*Curso de Direito Administrativo*. 15. ed., p. 483). Com as devidas ponderações, as figuras aproximam-se das *concessões multilaterais* europeias, "as que criam uma relação entre um concessionário e vários concedentes: é o que sucede por exemplo quando várias pessoas públicas (*v.g.*, vários Estados) assumem, num mesmo contrato de concessão, a posição

Através dos convênios de cooperação o titular do serviço transfere à pessoa política conveniada não a titularidade dele (o que seria inválido), nem sua execução (pois não se trata de concessão), mas, sim, o feixe de atribuições que caracteriza a competência para a exploração daquele serviço público. O convênio instala relação jurídica de coordenação entre as pessoas políticas, não subordinação hierárquica (o que violaria o princípio federativo). O conveniado-outorgado converte-se em concedente para todos os fins do futuro contrato de concessão de serviço público – estabelecendo-se rede de direitos e deveres em face de todos os signatários do documento. O que dependerá, sobretudo, do teor da legislação autorizadora, bem como do convênio firmado.

Reforce-se que o convênio de cooperação não pode envolver a transferência da titularidade do serviço. Mesmo entre pessoas políticas, quem outorga o feixe de atribuições representativo da pessoa concedente permanece titular dos bens e serviços e pode até decretar a caducidade do convênio, a depender de eventuais desvios praticados pelo conveniado-outorgado (vícios omissivos ou comissivos).

O conveniado-outorgante deve permanecer com reserva de poderes de supervisão da futura concessão, pois a ele foi normativamente imputado o dever de bem prestar determinado serviço público (muitas vezes exercido com base em bens públicos de sua titularidade). Não seria nem legal nem eficiente a transferência pela qual o conveniado-outorgante pretendesse se despir de toda e qualquer responsabilidade pelo serviço a ser prestado. Independentemente de considerações quanto à sua natureza jurídica (ato complexo ou negócio jurídico de índole contratual), o convênio de cooperação é infralegal. Em qualquer caso persistirá íntegra a norma que cometeu determinado serviço público a específica pessoa pública, que dele persistirá titular. Logo, não é modalidade substitutiva de competências (*ou* uma *ou* outra pessoa política), nem supressora de deveres normativos, mas instala uma relação jurídica integrativa e a responsabilidade compartilhada tanto no que importa aos bens como ao serviço público objeto da outorga (uma *e* outra pessoa política, ambas *ao lado* do concessionário).

Afinal de contas, o conveniente-outorgante será um dos signatários do futuro contrato de concessão (quando menos como interveniente, com ciência inequívoca de todos os termos do pacto). Em termos jurídico-contratuais, poderá ser igualmente concedente para todos os fins de direito, pois integra o contrato. Como será visto adiante (em especial no §20), a relação jurídica da concessão contém o ato de transferência da gestão do serviço a uma pessoa privada. Só pode transferir quem é titular. Logo, uma vez que o convênio de cooperação não abarca a transferência da titularidade do serviço, mas só a competência relativa à sua administração, execução e supervisão (a qualidade contratual de concedente), o contrato de concessão deve ser também assinado pelo conveniado-outorgante (ou, quando menos, a legislação e o convênio em si mesmo devem autorizar a ausência, sem inibir a responsabilidade primária do titular). Claro que não se dará a outorga da execução ao concessionário *per saltum* do conveniado-outorgado: essa outorga dá-se *através deste signatário do convênio.*

---

de concedentes, situação que pode ocorrer quando o serviço objecto da concessão abranja um Estado territorial que excede as atribuições de uma só pessoa pública" (Pedro GONÇALVES., *A Concessão de serviços públicos, op. cit.*, p. 131 – que traz o exemplo do Eurotúnel).

Isso implica a necessária participação do conveniado-outorgante não só na supervisão indireta dos serviços prestados pelo concessionário sob a tutela do conveniado-outorgado, mas, sobretudo, em demandas judiciais que discutam o convênio e/ou o contrato de concessão (máxime naquelas que possam resultar em alterações das cláusulas contratuais ou do equilíbrio econômico-financeiro). Não se pode esquecer que os bens e serviços públicos concedidos persistem na titularidade do conveniado-outorgante – e que sua reversão será feita em favor daquela pessoa que é titular do serviço. Caso o titular constate que seus bens e serviços estão sendo vilipendiados pelo concessionário e/ou destratados pelo conveniado-outorgado, instala-se o dever de rompimento do convênio e retomada dos bens, sob pena de dano ao patrimônio público. Essa omissão indevida pode implicar, inclusive, a responsabilidade do gestor a quem cabe zelar pelos respectivos bens públicos.

Aliás, essa questão já foi analisada em convênio que dá aplicação à supramencionada Lei nº 9.277/1996, ocasião em que o TRF-4ª Região decidiu que: "A União, nos termos da Lei n. 9.277/1996, art. 1º, delegou a administração de rodovias e exploração de trechos de rodovias, ou obras rodoviárias federais. Ora, na delegação transfere-se a execução de serviço público, não a sua titularidade. Assim, persiste o interesse da União na solução desta demanda".[27] Também o STJ já firmou entendimento no sentido de que: "São manifestos os interesses jurídico e econômico da União, que participou, como interveniente, de contrato de delegação da administração e exploração de trechos de rodovia federal no Estado do Paraná".[28] Enfim, o titular do serviço e bens públicos não pode lhes dar as costas, pena de descumprimento do mandamento constitucional que lhe atribuiu tal competência.

§18 O concedente e "consórcios públicos"

Também previsto no art. 241 da CF, o consórcio público é instituto jurídico diverso dos convênios. A Lei nº 11.107/2005 e o Decreto nº 6.017/2007 regulam sua criação entre as pessoas políticas para a realização de objetivos de interesse comum. Os consórcios públicos têm personalidade jurídica própria, pois deverão ser instituídos sob a forma de associação pública ou pessoa jurídica de direito privado (Lei nº 11.107/2005, art. 1º, §1º, combinado com os arts. 41, IV, e 53 a 61 do CC).[29]

---

[27] TRF-4. Região, ACi 2002.04.01.022691-3, Juíza Vânia Hack de Almeida, *DJ* 16.11.2005. No mesmo sentido: Ag nº 2000.04.01.073679-7, Des. Federal Thompson Flores Lenz, *DJ* 2.10.2002, e Ag nº 2004.04.01.010573-0, Des. Federal Valdemar Capeletti, *DJ* 28.9.2005. Em outro acórdão, o TRF-4. Região foi ainda mais incisivo: "A teor das cláusulas do Convênio de Delegação no 15/96, especificamente a cláusula 4ª, há expressamente o dever de acompanhamento e fiscalização do convênio, ou seja, pela condição de anuente e interveniente na delegação, a União e seus órgãos vinculados à temática em tela, mantém sua responsabilidade *in vigilando,* não obstante a transferência da gestão das concessões ao Estado delegatário. Portanto, deve ser reconhecida a legitimidade da União, DNIT e dos órgãos reguladores, passando a responder solidariamente com o Estado do RS, nos termos da ação". (Ap. Civ. 5069100-28.2012.4.04.7100/RS, Des. Federal Rogerio Favreto, j. 18.05.2021).

[28] STJ, REsp nº 848849-PR, Min. José Delgado, *DJ* 26.10.2006. No mesmo sentido: REsp nº 417.804-PR, Min. Humberto Gomes de Barros, *DJ* 10.3.2003; REsp nº 1.103.168-RS, Min. Francisco falcão, *DJe* 27.4.2009; AgR no REsp nº 1.025.754-PR, Min. Herman Benjamin, *DJe* 19.3.2009.

[29] No Brasil, os textos primazes são os artigos de BORGES, Alice González. Os consórcios públicos na sua legislação reguladora. *Interesse Público*, Porto Alegre, Notadez, 32/227-248, jul./ago. 2005; de JUSTEN FILHO, Marçal. Novos sujeitos na Administração Pública: os consórcios públicos criados pela Lei federal 11.107. *In:* OSÓRIO, F. M.; SOUTO, Marcos Juruena Villela (coord.). *Direito Administrativo:* estudos em homenagem a Diogo de Figueiredo Moreira

Leciona Vital Moreira que a característica básica dessa ordem de associação é a de que ela "visa a realizar interesses comuns aos entes consorciados, mas com respeito da titularidade deles pelos seus membros. O consórcio é um instrumento de realização de interesses próprios dos consorciados. São, portanto, essencialmente formas de cooperação e não de fusão, integração ou absorção".[30] Mas aqui se está diante de forma de cooperação que se institucionaliza numa entidade com relativa autonomia em face dos consorciados, os quais exercitam suas respectivas competências por meio do consórcio.

Para diferenciá-los dos convênios, vale o proposto por Floriano de Azevedo Marques Neto: "A distinção que se pode extrair do art. 241 diz respeito ao tipo de cooperação concertada entre os entes. Enquanto no convênio se estabelece uma relação de cooperação em que um ente fornece meios para que o outro exerça suas competências, provendo-o do quanto necessário e transferindo-lhe eventualmente obrigações, no consórcio há uma soma de esforços por meio da qual os entes consorciados, de forma perene, passam a exercer cada qual suas competências através do ente consorcial. Naquele (convênio) delega-se o exercício de uma atividade pública de um ente para o outro. Neste (consórcio) exercem-se conjuntamente as competências de cada ente por um ente por eles integrado".[31]

A premissa para a criação do consórcio público é justamente a existência do *objetivo de interesse comum* a todas as pessoas políticas consorciadas, que, em razão desse escopo, constituem nova pessoa jurídica. A esse consórcio público as leis oriundas de cada um dos consorciados *delegarão* determinadas tarefas públicas, atribuindo-lhe competência para bem executá-las. No que toca aos serviços públicos, o inciso I do art. 3º da Lei nº 11.107/2005 trata da "gestão associada de serviços públicos".

Caso o consórcio dirija-se a finalidades públicas em sentido estrito, a exigir o manejo de potestades públicas, deverá ser constituído sob a forma de associação pública (Lei nº 11.107/2005, art. 6º, I). Somente essa figura pode receber a atribuição legal para futura outorga da concessão, permissão ou autorização de serviço público. O §3º do art. 2º da Lei nº 11.107/2005 prevê a possibilidade da outorga pelo consórcio de "concessão, permissão ou autorização de obras ou serviços públicos mediante autorização prevista no contrato de consórcio público, que deverá indicar de forma específica o objeto da

---

Neto. Rio de Janeiro: Lumen Juris, 2006, p. 671-695; e o parecer de MARQUES NETO, Floriano de Azevedo. Os consórcios públicos. *RDE*, Rio de Janeiro, Renovar, 2/289-340, abr./jun. 2006. Mais recentemente, v. os livros de: Justen Filho, Marçal. *Curso de Direito Administrativo*. 15. ed., *op. cit.*, p. 121-124; ARAGÃO, Alexandre Santos de. *Direito dos serviços públicos*. 4. ed., *op. cit.*, p. 570-573; Carvalho FILHO, José dos Santos. *Consórcios públicos*. Rio de Janeiro: Lumen Juris, 2009, *passim*, e *Manual de Direito Administrativo*. 35. ed., *op. cit.*, p. 231-239; e PIRES, Maria Coeli Simões; BARBOZA, Maria Elisa Braz (coord.). *Consórcios públicos:* instrumento do federalismo cooperativo. Belo Horizonte: Fórum, 2008, passim.

30 Moreira, Vital. *Administração autônoma e associações públicas*, *op. cit.*, p. 360. O tema é bastante debatido na Europa, onde tem outros desdobramentos, como se pode inferir dos textos de: MODERNE, Franck. *Les Conventions de Prestations de Services entre l'État et les Collectivités Locales*. Paris: EFE, 1996, sobretudo p. 49-71; DREYFUS, Jean-David. *Contribution a une théorie générale des contrats entre personnes publiques*. Paris: L'Harmattan, 1997, especialmente p. 282-309; PIAZUELO, Eloy Colom. La gestión de los servicios públicos por las Administraciones locales e el dominio público: posibilidades de articulación. *REDA*, Madri, Civitas, 101/35-70, jan./mar. 1999; Rodrigues, María Concepción Barrero. Algunas reflexiones en torno a la naturaleza jurídica de las entidades supramunicipales. *In:* MORENO, A. Pérez (coord.). *Administración instrumental:* libro homenaje a Manuel Francisco Clavero Arevalo. t. I. Madri: Civitas, 1994, p. 239-261.

31 MARQUES NETO, Floriano de Azevedo. Os consórcios públicos, *op. cit.*, *RDE*, 2/302. Sobre a distinção, v. Carvalho FILHO, José dos Santos. *Consórcios públicos*, *op. cit.*, p. 7-10.

concessão, permissão ou autorização e as condições a que deverá atender, observada a legislação de normas gerais em vigor". A Lei dos Consórcios Públicos foi regulamentada pelo Decreto nº 6.017/2007, cuja Seção IV trata da "Concessão, Permissão ou Autorização de Serviços Públicos" (arts. 20 e 21).

Logo, o consórcio público pode figurar como concedente num contrato de concessão de serviço público. Não se dará um caso de transferência de titularidade do serviço (o que não seria válido), mas, sim, a delegação por todos e cada um dos consorciados de parcela do plexo competencial hábil a qualificar a pessoa jurídica "consórcio público" como concedente do serviço que lhes seja de interesse comum (e assim permitir que o consórcio figure no polo ativo do contrato). A outorga da administração e do exercício do serviço e/ou obra pública é feita a pessoa jurídica de direito público (o consórcio sob forma de associação pública), que é simultaneamente autorizada em leis emanadas por todos e cada um dos consorciados para proceder à respectiva concessão, permissão ou autorização. A Lei nº 11.107/2005 permite que tais pessoas coletivas públicas outorguem concessão, permissão ou autorização desde que previamente definido no contrato de consórcio (arts. 2º, §3º, 4º, XI e alíneas, e 6º, I).

O consórcio público praticará os atos em nome próprio, no estreito limite das competências descritas no protocolo de intenções e que depois lhe foram conferidas pelas leis instituidoras. Para utilizar a conhecida expressão de Pontes de Miranda, o consórcio não representa, mas sim *torna presentes* as pessoas jurídicas que o constituem – existe para dar lhes presença, para o cumprimento exclusivo da finalidade administrativa que lhe deu origem. Seu escopo assemelha-se ao das Sociedades de Propósito Específico – SPEs: o consórcio público é constituído em vista dos objetivos definidos em seu protocolo de intenções. As leis emanadas pelas pessoas consorciadas concedem-lhe competência certa e exauriente. Quem responde pelos atos do consórcio público é ele mesmo, não as pessoas políticas que o constituíram – máxime em casos de mandado de segurança, pois como o STF já decidiu: "Praticado o ato questionado mediante delegação de competência, é o delegado, não o delegante, a autoridade coatora".[32]

A leitura da Lei nº 11.107/2005 à luz da Constituição e conjugada com a Lei nº 8.987/1995 permite concluir que para que se dê a concessão de serviço e/ou de obra pública (ou permissão) será necessário que: (i) o protocolo de intenções do contrato de consórcio identifique esse objetivo e minudencie as competências transferidas para o seu atingimento; (ii) o consórcio seja constituído sob a forma de associação pública; (iii) o serviço e/ou a obra estejam dentre aqueles de competência e interesse comum de todos os consorciados; (iv) existam leis emanadas por cada um dos subscritores do protocolo de intenções que o ratifiquem e atribuam ao consórcio público a competência para conceder ou permitir; (v) o prazo de existência do consórcio público seja proporcional e adequado ao da futura concessão; (vi) a garantia (legal e contratual) de que, caso

---

[32] STF, AgR no MS nº 23.411-DF, Min. Sepúlveda Pertence, *DJ* 9.2.2001 (o acórdão não diz respeito a consórcios públicos). Como consigna o §1º do art. 1º da Lei nº 12.016/2009, que disciplina o mandado de segurança: "§1º. Equiparam-se às autoridades, para os efeitos desta Lei, os representantes ou órgãos de partidos políticos e os administradores de entidades autárquicas, bem como os dirigentes de pessoas jurídicas ou as pessoas naturais no exercício de atribuições do Poder Público, somente no que disser respeito a essas atribuições".
Questão complexa é a do controle dos atos do consórcio público pelos Tribunais de Contas. A esse respeito, v. MOREIRA, Egon Bockmann. Notas sobre os sistemas de controle dos atos e contratos administrativos. *Fórum Administrativo*, Belo Horizonte, Fórum, 55/6.079-6.087, set. 2005.

algum consorciado se retire do consórcio (ou dele seja expulso), ou caso o consórcio seja extinto, esse fato não implique o desfazimento prematuro do contrato de concessão.

Por fim, de se reiterar os alertas quanto ao compartilhamento da responsabilidade pela boa execução do serviço objeto da concessão ou permissão. A institucionalização de um consórcio público não pode implicar a supressão de dever constitucional ou legalmente imputado a pessoas de direito público. Não se imagina que as pessoas políticas consorciadas deem as costas ao serviço e/ou obra a ser executado – como se o interesse deixasse de lhes ser comum devido à criação do consórcio. O dever estatutário de fiel cumprimento do contrato de consórcio (Lei nº 11.107/2005, art. 4º, XII) e a responsabilidade dos consorciados geram equivalentes deveres quanto à supervisão da atividade do consórcio na tutela dos seus objetivos frente ao concessionário e usuários do serviço.

§19 Concessão de serviço público e suas definições

O inciso II do art. 2º da Lei nº 8.987/1995 trata da concessão comum de serviço público, *stricto sensu*. Esta hipótese normativa, devido à exclusão gerada pelo inciso III (bem como aquelas oriundas da Lei nº 11.079/2004), trata de serviços os quais, para serem prestados, não necessitam da prévia (ou simultânea) execução de obra pública por parte do concessionário – quer devido à preexistência da infraestrutura adequada à sua prestação, quer em virtude da sua desnecessidade fática.

Para esta espécie de concessão – a pura e simples de serviços – supõe-se existir toda a base física que possibilite a perfeita prestação do serviço. Quando muito será necessário o investimento em bens móveis (ou em tecnologia da informação; pessoal especializado; projetos etc.), mas não a execução de qualquer atividade cujo resultado possa ser denominado de obra pública.

A definição de concessão, derivada que é da de serviço público, não encontra unanimidade na doutrina (nacional e estrangeira). Na medida em que este livro não tem por objetivo a elaboração de conceitos, mas sim de observações a respeito da aplicação da Lei Geral de Concessões, seguem algumas ideias doutrinárias que ilustram o debate, seguidas do destaque aos seus principais pontos.[33] [34]

---

[33] Segundo Diogo Freitas do Amaral: "A paternidade da expressão 'concessão de serviços públicos' é atribuída ao ilustre administrativista francês Maurice Hauriou, que em 1904 a empregou pela primeira vez em artigo publicado numa revista especializada" (*Curso de Direito Administrativo, op. cit.*, reimpr., v. II, p. 537, nota 995). Os conceitos clássicos de "contrato administrativo", "serviço público" e "concessão de serviço público" em França podem ser vistos em: PÉQUIGNOT, Georges. *Théorie Générale du Contrat Administratif.* Paris: A. Pedone, 1945, p. 72-92; HAURIOU, Maurice. *Précis de Droit Administratif et de Droit Public.* 12. ed. (reed.). Paris: Dalloz, 2002, p. 1.015-1.063; JÈZE, Gaston. *Principios Generales del Derecho Administrativo.* v. II. t. 1 (pp. 71-88), e v. III (p. 361-431). Tradução de Julio N. San Millán Almagro. Buenos Aires: Depalma, 1949; e MESCHERIAKOFF, Alain-Serge. *Droit des Services Publics.* Paris: PUF, 1991, p. 13-92 (com muitas referências).
A evolução quanto à natureza jurídica do contrato de concessão merece ser vista em MONTEIRO, Vera. *A caracterização do contrato de concessão após a edição da Lei 11.079/2004, op. cit.*, p. 14-38 (com amplas referências); MASAGÃO, Mário. *Natureza jurídica da concessão de serviço público, op. cit.*, p. 29-57; Wald, Arnoldo; Moraes, Luíza Rangel de; Wald, Alexandre de M. *O direito de parceria e a Lei de Concessões, op. cit.*, 2. ed., p. 100-104; GONÇALVES, Pedro. *A concessão de serviços públicos, op. cit.*, p. 7-23, 45-49, 101-108 e 177-203; OTERO, Paulo. Coordenadas jurídicas da privatização da Administração Pública. *In:* Nunes, António José Avelãs (org.). *Os caminhos da privatização da Administração Pública.* Coimbra: Coimbra Editora, 2001, p. 31-57; FREIRE, André Luiz. *Direito dos Contratos Administrativos.* São Paulo: Thomson Reuters/RT, p. 151-194.

[34] Interessante é a tese de Vera Monteiro, para quem, na justa medida em que não há um único modelo de concessão, os elementos tradicionalmente tidos pela doutrina como "essenciais" para a concessão são, em verdade, incapazes

Para Celso Antônio Bandeira de Mello a concessão de serviço público "é o instituto através do qual o Estado atribui o *exercício* de um serviço público a alguém que aceita prestá-lo em nome próprio, por sua conta e risco, nas condições fixadas e alteráveis unilateralmente pelo Poder Público, mas sob garantia contratual de um equilíbrio econômico-financeiro, remunerando-se *pela própria exploração do serviço*, em geral e basicamente mediante tarifas cobradas diretamente dos usuários do serviço".[35]

O clássico autor francês Bonnard apresentou a concessão de serviços públicos como um ato complexo, "composto de três elementos, que são um *ato regulamentar*, um *ato-condição* e um *contrato*. Mas, apesar dessa forma complexa, a concessão constitui um ato único, porque os seus três atos constitutivos são condicionados um pelo outro". O objeto do *ato regulamentar* é o de "fixar as regras de organização e de funcionamento do serviço". Ele cria unilateralmente o regime estatutário do serviço, que será imposto ao concessionário e aos usuários. Já o *ato-condição* é a consequência necessária e forçada do ato regulamentar, que estabelece um *status* a ser atribuído àquele que aceite ser concessionário do serviço. Porém, se a concessão se limitasse a esses dois elementos, o concessionário estaria na mesma situação que o funcionário público. Daí a necessidade de acrescer o terceiro item: "um contrato propriamente dito, um ato convencional criador de situação jurídica individual" (que no mínimo preveja a duração da concessão, as garantias e vantagens da concessão e o equilíbrio econômico-financeiro do empreendimento).[36]

Ao seu tempo, e não obstante qualificar a tarefa de definir a concessão de serviços públicos contemporâneas como "praticamente impossível", em vista de "todas as suas variantes e potencialidades", Pedro Gonçalves apresenta-a como "um acto constitutivo de uma relação jurídica administrativa pelo qual uma pessoa, titular de um serviço público, atribui a uma outra pessoa o direito de, no seu próprio nome, organizar, explorar e gerir esse serviço".[37]

Segundo a concepção de Marçal Justen Filho, a concessão comum de serviço público "é um contrato plurilateral de natureza organizacional e associativa, por meio do qual a prestação de um serviço público é temporariamente delegada pelo Estado a um sujeito privado que assume seu desempenho diretamente em face dos usuários, mas sob controle estatal e da sociedade civil, mediante remuneração extraída do empreendimento".[38]

---

de "separar, com alguma segurança, a concessão de outros modelos contratuais" (*A caracterização do contrato de concessão após a Lei 11.079/2004, op. cit.*, p. 156). Peço licença para divergir da minha professora, pois me parece que sim, há um mínimo essencial a definir o *quid* da concessão de serviços públicos e, assim, a dissociar dos demais contratos administrativos – como o §20, adiante, pretende demonstrar.

35 BANDEIRA DE MELLO, Celso Antônio. *Curso de Direito Administrativo, op. cit.*, 27. ed., p. 701.

36 BONNARD, Roger. *Précis de Droit Administratif.* Paris: Sirey, 1935, p. 550-552 (tradução livre). Ao tratar da noção de concessão de serviço público, Fernanda Maçãs apresenta síntese da concepção tradicional, com origem na doutrina e jurisprudência francesas, que exigiria cinco características: "(a) a existência de um serviço público; (b) imputação dos riscos ao concessionário; (c) remuneração através de taxas ou *redevances* cobradas dos utentes; (d) controlo pela Administração que mantém a responsabilidade pelo bom funcionamento do serviço público; (e) prerrogativas de poder público e diversas vantagens conferidas ao concessionário" (A concessão de serviço público e o Código dos Contratos Públicos. *In:* GONÇALVES, Pedro (org.). *Estudos de contratação pública – I.* Coimbra: Coimbra Editora, 2008, p. 382).

37 GONÇALVES, Pedro. *A Concessão de serviços públicos, op. cit.*, p. 130.

38 Justen Filho, Marçal. *Curso de Direito Administrativo, op. cit.*, 15. ed., p. 429 – conceito que o autor desdobra e explica. Acerca dos dilemas contemporâneos da concessão, ampliar nos ensaios de Marçal Justen Filho: As diversas configurações da concessão de serviço público. *RDPE*, Belo Horizonte, Fórum, 1/95-176, jan./mar. 2003, e Algumas considerações acerca das licitações em matéria de serviços públicos. *RBDP*, Belo Horizonte, Fórum, 7/117-180, out./dez. 2004.

Para Marcos Juruena Villela Souto as "concessões são contratos de natureza tipicamente administrativa, através dos quais a Administração – concedente – transfere a um particular – concessionário – a realização e exploração, por sua conta e risco, de uma obra ou serviço público, cabendo a este o direito de remunerar-se através da cobrança de uma tarifa, paga pelo usuário do serviço, sendo o valor fixado pelo concedente de acordo com a proposta vencedora da licitação".[39]

Em sua tese de cátedra, e depois de minudenciar as categorias e classificações possíveis, Floriano de Azevedo Marques Neto assim conceitua a categoria que denomina de *concessão-delegação*: "chegamos ao cerne do que entendo ser a concessão (*concessão-delegação*) no direito administrativo contemporâneo. Em qualquer de suas manifestações ela se apresenta como (i) um instrumento para *consecução do interesse público* (ii) que decorre de uma *convergência de interesses* entre o privado (concessionário) e o público (concedente) e (iii) *diferencia juridicamente* aquele privado em relação aos demais administrados, (iv) obrigando a administração a atuar no sentido de *tutelar e compor os interesses* em torno do objeto concedido".[40]

Em parecer lançado faz muitos anos, o autor deste livro teve a oportunidade de definir a concessão de serviço público "como um vínculo jurídico complexo, instrumentalizado em contrato administrativo, pelo qual é outorgada a gestão, administração e execução de um serviço público a pessoa diversa daquela que legalmente o titulariza".[41]

Estas ideias são trazidas a lume com o escopo de sintetizar a variação doutrinária a respeito do tema, bem como de frisar a impossibilidade de se lançar uma definição estática e uniforme da realidade jurídica contemporânea que atende por "concessão de serviços públicos". A contextualização – no tempo e no espaço – é indispensável à cognição do que vem a ser, hoje, a concessão de serviço público regida pela Lei Geral de Concessões. A seguir será apresentada noção que modestamente pretende congregar os elementos essenciais da atual concessão comum de serviço público.

§20 Concessão de serviço público: relação jurídica unitária e complexa

A concessão comum de serviço público é *relação jurídica administrativa típica, unitária e complexa, por meio da qual o Poder Público transfere a execução de determinado serviço público ao particular selecionado em prévia licitação, que assumirá, por prazo certo e por sua conta e risco, a gestão de projeto concessionário autossustentável.*

É uma *relação jurídica administrativa* porque o contrato celebrado estabelece vínculo intersubjetivo, disciplinado pelo direito administrativo, entre concedente e concessionário

---

[39] SOUTO, Marcos Juruena Villela. *Direito administrativo das concessões, op. cit.*, 5. ed., p. 10.

[40] *Concessão*. Belo Horizonte: Fórum, 2015, p. 134. E, mais adiante, esclarecendo o conceito por si cunhado: "a *concessão-delegação* joga um papel de fonte de normatividade, vinculando não apenas o poder concedente e o concessionário, mas também os demais particulares que se relacionem com o objeto concedido. Como veremos adiante, a concessão se traduz num acordo contratual com características de contrato relacional e que cumpre o papel de normatizar as relações jurídicas em torno do objeto concedido. É, assim, a concessão uma fonte de normatividade que enseja a regulação contratual da utilidade pública concedida, regulação essa que arbitra e equilibra interesses diversos de particulares em torno do objeto concedido (concessionários, usuários, confrontantes, agentes atuantes a montante e a jusante da cadeia econômica etc.)". (*Concessão, op. cit.*, p. 172)

[41] MOREIRA, Egon Bockmann. Concessão de rodovias – Código do Consumidor – Ação civil pública. Parecer. *RDA*, Rio de Janeiro, Renovar, 222/319, out./dez. 2000.

(cujos efeitos se projetam em face dos usuários), a implicar específico conjunto de direitos, deveres, obrigações e relações especiais.[42] A relação jurídica resulta da fusão contratual da manifestação de duas partes – o concedente e o concessionário –, sendo que a estes sujeitos de direito são atribuídas posições jurídicas subjetivas contrapostas.

O contrato administrativo (conjugado com o ato de outorga), portanto, é o fato jurídico concretizador da relação jurídica concessionária, que tem por conteúdo os direitos, obrigações e deveres de ambas as partes – além de ser consensual e ter a natureza de contrato misto, pois conjuga objetivamente num só negócio uma série de prestações próprias de várias espécies contratuais (serviços, supervisão, empreitada, gestão etc.). Isto é, a relação jurídica concessionária não surgirá caso não exista o contrato combinado com o ato de outorga – ambos integrados na condição de fatos jurídicos criadores dessa relação.

Por ser gerada por um contrato administrativo, a relação jurídica concessionária traz consigo toda a gama de prerrogativas públicas inseparáveis de tal espécie contratual (prerrogativas da Administração, deveres estatutários etc.), bem como as compensações a ela inerentes (devido processo, equilíbrio econômico-financeiro etc.). A fonte normativa dessa relação não está unicamente no contrato ele mesmo (definindo seu objeto e conteúdo), mas igualmente no ato de outorga e respectivo regime estatutário. Daí a atribuição do exercício de administração pública ao concessionário – o vínculo tem a natureza de "negócio jurídico de legitimação" – nas palavras de Cirne Lima.[43] Não se trata, portanto, de vínculo orgânico, mas contratual e estatutário (legal e regulamentar).

É *relação administrativa típica* porque existe sob o cariz de uma espécie contratual literalmente disciplinada em lei; contrato, este, que é típico para projetos autossustentáveis (excluem a contraprestação pecuniária por parte do concedente). "A tipicidade do contrato significa a existência de um regime material mínimo (normalmente injuntivo) que traz consigo um conteúdo substantivo àquelas normas que, sem especificação da natureza ou do regime dos negócios, atribuem poderes a órgãos de pessoas colectivas

---

[42] Digo "relação jurídica" e não "instituto jurídico", pois estou interessado na dinâmica do fenômeno, na sua concretude existencial – a criação e aplicação da norma; não apenas sua descrição em sentido abstrato. Cf. Manuel A. Domingues de Andrade: "Relação jurídica – *stricto sensu* – vem a ser ùnicamente *a relação da vida social disciplinada pelo Direito, mediante a atribuição a uma pessoa* (em sentido jurídico) *de um direito subjectivo e a correspondente imposição a outra pessoa de um dever ou de uma sujeição*". Ao seu tempo, instituto jurídico é "o complexo de normas (pode às vezes tratar-se de uma só) que contém a disciplina jurídica de uma dada relação jurídica em sentido abstracto" (*Teoria geral da relação jurídica*. v. I. Coimbra: Livraria Almedina, 1987, p. 2 e 5). Enfim: "A relação jurídica é pois a matéria sobre que incide a regulamentação. O instituto jurídico é a disciplina normativa dessa matéria, o conjunto de normas que a regulamentam" (PINTO, Carlos Alberto da Mota. *Teoria geral do Direito Civil*. 3. ed. Coimbra: Coimbra Editora, 1989, p. 168). Aprofundar em: ROMANO, Santi. *Fragmentos de un Diccionario Jurídico*. Tradução de Santiago Sentís Melendo e M. Ayerra Redín. Buenos Aires: Ediciones Jurídicas Europa-América – EJEA, 1964, p. 89-119 e 297-347; Justen Filho, Marçal. *Sujeição passiva tributária*. Belém: CEJUP, 1986, p. 38-69 – em que são tratados os conceitos de "obrigação", "relação jurídica", "direitos", deveres" e "potestades". Ressalve-se que, em vista dos limites deste livro, não se ingressará no tema das *situações jurídicas* (v.: ASCENSÃO, José de Oliveira. *Direito Civil:* teoria geral, v. III. Coimbra: Coimbra Editora, 2002, sobretudo p. 9-23 e 41-55; ROUBIER, Paul. *Droits Subjectifs et Situations Juridiques*. Paris: Dalloz, 2005).

[43] LIMA, Ruy Cirne. *Sistema de Direito Administrativo brasileiro*. Porto Alegre, Santa Maria, 1953, p. 142. Qualificação antecedida desta explicação: "O funcionário (pessoa física), o concessionário de serviço público (pessoa física ou jurídica), se exercitam administração pública, exercitam-na em dependência de um negócio jurídico intermediário (nomeação ou concessão)".

públicas para intervirem na contratação administrativa."[44] A Lei Geral tem como objeto o regime jurídico dos contratos de concessão comum, sendo de aplicação imperativa nesta espécie de contratação pública (o que igualmente se dá *a contrario sensu* do fato de que há outros contratos de concessão – patrocinada e administrativa – igualmente típicos).

A *tipicidade contratual* abrange a ideia da positivação normativa dessa espécie de negócio jurídico, e traz consigo as características que lhe dão especificidade. Dentre elas, são marcantes o regime jurídico de (i) direito privado administrativo e de (ii) direito econômico. Não se trata, portanto, de contrato cujo regime jurídico equivalha ao daqueles regidos pela Lei nº 14.133/2021 (a Lei Geral de Licitações e Contratos). O direito privado administrativo releva como se dá a execução de tarefas públicas por pessoas privadas (em sua relação com os poderes públicos e com os usuários), ao passo que o direito econômico prestigia a lógica do investimento privado de longo prazo em infraestrutura e serviços públicos. Os pactos são disciplinados pelo direito administrativo *quod intra* (a reger a atividade administrativa do poder concedente) e pelo direito privado administrativo e direito econômico *quod extra* (a reger o relacionamento, contratual e regulamentar, com o concessionário e usuários).

Logo, o *contrato de concessão comum* é *nominado, típico* e *exclusivo* para determinadas relações jurídicas que se estabelecem entre a Administração e o empresário privado. Os requisitos jurídicos, as partes, o procedimento de instalação, a autossustentabilidade, a forma etc. são todos subservientes à tipicidade legal, que, ao configurar modelo fechado, esgota a autonomia administrativa para a celebração de *concessões comuns*, cuja futura implementação concreta pode gerar, caso a caso, negócios jurídicos coincidentes ou não.

É *relação administrativa unitária* porque os efeitos jurídicos que a caracterizam são resultantes da consolidação existencial de três fatos: é da interdependência entre o ato de outorga, o *status* regulamentar e o contrato administrativo que exsurgem a natureza e o regime jurídicos específicos à concessão de serviço público. Estes dados definidores advêm em exclusivo da fusão e respectiva organização dos seus três elementos geradores (que individualmente não têm valência autônoma no contexto da concessão).

É *relação administrativa complexa* porque derivada da justaposição de três elementos de natureza díspar entre si: um *ato administrativo de outorga*, um *regime estatuário exclusivo* e um *contrato administrativo especial*. É da fusão destes três elementos que resulta a constituição da concessão de serviço público (cada um deles será fonte normativa para os atos das partes).[45] A função econômico-social perseguida pela concessão de serviço público presta-se a explicar a unidade do contrato e sua pluralidade de sujeitos e de prestações. Há, portanto, séries de direitos, obrigações, deveres e sujeições em conexão unitária (com fontes diversas), cuja configuração não é dependente em exclusivo da vontade

---

[44] CORREIA, José Manuel Sérvulo. *Legalidade e autonomia contratual nos contratos administrativos, op. cit.*, p. 573. Sobre a tipicidade contratual, por todos, v. VASCONCELOS, Pedro Pais de. *Contratos atípicos*. Coimbra: Livraria Almedina, 1995, p. 21-203.

[45] Muito embora defenda a natureza complexa da relação concessionária, Pedro Gonçalves adota classificação algo diversa: "Uma vez que (...) a Administração concedente detém *poderes de autoridade* no contexto da relação contratual, pode dizer-se que a relação entre as partes, além de *dissimétrica*, *é complexa ou mista*, uma vez que nela existem, por um lado, *direitos e deveres* e, por outro, *poderes e sujeições*: é esse carácter *misto* que explica a distinção das posições activas da Administração em duas categorias, os *direitos contratuais*, a que correspondem *deveres contratuais* do concessionário, e os *poderes de autoridade*, posições simétricas das *sujeições* do concessionário" (*A concessão de serviços públicos, op. cit.*, p. 236-237).

das partes (mas da própria estrutura do negócio). Pois é esse vínculo lógico-jurídico especial que dá autonomia à relação concessionária. Não se está diante da tipicidade estrita de cada um desses elementos (oriunda de visão analítica do fenômeno), pois é da exata interdependência indecomponível que decorre a unidade da relação jurídica de concessão de serviço público. Razão pela qual cada um desses três itens merece análise mais apurada.

O *ato de outorga* é ato administrativo unilateral pelo qual o concedente dá aplicação concreta à lei e transfere a gestão de determinado serviço público ao concessionário (que havia se prestado a recebê-la quando apresentou sua proposta na licitação), imputando-lhe a responsabilidade pela adequada gestão e prestação do serviço. Tem como fonte a norma que define a competência da autoridade pública que o promana. Em vista do direito-garantia constitucional da livre empresa e da necessária consensualidade contratual, a eficácia da concessão exige a vontade da pessoa privada – daí ser o ato que transfere o exercício do serviço um ato de outorga/delegação. O ato administrativo de outorga amplia a esfera subjetiva do concessionário e implica, portanto, a autonomia de gestão do serviço concedido e das tarefas positivadas no contrato administrativo. Por meio desse ato, o concessionário é investido no dever de proceder em nome do concedente e lhe é transmitido o plexo de poderes instrumentais à execução da tarefa.

O ato de outorga é *ato constitutivo*, "isto é, entre aqueles que incorporam ao patrimônio do particular direitos originariamente só concebíveis como pertencentes à Administração Pública".[46] O ato de outorga dá existência a situação jurídica que antes não havia, nomeando a pessoa do prestador do serviço e o conteúdo da prestação: ao mesmo tempo em que modifica a relação jurídica subjetiva anterior entre prestador e usuários, cria novo conjunto de vínculos objetivos entre concedente, concessionário e usuários (liames que serão extintos ao final da concessão). De modo diverso dos casos de contratação administrativa da Lei nº 14.133/2021 (em que o contratado persiste a ser pessoa privada como todas as outras), o contrato de concessão cria o *status* subjetivo de concessionário de serviço público àquela pessoa que ingressou no setor público da economia e tornou-se apta a gerir bens e serviços públicos durante prazo certo, por meio do exercício de parcelas da função administrativa. Não é concessionário quem quer, mas apenas aquele que tem sua proposta, a mais vantajosa do certame, declarada vencedora e, assim, assina o contrato, recebe a delegação para a gestão do serviço de titularidade estatal, e assume deveres e obrigações perante os usuários. O empresário privado *torna-se concessionário de serviços e obras públicas*, constatação que leva consigo a alteração substancial de sua estatura jurídica nas relações internas e externas ao contrato de concessão.

Por isso que André Luiz Freire qualifica os contratos concessionários como "contratos de delegação", cuja "função específica reside em transferir um conjunto de competências administrativas (posições jurídicas ativas e passivas relativas a uma atividade administrativa) referentes à prestação de um dado serviço público".[47] Tais

---

[46] LIMA, Ruy Cirne. *Princípios de Direito Administrativo*, *op. cit.*, 7. ed., p. 510. Ou, como consigna Pedro Gonçalves: "O carácter constitutivo refere-se pois à posição do concessionário como um sujeito que adquire um direito novo, *um direito de gerir um serviço público no seu próprio nome*" (*A concessão de serviços públicos*, *op. cit.*, p. 118).

[47] *Direito dos Contratos Administrativos*, *cit.*, p. 162.

competências assumirão função específica caso a caso, num grau de densidade normativa crescente, que se inicia na Constituição, passa pela legislação ordinária e respectivos regulamentos e assume seu ápice no próprio contrato administrativo.

Mas, se são marcantes os efeitos constitutivos, sem dúvida o ato de outorga, que transfere a gestão de tarefa pública, tem também forte carga *mandamental* (oriunda não só dele mesmo, mas de forma mediata do diploma legal que qualifica aquele serviço como público, de prestação necessária). São deveres (oriundos da lei) e obrigações (advindas do contrato) imputados com exclusividade ao concessionário, que lhes deve fiel cumprimento. Quem aceita a outorga do serviço simultaneamente concorda em se submeter ao preceito de o executar de forma adequada – subordinando-se a uma relação administrativa especial.

O *ato de outorga*, que a Lei Geral de Concessões denomina de *delegação*, é estruturalmente ligado ao contrato de concessão: este não existe sem aquele, que pode ser (ou não) expressamente consignado no texto contratual. Se existe o contrato de concessão, o ato de outorga existe também. A relação jurídica concessionária depende, portanto, da outorga da execução do serviço público por meio desse ato administrativo. Mas fato é que este ato representa apenas o *instante inaugural* de todas as relações dinâmicas a serem desenvolvidas no projeto concessionário.

Já o elemento *regime estatutário* é o plexo de normas jurídicas que estabelece um sistema de *direitos e deveres de ordem pública* unidos às *prerrogativas administrativas* e à *relação administrativa especial* que se põem entre o concedente e o concessionário (projetando-se na prestação do serviço). Este regime jurídico, o estatuto da concessão, é próprio da relação concessionária e envolve todos os que nela estão inseridos, direta ou indiretamente (concedente, concessionário, regulador, usuários e terceiros). São normas constitucionais, legais e regulamentares – algumas de incidência transversal, como é o caso da Lei nº 8.987/1995. Há um conjunto de normas de organização e funcionamento da concessão que define este específico regime não eventual do exercício do serviço público pelas pessoas privadas.

Os *direitos e deveres de ordem pública* retiram das partes contratantes a autonomia quanto à implementação e/ou modificação de algumas das prestações relativas ao serviço (que não decorrem da vontade das partes, mas sim da natureza do serviço a ser prestado, tal como positivado em lei). Sob esse aspecto, a autonomia de vontade das partes é mitigada, eis que se presta a aderir ao regime jurídico (e não a negociá-lo). Essa ordem de direitos (a serem respeitados por concedente, concessionário, regulador, usuários e terceiros) e de deveres (a ser fielmente cumpridos por todas essas pessoas) parametriza não só a execução do contrato, mas o correlato exercício de função administrativa por parte do concessionário, lado a lado com a negociabilidade e arbitrabilidade objetiva dos eventuais conflitos oriundos da execução contratual.

As *prerrogativas administrativas* são as potestades detidas pelo concedente que possibilitam a alteração unilateral e a imposição estatal da mutabilidade do contrato de concessão. Como todos os poderes administrativos, são instrumentais e devem respeito à legalidade, à motivação e à proporcionalidade. São prerrogativas lícitas, ordinárias e naturais aos contratos administrativos (ampliar no §98, adiante),[48] cujo exercício, desde 2018, deve também obediência à LINDB (consequencialismo; atenção aos desafios reais do gestor; regime de transição; hegemonia da consensualidade; preponderância da segurança jurídica, etc.).[49]

Tratada de usual como *relação de especial sujeição* (expressão que tem como premissa a hierarquia subordinativa entre os sujeitos – aqui descartada), a *relação administrativa especial* (ou *relação especial de administração*) é o vínculo normativo extraordinário que se estabelece na relação jurídica entre concedente e concessionário (e, eventualmente, entre estes e os usuários). Ao ser denominada de "especial" é afastada daquelas relações gerais, ordinárias, postas entre a Administração e todas as pessoas privadas (físicas ou jurídicas). O serviço público é *locus naturalis* das relações administrativas especiais, sobretudo em vista da intensidade do interesse público posto no vínculo concedente-concessionário, a justificar o porquê da alternativa concessionária (e sua futura efetividade), bem como da natureza constitutiva do ato de delegação. A axiologia do serviço público confirma a tese (bem-estar social, integração nacional, diminuição das desigualdades, salubridade pública etc.).

Por isso que a Administração-concedente tem os ditos "poderes" quanto ao projeto concessionário – tanto no plano da supervisão e adimplemento contratual como na imputação de deveres, imposições restritivas e aplicação de sanções. Mas entenda-se bem: onde está escrito "poderes" leia-se "competência" ("poder jurídico"), não "capacidade de subjugar" ("poder de fato"). A Administração deles dispõe como instrumentos de uso restrito, para o exclusivo cumprimento dos deveres normativos naturais à relação concessionária. Ser concessionário de serviço público significa, portanto, nascer, viver e morrer ao interno de uma relação administrativa especial.[50] O que se dá, sem qualquer sombra de dúvida, por escolha espontânea do particular – que é ciente dessa condição

---

[48] Sobre as alterações unilaterais, v.: Guimarães, Fernando Vernalha. *Alteração unilateral do contrato administrativo:* interpretação de dispositivos da Lei nº 8.666/1993. São Paulo: Malheiros Editores, 2003, *passim;* GONÇALVES, Pedro; MARTINS, Licínio Lopes. Os serviços públicos económicos e a concessão no Estado regulador, cit. *In:* Moreira, Vital (org.). *Estudos de regulação pública – I*, p. 266-272. Ampliar adiante, §§98, 99 e 105.

[49] Por todos: SUNDFELD, Carlos Ari. *Direito Administrativo:* o novo olhar da LINDB. Belo Horizonte: Fórum, 2022.

[50] O debate a respeito das relações administrativas especiais nas concessões de serviço público pode ser visto em: GONÇALVES, Pedro; MARTINS, Licínio Lopes. Os serviços públicos económicos e a concessão no Estado regulador, cit. *In:* Moreira, Vital (org.). *Estudos de regulação pública – I*, p. 279-283; Silva, Clarissa Sampaio. *Direitos Fundamentais e relações especiais de sujeição*: o caso dos agentes públicos. Belo Horizonte: Fórum, 2009, p. 145-155; BENÍTEZ, Mariano López. *Naturaleza y presupuestos constitucionales de las relaciones de especial sujeción.* Madri: Civitas, 1994, p. 222-235 e 279-283; HERRARTE, Iñaki Lasagabaster. *Las relaciones de sujeción especial.* Madri: Civitas, 1994, p. 292-302. Em termos gerais, v.: WOLFF, Hans J.; BACHOF, Otto; STROBER, Rolf. *Direito Administrativo, op. cit.*, v. 1, p. 492-494; MACHO, Ricardo García. *Las relaciones de especial sujeción en la constitución española.* Madri: Tecnos, 1992, *passim;* ANABITARTE, Alfredo Gallego. Las relaciones especiales de sujeción y el principio de la legalidad de la Administración. *RAP*, Madri, Instituto de Estúdios Políticos, 34/11-51, jan./abr. 1961; Parejo Alfonso, Luciano. La categoría de las relaciones especiales de sujeción. *In:* MUÑOZ, G. A; SALOMONI, Jorge Luis. *Problemática de la administración contemporánea*, Buenos Aires: Ad-Hoc, 1997, p. 131-150; SALOMONI, Jorge Luis. La cuestión de las relaciones de sujeción especial en el derecho público argentino. *In:* MUÑOZ, G. A.; SALOMONI, J. L. *Problemática de la administración contemporánea.* Buenos Aires: Ad-Hoc, 1997, p. 151-179; NIETO, Alejandro. *Derecho Administrativo sancionador.* 3. ed. Madri: Tecnos, 2002, p. 222-229; BANDEIRA DE MELLO, Celso Antônio. *Curso de Direito Administrativo, op. cit.*, 27. ed., p. 824-829; MELLO, Rafael Munhoz de. O poder normativo das agências reguladoras e as relações de especial sujeição. *RDPE*, Belo Horizonte, Fórum, 1/283-304, jan./mar. 2003, e *Princípios constitucionais de Direito Administrativo sancionador (as sanções administrativas à luz da Constituição Federal de 1988).* São Paulo: Malheiros Editores, 2007, p. 157-168; Justen Filho, Marçal. *O direito das agências reguladoras independentes.* São Paulo: Dialética, 2002, p. 532-537. Aprofundar a investigação no §37, adiante.

não só em virtude da lei, mas sobretudo em razão dos regulamentos setoriais unidos ao edital de licitação.

O elemento constitutivo *contrato administrativo especial* é caracterizado por "um conjunto original de prerrogativas e sujeições, todas inspiradas pela finalidade da actividade administrativa".[51] Conjunto, este, diverso daqueles que compõem os demais contratos administrativos. Um contrato no qual, portanto, o ordenamento jurídico atribui competências diferenciadas a uma das partes, em vista do atendimento ao interesse público posto à sua guarda: os direitos excepcionais do concedente relacionam-se aos deveres do concessionário.

O *regime especial de tais contratos* resulta da aplicação sistemática de dispositivos legais (CF, art. 175; Lei nº 8.987/1995; Lei nº 9.074/1995; e Lei nº 11.079/2004 – além das leis setoriais específicas) a determinado pacto formalizado em instrumento cuja assinatura deve ser precedida de licitação pública, caracterizando a concessão de serviço público ora em comento como oriunda de projeto autossustentável e submetida ao regime de *concessão comum*. O contrato especifica as prestações a serem adimplidas pelo concessionário e pelo concedente (reciprocamente e frente aos usuários) e suas cláusulas se prestam à interpretação objetiva da avença. Lá estão as obrigações do concessionário e do concedente no que diz respeito às prestações de cunho patrimonial disponível (obras e serviços em espécie; formas de amortização e remuneração). É contrato administrativo com caráter especial porque assim o diz o inciso I do art. 175 da CF – diferenciando-o dos contratos ordinários da Administração.[52]

A contratação exige *licitação prévia*, em cumprimento ao art. 175 da CF e aos termos da Lei Geral de Concessões. Aqui será objetivamente escolhido o projeto a quem a Administração confiará a gestão do serviço público, que será desenvolvido *por conta e risco* do contratado. A licitação seleciona a melhor proposta, a mais vantajosa naquele momento, e assim gera o específico contrato administrativo. O *prazo certo* é condição indispensável para permitir a contratação de um projeto de longo prazo exigente de aporte significativo de recursos e projeções com termo final. *Last but not least*, frise-se que a leitura conjunta do edital, da proposta e do contrato consolida o esquadrinhamento dos riscos (preferencialmente por meio de matriz de alocação de risco) e a equação econômico-financeira da concessão de serviço público.

Esta é a proposta de compreensão ampla da relação jurídica complexa cuja unidade incindível caracteriza a concessão de serviço público. Claro que o estudo das concessões de *obra* e de *serviço precedido de obra* exigirá o acréscimo de tais característicos à definição geral.

---

[51] WEIL, Prosper. *O Direito Administrativo*. Tradução de M. da Glória Ferreira Pinto. Coimbra: Livraria Almedina, 1977, p. 67 (o texto trata de contratos administrativos em sentido amplo).

[52] Contratos administrativos ordinários são os pactos de desembolso, em que a Administração dispõe de determinada cifra orçamentária e decide que a necessidade pública pode ser satisfeita por meio de específica obra, serviço ou entrega de bem. A relação jurídico-administrativa é singela e bilateral, comutativa e sinalagmática. São os contratos regidos máxime pela Lei nº 14.133/2021.

§20-A Concessão de serviço público: objeto, conteúdo e partes

Depois de vista a relação jurídico-administrativa de concessão, cumpre examinar, ainda que a traços largos, seu *objeto, conteúdo* e *partes*.[53]

O *objeto* da concessão de serviço público é a execução da atividade substancial definida pelo ato de outorga: a materialização da obra, a gestão do serviço concedido e sua prestação aos usuários (*dare, facere, prestare*). É a prestação decorrente do negócio jurídico, não a coisa a ele vinculada. Por exemplo, no contrato de concessão de rodovias, o objeto não são os trechos rodoviários, mas sim as prestações devidas pelo concessionário: obras (de recuperação, manutenção, etc.) e serviços (atendimento ao usuário, guinchos, ambulâncias, etc.), as quais serão configuradas desde o planejamento da licitação e se tornarão exatas quando a proposta vencedora se integrar à minuta do contrato. O que importa dizer que é erro grosseiro pretender que haveria modificação do objeto em caso de prorrogação – física ou cronológica – do contrato concessionário.

O objeto variará de acordo com o contrato: se concessão de obras (a execução da obra pública), de serviços (a prestação do serviço público) ou de serviços precedidos de obras (o objeto é misto: obras e serviços públicos). O que reforça a natureza de direito público da concessão, que "resulta desde logo do facto de o objecto imediato da concessão ser um *objecto público* – o próprio serviço público, na titularidade da Administração Pública".[54]

Como sintetiza Paulo Lôbo, obrigação é "a relação jurídica entre duas (ou mais) pessoas, em que uma delas (o credor) pode exigir da outra (o devedor) uma prestação".[55] Integra-se, portanto, ao direito do concedente de exigir que o concessionário realize as prestações às quais se obrigou contratualmente (estampadas no regulamento, edital e contrato). Denomina-se "prestação" a conduta juridicamente devida (comissiva ou omissiva) pela qual a parte cumpre a obrigação na forma prevista no contrato. "Em síntese: se a palavra 'obrigação' significa *relação jurídica obrigacional*, seu *objeto* há de consistir numa *prestação* do devedor, prestação que, por sua vez, pode ter como objeto a dação de uma coisa, a realização de um ato, ou uma omissão."[56] Cabe esclarecer que

---

[53] A distinção entre *objeto* (ou objeto *stricto sensu*) e *conteúdo* é oriunda da teoria geral do direito civil. Manuel A. Domingues de Andrade leciona: "Podemos distinguir aqui o *objecto imediato* ou *conteúdo*, isto é, os efeitos jurídicos a que o negócio tende, conforme as declarações de vontade das partes e a lei aplicável; e o *objecto mediato* ou objecto *stricto sensu*, que vem a ser o *quid* sobre que recaem aqueles efeitos" (*Teoria geral da relação jurídica*, v. II. Coimbra: Livraria Almedina, 1987, p. 327). Para Orlando Gomes, *conteúdo* é "o poder do credor de exigir a prestação e a necessidade jurídica do devedor de cumpri-la" (*Obrigações*. 8. ed. Rio de Janeiro: Forense, 1986, p. 24). Quanto à classificação dos contratos administrativos por seu objeto, v. CORREIA, José Manuel Sérvulo. *Legalidade e autonomia contratual nos contratos administrativos, op. cit.*, p. 371-379.

[54] GONÇALVES, Pedro; MARTINS, Licínio Lopes. Os serviços públicos económicos e a concessão no Estado regulador, cit. *In:* Moreira, Vital (org.). *Estudos de regulação pública – I*, p. 240. Aprofundar em Almeida, Fernando Dias Menezes de.*O contrato administrativo*. São Paulo: Quartier Latin, 2007.

[55] *Direito Civil*. v. 2: Obrigações. 6. ed. São Paulo: Saraiva, 2020, p. 20. Por exemplo, veja-se o conceito do contrato de compra e venda: "A compra e venda é contrato bilateral, oneroso e consensual mediante o qual o vendedor assume a obrigação de transferir bem ou coisa alienável e de valor econômico ao comprador, que por sua vez assume a obrigação de pagar o preço determinado ou determinável em dinheiro" (LÔBO, Paulo. *Direito Civil*. v. 3: Contratos, 6. ed. São Paulo: Saraiva, 2020, p. 220). O objeto é a *obrigação (prestação) de transferir* (vendedor) e a *obrigação (prestação) de pagar* (comprador); não a coisa a ser vendida nem o dinheiro a ser entregue.

[56] GOMES, Orlando. Conceito de obrigação. *In: Transformações gerais dos direitos das obrigações, op. cit.*, 2. ed., p. 164. Cabe aqui o alerta de J. Guimarães Menegale: "É de bom aviso discernir entre *objeto* e *fim* do contrato. A obra pública ou serviço público são o objeto do contrato; fim é a utilidade ou interesse social (...). Em outros termos: o objeto do contrato identifica-se com a prestação; o fim é o proveito que da prestação se quer extrair" (*Direito*

para a relação jurídico-obrigacional o objeto é a prestação; ao passo que o da prestação, ela mesma, é o próprio serviço a ser efetivado ou a obra a ser entregue.

O *conteúdo* do contrato de concessão é o feixe de direitos e deveres (recíprocos e em favor de terceiros) constituídos pela específica relação jurídica posta entre o concedente e o concessionário, tal como estampada no regime estatutário e cláusulas contratuais. "Ao definirmos a relação jurídica – escreveu Mota Pinto – consideramo-la integrada por um *direito subjectivo* e por um *dever jurídico* ou por uma *sujeição* (...). São eles que constituem a estrutura interna, o conteúdo da relação jurídica."[57] É este vínculo jurídico que instala pretensões recíprocas ao justo cumprimento das prestações que configura o objeto do contrato (poder de exigir *versus* necessidade de cumprir).

Ao contrário das relações civis, parte do conteúdo do contrato de concessão, sempre e *a priori*, vem predefinido em normas legais, indisponíveis à vontade das partes. Assim, o art. 23 da Lei nº 8.987/1995 estatui um número mínimo de 15 cláusulas contratuais e os respectivos temas materiais (ampliar no §12, acima). Será inválido o edital que desatender a essa ordem de cláusulas essenciais, cuja redação e especificidade cabe ao poder concedente. Mas atenção: se a existência de tais cláusulas é não negociável, o seu efetivo conteúdo o é. Pense-se no inciso V do mencionado artigo 23, exigente de cláusula que trate dos "direitos, garantias e obrigações do poder concedente e da concessionária, inclusive os relacionados às previsíveis necessidades de futura alteração e expansão do serviço e consequente modernização, aperfeiçoamento e ampliação dos equipamentos e das instalações". Quem definirá o efetivo conteúdo desses direitos, garantias e obrigações serão as partes contratantes, do alto da disponibilidade de seus interesses. Em outras palavras, trata-se de direitos disponíveis – inclusive, passíveis de serem submetidos a negociações, mediações e arbitragens em caso de futuros conflitos.

Em si mesmo, o contrato de concessão de serviço público é *relação jurídica bilateral* cujas *partes* são o concedente e o concessionário.[58] Este administra e explora o serviço

---

Administrativo e Ciência da administração, op. cit., 3. ed., p. 366) v. também GRAU, Eros Roberto. *Direito, conceitos e normas jurídicas, op. cit.*, p. 114-122.

[57] PINTO, Carlos Alberto da Mota, *Teoria geral da relação jurídica, op. cit.*, 3. ed., p. 168-169.

[58] Em sentido contrário Justen Filho, Marçal. Para quem a concessão é "uma relação jurídica trilateral" (*Teoria geral das concessões de serviços públicos, op. cit.*, p. 15, 61-62, 292-298 e 500-510); um contrato "pactuado entre três partes" (*Curso de Direito Administrativo, op. cit.*, 15. ed., p. 429). Com a devida licença, tenho que os usuários não pactuam o contrato e não integram a relação de concessão *stricto sensu*. Eles não são "parte" no contrato de concessão, qualquer significado que seja dado à palavra. O contrato não tem a natureza de negócio plurilateral, pois nele: (i) há apenas um interesse imediato comum (o projeto), instrumental a interesses mediatos adversos (o serviço público *versus* o lucro privado); (ii) há prestações e contraprestações entre as partes contratantes; (iii) a vontade dos usuários não concorre para (não compõe) nem a definição da necessidade pública, nem o edital e o contrato, nem eventuais modificações contratuais; (iv) o contrato gera efeitos perante todo um universo de terceiros não usuários, presentes e futuros.
Trata-se de relação jurídica administrativa bilateral seguida da prestação do serviço, que pode (ou não) dar origem a vários contratos, estes independentes entre si (cuja celebração é, sim, *efeito* do contrato de concessão e que se encontram ligados por um nexo jurídico-econômico) –, nada obstante a provável e majoritária identidade destes nos sujeitos ativos, forma, conteúdo e objeto (e a despeito dos interesses coletivos e difusos que possam gerar). Bem verdade também que essa relação bilateral pode dar origem a outras relações administrativas, estas multipolares ou plurilaterais – mas isso não significa que o contrato de concessão seja plurilateral. Uma coisa é o contrato administrativo de concessão de serviço público (a gerar a respectiva relação jurídica bilateral); outra são os contratos, formais ou informais, de prestação do serviço público concedido; outra são as relações multipolares entre concedente, concessionário, usuários e terceiros; outra, ainda – esta completamente diferente, mas ínsita ao contrato de concessão –, são os contratos entre concessionário e financiadores, fornecedores e prestadores.
Aprofundar nos §§68 e ss., adiante, e também em: GONÇALVES, Pedro. *A concessão de serviços públicos, op. cit.*, p. 130-137; DI PIETRO, Maria Sylvia Zanella. *Parcerias na Administração Pública, op. cit.*, 5. ed., p. 111-113;

em nome próprio (exerce a função administrativa delegada), por sua conta e risco (pois não é funcionário ou pessoa pública); aquele é o titular do serviço (e/ou o signatário do contrato). São eles os sujeitos da relação jurídico-contratual. O contrato de concessão é bilateral quanto à sua formação e no que diz respeito aos sujeitos dele integrantes (não obstante cada um dos polos contratuais possa ser ocupado por mais de uma pessoa jurídica) e plurilateral quanto aos seus efeitos, numa exceção à tradicional máxima da relatividade da força vinculante quanto às pessoas contratantes (*res inter alios acta, allis nec prodest nec nocet*).

Os efeitos bilaterais entre os contratantes nascem quando da *celebração* do contrato entre as pessoas "concedente" e "concessionário"; já os efeitos plurilaterais para com as pessoas "usuários" e "terceiros" nascem quando da *execução* do contrato, nos termos do estatuto da concessão (lei e regulamento[59]). De partida, há indeterminação limitada dos futuros usuários: estes devem ser ao menos passíveis de quantificação quando da prestação do serviço (só poderão ser usuários aqueles que atenderem a determinados requisitos legais e/ou contratuais – por exemplo, geográficos ou financeiros).[60]

Pode-se, portanto, falar em efeitos *inter partes* e efeitos *extra partes* do contrato de concessão – aqui, tanto a eficácia reflexa (por exemplo, os proprietários de imóveis lindeiros às estações de Metrô; os usuários da faixa de domínio das rodovias e ferrovias; os afetados por poluição decorrente do contrato etc.) como a direta (os próprios usuários do serviço público). O feixe de direitos, deveres e obrigações contratuais projeta-se *extramuros*, instalando toda uma nova gama de direitos, deveres e obrigações a número aprioristicamente indeterminado de sujeitos.

Os efeitos e a eficácia do contrato de concessão perante terceiros (usuários ou não) têm fonte primária tanto contratual quanto estatutária: basta pensar nos direitos subjetivos públicos com origem nas resoluções administrativas das agências reguladoras que muitas vezes nem figuram num dos polos da relação contratual (por exemplo, a

---

AMARAL, Antônio Carlos Cintra do. *Concessão de serviço público, op. cit.*, 2. ed., p. 34-36 e 113-118; PORTO NETO, Benedicto. *Concessão de serviço público no regime da Lei 8.987/1995:* conceitos e princípios, *op. cit.*, p. 72. A respeito dos contratos plurilaterais, v.: ASCARELLI, Tullio. *Problemas das Sociedades Anônimas e Direito Comparado*. Campinas: Bookseller, 2001, p. 372-452; PONTES DE MIRANDA, F. C. *Tratado de Direito Privado*. 2. ed. t. 38. Rio de Janeiro: Borsói, 1962, p. 8-19; MESSINEO, Francesco. *Doctrina General del Contrato*. t. I. Tradução de R. O. Fontanarrosa, S. Sentís Melendo e M. Volterra. Buenos Aires: EJEA, 1986, p. 76-78; FORGIONI, Paula A. A Teoria Geral do Direito e os contratos de distribuição. *RDM*, São Paulo, Malheiros Editores, 137/30-48, jan./mar. 2005; SZTAJN, Rachel. Associações e sociedades: semelhanças e distinções à luz da noção de contrato plurilateral. *Revista de Direito Privado*, São Paulo, RT 21/223-234, jan./mar. 2005.

[59] Como consigna Diogo de Figueiredo Moreira Neto: "Cláusulas que atribuam direitos de expropriação, de receber tarifas, de exercer atividades de polícia e outras, que podem se refletir sobre terceiros, e que, por isso, revogariam a regra da *res inter alios acta nec nocet*, no caso dos contratos administrativos *resultam apenas da aplicação das leis*. Não sendo criações contratuais, eis que, por isso, neles se incluem apenas para efeitos *declarativos* e não *constitutivos*, como poderia parecer" (O futuro das cláusulas exorbitantes. *In:* ARAGÃO, Alexandre Santos de; MARQUES NETO, Floriano de Azevedo (coord.). *Direito Administrativo e seus novos paradigmas*. Belo Horizonte: Fórum, 2008, p. 581).

[60] O assunto dos efeitos do contrato frente às partes contratantes e terceiros merece ser aprofundado nas lições de: MESSINEO, Francesco. *Doctrina General del Contrato*. t. II. Tradução de R. O. Fontanarrosa, S. Sentís Melendo e M. Volterra. Buenos Aires: EJEA, 1986, p. 142-152 e 178-204; GOMES, Orlando. *Contratos, op. cit.*, 12. ed., p. 179-187. O tema é objeto de decisão do STJ: "O tradicional princípio da relatividade dos efeitos do contrato (*res inter alios acta*), que figurou por séculos como um dos primados clássicos do direito das obrigações, merece hoje ser mitigado por meio da admissão de que os negócios entre as partes eventualmente podem interferir na esfera jurídica de terceiros – de modo positivo ou negativo –, bem assim tem aptidão para dilatar sua eficácia e atingir pessoas alheias à relação *inter partes*" (REsp nº 468.062-CE, Min. Humberto Martins, *DJe* 1.12.2008).

ANATEL e o direito à portabilidade do número dos telefones, oriundo da Resolução nº 749/2022).

Esta plurilateralidade derivada da outorga pública da execução do projeto concessionário ajusta-se às teses das *relações multilaterais de administração*.[61] "Pois – escreve Vasco Pereira da Silva – se trata de relações em que existem várias partes, em que a Administração e os diferentes particulares se envolvem numa rede de ligações jurídicas, de que resultam direitos e deveres recíprocos".[62] Em razão da concessão do serviço – e com base suficiente nela – instalam-se séries de novas relações jurídicas. São relações entre concedente, concessionário e outras pessoas (públicas ou privadas – usuários, associações e/ou terceiros) –, independentemente de serem (ou não) diretamente beneficiadas pelo contrato de concessão, mas que sofrem os seus efeitos (positivos ou negativos).

Não se está diante de contrato multilateral, mas da possibilidade de surgirem relações jurídicas multipolares, todas com lastro (imediato ou mediato) no mesmo contrato de concessão de serviço público (ou em seus efeitos).

A outorga da gestão do serviço ao concessionário instala novas relações – tanto entre a Administração e o concessionário como entre cada um destes (de forma coligada) com os usuários e terceiros (e destes entre si). Enfim, a problemática configura "constelações de interesses heterogêneos e até mesmo contrapostos entre os cidadãos frente à Administração Pública, e a ela o direito administrativo deve dar uma resposta adequada, com o processamento e ponderação de todos os interesses em jogo".[63] A relação jurídica entre concedente e concessionário resulta não só nas relações concessionário

---

61 O tema das relações jurídicas de administração é desenvolvido com proficiência por Silva, Vasco Pereira da. *Em busca do acto administrativo perdido*. Coimbra: Livraria Almedina, 1998, p. 149-297 (máxime p. 273-281, em que trata das plurilaterais), e *Verde cor de direito:* lições de direito do ambiente. Coimbra: Livraria Almedina, 2002, p. 103-119. V. também: Azevedo, Bernardo. *Servidão de Direito Público:* contributo para o seu estudo. Coimbra: Coimbra Editora, 2005, p. 16-28 (nota 9); González-Varas Ibáñez, Santiago. *El Derecho Administrativo Privado, op. cit.*, p. 647-665; WOLFF, Hans J.; BACHOF, Otto; STROBER, Rolf. *Direito administrativo, op. cit.*, v. 1, p. 494-500; MAURER, Hartmut. *Direito Administrativo Geral, op. cit.*, p. 188-201; NETTO, Luísa Cristina Pinto e. *A contratualização da função pública*. Belo Horizonte: Del Rey, 2005, p. 80-94; BITENCOURT NETO, Eurico. *Devido procedimento equitativo e vinculação de serviços públicos delegados no Brasil*. Belo Horizonte: Fórum, 2009, p. 104-111. Ampliar nos §§68 e ss., adiante.

62 Vasco Pereira da Silva, *Verde Cor de Direito: Lições de Direito do Ambiente, op. cit.*, p. 106. Ou como consignado em outro de seus livros: "A multilatelaridade surge como a característica mais marcante da Administração do Estado Pós-Social. As decisões administrativas, típicas da Administração prospectiva ou prefigurativa, não dizem respeito a um relacionamento meramente bilateral entre os privados e os órgãos decisores, mas correspondem antes a um relacionamento multipolar, uma vez que produzem efeitos susceptíveis de afectar um grande número de sujeitos. (...). Esta multilateralidade dos actos da Administração constitutiva implica, por conseguinte, a necessidade de alargamento da protecção jurídica subjetiva perante a Administração. Uma vez que as actuações administrativas podem afectar indivíduos distintos dos imediatos destinatários, torna-se necessário salvaguardar as posições jurídicas desses terceiros, o que pode ser conseguido quer através do alargamento da noção de direito subjectivo (orientação subjectivista), quer mediante a tutela de interesses difusos ou colectivos (orientação objectivista). (...). O alargamento dos direitos subjectivos públicos com base nos direitos fundamentais implicou, portanto, a reformulação do conceito de relação jurídica, obrigando a considerar como sujeitos das ligações administrativas outros privados que não apenas aqueles a quem são aplicáveis normas ordinárias de cariz indiscutivelmente subjectivo, ou que são os imediatos destinatários de actos administrativos" (Silva, Vasco Pereira da. *Em busca do acto administrativo perdido, op. cit.*, p. 130, 131 e 273).

63 SCHMIDT-ASSMANN, Eberhard. *La teoría general del derecho administrativo como sistema, op. cit.*, p. 25 (v. também p. 183-188). Ou como pontifica José Manuel Sérvulo Correia: "O direito administrativo do Estado de Direito Democrático é o Direito das relações entre a Administração e outros sujeitos de direito cuja dignidade e autonomia se desmultiplicam em pretensões merecedoras de protecção jurídica perante a Administração, quer esta surja no exercício de poderes de autoridade, quer no de outras situações jurídicas próprias do seu estatuto jurídico específico" (*Direito do contencioso administrativo*, v. I, Lisboa, Lex, 2005, p. 334).

e usuários (e destes com o concedente), mas também em relações com aqueles que são indiretamente afetados por tais relações primárias (terceiros) – gerando ampla interconexão entre direitos e deveres (com eventual colisão de direitos fundamentais). O contrato (bilateral) e o ato de outorga (unilateral) são reciprocamente complementares e dão origem a sem-número de potenciais relações jurídicas, que se consolidarão no exercício do projeto concessionário.

Mas note-se bem que não há propriamente uma relação poligonal fechada e exauriente, mas sim uma rede dinâmica de relações jurídicas multilaterais a se instalar frente aos usuários reais e potenciais bem como aos terceiros à relação concessionária – sejam considerados de forma individual, coletiva ou difusa (pense-se na contribuição de melhoria derivada do aperfeiçoamento da via pública; nos custos e reveses ambientais oriundos da concessão de usina hidrelétrica; no compartilhamento da infraestrutura inerente ao serviço, conjugando vários contratos de concessão e respectivas partes; na obra pública e direito de vizinhança etc.). O asterisco e o sistema solar (planetas e satélites girando em torno da força magnética do Sol), muito mais que o polígono, são figuras que mais bem representam a ideia do que efetivamente se passa nas relações jurídicas oriundas das concessões de serviço público. O que amplia a complexidade dos respectivos regimes jurídicos.

Por outro lado, e em referência específica ao vínculo jurídico "contrato de prestação" (adiante examinado no §73), está-se diante de redes contratuais (rede de contratos = rede de relações jurídico-contratuais), em razão da série próxima do interminável de vínculos firmados primariamente entre concessionário e usuários (com implicações reflexas ao concedente, a depender do tipo contratual e da técnica concessionária). Isto é, ao interno da prestação do serviço público têm-se vínculos de caráter menos aleatório e mais preciso que as demais relações multilaterais de administração. A causa econômica objetiva que une todos estes contratos, o seu eixo central, está no contrato de concessão – ou, melhor dizendo, no projeto concessionário.

A relação jurídica "contrato de concessão" (concedente – concessionário) e as relações jurídicas "prestação de serviço público concedido" (concessionário – usuário), além daquelas que envolvem terceiros (financiadores, seguradoras, expropriados etc.), bem como todas estas entre si, podem ser mais bem examinadas à luz da "teoria das redes contratuais".[64] Aqui também vale o alerta de que essa rede (ou feixe) de relações

---

[64] Já há algum tempo, ao descrever os *contratos regulamentados*, Orlando Gomes consignou: "Em certos contratos, não é somente um de seus elementos característicos que se acha predeterminado, mas todo o seu conteúdo, variando apenas as pessoas que contratam. Forma-se, em consequência, uma rede de contratos iguais celebrados por inúmeras pessoas com uma só parte, geralmente quando detém esta o monopólio virtual ou o privilégio da exploração de um determinado serviço. Nesses contratos ocorre dupla adesão, uma vez que as partes não têm liberdade de se afastarem do regulamento que condiciona a vontade negocial" (Voluntarismo jurídico e novas figuras jurídicas. *In: Transformações gerais do direito das obrigações*, cit. 2. ed., p. 24). A problemática recebeu aportes de Rodrigo Xavier Leonardo, para quem a teoria das redes contratuais "ressalta não apenas a reunião de contratos voltados para uma determinada finalidade econômica, mas também um nexo sistemático entre esses diversos contratos que acaba por imantizar a atuação de diversos agentes econômicos para a consecução de determinada operação econômica" (*Redes contratuais no mercado habitacional*. São Paulo: RT, 2004, p. 132-133). Em outro trabalho: "Por meio da teoria das redes contratuais procura-se ressaltar que em um grupo de dois ou mais contratos – para além da específica relação jurídica que cada um deles engendra – pode-se constituir uma realidade autônoma, sistemática, proveniente de um conjunto organizado em rede. (...). Os inúmeros contratos envolvidos na rede, nessa perspectiva, seriam apenas elementos de uma mesma e unificada *operação econômica*, dotada apenas de uma *causa sistemática* própria. Para além da função desenvolvida por cada contrato sistematicamente unido, haveria

jurídicas não é apenas e tão somente composta por relações de administração (com os respectivos poderes públicos postos em exercício), mas também inclui relações jurídicas típicas de direito econômico, de direito privado e de direito privado administrativo. O entrelaçamento de todas é que confere identidade à rede contratual.

Em termos mais sintéticos, numa paráfrase de Fábio Konder Comparato, não se está diante de um "contrato" isolado (com rol de direitos e deveres circunscrito objetivamente ao documento assinado e limitado subjetivamente aos seus signatários), mas o contrato de concessão estará sempre ligado a feixes de outros contratos e direitos (faculdades, poderes, pretensões) e deveres (ônus ou sujeições), "formando propriamente um sistema, isto é, um conjunto de elementos, que dependem, reciprocamente, uns dos outros, de modo a formar um todo organizado".[65] O vínculo fático-normativo entre o usuário e o concessionário só encontra explicação se examinado à luz do liame equivalente entre concedente e concessionário (e vice-versa) e do regime estatuário e contratual deste, uns contratos tornando os outros inteligíveis.

Quem abdicar do exame completo dessa complexidade estrutural não analisará o contrato de concessão, não examinará o "sistema contratual", que é aberto por excelência, mas, sim, apenas uma de suas parcelas componentes (o que é de todo viável, desde que se tenha clara a premissa da cognição circunscrita e suas consequências limitadas).

§21 Concessão de serviço público e modalidades de licitação

Em regra, o contrato de concessão deve ser precedido de *licitação pública* (CF, art. 175; Lei nº 8.987/1995, arts. 2º e 14 e ss.). Porém, se o contrato administrativo é absolutamente indispensável à concessão, a licitação não pode ser assim qualificada. Como aponta Antônio Carlos Cintra do Amaral, há casos excepcionais de dispensa e de inexigibilidade de licitação.[66] Haverá determinadas situações factuais, mesmo diante da necessidade pública de conceder um serviço e/ou obra pública, que a contratação por inexigibilidade será a única solução possível à disposição da Administração Pública. Mesmo nas concessões, "a licitação deve ser a regra se, e somente se, houver possibilidade concreta de definição, comparação e julgamento por critérios objetivos. Dessa forma, a licitação deve ser a regra quando houver padrão objetivo capaz de assegurar a escolha isonômica e, igualmente, viabilizar a seleção da proposta capaz de satisfazer plenamente a necessidade da Administração".[67]

---

uma função própria à rede, correspondendo à operação econômica unificada que, concretamente, é possibilitada justamente pelo conjunto contratual" (LEONARDO, Rodrigo Xavier. Redes contratuais: uma contextualização entre empresa e mercado. *RDPE*, Belo Horizonte, Fórum, 7/231, jul./set. 2004).

[65] COMPARATO Fábio Konder. *Comentários às disposições transitórias da nova Lei de Sociedades por Ações*. Rio de Janeiro: Forense, 1978, p. 6 (o texto de Comparato foi escrito a propósito das *situações jurídicas* – que não serão aqui tratadas).

[66] AMARAL, Antônio Carlos Cintra do. *Concessão de serviço público, op. cit.*, 2. ed., p. 27-29. No mesmo sentido: Justen Filho, Marçal. *Teoria geral das concessões de serviços públicos, op. cit.*, p. 284-287; ROCHA, Cármen Lúcia Antunes. *Estudo sobre concessão e permissão de serviço público no direito brasileiro, op. cit.*, p. 115-116; DI PIETRO, Maria Sylvia Zanella. *Parcerias na Administração Pública, op. cit.*, 5. ed., p. 137-138; SOUTO, Marcos Juruena Villela. *Direito administrativo das concessões, op. cit.*, 5. ed., p. 46-47.

[67] MENDES, Renato Geraldo; Moreira, Egon Bockmann. *Inexigibilidade de licitação*. 2. ed. Curitiba: Zênite, 2023. p. 64.

Além disso, e a despeito de o inciso II do art. 2º da Lei nº 8.987/1995 originalmente ter mencionado que a licitação seria realizada "na modalidade de concorrência", tem-se que essa nunca foi a única hipótese legal. Antigamente, a concorrência tinha seu procedimento iniciado com a habilitação, em que *todos* os licitantes viam examinados os documentos por meio dos quais demonstram preencher os requisitos técnico-operacionais e econômico-financeiros (Lei nº 8.666/1993, arts. 22, §1º, e 43). Somente depois de ultrapassada esta fase é que se instalava o exame das propostas de preços. Este era o devido processo licitatório na modalidade de concorrência.

Pois nas concessões desde sempre houve duas hipóteses em que a licitação não se dava dessa forma – o que foi reforçado pela Lei nº 14.133/2021, que não só acrescentou à Lei nº 8.987/1995 a modalidade do "diálogo competitivo" (art. 2º, incs. II e III), mas também passou a reger de forma diversa a própria concorrência (preço antes, habilitação do primeiro colocado depois). Examinemos cada uma dessas modalidades, iniciando pelas previsões que funcionavam ao lado da concorrência.

Por um lado, o PND prevê a possibilidade de a concessão ser atribuída por meio de *leilão* (Lei nº 9.491/1997, art. 2º, §§3º e 4º, e art. 4º, VI, e §3º).[68] O mesmo se diga quanto à permissão do art. 27 da Lei nº 9.074/1995. Leilão é o procedimento de arrematação pública, sob o pregão do leiloeiro, destinado à obtenção do melhor preço.[69] Antes do início da sessão pública os interessados se credenciam e, uma vez iniciado o pregão, fazem os respectivos lances em sucessão (o mesmo interessado pode fazer várias ofertas, a depender de seus concorrentes e da regulamentação no edital). Trata-se de técnica de negociação coletiva por meio da qual os interessados aperfeiçoam as propostas de preço (valor a ser pago pela outorga e menor tarifa – em modelos autônomos ou híbridos, a depender do certame). Uma vez encerrados os lances, é declarado o vencedor – para que se possa dar início ao exame dos respectivos documentos de habilitação. Na medida do possível, os atos devem ser concentrados numa única sessão.

Por outro, desde que a Lei nº 11.196/2005 inseriu o art. 18-A na Lei nº 8.987/1995 e autorizou que a Administração adotasse modalidade de procedimento que não a antiga concorrência, foi alterada a lógica procedimental das licitações concessionárias. Isso porque: (i) as propostas de preço serão examinadas antes dos documentos de habilitação; (ii) elas poderão envolver o oferecimento de lances; (iii) a regra é a do exame de apenas um dos envelopes de habilitação (o do interessado mais bem classificado nos lances);

---

[68] O leilão pode ser quanto ao poder de controle, transferindo simultaneamente a outorga do serviço e o patrimônio da empresa. O STF já julgou constitucional lei do Estado do Rio de Janeiro: "1. As privatizações – desestatizações – foram implementadas mediante a realização de leilão, modalidade de licitação prevista no art. 22 da Lei n. 8.666/1993 que a um só tempo transfere o controle acionário da empresa estatal e preserva a delegação de serviço público. O preceito impugnado não é inconstitucional. 2. As empresas estatais privatizadas são delegadas e não concessionárias de serviço público. O fato de não terem celebrado com a União contratos de concessão é questão a ser resolvida por outra via que não a da ação direta de inconstitucionalidade" (ADI nº 1.863-DF, Min. Eros Grau, *DJe* 14.2.2008). Sobre o assunto, v. LOUREIRO, Gustavo Kaercher; MOREIRA, Egon Bockmann. A privatização de empresas estatais de saneamento: breve estudo do 'Caso CORSAN'. *In:* Guimarães, Fernando Vernalha (coord.). *O novo direito do saneamento básico*. Belo Horizonte: Fórum, 2022, p. 237-261.

[69] A teoria econômica dos leilões e sua aplicação nas licitações brasileiras têm sido objeto de pesquisas relevantes – dentre elas, destacam-se as do Professor Marcos Nóbrega. Por exemplo: NÓBREGA, Marcos. Novos marcos teóricos em licitação no Brasil: olhar para além do sistema jurídico. *In:* NÓBREGA, M. *Direito e economia da infraestrutura*. Belo Horizonte: Fórum, 2020, p. 21-49; CAMELO, Bradson; NÓBREGA, Marcos; TORRES, Ronny Charles L. de. *Análise econômica das licitações e contratos*. Belo Horizonte: Fórum, 2022.

(iv) somente será aberto o envelope de documentos do segundo colocado na hipótese de ser inabilitado o primeiro (e sucessivamente o dos demais).

O art. 18-A da Lei nº 8.987/1995 criou modelo especial de procedimento licitatório, diverso daquele tipificado como concorrência pela Lei nº 8.666/1993. Desde então, esta não era, portanto, a única forma de se licitar a concessão e a permissão de serviços públicos.

Mas talvez a principal mudança nas modalidades de licitação decorra da positivação da Lei nº 14.133/2021, que derrogou a Lei nº 8.666/1993 e se tornou a Lei Geral de Licitações brasileira. Nada obstante esta lei aplicar-se apenas de modo subsidiário nas licitações e contratos vinculados à Lei nº 8.987/1995 (isto é, na absoluta ausência de norma apta a implementar a solução necessária, nos termos de seu art. 186), fato é que ela implementou duas alterações significativas. A primeira é a já mencionada modificação no rito da modalidade concorrência, que agora exige que as proposta de preço sejam examinadas antes das habilitações. A segunda é a novidadeira modalidade do diálogo competitivo. Examinemos cada uma dessas normas.

Ao se referir à "concorrência", o art. 2º da Lei nº 8.987/1995 não a definiu. Logo, presume-se que tenha pretendido se reportar à Lei Geral de Licitações (então, a Lei nº 8.666/1993, hoje sucedida pela Lei nº 14.133/2021). Atualmente, onde está escrito "concorrência" na Lei Geral de Concessões, deve-se ler os critérios de julgamento prescritos no art. 6º, inc. XXXVIII, com o rito procedimental do art. 17: propostas e lances antecedentes à habilitação (Lei nº 14.133/2021, art. 28, inc. II e 29).

Porém, ao lado dessa compreensão que confirma a prioridade do julgamento do preço antes do exame da habilitação, a Lei nº 14.133/2021 trouxe, subsidiariamente, para as concessões a modalidade do diálogo competitivo.

§21-A Concessão de serviço público e o "diálogo competitivo"

A modalidade de licitação efetivamente inaugurada pela Lei nº 14.133/2021 é a do *diálogo competitivo*, cuja razão de ser decorre de situações nas quais a Administração conhece a necessidade pública, mas não a solução.[70] Para Ronny Charles Lopes de Torres, trata-se de "modalidade apta para contratações mais complexas ou, independente da complexidade, naquelas em que a Administração possui relevantes incertezas sobre a definição da pretensão contratual", cuja principal função "é identificar os meios que melhor possam satisfazer as necessidades públicas".[71] Ou seja, as típicas hipóteses das concessões (comuns, administrativas e patrocinadas).

Na Lei de Geral de Licitações, o diálogo competitivo revela-se desde as definições do art. 6º, cujo inc. XLII o caracteriza como "*modalidade de licitação* para a contratação

---

[70] Sobre o diálogo competitivo na Lei nº 14.133/2021, v. Justen Filho, Marçal. *Comentários à Lei de Licitações e Contratações Administrativas, op. cit.*, p. 454-469; Carvalho FILHO, José dos Santos. *Manual de Direito Administrativo*. 35. ed. São Paulo: Atlas, 2021, p. 260-261; MIRANDA, Henrique Savonitti. *Licitações e contratos administrativos*. 5. ed. São Paulo: Thomson Reuters, 2021, p. 268-277; GARCIA, Flavio Amaral; MOREIRA, Egon Bockmann. O projeto da nova lei de licitações brasileira e alguns de seus desafios. *Revista de Contratos Públicos – CEDIPRE*, Coimbra, Almedina, 21/13-54, 2019; Oliveira, Rafael Sérgio Lima de. O diálogo competitivo do projeto de lei de licitação e contrato brasileiro. Disponível em: http://licitacaoecontrato.com.br/assets/artigos/artigo_download_2.pdf. Em perspectiva mais ampla, versando sobre contratos concessionários, v. GARCIA, Flávio Amaral. *A mutabilidade nos contratos de concessão*. São Paulo: Malheiros Editores, 2021, p. 70-80.

[71] *Leis de licitações públicas comentadas*. 12. ed. Salvador: Juspodivm, 2021, p. 201-202.

de obras, serviços e compras" em que a Administração Pública negocia "com *licitantes previamente selecionados* mediante *critérios objetivos*," – ou seja, observa-se se o licitante tem condições econômicas, se domina a técnica – "com o intuito de *desenvolver* uma ou mais *alternativas* capazes de atender às suas necessidades".

Na previsão do art. 28, inc. V, da Lei nº 14.133/2021, c/c art. 2º, incs. II e III da Lei nº 8.987/1995, o diálogo competitivo é uma das modalidades de licitação (que não se confunde com o Procedimento de Manifestação de Interesse – PMI do art. 81 da Lei nº 14.133/2021, que é mero procedimento auxiliar).

Nos termos do *caput* do art. 32 da Lei nº 14.133/2021, é modalidade de licitação com interpretação restrita, limitada aos respectivos incisos I e II. O inc. I preceitua as condições do objeto contratual (o "desde que"): o contrato deve abranger, a princípio, inovação tecnológica/técnica que envolva a necessidade de adaptação das soluções disponíveis. Ou seja, existe uma solução, mas ela não se adequa à necessidade: é preciso que alguém descubra como realizar tal adaptação. Além da inovação tecnológica/técnica e da necessidade de adaptação de soluções disponíveis, o contrato deve envolver a impossibilidade de definição precisa das especificações técnicas.

Já o inc. II indica a exigência de identificação e definição dos meios e das alternativas para as necessidades. É preciso uma solução técnica mais adequada, requisitos técnicos para solução predefinida e uma estrutura jurídica ou financeira do contrato (a combinação dos três é obrigatória). Estruturando juridicamente o contrato, identifica-se a necessidade de detalhamento da forma societária do contratado, do modo de transferência da tecnologia e do direito autoral, do modo de formatação de uso real da coisa imóvel e de formatação do pagamento para que ele seja viável. São, pois, muitos passos a serem solucionados.

O art. 32 da Lei nº 14.133/2021, que se aplica às concessões comuns, disciplina os requisitos dessa ordem de contratação. Os parágrafos primeiro e segundo estabelecem as duas fases desse diálogo. A primeira é efetivamente a negociação dialógica, mais flexível. Pelo menos enquanto perdurar, precisa ser confidencial. O art. 32, §1º, prevê a formação de comissão específica, formada por 3 (três) servidores ou empregados públicos estáveis; eventualmente, há a contratação de um terceiro, por apoio técnico (contratação por inexigibilidade de especialista na área, o qual precisaria fazer um documento afirmando que não há conflito de interesses e que está disposto a ficar blindado nesta negociação). Tal fase será iniciada por um edital com necessidades e exigências definidas e critérios de pré-seleção. Estabelece-se, então, prazo de 25 (vinte e cinco) dias para que esse edital tenha suas necessidades, exigências e os seus critérios de pré-seleção (uma espécie de *checklist*).

O mesmo dispositivo proíbe que determinadas informações, que possam porventura instalar uma assimetria concorrencial, sejam divulgadas no edital. Uma vez publicado o edital e admitidos os interessados, eles são acolhidos e inicia-se o diálogo competitivo, que é a negociação. Realizam-se, então, reuniões reservadas, nas quais negocia-se privadamente, faz-se a ata e gravam-se as interações. As sugestões são apresentadas em setor confidencial a fim de que se preserve a intimidade e privacidade das soluções (contudo, é perfeitamente possível que o diálogo se realize em ambiente comum).

Com o término da negociação técnica, começa o diálogo da questão jurídica; assim, depois de encontrada a solução, parte-se para outro momento do diálogo competitivo, que é a fase da competição propriamente dita. A primeira fase é flexível e confidencial, a segunda é formal e pública. Esta inicia-se com a declaração de que se encontrou uma solução satisfatória e que o diálogo obteve êxito. Nesse momento, gera-se a publicidade de diálogos sigilosos, as atas, os dias, as horas e as gravações em vídeo ou em áudio – reitere-se, aqui, que haverá alguns desafios, em situações mais complexas, pertinentes a sigilos profissionais. Com a divulgação do edital, acolhedor da solução, instalam-se também os critérios objetivos para a segunda fase. A licitação, com isso, vai se constituir em face de todos os licitantes pré-selecionados. Nessa ocasião, há também a possibilidade de uma negociação coletiva pré-julgamento, de esclarecimentos (uma modulação). Esta segunda fase pode ser instalada com uma mistura das propostas anteriores, porque a lei não proíbe e nem trata desse ponto especificamente. Ela culminará na divulgação da proposta vencedora.

Em suma, há várias formas de se estruturar a licitação para concessões comuns. A mais adequada deve ser formatada caso a caso, eis que advirá de estudos técnicos na fase de planejamento da licitação. Nem todas as necessidades públicas autorizam a instalação de um diálogo competitivo, que somente será exigido em razão das necessidades reais do caso concreto.

§21-B Concessão de serviço público e tipos de licitação

Quando se fala em tipos de licitação, está-se tratando do *critério de julgamento* da proposta mais vantajosa. Ou, como leciona João Amaral e Almeida, "a razão de decidir, a razão de optar por uma das alternativas. Ora, como o que aqui está em causa é um julgamento que consiste na escolha de uma dentre várias propostas, o critério da escolha designa-se por isso, muito naturalmente, *critérios de julgamento*".[72] Porém, mais do que a validade de um rol de alternativas de julgamento, o exame dos tipos revela algo de fundamental: a eficiência do certame em vista do objeto a ser licitado. Desde sempre, dois são os elementos componentes dos tipos: o preço e a técnica. Eixos centrais, com respectivas combinações, variações e tendências. Opções reveladoras não só do que se espera do bem ou serviço, mas sobretudo o estado da arte daquela ordem de contratações. Por isso que, assim como as modalidades, os tipos não podem ser definidos aleatoriamente nem são perenes.

Existe diferença substancial, indispensável à compreensão dos critérios de seleção da proposta mais vantajosa para contratos concessionários. Isso porque os tipos de licitação foram originalmente construídos em torno de contratos simples e de curto prazo, que contavam com desembolso de verbas públicas (Decreto-Lei nº 2.300/1986, art. 37, parágrafo único, incs. I a IV; Lei nº 8.666/1993, art. 45, §1º, incs. I a IV; Lei nº 14.133/2021, art. 33, incs. I a VI).[73] Nestes pactos, a obra, o bem, o fornecimento ou o

[72] Reflexões sobre o Princípio do Julgamento Objetivo das Propostas – os desafios brasileiros e a experiência europeia. *RCP*, Belo Horizonte, Fórum, 1/176-177, mar./ago. 2012.

[73] Sobre os tipos de licitação na Lei nº 14.133/2021, v. os comentários de Justen Filho, Marçal. *Comentários à Lei de Licitações e Contratações Administrativas, op. cit.*, p. 469 e ss., e TORRES, Ronny Charles Lopes de. *Leis de Licitações Públicas Comentadas*. 12. ed., *op. cit.*, p. 207 ss.

serviço são prestados diretamente à Administração (que elaborou os projetos básico e executivo). Ao contrário, e como tantas vezes sublinhado, contratos concessionários são investimentos privados em bens e serviços públicos, que trazem benefícios contínuos aos respectivos usuários e à coletividade. Quem elaborará os projetos, atento à boa técnica, e gerenciará os riscos a si alocados, será o concessionário. Nas concessões comuns (Lei nº 8.987/1995), a receita é adimplida pelos usuários; já as patrocinadas e administrativas (Lei nº 11.079/2004) contemplam aportes do parceiro público. A rentabilidade do investimento é projetada no tempo e depende da receita gerada pelo uso das obras e serviços. Existem investimentos e riscos, lastreados em projeções de dados econométricos.

Tais contratos demandam, naturalmente, expertise diferenciada de seus investidores, que constituirão Sociedade de Propósito Específico – SPE para ocupar o respectivo polo contratual (Lei nº 9.784/1995, art. 20; Lei nº 11.079/2204, art. 9º). Um interessado mal estruturado ou com poucas qualidades técnicas nem sequer conseguirá levantar os financiamentos e seguros necessários a participar do certame. Mais do que lógico ou intuitivo, na prática, o domínio da técnica é requisito financeiro. Em outras palavras, quem não detiver expertise não conseguirá formular nem garantir propostas. Essa distinção entre os contratos administrativos se estampa nos parâmetros para o tipo de licitação. O tempo e a experiência revelaram muito, conferindo autonomia prática às licitações de contratos concessionários. Hoje, seria erro grosseiro aplicar irrefletidamente o sistema de seleção da proposta mais vantajosa oriundo das empreitadas de obra para licitações de concessão de serviço público. São assuntos que já foram confundidos (e geraram contratos válidos), mas o atual estado da arte não mais permite essa integração, sob pena de desperdício de verba pública, incremento da litigiosidade e aumento dos custos de transação. O que se acentua quanto aos critérios de julgamento das propostas, sobretudo quanto ao de técnica e preço.

A ideia de técnica e preço traz um segredo de polichinelo – aquele que deveria ser confidencial, mas que todos estão cansados de saber: a dificuldade em se pontuar adequadamente temas com diferentes matrizes axiológicas.[74] Ou seja, fazer a pontuação atribuída ao preço ser comparável àquela imputada à técnica – e transformar essa mistura num julgamento objetivo. Não estou a tratar dos percentuais, mas da correlação entre dinheiro e produtos do intelecto. Por outro lado, e quiçá devido a essa neblina cognitiva, o tipo de técnica e preço pode gerar ambiente propício para direcionamento de licitações. Basta exigir ou pontuar técnicas que nem todos dominem. Daí a necessidade de tal licitação ser extraordinária, excepcional, "apenas quando os serviços de natureza predominantemente *intelectual* compreenderem a maior parte do objeto que se pretende contratar". (TCU, Acórdão nº 3.750/2019-Primeira Câmara, Min. Walton Alencar Rodrigues). O que haverá de ser demonstrado na fundamentação do edital, desde os estudos preliminares. Reitere-se: tais escolhas não são aleatórias nem persistem incólumes ao tempo.

Afinal, mesmo o predomínio do intelecto sobre o preço experimenta a natural evolução. Se ontem serviços de informática ou de engenharia poderiam ser submetidos a

---

[74] Cf. Moreira, Egon Bockmann; Guimarães, Fernando Vernalha. *Licitação pública*. 2. ed., *op. cit.*, p. 156-169.

certames de técnica e preço, hoje boa parte deles são bens e serviços comuns, selecionados por meio de pregão. O mesmo se diga quanto aos critérios nas concessões de serviço público. Distanciando-se da Lei nº 8.666/1993, o art. 15 da Lei nº 8.987/1995 (com redação dada pela Lei nº 9.648/1998), estabeleceu sete critérios para julgamento: (i) menor tarifa do serviço; (ii) maior pagamento ao concedente pela outorga; (iii) combinação das duas primeiras; (iv) melhor proposta técnica, com preço no edital; (v) combinação de menor tarifa com melhor técnica; (vi) combinação de melhor oferta de outorga com melhor técnica; (vii) melhor outorga, depois da qualificação das propostas técnicas. Inclusive, previu que as propostas técnicas haveriam de ser parametrizadas pelo edital (art. 15, §2º).

O que tais dispositivos revelam? Um momento inicial, o nascedouro de determinada ordem de contratos. Quem sabe devido ao receio do desconhecido, o legislador procurou abranger todas as alternativas então usuais, adaptando os critérios e imputando ao poder concedente o ônus de demonstrar a adequação daquele escolhido. Assim, poder-se-ia licitar tanto contratos antigos (transporte) quanto os então inéditos (telecomunicações e saneamento). Note-se que isso se deu ao tempo em que nem lei nem editais exigiam matriz de alocação de riscos. Essa ordem de divisão, prévia e formal de responsabilidades, começou a tomar corpo com a Lei nº 11.079/2004 e encontra-se consagrada na Lei nº 14.133/2021. Hoje, não se cogita de futuros contratos de concessão sem a alocação adequada de riscos (v. adiante, §23-A). Por exemplo, a matriz de risco é cláusula essencial, sob pena de nulidade, nos futuros contratos de prestação de serviços de saneamento básico (Lei nº 11.445/2017, art. 10-A, inc. IV, com redação da Lei nº 14.026/2020).

Essa combinação do aperfeiçoamento da técnica com a indispensável matriz de risco gera significativa repercussão para os atuais certames concessionários. Ou seja, o avanço tecnológico torna escassas as possíveis contribuições puramente intelectuais para cada um dos contratos (haverá casos extraordinários, mas isso deve ser comprovado pelo edital). Se um dia a "melhor técnica" pode ter sido sobranceira como critério, hoje não é mais assim. Mesmo porque, em contratos com 10, 20 ou 30 anos, tem-se apenas uma certeza: haverá evolução tecnológica (que poderá ser objeto de ganhos de performance compartilhados). Logo, as exigências para a pontuação técnica serão, na maioria dos editais, baseadas em dados que se revelarão precários.

Bem vistas as coisas, a racionalidade dos critérios do art. 15 revela os elementos primordiais acima apontados: preço e técnica. Todos os tipos reduzem-se a esses dois. A técnica, salvo exceções, já está num estado avançado, e o seu domínio mais apurado refletir-se-á nos valores a serem ofertados (e nos futuros ganhos de performance – v. adiante, §94). Por isso que os valores da tarifa e da outorga podem, por si sós, ser combinados como critérios de seleção da proposta mais vantajosa, que trará investimentos arrojados ao menor custo para o usuário.

Por outro lado, ao se privilegiar aportes teóricos (a técnica) em detrimento de dados concretos (o preço de outorga), instala-se o risco do comparecimento de interessados com baixa capacidade financeira para contratos de longa maturação (os quais demandam capital intensivo no começo, cuja remuneração adequada se estenderá por décadas). Serão incentivados aventureiros cuja estrutura financeira não garante a prestação futura (apesar dos atestados técnicos oriundos de contratos pretéritos – que comprovam o que foi feito, não o que será...). Em contrapartida, quem consegue captar e fazer aportes robustos hoje (o preço de outorga) terá todos os estímulos para permanecer no contrato, contratar técnicos à altura do desafio e assim bem prestar o serviço e perceber a receita projetada.

Por conseguinte, o tipo híbrido com menor tarifa (benefício aos usuários) e maior preço de outorga (fidelização do concessionário) parece funcionar bem nesse ambiente que não exige critérios predominantemente intelectuais como diferença específica na contratação.

Tradicionalmente, o preço de outorga era pago em dinheiro, e vinha a compor o caixa do poder concedente. Contudo, a Emenda Constitucional nº 113/2021 instalou nova modalidade de pagamento da outorga.

§21-C Emenda Constitucional nº 113/2021 e o pagamento de outorga com precatórios[75]

Os precatórios são a técnica brasileira de pagamento de débitos públicos oriundos de sentenças judiciais, prevista desde a Constituição de 1934.[76] A sua origem histórica deveu-se à necessidade de estabelecer a ordem de pagamentos da Fazenda Pública e, assim, esvaziar a discricionariedade do gestor na escolha de quem receberia (ou não).

Ocorre que a passagem do tempo intensificou o volume de precatórios, gerando o correspondente incremento de normas constitucionais que deles tratam. Só o art. 100 da atual Constituição, regedor do tema, já sofreu quatro emendas constitucionais (e os efeitos da respectiva modulação pelo Supremo Tribunal Federal – STF na ADI nº 4.425), assim como o art. 78 do Ato das Disposições Constitucionais Transitórias – ADCT, incluído pela Emenda Constitucional nº 30/2000 (que já experimentou modificação na Emenda Constitucional nº 62/2009). As mais recentes dessas emendas são as de nº 113 e nº 114, ambas de dezembro de 2021.

O que aqui nos interessa é o inc. III do §11 do art. 100 da Constituição (parágrafo oriundo da Emenda Constitucional nº 62/2009, que ganhou nova redação com a Emenda nº 113/2021, doravante EC nº 113). Trata-se da faculdade constitucionalmente atribuída ao credor para o uso do precatório como meio de "pagamento de outorga de delegações de serviços públicos e demais espécies de concessão negocial promovidas pelo mesmo ente".

Como examinado acima no tópico sobre tipos de licitação (v. §21-B), existe o *critério de julgamento* fundado "na maior oferta, nos casos de pagamento ao poder concedente pela outorga da concessão", para nos valermos da dicção do art. 15, inc. II, da Lei nº 8.987/1995 (que pode ou não ser combinado com a menor tarifa – gerando os tipos de licitação apelidados de "híbridos" ou "modelos híbridos"). Ou seja, na "outorga" ou

[75] Este tópico é versão, resumida e adaptada, de artigo escrito em coautoria por ÁVILA, Natália Resende Andrade; Moreira, Egon Bockmann. Licitações de infraestrutura e o pagamento de outorga com precatórios: os vários efeitos da Emenda Constitucional nº 113/2021. *FGV-CERI*, Disponível em: https://ceri.fgv.br/publicacoes/licitacoes-de-infraestrutura-e-o-pagamento-de-outorga-com-precatorios-os-varios-efeitos. Recomenda-se a leitura integral do artigo, que esclarece com profundidade o tema.

[76] Para visão mais ampla do instituto, sua evolução e aplicabilidade, v. Moreira, Egon Bockmann; GRUPENMACHER, Betina Treiger; KANAYAMA, Rodrigo Luís; AGOTTANI, Diogo Zelak. *Precatórios:* o seu novo regime jurídico. 5. ed. São Paulo: RT/Thomson Reuters, 2023, *passim*.

"preço de outorga", termos que ainda suscitam interpretações diversas (inclusive quanto ao mecanismo de contas vinculadas). De usual, a oferta se dá no leilão; o pagamento, dias depois (mas pode haver parcelamento e pagamento diferido). É desse aspecto do pagamento da outorga que trata a EC nº 113, permitindo que ela seja feita por meio de figura jurídica que, constitucionalmente e para efeitos práticos, aproxima-se dos títulos públicos (os precatórios).

A EC nº 113 é típico exemplo de norma formalmente constitucional: aquela que ingressa no texto da Constituição não devido à sua matéria, à sua substância e dignidade constitucional, mas em decorrência de haver sido submetida a rito de votação diferenciado. Pode-se dizer que, com isso, o constituinte derivado pretendeu conferir *status* sobranceiro à norma que trata de critério de pagamento de preço em certas licitações públicas, e também manejar algumas soluções, com formalidade reforçada, para o tema dos precatórios.

O *caput* do art. 100 da Constituição traz a regra geral do regime dos precatórios, indicando os respectivos critérios *subjetivo* (Fazenda Pública é o sujeito passivo da norma, a quem ela se destina) e *objetivo* (os pagamentos oriundos de sentença judiciária submetem-se à ordem cronológica de apresentação). O §11 do art. 100 tem a seguinte redação, toda ela oriunda da EC nº 113:

> §11. É facultada ao credor, conforme estabelecido em lei do ente federativo devedor, com auto aplicabilidade para a União, a oferta de créditos líquidos e certos que originalmente lhe são próprios ou adquiridos de terceiros reconhecidos pelo ente federativo ou por decisão judicial transitada em julgado para:
> I – quitação de débitos parcelados ou débitos inscritos em dívida ativa do ente federativo devedor, inclusive em transação resolutiva de litígio, e, subsidiariamente, débitos com a administração autárquica e fundacional do mesmo ente;
> II – compra de imóveis públicos de propriedade do mesmo ente disponibilizados para venda;
> III – pagamento de outorga de delegações de serviços públicos e demais espécies de concessão negocial promovidas pelo mesmo ente;
> IV – aquisição, inclusive minoritária, de participação societária, disponibilizada para venda, do respectivo ente federativo; ou
> V – compra de direitos, disponibilizados para cessão, do respectivo ente federativo, inclusive, no caso da União, da antecipação de valores a serem recebidos a título do excedente em óleo em contratos de partilha de petróleo.

Sublinhe-se que o §11 abre declarando uma *faculdade ao credor*, que agora é titular da possibilidade de fazer a oferta nos termos ali prescritos. A Constituição atribui aos credores específico direito subjetivo público, que têm a viabilidade de invocar a norma jurídico-constitucional em seu favor e, assim, compensar o seu crédito com o débito a ser assumido perante o poder concedente.

Muito embora positivada em sede constitucional (e dizer respeito, indiretamente, à segurança jurídica quanto ao recebimento de créditos públicos), é um exagero qualificar tal faculdade como um *direito fundamental*. Todavia, ainda que sejam assim considerados, eles podem ter o seu exercício limitado, eis que não são direitos absolutos (como são o direito à vida e o ao não ser escravizado). Na medida em que nem mesmo os direitos fundamentais são ilimitáveis, o direito ao pagamento deve ser garantido, mas o seu manejo, o seu efetivo exercício pode ser modulado ao nível infraconstitucional.

É o que se constata em seguida, quando a norma trata de sua *aplicabilidade em termos federativos*. Para que seja aplicada por Estados e Municípios, a compensação demanda leis específicas. Para nos valermos da célebre classificação de José Afonso da Silva,[77] estamos aqui diante de norma constitucional com *eficácia limitada* ou *reduzida*: a fim de produzir seus efeitos jurídicos, necessário se faz lei específica, ente federativo a ente federativo, que prescreva como isso se dará. A norma que criou a faculdade exige que sua eficácia seja desenvolvida pela legislação estadual e municipal. Mas tem efeitos plurifederativos: impede que quaisquer entes editem normas, legais e regulamentares, que proíbam a compensação ou a tornem imprestável (seriam inconstitucionais, ao coibir o exercício de direito subjetivo público expressado na própria Constituição). Todavia, fato é que a ausência de ação dos legisladores estaduais e municipais terá o condão de inibir a eficácia da norma do §11: sem leis, não há a possibilidade de a oferta ser realizada por meio de precatórios em licitações de projetos concessionários promovidas por tais entes subnacionais.

Quanto à União, a norma constitucional é de *eficácia contida*, a significar que pode desde já produzir seus efeitos, mas admite, em determinadas circunstâncias e obedecida a proporcionalidade (adequação, necessidade e proporcionalidade em sentido estrito), que sua aplicabilidade seja adequada às circunstâncias factuais. O direito subjetivo público em causa possui aplicabilidade direta e integral, mas o seu exercício pode ser, em lei ou regulamento, modulado (e até mesmo restringido). Ao mesmo tempo em que a norma constitucional tem o efeito pleno de ordenar que se receba essa ordem de pagamento, ela autoriza limitações ao exercício dessa faculdade.

Isto é, a norma preceitua a faculdade de o credor de precatórios utilizá-los para pagamento da oferta em licitações de projetos concessionários, mas isso não importa dizer que o preço de outorga tenha de ser, sempre e irrestritamente, adimplido por meio de precatórios. Por exemplo, é válido que leis, regulamentos e editais estabeleçam a divisão proporcional do preço a ser pago: em dinheiro e em precatórios. Isso, reitere-se, contanto que não torne ineficaz a norma do inc. III do §11 do art. 100 da Constituição.

Indo avante, o §11 trata dos créditos oriundos de precatórios sob duas perspectivas: a de sua *origem subjetiva* e a de sua *fonte*. No que respeita ao *sujeito titular*, pode ser ele o credor primário (que foi parte no processo e em nome de quem foi originalmente registrado o precatório), ou quem adquiriu o precatório de terceiros por meio de cessão de crédito (principal e acessórios).[78] Quanto ao aspecto da *fonte do crédito*, frise-se: são apenas aqueles originários de precatórios, eis que o *caput* do artigo trata exclusivamente desse tema. Parafraseando a Lei Complementar nº 98/1995, o artigo é a "unidade básica

---

[77] *Aplicabilidade das Normas Constitucionais*. 7. ed. 3. tir. São Paulo: Malheiros Editores, 2009, *passim*. Teorização posteriormente desenvolvida (e parcialmente contestada) por Silva, Virgílio Afonso da. *Direitos fundamentais:* conteúdo fundamental, restrições e eficácia. 2. ed. 3. tir. São Paulo: Malheiros Editores, 2017, *passim*.

[78] O titular original do precatório será o cedente e o participante da licitação o cessionário. O que poderá instalar discussões quanto ao valor que o precatório poderá representar na oferta: o de seu valor de face, aquele inscrito perante o devedor, ou o que efetivamente foi pago pelo cessionário (com o deságio correspondente). Somente poderá ser o valor de face, aquele registrado perante o devedor por meio da sentença transitada em julgado, sob pena de se esvaziar a eficácia da norma constitucional. O direito subjetivo público não poderá ter sua aplicabilidade frustrada por meio dessa ordem de expedientes discriminatórios e desproporcionais.

de articulação" do tema "precatórios", ao passo que os parágrafos expressam "os aspectos complementares à norma enunciada no *caput* do artigo e as exceções à regra por este estabelecida" (art. 10, inc. I; art. 11, inc. III, al. "c").

Os "créditos líquidos e certos" de que trata o parágrafo são só aqueles a que se refere a cabeça do artigo: os oriundos de precatórios. Interpretação contrária, além de ir de encontro à consagrada técnica legislativa e ao objetivo pretendido pela norma, criaria ambiente extremamente complexo na Administração Pública quanto à operacionalização de eventual encontro de contas que poderia envolver diversos créditos e titulares, tendo o condão, inclusive, de prejudicar a finalidade perseguida de compensações com precatórios. Mais: poderia instalar assimetria, desproporcional e dinâmica, entre os licitantes, com a criação de incontáveis mercados paralelos de documentos passíveis de constituir as ofertas em licitações concessionárias.

Igualmente, a norma do §11 autoriza que se cogite do *momento do efetivo pagamento*. Isso porque, muitas vezes, os editais autorizam que o preço de outorga seja pago em parcelas: uma, imediatamente após a proclamação do resultado; outra, em momentos posteriores, predefinidos no edital e consolidados no contrato. A norma constitucional não faz essa discriminação, vedando ao intérprete que restrinja o instante cronológico para o pagamento por meio de precatório. É de se cogitar de editais que transfiram ao interessado essa escolha, que poderá exercer a faculdade quando lhe for mais oportuno e conveniente (tal como estampado em sua proposta). Para tanto, será necessário o detalhamento administrativo do modo de implementar a norma constitucional, desde o planejamento da licitação e nas consultas públicas do respectivo certame. Também aqui impera a proporcionalidade, eis que – reitere-se – a Constituição criou um direito subjetivo público aos credores. Por exemplo, de nada valerá um certame cujo edital transfira para a última parcela o pagamento em precatórios, vedando que componham os lances na licitação. Traquinagens como essa instalarão novos custos, litígios e, ao fim e ao cabo, provavelmente serão anuladas pela instância competente.

Outra discussão refere-se ao pagamento da outorga por meio de precatórios e correlato impacto nas denominadas "contas vinculadas" dos projetos concessionários. Tais contas podem ser entendidas como um "colchão de liquidez" que permite ao projeto se valer de recursos gerados no âmbito da concessão para resolver problemas do próprio contrato. É mecanismo regulatório que abarca um processo de retroalimentação positiva, cujo objetivo principal se encontra na sustentabilidade econômico-financeira do projeto concessionário.

O aludido colchão presta-se a mitigar determinados riscos, como os cambiais e de demanda, além de prover recursos para o pagamento de reequilíbrios e a inclusão de investimentos necessários não previstos originalmente.[79] Ele se presta a antecipar

[79] Conforme ressaltam Natália Resende Andrade Ávila e Rafael Véras, confere-se liquidez ao projeto, com a busca do endereçamento de riscos cambiais e da mitigação dos riscos de demanda do concessionário, bem como se permite maior previsibilidade aos financiadores do projeto, que, para além da garantia dos direitos emergentes da concessão, poderão se utilizar do valor depositado na referida conta para reaver recursos financeiros aportados (Maior valor da outorga em concessões: ainda uma discussão só jurídica?. Disponível em https://www.editoraforum.com.br/noticias/maior-valor-da-outorga-em-concessoes-ainda-uma-discussao-so-juridica-coluna-direito-da-infraestrutura/. Acesso em: 05.06.2022).

exigências futuras, eis que é proteção à *liquidez*: a disponibilidade de dinheiro em caixa (ou de valores e títulos imediatamente passíveis de conversão em dinheiro).

O colchão de liquidez pode ser composto por recursos provenientes das receitas variáveis obtidas ao longo da concessão e também pelo valor da oferta quando do leilão.[80] Logo, qual o impacto no mecanismo de contas da possibilidade de se pagar a outorga por meio de precatórios? Isso poderia reduzir ou, no limite, esvaziar a efetividade do mecanismo, prejudicando, por conseguinte, a lógica econômico-financeira de sustentabilidade trazida pelo colchão de liquidez? Para responder ambas as perguntas, deve-se dividir a origem dos recursos que poderão compor as aludidas contas. Por exemplo, os recursos provenientes de receitas variáveis, que a concessionária deve remeter às contas por força do contrato, não podem ser substituídos por precatórios. Mesmo que recebam a alcunha, em um projeto ou outro, de "outorgas variáveis", tais valores não devem ser enquadrados no conceito do inciso III do §11.

Recursos destinados às contas vinculadas oriundos da oferta realizada no leilão, por seu turno, merecem aprofundamento. Sendo o valor a proposta de preço pela outorga da concessão, caberia a aplicação do dispositivo constitucional. Contudo, há de se considerar a mencionada proporcionalidade (o pagamento com precatórios não pode prejudicar a sustentabilidade do projeto). O que nos leva à seguinte pergunta complementar: a oferta que pode ser paga com precatórios refere-se ao valor total da proposta ou somente ao denominado "ágio"? Em algumas licitações, de usual o valor de ágio é praticamente o mesmo da oferta total, uma vez que não há valor mínimo (ou é insignificante) para a contribuição inicial (ou outorga fixa mínima). Em outras licitações, o valor da oferta conta com uma parcela inicial que provém da modelagem contratual e considera o VPL do projeto. Ou seja, o valor de oferta total abarca o ágio, que depende de fatores diretamente e indiretamente relacionados ao empreendimento em si, e também parcela de recursos que já é inerente ao projeto.

Atenção merece ser dedicada sobretudo em casos como os da hipótese em que o pagamento da oferta total com precatórios pode, em tese, afetar a modelagem da concessão, tendo o condão de gerar um círculo vicioso de projetos que servem a um propósito imediato fiscal, mas não atingem à finalidade principal de prover adequados serviços ao cidadão por meio de concessões.

Mas mesmo em projetos nos quais o valor de ágio é praticamente igual ao da oferta, cabem algumas ponderações. Uma das vantagens consideradas no colchão de liquidez é exatamente reverter ao próprio projeto os recursos nele (ou em virtude dele) produzidos e, ao mesmo tempo, mitigar problemas advindos de assimetrias de informação quando do leilão.

Raciocínio semelhante pode ser usado no âmbito dos modelos híbridos (combinação entre critérios de julgamento por menor tarifa e maior oferta). Neles, o preço da oferta para o desempate, caso seja necessário, pode representar o delta de assimetria de informação entre poder público e licitantes no tocante ao deságio máximo de tarifa estabelecido e

---

80 Veja-se os exemplos de editais mencionados em: Ávila, Natália Resende Andrade; Moreira, Egon Bockmann Licitações de infraestrutura e o pagamento de outorga com precatórios: os vários efeitos da Emenda Constitucional 113/2021. *FGV-CERI*, Disponível em: https://ceri.fgv.br/publicacoes/licitacoes-de-infraestrutura-e-o-pagamento-de-outorga-com-precatorios-os-varios-efeitos.

aquele que poderia ser alcançado pelas partes privadas caso não houvesse o teto. O ágio não é simplesmente o valor de oferta para exploração do projeto, mas também parte dele. Nesse contexto, o mecanismo de contas é interessante a fim de que tais recursos retornem, no limite, ao usuário do serviço concedido.

Constatações que só confirmam o acima defendido: as respostas mais adequadas perpassam por uma modulação regulatória que, simultaneamente, dê máxima eficácia à norma constitucional e respeite as circunstâncias factuais (a realidade e a complexidade de cada concessão). É a experiência prática, unida aos contornos do projeto concessionário que levarão o edital a motivadamente facultar que toda a oferta seja paga por precatórios ou que o ágio poderia ser pago por meio de precatórios e determinado *quantum* em moeda deveria ir para o mecanismo de contas. A norma constitucional deve ser aplicada em sua plenitude, salvo se houver motivos relevantes, de fato e de direito, que publicamente justifiquem a sua modulação no caso concreto (suas circunstâncias e consequências reais, para aqui nos valermos da terminologia da LINDB). Mesmo porque a licitação busca estimular o maior número de licitantes, a fim de que a proposta mais vantajosa – para os interessados e para a Administração Pública – seja proclamada vencedora.

Mas, atenção: caso o edital reste silente, entende-se que todo o valor de oferta (contribuição inicial/outorga fixa mínima + ágio) pode ser pago por meio de precatórios, em homenagem ao disposto no inc. III do §11 do art. 100 da Constituição.

Em suma, o pagamento de outorga por meio de precatórios poderá impactar, para além do mecanismo de contas em si, na sua finalidade de conferir sustentabilidade econômico-financeira do projeto. Tudo dependerá do entendimento e da aplicação de que cada caso deverá ser avaliado segundo suas complexidades e especificidades, necessitando a modulação, se assim for preciso, constar de modo fundamentado no respectivo edital ou nas correlatas normas regulatórias.

§22 Concessão de serviço público a pessoa jurídica, consórcio de empresas e Sociedades de Propósito Específico – SPEs

O inciso II do art. 2º da Lei nº 8.987/1995 estabelece que a outorga do serviço público só pode ser feita a pessoas jurídicas ou a consórcio de empresas. Logo, excluídas estão as pessoas físicas (e consórcios de pessoas físicas).[81]

---

[81] Para Benedicto Porto Neto a expressão "pessoa jurídica" constante do art. 2º da Lei nº 8.987/1995 albergaria também as de direito público da Administração indireta, desde que não fizessem parte da mesma esfera política do titular do serviço (*Concessão de serviço público no regime da Lei 8.987/1995: Conceitos e Princípios, op. cit.*, p. 62-66). Parece-me que não é este o escopo normativo. Ao mesmo tempo em que excluem as pessoas físicas, os incisos II e III estabelecem duas escolhas: ou pessoas jurídicas ou consórcios (que pessoas jurídicas não são). Aqui se encerra a atividade do intérprete. Ademais, não há lógica na constituição de pessoa jurídica de direito público com o fim de exercer empreendimento econômico lucrativo, como se supõe sejam as concessões comuns. Não há razão para que uma autarquia tenha gestão aprimorada de serviços públicos titularizados por outra pessoa jurídica que não a Administração Central que lhe deu origem; e, mais ainda, que deles aufira ganhos. E, quanto ao controle do concedente, seria possível a um ente político intervir na gestão de serviço concedida a autarquia de outra pessoa política? Por fim, se as autarquias – que são uma *longa manus* administrativa do Poder Público oriundas da descentralização – podem ser concessionárias de serviços de pessoas de outras esferas políticas, por que não poderiam sê-lo as próprias pessoas políticas concessionárias umas das outras? Quanto a pessoas de direito privado integrantes da Administração indireta, tenho como perfeitamente válida (senão óbvia) a possibilidade de participação delas em licitações para concessões, inclusive integrando consórcios com outras empresas privadas.

As pessoas jurídicas podem assumir qualquer forma societária lícita. A liberdade de empresa permite a adoção daquela que mais agrade ao investidor e respectivo planejamento. Nos comentários de Arnoldo Wald, há "liberdade de escolha, pelas partes, da forma societária a ser adotada, ressalvados certos casos, nos quais a lei exige a adoção de determinado regime societário".[82] A depender do certame, o edital pode predefinir o tipo de sociedade a ser adotada pelo futuro concessionário, bem como o nível de responsabilidade e solidariedade dos acionistas.

O tema dos consórcios empresariais em face das contratações públicas já foi enfrentado pelo autor deste livro.[83] Seguem algumas ideias-chave do tema (que na Lei nº 8.987/1995 é disciplinado no art. 19).

O consórcio é o modo de organização empresarial disciplinado pelos arts. 278 e ss. da Lei nº 6.404/1976 (Lei de S/A). Trata-se de integração horizontal entre empresas, a estabelecer uma relação de coordenação de interesses autônomos, visando a fim específico e comum. Não envolve a constituição de pessoa jurídica distinta dos consorciados (o consórcio não tem personalidade jurídica). Visa a objetivo certo e dirigido, na busca de benefícios individuais às pessoas que o constituem. Através do contrato consorcial (também conhecido por *ato consorcial*) formaliza-se a associação de interesses, regulando obrigações recíprocas e específicas condições que possibilitem atingir determinada finalidade empresarial comum.

O serviço concedido pode ser prestado diretamente pelo consórcio. Mas o art. 20 da Lei nº 8.987/1995 prevê a possibilidade de o edital determinar que o consórcio vencedor se constitua numa empresa (personalidade jurídica, patrimônio, sede, administração etc. próprios). O que é de todo indicado, devido ao fato de que as concessões envolvem contratos com prazos muito longos, a exigir autonomia decisória e estabilidade durante décadas. O que seria antitético à ideia de consórcio, que descarta a constituição de pessoa jurídica autônoma, pois envolve a conjugação de interesses em, quando muito, médio prazo – sem a permanência duradoura que caracteriza a concessão de serviços públicos. Aqui entra em cena a Sociedade de Propósito Específico – SPE.[84]

Em vista da necessidade de autonomia administrativa, patrimonial, financeira e técnica para a gestão de um projeto concessionário, é usual os editais de licitação (quando não a legislação, como o fez a Lei nº 11.079/2004, em seu art. 9º) exigirem que o vencedor constitua uma SPE para a assinatura do contrato. Será a SPE a concessionária de serviço público.

Bem vistas as coisas, a SPE é um modelo de *joint venture*, mais especificamente uma *corporate joint venture*: o empreendimento comum, derivado de arranjo contratual

---

[82] Wald, Arnoldo. *In:* TEIXEIRA, Sálvio de Figueiredo (coord.). *Comentários ao Novo Código Civil*, v. XIV. Rio de Janeiro: Forense, 2005, p. 82. A ressalva é esclarecida: "Ocorre que certas atividades, por determinação de lei especial, devem ser desenvolvidas necessariamente sob determinada forma societária, como ocorre, por exemplo, com as instituições financeiras, que devem sempre se constituir como sociedade por ações" (p. 83). Por outro lado, tenho como inadmissíveis formas societárias que alberguem sócios ocultos, como a sociedade em conta de participação (Cód. Civil, art. 991)

[83] MOREIRA, Egon Bockmann. Os consórcios empresariais e as licitações públicas (considerações em torno do art. 33 da Lei nº 8.666/1993). *RT*, São Paulo, RT, 833/11-25, março, 2005.

[84] Sobre as SPE em contratos concessionários, v. Moreira, Egon Bockmann; Guimarães, Bernardo Strobel. Sociedades de propósito específico na lei de PPP. *In:* JUSTEN FILHO, M.; SCHWIND, R. W. *Parcerias Público-Privadas:* reflexões sobre os 10 anos da Lei 11.079/2004. São Paulo: RT, 2015, p. 493-528 (texto que contou com aportes oriundos da primeira edição deste livro e que tem algumas de suas ideias sintetizadas nesta edição).

que permite o seu desenvolvimento de modo autônomo e estável. Ela representa pouco de jurídico e muito de econômico e empresarial. Mais do que a mera estruturação de um contrato sob premissas jurídicas, exprime a técnica de cooperação econômica entre sociedades independentes entre si, que visam a realizar certo projeto comum. O escopo é o empreendimento, o projeto – e não a personificação de determinada sociedade. Assim, a configuração de tais arranjos empresariais de propósito específico parte do pressuposto de que o empreendimento terá mais chances de êxito – será mais eficiente – se as partes colaborarem entre si segundo determinadas premissas, associando-se e estabelecendo pautas recíprocas de conduta cooperativa.[85]

Mas note-se que a *joint venture* SPE não pode ser compreendida como se fosse instituto jurídico tradicional, algo previamente tipificado e limitado pelo direito (por exemplo, um "contrato" ou uma "sociedade"). A sua principal característica é ser a expressão de determinada técnica para a execução de específicas operações mercantis, industriais ou financeiras – as quais exigem as correspondentes modelagens (a criação artesanal do pacto associativo). Com isso, instala-se pessoa jurídica que, obediente aos critérios de *compliance* e políticas ativas de inibição de conflitos de interesse, destina-se à gestão de específico projeto concessionário: este é o propósito específico que dá razão à sociedade.

A SPE concessionária incorpora, portanto, o mecanismo de "piloto automático": o objeto social não pode ser modificado no curso de sua existência. O negócio concessionário torna-se "controlado" desde o nascer, em resultado da combinação do seu regime estatutário (leis e regulamentos setoriais; edital e contrato administrativo) com os peculiares regimes contratuais (o ato constitutivo da SPE e respectiva rede contratual). O que permite constatar a forma de revelação do poder de controle societário: afinal, aquele(s) que define(m) o irreversível objeto da SPE merece(m) ser qualificado(s) como controlador(es). O que importa dizer que assumirão a condição inaugural de controladores aqueles que elaborarem o ato constitutivo da SPE, em obediência ao edital, conjugado com proposta e contrato administrativo.

Mas atenção: a marca caracterizadora da SPE está em ser titular de interesses e finalidades distintos daqueles de seus controladores, de modo reforçado em relação às demais formas societárias. Muito embora criada para servir de meio contratual ao cumprimento de um fim (a gestão do projeto concessionário), fato é que ela não se confunde com os seus controladores, detendo autonomia em face deles. Em outras palavras, a SPE é modalidade societária que se destina basicamente à segregação de parcela do patrimônio e riscos daqueles que a integram, conferindo autonomia a determinado negócio. Trata-se de mecanismo utilizado tanto para neutralizar a influência econômico-financeira que outros negócios efetivados pelos membros da SPE possam

---

[85] De usual, o termo *joint ventures* é empregado para designar arranjos contratuais não societários. Porém, nada impede que venha a se constituir uma *joint venture* societária. Cf. Luís Domingos Silva Morais (*Empresas comuns: Joint Ventures* no direito comunitário da concorrência. Coimbra: Almedina, 2006); Maristela Basso (*Joint Ventures*: manual prático das associações empresariais. 3. ed. Porto Alegre: Livraria do Advogado, 2002); Eduardo Goulart Pimenta (*Joint Ventures*: contratos de parceria empresarial no direito brasileiro. São Paulo: Juarez de Oliveira, 2005) e Patrícia Carvalho (*Joint Venture:* uma visão jurídico-econômica para o desenvolvimento empresarial. 1. ed. 4. reimpr. Curitiba: Juruá, 2007).

exercer sobre determinado empreendimento como para impedir que o projeto interfira nos negócios de seus sócios.

Pode-se dizer que, de modo bastante mais forte do que se dá nos empreendimentos privados, o projeto concessionário tem independência reforçada: ele se destina à implementação de específica política pública. Em última análise, é para isso que a SPE serve: a fim de que, do lado de dentro do projeto concessionário, haja uma estrutura societária autônoma (em termos jurídicos, negociais e financeiros).

Por conseguinte, as SPEs destinam-se basicamente à autonomização de parcela das atividades empresariais (com ou sem o patrimônio), permitindo a efetiva separação dos ativos e dos riscos envolvidos em determinado negócio. A SPE dirige-se a apenas e tão somente um empreendimento: gerir a atividade concessionária daquele específico contrato. Confira-se o conceito lançado por Luiz Domingo da Silva Morais para a figura da *empresa comum* ou *joint venture*: "(...) uma relação, de conteúdo complexo, estabelecida entre entidades que explorem empresas com a finalidade de realizar em comum, e num quadro de concertação, um determinado projecto empresarial, mantendo, em contrapartida, numa determinada esfera minimamente apreciável, a sua autonomia jurídica e uma capacidade própria de determinação do seu comportamento comercial nesse mesmo âmbito".[86] Como já mencionado, trata-se de mecanismo utilizado para conferir autogoverno ao projeto e neutralizar a influência econômico-financeira que outros negócios efetivados pelos membros da SPE possam exercer sobre o empreendimento concessionário (e vice-versa).

A Lei Geral de Concessões, em seus arts. 19 e 20, permite que a Administração Pública exija que o eventual consórcio vencedor se constitua em SPE para executar o contrato – e é de todo indicado que isso sempre ocorra. De acordo com Arnoldo Wald, Luíza Rangel de Moraes e Alexandre de M. Wald, a previsão justifica-se "pelo fato de que a organização societária oferece como vantagem a estabilidade maior nas relações internas entre as diversas consorciadas, que passarão a ser sócias, e, igualmente, entre o poder concedente e a sociedade (que consolida os direitos, interesses e obrigações de todos os consorciados), tornando, ainda, desnecessário o recurso da previsão de solidariedade".[87] Além dessas, há relevantes vantagens de ordem econômico-financeira (separação de ativos e riscos, maior segurança e transparência etc.).

Aliás, é de se defender a constituição de SPE mesmo por empresas que participaram isoladamente da licitação (isto é, não apenas no caso dos consórcios). No caso das concessões comuns isso se dá por meio da autorização prevista no art. 20 da Lei Geral de Concessões, ao consignar que o edital pode exigir que os consórcios se transformem em empresa para assinar o contrato. O dispositivo não pode ser interpretado restritivamente, pois do fato de a lei trazer uma hipótese não se infere a exclusão de todas as outras.

---

86 MORAIS, Luiz Domingo da Silva. *Empresas comuns: Joint Ventures:* no direito comunitário da concorrência. Coimbra: Livraria Almedina, 2006, p. 172. Mas note-se que a SPE é apenas uma espécie de *joint venture*, a chamada *corporate joint venture*, mais especificamente a *contractual joint venture* – qualificação dada em vista da constituição de uma pessoa jurídica por meio de contrato celebrado entre as empresas participantes. Ampliar em: MORAIS, Luiz Domingo da Silva. *op. cit.*, p. 171-180; Wald, Arnoldo. *In:* Teixeira, Sálvio de Figueiredo (coord.). *Comentários ao Novo Código Civil, op. cit.*, v. XIV, p. 79; BASSO, Maristela. *Joint Ventures:* manual prático das associações empresariais. 3. ed., *op. cit.*, p. 39-60.

87 Wald, Arnoldo; Moraes, Luíza Rangel de; Wald, Alexandre de M. *O direito de parceria e a lei de concessões, op. cit.*, 2. ed., p. 368.

Neste sentido, Antônio Carlos Cintra do Amaral afirma: "A interpretação finalística ou teleológica conduz ao entendimento de que o objetivo da lei é autorizar a outorga da concessão a uma pessoa jurídica que tenha o objeto específico de prestar o serviço concedido. Assim sendo, a norma deve ser entendida com maior amplitude, abrangendo não apenas a hipótese de participação em consórcio como também a de empresa isolada".[88] Do fato de a lei prever a possibilidade de ser *obrigatória* a constituição da SPE para os consórcios não emerge a conclusão de que seria *proibida* uma SPE em outras hipóteses (participação individual na licitação). A proibição deve resultar de previsão literal, não de interpretação *a contrario sensu* de um artigo da lei ou de dispositivo do edital.

Afinal, o art. 981, parágrafo único, do CC expressamente consigna que a atividade econômica objeto da celebração de um contrato de sociedade "pode restringir-se à realização de um ou mais negócios determinados". Sob certo ângulo, o dispositivo traduz-se em permissão da SPE. Inicialmente deve-se ressaltar que a expressão "um ou mais negócios determinados" não se equipara à mera identificação da atividade econômica a que se dedicará a sociedade (objeto social). Se assim o fosse o dispositivo seria supérfluo: limitar-se-ia a *permitir* aquilo que o próprio Código Civil, em outro dispositivo, expressamente obriga (art. 968, IV). A expressão deve ser interpretada em sentido técnico, como a possibilidade de a sociedade se dedicar a "um ou mais negócios *[jurídicos]* determinados"; à consecução de um *propósito específico*.

Quanto a isto, uma ressalva: o fato de determinada sociedade restringir seu objeto social a determinado negócio jurídico não significa que ela só praticará atos estritamente vinculados a ele. Por vezes exige-se que outros tantos negócios sejam praticados, inclusive com terceiros. Por exemplo, imagine-se um concessionário de rodovias que adquira uma usina de asfalto móvel, com a finalidade de servir de meio para o aprimoramento da execução do serviço. A toda evidência, ele não transgredirá de forma alguma seu objeto social – nem tampouco o edital de licitação ou a Lei de Concessões. Ao contrário, pois a usina configura instrumento adequado ao cumprimento de seus deveres: ela assume a natureza de um bem de produção, destinado à realização, manutenção e conservação de outro bem, a rodovia concedida.[89]

A estrutura de uma SPE é especialmente atrativa no *project finance* (v. §30, adiante). Ao conjugar a tomada de recursos à propriedade dos ativos financiados a SPE permite a instituição do ciclo vital do projeto concessionário, imputando-se a dívida aos seus próprios resultados. Depois, essa separação patrimonial torna o projeto mais atrativo e confiável. Como a SPE conduzirá exclusivamente um determinado projeto, o que for nela aportado se destina exclusivamente a ele. Por outro lado, ela permite que se institua espécie de partilha de riscos entre aqueles que a instituíram e os investidores que nela aportam valores. Na medida em que o investidor aceita ser pago por meio dos resultados, assume o risco – ao lado daqueles que constituíram a SPE – derivado da consecução do projeto.

---

88 AMARAL, Antônio Carlos Cintra do. *Concessão de serviço público, op. cit.*, 2. ed., p. 55.

89 A respeito do caso que deu origem ao exemplo, v. o meu parecer Concessão de serviço público: usina de asfalto. *ILC*, Curitiba, Zênite, 140/879-881, out. 2005.

§23 Capacidade para desempenho "por sua conta e risco"

A amplitude da expressão legal "por sua conta e risco", outrora tão celebrada em sede de concessão de serviços públicos, tem sofrido alguns reveses.[90] No sentido tradicional, retrata a conjugação da capacidade de desempenho com o dever de investimento e a repartição entre *álea ordinária* e *álea extraordinária* da concessão, referindo-se ao equilíbrio econômico-financeiro e sua imunidade quanto às alterações extraordinárias clássicas (fato do príncipe, força maior etc.). Em contrapartida, e na medida em que ao empresário é atribuída a gestão do negócio, ele leva consigo as variações normais a qualquer empreendimento (inadimplemento do usuário, incrementos dos custos etc.).

Esta é a compreensão – lógica e juridicamente consistente – que levou a algumas interpretações restritivas frente aos desafios contemporâneos e gerou as correspondentes críticas, mormente quanto à repartição dos riscos e incertezas do empreendimento. Tais divergências permitem o esboço de nova construção do texto legal (tema cujas consequências serão examinadas nos §§100 e ss. – que tratam do equilíbrio econômico-financeiro do contrato de concessão). Em suma, fato é que hoje a técnica da divisão e alocação expressa de riscos é uma das boas práticas nos negócios concessionários – a tornar despiciendas (ou secundárias) as preocupações da teoria das áleas. O que veio reforçado com as previsões da Lei nº 14.133/2021, em seu art. 6º, inc. XXVII (que traz a definição de matriz de risco para os efeitos da Lei Geral de Licitações) e do art. 103 da mesma lei, que trata especificamente da lógica da matriz de alocação de riscos (v. tópico §23-A, adiante).

A primeira parte da locução "por sua conta e risco" não tem o condão de instalar controvérsias. Como em qualquer empreendimento sério, o interessado há de avaliar qual é o volume de receita que torne possível arcar com o planejamento, a execução do projeto e seus custos – estes compreendidos desde sua avaliação física e jurídica até a execução propriamente dita e respectiva margem de desvio nas projeções.[91] O que desautoriza a compreensão obtusa de que todos os eventos futuros e incertos, não importa quais sejam e qual o seu impacto no projeto concessionário, devem ser arcados pelo concessionário. A lei não diz isso e o intérprete está proibido de agregar significado inexistente à expressão, lendo-a como se "todos os riscos são de responsabilidade do concessionário", mesmo os estranhos à matriz de risco e até aqueles advindos de atos unilaterais do concedente.

---

[90] Ao que tenho notícia, a primeira crítica foi a de Marçal Justen Filho (As diversas configurações da concessão de serviço público, *op. cit.*, *RDPE*, 1/95-176; *Teoria geral das concessões de serviços públicos*, *op. cit.*, p. 76-95 e 382-422). A investigação foi expandida por: Marcos Augusto Perez (*O risco nos contratos de concessão de serviço público*, *op. cit.*, p. 101-184); Luiz Ferreira Xavier Borges e César das Neves (Parceria público-privada: riscos e mitigação de riscos em operações estruturadas de infraestrutura. *Revista do BNDES*, Rio de Janeiro, jun. 2005, 23/73-118. Disponível em: http://www.bndes.gov.br/conhecimento/revista/rev2305.pdf); Marcos Barbosa Pinto (Repartição de riscos nas parcerias público-privadas. *Revista do BNDES*, Rio de Janeiro, 25/155-182, jun. 2006. Disponível em: http://www.bndes.gov.br/conhecimento/revista/rev2506.pdf); e Maurício Portugal Ribeiro e Lucas Navarro Prado (*Comentários à Lei de PPP:* parceria público-privada, fundamentos econômico-jurídicos, *op. cit.*, p. 48-50 e 103-125). A doutrina estrangeira aponta expressões semelhantes, porém nem sempre equivalentes à brasileira (por exemplo, *riesgo y ventura*; *rischio e pericolo*; *risque et péril*; e *free & clear of all incumbance*). A respeito do tema no Direito Espanhol, v. PALASÍ José Luis Villar; EZCURRA, José Luis Villar. El principio de riesgo y ventura. *In:* GÓMEZ-FERRER MORANT, Rafael (dir.). *Comentario a la Ley de Contratos de las Administraciones Públicas*. 2. ed. Madri: Civitas, 2004, p. 525-559.

[91] Cf. BUARQUE, Cristovam. *Avaliação econômica de projetos*. 23. tir. Rio de Janeiro: Elsevier, 1984, *passim*.

Quando a lei dita que o interessado deve demonstrar a capacidade de desempenho do serviço público *por sua conta*, faz derivação em sentido figurado da palavra "conta" – a fim de significar a obrigação contratual de projetar e realizar o investimento (capital, tecnologia e recursos humanos), combinada como o dever de prestar o serviço adequado e responder por suas próprias ações. Para utilizar uma palavra intraduzível, trata-se de *accountability*: a legítima capacidade de agir e a transparência de seus processos, conjugadas com a responsabilização do agente.[92]

O que reforça a constatação de que contratos de concessão comum são negócios jurídicos exigentes de investimentos privados em obras e/ou serviços públicos. O concessionário financiará a melhoria dos bens e serviços, sendo remunerado pelos respectivos usuários. Não se está diante de pactos nos quais a pessoa privada é paga em vista de preço definido pela conjugação edital e proposta, a ser imediatamente adimplido pela Administração. Ao contrário: ao consignar que o empreendimento é "por conta" da pessoa privada, a Lei nº 8.987/1995 afasta os aportes públicos e demanda capacidade financeira projetada para longos anos.

Constatação que traz consigo a *autonomia de gestão* assegurada ao concessionário. Afinal, ele fará aportes significativos em vista de seus próprios cálculos de rentabilidade dos investimentos. Caso um terceiro – o poder concedente – resolva se imiscuir na gestão do projeto, corromperá a expressão legal que assegura a administração "por conta" do concessionário.

Com lastro nos elementos do projeto básico e nos dados econômico-financeiros divulgados pelo concedente, além daqueles de acesso público conjugados com sua *expertise*, o interessado desenvolve as projeções empresariais e se candidata a provar que pode se tornar responsável pela prestação daquele serviço. Caso na licitação ele demonstre que detém tais atributos (técnicos e econômico-financeiros) e faça a melhor oferta, a sua proposta será sagrada vencedora. Deverá desempenhar *por sua própria conta* a gestão do serviço posta ao seu encargo.

Esse dever legal, especificado nas obrigações contratuais, tem como contrapartida a liberdade de gestão do concessionário. Como será insistentemente tratado neste livro, e aqui invocando a lição de Carlos Oliveira Cruz e Joaquim Miranda Sarmento, "deve ser dada autonomia ao sector privado para desenvolver a gestão operacional como o maior grau de liberdade, desde que os serviços contractualizados sejam garantidos no volume e quantidade contractualizados. Ou seja, o privado deve trazer para a esfera

---

[92] O termo foi (mal) traduzido para o Português como "responsabilização" – palavra que induz a apenas um dos ângulos da questão (Luiz Carlos Bresser-Pereira vale-se dela no seu *Reforma do Estado para a cidadania*: a reforma gerencial brasileira na perspectiva internacional. São Paulo: ENAP/Editora 34, 1998). *Accountability* significa muito mais que "ficar sujeito às consequências de condutas próprias ou alheias", pois se projeta em outras dimensões (cronológicas e substanciais). Como O. P. Dwivedi e Joseph G. Jabbra frisam, a palavra exige a inclusão de ao menos cinco elementos: organizacional ou administrativo, legal, profissional, político e moral: "Within this context a broadly conceived definition can be constructed: public service accountability involves the methods by which a public agency or a public official fulfills its duties and obligations, and the process by which that agency or the public official is required to account for such actions" (Public service responsibility and accountability. *In:* DWIVEDI, O. P.; JABBRA, Joseph G. (ed.). *Public Service Accountability: a Comparative Perspective*. Connecticut: Kumarian Press, 1988, p. 5).

do projecto público a maior flexibilidade, controlo de custos e eficiência de gestão".[93] Em outras palavras, a gestão será *por conta* do concessionário.

Já a atribuição do *risco* do negócio ao concessionário exige reflexão mais apurada. Considerações à parte da natural amplitude da ideia,[94] fato é que a evolução tecnológica conferiu certa sofisticação a este termo usado pela Lei nº 8.987/1995. Como defendido na tese central de Ulrich Beck, houve mutação na *natureza dos riscos* que o homem contemporâneo enfrenta: o progresso trouxe consigo várias situações de riscos produzidos, que não existiam em épocas anteriores (quando havia basicamente riscos naturais) e que não mais experimentam os mesmos limites de outrora (espaciais, temporais ou sociais). A organização econômica é fonte natural de riscos, vez que as atividades que os instalam são conscientemente deflagradas numa perspectiva de custo-benefício (desde a Engenharia Genética até a finitude dos recursos naturais, passando pelo meio ambiente).

Por óbvio, da constatação não estão excluídas as concessões de serviços públicos, pois estas conjugam expectativas quaternárias: jurídica, econômica, social e tecnológica. Se a atividade é importante a ponto de ser legalmente qualificada como de titularidade do Estado, é fundamental que exista por meio de projeto em que as autoridades públicas e os empreendedores privados saibam quais riscos devem ser assumidos e por quais instituições. Isso se dá no estatuto do serviço (Constituição, leis e regulamentos), conjugado com o contrato. Só assim se poderão atenuar as assimetrias de informações, instalando o dever de que o Poder Público tome decisões e aja em tempo adequado para evitar crises no fornecimento (ou nos custos). Trata-se daquilo que mais adiante será denominado de *capacidade de aprendizagem* dos contratos (§105). Será o Direito um auxiliar na construção da segurança do projeto concessionário, reforçando-a ao instalar meios de garantias das expectativas e compensação de prejuízos.

---

93 *Manual de parcerias público-privadas e concessões.* Belo Horizonte: Fórum, 2020, p. 111. Daí Fernando Vernalha Guimarães alertar que a "autonomia de gestão pelo concessionário, que pressupõe mais a obtenção de resultados e menos o cumprimento de meios previamente estabelecidos, não se harmoniza com o regime convencional dos contratos administrativos ordinários, que funciona sob a lógica do rígido controle dos meios pela Administração". (*Concessão de serviço público.* 2. ed. São Paulo: Saraiva, 2014, p. 35).

94 O tema "risco" não é nem um pouco pacífico. Suas pesquisas dão-se tanto nas relações do Direito com a Economia (CALABRESI, Guido. *The Cost of Accidents*: a Legal and Economical Analysis. New Haven/Londres: Yale University Press, 1970, *passim*) como nas Ciências Sociais (BECK, Ulrich. *La sociedad del riesgo:* hacia una nueva modernidad. Tradução de J. Navarro Perez, D. Juménez e María R. Borras. Barcelona: Paidos, 2006, *passim*; LUHMANN, Niklas. *Risk:* a sociological theory. 3. reimpr. Tradução de R. Barret, New Brunswick, Aldine Transaction, 2007, *passim*); na Economia pura e de finanças (KNIGHT, Frank H. *Risk, Uncertainly, and Profit.* Nova York: Dover, 2006, *passim*; KEYNES, John Maynard. *A Treatise on Probability*. Reimpr. Mineola: Dover Phoenix, 2004, *passim*; BERNSTEIN, Peter L. *Desafios aos deuses:* a fascinante história do risco. Tradução de I. Korytowski. Rio de Janeiro: Campus, 1997, *passim*; MANDELBROT, Bénoit; HUDSON, Richard L. *The (Mis)Behavior of Markets:* a Fractasl View of Risk, Ruin & Reward. Nova York: Basic Books, 2004 – este sobretudo nas p. 3-24, 79-87 e 271-274); nos *project finances* (SALOMÃO NETO, Eduardo. *Direito bancário.* São Paulo: Atlas, 2005, p. 400-417; BEENHAKKER, Henri L. *Risk Management in Project Finance and Implementation.* Westport: Quorum, 1997, *passim*; YESCOMBE, E. R. *Principles of Project Finance.* Londres: Academic, 2002, p. 137-249). Para o Direito merece especial atenção o "risco" *versus* o "perigo" e a "segurança" na Administração Pública (PARDO, José Esteve. De la policía administrativa a la gestión de riesgos. *REDA*, Madri, Civitas, 119/323-346, jul./set. 2003), no meio ambiente, aqui máxime o "princípio da precaução" (Silva, Vasco Pereira da. *Verde cor de direito*: lições de direito do ambiente, *op. cit.*, p. 65-75; Sunstein, Cass R. *Laws of Fear:* beyond the precautionary principle. Cambridge: Cambridge University Press, 2005, *passim*); na regulação (FRADE, Catarina; MARQUES, Maria Manuel Leitão. Risco e insegurança alimentar: da (in)segurança da escassez à (in)segurança da abundância. *RDPE*, Belo Horizonte, Fórum, 7/73-96, jul./set. 2004); e nos seguros (TIMM, Luciano Benetti; ALVES, Francisco Kümmel. Custos de transação no contrato de seguro: proteger o segurado é socialmente desejável?. *RDPE*, Belo Horizonte, Fórum, 19/125-158, jul./set. 2007).

Para o empresário privado a concessão é um projeto de investimento lucrativo. Em termos chãos, "risco" é a possibilidade de o investidor ganhar ou perder dinheiro: a análise de custo-benefício e de sua previsibilidade (a *álea ordinária*). São os riscos essas ocorrências incertas que podem (ou não) causar prejuízos. Como os dados presentes definem as escolhas futuras, sem assunção de riscos não há atividade econômica capitalista. A contrapartida do lucro configura o incentivo para a organização produtiva dos recursos disponíveis. O empresário investe porque *induz* que obterá lucros – em vista das experiências passadas e das programações futuras.[95]

Se é bem verdade que não existem investimentos infalíveis, quanto maior o risco, maior a rentabilidade (em termos bastante simplistas, o lucro dividido pelo valor investido). "No estudo de projetos, a certeza é uma situação que nunca é alcançada. A partir de um certo ponto, aprofundar qualquer estudo exige um custo muito elevado."[96] O que há em todas as iniciativas de investimento são *níveis de risco*, maiores ou menores, cuja prospecção pode ser mais barata, mais cara ou muitíssimo cara (haverá um momento em que o elevado custo impedirá a investigação mais apurada, gerando a aplicação de variantes conservadoras). E não há garantia alguma quanto a decisões isentas para o futuro – o crescimento da bolha cultural-tecnológica apenas amplia a superfície do risco.[97]

Dessa forma, na justa medida em que não há decisões empresariais em regime de certeza absoluta (nem sob o manto de leis probabilísticas), supõe-se que o investidor somente deva aplicar seu dinheiro num projeto quando conseguir esquadrinhar o grau do risco assumido, a fim de desenvolver instrumentos que sejam capazes de mitigar os efeitos daninhos dele (seguros, coberturas contratuais etc.) – os quais, além de não terem o condão de extinguir o risco, integrarão os custos do projeto. Ou seja, não há só um preço a ser pago pela previsão analítica dos riscos, mas existe outro, igualmente devido, oriundo da sua inserção no empreendimento. Paga-se para descobrir o risco e também para que o projeto o contenha. Compreensão que depende da quantidade e fidelidade das informações – como será esquadrinhado ao se tratar dos conceitos de Valor Presente Líquido – VPL, Taxa Interna de Retorno – TIR e Custo Médio Ponderado de Capital – CMPC (§§101 a 103, adiante).

---

[95] O princípio da indução (F. Bacon, 1561-1626) representa o método que padroniza a observação e a experimentação (a construção de "tabelas de descoberta"), com o escopo de ordenar os fatos de tal modo que as "reais causas" dos fenômenos e as "verdadeiras formas" das coisas possam ser estabelecidas como consequências. A experiência escriturada corresponde à observação metódica e aos experimentos – dos efeitos à causa, do singular ao geral. Se uma experiência leva aos mesmos resultados num grande número de repetições, é altamente provável que ela leve ao mesmo resultado numa próxima repetição. *Grosso modo*, esta é a base das leis empíricas da Ciência Moderna. Nos dias de hoje a teorização a propósito do comportamento humano ao tomar decisões já assumiu outras dimensões, muito mais complexas, que inclusive levam em conta o acaso e as decisões tomadas sob estados de incerteza – por todos, basta conferir as coletâneas editadas por Daniel Kahneman e Amos Tversky (ed.) (*Choices, Values, and Frames*. Cambridge: Cambridge University Press, 2000, *passim*) e Cass R. Sunstein (ed.) (*Behavioral Law & Economics*, Cambridge, Cambridge University Press, 2000, *passim*).

[96] BUARQUE, Cristovam. *Avaliação econômica de projetos, op. cit.*, 23. tir. p. 27.

[97] Como frisou Luhmann: "If there are no guaranteed risk-free decisions, one must abandon the hope that more research and more knowledge will permit a shift from risk to security. Practical experience tends to teach us the opposite: the more we know, the better we know what we do not know, and the more elaborate our risk awarness becomes. The more rationally we calculate and the more complex the calculations become, the more aspects come into view involving uncertainty about the future and thus risk" (*Risk:* a Sociological Theory. 3. reimpr. p. 28).

As constatações acima permitem uma conclusão preliminar: o risco e sua avaliação não pertencem ao mundo do Direito. Nada há de jurídico no seu estudo. O risco trata de fatos que podem, ou não, acontecer: se não se derem (ou se derem em grau atenuado), o investimento se realiza e o investidor aufere os resultados. Se incidirem em absoluto, só haverá prejuízo. O que o mundo do Direito detém em relação ao fato "risco" é a possibilidade de desenvolver instrumentos que inibam sua incidência (por exemplo, normas da ABNT para execução de obras) e/ou possibilitem a administração dos efeitos decorrentes (por exemplo, seguros), bem como a atribuição subjetiva da gestão daquela parcela do negócio que pode dar margem ao risco e respectiva responsabilização (alocação contratual). O Direito pretende conferir alguma segurança jurídica a tais reveses fáticos. Estes instrumentos jurídicos serão mais ou menos eficientes, a depender do risco que esteja em jogo e da capacidade de sua avaliação. Mas sublinhe-se: as normas jurídicas não têm o condão de inibir a ocorrência do evento *risco* (e muito menos das incertezas, como será visto adiante).[98]

Porém, este ponto merece uma ressalva: há matéria na qual o Direito incide com firmeza no que concerne a escolhas futuras e segurança dos contratos: trata-se da previsibilidade de ações e reações das partes envolvidas (riscos endógenos). O estatuto da concessão permitirá a previsibilidade das condutas – legais, frise-se – do concedente, concessionário, usuários e terceiros. Isso se dá tanto ao interno do contrato como ao seu externo (relações jurídicas extracontratuais – entre o concedente e o governo de plantão; entre o concessionário e seus contratados privados ou terceiros). Aqui entra em cena a disciplina legal e contratual quanto à multiplicidade de escolhas das partes envolvidas (e consequências normativas eficientes).

De qualquer forma – e a despeito de todas as decisões econômicas serem projetadas –, no caso das concessões (sobretudo as que exigem obra pública) o componente *risco* se incrementa não só porque o prazo é muito extenso e o aporte de capital é maciço, mas também devido ao componente ético ínsito a serviços normativamente tidos como essenciais. Um projeto de concessão de serviços públicos convive com os riscos e as incertezas inerentes a empreendimentos com forte carga socioeconômica. A decisão de investimentos em projetos públicos de 15, 20 ou 30 anos exige mecanismos superlativos (de inibição e de reparação) que assegurem não só a estabilidade do serviço, mas também a dos rendimentos. Afinal de contas, "é inevitável encarar-se uma relação contratual duradoura como uma fonte de incertezas e riscos, que atingem a onerosidade e até a bilateralidade dos nexos obrigacionais, reclamando das partes supervisão mútua, reajustamentos, reforço de garantias, revisão de expectativas ou índices de realização ou de satisfação, eventualmente até renegociação da base contratual".[99] As partes hão

---

98 No mesmo sentido Maurício Portugal Ribeiro e Lucas Navarro Prado: "O máximo que as normas, que os contratos, podem fazer em relação aos riscos é distribuí-los, atribuí-los. Ou seja, estabelecer quem arcará com as consequências deste ou daquele risco, desta ou daquela ocorrência. (...). A verdadeira questão em relação a esse assunto é saber em que medida se justifica economicamente manter o risco com o Poder Público ou com o usuário (que arca com ele, por exemplo, quando o evento resulta em aumento das tarifas), ou, ainda, transferi-lo ao parceiro privado, pois este, certamente, cobrará um preço pela assunção do risco" (*Comentários à Lei de PPP*: parceria público-privada, fundamentos econômico-jurídicos, *op. cit.*, p. 105, nota 28).

99 ARAÚJO, Fernando. Uma análise económica dos contratos (Parte I: A abordagem económica, a responsabilidade e a tutela dos interesses contratuais), *op. cit.*, *RDPE*, 18/102. Ou, no exemplo de Miguel Ángel Lasheras: "Por exemplo, em investimentos com um período especialmente largo de recuperação, como na geração elétrica

de estar preparadas para conviver com riscos e minorar seus efeitos, estabelecendo os mecanismos jurídicos menos custosos para a solução dos problemas.

Tudo isso num setor que congrega demandas de grande número de cidadãos (usuários ou não), boa parte sem excedentes financeiros, mas cujo bem-estar depende de tais serviços. Os serviços concedidos permanecem *públicos*; não são singelas atividades econômicas desenvolvidas ao bel-prazer de investidores. Nem de longe se trata de mercado similar ao financeiro, em que o aplicador pode utilizar instrumentos de gestão de risco e se conformar com perdas mais severas. Constatações que autorizam exame mais apurado do assunto.

Adentrando um raciocínio com tons econômicos mais fortes, vale o recurso à célebre classificação de Frank H. Knight, que dissocia os "riscos" das "incertezas": estas não são mesuráveis, enquanto aqueles podem ser estimados e projetados.[100] A prévia determinação dos riscos permite sua quantificação econômica (a apreciação dos custos deles oriundos e do preço a ser pago para sua prevenção e/ou indenização). Não obstante ser incerta sua ocorrência, os riscos são determináveis e quantificáveis.

Ou, melhor, para que determinado fato futuro seja efetivamente qualificado como um risco, ele precisa ser passível de precificação, de avaliação monetária, presente. O que parametrizará a sua alocação para esta ou aquela parte (afinal, não faz qualquer sentido, nem jurídico nem econômico, atribuir a uma das partes justamente o risco que ela não consegue gerenciar ou arcar com os custos). Como magistralmente sintetiza Marcos Nóbrega, a essência do risco é caracterizada por três aspectos fundamentais: "O evento que significa a possível ocorrência de algo que poderia impactar o investimento; a probabilidade que significa a chance de o evento de risco ocorrer em determinado período de tempo e, por fim, o impacto que corresponde ao valor financeiro resultante da incidência do risco".[101]

Fixada esta premissa, volte-se aos contratos de concessão: na medida do possível, os riscos devem ter expressão numérica e ser encarados como um dos custos que compõem a proposta. Sua nitidez torna-os passíveis de melhor avaliação e alocação mais fina. Os riscos *devem ser* levantados, conhecidos e estimados: isso é imposto a ambos os contratantes (concedente e concessionário), em prol da estabilidade do projeto. Já as incertezas também exigem cautela, mas não são nem determináveis nem quantificáveis: elas fazem jus ao nome.

Claro que o problema é de solução muitíssimo mais complexa que a estampada nessas assertivas genéricas. Como Guido Calabresi demonstrou, há sérias dificuldades

---

mediante energia nuclear, que se situa em aproximadamente 40 ou 50 anos, é impossível que possa haver mercados nos quais se compartilhem todos os riscos associados a esses projetos" (*La regulación económica de los servicios públicos*. Barcelona: Ariel, 1999, p. 19 – tradução livre). Ampliar nos §§104 e 105, adiante.

[100] KNIGHT, Frank H. *Risk, Uncertainly, and Profit, op. cit.*, em especial p. 19-20 e 197-263. Sobre a função do conceito de "risco" na economia, sua determinação e variáveis, v.: FRIEDMAN, Milton; SAVAGE, J. C. The utility analysis of choices involving risk. *The Journal of Political Economy* LVI (4)/279-304, agosto 1948; KRIER, James E. Risk assessment. *In:* NEWMAN, Peter (ed.). *The New Palgrave Dictionary of Economics and the Law*, v. 3. Nova York: Palgrave MacMillan, 2002, p. 347-350; KARNI, Edi. Attitudes towards risks. *In:* NEWMAN, Peter (ed.). *The New Palgrave Dictionary of Economics and the Law*. v. 1. Nova York: Palgrave MacMillan, 2002, p. 114-121 – estes dois últimos com extensas referências bibliográficas.

[101] Riscos em projetos de infraestrutura. *In:* NÓBREGA, M. *Direito e economia da infraestrutura*. Belo Horizonte: Fórum, 2020, p. 135-136.

tanto na capacidade de conjecturar (e quantificar) os riscos como naquela de controlá-los.[102] A estimativa, sua dissociação das incertezas bem como a avaliação dos respectivos custos e sua atribuição e controle não são dados nem estáveis nem aferíveis com absoluta precisão.

A percepção dessas peculiaridades agrava-se na relação concessionária. Os contratos de concessão podem iludir-se com a certeza jurídica e imutabilidade quando de sua pactuação, mas elas não persistirão no primeiro minuto após o início da execução contratual. É simplesmente impossível que as partes possam prever todas as contingências e respectivas soluções: os contratos de concessão são inábeis para especificar todas as vicissitudes futuras, tampouco as respectivas consequências jurídicas. O que traz à mesa a teoria dos contratos incompletos, originalmente desenvolvida por Oliver Hart (Nobel de Economia, 2016). Como sintetizou Jean Tirole, uma motivação-padrão "para a incompletude do contrato é a presença de contingências imprevistas; intuitivamente, se as partes não podem descrever o status da natureza ou imaginar as ações a serem tomadas, elas não podem escrevê-las explicitamente no contrato".[103] Lacunas existirão, e o contrato há de prever regras e procedimentos jurídicos para que o projeto concessionário persista em termos econômicos.

De forma mais acentuada que nos demais contratos públicos, as concessões são negócios *mui incompletos*, pois têm a essência qualificada por elementos naturalmente variáveis: os fatos a serem enfrentados quando de sua execução; o comportamento do concedente, concessionário e usuários; as relações multilaterais; a dependência a fatores exógenos; o longo prazo; as variações mercadológicas globais; as alterações legislativas etc.[104] Numa perspectiva simplista, haveria incremento da eficiência se ao concessionário fossem transferidos aqueles riscos que ele administra com maior facilidade (por exemplo, os de engenharia para o empreiteiro), atribuindo-se ao concedente a supervisão de

---

[102] CALABRESI, Guido. *The Cost of Accidents:* a Legal and Economical Analysis, *op. cit.*, p. 55-64 (o autor trata de riscos, acidentes e seguros voluntários – o que torna ainda mais preciosa a constatação quanto à inviabilidade de o interessado avaliar seus próprios riscos).

[103] O que implica, como mais avante consignado por Tirole, a seguinte constatação: "A incompletude pode ser medida pela frequência com que o contrato deve ser revisado *ex post* para compensar suas deficiências *ex ante*". (Remarks on incomplete contracting. *In:* AGHION, P.; DEWATRIPONT, M.; LEGROS P.; ZINGALES, L. (ed.). *The Impact of Incomplete Contracts in Economy*. NY: Oxford Univ. Press, 2016, p. 23 e 24 – tradução livre). Logo, não é de se estranhar que contratos de concessão tenham número muito maior de termos advitivos. Isto lhes é natural. Ampliar em HART, Oliver. especialmente: *Firms, Contracts and Financial Structure*. Oxford: Claredon Press, 1995; Incomplete contracts and public ownership: remarks and an application to public-private partnership. *The Economic Journal*, 113/69-76, 2003.

[104] Como consignou Giovanna Mayer: "Contratos incompletos são contratos de longo prazo, cujos efeitos e problemas fogem da previsão dos contratantes. Como em um casamento, em que nenhum dos nubentes sabe o que será construído durante a união, tampouco se haverá mudança de comportamento entre os cônjuges, os contratos de longo prazo estão sujeitos a mudanças. Nos contratos de longo prazo o risco é uma constante. (...). As concessões de serviço público são contratos incompletos de longo prazo" (*Regulação Portuária brasileira*: uma reflexão sob a luz da análise econômica do Direito. Dissertação (Mestrado) – Curitiba, Programa de Pós-Graduação em Direito da UFPR, 2009, p. 49). Sobre a incompletude dos contratos administrativos, v. GARCIA, Flávio Amaral. *A mutabilidade nos contratos de concessão*. São Paulo: Malheiros Editores, 2021, p. 95-106; MONTEIRO, Vera. *A caracterização do contrato de concessão após a Lei 11.079/2004*, *op. cit.*, p. 67-69. A respeito da teoria dos contratos incompletos, v.: ARAÚJO, Fernando. *Teoria económica do contrato*, *op. cit.*, p. 147-189; Pinheiro, Armando Castelar; Saddi, Jairo. *Direito, economia e mercados*, *op. cit.*, p. 117-120; MOREIRA, Egon Bockmann. Quando as concessões mudam?, *In*: SUNDFELD, Carlos Ari *et al*. *Curso de Direito Administrativo em Ação*, *cit.*, p. 525-544.

tal gerenciamento. Porém, este ângulo é limitado e abrange apenas um dos critérios tradicionais de distribuição de riscos, de eficácia questionável.[105]

Além disso, e a depender do serviço concedido, quem incrementa a taxa de risco (aquilo que o capital vai enfrentar no investimento) é, paradoxalmente, o próprio concedente (v., adiante, o §98 e as alterações unilaterais do contrato). Se antes a pureza dessa constatação era mais difícil, pois havia campo difuso de problemas macroeconômicos que tornavam ilegível a economia brasileira, hoje a conclusão é diversa: há níveis de informação adequados e estáveis (internos e externos), que permitem a melhor coordenação pública dos processos econômicos. Mas persistem duas dificuldades, uma "tradicional" e outra "contemporânea": (i) a falta de uma cultura nacional relativa a projetos de longo prazo, unida a pressões populares (e respostas populistas dos governantes), faz com que serviços que alberguem demandas sociais (água, energia, transportes etc.) acabem por sempre trazer novidades políticas, que repercutem indevidamente no pactuado; e (ii) os problemas de convivência entre os muitos atores públicos e privados (ambientais, reguladores, executivos, controladores etc.) vinculados às três esferas autônomas de poder político (federal, estadual e municipal).[106] Se já é difícil compatibilizar o interesse público com aqueles privados, muito mais onerosa é a harmonização de vários estamentos de decisão pública, muitos dos quais a defender teses antagônicas (por exemplo, preservação ambiental *versus* investimento industrial). Esse conjunto de esferas decisórias requer coordenação prévia que torne transparentes e articulados os processos e, ao inibir as assimetrias, permita a tomada de decisões.

Tudo isso exige o desenvolvimento firme e minucioso de estudos técnicos, cláusulas contratuais e "compromissos regulatórios"[107] que tentem blindar o projeto não só contra alterações arbitrárias por parte do concedente, mas também em face da garantia de sua futura mutabilidade (essencial à segurança do contrato – conforme acima visto, no §8).

É igualmente importante sublinhar que o tema abrange não só a proteção *ex post* da equação econômico-financeira do contrato de concessão, mas se instala num momento bastante anterior. Estamos diante da *prevenção* de danos que porventura possam inviabilizar a prestação de um serviço público. O exemplo extremo da diminuição substancial do valor da tarifa por ato político do concedente revela que pouco ou nada adianta ao concessionário obter sentença judicial que reconheça o desequilíbrio depois de processo lento e custoso. Muitas vezes basta prestar o serviço em desequilíbrio durante

---

[105] Como Guido Calabresi acentua (*The Cost of Accidents*: a Legal and Economical Analysis, *op. cit.*, p. 17-23), a "distribuição dos riscos" é nada mais que um dos quatro mitos que dificultam a compreensão do tema (os outros três são "evitar os acidentes a qualquer custo"; "leis econômicas que fornecem respostas absolutas" e "o necessário liame financeiro existente entre agressores e vítimas"). Ao seu tempo, a distribuição dos riscos abrangeria três significados distintos: o "espraiamento das perdas" (*risk spreading" method*), a "capacidade de pagamento" (*deep pocket" method*) e a "redução dos custos imediatos dos acidentes" (*general deterrence or market approach*).

[106] Basta um exemplo: a leitura da Nota Técnica 030/SUREF/2006 da ANTT (agência reguladora independente), sobre o cálculo da TIR para a segunda etapa do Programa de Concessões de Rodovias Federais. Em vista da interação do TCU, Secretaria de Acompanhamento Econômico (Ministério da Fazenda), Secretaria do Tesouro Nacional (Ministério da Fazenda), Secretaria da Receita Federal (Ministério da Fazenda), bem como dos vários modelos e metodologias, o "risco regulatório" brasileiro variou de 7,00% a 3,00% e a TIR foi de 15,08% a 12,88%, antes passando por 14,28% (fonte: http://ftp.antt.gov.br/acpublicas/apublica2006_34/NotaTecnica030.pdf. Acesso em: 19 set. 2021). A Nota Técnica nº 030/SUREF/2006 foi analisada pelo TCU por meio do Acórdão nº 2.047/2006 – Plenário, rel. Min. Walton Alencar Rodrigues, j. 08/11/2006.

[107] A locução é de Faraco, Alexandre; Coutinho, Diogo. Regulação de indústrias de rede: entre flexibilidade e estabilidade, *op. cit.*, *Revista de Economia Política*, 27(2)/261-280.

1 mês para frustrar todo um complexo projeto de investimentos de 30 anos. A *futura* e *eventual* indenização pelos danos sofridos não soluciona o *agora* da concessão; serviços que são indispensáveis precisam de elementos e garantias que permitam a definição *ex ante* de sua estabilidade.

No cenário atual, se é verdade que as informações das variáveis do negócio são, em termos relativos, mais limitadas e estáveis frente a um serviço tradicional prestado em regime de monopólio (por exemplo, transporte ferroviário), o mesmo não pode ser dito daqueles que sofreram impacto tecnológico mais avassalador – justamente alguns dos que têm maior capilaridade social (por exemplo, telecomunicações). Demais disso, em dias de mercados mundiais não se pode circunscrever os riscos de uma concessão de serviço público às circunstâncias locais do seu titular (por exemplo, gás, portos e aeroportos). A atual magnitude do tema (geográfica, tecnológica, social) fez com que ele ultrapassasse as fronteiras tradicionais.

Por tais razões, pretende-se a releitura do texto legal "por sua conta e risco", que envolva tanto a dificuldade na definição dos riscos como a necessidade da eficaz, nítida e prévia distribuição da sua titularidade e respectivos efeitos. A matriz de alocação de riscos bem feita, artesanalmente para cada projeto, é item indispensável nos contratos de concessão (v. adiante, §23-A). A reconstrução dessa expressão legal deve torná-la apta a dividir (e garantir e/ou recompor) com eficiência mesmo as eventuais incertezas constatadas depois da assinatura do instrumento contratual – e que não se circunscrevam aos tradicionais "fatos do príncipe" ou "fatos da administração", mas sim às circunstâncias e à base do negócio (v., adiante, §104). A restrita álea ordinária de uma concessão de serviço público em regime de monopólio estatal no século XIX não é equivalente àquela experimentada em regime concorrencial neste século XXI.[108] Talvez o seja numa perspectiva reducionista, que pretenda sintetizá-la a um par de variáveis. Mas não o é em mercados competitivos globais: gostemos ou não deles, fato é que por enquanto neles vivemos, e aqui os riscos e as incertezas são muito maiores e mais complexos. Também por esses motivos o tema "por sua conta e risco" merece ao menos *três ordens* de *novas considerações*.

A *primeira reflexão* diz respeito à avaliação do risco em face da carga concorrencial do serviço. Como em todas as economias de rede, os serviços públicos que ocupam esse setor serão tão mais baratos, úteis e rentáveis quanto maior sua aceitação – o que incrementa a agressividade competitiva para a ampliação do número de usuários. O ponto ótimo estaria no uso de uma única rede, pois a "utilização de redes em serviços públicos responde a um tipo de efeitos externos" cuja "característica principal é que, quanto maior a rede, maior é a utilidade para os consumidores do serviço que se fornece por meio dessa rede".[109] Mas aqui se exigiria a instalação da concorrência para ao menos atenuar os malefícios do monopólio. Isso sobrecarregado pela constatação de que essa

---

[108] A própria ideia de "álea" fica descolada daqueles eventos objeto de prévia avaliação econômica (tema tratado por TIMM, Luciano Benetti; ALVES, Francisco Kümmel. Custos de transação no contrato de seguro: proteger o segurado é socialmente desejável?, *op. cit.*, *RDPE*, 19/125-158). Os riscos são quantificáveis. Ou, melhor: se há eventos com esses atributos quando da assinatura do contrato, são riscos, e não incertezas. Se os contratantes não os avaliam (e agem mal quando não o fazem), trata-se de outro problema, com repercussões mais graves. Ampliar nos §§104 e 105, adiante.

[109] LASHERAS, Miguel Ángel. *La regulación económica de los servicios públicos*, *op. cit.*, p. 23 (tradução livre).

concorrência é gerada a "golpes de regulação" e se dá em setores "cuja estrutura é hostil à livre concorrência" – enfim, áreas nas quais "não basta declarar a concorrência, é preciso construí-la".[110] Por serem múltiplos os riscos nestes serviços, eles hão de ser detectados, distribuídos e mitigados ao máximo pelos instrumentos legais e contratuais disponíveis (seguros, cláusulas *take-or-pay*, *performance bonds* etc.), bem como supervisionados pelo concedente (unido à autoridade regulatória e de defesa da concorrência).

Tal como nos setores bancário, securitário e de medicamentos (que serviços públicos não são, mas são submetidos a forte regulação intrusiva), exige-se do Poder Público a fiscalização ativa e colaborativa, a fim de resolver os desafios, sob pena de o desconhecimento (culposo ou doloso) do risco gerar seu incremento e um sem-número de lesões aos usuários. O ideal seria que a supervisão se desse por meio de terceiro imparcial ao contrato – cujos custos seriam compostos entre concedente e concessionário (*rectius*: o usuário ou o contribuinte). Por outro lado, cumpre ao concedente articular-se com a autoridade regulatória e com a responsável pela defesa da concorrência – a fim de estabelecer critérios de eficiência na prestação do serviço e zelar pelo bom uso do poder econômico nesses mercados privilegiados.

A *segunda nota* relaciona-se à necessidade da avaliação prévia dos riscos, para que estejam consolidados quando do lançamento do edital (e, assim, atenuados pelos meios legais e contratuais). Quem ignora ou despreza um risco apenas o incrementa. Quem cria um risco artificial somente aumenta de forma ilegítima os seus ganhos. E os riscos só poderão ser conhecidos – e incluídos (ou não) nos custos – se for adotada uma prática preventiva de transparência que conduza ao mais próximo possível da simetria de informações. Como frisou Antônio Carlos Cintra do Amaral: "Não basta à Administração abrir a licitação. É indispensável atrair a iniciativa privada para o esquema da parceria. Para isso é necessário fornecer parâmetros confiáveis, que permitam ao interessado emitir um juízo empresarial quanto à viabilidade da concessão ao longo do prazo – necessariamente longo – a ser fixado no edital para a prestação do serviço".[111]

O edital pautará a proposta dos interessados e a quantidade primal de informação que permitirá uma contratação fidedigna. As audiências e os processos de debate público acerca do ato convocatório firmam o primeiro momento na alocação dos riscos. Se o edital omitir ou errar algum dado que tenha impacto causal sobre o risco da concessão (dolo, negligência ou ignorância – tanto faz), e caso isso não seja detectável *ictu oculi* pelos interessados (a quem se atribui o ônus de pedir esclarecimentos ou impugnar

---

[110] As expressões entre aspas são, respectivamente, de: MARQUES, Maria Manuel Leitão; Almeida, João Paulo Simões de; FORTE, André Matos. Regulação sectorial e concorrência. *RDPE*, Belo Horizonte, Fórum, 9/130, jan./mar. 2005; DUTRA, Pedro. Concorrência em mercado regulado. *In: Livre concorrência e regulação de mercados*. Rio de Janeiro: Renovar, 2003, p. 283; Frison-Roche, Marie-Anne. Os novos campos da regulação. Tradução de Thales Morais da Costa, *RDPE*, Belo Horizonte, Fórum, 10/199, abr./jun. 2005. V. também os §§85 e 86, adiante, que ampliam o tema da concorrência nas concessões de serviços públicos.

[111] AMARAL, Antônio Carlos Cintra do. *Concessão de serviço público*, *op. cit.*, 2. ed., p. 50. Ou como frisa Paulo Nalin: "A transparência faz com que se exija do predisponente, sobretudo, lealdade ao estabelecer o conteúdo da avença e lealdade ao informar sobre ela ao outro contratante, via de regra mero aderente, portanto vulnerável à vontade contratual que está a definir seus termos gerais, exigindo-lhe destarte comportamento responsável" (*Do contrato:* conceito pós-moderno: em busca de sua formulação na perspectiva civil-constitucional. 2. ed. Curitiba: Juruá, 2006, p. 146). Constatação que se intensifica em sede de contratações públicas.

o edital[112]), as consequências de sua futura instalação não poderão ser atribuídas ao concessionário. Como defende Marcos Augusto Perez, a expressão legal "por sua conta e risco", "referindo-se à esfera de responsabilidades do concessionário, na verdade não transfere normativamente *todos* os riscos da concessão ao concessionário, mas tão somente aqueles que o negócio (o contrato), em função de suas condicionantes econômico-financeiras, estabelece".[113] Aqui surge a cogitação quanto às circunstâncias do contrato (que será tratada nos §§99 e 104, adiante).

Uma vez identificados e estimados, os riscos serão divididos entre concedente e concessionário, nos termos do edital, proposta e contrato. De fato, os riscos são sempre distribuídos; tanto melhor se o forem de maneira expressa. A matriz de risco é a regra dos contratos de concessão, a eliminar a dúvida quanto a quem é o titular deste ou daquele risco – o que apenas incrementaria o respectivo dispêndio (definir amigavelmente hoje custa muito menos que descobrir litigiosamente amanhã). Claro que não se estará diante de um acerto *ex ante* de todos os eventos, mas, sim, do esquadrinhamento de probabilidades e atenuação das consequências e responsabilidades. É essencial que as partes definam como se dará a administração de tal ou qual risco; onde serão inseridos os custos; quem o supervisionará e quem será responsável por suas sequelas. As modernas técnicas de projeções econômicas permitem aproximação mais fiel das tendências futuras, com a finalidade de tentar incorporar as fronteiras das incertezas e dos riscos. O critério para essa atribuição variará caso a caso. Mas esta conclusão merece *duas ressalvas*.

A *primeira* delas diz respeito à, antiga e já vencida, divergência doutrinária quanto à validade (ou não) da expressa distribuição de riscos em sede de contratos de concessão de serviços públicos comuns. Há autores de nomeada que, com lastro no art. 37, XXI, da CF e no art. 65, II, "d", da antiga Lei nº 8.666/1993, não acolheram essa repartição nem mesmo em contratos de PPPs.[114] Faz-se necessário consignar que há, sim, autorização normativa para a alocação dos riscos, ínsita à compreensão sistemática da Constituição

---

[112] Cf. MOREIRA, Egon Bockmann. O edital e os 'esclarecimentos à licitação' (Lei 8.666/1993, art. 40, VIII). *RTDP* 32/101-106. São Paulo: Malheiros Editores, 2000.

[113] PEREZ, Marcos Augusto. *O risco nos contratos de concessão de serviço público, op. cit.*, p. 131. Mais adiante (p. 146-171) o autor propõe classificação dos riscos da concessão: (i) econômico-financeiros (imprevisibilidade, competição, modelagem econômico-financeira, modelo tarifário, comerciais e financiamento); (ii) técnicos (projeto e tecnológicos); (iii) jurídicos (fato do príncipe, fato da administração, regulatório, ambiental e judicial); e (iv) políticos (disputas eleitorais, movimentos sociais e interesses paroquiais). Já, para Luiz Ferreira Xavier Borges e César das Neves as questões mais importantes da mitigação de riscos são: (i) risco político; (ii) risco de construção; (iii) risco cambial e outros riscos financeiros; (iv) risco comercial; e (v) risco operacional (Parceria público-privada: riscos e mitigação de riscos em operações estruturadas de infraestrutura, *op. cit.*, *Revista do BNDES* 23/96).

[114] Cf.: BANDEIRA DE MELLO, Celso Antônio. *Curso de Direito Administrativo, op. cit.*, 27. ed., p. 738-743 e 764-765; Figueiredo, Lúcia Valle. *Curso de Direito Administrativo*. 9. ed. São Paulo: Malheiros Editores, 2008, p. 117 (referindo-se às PPPs). No sentido de que a repartição de riscos não contraria a Constituição e está contemplada nas Leis 8.987/1995 e 11.079/2004, v.: Guimarães, Fernando Vernalha. A repartição de riscos na parceria público-privada. *RDPE*, Belo Horizonte, Fórum, 24/157-17, out./dez. 2008; Modesto, Paulo. Reforma do Estado, formas de prestação de serviços ao público e parcerias público-privadas: demarcando as fronteiras dos conceitos de 'serviço público', 'serviços de relevância pública' e 'serviços de exploração econômica' para as parcerias público-privadas. *In:* SUNDFELD, Carlos Ari (coord.). *Parcerias público-privadas*. 1. ed. 2. tir. p. 477-478 (nota 37). Em específico quanto à partilha de riscos em PPPs, v.: RIBEIRO Maurício Portugal; PRADO, Lucas Navarro. *Comentários à Lei de PPP: parceria público-privada, fundamentos econômico-jurídicos, op. cit.*, p. 120-125; e PINTO, Marcos Barbosa. Repartição de riscos nas parcerias público-privadas, *op. cit.*, *Revista do BNDES*, 25/155-182. Sobre a *inaplicabilidade* do art. 65 da Lei nº 8.666/1993 (e correspondente artigo 125 da Lei 14.133/2021) aos contratos de concessão, v. o §98, adiante.

brasileira e da Lei nº 8.987/1995.[115] Desde sempre houve – e jogou-se uma pá de cal na discussão com a Lei nº 14.133/2021. O tema dos riscos pertence ao mundo real e é inerente a qualquer contrato. Mais ainda: fato é que eles e suas consequências serão atribuídos a um dos contratantes (ou a terceiros). Se o contrato não dispuser a propósito, impossibilitará as projeções adequadas e implicará incremento dos custos, pois um dos itens essenciais à segurança contratual restará *in albis*. Haverá gestão ineficiente de recursos e bens (mediata e imediatamente) públicos. Quanto menos se tratar dos riscos, maiores os custos e menos administráveis os prejuízos decorrentes – em violação à continuidade da prestação do serviço e à modicidade tarifária.

Claro que não se poderia cogitar da aplicação irrestrita do *deep pocket method* (Calabresi), atribuindo-se todos à Administração, ou pretender transformar a repartição dos riscos em transferência irrestrita de todos eles ao parceiro privado. Nem tampouco se defenderia a definição aleatória dos sujeitos responsáveis – pois se há determinados riscos e incertezas que são íntimos a cada um dos contratantes, outros existem que não dizem respeito a nenhum deles (por exemplo, má gestão administrativa = concessionário; modificação unilateral do contrato = concedente; terremotos = incerteza). Porém – e ao contrário de uma definição "instintiva", "implícita" ou "tradicional" da distribuição dos riscos –, o que se faz necessário é a decisão técnica motivada de quais são os eventos e proposições que devem ser levados em conta para a boa execução do projeto em longo prazo e qual técnica de alocação permitirá atenuar sua incidência e respectivos efeitos.

Afinal de contas, *para que serve um contrato* e *qual é a utilidade da Lei Geral de Concessões*? Ambos se prestam a conferir *legibilidade* e *segurança* a determinados *projetos de investimento funcionalizados pelo interesse público*. São úteis para estabelecer a complementaridade entre Estado e mercado – aquele estimulando, funcionalizando e supervisionando as atividades econômicas deste. Se for para a Administração Pública, o empresário privado e o projeto de investimentos ficarem à deriva dos riscos, em perene crise de identidade, é melhor que cada um permaneça na sua posição anterior.

A *segunda ressalva* está em que o mundo dos fatos é implacável, por melhor e mais minucioso que seja o instrumento contratual. O Direito jamais vergará a qualidade férrea do mundo do ser. O contrato de concessão não é – e nem pode ser – um repositório exauriente dos riscos e das incertezas do empreendimento. Aqueles não mais se rendem a previsões probabilísticas; estas não são sequer passíveis de detecção quantitativa. Além disso, se existem riscos oriundos do Poder Público, há outros que são íntimos ao empresário, que só ele tem condições de avaliar e aferir. Há várias informações que o mercado fornece e de que o investidor tem conhecimento mais apurado. Também tais dados vão compor os *trade-offs* que resultarão na proposta. Mais que isso, há assimetria de informações entre concessionário e concedente: este terá ciência dos dados cuja divulgação aquele julgar adequada (ou cuja publicidade seja cogente). Assimetria

---

[115] Em sentido semelhante Marcos Barbosa Pinto, para quem na Lei nº 8.987/1995 "o administrador público não está obrigado a repartir riscos entre as partes de forma clara e objetiva, como determina a Lei de PPP. Parece igualmente que os contratos de concessão comum não serão inválidos se não dispuserem a respeito de repartição de riscos. Mas será que é *vedado* ao administrador público repartir riscos de uma forma clara e objetiva, conforme os ditames da eficiência? (...). A resposta a essa questão pode ser obtida lendo-se atentamente a Lei nº 8.987/1995 e legislação correlata. Dessa leitura verifica-se que não há na Lei de Concessões qualquer dispositivo que impeça a repartição objetiva de riscos entre as partes" (Repartição de riscos nas parcerias público-privadas, *op. cit.*, *Revista do BNDES*, 25/175).

recíproca, diga-se de passagem: ambos os lados da transação dispõem de informação que o outro não tem nem consegue desvendar. A despeito desse dever de publicidade, só o concessionário terá conhecimento do núcleo duro do seu projeto de investimentos. Seria por demais ingênuo imaginar que os investidores revelariam ao concedente (e aos concorrentes nesses mercados de alta competitividade) todas as minúcias de suas propostas. Logo, remanesce ao futuro concessionário parcela significativa do risco do negócio: aquele que diz respeito ao exercício autônomo da liberdade de empresa, íntimo às variantes endógenas do projeto de investimento por ele elaborado.

Feitas estas ressalvas quanto à segunda nota, pode-se apresentar a *terceira observação* quanto às novas ideias a propósito do risco no contrato de concessão: ela se refere à especialidade de cada uma das pessoas afetadas pelos riscos da relação jurídica "concessão de serviço público" (concedente e concessionário; usuários e terceiros). A depender do tipo de serviço outorgado, das peculiaridades do contrato e do fato gerador da responsabilidade, haverá vínculo maior ou menor do concedente. Uma deve ser a lógica naqueles serviços que envolvam a utilização e o melhoramento de bens públicos; outra nos que sejam desenvolvidos por meio de atividades empresariais em infraestruturas privadas. Por exemplo, o interesse (jurídico e econômico) e a responsabilidade do concedente na concessão de água e saneamento são muito mais intensos que seus equivalentes em concessões de telefonia móvel (a Prefeitura Municipal está imediatamente ligada aos usuários, ao contrário da agência reguladora federal de telecomunicações). Tantas são as variáveis e suas combinações, que somente um exame do caso concreto permitirá a solução adequada.[116] Será a compreensão dos fatos pertinentes àquele contrato de concessão – a base do negócio, as suas circunstâncias conformadoras – que ensejará a interpretação e a aplicação do dispositivo legal.

Em suma, não é válido defender como universal a tese abstrata de que o contrato de concessão se prestaria a transferir, de forma estanque, do concedente para o concessionário a possibilidade de malogro da prestação de um serviço público (ou vice-versa). Por outro lado, repartir riscos não significa garantir lucros. A concessão não implica a instalação de esferas autônomas e excludentes entre o ente público e a pessoa privada prestadora, inclusive no que se refere às consequências da gestão do empreendimento. Ao contrário: o serviço será sempre público, e assim deve ser fornecido ao usuário. Em que pese a necessidade da definição e distribuição dos riscos, isso não pode implicar o caos – como se fosse possível ao concedente afirmar que a persistência na péssima prestação ou na não implementação de metas deve-se a risco mal administrado pelo concessionário. A má gestão administrativa e o insucesso nos investimentos do concessionário é uma

---

[116] Para o STF é pacífica a falta de interesse da União em demandas que envolvam usuários *versus* concessionárias de telefonia ou de energia elétrica (AgR no RE nº 526.145-CE, Min. Eros Grau, *DJ* 25.5.2007; AgR no AI 597.052-BA, Min. Sepúlveda Pertence, *DJ* 23.3.2007; AgR no AI 388.982-ES, Min. Carlos Velloso, *DJ* 25.10.2002; RE nº 119.428-MS, Min. Aldir Passarinho, *DJ* 3.8.1990). O STJ firmou que não há legitimidade da União nem da agência reguladora nas ações que envolvam custos dos contratos de telefonia (CComp 47.107-SC, Min. Luiz Fux, *DJ* 1.8.2005), mas decidiu que o concedente pode figurar como assistente simples de concessionária de transporte de passageiros (ED no ROMS nº 14.865-RJ, Min. Luiz Fux, *DJ* 24.2.2003) e que há responsabilidade solidária em temas de direito ambiental (REsp nº 28.222-SP, Min. Eliana Calmon, *DJ* 15.10.2001). O TRF-4. Região responsabilizou a União por acidente em pistas de aterrissagem de aeronaves objeto de permissão (AR 9204335947-RS, Juiz José Germano da Silva, *DJ* 28.1.1998). Em contrapartida, indeferiu a denunciação da lide à União feita por concessionária de energia elétrica em ação de repetição de indébito (Ag 9004259139-PR, Juíza Marga Barth Tessler, *DJ* 18.9.1996). As decisões tratam de alocação de riscos.

coisa; outra é permitir que tais desvios comprometam a prestação do serviço ou causem danos aos usuários.

Se for inconteste que a possibilidade de prejuízos é inerente a toda e qualquer atividade empresarial, também há de ser pacífico que a probabilidade de quebra deva ser minorada ao máximo no caso das concessões de serviço público. É *dever estatutário* do concedente a fiscalização adequada e preventiva da concessão, máxime dos riscos atribuídos ao concessionário (v. §§33 e ss., adiante). Afinal, é o Estado quem deve *garantir a prestação* do serviço concedido. Se alguém há de experimentar os danos oriundos da gestão equivocada dos riscos do negócio, este jamais poderá ser o cidadão-usuário.

Ora, ao concedente cabe zelar pela qualidade e estabilidade do serviço. Por isso que se deve definir previamente o conjunto de instituições (normas jurídicas, pessoas públicas e privadas etc.) necessárias à adequada prestação ao usuário. Também a responsabilidade pelo bom êxito do projeto deve ser compartilhada, no que diz respeito à gestão dos riscos, respectiva supervisão e resultados. É dever do concedente regular, fiscalizar, cooperar na busca de soluções e punir os desvios – inclusive com a intervenção ou, em casos extremos, a decretação da caducidade da concessão (Lei nº 8.987/1995, arts. 32 e 38).

Além disso, não é de se imaginar que o equilíbrio econômico-financeiro do contrato torne o projeto imune a riscos e incertezas. Estes dois eventos podem acontecer ou não, sendo que os primeiros podem ter esta ou aquela curva estatística; mas todos sempre permanecem no mundo dos fatos. Já a equação econômico-financeira diz respeito à relação endocontratual definida no fluxo de receitas e encargos (v. §§100 e ss., adiante). Lembre-se que o desenvolvimento tradicional dessa equação é oriundo de contratos públicos sinalagmáticos, comutativos e de curto prazo (máxime a empreitada de obras públicas) – ou, quando muito, de contratos de concessão pactuados em tempos findos. Esta relação interna ao contrato pode ser, ou não, afetada pelos riscos e incertezas do negócio (e a recíproca é verdadeira). Por exemplo, caso incida um risco objeto de contrato de seguro, este evento não repercutirá na equação econômico-financeira do contrato. Caso o equilíbrio seja atingido pelos riscos e incertezas, ele será depois recomposto, mas jamais terá o condão de nem sequer atenuar a incidência deles – quando muito, só distribui alguns deles. Por isso que o conceito de segurança da estabilidade do contrato não transborda para o tema da definição, alocação, gestão e consequências dos riscos.[117] A partilha de riscos e o equilíbrio econômico-financeiro são temas diversos entre si, que se desdobram em diferentes momentos lógico-jurídicos.

Tampouco a definição e a distribuição dos riscos provocam a neutralização absoluta deles ou a limitação da espécie de risco a que está exposto o projeto. Muitas vezes o que se dá é a *troca do tipo de risco*: ao desenvolver instrumentos preventivos quanto a um gênero, na verdade o investidor está se expondo a outros tantos e às respectivas incertezas (a fidedignidade das projeções; a segurança do seguro e do resseguro etc.). O mundo dos fatos persistirá inclemente em sua independência do mundo do Direito.

---

[117] Em sentido semelhante, v. Maurício Portugal Ribeiro e Lucas Navarro Prado, *Comentários à Lei de PPP: Parceria Público-Privada, Fundamentos Econômico-Jurídicos*, *op. cit.*, p. 105, nota 28.

§23-A A matriz de alocação de riscos: conceito, eventos desafiadores e excepcional revisão

As constatações acima traçadas autorizam exame mais apurado do conceito de *matriz de alocação de riscos*, sobretudo em vista dos eventos catastróficos desencadeados por eventos bastante extraordinários (como, por exemplo, a pandemia de covid-19 e as inundações no estado do Rio Grande do Sul: até então incertezas, ambos os eventos afetaram brutalmente a matriz de riscos dos contratos e mesmo a ideia de força maior), lado a lado com os já mencionados dispositivos novidadeiros da Lei nº 14.133/2021, que exigem – sempre que possível – a lavratura de explícita matriz de risco em contratos administrativos de desembolso (obras, serviços e compras). Ora, se a matriz de risco é obrigatória em contratos mais simples e de curto prazo, o que se dirá de contratos de concessão: aqui, ela é imprescindível.

Afinal, e como bem sublinhado por Flávio Amaral Garcia, "o risco é matéria que diz mais com o contrato do que com a lei, o que se explica pela circunstância fenomênica de se conectar com realidades fáticas que circundam o exercício das atividades econômicas. Pretender que a lei – atos normativos, gerais e abstratos – revele a capacidade de esgotar uma divisão racional e universal de riscos é implausível".[118] Por conseguinte, a racionalidade consensual da matriz precisa ser bem explorada, tomando-se por base o seu significado jurídico-econômico.

O termo "matriz" refere-se ao lugar onde algo é gerado; a sua principal fonte ou origem; onde funciona sua direção central.[119] Os riscos do contrato são catalogados, precificados, sistematizados e subjetivamente alocados nessa "matriz". As incertezas são meramente imaginadas, sem possibilidade de quantificação presente. Há incertezas e riscos para todos os gostos, com as mais diversas classificações, como, por exemplo, políticos (calendário eleitoral; movimentos sociais; populações indígenas; locautes e greves, etc.); jurídicos (regulatório; licenças; fatos do príncipe e da administração; judicialização, etc.); econômico-financeiros (demanda; estrutura tarifária; financiamento, etc.); técnicos (tecnologia de informação; geologia; engenharia; projetos, etc.); soberano (moeda; inflação; câmbio, etc.).

A razão de se predefinir consensualmente a matriz de riscos está em tentar-se atenuar os custos de transação e de responsabilização relativos a eventos posteriores e incertos. Ao invés de lançar a apuração da responsabilidade por esses eventos para o futuro, atribuindo sua solução a foros auto (negociação, mediação, etc.) ou heterocompositivos (arbitragem, processos judiciais), as partes focam na execução do

---

[118] *A Mutabilidade nos Contratos de Concessão.* São Paulo: Malheiros Editores, 2021. p. 51. Ampliar em: MOREIRA, Egon Bockmann; GARCIA, Flavio Amaral. *Contratos Administrativos na Lei de Licitações, cit.*, p. 123-136.

[119] A bibliografia sobre matriz de alocação de riscos é extensa. Quando menos, v. Guimarães, Fernado Vernalha. Alocação de riscos na PPP. *In:* JUSTEN FILHO, M.; SCHWIND R. W. (coord.). *Parcerias público-privadas.* São Paulo: RT, 2015, p. 233-256; CARDOSO, André Guskow. Ainda a questão da Alocação e repartição de riscos nas parcerias público-privadas. *In:* JUSTEN FILHO, M.; SCHWIND R. W. (coord.). *Parcerias público-privadas.* São Paulo: RT, 2015, p. 257-281; RIBEIRO, Maurício Portugal. Distribuição de riscos e equilíbrio econômico-financeiro. Disponível em: https://portugalribeiro.com.br/ebooks/concessoes-e-ppps/as-melhores-praticas-para-modelagem-de-contratos-de-concessoes-e-ppps-alinhando-os-incentivos-para-a-prestacao-adequada-e-eficiente-dos-servicos/distribuicao-de-riscos-e-equilibrio-economico-financeiro/; MOREIRA, Egon Bockmann. Contratos de concessão, força maior extraordinária e revisão da matriz de riscos. *JOTA.* Disponível em: https://www.jota.info/opiniao-e-analise/artigos/contratos-de-concessao-forca-maior-extraordinaria-e-revisao-da-matriz-de-riscos-30042020.

contrato como prioridade recíproca e o imunizam de determinados eventos. Os custos relativos são antecipados – tanto em termos de negociação/definição quanto no que respeita às suas provisões.

Deixemos isso bem claro, portanto: são as partes, no momento antecedente ao contrato, que negociam a matriz de riscos. Ela não é um *dado* (legislativo), mas um *construído* (transação). O mesmo se dá naqueles casos em que o edital traz a matriz de riscos: ao decidir participar da licitação, os interessados avaliam a alocação proposta, podendo pedir esclarecimentos, impugná-la ou a ela se conformar, precificando tais eventos em sua proposta e na composição material-cronológica da execução do contrato. A toda evidência, os interessados confiam, de boa-fé, nos dados apresentados pela Administração Pública licitante e são pautados pela presunção de legitimidade de seus atos. Assim, fazem seus cálculos e projeções de engenharia financeira com base nessas informações (muitas delas primárias ao próprio poder concedente – basta pensar numa licitação de serviços de água e saneamento geridos há décadas por uma empresa estatal, que é a detentora de todas as informações sobre os bens e serviços objeto da futura concessão). As pessoas interessadas na licitação *precisam confiar* nos dados divulgados no edital.

Ora, como já mencionado, riscos são fatos futuros e incertos que podem gerar custos extraordinários. Contudo, são só aqueles que as partes têm, no momento presente, condições de avaliar, arrolar, precificar e repartir. Por conta disso, os riscos devem ser divididos de modo prévio, expresso e autocompositivo. Precisam literalmente constar de documento certo, anexo ao contrato. Essa alocação deve privilegiar, como já assinalado, os riscos passíveis de serem gerenciados, técnica e/ou financeiramente, pela respectiva parte contratante.

Nada obstante não se esteja a defender a aplicação irrestrita da Lei nº 14.133/2021, fato é que seu art. 6º, inc. XXVII, assim conceitua a matriz de riscos: "cláusula contratual definidora de riscos e de responsabilidades entre as partes e caracterizadora do equilíbrio econômico-financeiro inicial do contrato, em termos de ônus financeiro decorrente de eventos supervenientes à contratação, contendo, no mínimo, as seguintes informações: *a)* listagem de possíveis eventos supervenientes à assinatura do contrato que possam causar impacto em seu equilíbrio econômico-financeiro e previsão de eventual necessidade de prolação de termo aditivo por ocasião de sua ocorrência; *b)* no caso de obrigações de resultado, estabelecimento das frações do objeto com relação às quais haverá liberdade para os contratados inovarem em soluções metodológicas ou tecnológicas, em termos de modificação das soluções previamente delineadas no anteprojeto ou no projeto básico; *c)* no caso de obrigações de meio, estabelecimento preciso das frações do objeto com relação às quais não haverá liberdade para os contratados inovarem em soluções metodológicas ou tecnológicas, devendo haver obrigação de aderência entre a execução e a solução predefinida no anteprojeto ou no projeto básico, consideradas as características do regime de execução no caso de obras e serviços de engenharia". Essa definição pode servir de referência externa, puramente subsidiária (Lei nº 14.133/2021, art. 186), aos contratos da Lei nº 8.987/1995, de molde a parametrizar as matrizes de alocação de riscos.

O que importa é saber conviver com o modo de funcionamento da matriz de alocação de riscos. A cláusula define-os e, assim, caracteriza o equilíbrio econômico-financeiro inicial do contrato. Não é possível, pois, compreender os contratos sem a análise desta cláusula. Tampouco é possível desprezá-la, como se não existisse, ou alterá-la unilateralmente, como se não fosse a mais pura expressão do equilíbrio econômico-financeiro do contrato.

Nesse ponto, é necessário cuidado especial: não há dois contratos com idênticas matrizes de riscos. O tempo e o espaço, o avanço tecnológico e as características do credor e do devedor, a tudo isso consubstanciam diversas ordens de riscos e, por conseguinte, distintos riscos a serem alocados entre as partes (é necessário afastar-se da "maldição do Ctrl C + Ctrl V"). Em certos casos, mesmo os lotes distintos da mesma licitação podem – senão devem – contar com diferentes matrizes de risco: pense-se numa rodovia cujo traçado passe por áreas planas seguidas de trechos de serra. Nas áreas planas, os riscos podem estar associados a fatores como inundações, erosão do solo e acidentes de trânsito devido à alta velocidade. Já nos trechos de serra, os principais riscos incluem deslizamentos de terra, quedas de barreiras, neblina intensa e condições meteorológicas adversas, que podem comprometer a segurança e a trafegabilidade. A matriz de alocação de riscos permite identificar, avaliar e distribuir responsabilidades de forma estratégica entre os diversos agentes envolvidos, garantindo que as medidas de mitigação sejam adequadas e específicas para cada tipo de terreno, minimizando impactos e custos ao longo da rodovia. Com a listagem de eventos possíveis, evita-se a reprodução irrefletida de matriz de alocação de risco feita em outro(s) contrato(s).

"Dessa forma, – anotam Carlos Oliveira Cruz e Joaquim Miranda Sarmento – a matriz de riscos deve conter: a natureza de cada risco; o impacto financeiro se o evento ocorrer; a probabilidade de poder vir a ocorrer; a alocação do risco; possíveis mitigações do risco (que por regra ocorrem através de seguros, contratos com terceiros ou garantias)".[120] Aqui, as boas práticas merecem ser prestigiadas e devem se revelar em dados consistentes e sindicáveis. Por exemplo, pouco ou nada adianta atribuir ao concessionário os riscos de demanda na matriz do edital, sem fornecer nem as informações adequadas nem o tempo suficiente para levantamento e conferência por parte dos interessados.

Nem, muito menos, pode-se prestigiar a tentativa da atribuição de *incertezas* para uma das partes como se *riscos* fossem. Alocações genéricas, incertas e imprecisas quanto aos dados nos quais se baseiam agridem a razão de ser das previsões normativas. Mostrar-se-á inválida e ineficaz a cláusula que assim proceda ante frontal violação à boa-fé objetiva, já que as incertezas não são aprioristicamente cognoscíveis nem administráveis — diferentemente dos riscos. Esse é o magistério de Pedro Melo, ao ressaltar a invalidade dessa transferência ao particular dos efeitos resultantes de toda a sorte de imprevistos: "as cláusulas contratuais dos contratos em apreço que transferem imprevisão, sob a *capa* de uma transferência de risco, são inválidas. Dito de modo diverso, só é válida a transferência de risco (e não de imprevisão). [...] aceitar como lícita uma cláusula desta natureza (de transferência de imprevisão) seria deitar por terra a força jurídica de dois preceitos normativos essenciais no domínio da atividade contratual administrativa

---

[120] *Manual de parcerias público-privadas e concessões, op. cit.*, p. 173.

(proporcionalidade/conexão material das prestações contratuais e reposição do equilíbrio econômico financeiro)".[121] Na justa medida em que somente os riscos podem ser alocados sob a responsabilidade de uma das partes (e não as incertezas), eles devem ser calculados de modo transparente e tais cálculos precisam se mostrar representativos de um mínimo da realidade subjacente ao futuro contrato administrativo. Caso se pretenda atribuir incertezas ao parceiro privado, estar-se-á corrompendo toda a razão de ser da garantia constitucional do equilíbrio econômico-financeiro dos contratos administrativos.

Quando muito, riscos cujo impacto contratual seja de impossível administração pelo concessionário, devem ser alocados no concedente. E o mesmo se diga das incertezas. Nesse sentido, Maurício Portugal Ribeiro traz importante alerta quanto a eventuais confusões entre riscos e incertezas (e respectivas alocações), sublinhando que eventos extraordinários (expressão a englobar a força maior, o caso fortuito, o fato do príncipe e o fato da administração) devem ser alocados à Administração contratante, eis que, se o forem para o contratado, "como ele não tem meios de controlar a sua ocorrência ou limitar o seu impacto, e como esses eventos não são em geral seguráveis – não havendo portanto possibilidade de diluição do seu risco no mercado securitário – a única forma de os participantes de licitações lidarem com esses eventos é provisionarem em suas propostas valores para cobrirem os seu custo caso eles venham a ocorrer. Uma vez que os participantes da licitação provisionem os valores para lidar com Eventos Extraordinários, a administração pública (e os usuários no caso dos contratos de concessão) pagarão pelos Eventos Extraordinários mesmo que eles não ocorram, uma vez que o seu custo estará provisionado dentro das propostas realizadas na licitação. [...] Portanto, no cenário em que o risco dos Eventos Extraordinários é atribuído ao contratado da administração pública, a administração pública e o usuário terminam pagando por esses eventos mesmo que eles não se materializem".[122]

O que importa dizer que as partes precisam efetivamente entender quais são os eventos, dispor do banco de dados do local e da ordem de contratos e alocar consensualmente os riscos da forma mais adequada à respectiva gestão e impacto financeiro, o que é um desafio dentro da percepção de contrato administrativo (inclusive, para minorar os custos a serem pagos pelos usuários futuros do serviço). Note-se, portanto, como avulta de importância a participação dos interessados na fase inicial da licitação, sobretudo nas audiências públicas e nos pedidos de esclarecimento ao edital. Esses momentos procedimentais são imprescindíveis à boa e colaborativa construção da matriz de riscos que efetivamente represente o que se espera do futuro contrato de concessão.

Tais temas são aprofundados e ganham concretude por meio do acima mencionado art. 103 da Lei nº 14.133/2021 – que não tem incidência imediata nos contratos da Lei nº 8.987/1995, mas pode servir de valiosa referência externa, sempre subsidiária (Lei nº

---

[121] *A distribuição do risco nos contratos de concessão de obras públicas.* Coimbra, Almedina, 2011, p. 170-171.

[122] O ambiente privado para investimentos em infraestrutura e a urgente necessidade de superar a discussão sobre de quem é o risco dos impactos da pandemia nos contratos administrativos. Disponível em: https://www.agenciainfra.com/blog/infradebate-o-ambiente-privado-para-investimentos-em-infraestrutura-e-a-urgente-necessidade-de-superar-a-discussao-sobre-de-quem-e-o-risco-dos-impactos-da-pandemia-nos-contratos-administrativos/.

14.133/2021, art. 186 – v. adiante, §34-A).[123] O art. 103 define que a matriz de alocação de riscos deve apresentar as seguintes características: é o local em que o assunto está catalogado; as partes não mais definem a responsabilidade pelos riscos de modo *ex post* e heterocompositivo, mas trazem-na para uma definição subjetiva *ex ante* em decorrência de experiência pretérita e de boas práticas internacionais.[124] Como já se teve a oportunidade de sintetizar, a matriz de riscos bem elaborada traz ao menos quatro efeitos positivos para o contrato administrativo: (i) a definição dos eventos e sua respectiva alocação importam custos primários e podem implicar a obrigação de sua securitização; (ii) o equilíbrio econômico-financeiro torna-se nítido e blinda o contrato quanto a eventos futuros; (iii) implica a imputabilidade objetiva pelas consequências de eventual fato futuro (danoso ou vantajoso); (iv) reforça e confere significado objetivo ao dever de reequilíbrio simultâneo.[125]

Mas, atenção: definição subjetiva *ex ante* que implica, em termos contratuais e legais, a apuração objetiva *ex post*: a parte que consensualmente se responsabilizou pela gestão, pela prevenção e pelas consequências práticas de determinado risco, não discutirá mais a sua culpa ou dolo ou elemento subjetivo da concretização do risco (ela pode, inclusive, perante o contrato responsabilizar-se e, eventualmente, buscar ressarcimento perante terceiros). Enfatiza-se que o risco é de uma das partes; assim, ambas consensualmente escolhem e, uma vez positivado no contrato, se e quando o risco se concretizar, a apuração da responsabilidade é imediata e objetiva.

Porém, o que acontece em casos de surpresa absoluta, em que o inesperado assume outra dimensão existencial e dá novo significado aos riscos alocados? Como preservar o contrato administrativo e o interesse público nele positivado? A resposta é uma só: mediante a compreensão da suma importância dos fatos para a aplicação do direito e

---

[123] Ampliar nos comentários ao art. 103: JUSTEN FILHO, Marçal (*Comentários à Lei de Licitações e Contratações Administrativas*, *op. cit.*, p. 1272-1279); e TORRES, Rony Charles Lopes de (*Leis de Licitações Públicas comentadas*, *op. cit.*, p. 563-568).

[124] Eis a redação do dispositivo da Lei nº 14.133/2021, cuja leitura é imperiosa:
"Art. 103. O contrato poderá identificar os riscos contratuais previstos e presumíveis e prever matriz de alocação de riscos, alocando-os entre contratante e contratado, mediante indicação daqueles a serem assumidos pelo setor público ou pelo setor privado ou daqueles a serem compartilhados.
§1º A alocação de riscos de que trata o caput deste artigo considerará, em compatibilidade com as obrigações e os encargos atribuídos às partes no contrato, a natureza do risco, o beneficiário das prestações a que se vincula e a capacidade de cada setor para melhor gerenciá-lo.
§2º Os riscos que tenham cobertura oferecida por seguradoras serão preferencialmente transferidos ao contratado.
§3º A alocação dos riscos contratuais será quantificada para fins de projeção dos reflexos de seus custos no valor estimado da contratação.
§4º A matriz de alocação de riscos definirá o equilíbrio econômico-financeiro inicial do contrato em relação a eventos supervenientes e deverá ser observada na solução de eventuais pleitos das partes.
§5º Sempre que atendidas as condições do contrato e da matriz de alocação de riscos, será considerado mantido o equilíbrio econômico-financeiro, renunciando as partes aos pedidos de restabelecimento do equilíbrio relacionados aos riscos assumidos, exceto no que se refere:
I – às alterações unilaterais determinadas pela Administração, nas hipóteses do inciso I do caput do art. 124 desta Lei;
II – ao aumento ou à redução, por legislação superveniente, dos tributos diretamente pagos pelo contratado em decorrência do contrato.
§6º Na alocação de que trata o caput deste artigo, poderão ser adotados métodos e padrões usualmente utilizados por entidades públicas e privadas, e os ministérios e secretarias supervisores dos órgãos e das entidades da Administração Pública poderão definir os parâmetros e o detalhamento dos procedimentos necessários a sua identificação, alocação e quantificação financeira".

[125] MOREIRA, Egon Bockmann; GARCIA, Flavio Amaral. *Contratos Administrativos na Lei de Licitações*, *cit.*, p. 131.

a necessidade de ser acentuado o consensualismo. O que exige a (re)compreensão dos conceitos imantados ao de "força maior".

Eventos globais, como a trágica pandemia de covid-19, desafiaram as tradicionais classificações para "força maior", "*force majeure*" e "*act of God*", que possuíam algo central em comum, revelado nos adjetivos que as acompanham: *maior* (que supera as forças humanas, em extensão e intensidade), *fortuito* (por acaso) e *divino* (acima do entendimento e controle humanos). Esta ordem de títulos jurídicos representa eventos supervenientes, a alterar a situação fático-jurídica e, assim, exonerar o devedor da prestação, que se tornou literalmente impossível ou impraticável em razão de fato que transcende a subjetividade das partes. O que revela três de seus elementos: *(i)* o fato não pode ser ordinário e deve se dar em momento posterior à contratação; *(ii)* o fato deve impedir a prestação contratada (não apenas torná-la mais onerosa) e *(iii)* o fato deve ser alheio à esfera subjetiva de quaisquer pessoas, especialmente do devedor. Os exemplos clássicos são terremotos, erupções vulcânicas e tsunamis (desde que, até então, inéditos ao local da contratação).

Mas, atenção: a força maior não é tema puramente objetivo, a instalar automaticamente a equação "força maior = desoneração do devedor". A exata dimensão da sua incidência decorre de fatores subjetivos, revelando-se na resposta a esta inquirição: até que ponto o devedor pode (ou não) romper o nexo de causalidade entre a força maior e a execução contratual? Por exemplo, para escritórios de advocacia, o conjunto de fatos decorrentes da covid-19 pode ter sido de extrema onerosidade, mas, salvo exceções, não configurou força maior: os contratos persistiram a ser executados. Em contrapartida, as creches infantis foram impedidas tanto de receber crianças quanto de prestar serviços a distância. Aqui, o devedor não consegue, nos limites de suas forças, quebrar o nexo de causalidade entre os eventos e a impossibilidade de executar as prestações.

Porém, como tais ideias convivem com a matriz de riscos? Aqui, sem dúvida alguma, devemos nos conscientizar de que a matriz de riscos experimenta os limites do humanamente possível, eis que não abrange o inacreditável: aquele risco que se converte em incerteza. No exato momento em que a força se tornar efetivamente muito maior do que o estatuído no próprio contrato, do que sua matriz de riscos e mesmo do que a capacidade das partes signatárias, surgirá o dever de preservar – ou rescindir – o contrato administrativo de outras formas, que não aquelas consensualmente imaginadas pelos signatários quando de sua constituição. A força maior pode ter o condão, portanto, de instalar nexo de causalidade, intransponível pelas partes, que quebre a lógica entre a matriz de riscos pactuada e a execução do contrato.

Caso se pretendesse aplicar o risco desproporcional, estar-se-ia prestigiando cláusula contratual atentatória ao princípio do equilíbrio econômico-financeiro, às condições do contrato e à sua base objetiva. Flávio Amaral Garcia ressalta que: "Certos riscos, ainda que corretamente alocados, podem ter as suas consequências extremadas por circunstâncias imprevisíveis a ponto de abalar a economia original do contrato e colocar em perigo a sua eficiente execução. [...] Quando as ocorrências fáticas – contratualmente partilhadas – se desenvolvem em cenários drasticamente alterados, absolutamente imprevisíveis e que geram uma elevação extremada e extraordinária dos custos, onerando excessivamente uma das partes, a interpretação que privilegie o equilíbrio econômico-financeiro do contrato e a estabilidade do pacto é a que melhor se coaduna com o interesse público e justiça contratual".[126]

Com efeito, se houver efetiva e radical *alteração das circunstâncias objetivas do pacto* (suas "condições", nos termos do art. 10 da Lei nº 8.987/1995), que afete a base objetiva do negócio (v. adiante §98), a distribuição do risco, ela mesma, poderá experimentar os efeitos dessa interferência dos fatos na execução do contrato. Afinal, a matriz de risco é igualmente um negócio jurídico, um acordo de vontades, lavrado segundo o conjunto de circunstâncias existentes e previsíveis quando de sua elaboração. Ela não tem o condão de inibir os efeitos do objetivamente inevitável. Não prevê o futuro, sobretudo diante de situações inéditas na experiência. Logo, e a depender do impacto por ela sofrido, a *pacta sunt servanda* da matriz precisará ser igualmente reinterpretada, modulada e adaptada.[127]

Muita atenção, portanto: nas concessões, a matriz de riscos presta-se a diminuir os custos do contrato e a preservar a relação jurídico-contratual e os benefícios aos usuários. É para isso que ela serve, essa é a sua função contratual. Não pode ser aplicada de molde a subverter a sua razão de ser e, simultaneamente, aumentar custos e impedir a prestação. A princípio, ela tem pressuposto certo: ser mantida até o encerramento do contrato. Necessita ser blindada em face de condutas oportunistas das partes, que podem se sentir incentivadas a alterar a alocação de riscos no desenvolvimento da execução contratual (atenuando custos ou gerando ganhos abusivos). Igualmente, deve ser imunizada de órgãos e entidades de controle externo. Nada obstante consensual, a matriz é objetivamente superior à subjetividade das partes e de terceiros. Uma vez definida, há de valer até o final do prazo contratual: *pacta sunt servanda*. Todavia, ela tem como lastro a base objetiva do negócio e também o princípio da boa-fé objetiva (v. adiante, §104). As circunstâncias concretas quando de sua definição e o seu entorno factual são o retrato de um estado de coisas que as partes signatárias tinham condições de constatar e imaginar quando da assinatura do contrato. Caso haja forças maiores do que a maior, a matriz de risco precisa ser repensada. Isso com o intuito de preservar o contrato e diminuir os custos de transação e consequências deletérias para os usuários de bens e serviços públicos.

Talvez seja mais importante definirmos *como proceder* à revisão da matriz de riscos do que *quais riscos* devam ser realocados e *como* os realocar. Vamos elencar, sem a ilusão da finitude, seis protocolos revisionais.

Em *primeiro lugar*, a revisão da matriz de riscos é privativa das partes signatárias do contrato. A mesma autonomia de vontades que a definiu originalmente pode ser excepcionalmente reinstalada, de comum acordo: a competência negocial discricionária da administração pública e a liberdade de empresa do parceiro privado.

Essa ordem de negociações está protegida pelo princípio da legalidade, que prestigia competências públicas negociais em várias leis (Lei de Mediação, Código de Processo Civil, Lei de Transação Tributária, Lei de Desapropriação, etc.), com destaque

---

[126] "A imprevisão na previsão e os contratos concessionais. *In:* Moreira, Egon Bockmann (org.). *Tratado do equilíbrio econômico financeiro*. 2. ed. Belo Horizonte: Fórum, 2019, p. 128.

[127] No mesmo sentido: Dannemann e Schulze. *German Civil Code*. v. I. Munique: C. H. Beck/Nomos, 2020, p. 504-505 e 508.

macroscópico para a Lei Geral de Licitações (Lei nº 14.133/2021, arts. 151 a 154) e a LINDB, esta ao determinar reverência às "consequências práticas da decisão" (arts. 20 e 21); o dever de respeito institucional aos "obstáculos e dificuldades reais do gestor e as exigências de políticas públicas a seu cargo" (art. 22); a prerrogativa de celebração de compromissos para "eliminar irregularidade, incerteza jurídica ou situação contenciosa na aplicação do direito público" (art. 26), limitando a responsabilização dos agentes públicos a casos de "dolo ou erro grosseiro" (art. 28). Tais competências, sublinhe-se, são irrenunciáveis (Lei nº 9.784/1999, art. 11). Isso sem se falar no *princípio da conservação* dos contratos, positivado no art. 147 da Lei nº 14.133/2021 e no art. 421 do Código Civil, combinado com o dever administrativo de observância de "atuação conforme a lei e o Direito" (Lei nº 9.784/1999, art. 2º, parágrafo único, inc. I) – ambos positivação do *princípio da eficiência*.[128] O foco deve ser na preservação do contrato concessionário, não na escolha do risco objeto da revisão: o que as partes podem fazer para prestigiar esse interesse (público-privado).

Mas, atenção: dizer que a revisão da matriz de risco tem lastro na autonomia de vontade privada e discricionariedade administrativa não importa dizer que as partes podem escolher, subjetivamente, efetivar a mudança. Se existir, essa alteração extraordinária há de derivar da avaliação objetiva de eventos extraordinários, os quais requerem a decisão das partes a fim de modificar a matriz e, assim, preservar o contrato.

Em *segundo lugar*, o procedimento de revisão da matriz de riscos deve apresentar e demonstrar o nexo causal, cronologicamente adequado, entre o risco que se pretende realocar e o fato experimentado pelo contrato administrativo. Há de comprovar que o evento extraordinário está além da capacidade de as partes o administrarem. Isso contido no exame global da matriz e na demonstração de que o fato específico proibidor do acesso ao serviço corrompeu de modo concreto e intransponível a alocação original – por exemplo, o risco de demanda – e decorreu imediatamente do estado de coisas objetivamente intransponível pelas partes. Não se trata apenas de prejuízo significativo (desautorizador da revisão), mas de evento concreto superior à capacidade das partes. Essa motivação há de obedecer ao art. 50 da Lei nº 9.784/1999, c/c arts. 20, 21 e 22 da LINDB.

Em *terceiro lugar*, o procedimento há de ser transparente, por meio de prévia publicidade ativa na internet e redes sociais. Inclusive, pode-se cogitar de prazo para consulta pública e participação/manifestação de órgãos de controle, com voz, mas sem voto (desde que a situação fática o permita), bem como na divulgação prévia do termo aditivo à matriz de risco, em *vacatio* condicional (submete-se-o ao escrutínio e controle antes que produza efeitos).

Em *quarto lugar*, a solução não poderá beneficiar apenas a uma das partes, mas obedecerá ao escopo de preservação do contrato administrativo – e assim o demonstrar por meio de critérios acessíveis a terceiros. Os cálculos, as premissas, a negociação e o resultado devem atendimento a essa condição. Logo, a revisão da alocação original de riscos não se dirige a trazer vantagens econômico-financeiras nem ao concedente nem

[128] Cf. MOREIRA, Egon Bockmann; GARCIA, Flavio Amaral. *Contratos Administrativos na Lei de Licitações, cit.*, p. 422-442.

ao concessionário. A sua razão de ser está no prestígio ao projeto concessionário – o qual há de ser demonstrado (LINDB, arts. 20, 21, 22 e 28; Lei nº 9.784/1999, art. 50).

Em *quinto lugar*, a negociação poderá – se não deverá – ser inovadora, *out of the box*, mas sempre sob o manto da lei. Não poderá contrariar mandamentos legais expressos, mas poderá – nos limites da lei e do contrato – ser criativa (tal como o foi o gestor público quando elaborou o edital). A realocação não deve ser meramente distributiva (quem vai arcar com o ônus), mas precisa se direcionar à preservação do valor social do contrato e no desenvolvimento da relação de longo prazo. Assim, deverá pensar nas alternativas de interesse público que preservem a lógica inerente àquele contrato de longo prazo. Será estampada em termo aditivo ao contrato, acompanhado dos estudos que a justificam.

Em *sexto lugar*, o termo aditivo que formalizar a revisão deve estabelecer prazo para sua reavaliação. Como se sabe – e se espera! – que eventos extraordinários não sejam permanentes, é de todo adequado a reavaliação da medida tomada quanto à realocação de riscos. Não seria adequado estatuir prazo incerto ("quando acabar o evento"), mas sim períodos certos: a primeira reavaliação, em três meses; a segunda, em seis e a terceira e última, em 12 meses. Esta medida de revisão será experimental. Poderá (ou não) atender ao interesse das partes contratantes e dos usuários do serviço. Por isso, merece ser vista com cautela e respeito institucional. Igualmente devido a essa razão, merece ser previamente definida sua reavaliação.

A compreensão que pretendemos compartilhar é a de que a matriz de riscos enaltece a importância do contrato, além de reforçar a negociação contratual e de inibir as ideias de exclusão e submissão. Em suma, fato é que as concessões são projetos de longo prazo que albergam riscos e incertezas – e nenhuma dessas duas realidades aceita o desprezo. Muitas vezes, elas suplantarão a previsibilidade natural dos fatos e estatísticas, exigindo novas rodadas de consensualidade ativa. Caso o projeto desdenhe delas, ignorando sua efetiva dimensão fática e/ou supondo que mero procedimento de reequilíbrio contratual é apto a eliminá-las, aí, sim, haverá uma certeza – e não mais outro risco. Certeza quanto à morte anunciada do projeto concessionário.

§24 Riscos na concessão, variáveis endógenas e exógenas

O assunto "risco" autoriza avanço na teorização do contrato de concessão, na respectiva alocação de informações e quanto ao modo por que podem ser desenvolvidos parâmetros para uma melhor análise. Como se pode inferir, está-se a descrever a ideia de *modelo* para o projeto do contrato de concessão.

Modelos – econômicos, administrativos e jurídicos – são estudos de soluções que pretendem tornar inteligível a experiência pretérita, bem como o que ela pode sugerir em face da diversidade de situações futuras. São descritivos e pretendem tornar mais simples a realidade (e respectivo conjunto de variáveis). Por meio da análise do passado pretende-se gerar suposições simplificadas e as respectivas análises consequenciais.

Estes estudos podem abranger um empreendimento específico ou envolver algo bem mais amplo. Por exemplo, o projeto para contrato de concessão de obras e serviços de gestão de um só aeroporto é modelo microeconômico (*micropolíticas públicas*); o projeto para o sistema de concessão de serviços aeroviários nacionais é modelo macroeconômico (*macropolíticas públicas*). Ambos os planos – micro e macro – devem estar em sintonia fina, pena de poderem gerar resultados adversos (sobretudo os pontos de estrangulamento: dificuldades estruturais em setores cujo não desenvolvimento impede a fluidez e/ou a instalação de outras atividades econômicas). O objeto desses modelos é o de estabelecer o conjunto dos principais elementos, estrutura e respectivas relações sobre as quais se debruçará o estudioso. Será este modelo o primeiro esboço da base objetiva do negócio, contemplando sua contextualização histórica e as demandas socioeconômicas a que ele pretende atender (v., adiante, §104).

Assim como a maquete está para a Arquitetura, trata-se de esboço teórico que se pretende representativo dos principais dados do problema. Aqui os dados culturais e socioeconômicos são postos à mesa com o Direito, a fim de que o projeto passe a assumir substância jurídica. Mas claro que a definição e a eleição de categorias implicam a correspondente simplificação da realidade. Quanto maior o número de informações e consequências a serem avaliadas, mais caro e complexo será o modelo (e, em tese, mais confiáveis as avaliações). O mundo dos fatos impõe limites aos modelos.[129] Para serem eficientes, os projetos devem se submeter à navalha de Okham: *Entia non sunt multiplicanda praeter necessitatem* ("As entidades não devem ser multiplicadas sem necessidade" – isto é, toda explicação deve apelar ao menor número possível de elementos; qualquer detalhe irrelevante deve ser menosprezado). O modelo concessionário tomará em conta quando menos as condições nas quais ele é aplicável, os motivos das condutas dos tomadores de decisão e as relações entre as respectivas variáveis. Mas, conforme exposto, não há previsões perfeitas.

Com lastro no padrão desenvolvido, poderão ser realizadas as *projeções* a ele referentes e pretender prognósticos. Tais estudos tomam por base duas ordens de variáveis: aquelas *determinadas* pela solução do próprio modelo elaborado (*variáveis endógenas*) e aquelas que são *determinantes* para o modelo, pois ele não tem condições de afetá-las (*variáveis exógenas*). Ambas são denominadas de variáveis porque, não obstante

[129] Não nos esqueçamos do alerta feito por Jorge Luis Borges quanto à pretensão do rigor científico: "En aquel Imperio, el arte de la cartografía logró tal perfección que el mapa de una sola provincia ocupaba toda una ciudad, y el mapa del Imperio, toda una provincia. Con el tiempo, estos mapas desmesurados no satisficieron y los Colegios de Cartógrafos levantaron un mapa del Imperio, que tenía el tamaño del Imperio y coincidía puntualmente con él. Menos adictas al estudio de la cartografía, las generaciones siguientes entendieron que ese dilatado mapa era inútil y no sin impiedad lo entregaron a las inclemencias del sol y los inviernos. En los desiertos del Oeste perduran despedazadas ruinas del mapa, habitadas por animales y por mendigos; en todo el país no hay otra reliquia de las disciplinas geográficas" (*Del rigor en la ciencia*, 1946). Agradeço a lembrança de Borges a Alexandre Faraco, quando de sua aula no concurso para professor da Faculdade de Direito da UFPR (dezembro/2008). Mas o tema do mapa mais preciso do mundo sem dúvida alguma remete a Lewis Carrol:
"'– That's another thing we've learned from your Nation', said Mein Herr, 'map-making. But we've carried it much further than you. What do you consider the largest map that would be really useful?'.
"'– About six inches to the mile.'
"'– Only six inches!', exclaimed Mein Herr.
"'– We very soon got to six yards to the mile. Then we tried a hundred yards to the mile. And then came the grandest idea of all! We actually made a map of the country, on the scale of a mile to the mile!'
"'– Have you used it much?', I enquired.
"'– It has never been spread out, yet', said Mein Herr: 'the farmers objected: they said it would cover the whole country, and shut out the sunlight! So we now use the country itself, as its own map, and I assure you it does nearly as well. (...)" (Sylvie and Bruno concluded. *In: The Complete Works of Lewis Carrol*. Nova York: Vintage Books, 1976, p. 616-617).

de duração estável, podem assumir diferentes configurações no curso do tempo.[130] Por exemplo, no mercado de pães o valor do produto é uma variável endógena e o dos tributos é uma variável exógena. O investidor pode elaborar minucioso projeto de investimento, com a série exaustiva das variáveis determinadas e controladas (farinha, fornos, empregados etc.), permitindo os respectivos prognósticos. Mas nenhuma delas terá o condão de alterar o valor do tributo a ser pago. Hipoteticamente, se amanhã o Governo optar por reduzir drasticamente o consumo de pães (*v.g.*, para incentivar o mercado de brioches) e aumentar em muito os tributos para os padeiros, esta variável exógena é autônoma àquelas endógenas ao projeto. Isto, contudo, não significa que as variáveis exógenas mereçam ser desconsideradas; ao contrário, elas devem ser escandidas ao máximo, com o objetivo de permitir a avaliação futura da dimensão do seu impacto no projeto de investimento (e eventuais reequilíbrios).

O projeto de concessão de serviço público deve ser construído com lastro no maior número possível de variáveis endógenas em vista do que se pretende com ele (por exemplo, custos de administração; obras que deverão ser executadas; serviço a ser prestado; tarifa a ser cobrada; lucro a ser experimentado). Já as variáveis exógenas têm por lastro a indução da probabilidade de que ocorram no futuro: em vista da reiterada ocorrência pretérita de um evento, infere-se que haverá maior probabilidade de ele ocorrer novamente. A reiteração da conduta respeitosa a contratos de concessão por parte do Estado e a estabilidade das instituições permitem fazer nascer no espírito do investidor a crença de que não haverá rompimento estatal do negócio. Legislações estáveis e governos que cumprem contratos estimulam novos investimentos; variações abruptas nas leis, unidas a governos que descumprem pactos, geram – quando muito – comportamentos oportunistas.

Considerações à parte da assimetria de informações (*hidden action* – quando uma das partes faz ou decide algo relevante para o contrato que a outra desconhece e/ou não pode monitorar; *hidden information* – quando uma das partes tem informações relevantes para o contrato que são ignoradas pela outra), há variáveis endógenas e variáveis exógenas detectáveis em todos os contratos de concessão. Este conjunto de circunstâncias existe de fato quando da celebração do contrato, contextualizando-o. A identificação dessas variáveis permitirá aos contratantes gerenciar de forma mais eficiente os riscos do contrato e a eficiência na prestação do serviço. Além disso, atenuará as falhas de informação: caso um potencial risco seja atribuído à parte que tem melhores condições de administrá-lo, ela arcará com os custos relativos e certamente adotará as medidas adequadas para diminuí-lo. Igualmente, atenuará, na medida do humano e financeiramente possível, a incompletude contratual. Logo, e em tese, tanto a *hidden action* como a *hidden information* não produziriam os mesmos efeitos daninhos se suas consequências tivessem sido atribuídas ao outro contratante (aquele que não dispõe das informações).

---

130 Na definição de Joseph E. Stiglitz e Carl E. Walsh: "Uma *variável* é qualquer coisa que pode ser medida e que se altera. Preços, salários, taxas de juros e quantidades compradas e vendidas são variáveis. O que interessa aos economistas é a conexão ente as variáveis. Quando os economistas verificam algo que parece ser uma relação sistemática entre variáveis, eles se perguntam se terá acontecido ao acaso ou há, de fato, uma relação. Trata-se de *correlação*" (*Introdução à macroeconomia*. Tradução de M. J. C. Monteiro. Rio de Janeiro: Campus, 2003, p. 17).

Num contrato de concessão as *variáveis endógenas* tradicionais dizem respeito ao objeto do contrato e ao seu conteúdo. Afinal, é o que se espera da contratação (a prestação adequada do serviço, a construção de infraestrutura pública, o bem-estar dos usuários, o lucro dos investidores etc.). Aqui as partes podem definir a influência que tais itens terão no desempenho do contrato e quem será responsável por suas alterações. Caso a caso, concedente e interessados devem se esforçar por inserir o maior número possível de tópicos úteis, a serem medidos e conectados com clareza à execução do contrato (correlacionando-os), bem como os custos de sua mediação e da responsabilidade de sua ocorrência. Por exemplo, a segurança de engenharia na construção de uma ponte; o inadimplemento dos usuários do serviço de água e saneamento; o custo dos pneus no transporte rodoviário de passageiros; a variação dos salários e as greves internas dos funcionários da concessionária;[131] os processos de reequilíbrio e reajustes.[132]

Já as *variáveis exógenas* dizem respeito àqueles itens em face dos quais o contrato de concessão não tem qualquer influência. Não há correlação imediata entre o que foi decidido na contratação – sua configuração estrutural – e o que se experimentará no mundo dos fatos. O contrato e a sua base objetiva sofrerão os efeitos dessas variáveis sem poder nelas influir de antemão. Mas o que o projeto pode fazer é consignar um elenco de eventos de possível incidência e desenvolver instrumentos que protejam a relação contratual (seguros, fórmulas paramétricas de reajustes e respectivos itens de composição, procedimentos de reequilíbrio etc.). Se, por um lado, isso incrementa os custos primários do contrato, por outro, diminui o preço do dinheiro necessário aos investimentos (em tese, investimentos seguros custam menos) e permite certo conforto na permanência da sua execução (sobretudo aos usuários). Como exemplo está o que se passa nos eventos de força maior (imprevisíveis ou inevitáveis, ocorridos de forma independente daquele que os invoca e que tornam impossível a execução da obrigação[133]). O mesmo se diga quanto à alteração objetiva da base do negócio (v. §104, adiante).

Em vista disso, é nítida a reserva da Administração quanto à definição do modelo concessionário a ser implementado – trata-se de ato discricionário que concretiza específica política pública (v. §81, adiante). O regime estatutário do serviço outorga determinadas escolhas públicas à competência privativa do Poder Executivo – que a exerce discricionariamente.[134] Qualquer tentativa de usurpação dessa competência deve ser cassada, pena da criação de incertezas que tornarão o projeto existente inviável e gerarão incentivos a comportamentos oportunistas. Afinal, se o agente econômico

---

131 A respeito dos efeitos da greve nos contratos administrativos, v. MOREIRA, Egon Bockmann; BAGATIN, Andreia Cristina. Contratos administrativos, direito à greve e os 'eventos de força maior'. *RT*, São Paulo, RT, 875/41-53, set. 2008.

132 Se prestarmos bem atenção, o art. 103 da Lei nº 14.133/2021 faz essa ordem de alocação de variáveis/riscos endógenos (art. 103, §1º, com critérios de boas práticas, compatibilidade e segurança da alocação) e variáveis/riscos exógenos (art. 103, §5º, que exclui da matriz de risco as alterações unilaterais e a variação dos tributos). Ampliar em MOREIRA, Egon Bockmann; GARCIA, Flavio Amaral. *Contratos Administrativos na Lei de Licitações, cit.*, p. 123-136.

133 Essa é a lição de Georges Péquignot, *Théorie Générale du Contrat Administratif, op. cit.*, p. 330 e ss. Ampliar nos §§104 e 105, que pretendem correlacionar a teoria da imprevisão e as alterações circunstanciais do projeto.

134 Como decidiu o TRF-1. Região: "Decisão que autoriza a exploração, a título precário, do transporte interestadual de passageiros viola a ordem administrativa, pois afasta da Administração seu legítimo juízo discricionário de conveniência e oportunidade na fixação do trecho a ser explorado, diretamente ou mediante autorização, concessão ou permissão" (AgrSLT nº 2008.01.00.026841-0-DF, Des. Federal Jirair Aram Meguerian, *e-DJF1* 14.8.2009).

tem conhecimento de que não precisa arcar com os custos previstos na licitação e nem tampouco com os deveres do contrato administrativo, será estimulado a adotar condutas que permitam a execução direta do serviço público (menores custos + menos controle = lucros abusivos). Se o modelo concessionário não for confeccionado com cuidado e respeitado com firmeza, haverá a instalação de riscos ainda mais sérios para os contratos (vigentes e futuros).

Estas preocupações devem estar presentes desde o primeiro momento de definição do projeto concessionário, e depois serão densificadas por meio das audiências públicas, editais e respectivos pedidos de esclarecimentos e impugnações. A concretude delas será definida pela proposta vencedora, integrada que será ao contrato. Igualmente, integrarão a matriz de riscos do contrato.

Por isso que o tema da alocação dos riscos é de suprema importância nos contratos de concessão. Não se trata apenas de alternativa a ser discricionariamente instalada pelo administrador. A definição dos riscos e de sua gestão não retrata apenas os eventos vinculados ao mercado financeiro ou a acidentes físicos e inadimplementos de usuários. Hoje em dia o conceito congrega desde o direito da concorrência até o assédio moral, passando pelos riscos sistêmicos e fraudes nos investimentos – todo e qualquer ponto definível que possa, em tese, gerar adversidades ao projeto.

Logo, é de se reforçar que *os riscos podem e devem ser devidamente escandidos, repartidos* e *alocados* nos contratos de concessão de serviço público. Os projetos e editais de concessão de serviço público que não definirem ao máximo os riscos e respectivas variáveis endógenas e exógenas gerarão contratos mais-que-incompletos.

§25 Concessão de serviço público, "prazo determinado" e prorrogações

Também prevista no inciso II do art. 2º da Lei nº 8.987/1995, a expressão "prazo determinado" dá tom fundamental às concessões comuns de serviço público. O contrato de concessão exige a estipulação prévia de marco inicial e termo: a outorga do serviço público mede-se em lapsos certos. Devido ao dispositivo legal em comento, no regime jurídico brasileiro não existem concessões de serviço público *ad aeternum* ou com prazo incerto (precárias).

Mas há outro motivo: sem esses dados cronológicos não é possível fazer as projeções dos investimentos (amortização e rentabilidade), da execução dos serviços e da entrega dos bens reversíveis. Ou seja, o período contratual é "um dos aspetos críticos do contrato, constando do clausulado a indicação expressa da sua duração e do seu início. Normalmente, o seu início coincide com a assinatura do contrato e, no seu término, cessa a responsabilidade do parceiro privado sobre a infraestrutura, retornando esta à esfera do domínio público".[135] Também por isso o prazo é determinado, pois a dúvida cronológica implicaria a precariedade do contrato. Isso, contudo, não importa dizer que esse prazo é inflexível, imutável ou improrrogável.

"Prazo *determinado*" significa um período previamente estipulado, ao cabo do qual o contrato atinge os fins a que se destina e se extingue espontaneamente. As variáveis

---

[135] CRUZ, Carlos Oliveira; SARMENTO, Joaquim Miranda. *Manual de parcerias público-privadas e concessões, op. cit.*, p. 297.

endógenas do contrato autorizam a projeção fidedigna desse lapso que resulta numa das formas de extinção do contrato administrativo. A incidência do *dies ad quem* traz consigo todas as consequências fático-jurídicas daí derivadas, inclusive a desconstituição do status de concessionário (Lei nº 8.987/1995, art. 35, I, e §§). Isso importa dizer que o contrato não pode ser por tempo impreciso ou presumido. O prazo contratual deve ser expressamente estipulado, desde o edital. Em decorrência, tampouco assiste às partes o direito de resilir imotivadamente o contrato de concessão: o concessionário tem o direito e o dever de executar o contrato até o seu termo; o concedente tem o dever de respeitar e exigir a sua prestação até o derradeiro minuto do último dia.

Mas a estipulação de um prazo não implica a impossibilidade de sua diminuição ou aumento. A depender do caso, o tempo de execução contratual pode sofrer excepcionais variações. Tais hipóteses são mais comuns em concessões de obras e de serviços precedidos de obras, desde que antecipadamente previstas no edital e no contrato (ou em casos nos quais as partes, consensualmente e de modo submetido ao escrutínio público, atendidas as condições do caso concreto e a proporcionalidade, decidam pela modificação do prazo).

Por exemplo, a antecipação do termo poderá dar-se nos casos em que o concessionário haja realizado o lucro projetado e já tenha executado todas as obras previstas. Ou nos casos em que a evolução tecnológica torne absolutamente imprestável o serviço concedido, fazendo com que ele perca sua razão de existir. Igualmente na circunstância de a concessão não mais atender ao reclamo político-administrativo do Poder Público. Como será examinado a seguir no tópico §25-A, a antecipação do termo final também pode ocorrer no caso das relicitações (Lei nº 13.448/2017). Claro que tais situações se circunscrevem aos limites da lei, do edital e do contrato, contemplando as hipóteses de indenização ao concessionário (lucros cessantes e danos emergentes).

Já a prorrogação do termo é cláusula obrigatória nos contratos (Lei nº 8.987/1995, art. 23, XII – cuja leitura admite exceções). Sua implementação requer termo aditivo ao contrato de concessão, devidamente motivado (técnica e juridicamente).[136] Há quem defenda casos em que a prorrogação – como consignado por Tércio Sampaio Ferraz Jr. e Juliano Souza de Albuquerque Maranhão – chega a constituir *direito adquirido do concessionário*: "O respeito a prazo contratualmente estabelecido, incluindo-se aí o prazo da prorrogação, quando cumpridas as exigências contratuais pelo concessionário, constitui *direito adquirido* e faz parte da proteção do ato jurídico perfeito e acabado".[137]

---

[136] Sobre a prorrogação em contratos concessionários, v. CANTO, Mariana Dall'Agnol; GUZELA, Rafaella Peçanha. Prorrogações em contratos de concessão. *In:* MOREIRA, Egon Bockmann (coord.). *Tratado do equilíbrio econômico-financeiro*. 2. ed. Belo Horizonte: Fórum, 2019, p. 281-294; FREITAS, Rafel Véras de; RIBEIRO, Leonardo Coelho. O prazo como elemento da economia contratual: as espécies de 'prorrogação'. *In:* MOREIRA, Egon Bockmann (coord.). *Tratado do equilíbrio econômico-financeiro*. 2. ed. Belo Horizonte: Fórum, 2019, p. 371-388; Oliveira, Rafael Carvalho Rezende. *Curso de Direito Administrativo*. 9. ed. Rio de Janeiro: Forense/Método, 2021, p. 154-155; GARCIA, Flavio Amaral. *A mutabilidade nos contratos de concessão*. São Paulo: Malheiros Editores, 2021, p. 250-261. No mais completo livro brasileiro sobre prorrogações em contratos concessionários, Felipe Montenegro Viviani Guimarães as classifica em três espécies: por emergência, por reequilíbrio e por interesse público (*Prorrogação por interesse público das concessões de serviço público*. São Paulo: Quartier Latin, 2018, p. 46-71).

[137] FERRAZ JR., Tércio Sampaio; MARANHÃO, Juliano Souza de Albuquerque. Separação estrutural entre serviços de telefonia e limites ao poder das agências para alteração de contratos de concessão. *RDPE*, Belo Horizonte, Fórum, 8/221, out./dez. 2004. No mesmo sentido: MARQUES NETO, Floriano de Azevedo. *Concessões, op. cit.*, p. 169; COSTA, Maria D'Assunção; BONFIM, Natália Felipe Lima. Prorrogação dos contratos de concessão: aspectos gerais. *RDPE*, Belo Horizonte, Fórum, 25/197-210, jan./mar. 2009. Em sentido contrário, ao julgar casos sobre

Mas a ampliação do prazo não pode implicar outro contrato, que desrespeite o objeto e o conteúdo do original – prorroga-se o mesmo contrato, apenas com as adaptações que deem causa ou resultem da prorrogação.[138]

Grosso modo, a prorrogação pode decorrer de escolha discricionária ou ser método de recomposição do equilíbrio econômico-financeiro. No primeiro caso, denominado por Mariana Dall'Agnol Canto e Rafella Peçanha Guzela de *prorrogação ordinária*,[139] o poder concedente avaliará a conveniência de se manter a concessão sob a gestão do atual concessionário e poderá, atendidos aos limites da lei e do contrato, alargar o prazo original. Esta competência vem da lei, mas assume contornos específicos no edital e respectivo contrato – que, em tese, pode inclusive vedar e/ou limitar o prazo dessa categoria de prorrogação. Para essa ordem de prorrogações ordinárias, exige-se a cláusula contratual desde o edital de licitação ou previsão que assim expressamente autorize, eis que lastreadas em decisão discricionária do concedente (acolhida pelo concessionário).

A segunda categoria é também uma das escolhas disponíveis, mas com grau mais intenso de vinculação: o poder concedente deve zelar pelo equilíbrio econômico-financeiro do contrato e, no cumprimento desse dever legal, pode definir a prorrogação. Aqui, trata-se daquilo que Lino Torgal denomina de *prorrogações corretoras*, nas quais o que "está em causa é uma medida compensatória, por intermédio da qual intenta a Administração, por via indirecta – através do alongamento do prazo do contrato – e segundo determinada proporção, ressarcir o concessionário do prejuízo adveniente da quebra do equilíbrio em que o contrato originalmente repousava. Dogmaticamente, a prorrogação do prazo do contrato, com este novo fundamento, não traduz já o exercício de uma faculdade por parte da Administração, antes correspondendo a um modo possível de cumprimento do dever jurídico (que sobre aquela impende) de corrigir o desequilíbrio verificado na economia da concessão".[140] Na justa medida em que tem fundamento no dever, legal e contratual, de proteção ao equilíbrio econômico-financeiro,

---

prorrogação de contratos administrativos (que não eram de concessão), o STF decidiu inexistir direito líquido e certo à prorrogação, que se trataria de escolha discricionária, inclusive quanto ao período a ser prorrogado. Vide: MS nº 24.785, Min. Joaquim Barbosa, *DJ* 03.02.2006; MS nº 26.250, Min. Ayres Brito, *DJe* 11.3.2010.

[138] O STJ já decidiu que o termo aditivo não pode inovar a licitação originalmente realizada. Nada obstante o caso tratar de *privatização substancial* (banco estadual), parte da ementa é esclarecedora: "Prorrogar contrato é prolongar o prazo original de sua vigência com o mesmo contratado e nas mesmas condições. Termo aditivo a contrato administrativo que fixa novo período de prestação de serviço mas mediante novas condições, não previstas no contrato original, introduzidas mediante negociação superveniente à licitação, constitui não uma simples prorrogação de prazo, mas um novo contrato. Nas circunstâncias do caso, considerada sobretudo a especificidade do objeto contratual (que não é de simples prestação de serviços), o Termo Aditivo representou uma contratação sob condições financeiras inéditas, não enquadrável na exceção prevista no pelo art. 57, II, da Lei n. 8.666/1993 e por isso mesmo nula, por violação às normas do processo licitatório" (RMS nº 24.118-PR, Min. Teori Zavascki, *DJe* 15.12.2008).

[139] Como consignam as Autoras: "As prorrogações ordinárias fundamentam-se no juízo de conveniência e oportunidade da Administração que, valendo-se da competência discricionária que lhe foi conferida pela legislação, detém poderes para optar, disciplinar e coordenar esta espécie de dilação de prazo". (Prorrogações em contratos de concessão. *In:* MOREIRA, Egon Bockmann (coord.). *Tratado do equilíbrio econômico-financeiro, op. cit.*, p. 286).

[140] "Prorrogação do prazo de obras e de serviços públicos. *Revista de Contratos Públicos*, Coimbra, Coimbra Ed., 1/232, jan./abr. 2011. No mesmo sentido: CANTO, Mariana Dall'Agnol; GUZELA, Rafaella Peçanha. Prorrogações em contratos de concessão. *In:* MOREIRA, Egon Bockmann (coord.). *Tratado do equilíbrio econômico-financeiro*. 2. ed., *op. cit.*, p. 281-294; MARQUES NETO, Floriano de Azevedo. *Concessões, op. cit.*, p. 168.

essa ordem de prorrogações dispensa previsão contratual expressa. Trata-se de mais uma das opções a serem avaliadas pelo concedente, a fim de cumprir seu dever vinculado.

O diferimento cronológico sempre poderá ocorrer nos casos em que o contrato esteja desequilibrado – ou que demande medidas que certamente o desequilibrarão – e que seja mais razoável e eficiente incrementar seu prazo do que promover expressivo aumento na tarifa (ou pagar, de imediato, a respectiva indenização com verbas orçamentárias públicas). Ou seja, os contratos de concessão apresentam peculiaridades bastante distintas daquelas dos tradicionais contratos administrativos. Como a própria Constituição preceitua, são contratos com caráter distinto, marcados pela necessidade de se adaptarem aos desafios naturais ao transcurso do tempo. Igualmente, é de se sublinhar que o art. 175 da Constituição e sua locução "sempre através de licitação" proscrevem apenas as contratações que não tenham sido, em momento algum, antecedidas de licitação. Ao mesmo tempo, prestigiam que aquelas que se submeteram a certame e culminaram na contratação sejam legitimamente adaptadas, em termos objetivos e subjetivos, no transcurso da execução contratual.

Mas, atenção: uma técnica de prorrogação não exclui nem inibe a outra. Ou seja, é perfeitamente válido que o contrato seja prorrogado, por exemplo, em "x" anos em termos de prorrogação ordinária e, em "y" anos, como medida de reequilíbrio. Ou duas prorrogações sucessivas, em vista de distintas medidas compensatórias oriundas de fatos diversos (*v.g.*, a primeira para compensar uma redução tarifária unilateral e a segunda a fim de reequilibrar um fato alocado na matriz de risco como de responsabilidade do concedente). Cada uma dessas prorrogações demandará a respectiva motivação, de fato e de direito, com prova técnica que justifique a escolha administrativa.

A ideia de prorrogação, especialmente a ordinária, surge quando se aproxima o termo final do contrato, que dá margem a três alternativas básicas: ou o concedente retoma os bens e serviços e assume a sua prestação; ou realiza nova licitação e faz outro contrato; ou o prorroga com o mesmo concessionário. A primeira hipótese exige dinheiro em caixa e capacidade de gerenciar os bens e serviços; a segunda, a realização de estudos e projetos, bem como muitos interessados em concorrer; a terceira, a revisão do contrato em vigor e o estabelecimento de novos deveres, direitos e obrigações que justifiquem a prorrogação (desde que mantido o objeto original do contrato: a mesma ordem de prestações). Nenhuma dessas escolhas é gratuita; cada uma implica certa opção para a alocação de verbas públicas e despesas privadas. Mas, note-se bem: a decisão é discricionária e privativa da Administração Pública, que não está obrigada a rescindir, nem a fazer novas licitações, tampouco a prorrogar os contratos. Ela deve examinar e comparar as três possibilidades – e adotar a decisão mais eficiente, em vista das alternativas que o cenário econômico lhe autorizar. A única coisa que ela efetivamente tem de fazer é decidir. A inércia só agrava o cenário, recheando-o de dúvidas e incertezas quanto à segurança do empreendimento.

Por outro lado, não é válida nem sequer a cogitação a propósito de adiamentos "tácitos" ou "normativos" – eles devem advir de ato formal celebrado por concedente e concessionário, que atenda aos respectivos pressupostos fático-jurídicos. Muito pior é a "prorrogação fabricada", na qual as partes executam o contrato em sono profundo e, de repente, despertam para o fim do prazo sem que haja tempo útil para a licitação; assim, são constrangidas a alongar o prazo com lastro no princípio da continuidade do serviço público.[141] Este fabrico da solução ilegal é situação que merece firme resposta negativa.

Como mencionado, o diferimento sempre poderá ocorrer nos casos em que o contrato esteja desequilibrado e que seja mais razoável e eficiente incrementar seu prazo do que promover expressivo aumento na tarifa (ver a modicidade tarifária no §64, adiante). Ou nos exemplos em que, devido a questões extraordinárias, algumas obras não puderam ser entregues até o *dies ad quem*. Ou mesmo nos casos em que seria economicamente ineficiente promover nova licitação, em vista da pouca atratividade do serviço quando do seu término (por exemplo, em razão do excesso de oferta pública no respectivo setor) ou em razão do alto valor de indenização a ser desembolsado pelo concedente. Igualmente, em decorrência da Lei nº 13.448/2017 (v. adiante, tópico §25.1), é viável a *prorrogação antecipada* do contrato. O que há de comum a esses exemplos é a necessidade de estudos técnicos minuciosos, a instruir o respectivo procedimento administrativo, que expliquem e justifiquem a decisão administrativa da prorrogação.

De qualquer forma, o alongamento cronológico do contrato é remédio de delicada prescrição, pois, se é certo que poderá implicar o incremento na receita em prazo mais longo (compensando de forma menos traumática o desequilíbrio presente), fato é que exige especial atenção, porquanto: (i) a faculdade de prorrogar não derroga a norma da obrigatoriedade de licitação, mas apenas a excepciona (logo, deve ser interpretada restritivamente); (ii) sua instalação não pode exigir novos investimentos de elevado volume (muito menos se estes forem transferidos ao concedente – o que desnaturará a qualidade de comum da concessão); (iii) a extensão do tempo contratual deve ser certa e exauriente, pois não pode ser renovada *ad aeternum* (pena de se transformar um contrato com prazo determinado em algo com termo final incerto); (iv) a depender do momento contratual (antes de sua metade, por exemplo), a prorrogação não envolverá a solução do desequilíbrio, mas a instalação de futura incerteza ainda mais grave; (v) a prorrogação não se presta a resolver problemas de ausência de receitas presentes.[142]

O importante é que se tenha em mente que nem a diminuição nem o aumento do prazo contratual podem envolver fraude à licitação. Não se admite cogitação acerca da sequência de pequenas adições de prazo ou de prorrogação desproporcional (por exemplo, que no segundo ano prorrogue discricionariamente em outros 10 uma concessão de 20 anos). Tampouco se poderia imaginar legítima a redução do prazo antes de serem entregues todas as obras necessárias à estabilidade do serviço (exceção feita à relicitação, a ser adiante examinada). Ambas, prorrogação e diminuição, exigem motivação (de fato

[141] Nesse sentido é a jurisprudência do STF: "Não há respaldo constitucional que justifique a prorrogação desses atos administrativos para além do prazo razoável para a realização dos devidos procedimentos licitatórios" (ADI nº 3.521, Pleno, Min. Eros Grau, *DJe* 16.03.2007). V. também o julgado do RE nº 412921 AgR (1ª Turma, Min. Ricardo Lewandowski, *DJe* 15.03.2011).

[142] O estudo coordenado por Roberto Guena Oliveira avaliou a experiência mexicana na concessão de rodovias e chegou à conclusão de que, num ambiente de tarifas muito altas. a maneira encontrada para se compensar a concessionária pela perda do tráfego – através da duplicação do período da concessão – foi claramente ineficaz, dado o tamanho da perda de receita. Com efeito, para perdas de receita iguais ou superiores a 20%, categoria na qual se encontrava a maioria das rodovias concedidas, mesmo que se considere a taxa de desconto de 9% ao ano, dobrar o prazo da concessão não basta para se garantir a recuperação do valor presente da concessão" (*Avaliação do equilíbrio econômico-financeiro dos contratos de concessão de rodovias*. São Paulo: FIPE/USP, 2001, p. 15).

e de direito; técnica e jurídica) que permita concluir, indene de dúvidas, que se trata de alternativa adequada para a boa prestação do serviço.

De igual modo, não se pode conferir validade a prorrogações de contratos originariamente não licitados.[143] A bem da verdade, nestes casos nem sequer contrato válido havia, eis que desatencioso ao dever de licitar (ou, no limite, de justificar a inexigibilidade – v. acima, §21).

Por fim, merece menção o fato de que a Lei nº 8.987/1995 não estabeleceu limites (mínimos ou máximos) para a fixação do prazo do contrato de concessão. "À falta de disposição legal, a matéria ficou entregue à discriminação do Legislativo dos diversos poderes concedentes, que estipularão o prazo máximo ou específico que reputem adequado, ou da Administração, quando não haja lei específica estabelecendo limites."[144] Porém, a ausência de piso ou de teto legal para o lapso contratual não significa a validade de concessões com prazos desproporcionais, mas, sim, apenas o tempo estritamente necessário para o fiel cumprimento do objeto do contrato.

Mas cabe o alerta de Felipe Montenegro Viviani Guimarães de que não há nem concessões nem prorrogações eternas: na justa medida em que todas as concessões brasileiras necessitam de prazo determinado, inexistindo quaisquer "concessões em caráter perpétuo ou por tempo indeterminado, por conseguinte, também resta proibida a prorrogação por interesse público (comum ou antecipada) baseada nesses critérios".[145]

§25-A A prorrogação antecipada e relicitação

Tal como previsto em seu art. 1º, a Lei nº 13.448/2017 inovou nas concessões comuns, ao estatuir "diretrizes gerais para prorrogação e relicitação" de contratos concessionários nos setores rodoviário, ferroviário e aeroportuário, desde que celebrados com a administração federal e acolhidos no Programa de Parceria de Investimentos – PPI. Tal diploma normativo pode ser analisado sob diversos ângulos, mas o que aqui mais nos importa é seu impacto no prazo dos contratos de concessão comum – eis que criou hipóteses que modificam alguns dos critérios tanto para a prorrogação quanto para a antecipação do termo final.

Mas, atenção: a Lei nº 13.448/2017 é típica lei especial, que positiva soluções excepcionais para os casos que indica com precisão. Sua incidência, portanto, exige o atendimento às seguintes premissas: *(i)* contratos celebrados com poder concedente federal, que tenham sido *(ii)* incluídos no PPI, desde que limitados aos setores *(iii)*

---

[143] Nesse sentido, a jurisprudência do STF: AgReg no RE/AI nº 724.396 (Min. Dias Toffoli, 2ª T., j. 25.08.2015); RE nº 603.350 (Min. Marco Aurélio, 1ª T., *DJe* 14.10.2013). Sobre a exigência da licitação originária como condição de validade à prorrogação, v. Guimarães, Felipe Montenegro Viviani. *Prorrogação por interesse público das concessões de serviço público, op. cit.*, p. 180-183, com amplas referências bibliográficas e jurisprudenciais.

[144] GROTTI, Dinorá Musetti. A experiência brasileira nas concessões de serviço público. *Interesse Público*, Porto Alegre, Notadez, 42/113, mar./abr. 2007. V. também: ROCHA, Cármen Lúcia Antunes. *Estudo sobre concessão e permissão de serviço público no Direito brasileiro, op. cit.*, p. 57-63; DI PIETRO, Maria Sylvia Zanella. *Parcerias na Administração Pública, op. cit.*, 5. ed., p. 130-131. A respeito das peculiaridades da função desempenhada pelo prazo (e respectivas prorrogações) nos contratos concessionários, v. JUSTEN FILHO, Marçal. A ampliação do prazo contratual em concessões de serviço público. *Revista de Direito Administrativo Contemporâneo – ReDac*, São Paulo, RT, 23, mar./abr. 2016.

[145] *Prorrogação por interesse público das concessões de serviço público, op. cit.*, p. 272.

rodoviário, ferroviário e aeroportuário. Para além dessas fronteiras normativas, a Lei nº 13.448/2017 não tem aplicação. Examinemos cada um desses pressupostos.

O primeiro requisito é subjetivo, em termos federativos. A lei só vale para os casos em que a administração federal ocupe o polo ativo do contrato de concessão. Logo, Estados, Distrito Federal e Municípios, bem como os respectivos consórcios públicos interfederativos, caso pretendam se valer de tais alternativas de gestão/regulação contratual, necessitarão editar as respectivas leis autorizadoras.[146] Ou seja, a Lei nº 13.448/2017 outorga competência extraordinária a apenas uma pessoa política: a União e respectiva "administração pública federal" (art. 1º).

Muito embora a Lei nº 13.448/2017 não os mencione expressamente, é nítido que ela se aplica aos *convênios de delegação* federais (v. acima, §17). Estes envolvem bens e/ou serviços federais cuja gestão é provisoriamente delegada a outros entes federativos. Mas a administração-delegante há de figurar, ao menos como anuente, no contrato de concessão a ser firmado pelo delegatário. Além disso, os bens e/ou serviços persistem "da administração federal", para aqui nos valermos da letra da lei. Apesar de delegados a outra pessoa federativa, que ostentará a posição contratual de poder concedente, eles continuarão nos "setores rodoviário, ferroviário e aeroportuário" federais.

A segunda exigência legal reside na prévia qualificação do respectivo contrato na condição de integrante do PPI. Esse Programa de Parceria de Investimentos tem origem remota no PPP Mais,[147] que foi adaptado por meio da MP nº 727/2016, posteriormente convertida na Lei nº 13.334/2016. Em suma, trata-se de forma jurídica apta a selecionar determinados empreendimentos público-privados como "de interesse estratégico", atribuindo-lhes "prioridade nacional" (Lei nº 13.334/2016, art. 5º).

Bem verdade que o PPI está apto a acolher número maior de empreendimentos (Lei nº 13.334/2016, art. 1º, §1º, inc. II, e §2º), para além dos contratos previstos na Lei nº 13.448/2017, mas isso não importa dizer que todos podem ser prorrogados ou relicitados, nos termos desse diploma normativo. Os que não se encaixarem na Lei nº 13.448 estão fora dessa ordem de solução. Isso porque, para que o empreendimento seja inserido no rol preferencial do PPI, é necessária a emissão de decreto, definidor das respectivas políticas federais e respectivas obras e serviços de interesse estratégico (Lei nº 13.334/2017, art. 4º). Só depois de assim qualificado ele pode se submeter às hipóteses da Lei nº 13.448/2017.

O terceiro critério depende da materialidade do contrato: só podem ser aqueles cujo objeto sejam prestações nos setores rodoviário, ferroviário e aeroportuário. Sempre com atenção ao objeto primário do contrato de concessão comum, nos termos da Lei nº 10.233/2021, regedora dos serviços de transporte (aquaviário e terrestre) e criadora da Agência Nacional de Transportes Terrestres – ANTT e da Agência Nacional de Transportes

---

[146] Como no caso, por exemplo, da Lei nº 16.933/2019 (*Estabelece diretrizes gerais para a prorrogação e relicitação dos contratos de parceria e dá providências correlatas*), do Estado de São Paulo. O STF, na ADFP nº 971, julgou constitucional lei municipal paulistana definidora de "Diretrizes gerais para prorrogação e relicitação dos contratos de parceria entre o Município e a iniciativa privada" (rel. Min. Gilmar Mendes, Tribunal Pleno, *DJe* 02/08/2023).

[147] V. SUNDFELD, Carlos Ari e MOREIRA, Egon Bockmann. PPP MAIS: um caminho para práticas avançadas nas parcerias estatais com a iniciativa privada. *Revista de Direito Público da Economia – RDPE*, Belo Horizonte, Fórum, 53/9-49, jan./mar. 2016. Sobre o PPI, v. GARCIA, Flávio Amaral. Programa de Parcerias de Investimentos – PPI e o direito da infraestrutura. *Revista Eletrônica da PGE-RJ* 1. Disponível em: https://revistaeletronica.pge.rj.gov.br/index.php/pge/article/view/8.

Aquaviários – ANTAQ. Os contratos de serviços aeroportuários são regulados pela Agência Nacional de Aviação Civil – ANAC, criada pela Lei nº 11.182/2005.

Preenchidos estes três requisitos, cabe averiguar se o contrato, em si mesmo, *(i)* autoriza a prorrogação, e *(ii)* se ainda não houve prorrogação contratual (Lei nº 13.448/2017, art. 4º, incs. I e II, c/c art. 5º). Vencidos estes itens formais, será viável exercitar a competência para a prorrogação consensual, que atende a duas subespécies: *(i)* a prorrogação contratual em sentido estrito e *(ii)* a prorrogação antecipada. O primeiro caso é o que desde sempre existiu: o prazo é alargado consensualmente, em decorrência das previsões constitucionais, legais e contratuais, conjugadas com a eficiente prestação do serviço no prazo original (tal como tratamos acima, no §25).

Já a prorrogação antecipada é uma novidade legislativa.[148] Ela confirma a viabilidade da *mutação contratual,* tantas vezes mencionada neste livro, eis que decorre da "inclusão de investimentos não previstos no instrumento contratual" (Lei nº 13.448/2017, art. 6º), desde que cogitados depois da metade do prazo original (e antes de seus 10% finais) e obedientes a certos critérios de investimento definidos em lei. A toda evidência, tais investimentos deverão ser exaustivamente justificados, por meio de estudos técnicos que comprovem sua conveniência (o seu mérito) e oportunidade (a cronologia adequada). Afinal, não estavam no edital e não foram considerados pela proposta vencedora. Haverá de se demonstrar a necessidade e utilidade de tais aportes extraordinários de recursos que modificam o projeto concessionário original.

Como dantes consignado, a prorrogação antecipada "revela um *trade-off* entre a extensão do prazo original e os novos aportes, de interesse público, a ser efetivados pelo concessionário. Em vez de realizar-se desembolsos orçamentários e/ou aguardar o término do contrato para que o futuro concessionário os efetive, o poder concedente incentiva o atual concessionário a executar determinadas obras e prestar os serviços correspondentes. Em contrapartida, alonga-se, de modo proporcional aos investimentos, o prazo do contrato".[149] Conforme consta do voto do ministro Gilmar Mendes na ADPF: "A prorrogação antecipada não se confunde com outras modalidades de prorrogação. Ela difere da chamada prorrogação emergencial, que é aquela que garante a continuidade da prestação do serviço público a título precário. Também não equivale à chamada prorrogação por reequilíbrio econômico-financeiro, situação em que o prazo contratual é ampliado para garantir a recomposição da relação entre tarifa e encargos da concessão. Ademais, também se distancia da prorrogação comum, já que esta se realiza ao final do prazo inicialmente previsto em cláusula do contrato de concessão original".[150]

A prorrogação antecipada foi também questionada na ADI nº 5.991, em que o Pleno do STF julgou pela constitucionalidade dessa ordem de medida. O voto do Min. Gilmar Mendes é esclarecedor do alcance do julgamento, ao definir as seguintes condições para a prorrogação antecipada: (i) o contrato de concessão deve estar vigente e ter sido previamente licitado; (ii) o edital e o contrato original terem previsto hipótese relativa

---

[148] Sobre a prorrogação antecipada, v. MONTENEGRO, Felipe; Guimarães, Viviani. Da constitucionalidade da prorrogação antecipada das concessões de serviço público. *Revista de Direito Administrativo – RDA*, 279/181-215. Disponível em: https://bibliotecadigital.fgv.br/ojs/index.php/rda/article/view/82962.

[149] Moreira, Egon Bockmann; BAGATIN, Andreia Cristina; ARENHART, Sérgio Cruz; FERRARO, Marcella Pereira. *Comentários à Lei de Ação Civil Pública*, 3. ed. São Paulo: Thomson Reuters/RT, 2024. p. 128.

[150] ADPF nº 971, rel. Min. Gilmar Mendes, Tribunal Pleno, DJe 02/08/2023.

à prorrogação ordinária; (iii) existir decisão discricionária, devidamente motivada, do poder concedente, e (iv) a utilização de mecanismos como a análise de impacto regulatório, que demonstrem ser vantajosa a prorrogação.[151] Para além de tais dados técnicos, a prorrogação antecipada exige não só a consulta pública, como também a aprovação pelo Tribunal de Contas da União, culminando no respectivo termo aditivo ao contrato original.

Note-se que o TCU já analisou vários casos de prorrogação antecipada, merecendo destaque o da Ferrovia Malha Regional Sudoeste, que foi aprovado com poucas adequações. O acórdão merece ser explorado, eis que examina em minúcia as vantagens apresentadas para a prorrogação e a Análise de Impacto Regulatório (AIR) efetivada.[152]

Igualmente sensível para o tema do prazo contratual é a alternativa da *relicitação*.[153] Esta previsão legal autoriza que determinados contratos, desde que enfrentem comprovados desafios extraordinários não decorrentes de dolo ou má-fé das partes contratantes (premissa implícita a qualquer negociação administrativa), sejam objeto de simultânea extinção consensual, apuração de eventuais indenizações e transferência a terceiro, via nova licitação. O escopo aqui é o de, na medida do possível, diminuir os custos de transação e preservar o projeto concessionário e a prestação dos serviços aos usuários. Como definida por Renata Vaz Marques Costa Rainho, a relicitação é "procedimento para extinção amigável, consensual, do contrato de concessão em que o contratado esteja inadimplente ou demonstra incapacidade de adimplir as obrigações contratuais ou financeiras originalmente assumidas".[154]

O art. 13 da Lei nº 13.448/2017 merece ser lido, para melhor compreensão: "Com o objetivo de assegurar a continuidade da prestação dos serviços, o órgão ou a entidade competente poderá realizar, observadas as condições fixadas nesta Lei, a relicitação do objeto dos contratos de parceria (...) cujas disposições contratuais não estejam sendo atendidas ou cujos contratados demonstrem incapacidade de adimplir as obrigações contratuais ou financeiras assumidas originalmente". Ao invés de permitir que tais eventos eclodam e seja decretada a caducidade (em processo administrativo e litígio intermináveis), a Lei nº 13.448/2017 insta as partes a desenvolverem solução consensual que, simultaneamente, defina a eventual indenização a ser paga e a respectiva nova licitação para o projeto concessionário remodelado.

Veja-se bem: a lei fala do desatendimento a disposições contratuais e da demonstração da incapacidade de adimplemento de obrigações contratuais ou financeiras. Logo, envolve tanto a má prestação das prestações imputadas ao contratado quanto a incapacidade de angariar recursos. Está-se tratando de serviços inadequados; obras

---

151 Ampliar em: Moreira, Egon Bockmann; CAGGIANO, Heloisa Conrado. A prorrogação antecipada nos contratos de concessão de ferrovia: análise do julgamento do STF na ADI nº 5.911. *In:* TOJAL, Sebastião Botto de Barros; Oliveira, Jorge Henrique de (coord.). *Direito e infraestrutura,* v. 2. Belo Horizonte: Fórum, 2021, p. 45-68.

152 Processo TC 025.914/2021-9, Acórdão nº 1.234/2022 – Plenário, rel. Min. Jorge Oliveira, j. 01/06/2022.

153 Sobre a relicitação, v. Guimarães, Bernardo Strobel; CAGGIANO, Heloisa Conrado. Prorrogação contratual e relicitação na Lei nº 14.448/17: perguntas e respostas. *In:* MOREIRA, Egon Bockmann (coord.). *Tratado do equilíbrio econômico-financeiro.* 2. ed., *op. cit.*, p. 621-632; e FREITAS Rafael Véras de. As prorrogações e a relicitação previstas na Lei nº 13.448/2017. *In:* MOREIRA, Egon Bockmann (coord.). *Tratado do equilíbrio econômico-financeiro.* 2. ed., *op. cit.*, p. 633-652.

154 Da caducidade à relicitação: o encerramento consensual dos contratos de concessão. *In:* DIAS, Maria Tereza Fonseca (org.). *Governança das contratações públicas contemporâneas.* São Paulo: Dialética, 2021, p. 173.

em atraso; preço de outorga não pago, etc. Mas não se exige que tais fatos já tenham ocorrido: basta a comprovação de que estão em vias de acontecer. Exige-se apenas que se demonstre a incapacidade de adimplemento.

A ideia de relicitação marca, portanto, o consensualismo nas relações entre concedente e concessionário. Imperam os meios adequados de solução de controvérsia: negociação, mediação e arbitragem.[155] Ao invés de transferir a solução dos problemas a soluções heterônomas e custosas, a lei determina que ambas as partes envidem os melhores esforços para negociar e, assim, preservar o objeto último do pacto: a gestão de bens públicos e a prestação de serviço adequado aos usuários. Assim, o art. 14 da Lei nº 13.448/2017 é literal ao prever que a relicitação "ocorrerá por meio de acordo entre as partes", que haverá de ser desenvolvida por meio de específico processo administrativo.

Mas esta negociação tem algumas premissas indeclináveis, que vão desde a justificativa técnica até a renúncia de direitos por parte da concessionária, a ser formalizadas em proposta formal e posterior termo aditivo ao contrato (Lei nº 13.448/2017, art. 14, §1º, e art. 15). Boa parte do procedimento é regulado pelo Decreto nº 9.957/2019.

Para o concessionário, talvez a grande vantagem esteja em negociar para afastar punições e receber eventuais indenizações – a serem definidas por meio de "arbitragem ou outro mecanismo privado de resolução de conflitos" (Lei nº 13.448/2017, art. 15, inc. III). Essa previsão deverá constar do termo aditivo ao contrato que instituir a relicitação, com todos os efeitos da convenção de arbitragem (Lei nº 9.037/1996). Se o contrato original contiver cláusula compromissória, ela persistirá eficaz; se a cláusula for incompleta ou patológica, surge a oportunidade de saná-la; se não houver cláusula, ela deverá ser redigida – e muito bem redigida, diga-se de passagem – para dar aplicação ao dispositivo legal.

Por conseguinte, a relicitação antecipa o término do contrato para o concessionário original e permite que eventuais desafios experimentados pelo contrato de concessão sejam resolvidos, preservando-se a situação jurídico-econômica não só de ambas as partes contratantes, mas, em especial, do projeto concessionário.

§26 Concessão de obra pública

A Lei nº 8.987/1995 regula a hipótese de *concessão pura de obra pública* (arts. 1º, *caput*, e 2º, III, *in fine*).[156] Esta modalidade exige empreitada prévia que contemple

[155] Ampliar em: CUÉLLAR, Leila; Moreira, Egon Bockmann; GARCIA, Flávio Amaral; CRUZ, Elisa Schmidlin. *Direito Administrativo e* Alternative Dispute Resolution. 2. ed. Belo Horizonte: Fórum, 2022. Nesse sentido, o STJ já teve a oportunidade de consignar, em *obter dictum*, que "critérios de conveniência e oportunidade que poderão, ou não, conduzir a decisões político-administrativas de relicitação do serviço" (REsp 2059550, rel. Min. Paulo Sérgio Domingues, Primeira Turma, *DJe* 23/05/2023).

[156] Parte da doutrina exclui ou mitiga a hipótese de concessão *pura* de obra (AMARAL, Antônio Carlos Cintra do. *Concessão de serviço público, op. cit.*, p. 39-41; Azevedo, Eurico de Andrade; ALENCAR, Maria Lúcia Mazzei de. *Concessão de serviços públicos*. São Paulo: Malheiros Editores, 1998, p. 23-24; ROCHA, Cármen Lúcia Antunes. *Estudo sobre concessão e permissão de serviço público no Direito brasileiro, op. cit.*, p. 43-45). Já Marçal Justen Filho (*Teoria geral das concessões de serviços públicos, op. cit.*, p. 97-99), Torquato Jardim (A concessão de obra pública no sistema constitucional. *Revista de Informação Legislativa*, 115/191-202, jul./set. 1992. Disponível em: https://www2.senado.leg.br/bdsf/bitstream/handle/id/176049/000472188.pdf?sequence=3&isAllowed=y), Guimarães, Fernando Vernalha. *Concessão de serviço público*. 2. ed., *op. cit.*, p. 128-132, e Marcos Juruena Villela Souto (*Direito administrativo das concessões, op. cit.*, 5. ed., p. 317) a acolhem. Sobre a concessão de obra pública no Direito Europeu, v.: MARTINEZ Pedro Romano; PUJOL, José Manuel Marçal. *Empreitada de obras públicas*. Coimbra: Livraria Almedina, 1995,

obrigação de resultado: a entrega da obra pública no prazo certo (CC, arts. 610 a 620[157]), a ser construída por conta do concessionário e depois usufruída diretamente pelos particulares. Simultaneamente, outorga-se ao concessionário o direito de exploração exclusiva do imóvel construído, em longo prazo e a risco próprio, a ser remunerada pelos usuários daquele bem. Não se trata da atribuição de serviço a pessoa privada, mas, sim, do domínio do bem público construído pelo concessionário, que cobra de terceiros o uso – com o que obtém a remuneração e a amortização do investimento. Explora-se o imóvel ou a instalação previamente construída, não um serviço público.

A definição de *obra pública* proposta por Celso Antônio Bandeira de Mello é esclarecedora: "(...) a construção, reparação, edificação ou ampliação de um bem imóvel pertencente ou incorporado ao domínio público. Obra pública não é serviço público. (...)". Aqui, portanto, não há prestação de serviço, mas apenas a obra a ser construída, entregue e depois remunerada por tarifa a ser paga pelos usuários. A obra pública pode ser distinguida do serviço público com lastro nas quatro diferenças apontadas por Celso Antônio Bandeira de Mello: "(a) a obra é, em si mesma, um produto estático; o serviço é uma atividade, algo dinâmico; (b) a obra é uma coisa: o produto cristalizado de uma operação humana; o serviço é a própria operação ensejadora do desfrute; (c) a fruição da obra, uma vez realizada, independe de uma prestação, é captada diretamente, salvo quando é apenas o suporte material para a prestação de um serviço; a fruição do serviço é a fruição da própria prestação; assim, depende sempre integralmente dela; (d) a obra, para ser executada, não presume a prévia existência de um serviço; o serviço público, normalmente, para ser prestado, pressupõe uma obra que lhe constitui o suporte material".[158]

Com efeito, e como anota Patricia Valcarcel Fernández, a obra pública possui duas perspectivas imbricadas em seu conceito global: a obra como *atividade* e como *resultado*. A atividade "pode consistir em qualquer ação direta ou indiretamente humana com a

---

passim; e MORANT, Rafael Gómez-Ferrer. El contrato de obras. La concesión de obras públicas como contrato. *In:* MORANT, Rafael Gómez-Ferrer (dir.). *Comentario a la Ley de Contratos de las Administraciones Públicas*. 2. ed. Madri: Civitas, 2004, p. 751-791.

[157] Cabe o alerta de Ruy Cirne Lima: "A empreitada, embora reproduza as linhas gerais da estrutura da figura jurídica do direito civil assim denominada, com ela não se confunde. Aqui se trata de empreitada pública, diversificada da empreitada privada pela delegação implícita de poderes da Administração Pública sobre parcela determinada de seu domínio público ou de seu patrimônio administrativo" (*Princípios de Direito Administrativo, op. cit.*, 7. ed., p. 512). Sobre o contrato de empreitada, aprofundar em MENDES, Renato Geraldo. *O regime Jurídico da contratação pública*. Curitiba: Zênite, 2008, p. 133-166; MOREIRA, Egon Bockmann; GARCIA, Flávio Amaral. *Contratos Administrativos na Lei de Licitações, cit.*, p. 285-291. Gustavo Tepedino, Heloísa Helena Barboza e Maria Celina Bodin de Moraes indicam a extrema complexidade dos contratos de concessão de serviço público e de construção de grandes obras de engenharia, o que impediria a "aplicação, mediante simples subsunção e sem os devidos temperamentos, dos dispositivos de lei referentes à empreitada" (*Código Civil Interpretado*. v. II. Rio de Janeiro: Renovar, 2006, p. 347). A distinção entre o contrato de empreitada e o de concessão pode ser vista em Justen Filho, Marçal. *Teoria geral das concessões de serviços públicos, op. cit.*, p. 159-162.

[158] BANDEIRA DE MELLO, Celso Antônio. *Curso de Direito Administrativo, op. cit.*, 27. ed., p. 682-683. Há decisão do STF de cuja ementa consta que: "A obra pública, sendo execução material de um projeto, é limitada no tempo, enquanto o serviço público tem caráter de continuidade. A obra pública agrega um valor aos imóveis por ela beneficiados; os serviços públicos, conquanto os beneficiem, não produzem uma integração de valor" (RE nº 11.5561-SP, Min. Carlos Madeira, *DJ* 22.4.1988). Quanto ao contrato de empreitada, ampliar em TEPEDINO, Gustavo; BARBOZA, Heloísa Helena; Moraes, Maria Celina Bodin de. *Código Civil interpretado, op. cit.*, v. II, p. 342-382. Vale também lembrar que os incisos I e II do art. 6º da antiga Lei nº 8.666/1993 definem "obra" e "serviço" *para os fins daquela lei*. Tais definições receberam severas críticas (Justen Filho, Marçal. *Comentários à Lei de Licitações e Contratos Administrativos, op. cit.*, 14. ed., p. 121-125). Na Lei nº 14.133/2021, a definição de serviço e a de obra constam do art. 6º, incs. XI e XII, respectivamente.

qual se obtenha um resultado útil, desejado, querido, cuja aspiração é a causa que inspira a realização da atividade. Por isso dizemos que a atividade, sim indispensável, está a serviço do produto pretendido"; ao passo que o resultado, "referido à obra pública, é a conquista do fim perseguido e sempre recai sobre um elemento físico, podendo consistir em uma modulação do meio que não produza alteração em sua essência ou, ao contrário, na criação de uma realidade distinta, nova, anteriormente inexistente".[159]

O objeto do contrato de concessão de obra é a construção ou reforma do bem público e sua manutenção e exploração. Assim, apenas podem ser objeto contratual aqueles bens passíveis de futura rentabilidade – o concessionário será, portanto, o *gestor* da obra e de sua exploração econômica. O que importa para a concessão de obra pública é o resultado "imóvel" ou "instalação" em si mesmos, e não o serviço que ela porventura possa contemplar. Feita a construção, ao concessionário é outorgado o direito de uso do domínio público conjugado com a possibilidade de cobrar tarifas pelo acesso de terceiros. Só o concessionário poderá explorar economicamente aquele bem por ele edificado, pois ele é, nos termos do contrato, o único beneficiário legítimo da renda a ser gerada pela obra. Por isso que, a rigor, se instala a capacidade de o concessionário limitar o ingresso de terceiros – ou a passagem de bens destes – no bem público durante o lapso contratual: a entrada e o trânsito exigem o prévio pagamento da tarifa.

Logo, a concessão de obra pública traz consigo aquela do *uso do bem*, distinguindo-se desta não só pelo fato de que é o próprio concessionário quem constrói a obra, mas em especial porque este uso necessariamente gera rentabilidade ao construtor (que é remunerado pela exploração do imóvel ou instalação que construiu). Como ressalta Diogo Freitas do Amaral, "o recurso à figura jurídica da concessão de obras públicas (e ao financiamento privado por ela pressuposto) aparece em nossos dias como uma das principais formas de ultrapassar o dilema causado pelo descomunal peso econômico que a realização de grandes obras de infraestrutura acarreta, em termos normais, para o déficit orçamental e o endividamento público".[160]

A concessão de obra pública é semelhante ao contrato denominado de *turn-key*: o futuro concessionário receberá os elementos do projeto básico e entregará o bem pronto para funcionar mediante preço predefinido, a ser pago quando da exploração da obra (ao lado da amortização dos investimentos e custos administrativos), fornecendo desde o projeto executivo até o acabamento, passando pela mão de obra, materiais e instalações. Como os contratos *turn-key* de usual têm orçamento fechado, são denominados de "Preço Máximo Garantido" – PMG. É o empresário quem assume o prejuízo se o custo transbordar o preço – nem a Administração nem os usuários poderão arcar com as perdas derivadas da imperícia dele. Logo, a contratação envolve o incentivo para que o empresário diminua custos e aprimore as soluções técnicas visando à eficiência na construção. É possível que o contrato preveja que esse bônus beneficie apenas o

[159] *Execución y Financiación de Obras Públicas*. Madri: Thomson Civitas, 2006, p. 89 – tradução livre.

[160] Diogo Freitas do Amaral, *Curso de Direito Administrativo*, *op. cit.*, v. II, p. 531-532. No mesmo sentido o texto brasileiro escrito em 1956 por Afrânio de Carvalho ao consignar que a concessão "envolve geralmente, menos um reconhecimento da superioridade da gestão privada que um apelo à economia particular para a realização de obras e instalações que o Estado nem sempre pode financiar sem grande desequilíbrio para o seu orçamento" (Propriedade dos bens da concessão. *RDA*, 44/19, Rio de Janeiro, FGV, abr./jun. 1956).

concessionário (caso contrário ele não terá qualquer incentivo para ser mais eficiente), mas o ideal está numa partilha da eficiência com os futuros usuários.

Na justa medida em que a Lei Geral de Concessões permite que o edital apenas traga os elementos do projeto básico (art. 18, XV), isso significa que o concessionário terá ampla gestão da obra pública. Ou como prefere Pedro Gonçalves: "Há, portanto, na concessão de obras públicas uma verdadeira *concessão da construção*, em que uma autoridade administrativa atribui a um particular a sua posição de *dono da obra*, transmitindo-lhe os seus direitos próprios relativos à fase da construção (*v.g.*, concepção da obra, projecto, expropriações, direcção e fiscalização dos trabalhos etc.)".[161]

A remuneração (o preço a ser pago pela obra) poderá ter limite cronológico *e/ou* financeiro. O concessionário terá direito de explorar o imóvel ou no prazo máximo de "x" anos e/ou até receber o pagamento do valor "y". Sempre haverá prazo certo, mas, caso a receita atinja seu teto antes do termo, isso poderá resultar na extinção do contrato, desde que previamente pactuado. Não há qualquer lógica em o concessionário permanecer lucrando com base num bem público depois de ter sido remunerado (afinal, não estará a prestar serviços). Somente em casos excepcionais, que porventura contemplem investimento significativo e riscos proporcionais, se poderia cogitar desse bônus extraordinário.

Portanto, a concessão de obra pública parte da atribuição da execução e entrega da obra "por conta e risco" do concessionário. O concedente oferece o projeto à licitação e o concessionário gerencia e banca o custo integral da empreitada (sem receber qualquer contraprestação do Estado). Logo, exige-se significativo aporte inicial por parte do particular. Depois de concluída a obra, o concessionário meramente explorará o imóvel ou a instalação em si mesma (sem a prestação de qualquer serviço aos usuários), procedendo à arrecadação das tarifas necessárias ao reembolso dos custos, aferição dos lucros e amortização do investimento. O pagamento deverá advir do usuário (e não do Poder Público), caso contrário não se estará diante de concessão comum. No caso das obras, outra fonte relevante de verbas são os projetos associados e as receitas alternativas (como será examinado no Capítulo XI). Em termos gerais, os anos do contrato de concessão corresponderão aos de amortização – ao passo que estes de usual têm como limite o tempo de vida útil do bem. Daí a síntese de Pedro Gonçalves: "A *exploração de obra pública* traduz-se no fim de contas na recolha dos rendimentos que a obra proporciona ou gera, e não na gestão de um serviço público".[162]

Além do tradicional exemplo da ponte (construção seguida da cobrança do pedágio de passagem), dois outros são o da de rede de distribuição de gás canalizado ou de energia elétrica. O concessionário é contratado pela Administração Pública, desenvolve às suas expensas as obras necessárias para que o gás (ou a energia) deixe a sede da pessoa estatal titular do serviço e chegue à residência ou à empresa do usuário. Quem presta o serviço é a entidade pública. Depois, o usuário paga pelo consumo (ao concedente) e pela obra (ao concessionário) – cobranças que podem vir conjugadas numa só fatura.[163]

---

161 GONÇALVES, Pedro. *A Concessão de serviços públicos*, *op. cit.*, p. 92.

162 *Idem*, p. 153.

163 V. a lição de Jacintho Arruda Câmara: "Também se mostra compatível com o regime das concessões um sistema de arrecadação de tarifas em que o próprio poder concedente seja o agente recolhedor dos valores, com a função,

Aqui se aplicam, com as devidas ponderações, os raciocínios acima desenvolvidos a propósito da concessão pura de serviços (natureza jurídica, concedente, licitação, prazo etc.).

§27 Concessão de obra pública e "direitos reais administrativos"

A concessão de obra pública instala com clareza outro tema, parcialmente incidente em sede de concessão de serviço público *stricto sensu*, pois característico das que envolvem obras e imóveis públicos: os "direitos reais administrativos".[164] Tal qual os contratos administrativos, estes direitos subjetivos sobre as coisas do domínio público exigem tratamento peculiar que atenda ao respectivo regime jurídico.

Os bens do domínio público são aqueles por força de lei submetidos a uma pessoa de direito público e afetados à finalidade pública a que estão dirigidos.[165] A afetação dos bens é o critério de instituição do domínio público. Este regime especial destina-se a estabelecer níveis de proteção aos bens públicos, salvaguardando a respectiva funcionalidade. Mas claro que se está diante de ampla heterogeneidade de coisas (móveis e imóveis; apropriáveis e não apropriáveis). Os bens públicos são normalmente dirigidos à prestação de serviços públicos *lato sensu* (tanto os administrativos como aqueles em sentido estrito).

---

porém, de repassar às concessionárias o montante que lhes caiba". O exemplo trazido diz respeito ao serviço de transporte coletivo do Município de São Paulo: "onde tal função é atribuída a uma sociedade de economia mista municipal, com participação acionária dos concessionários de serviço (art. 31 da Lei municipal 13.241, de 12.12.2001)" (*Tarifa nas concessões, op. cit.*, p. 56).

[164] Ao que se tem notícia, foi Hauriou quem, a partir da jurisprudência do Conselho de Estado, arquitetou a tese dos direitos reais administrativos, correlacionando-os expressamente à técnica concessionária: "Le mode ordinaire d'aliénation ou de constitution de droits réels entachés de précarité sur le domaine public est la *concession*. (...). Des *concessions temporaires* peuvent être faites sur les dépendances du domaine public, elles sont d'une pratique constante; or, non seulement elles confèrent au concessionaire la possession et l'exercise de l'action possessoire, mais elles lui confèrent un veritable droit réel de jouissance sur la chose, avec cette seule observation que ce droit réel est temporaire, révocable ou rachetable comme la concession elle-même" (*Précis de Droit Administratif et de Droit Public, op. cit.*, 12. ed. (reed.). p. 797). Aprofundar em: DI PIETRO, Maria Sylvia Zanella. *Uso privativo de bem público por particular*. São Paulo: RT, 1983, p. 36-41; GONZÁLEZ PÉREZ, Jesús. *Los derechos reales administrativos*. 2. ed. reimpr. Madri: Civitas, 1989, *passim* (com extensas referências bibliográficas); MONIZ, Ana Raquel Gonçalves. *O domínio público: o critério e o regime jurídico da dominialidade*. Coimbra: Livraria Almedina, 2006, p. 357-371; LAUBADÈRE, André de; Gaudemet, Yves. *Traité de Droit Administratif*. 11. ed. t. 2. Paris: LGDJ, 1998, p. 210-214; ACEVEDO, Rafel Fernández. *Las concesiones administrativas de dominio público*. 2. ed. Madri: Civitas, 2012, p. 234-257.

[165] O CC define:
"Art. 98. São públicos os bens do domínio nacional pertencentes às pessoas jurídicas de direito público interno; todos os outros são particulares, seja qual for a pessoa a que pertencerem.
"Art. 99. São bens públicos: I – os de uso comum do povo, tais como rios, mares, estradas, ruas e praças; II – os de uso especial, tais como edifícios ou terrenos destinados a serviço ou estabelecimento da Administração Federal, Estadual, Territorial ou Municipal, inclusive os de suas autarquias; III – os dominicais, que constituem o patrimônio das pessoas jurídicas de direito público, como objeto de direito pessoal, ou real, de cada uma dessas entidades.
"Parágrafo único. Não dispondo a lei em contrário, consideram-se dominicais os bens pertencentes às pessoas jurídicas de direito público a que se tenha dado estrutura de direito privado.
"Art. 100. Os bens públicos de uso comum do povo e os de uso especial são inalienáveis, enquanto conservarem a sua qualificação, na forma que a lei determinar.
"Art. 101. Os bens públicos dominicais podem ser alienados, observadas as exigências da lei.
"Art. 102. Os bens públicos não estão sujeitos a usucapião.
"Art. 103. O uso comum dos bens públicos pode ser gratuito ou retribuído, conforme for estabelecido legalmente pela entidade a cuja Administração pertencerem".

Os imóveis nos quais se instala a exploração da concessão de obra são típicos bens públicos destinados "a prover as necessidades materiais da Administração relacionadas com a sua organização interna ou com a sua actividade de prestação (de serviços)", integrando a infraestrutura necessária ao desenvolvimento da "actividade de prossecução do bem comum" – aquelas coisas públicas cuja finalidade Massimo Severo Giannini denominou de "destinação empresarial".[166] Está-se diante da categoria de bens públicos a qual configura a sustentação física de atividades normativamente imputadas ao Estado (edifícios das repartições públicas, museus, bibliotecas, rodovias, ferrovias, aeroportos, portos, aquedutos, *pipelines* de gás ou óleo, instalações da rede elétrica etc.). Tais imóveis e instalações são imprescindíveis à prestação dos respectivos serviços ou comodidades coletivas – razão pela qual integram o *domínio público.*

No âmbito das concessões de obras (e de serviços precedidas de obras), os bens são construídos em vista da respectiva afetação a tais exigências públicas, definidas que são em lei e regulamentos. Neste caso é o concessionário que, com lastro na outorga feita pelo concedente, se instala de fato nessa base física e lhe dá a destinação caracterizadora de sua *ratio essendi,* por meio da gestão autônoma dos bens e serviços deles decorrentes (ou a ele inerentes). Melhor dizendo, fato é que a realização do escopo do contrato de concessão necessita de tais bens – são esses meios físicos que permitem a própria existência da concessão. Instala-se, portanto, uma relação direta entre o sujeito concessionário e um conjunto de coisas corpóreas, algumas das quais de seu domínio privado, outras tantas de domínio público.

Na medida em que o regime jurídico dos bens públicos se presta a assegurar sua afetação, destina-se igualmente a definir seu aproveitamento. E aqui se está diante da exploração de bem público por parte de pessoa privada juridicamente habilitada a tal: o concessionário de obra e/ou serviço público. Será o concessionário a pessoa legitimamente responsável pela implementação fática do escopo público do bem. Durante o período da concessão, é a atividade por ele desenvolvida que conferirá utilidade pública àquela parcela de bens do domínio público.

Como não poderia deixar de ser, o que existe é vínculo jurídico eminentemente real, oriundo não só do contrato de concessão enquanto "negócio jurídico de legitimação" (Ruy Cirne Lima), mas em especial de seu regime estatutário, que autoriza ao particular o uso, o gozo e a fruição de bens públicos a fim de que estes cumpram o seu destino. Ou, melhor: há domínio imediato sobre as coisas cuja existência dirige-se ao projeto concessionário (sejam públicas ou privadas). Esta relação inclui concedente e concessionário e simultaneamente exclui todo um universo de sujeitos. O concessionário assenhoreia-se de certos bens do domínio público – para fazer com que estas coisas cumpram sua finalidade –, e assim exclui a ingerência de todas as demais pessoas sobre ditos bens.

Há, em decorrência, liame especial e imediato entre o concessionário e determinados bens, expressado em sua relação jurídica com outras pessoas, a consubstanciar *direito real*

---

[166] *Apud* Azevedo, Bernardo. *Servidão de Direito Público: contributo para o seu estudo, op. cit.,* p. 208. A outra categoria de bens qualificados por Giannini segundo esse critério seria a das coisas públicas em regime de "destinação nacional" (substâncias minerais, águas públicas, mares, florestas, cultura etc.). O que se revela com maior nitidez e funcionalidade na classificação de *bens reservados* e *bens de destinação pública* (Azevedo, Bernardo. *op. cit.,* p. 229-242).

cujo objeto são igualmente *coisas do domínio público*. Esta relação, definida e compreendida nos termos do ajuste celebrado entre as partes e respectivo regime estatutário, traz consigo deveres e direitos específicos em conexão direta a tais bens. Muito embora com limites (tanto no que respeita à "função positiva" do direito de propriedade como quanto à sua "função negativa"), a ordem jurídica atribui ao concessionário o poder direto sobre específicas coisas públicas e privadas – para que as mantenha, explore economicamente e delas obtenha ganhos. A coletividade usufrui desses bens por meio do pagamento de tarifas individuais. Mas quem detém a posse imediata, administra-os, confere-lhes o aproveitamento inerente à sua afetação e lucra com eles é o concessionário (que pode exercer, inclusive, os remédios possessórios para proteger esse vínculo juridicamente tutelado). Reitere-se aqui que o direito real exercido pelo concessionário tem por objeto tanto bens do domínio público (direito real administrativo) como os de domínio privado de sua propriedade (direito real civil).

Conforme acima consignado, a concessão de obra pública exige que o imóvel construído seja rentável e que o concessionário o explore com exclusividade. O concessionário é titular do *uso privativo do bem público* e pode (deve) dele retirar todas as utilidades, gozar e fruir de todos os benefícios previstos no contrato de concessão. "Face ao uso comum – escreve Fernando Alves Correia –, o uso privativo apresenta duas notas distintivas essenciais a compreender nas suas cumplicidades: a necessidade da existência de um *título jurídico-administrativo* e a *exclusividade*." Esta significa que "o uso privativo possui beneficiários determinados e individualizados", "titulares do direito de extrair dos bens dominiais um proveito pessoal, directo e imediato, com a faculdade de afastar quaisquer outros sujeitos que pretendam retirar da coisa utilidades". Já o título jurídico-administrativo é outorgado pela Administração e constitui "uma consequência da imprescindibilidade da individualização dos beneficiários do uso privado"[167] – só uma pessoa, perfeitamente identificada e identificável, detém o respectivo título jurídico. Na concessão de serviço precedida de obra há confluência de títulos: o que outorga a prestação do serviço e aquele que autoriza o uso da coisa. Afinal, ela não consubstancia o *mero uso* da coisa pública, mas sim a *gestão* de tais bens (à conta e risco do concessionário).

Ora, uma vez que pode usar, fruir e dispor (ainda que em termos relativos), o concessionário quando menos detém a posse dos bens a ele outorgados em caráter de exclusividade. É imediatamente o concessionário quem produz o aproveitamento pertinente à afetação pública da coisa. Nos termos da legislação civil, *possuidor* é aquele que "tem de fato o exercício, pleno ou não, de alguns dos poderes inerentes à propriedade", dentre os quais estão o uso e o gozo da coisa (CC, art. 1.196, combinado com o art. 1.228). Não existe na concessão uma "relação de dependência" em sentido estrito, nem tampouco o "cumprimento de ordens e instruções" impostas pelo concedente ao concessionário – logo, não se está diante de mero detentor (CC, art. 1.198). O regime

---

[167] CORREIA, Fernando Alves. A concessão de uso privativo do domínio público: breves notas sobre o regime jurídico de um instrumento de valorização e rentabilidade dos bens dominiais. *In:* LÓPEZ-MUÑIZ, José Luis; QUADROS, Fausto de. *Direito e justiça: VI Colóquio Luso-Espanhol de Direito Administrativo.* Lisboa: Universidade Católica Editora, 2005, p. 103-104. Sobre a concessão de direito real de uso no Direito brasileiro, v. SOUTO, Marcos Juruena Villela. *Direito administrativo das concessões, op. cit.*, 5. ed., p. 321-325; Carvalho FILHO, José dos Santos. *Manual de Direito Administrativo.* 35. ed., *op. cit.*, p. 1239-1241.

estatutário da concessão, a natureza jurídica da relação concessionária e respectiva autonomia de gestão não se compadecem com essas limitações.

Está-se diante de um *título jurídico-administrativo* que outorga *exclusividade* ao concessionário para a exploração daquele bem. O contrato constitui nova situação jurídica, na qual o concessionário tem, para além do domínio da coisa e da autonomia de gestão, o efetivo ânimo de nela se manter para o fiel cumprimento do estatuto da concessão (leis, regulamentos e contrato). Logo, poderá "ser mantido na posse em caso de turbação, restituído no de esbulho, e segurado de violência iminente, se tiver justo receio de ser molestado" (CC, art. 1.210). Fato que se dará enquanto durar o contrato de concessão – por isso que Péquignot fala desse "direito de ocupação temporária" como "uma espécie de direito real, que é oponível a terceiros".[168] Esse direito sobre bem do domínio público é exercitável *erga omnes*, exceção feita à própria Administração concedente: trata-se de *direito real administrativo*, pertinente às características do regime jurídico-administrativo.

Em suma, ao firmar o contrato de concessão, o concessionário assume deveres e obrigações e, em contrapartida, é investido no direito subjetivo de prestar o serviço ou apenas explorar economicamente a obra – para o que necessita deter a posse, poder de fato direto e imediato, dos bens (e lhes dar o destino permitido ou determinado pela relação jurídica concessionária). Não há hipótese de concessão de obra pública ou de serviço público (máxime as precedidas de obra) na qual o concessionário não esteja na posse dos bens públicos necessários à fiel execução do contrato. A posse é o estado de fato que constitui um dos pressupostos necessários ao cumprimento do contrato de concessão. Como já visto, a posição do sujeito concessionário não se reduz a um vínculo de dependência e subordinação ao concedente: ele tem autonomia de gestão e, salvo exceções, não obedece a ordens do concedente. Pois essa autonomia há de trazer consigo a titularidade do direito absoluto de defesa da sua relação com a coisa perante terceiros a fim de que ele, concessionário, possa cumprir seus deveres e obrigações (e garantir seus direitos). Isso ainda que o objeto desse direito real seja um bem do domínio público (acrescido daqueles de propriedade privada). O concessionário não é dependente do concedente para exercitar a defesa dos bens imóveis e instalações da concessão. Pode – e deve, frise-se – defendê-los de forma autônoma.

Igualmente nítido é que esse direito real resulta do título jurídico de concessionário de obra ou de serviço público. Claro que essa posse não tem a mesma natureza daquela de direito privado, pois deve ser conciliada com o domínio público sobre os bens (afinal, é previamente limitada no tempo, a sua defesa encontra limites subjetivos e pode ser unilateralmente desfeita pelo concedente). Também é evidente que não se trata de transmissão de propriedade ou de direito absoluto exercitável com exclusividade e contra todos, mas sim de categoria *sui generis* de direitos reais (pense-se no usucapião e nas garantias reais – ambos vedados a bens públicos). Daí a necessidade de entrarem em cena os direitos reais administrativos – atribuídos, tácita ou implicitamente, ao

---

168 PÉQUIGNOT, Georges. *Théorie Générale du Contrat Administratif*, *op. cit.*, p. 551-552 (tradução livre). Mas note-se que se trata de instituto de direito administrativo, nada obstante sacado do direito civil – como, aliás, anotou Prosper Weil: "O próprio *Conseil d'État* forjou as regras aplicáveis à Administração e se afirmou a existência de um direito autónomo, isto é, de um direito que pode, sem dúvida, assemelhar-se num ou noutro ponto ao direito civil, mas que não retira a sua autoridade do *Code Civil*" (*O Direito Administrativo*, *op. cit.*, p. 15).

concessionário de serviço e/ou obra pública, oriundos da posse privativa, gestão, uso e gozo do bem público.[169]

A fim de incrementar a complexidade do tema, recorra-se a exemplo comum da contemporaneidade: a exploração por parte do concessionário das *essential facilities* (por exemplo, Lei nº 9.472/1997, art. 73, e Lei nº 9.478/1997, art. 58). Imagine-se a privatização formal de rede de distribuição de energia elétrica e a figura do concessionário que opera as instalações historicamente públicas. Pense-se no poste (ou na torre) que serve de suporte aos fios condutores. É evidente que o concessionário não se torna o proprietário do poste, e é também manifesto que ele deve cuidar desse bem. Ele deve impedir o acesso de terceiros a essa instalação, zelando pela sua integridade. Deve repor os danificados. Mas, a depender do caso, poderá cobrar preço pelo uso desse bem público para que – suponha-se – sirva de suporte para a passagem de fios de telefonia ou de rede de comunicação virtual. Mais que isso: poderá o concessionário da rede de distribuição de energia elétrica ser obrigado a pagar a outro particular, a quem foi atribuído o domínio do solo público onde está instalado o poste (*v.g.*, uma concessionária de rodovias ou de ferrovias e as respectivas faixas de domínio), ou mesmo um tributo municipal (IPTU). Apurando-se um pouco mais o exemplo: cogite-se do pagamento de preço por um concorrente no setor de telecomunicações que usa a própria rede de fios do concessionário que opera a rede histórica. Essas cobranças podem ou não se dar – dependentes que são de disposições legais e, a depender do caso, da vontade do concessionário e do exercício de seus direitos sobre a coisa. Além disso, tais receitas acessórias podem (ou não) integrar o equilíbrio econômico-financeiro do contrato de concessão. Mas o substancial em cada um desses exemplos está na relação jurídica imediata entre o concessionário e o bem; entre um sujeito de direito e uma coisa de domínio público.[170]

Nem se diga que a tese da *res extra commercium* seria apta a derrocar a construção dos direitos reais administrativos. Esta compreensão não pode chegar ao ponto de inibir toda a potencialidade econômica dos bens públicos: uma coisa é estabelecer barreiras à transmissão deles no comércio jurídico privado (inalienabilidade, imprescritibilidade,

---

[169] *Grosso modo*, esta é a concepção cunhada por Hauriou e acolhida, com as respectivas variações, por GONZÁLEZ PÉREZ, Jesús. *Los Derechos reales Administrativos*, *op. cit.*, 2. ed. reimpr., p. 15-17 e 58-61. Em sentido contrário, v.: BONNARD, Roger. *Précis de Droit Administratif*, *op. cit.*, p. 557-559; Caetano, Marcello. *Manual de Direito Administrativo*, *op. cit.*, 10. ed. 9. reimpr. t. II, p. 945-948; MONIZ, Ana Raquel Gonçalves. *O domínio público*: o critério e o regime jurídico da dominialidade, *op. cit.*, p. 358, 368-371 e 400-413; CORREIA, Fernando Alves. A concessão de uso privativo do domínio público: breves notas sobre o regime jurídico de um instrumento de valorização e rentabilidade dos bens dominiais. *In:* López-MUÑIZ, José Luis; QUADROS, Fausto. *Direito e Justiça*: VI Colóquio Luso-Espanhol de Direito Administrativo. Lisboa: Universidade Católica Editora, 2005, p. 114-116; Marques Neto, Floriano de Azevedo. *Bens públicos*. Belo Horizonte: Fórum, 2009, p. 312 e ss. e 347-360.

[170] Sobre as *essential facilities*, v.: NESTER, Alexandre Wagner, *Regulação e concorrência (compartilhamento de infraestruturas e redes)*. São Paulo: Dialética, 2006, *passim*; ARAGÃO, Alexandre Santos de. *Direito dos serviços públicos*. 4. ed., *op. cit.*, p. 339-368; GRAU, Eros Roberto. Uso compartilhado de infraestrutura para a prestação de serviços públicos e a 'natureza jurídica' da remuneração a ser percebida em razão desse uso (parecer). *RTDP*, São Paulo, Malheiros Editores, 34/103-116, 2001; Salomão Filho, Calixto. Tratamento jurídico dos monopólios em setores regulados e não regulados. *In: Regulação e concorrência*. São Paulo: Malheiros Editores, 2002, p. 37-51; VILLAR ROJAS, Francisco José. *Las instalaciones esenciales para la competencia*. Granada: Comares, 2004, *passim*. Já a tese dos direitos reais administrativos é confirmada (e reforçada) caso se acolha o entendimento de que os exemplos tratariam da servidão – este, sim, direito real de fruição ou gozo da coisa alheia (quanto a essa qualificação para algumas espécies, v. DI PIETRO, Maria Sylvia Zanella. Compartilhamento de infraestrutura por concessionárias de serviços públicos. *In: Parcerias na Administração Pública*, *op. cit.*, 5. ed., p. 419-443).

gravames etc.); outra, completamente diversa, é negar a existência da comercialidade no direito público, chegando a impedir que deles se possa colher todos os frutos por meio de instrumentos típicos do direito privado administrativo (com as garantias públicas inerentes a essa colheita). Como pontuou Fernando Alves Correia, "por um lado, se os bens do domínio público estão subtraídos ao comércio jurídico privado, possuem uma ineliminável comercialidade de direito público; por outro lado, e em consequência, a necessidade de agilização do regime da dominialidade pode ser efectuada sem uma alteração do modelo, mediante uma adequada compreensão a respeito de figuras próprias do direito administrativo, designadamente da técnica concessionária".[171] Assim, a indisponibilidade "há de ser vista com alguma relatividade, pois há que se distinguir a indisponibilidade da função para o exercício da qual o bem serve como suporte da disponibilidade condicionada do próprio bem. E isto se refere em todos os atributos conformadores do regime jurídico dos bens públicos".[172] O que merece ser ressaltado é que esta comercialidade de direito público está submetida a diversos níveis, em vista da ampla heterogeneidade das coisas públicas: basta se contrastar o mar territorial aos livros da biblioteca pública; a praça à estação de Metrô; os *aeroshoppings* aos museus. Os diferentes graus de afetação da coisa implicam o corresponde plano de incidência de sua exploração econômica (em intensidade e extensão).

Mas o tema não é pacífico. Há décadas os direitos reais administrativos vêm aguçando – de forma explícita ou mesmo tácita – a doutrina e a jurisprudência brasileiras, com especial incremento depois da promulgação da Lei Geral de Concessões. Isso com notável divergência no que concerne aos remédios possessórios.

Na década de 1950, ao tratar das concessões de serviços públicos, Oswaldo Aranha Bandeira de Mello falava de "comodato de imóveis" (como subvenção) e do "direito de uso excepcional dos bens públicos". Não seria "simples permissão de uso especial", pois "constitui, na verdade, um privilégio excepcional, com referência aos meios indispensáveis para a prestação conveniente do serviço, e durante o período de vigência da concessão".[173]

Em livro específico sobre o uso de bens públicos por particulares, Maria Sylvia Zanella Di Pietro defendeu, com lastro em Carvalho Santos, a legitimidade para ações possessórias, desde que circunscritas à característica pública do bem. Afinal, "o fato de tratar-se de bens *extra commercium* não impede o emprego de ação possessória (...). A extracomercialidade exclui a posse *ad usucapionem* (porque incompatível com

---

[171] CORREIA, Fernando Alves. A concessão de uso privativo do domínio público: breves notas sobre o regime jurídico de um instrumento de valorização e rentabilidade dos bens dominiais, cit.,*In:* López-MUÑIZ, José Luis; QUADROS, Fausto. *Direito e Justiça*: VI Colóquio Luso-Espanhol de Direito Administrativo, p. 102. Quanto às concessões de serviços públicos, v. González Pérez, Jesús. *Los Derechos reales Administrativos, op. cit.*, 2. ed. reimpr., p. 20-24. Ou como consignou Marcello Caetano: "Mas considerando agora a situação das coisas públicas à luz das normas de direito público vemos que podem ser objecto de direito de propriedade por parte das pessoas colectivas administrativas (*propriedade pública*) e transferidas entre elas (*transferências de domínio* ou *mutações dominiais*); e admitem a criação de direitos reais administrativos e de direitos administrativos de natureza obrigacional em benefício dos particulares (*concessões*) transmissíveis de uns aos outros na forma da lei" (*Manual de Direito Administrativo, op. cit.*, 10. ed. 9. reimpr. t. II, p. 891-892).

[172] MARQUES NETO, Floriano de Azevedo. *Bens Públicos, op. cit.*, p. 290. Mais adiante: "Fato é que não se sustenta mais, nos dias de hoje, a tese de uma extracomercialidade absoluta dos bens públicos" (*op. cit.*, p. 313).

[173] Bandeira de Mello, Oswaldo Aranha. Aspecto jurídico-administrativo da concessão de serviço público, *op. cit.*, *RDA*, Rio de Janeiro, FGV, – *Seleção Histórica*/208, 209 e 216 (respectivamente).

a inalienabilidade dos bens públicos), porém admite a posse *ad interdicta* na medida em que seja necessária para proteger a pública destinação dos bens". Havendo o título jurídico hábil (de direito público), nada impede que a posse seja "protegida por meio de interditos proibitórios".[174]

O STF, em acórdão que trata de IPTU sobre imóveis portuários a ser pago pela concessionária, decidiu pela impossibilidade da tributação. No voto que acompanhou o do Relator, o Min. Sepúlveda Pertence consignou que, "se o bem público da União está afetado a um serviço federal em poder da concessionária, como instrumentalidade da concessão, não há como afastar a imunidade recíproca". O voto do Min. Moreira Alves foi mais específico: "O que se pode suscitar não é o problema da posse com *animus domini*, mas posse exclusiva, porque aqui há desdobramento de posse, pois, obviamente, ele tem posse direta. Esta, a concessionária, evidentemente, tem".[175] Compreensão que veio a ser confirmada posteriormente: "A jurisprudência desta Corte fixou entendimento no sentido de que as concessionárias de serviços públicos de prestação obrigatória e exclusiva do Estado são beneficiárias da imunidade tributária recíproca prevista no art. 150, VI, a, da CF/1988".[176]

Já há algum tempo o STJ julgou caso *sui generis* em que se discutia a posse do serviço ele mesmo – transporte coletivo intermunicipal com o respectivo uso das vias públicas –, e assim decidiu: "As concessões de serviço público não têm o condão de garantir ao concessionário a posse do serviço, nem geram direito defensável *ad interdicta*".[177] O STJ igualmente se deparou com litígios a respeito da cobrança de IPTU sobre os leitos ferroviários. A solução foi a de vedar a cobrança desse tributo – seja com a tese de que, por se tratar de "posse fundada em relação de direito pessoal, exercida, portanto, sem *animus domini*, mostra-se descabida a cobrança do imposto", pois "a posse exercida sobre os chamados 'leitos ferroviários', para fins de prestação de serviço público, não gera para a concessionária a condição de contribuinte do IPTU",[178] seja por entender que, "quanto à concessionária do serviço público de transporte ferroviário, na condição de simples possuidora do bem, não lhe são transferidos os poderes inerentes ao proprietário; assim, torna-se impossível a cobrança do referido tributo".[179] Em ambos os casos, incontroversa é a efetividade da posse.

Os TRFs têm julgado ações possessórias que envolvem direitos reais do concessionário (seja empresa estatal, seja pessoa privada). O TRF-1ª Região já decidiu que: "A INFRAERO ostenta legitimidade e interesse para ajuizar ação possessória relativa a imóvel sob a sua jurisdição técnica, administrativa e operacional, bem como sob a sua responsabilidade e guarda", assegurando à União (concedente) a legitimidade para figurar como assistente da empresa estatal, "notadamente quando a propriedade do imóvel lhe pertence".[180]

---

174 DI PIETRO, Maria Sylvia Zanella. *Uso privativo de bem público por particular*, *op. cit.*, p. 47, 48 e 49 (respectivamente).

175 STF, RE nº 253.394-SP, Min. Ilmar Galvão, *DJ* 11.4.2003.

176 RE nº 1328250 AgR, Min. Roberto Barroso, 1ª T., *DJ* 31.08.2021.

177 STJ, REsp nº 35.891-MG, Min. Demócrito Reinaldo, *DJ* 19.6.1995.

178 STJ, REsp nº 825.902-MG, Min. Denise Arruda, *DJe* 3.9.2008, sendo que a decisão cita os seguintes precedentes: REsp nº 389.961-MG, Min. Francisco Falcão, *DJ* 29.3.2004; REsp nº 811.538-RS, Min. Castro Meira, *DJ* 23.3.2006.

179 STJ, AgR nos ED no REsp nº 1.011.484-SP, Min. Humberto Martins, *DJe* 17.3.2009.

180 TRF-1. Região, AR nº 200501000171956-AP, Des. Federal João Batista Moreira, *e-DJF1* 21.7.2008.

O mesmo TRF-1ª Região já confirmou ordem possessória em litígio que envolvia concessão de ferrovias *versus* Município, pois: "A perturbação da posse da Ferrovia, causada pelo Município na tentativa de construir passagem de nível, foi ilegítima, dado que cabe exclusivamente à Administração Ferroviária fixar os pontos de cruzamento entre linhas férreas e qualquer outra via, com o objetivo de garantir a segurança do tráfego".[181]

Ao seu tempo, o TRF-4ª Região julgou interditos proibitórios ajuizados por concessionárias de rodovias. Aqui havia ameaças de violência contra as instalações por parte de movimentos sociais contrários à cobrança de pedágio. Instados a tal, o concedente União (em cujo domínio estão as rodovias) e a ANTT (agência reguladora do setor) indicaram "não ter interesse" no feito. Abaixo seguem duas decisões que esclarecem a complexidade desses litígios.

Na primeira delas o acórdão consigna que estaria ausente "a legitimidade ativa da concessionária para pleitear, sozinha, direito fundado em posse (...). Poder-se-ia talvez falar em posse no caso de utilização de bem público qualquer que não os de uso comum do povo (...) quem convola a concessão de uma estrada age assim, *grosso modo*, como um caseiro de um sítio; não é possuidor, é simples preposto". Ainda assim, decidiu que a União e a ANTT têm, sim, o dever de figurar na demanda possessória, e manteve o processo sob a jurisdição federal.[182] No segundo acórdão o TRF-4ª Região manteve a decisão que "deferiu liminarmente a expedição de mandado proibitório em favor da autora em relação à área descrita na inicial, especialmente quanto à praça de pedágio e à sede administrativa", ante a iminência da prática de atos de violência previamente anunciados.[183]

Como se denota, os casos controversos envolvem as mais amplas configurações da pessoa que demanda a proteção possessória – com as respectivas variações nas decisões judiciais. Mas o que aqui se pretende destacar é que os direitos reais administrativos autorizam, sim, o exercício de ações possessórias pelo concessionário. Constatação acentuada no Estado Brasileiro, em que há exemplos concretos comprobatórios da legitimidade ativa do concessionário: afinal, o concedente chega a se recusar a participar de processos nos quais os bens públicos vinculados à concessão estão prestes a sofrer violência física (e nem se diga coisa alguma a respeito do dever de ajuizar ações para a defesa dos bens públicos!). Nestas hipóteses acentua-se a legitimidade ativa do concessionário para a defesa *ad interdicta* dos bens públicos sob sua guarda e gestão.

Para encerrar este tópico, é de se chamar a atenção para a reversibilidade dos bens vinculados à concessão (Lei nº 8.987/1995, arts. 18, X, e 36). Há determinados imóveis e instalações que já nascem no domínio público, nada obstante sua construção ter sido objeto de projeto e empreitada privados. Não há como se cogitar, no sistema constitucional brasileiro, de que uma ponte objeto de concessão de obra pública seja inicialmente propriedade privada para, ao termo final do contrato, ser convertida em

---

181 TRF-1. Região, ACi nº 199833000114381-BA, Des. Federal Fagundes de Deus, *DJ* 19.10.2007.

182 TRF-4. Região, AI nº 2008.04.00.006157-7/PR, Des. Federal Luiz Carlos Lugon, *DE* 16.10.2008. Em outra ação a União (leia-se "concedente") pleiteou o ingresso numa ação possessória promovida por concessionária de rodovias na condição de assistente simples (art. 50 do CPC), o que foi deferido em segundo grau de jurisdição (AI nº 2008.04.00.031510-1/PR, Juiz Roger Raupp Rios, *DE* 30.9.2008).

183 TRF-4. Região, AI nº 2008.04.00.005776-8/PR, Juiz Marcelo de Nardi, *DE* 5.6.2008.

domínio público. São todos bens públicos *ab ovo*, os quais permanecem na posse, uso e gozo do concessionário durante o lapso contratual.

§28 Concessão de serviço público precedida de obra pública

Mistura das duas modalidades acima descritas, a concessão de serviço precedida de obra é uma das principais formas de implementação da técnica concessionária (Lei nº 8.987/1995, art. 2º, III). O empresário privado executará a obra e prestará o respectivo serviço a ela vinculado – amortizando os custos e realizando os lucros por meio da rentabilidade oriunda do próprio projeto. Vários motivos demonstram sua importância: resulta em benefício público que não exige a transferência de receita estatal (a não ser no momento anterior ao contrato – elementos do projeto básico, edital, licitação –, cujo preço não é desprezível); pressupõe planejamento complexo que albergue tanto o custo da obra como aquele dos serviços, projetando-os ao longo prazo; alberga estabilidade e rentabilidade respeitáveis; as obras e os serviços serão pagos pela tarifa, receitas acessórias e projetos associados, que também se prestarão a garantir o financiamento do empreendimento; etc. A conjugação da obra com o serviço implica um conjunto de vantagens recíprocas, com o aumento da rentabilidade do projeto concessionário.

A lição de Marcello Caetano torna nítida a diferença entre a concessão de serviço público precedida de obra e a de obra pública: "Enquanto no primeiro caso o concessionário das obras, para delas extrair rendimento, é forçado a desenvolver certa *actividade* de aproveitamento dos bens produzidos, prestando serviços por meio da circulação de material e da intervenção de agentes, no segundo caso o concessionário não tem mais a fazer que conservar os bens no estado *passivo* de serem utilizados pelo público conforme a sua aptidão e fazer a cobrança de taxas que a lei lhe permite receber para amortização e remuneração do capital investido".[184]

No caso das concessões comuns desta Lei Geral, a precedida de obra não pode ser financiada com aportes de receita pública. Depois da edição da Lei nº 11.079/2004 a alternativa para projetos não autossustentáveis são as concessões nas modalidades administrativa e patrocinada – as parcerias público-privadas em sentido estrito.

Note-se que o fato de a Lei nº 8.987/1995 se valer do verbo "preceder" não significa que se possa limitar as obras públicas apenas a momento anterior à prestação do serviço. Há necessidade de obras básicas que *permitam* a execução do serviço e *legitimem* o início da cobrança da tarifa e, por outro lado, há serviços cuja cobrança depende da prévia execução da obra – mas a regra não é a execução antecipada de modo integral. Rememorem-se os conceitos de projetos *greenfield* e *brownfield* (ver acima, §4). De qualquer forma, para que se dê a cobrança da tarifa o concessionário deve fazer significativo aporte financeiro inicial, constituir a empresa e executar as obras a serem supervisionadas e aprovadas pelo concedente. Trata-se do que Pedro Gonçalves denomina de "instalação do estabelecimento da concessão": "(...) situações em que a concessão, prosseguindo uma função de financiamento da administração de infraestrutura, inclui, previamente, uma *fase de execução de obras*".[185]

---

[184] Caetano, Marcello. *Manual de Direito Administrativo, op. cit.*, 10. ed. 9. reimpr. t. II, p. 1.011.

[185] GONÇALVES, Pedro. *A Concessão de serviços públicos, op. cit.*, p. 151.

Assim, a obra pública não se exaure nessa fase anterior à efetiva prestação do serviço: por um lado, há bens públicos que exigem constante manutenção de engenharia, pois só o seu uso implica a respectiva depauperação (aeroportos, rodovias, rede de água encanada, ferrovias etc.); por outro, há projetos cuja execução de obras ao longo do tempo é exigida não só pelo respectivo alto custo (o que inviabiliza sua construção integral antes da cobrança estável da tarifa), mas também dependem de projeções macroeconômicas (se o tráfego de veículos não crescer segundo as estimativas, não há razão para duplicar pistas rodoviárias – melhor mantê-las seguras e diminuir o custo das tarifas). Alguns exemplos permitem melhor compreender a diversidade de soluções, sempre dependentes do caso concreto.

Cogite-se de concessões que exijam a construção integral da obra para a prestação do serviço – muitas delas inseridas numa política macroeconômica. Embora não descartem obras futuras, o aeroporto e a ferrovia hão de ser integralmente construídos para o seu uso (caso contrário o serviço não pode ser instalado – não se pode construir metade da obra e esperar que os aviões aterrissem ou que os trens transportem); já a rede de água e saneamento ou o sistema de controle de tráfego urbano deverão seguir um plano diretor e o atingimento em médio e longo prazos toda a área da concessão, ainda que o serviço exija obras prévias para sua instalação (pois a água deve ser coletada e tratada em estações próprias e o sistema de controle de tráfego exige uma central de tecnologia robusta). Imagine-se um município como São Paulo, com intenso e complicado desenvolvimento urbano, população estimada de mais de 11,45 milhões de pessoas (em 2024), área superior a 1.500 km^2 e frota com mais de seis milhões de automóveis e mais de 146 mil caminhões em 2024: é impossível a instalação instantânea de um novo serviço de controle de tráfego.[186] O mesmo se diga quanto a projetos de água e saneamento, que demandam prospecção e escavação subterrânea. A cidade não pode parar – logo, o que se exige é a execução paulatina das respectivas obras e a prestação dos serviços em obediência a agenda preestabelecida.

Há concessões que exigem processo literalmente interminável de obras. Por exemplo, são variados e complexos os trabalhos aptos a instalar e manter a vida útil de determinado trecho rodoviário. Há desde a manutenção da rodovia (destinada a, de forma contínua, fornecer tráfego seguro e econômico ao usuário) até a reconstrução total do pavimento, passando pela conservação, recuperação, repavimentação etc. Tais circunstâncias são descritas pelo *Manual de Restauração de Pavimentos Asfálticos* editado pelo Departamento Nacional de Infraestrutura de Transportes – DNIT: "Os pavimentos são concebidos para durarem um determinado período. Durante cada um desses períodos, ou 'ciclos de vida', o pavimento inicia numa condição ótima até alcançar uma condição ruim".[187] A deterioração, comum a todas as rodovias, tem progressão que segue trajetória não linear – quanto mais o tempo passa, mais acelerada ela se torna. Apenas uma ótima política de conservação permite a manutenção e evita o mau estado. Isso demonstra que as obras num contrato de concessão de rodovias devem ser constantes

---

186 Dados disponíveis em: https://www.gov.br/transportes/pt-br/assuntos/transito/conteudo-Senatran/frota-de-veiculos-2024.

187 Disponível em https://www.gov.br/dnit/pt-br/assuntos/planejamento-e-pesquisa/ipr/coletanea-de-manuais/vigentes/720_manual_restauracao_pavimentos_afalticos.pdf.

(sem se levar em consideração que planos de execução de porte preveem duplicações de pistas, construção de pontes, viadutos e contornos – tudo isso ao longo de décadas).

Daí a abertura constante do inciso III do art. 2º da Lei Geral de Concessões, que fala em "construção" (dar estrutura a; criar algo com materiais duradouros); "conservação" (manter algo no bom estado em que se encontra); "reforma" (reconstituir o antigo e lhe dar melhor forma, mais aperfeiçoada); "ampliação" (tornar mais vasto, aumentar o espaço físico ocupado) ou "melhoramento" (aperfeiçoar, beneficiar) de obras de interesse público.

Também na concessão de serviço precedida de obra aplicam-se, com as devidas ponderações derivadas do incremento da complexidade contratual, os raciocínios acima desenvolvidos a propósito das concessões puras de serviços e de obra (natureza jurídica, concedente, licitação, prazo, direitos reais etc.).

§29 Siglas anglo-saxônicas: DBFOT, BOT, ROT e BOO

De algum tempo para cá tornou-se usual o recurso a siglas anglo-saxônicas para a designação do modelo de contrato que a específica concessão de serviço público representa.[188] Não que estas rubricas sejam necessárias, mas fato é que seu uso reiterado exige o conhecimento – ainda que precário – do seu significado. As siglas representam diferentes modelos de contratos de concessão de infraestrutura e serviços, e cada um deles define a estrutura de financiamento, construção, operação e transferência de um projeto. Entendimento que toma como premissa o fato de que são tipos ideais de contratos de concessão, o que não impede a mistura dos padrões com a respectiva maior intensidade de um deles.

O modelo *Design, Build, Finance, Operate, Transfer – DBFOT* representa aquele no qual o empresário projeta, constrói, financia, administra e, depois de prazo certo, transmite os bens ao Poder Público. O concessionário é responsável por projetar (*Design*), construir (*Build*), financiar (*Finance*) e operar (*Operate*) o projeto durante um período específico. Quando do término da concessão, a infraestrutura é transferida (*Transfer*) para o poder concedente. Esse modelo é comum em projetos de grande escala, como rodovias e aeroportos. São cinco as operações conjugadas nessa estrutura contratual: o interessado elabora os elementos do projeto básico a serem fornecidos pela Administração (Lei nº 8.987/1995, art. 18, XV; Lei nº 9.074/1995, art. 31), participa da licitação e, vencendo, levanta os financiamentos e executa a obra inicial, para depois prestar o serviço e reverter o bem para o Poder Público ao final do contrato. A operação envolve pacote completo no que diz respeito ao projeto de concessão de serviço público. A rigor, no Direito Brasileiro o concessionário transferirá o *empreendimento* ao concedente (ou ao próximo concessionário). Não se trata apenas da transmissão dos bens públicos materiais (coisas que ordinariamente já pertencem ao Estado) e dos bens reversíveis (que serão transmitidos ao Poder Público para que a tarefa permaneça sendo prestada), mas, sim, da empresa de concessão de serviços públicos.

---

188 A página do Banco Mundial traz informações e exemplos da experiência nos modelos *Build-Operate-Transfer – BOT* e *Design-Build-Operate – DBO*: https://ppp.worldbank.org/public-private-partnership/agreements/concessions-bots-dbos.

O tipo *Build, Operate, Transfer – BOT* é a contratação em que a iniciativa privada realiza a construção de obra pública em cumprimento aos elementos do projeto previamente fornecidos pela Administração, seguida de operação do serviço inerente à obra e futura transferência dos bens ao Poder Público (depois de amortizados os investimentos e realizados os lucros). Similar ao *DBFOT*, portanto, mas sem a responsabilidade explícita de projetar. A concessionária constrói (*Build*) a infraestrutura a ser por si operada (*Operate*) durante período determinado e, ao final, transfere (*Transfer*) a posse e a operação para a entidade pública. Esse modelo é utilizado para concessões rodoviárias e projetos de geração de energia. Como descreve Luíza Rangel de Moraes, por meio dessa engenharia financeira, "infraestruturas destinadas a uma coletividade local são financiadas por empresas do setor privado, que se encarregam de realizar as obras necessárias para a prestação do serviço que irão explorar. Esta exploração se dá durante um tempo, suficiente para a recuperação do investimento realizado. Ao final deste prazo, o operador transfere a propriedade desses equipamentos à Administração Pública".[189]

Os contratos *BOT* pressupõem a ausência de obra prévia – ou, melhor, a não restauração de obras prévias. Caso isso ocorra estar-se-á diante de contrato estilo *Rehabilitate, Operate, Transfer – ROT*, no qual já existe a infraestrutura, mas a execução do serviço exige sua reabilitação. Nesse caso, a concessionária privada assume a reabilitação (*Rehabilitate*) de uma infraestrutura existente, que será por si operada (*Operate*) por período determinado e, depois, transferida (*Transfer*) de volta para o setor público (ou para outro concessionário). Esse modelo é aplicado quando há necessidade de renovação e modernização de infraestruturas já existentes. Também nos casos de *BOT* e *ROT*, ao final, o concessionário transferirá o empreendimento, a atividade concessionária e toda a infraestrutura a ela inerente.

Já o *Build, Own, Operate – BOO* é análogo ao *BOT*, porém sem a transferência da propriedade ao Poder Público. O empresário constrói, exerce a propriedade do bem e promove a gestão do serviço, indefinidamente. Não há transferência de propriedade para o setor público. Esse tipo de contrato é menos comum, mas pode ser utilizado em situações nas quais a infraestrutura é completamente privada ou em casos de serviços que podem ser objeto de privatização material (ver acima, §2). Ao final do prazo da concessão o bem permanece na esfera privada – incidindo uma "reversão" às avessas. Aqui o Direito Brasileiro exige especial atenção, pois os bens (e as obras que neles resultam) onde são desenvolvidas as tarefas concessionárias são normalmente públicos – cuja transferência à propriedade privada exige autorização legislativa e se restringe a determinadas espécies de bens públicos (CC, arts. 98 a 101). Logo, caso um contrato dessa ordem envolva bens públicos, ele exige autorização legislativa prévia ao próprio edital, pena de haver cláusula condicional de implementação próxima do

---

[189] Moraes, Luíza Rangel de. Considerações sobre *BOT – project finance* e suas aplicações em concessões de serviços públicos. *RDA*, Rio de Janeiro, Renovar, 122/138, abr./jun. 1998. Ampliar em: COSSALTER, Phillipe. A *private finance iniciative*. *RDPE*, Belo Horizonte, Fórum, 6/127-180, abr./jun. 2004; RIBEIRO, Maurício Portugal; PRADO, Lucas Navarro. *Comentários à Lei de PPP*: parceria público-privada, fundamentos econômico-jurídicos, p. 28-29 e notas; Almeida, Aline Paola Correa Braga Camara de. *As tarifas*: e as demais formas de remuneração dos serviços públicos. Rio de Janeiro: Lumen Juris, 2009, p. 18-23; NÓBREGA, Marcos. Por que optar pela contratação integrada? Vantagens e riscos. *Revista de Direito Público da Economia – RDPE*, Belo Horizonte, Fórum, 51/109-128, jul./set. 2015.

imponderável. Problema que não se instala em casos que contemplem imóveis privados (por exemplo, a construção de unidade de tratamento de água em imóvel privado e respectiva estrutura administrativa).

§30 Concessões comuns e *project finance*

A tradução literal da expressão inglesa permite de imediato seu entendimento: *project finance* significa uma espécie de *financiamento de projetos*, em contrapartida ao tradicional custeio direto de empresas (*corporate finance*). A lógica está em que é o *projeto* que será financiado, não a pessoa. Há, portanto, a *despersonalização* da relação contratual, que é objetiva ao máximo e em alguns pontos chega a se tornar *desmaterializada*. O que está em jogo é o financiamento do projeto decorrente da união contratual entre os parceiros do negócio, não o patrimônio nele imobilizado, nem as pessoas envolvidas.

Por meio da combinação estratégica de técnicas contratuais e de engenharia financeira, que contemplam a criação de pessoa específica simultaneamente ao projeto de investimento cuja receita assegurará o pagamento do débito, quem recebe a provisão do capital não é o controlador ou o concessionário, mas o empreendimento ele mesmo. A empresa é unicamente criada em vista da sua função: presta-se a servir de instrumento ao aporte de recursos que permitirá a gestão do projeto e a obtenção dos lucros. Configuração reforçada nos arts. 28 e 28-A da Lei Geral de Concessões, ao permitirem que os direitos emergentes e os créditos operacionais futuros sejam dados em garantia de operações de mútuo.

Esta complexa operação envolve tanto empréstimos de longo prazo e investimentos de longa maturação com futuras receitas próprias (e a avaliação de sua rentabilidade) como a criação de múltiplas pessoas jurídicas (e a respectiva divisão de funções) e o aporte de capitais por parte de um grupo de instituições financeiras. A empresa concessionária necessariamente será uma Sociedade de Propósito Específico – SPE (v., acima, §22).

Como acentua Eduardo Salomão Neto, o *project finance* é contrato de mútuo com dois traços distintivos básicos: (i) "sua natureza é a de um mútuo, ou mais frequentemente promessa de mútuo, com destinação específica"; (ii) "os mutuantes aceitam que em princípio seu crédito deve ser pago com recursos gerados pelo próprio projeto, ao invés de por um tomador de recursos autônomo e preexistente, cujo crédito tenha sido aprovado". É qualificado como empréstimo sindicalizado (*syndicated loan*), pois envolve "vários bancos que emprestam paralelamente ao mesmo tomador, sendo os vários empréstimos normalmente documentados pelo mesmo instrumento contratual e a atuação dos vários bancos mutuantes coordenada por um banco agente".[190]

Este tipo de financiamento é adequado para projetos de longo prazo que exijam aporte maciço de capital e tenham fluxo de caixa passível de avaliação quanto à sua previsibilidade e consistência. Como sua garantia é a receita interna ao projeto, não provoca repercussão imediata no balanço dos acionistas da SPE. Tem como características: (i) é próprio para projetos segregados, que valem por si sós (*ring-fenced projects*), nos quais se instala uma SPE; (ii) há conjunto de bancos (financiadores), liderados por um

---

[190] SALOMÃO NETO, Eduardo. *Direito bancário, op. cit.*, p. 378 e 359-360, respectivamente.

deles, que entre si celebram um *credit agreement*; (iii) normalmente se dá em projetos novos e nasce prévia ou simultaneamente a eles; (iv) exige investimento de elevado porte; (v) tem alto índice de débitos em face do respectivo patrimônio líquido; (vi) não há garantias pessoais dos investidores (ou apenas garantias limitadas); (vii) os financiadores contam com o fluxo de caixa a ser gerado pelo projeto para o pagamento do débito (mais que o valor dos ativos); (viii) o principal item relativo à segurança dos financiadores está nos contratos fechados pela SPE; (ix) o projeto tem existência finita e predeterminada; (x) em caso de desvios existe a possibilidade de os financiadores avocarem a execução do projeto (*step-in-right*).[191]

Há uma *união de contratos* (ou *contratos coligados*, ou *grupo de contratos*, ou *rede de contratos* – a depender da qualificação concreta[192]), que existe objetivamente devido à causa e motivos recíprocos que lhes dão existência. A bem dizer, no *project finance* a construção harmoniosa do conjunto de contratos é a peça mais importante, a chave para o bom funcionamento do projeto. *In project finance, contract is king* – pontifica Philip R. Wood.[193] No caso das concessões, os negócios cuja combinação constitui o *project finance* não merecem ser compreendidos como meros contratos-satélites à SPE que administrará o projeto, mas sim como parte de um sistema solar: conjunto de planetas, satélites e outros fragmentos que orbitam o Sol. Cada um desses pactos se mantém autonomamente em sua respectiva órbita em virtude da intensa força gravitacional exercida pelo projeto da concessão, que tem importância muito maior que a de qualquer outro contrato a ela vinculado.

Tal rede envolve, quando menos, os seguintes contratos: (i) concessão de serviço público por longo prazo; (ii) constituição da SPE; (iii) acordo de acionistas; (iv) fornecimento de crédito por parte dos financiadores (bancos comerciais, de fomento e agências multilaterais de crédito); (v) *credit agreement* entre os financiadores; (vi) construção (empreitada); (vii) fornecimento de equipamentos; (viii) suprimento; (ix) compra do bem ou serviço a ser gerado pelo projeto; (x) gestão do projeto; (xi) caução dos recebíveis; (xii) securitários.[194] "Nos esquemas de *project finance* – escreve Maria João Estorninho – (...) entrecruzam-se as mais diversas relações contratuais (relação concedente/concessionária; relação concessionária/entidades subcontratadas; relação concessionária/entidades financiadoras; relação contratados e outros terceiros/entidades

---

[191] Cf.: YESCOMBE, E. R. *Principles of Project Finance, op. cit.*, p. 7-9; BORGES, Luiz Ferreira Xavier; FARIA, Viviana Cardoso de Sá e. *Project finance*: considerações sobre a aplicação em infraestrutura no Brasil. *Revista do BNDES*, Rio de Janeiro, 18/247-250, dez. 2002 (disponível em http://www.bndes.gov.br/conhecimento/revista/rev1808.pdf); GONÇALVES, Pedro. A relação jurídica fundada em contrato administrativo. *Cadernos de Justiça Administrativa*, Braga, CEJUR, 64/45-46, jul./ago. 2007.

[192] Sobre tais teorias, v.: VASCONCELOS, Pedro Pais de. *Contratos atípicos, op. cit.*, p. 215-222; Wald, Arnoldo. *Obrigações e contratos*. 17. ed. São Paulo: Saraiva, 2006, p. 245-247; GOMES, Orlando. *Contratos, op. cit.*, 12. ed., p. 112-117; LEONARDO, Rodrigo Xavier. *Redes contratuais no mercado habitacional, op. cit.*, p. 95-172, e Redes contratuais: uma contextualização entre empresa e mercado, *op. cit.*, *RDPE*, 7/225-234; ENEI, José Virgílio Lopes. *Project Finance:* financiamento com foco em empreendimentos. São Paulo: Saraiva, 2007, p. 281-309.

[193] WOOD, Philip R. *Project Finance, Subordinated Debt and State Loans*, Londre: Sweet & Maxwell, 1995, p. 13.

[194] Cf.: Wood, Philip R. *Project Finance, Subordinated Debt and State Loans, op. cit.*, p. 3-6 e 13-18; BEENHAKKER, Henri L. *Risk Management in Project Finance and Implementation, op. cit.*, p. 12-15; SALOMÃO NETO, Eduardo. *Direito bancário, op. cit.*, p. 381-400; BONOMI, Cláudio Augusto; MALVESSI, Oscar. Project Finance *no Brasil:* fundamentos e estudos de casos. 2. ed. São Paulo: Atlas, 2004, p. 69-70; DIAS, Gabriela Figueiredo. *Project finance*: primeiras notas. *In: IDET – Miscelâneas n. 3*. Coimbra: Livraria Almedina, 2004, p. 141-149; ENEI, José Virgílio Lopes. Project Finance*:* financiamento com foco em empreendimentos, *op. cit.*, p. 310-352.

financiadoras) e colocam-se inúmeros problemas cuja solução vai bulir com vários ramos do Direito (direito comercial, direito bancário, direito das obrigações, direito administrativo)".[195]

Os grupos de sujeitos do *project finance* vinculado à concessão de serviço público normalmente são de número elevado: (i) concedente; (ii) SPE (concessionária); (iii) acionistas; (iv) compradores; (v) financiadores; (vi) operadores; (vii) instituição financeira líder; (viii) fornecedores; (ix) construtores; (x) seguradoras; (xi) conselheiro financeiro; (xii) engenheiro independente; (xiii) agente fiduciário; e (xiv) assessoria jurídica.[196] Em maior ou menor medida, entre todos esses participantes dá-se a repartição dos riscos do sucesso (ou fracasso) do empreendimento, com respectiva atribuição dos graus de responsabilidade e das ações e reações a serem previstas e implementadas.

Aqui, aos bancos é atribuído papel mais decisivo: uma vez que assumem riscos íntimos à gestão do negócio, eles mantêm a reserva quanto à participação na elaboração do projeto e nas decisões-chave do empreendimento (instrumentalizada por meio de *golden share, step-in-right* etc.). Como já esboçado acima (§2), a *golden share* – "ação de classe especial" – assume especial importância nas concessões.

Para o *project finance* a constituição da SPE é essencial. Ela figurará como a concessionária de serviço público, no polo prestador do contrato. Por meio dela o projeto será isolado de quaisquer outros desenvolvidos pelos participantes e nela será administrado o fluxo de caixa do empreendimento. A SPE desenvolverá de forma autônoma (mas não independente) o projeto ele mesmo, responsabilizando-se pelos ativos e débitos (e respectivos pagamentos) e relacionando-se diretamente com todos os grupos de sujeitos que lhe dizem respeito (além dos usuários, reais e potenciais).

As garantias do *project finance* são precipuamente aquelas relativas aos ativos do projeto, os quais espelham sua rentabilidade (o que mitiga mas não exclui a possibilidade de garantias dos responsáveis pelo projeto – no caso, os acionistas da SPE concessionária). O contrato de financiamento deixa, portanto, de ter a tradicional característica *subjetiva* que a ele desde sempre esteve associada (a pessoa investidora como a razão suficiente para que o mútuo seja celebrado), e assume nota puramente *objetiva* (o investimento *lui même* como razão e garantia do empréstimo). A *despersonalização contratual* é forte demais para passar despercebida: está-se diante de um projeto concessionário e de seu respectivo financiamento. Financia-se o empreendimento, não os empreendedores. Por isso que são primariamente as qualidades objetivas do projeto que permitem sua implementação, não os atributos das pessoas que o concebem e administram (embora este dado não seja desprezível).

Nas concessões comuns a receita pode envolver a tarifa, as verbas alternativas, acessórias e complementares, bem como os projetos associados. Mas o que delas não pode constar são os subsídios: desde a edição da Lei nº 11.079/2004 as subvenções públicas são exclusivas das concessões patrocinada e administrativa. Logo, é inválido

---

195 ESTORNINHO, Maria João. Concessão de serviço público: que futuro?. *In:* López-MUÑIZ, José Luis M.; QUADROS, Fausto de. *Direito e Justiça*: VI Colóquio Luso-Espanhol de Direito Administrativo. Lisboa: Universidade Católica Editora, 2005, p. 22-23.

196 Cf.: BORGES, Luiz Ferreira Xavier; FARIA, Viviana Cardoso de Sá e. *Project finance*: considerações sobre a aplicação em infraestrutura no Brasil, *op. cit., Revista do BNDES*, 18/250-252; DIAS, Gabriela Figueiredo. *Project finance*: primeiras notas, *op. cit., In: IDET – Miscelâneas n. 3*, p. 129-133.

o comprometimento pecuniário por parte do Poder Público nas concessões comuns, e esta receita não integrará o *project finance*.

Operações complexas dessa ordem são necessariamente *taylor made*, uma especiaria cujos benefícios resultam da compreensão global e personalíssima do projeto nelas contemplada. Tão especiais que são, não há dois financiamentos dessa ordem idênticos entre si. Também por isso seu prazo de elaboração é longo – de um a dois anos, no mínimo – e muito caro (da alçada dos milhões de Dólares). O *project finance* é adequado para empreendimentos que se estruturem numa linha de política pública previsível e consistente, com apreciável volume de investimento e que não tenham risco muito elevado.[197]

§31 Remuneração e amortização

Ao contrário do que o leigo poderia supor, a tarifa a ser paga pelos usuários é composta e, assim, representa várias verbas unificadas numa mesma unidade de pagamento. Neste tópico examinaremos verbas com justificativas diversas, ambas integrantes da tarifa: a remuneração significa a retribuição pecuniária pelos serviços prestados, enquanto a amortização é o processo de extinção de uma dívida por meio de pagamentos periódicos no transcurso do tempo. Como anotou Afrânio de Carvalho: "O concessionário se paga, em prestações desdobradas pelo tempo de duração do contrato, do crédito que, pela construção, adquiriu contra o Estado, ao qual, depois de pago, entrega a obra explorada".[198] Tanto nas concessões de obra como nas de serviço precedidas de obra o contrato exige que sejam instalados novos bens. Isso se dá por meio da atividade do concessionário, que assume empréstimos, arrecada a receita tarifária e constrói obras públicas – que, ao final, serão transferidas ao concedente. Estas obras têm um custo, que não é pago de imediato pelo concedente, mas amortizado durante o lapso contratual.

O que se quer significar é o fato de que o concessionário efetiva investimentos, muitos dos quais consubstanciados em bens necessários ao desenvolvimento das atividades definidas no contrato. A lógica desses aportes financeiros corresponde a um empréstimo que o investidor faz – o qual necessita ser amortizado pela receita gerada pelo projeto concessionário ao longo do tempo. *Grosso modo*, essa amortização implica o ressarcimento desse empréstimo – que poderá (ou não) ocorrer no prazo original do pacto. Igualmente, se o contrato se encerrar antes de "quitada" (*rectius*: "amortizado") a quantia e/ou os bens a serem "revertidos" ao poder concedente, este haverá de indenizar o concessionário. Trata-se de indenização que tem como fundamento os bens reversíveis e os investimentos não amortizados. Como anotam Carlos Ari Sundfeld e

---

197 V. os dados sobre a experiência brasileira de *project finance* e concessões em: Wald, Arnoldo; Moraes, Luíza Rangel de; Wald, Alexandre de M. *O direito de parceria e a Lei de Concessões*, *op. cit.*, 2. ed., p. 202-220; BONOMI, Cláudio Augusto; MALVESSI, Oscar. Project Finance *no Brasil:* fundamentos e estudos de casos, *op. cit.*, 2. ed., p. 102-387; VELLUTINI, Roberto. *Estruturas de* Project Finance *em projetos privados*: fundamentos e estudos de casos no setor elétrico do Brasil. Rio de Janeiro: Elsevier, 2006, p. 39-213. O TCU já se deparou com tais contratos e teceu algumas ressalvas (*v.g.*, Relatório de Levantamento de Auditoria 006.653/2002-0, Min. Adylson Motta, *DOU* 23.6.2003; Pedido de Reexame 006.958/2002-3, Min. Marcos Vilaça, *DOU* 14.7.2006).

198 Carvalho, Afrânio de. Propriedade dos bens da concessão, *op. cit.*, *RDA* 44/9, Rio de Janeiro, Renovar, 1956.

Jacintho Arruda Câmara, "ao se prever a reversão de certos bens, também se assegura que o valor neles investido será amortizado: ou com a regular exploração do serviço no prazo contratual (e com a percepção de tarifas em valor suficiente), ou, se insuficiente, com indenização pelo concedente".[199]

Em última análise, portanto, são os usuários que, no transcurso do tempo, efetivam paulatinamente a amortização dos bens que resultam do projeto concessionário (em favor do concedente). A verba paga a título de tarifa representa benefício imediato aos beneficiados presentes e vantagem coletiva ao erário. Caso os bens não sejam devidamente amortizados no prazo contratual, o concedente deverá pagar ao concessionário uma indenização (proporcional ao não amortizado). Nesta hipótese, não serão apenas os usuários os responsáveis pelo pagamento, mas sim todo o universo de contribuintes. Para que o concedente não precise efetuar desembolsos no encerramento do contrato, é de todo adequado que as obras sejam efetuadas com prazo hábil à sua amortização.

Sublinhe-se, portanto, que a amortização se refere à gradual recuperação, ao longo do tempo, dos custos iniciais de investimentos realizados pelo concessionário. Os investimentos podem ser em infraestrutura pública (construção ou melhorias em estradas, aeroportos, redes de saneamento etc.) e em equipamentos (máquinas, veículos, sistemas tecnológicos etc.). A amortização representa a garantia de que eles sejam recuperados de maneira justa durante o período de concessão (de usual, por meio das tarifas). Significa não só a viabilidade econômica do empreendimento, mas também representa a qualidade dos serviços e a sustentabilidade financeira do projeto concessionário. Ao seu tempo, a remuneração significa o retorno financeiro que o concessionário recebe pelo capital investido e serviços prestados. Inclui tanto a recuperação do investimento inicial (amortização) quanto o lucro. A amortização é, portanto, parcela da remuneração. Se aquela é focada na devolução do capital investido; esta, na devolução somada ao lucro (o ganho sobre o investimento).

"Remuneração" e "amortização" são, portanto, conceitos diversos, que geram diferentes impactos financeiros no projeto concessionário: um vincula-se aos ganhos; outro, ao pagamento dos bens que possibilitaram a execução do serviço e resultaram nas obras públicas. Assim, a tarifa não representa apenas a rentabilidade dirigida ao acionista e o custos, mas igualmente compõe a amortização dos bens próprios da concessão.

Na medida em que os projetos de concessão exigem significativos aportes iniciais, eles começam com a assunção de uma dívida pelo concessionário (de usual, empréstimo-ponte de curto prazo para as obras iniciais, seguido dos empréstimos substanciais de médio e longo prazos). A empresa concessionária – de ordinário uma

---

[199] Bens reversíveis nas concessões públicas: a inviabilidade de uma teoria geral. *Revista da Faculdade de Direito – UFPR*, Curitiba, UFPR, 61(2)/149-174, maio/ago. 2016. O assunto da amortização (de bens) na concessão tem imediata repercussão no critério definidor da reversão dos bens necessários e úteis ao serviço público. Isto é, quais bens detidos pela concessionária que deverão reverter ao poder concedente, bem como se será devida (ou não) indenização devido a essa transferência de titularidade. A respeito do tema, v. MARQUES NETO, Floriano de Azevedo. Bens reversíveis nas concessões do setor de telecomunicações. *Revista de Direito Público da Economia – RDPE*, Belo Horizonte, Fórum, 8/99-121, out./dez. 2004; FREITAS, Rafael Véras de. A reversão nos contratos de concessão e seu regime jurídico-econômico. *Revista de Direito Público da Economia – RDPE*, Belo Horizonte, Fórum, 70/149-176, abr./jun. 2020; GUERRA, Sérgio. Bens reversíveis nas concessões. *Revistas Colunistas Direito do Estado*, 2016. Disponível em: http://www.direitodoestado.com.br/colunistas/sergio-guerra/bens-reversiveis-nas-concessoes. Acesso em: 12 jun. 2022.

SPE – ou empresta valores de terceiros ou dos acionistas (com os respectivos custos). Mas, como os bens serão transferidos ao concedente, este capital imobilizado deve ser reproduzido e devolvido à empresa concessionária. Depois – e uma vez que as receitas são proporcionalmente pequenas e distribuídas em períodos longos –, o pagamento do débito dar-se-á aos poucos, em parcelas regulares que correspondam ao bom funcionamento do negócio (principal, remunerado por juros e normalmente atualizado por índice de correção monetária setorial).

Ao falar em amortização, a Lei Geral de Concessões remete à ideia de processo de extinção da dívida para o projeto da concessão, por meio de pagamentos periódicos.[200] Afinal, os bens de que se vale o concessionário têm um custo – e serão ou consumidos ou revertidos ao concedente. Daí por que esta despesa precisa ser amortizada por meio da arrecadação tarifária. A amortização é fenômeno típico de empréstimos de longo prazo (15 a 30 anos). O critério, a transparência e o controle da amortização são sobremaneira importantes também em vista da definição dos bens reversíveis, quando do encerramento do contrato. Por exemplo, se o bem é ínsito à prestação do serviço e se já foi amortizado, deverá permanecer com a Administração, sem necessidade de qualquer indenização (sob pena de enriquecimento sem causa do concessionário).

Assim, nem toda receita angariada pelo concessionário presta-se aos seus ganhos – parte dela destina-se ao pagamento dos custos operacionais e outra parcela à amortização dos bens incorporados ao projeto. Isso sem se falar nos casos em que o concessionário se obriga a pagar um preço ao concedente, o chamado "preço de outorga": em espécie (pagamento inicial, unido a parcelas durante o curso da concessão), em bens (veículos de inspeção, por exemplo), em obras extravagantes ao circuito oficial da concessão (rodovias de acesso; desassoreamento de canais etc.) etc. Tais custos da oferta devem ser previsíveis, em vista do teor do edital e do regulamento setorial. O concessionário sagra-se vencedor da licitação por força de ter realizado a melhor oferta, o que abrange cálculos referentes a tais verbas.

Devido ao motivo de que as concessões de serviço precedidas de obras exigem significativos investimentos e abrangem mais de uma ordem de serviços (a empreitada e aquele que é concedido), o retorno esperado pelo investidor envolve tanto sua remuneração (o ganho oriundo da gestão da obra e do serviço) quanto os custos (fixos e variáveis), a amortização dos bens (ao longo do prazo contratual) e o pagamento dos empréstimos financeiros e do valor da oferta feita ao concedente quando da licitação.

---

[200] Como anota Florian Linditch, a ideia de amortização remete à de estabilidade das relações jurídicas no tempo, configurando instituto destinado a preservar o valor de um investimento: "La notion d'amortissement, même si elle jouit d'une moindre notoriété, relève du même ordre d'idée. Car elle repose sur la volonté de préserver la valeur d'un investissement, et à travers lui celle d'une activité humaine, en reconstituant artificiellement celle-ci au fur et à mesure des altérations que lui fait subir l'écoulement du temps. (...). Cette technique juridique remarquable a été peu étudiée par les juristes, et l'explication de cette désaffection tient pour une bonne part aux origines de la notion d'amortissement. Initialement apparue hors du champ juridique, elle occupe une place de choix dans le domaine de la gestion. Depuis toujours, les décideurs privés prennent en compte dans la détermination des coûts de fonctionnement et des résultats d'exploitation 'l'amoindrissement de la valeur d'un élément d'actif résultant de l'usage, du temps, du changement de technique'. Ainsi, la technique de l'amortissement a-t-elle pour objet de réaliser 'l'étalement sur une durée probable de vie de la valeur des biens', ce qui permettra de déterminer le moment optimal du renouvellement des installations nécessaires à la poursuite de l'activité considérée" (Recherche sur la place de l'amortissement en droit administratif, contribution au thème de 'l'acte administratif et le temps'. *AJDA* fevereiro/1996. Disponível em: http://www.ajda.fr).

Isto é, a fonte de receitas presta-se de forma equivalente a financiar a edificação de bens públicos, a pagar o planejamento e a gestão dos serviços (de duas ordens, reitere-se: de engenharia e de prestação) e a compor a oferta realizada pelo concessionário quando da licitação.

Logo, o tema das receitas, despesas e lucros só pode ser bem compreendido numa perspectiva dinâmica, que analise o fluxo de verbas em combinação com o cumprimento dos deveres e obrigações contratuais – tudo isso projetado para períodos lassos (v. o tema dos fluxos de receita e respectivo equilíbrio econômico-financeiro nos §§100 e ss.). Durante o longo prazo da concessão comum haverá sucessão interdependente de picos, planícies e vales de ganhos ou despesas. Por isso que é um equívoco tentar entender o que se passa na concessão analisando algumas de suas partes numa perspectiva estática, como se se tratasse de fotografias, e não de um filme de longa metragem. Tampouco se a pode compreender adequadamente ao se analisar apenas um de seus ângulos: só o das despesas, ou só o das receitas ou só o das obras. Quem assim proceder estará descolado da realidade do projeto concessionário e investigará apenas e tão somente um pequeno ponto de todo um complexo sistema não linear. Felizmente, a pobreza dessa análise jamais contaminará a riqueza de perspectivas da concessão.

Tradicionalmente, a origem da verba a ser alocada na amortização e na remuneração está nas tarifas pagas pelo usuário. Com a redação do art. 11 da Lei Geral de Concessões deu-se abertura a outras fontes de verbas, muitas delas tão ou mais rentáveis que a tarifa (v. o §107, adiante). Situação que se torna mais peculiar no *project finance*, em que haverá mais de um sujeito a perceber as verbas oriundas das tarifas e projetos secundários. De usual, a SPE administrará e procederá à distribuição das verbas aos seus destinatários contratuais. Mas frise-se que o pagamento de tarifa pelo usuário é usual para configurar a concessão comum – que pode gerar receita maior ou menor, a depender da amplitude das obras e fontes de receitas secundárias ou acessórias.

A compreensão dessa disparidade entre os destinos conferidos à receita auferida pelo projeto presta-se também a assegurar a equação econômico-financeira do contrato (v., adiante, §§100 e ss.). As alterações a que porventura for submetido o negócio hão de preservar a função e a proporção de cada uma das parcelas resultantes da receita: não basta equalizar a amortização se forem desprezados o lucro e/ou os custos do projeto. Aliás, o equilíbrio envolve propriamente o entendimento a respeito da composição das receitas e dos encargos do projeto. Como de há muito decidiu o STF, em acórdão relatado pelo Min. Aliomar Baleeiro: "Na concessão de serviço público, como ato complexo, meio regulamentar, meio contratual, o concedente pode modificar, por lei, o funcionamento do serviço, alterando o regime dos bens públicos envolvidos e até impondo novos ônus ao concessionário, desde que a este assegure o equilíbrio financeiro, para remuneração e amortização do capital efetivamente investido".[201]

---

[201] STF, MS nº 17.957-DF, *RTJ* 46/144.

§32 Permissão de serviço público

Em tese, a permissão estampa ato administrativo pelo qual o Poder Público enseja que certa pessoa privada exerça, a título precário, determinado serviço público. Porém, fato é que essa noção funciona apenas em teoria. Na vida prática – e o texto da Lei Geral de Concessões o demonstra –, a palavra "permissão" dá abrigo a ampla gama de vínculos jurídicos, que não se exaurem em seu conceito histórico tradicional. "O vocábulo 'permissão' – já há algum tempo frisou J. H. Meirelles Teixeira – enfileira-se entre os muitos que, no direito administrativo, longe de haverem logrado assentimento unânime dos autores, quer no tocante à sua própria essência e conceito, quer no que respeita à natureza e alcance das relações jurídicas que produz, se apresentam dos mais equívocos e de insegurança desnorteante, tanto em doutrina como na legislação e na prática administrativa."[202]

Desta forma, o dilema não é privilégio da contemporaneidade brasileira. Igualmente sob a Constituição de 1946, e com muita oportunidade, Miguel Reale consignou que em determinado caso "a 'permissão' se constitui como se fôra autorização e é exercida como se fôra concessão", para depois ressaltar que, independentemente da compreensão doutrinária (instituto autônomo, forma complexa de autorização etc.), "o que importa é tornar bem claro que não se trata de um ato de caráter precário, mas de *uma situação jurídica objetivamente constituída, cujo aparecimento pressupõe o prévio atendimento de exigências discriminadas nas leis e nos regulamentos*, exigências, essas, a que está vinculada a própria Administração Pública".[203] Isto é, a verdadeira natureza jurídica do vínculo estabelecido entre permitente e permissionário de serviço público será revelada não pelo nome que a Administração atribuir ao contrato, nem tampouco pelas lições doutrinárias clássicas, mas sim pelo exame da situação jurídica concreta posta entre o Poder Público e a pessoa privada.

Nada obstante eventual imprecisão terminológica que pode haver em relação à matéria, é de se lembrar que a atribuição de um nome não tem o condão de alterar a substância da norma jurídica ou do contrato firmado. O rótulo não altera a natureza da situação jurídica posta entre as partes. A solução do problema está na razão de ser do contrato de permissão e respectiva implementação fática.

Logo, faz décadas que o debate é fomentado pela tensão que se põe entre a tradicional construção dogmática (ato precário), o texto legal (contrato de adesão precário) e a experiência prática (negócio jurídico estável) – muitas vezes a frustrar expectativas e a suprimir a incidência das construções acadêmicas. Longe de resolver esse diagnóstico, a Lei nº 8.987/1995 apenas veio a confirmá-lo (arts. 2º, IV, e 40). Todavia, esta Lei Geral trouxe definição que confere conteúdo específico ao termo e limites à sua interpretação e aplicação. Portanto, há permissões e permissões, cada qual sob sua modalidade, nem todas se encaixando nas premissas cognitivas outrora construídas. Mas fato é que as disciplinadas na Lei Geral de Concessões têm sim perfil definido.

---

[202] Teixeira, J. H. Meirelles. Permissão e concessão de serviço público (parecer, 1. Parte), *RDP*, São Paulo, RT, 6/101, out./dez. 1968. Esse texto é de ser obrigatoriamente lido e consultado, em vista da sua profundidade, erudição e minúcias com que trata o tema. A segunda parte foi publicada na RDP, São Paulo, RT, 7/114-138, jan./mar. 1969.

[203] REALE, Miguel. Concessão e permissão de serviço público (parecer), *op. cit.*, RDP, São Paulo, RT, 6/80.

Assim, se a doutrina tradicional acertadamente qualifica a permissão como "o ato administrativo unilateral, discricionário, pelo qual se faculta, a título precário, ao particular a execução de obras e serviços de utilidade pública, ou o uso excepcional de bem público, ou a prática de ato jurídico de ofício público",[204] a Lei nº 8.987/1995 disciplina, sob esse rótulo normativo, um *contrato de adesão* oriundo de prévio certame licitatório. É a conclusão a que se chega da leitura dos arts. 1º ("cláusulas dos indispensáveis contratos"), 2º, IV ("mediante licitação"), e 40 ("formalizada mediante contrato de adesão").

Nos dias de hoje muito menos se pode desprezar o fato de que o *caput* do art. 175 da CF exige licitação para a outorga da permissão e seu inciso I prescreve o caráter especial do contrato. Em que pese a haver reservas quanto à técnica legislativa,[205] os textos constitucional e legal abarcam a contratualidade das permissões de serviço público, a emergir da combinação do processo licitatório que as antecede com a especialidade de seu regime contratual. Porém, esta constatação não resolve todo o problema, pois a dificuldade está justamente em discernir como se dá a colocação fática dessa espécie contratual e de seus respectivos conteúdo e limites quando da aplicação do texto normativo.

Para bem manejar o tema é acertado ao menos dizer *o que não é* uma permissão e também *o que só nela* existe. Estão *excluídos* do regime permissionário os negócios jurídicos que: (i) exijam a execução de *obras públicas;* (ii) sejam investimentos de *longa maturação* (significativo aporte de recursos num primeiro momento e rentabilidade projetada em prazos amplos, com termo final certo); (iii) sejam outorgados *sem licitação* (a não ser por inexigibilidade ou dispensa, acima tratadas, no §21); (iv) permitam a *apresentação do projeto básico* por parte dos interessados; (v) exijam aportes de *recursos públicos;* (vi) sejam instrumentalizados por meio de *ato unilateral;* (vii) possibilitem proposta que traga *novos aportes* aos termos do edital e modelo de contrato, inovando-os ou preenchendo suas lacunas (econômicas, técnicas etc.).[206]

Além disso, há alguns característicos típicos da permissão, pois só ela é passível de outorga: (i) para *pessoa física;* (ii) a título *precário* (isto é, sem indenização quando de seu rompimento); (iii) por meio de *qualquer modalidade de licitação;* e (iv) mediante *contrato de adesão.* Por isso que a oferta consignada no edital de licitação deve ser exaustiva, não se permitindo qualquer indefinição ou indeterminação do objeto e do conteúdo do futuro contrato. O contrato de permissão é integralmente pré-constituído pela Administração.

---

[204] Bandeira de Mello, Oswaldo Aranha. *Princípios gerais de Direito Administrativo, op. cit.*, 3. ed. v. I, p. 559.

[205] A constatação é ínsita a todo o Direito, mas foi o direito tributário uma das disciplinas que mais se preocuparam com o tema, como de há muito alertou Geraldo Ataliba: "Como já salientamos, o *nomen juris*, ou, melhor, a designação que o legislador deu, não tem a menor importância. Vamos verificar, agora, o critério de reconhecimento do imposto, já que sabemos que não podemos confiar no nome que a lei lhe deu" (*Elementos de Direito Tributário.* São Paulo: RT, 1978, p. 77). No que diz respeito às permissões da Lei Geral de Concessões, v.: BANDEIRA DE MELLO, Celso Antônio. *Curso de Direito Administrativo, op. cit.*, 27. ed., p. 759 (nota 56) e 750; Justen Filho, Marçal. *Teoria geral das concessões de serviços públicos, op. cit.*, p. 106-116; DI PIETRO, Maria Sylvia Zanella. *Direito Administrativo, op. cit.*, 18. ed., p. 286, e *Parcerias na Administração Pública, op. cit.*, 5. ed., p. 146-150; ROCHA, Cármen Lúcia Antunes. *Estudo sobre concessão e permissão de serviço público no Direito brasileiro, op. cit.*, p. 147-174; SOUTO, Marcos Juruena Villela. *Direito administrativo das concessões, op. cit.*, 5. ed., p. 26-32.

[206] A definição proposta por Marçal Justen Filho se aproxima de tais premissas: "Prefere-se afirmar que *permissão é o contrato administrativo de delegação da prestação de serviço público a particular, sem a imposição de deveres de investimento amortizáveis em prazo mínimo de tempo*". (*Curso de Direito Administrativo, op. cit.*, 15. ed., p. 473).

Logo, não é exato dizer que o interessado apresenta proposta no caso das permissões – uma vez que este ato consubstancia mera adesão à oferta estampada no edital.

Nos termos da Lei Geral de Concessões, a permissão é *o contrato de adesão, precedido de licitação, por meio do qual a Administração, ao mesmo tempo em que permite o exercício de determinado serviço público pelo particular, regula essa atividade ao instalar certas obrigações contratuais*. A proposta do particular em nada inova ou acresce, mas tão somente adere ao modelo prefixado no edital. O conteúdo e o objeto do contrato são fixados à exaustão no ato convocatório. Ao aderir ao contrato elaborado de forma unilateral pelo permitente (consentindo integralmente aos seus termos), o permissionário assume, ao lado dos deveres estatutários, as obrigações de serviço público lá definidas. A outorga do serviço traduz-se nas cláusulas do contrato de adesão.

A permissão da Lei nº 8.987/1995 situa-se num meio-termo entre a concessão e a autorização, cuja nitidez só é aferível em decorrência do exame do caso concreto. Ela não se traduz numa licença condicionada a determinados requisitos, estampada no ato administrativo negocial do qual o detentor da autorização depende para exercer determinada atividade econômica qualificada por sua funcionalidade; nem tampouco se identifica com um contrato administrativo de concessão previamente submetido a debate público (com forte interação dos interessados – que podem, inclusive, apresentar os elementos do projeto básico e incentivar a instalação do certame), a envolver pesadas aplicações de capital privado e celebrado com prazo peremptório. São pontos extremos, que instituem regimes jurídicos díspares.[207]

Muito embora o dispositivo do inciso IV do art. 2º da Lei nº 8.987/1995 fale em "título precário" e dele não conste a expressão "prazo determinado", não se pode daí inferir que as permissões são outorgadas com pouca ou nenhuma estabilidade e/ou *ad aeternum* (o que viria em sentido contrário ao art. 5º). Essa leitura implica conclusão absurda: algo que é ao mesmo tempo eterno e contingente. Para descartar esse resultado, as permissões devem ter, quando menos, um limite fixo expressado em fórmulas de fechamento cronológico ("até *x* anos, prorrogáveis por mais *y*"; "prazo máximo de *x* anos"; "sem ultrapassar o ano *x*" – períodos que não podem ser tão lassos quanto os das concessões). Isso permite compatibilizar a revogabilidade do contrato com sua finitude, dando cumprimento ao que preceitua o art. 5º da Lei nº 8.987/1995.

A precariedade do título constitutivo tampouco poderia implicar desobediência ao devido processo legal para o desfazimento do contrato de adesão firmado entre permitente e permissionário. Trata-se de negócio jurídico, de contrato, não de ato administrativo precário. Do fato de a lei estabelecer a instabilidade contratual não decorre a autorização para o rompimento instantâneo do vínculo, como se fossem desprezáveis os esforços (pessoais e econômicos) realizados pelo permissionário e sua

---

207 Em sentido contrário, Lúcia Valle Figueiredo: "Como já afirmado, não vemos diferenças no *real, efetivo, regime jurídico* de uma e outra quando se tratar de serviço público. Assim, parece-nos que a permissão passou a ser instituto ineficaz, pois, com as características de precariedade, temos a autorização de serviço público. (...)" (*Curso de Direito Administrativo, op. cit.*, 9. ed., p. 121). No mesmo sentido, José dos Santos Carvalho Filho, depois de tecer sérias críticas à solução positivada pela Lei nº 8.987/1995, conclui que "é mais lógico admitir-se que entre a permissão e a concessão não mais se vislumbrem diferenças do que tentar identificar pontos distintivos incongruentes, inócuos e não convincentes" (*Manual de Direito Administrativo, op. cit.*, 35. ed., p. 411). Ou, como anota Rafael Carvalho Rezende Oliveira: "independentemente da nomenclatura utilizada (concessão ou permissão), o regime jurídico da delegação será idêntico" (*Curso de Direito Administrativo*. 9. ed. Rio de Janeiro: Forense/Método, 2021, p. 149)

expectativa de ganhos. Também por tais razões, e em obediência ao art. 54 da Lei nº 9.784/1999, a extinção do contrato antes de seu termo há de ser motivada e, a depender do caso, precedida do devido processo.

Na medida em que de ordinário a permissão exige a aplicação de recursos privados combinada com a projeção de ganhos dela oriundos, ela requer um mínimo de estabilidade jurídica para que possa ter existência – tanto em termos do tempo necessário para o efetivo recebimento dos lucros como no que diz respeito à manutenção da tarifa. Aliás, Caio Tácito sublinhou que "é gratuita a afirmação de que os permissionários de serviço público não gozam de direito à justa percepção de tarifas adequadas ao custeio do serviço (...). Em nada o sistema legal admite que as tarifas de serviços públicos sob regime de permissão não obedeçam ao mesmo regime de proporcionalidade e adequação aos custos dos serviços que regem as concessões".[208] O mesmo se diga quanto ao equilíbrio econômico-financeiro – como já decidiu o STJ: "Permissão de serviço público para exploração de serviço de transporte intermunicipal – Negócio jurídico bilateral administrativo atípico – Sujeição ao princípio determinador do respeito ao equilíbrio financeiro do ajuste".[209]

O fato de o sujeito ser um permissionário, signatário de contrato de adesão, não configura um *minus* em termos de direitos e garantias contratuais. Ao contrário: uma vez que se submeteu ao processo licitatório e, em decorrência dele, assinou incontinenti um documento com estrutura contratual previamente fixada pela Administração, detém prerrogativas assecuratórias ainda mais reforçadas (princípio da boa-fé objetiva combinado com a presunção de legitimidade dos atos administrativos). Igualmente os permissionários têm assegurado o direito a regime tarifário que confira rentabilidade proporcional ao investimento estampado no contrato, bem como a indenização pelos lucros cessantes e danos emergentes se sua extinção prematura os gerar (Lei nº 8.987/1995, arts. 35 a 38).

O mesmo se diga quanto à ideia de *precariedade* que costuma permear as preocupações relativas à permissão: do fato de ela ser precária não significa que a Administração possa fazer, modificar e desfazer o vínculo a seu livre talante, sem qualquer respeito ao direito ao equilíbrio econômico-financeiro da avença e aos lucros cessantes e lucros emergentes do permissionário. Este tem, sim, assegurado seu direito subjetivo a, em vista as circunstâncias concretas da contratação administrativa, ser indenizado ou até mesmo se opor aos efeitos negativos gerados pelo *ius variandi* da pessoa permitente.[210]

---

[208] TÁCITO, Caio. Concessão de serviço de transporte aéreo: equilíbrio financeiro (parecer). *RTDP*, São Paulo, Malheiros Editores, 16/68, 1996.

[209] STJ, REsp nº 821.008-MG, Min. José Delgado, *DJ* 2.10.2006. No mesmo sentido, desde que os contratos tenham sido antecedidos de licitação: STJ, REsp nº 1.352.497, Min. Og Fernandes, *DJe* 14.2.2014; STJ, EDcl no AgRg no REsp nº 1.108.628, Min. Humberto Martins, *DJe* 3.8.2010. Em sentido contrário, acórdão do TRF-1. Região: "É inaplicável o regime da manutenção do equilíbrio econômico-financeiro ao instituto da permissão, devendo sujeitar-se o permissionário aos efeitos da intervenção do Estado na economia, na forma de congelamento de preços e tarifas, como sujeitaram-se outras categorias econômicas" (EI nº 2002.01.00.015401-0-DF, Desa. Federal Selene Maria de Almeida, *e-DJF1* 22.9.2009).

[210] Mas fato é que o STJ decidiu que: "O contrato administrativo de permissão, conceitualmente definido pela Lei federal n. 8.987/1995, destaca-se pelos atributos da unilateralidade, discricionariedade e precariedade; de modo que, nessa modalidade de avença, confere-se ao Poder Público, unilateralmente, a faculdade de modificar as condições pactuadas ou mesmo revogar a permissão sem a possibilidade de oposição do permissionário" (RMS nº 22.903-DF, Min. João Otávio de Noronha, *DJ* 6.6.2007. No mesmo sentido: REsp nº 916.675-RJ, Min. Teori Albino Zavascki, *DJe* 3.12.2008; RMS nº 17.644-DF, Min. Teori Albino Zavascki, *DJ* 12.4.2007).

Ao julgar recurso em mandado de segurança que pretendia manter judicialmente o contrato de permissão, o STJ consignou que sua jurisprudência "é firme no sentido de que o caráter precário da permissão do serviço de transporte público não abriga o direito à eventual prorrogação ou continuidade da prestação do serviço. Nesse sentido: RMS n. 5.159/RJ, relatora Ministra Laurita Vaz, Segunda Turma, julgado em 4/9/2001, DJU de 15/10/2001; RMS n. 22.382/DF, relator Ministro Francisco Falcão, Primeira Turma, julgado em 24/4/2007, DJ de 17/5/2007, p. 197; AgInt no AREsp n. 1.454.870/SP, relator Ministro Gurgel de Faria, Primeira Turma, julgado em 16/11/2020, DJe de 27/11/2020".[211]

Por fim, e conforme já julgou o STF, as permissões não podem ser convertidas em concessões – quer por ato administrativo, quer pela via legal ou constitucional (como pretendeu fazê-lo o art. 32 do ADCT da Constituição do Estado de Roraima).[212] No mínimo existiria, aqui, o vício da ausência de licitação para a outorga da concessão. Porém, há outro dado relevante: o conteúdo e o objeto de uma permissão nem sempre podem equivaler aos da concessão de serviço público (isso sem se falar nos investimentos). Não há como um contrato ser meramente "transformado" noutro se ambos estão submetidos a tipicidades normativas diversas.

---

211 AgInt no RMS nº 72.360, rel. Min. Francisco Falcão, Segunda Turma, *DJe* 11/04/2024.

212 STF, ADI nº 126-4-RO, Min. Octávio Gallotti, *DJ* 5.6.1992. Antes disso o STF já havia decidido: "Permissão para exploração de serviço sob controle da Administração Pública – Não se confunde com concessão de serviço público" (RMS nº 4.607-SP, Min. Nelson Hungria, *DJ* 9.1.1958).

A FISCALIZAÇÃO DA CONCESSÃO

§33 Fiscalização e os deveres do "Estado de Garantia"

O Estado tem a incumbência constitucional de assegurar a adequada prestação do serviço público – seja de forma direta (responsabilidade de execução), seja por meio do concessionário ou permissionário (responsabilidade de garantia da prestação). No caso da prestação indireta a tarefa é muito mais árdua: uma coisa é fornecer o serviço na justa medida das possibilidades financeiras estatais (e desideratos políticos); outra, bastante mais complexa, é ver se alguém que detém o título de *expert* em certa atividade, para quem foi constituída nova situação jurídica com forte caráter mandamental (ornamentada por deveres extraordinários e fronteiras de ganhos), está bem executando o contrato (sem que nos esqueçamos da autonomia de gestão assegurada ao concessionário).

Fiscalizar a concessão é o dever imputado ao concedente de verificar se o concessionário executa o serviço tal como previsto em lei, nos regulamentos (gerais e setoriais) e no contrato de concessão (Lei nº 8.987/1995, arts. 3º, 23, VII, 29, I, e 30, parágrafo único), zelando pela boa prestação daquele serviço normativamente qualificado como público. A bem da verdade, os parâmetros fiscalizatórios podem ser divididos em dois níveis ou graus de normatividade: os deveres estatuídos em lei e nos regulamentos que outorgam competência certa e definida às autoridades públicas em face das obrigações preceituadas no clausulado contratual. Haverá deveres (legais) e, sobretudo, obrigações (contratuais) a serem fiscalizados. Será a execução do contrato, nos termos de suas cláusulas, o objeto da fiscalização.

Esta fiscalização tem dupla perspectiva funcional: frente ao concessionário, para supervisionar o cumprimento dos deveres e obrigações contratuais; frente aos usuários, para garantir a adequada prestação do serviço. Afinal, como consignou José Joaquim Gomes Canotilho, o exercício de serviços públicos por pessoas privadas implica "tão somente a escolha de uma forma outra de prossecução das tarefas públicas. O Estado permanece 'responsável', mas a tarefa pode ser prosseguida e executada com mais efectividade, eficiência e economicidade se se adoptarem os novos padrões de organização".[1] Esta responsabilidade tem razão de ser: o serviço permanece público,

[1] José Joaquim Gomes Canotilho. O direito constitucional passa: o direito administrativo passa também. *In:* AA.VV. *Estudos em homenagem ao Professor Dr. Rogério Soares*. Coimbra: Coimbra Editora, 2001, p. 717.

pois normativamente imputado ao Estado. E será por meio da fiscalização que o Estado *garantirá* a prestação adequada, a preço módico, do serviço que lhe foi atribuído. Mas note-se que não se trata de atitude passiva, que porventura autorizasse a inércia estatal – muito pelo contrário.

O motivo da fiscalização está em que o resultado da licitação significa, na melhor das hipóteses, apenas a evidência de que o escolhido tem capacidade de executar o contratado ao preço consolidado na proposta, durante o longo prazo da avença. Mas o concedente pouco ou nada sabe quanto à disposição do empresário em bem executar o projeto, atender aos usuários de forma digna e circunscrever seus lucros aos limites contratuais (típicas informações assimétricas). O exercício dessa vontade empresarial num projeto social dependerá não só das vicissitudes a serem enfrentadas no decorrer da execução, tampouco ela pode ser concebida como decorrente dos estímulos econômicos que o contrato tiver o condão de gerar. Na verdade, a eficiente execução ao longo de décadas é, em larga medida, consequência da postura adotada pelo concedente. Ou, melhor: é o resultado da combinação dos incentivos econômicos com a fiscalização administrativa.

Assim, engana-se quem reputa que as tarefas do Estado se tornam simples e menos trabalhosas depois da despublicização. Ou que isso pode atenuar a regulamentação da atividade concedida: *Freer Markets, More Rules* é o título do livro de S. K. Vogel, que sintetiza a constatação de que liberalizar tem como consequência a expansão da regulação (em extensão e intensidade).[2] Mercados liberalizados e mais fortes exigem Estados ainda mais fortes – que não só ditem as regras e os fundamentos sociais da atividade econômica, mas garantam sua efetividade. O que se acentua no setor de serviços públicos, nos quais as políticas de privatizações obrigaram "a uma densificação da regulação".[3] No Brasil, a conjugação da reserva constitucional de serviços públicos com a ampliação dos agentes que o prestam em regime de direito privado administrativo (alguns sujeitos aos efeitos do mercado concorrencial) exige níveis mais intensos e profundos tanto da regulação como da fiscalização.

Este é o retrato do incremento das tarefas estatais em decorrência das privatizações de serviços públicos. O Estado os concede a fim de obter vantagens coletivas, num contrato que contém obrigações outrora não detidas pela Administração. Mais: a legislação assegura não só a autonomia do contrato em si mesmo (o respeito regulatório ao negócio

---

[2] Vogel prova empiricamente que na maioria dos países a liberalização implicou o crescimento das atividades públicas, sobretudo as regulatórias. A "velha" regulação foi substituída e incrementada pela nova e mais intensa *rerregulação*: "In most cases of 'deregulation', governments have combined liberalization with *reregulation*, the reformulation of old rules and the creation of new ones. Hence we have wound up with freer markets and *more* rules. *In:* fact, there is often a logical link: liberalization requires reregulation" (*Freer Markets, More Rules: Regulatory Reform in Advanced Industrial Countries*. Ithaca/Londres: Cornell Univertity Press, 1996, p. 3). A liberalização exigiu a reorganização do controle público e de seu exercício – tanto ao *expandir* a regulação quanto ao estabelecer complexas *estratégias regulatórias* em termos nacionais, comunitários e globais. No mesmo sentido, Maria Manuel Leitão Marques escreveu: "Verificamos que muitas vezes a privatização de uma actividade conduziu à produção de regulação complexa e densa e à criação de novas autoridades reguladoras públicas, que se encarregaram de organizar os mercados em matéria de preços, qualidade, investimentos, fomento da concorrência e protecção dos utentes. Assim, mesmo que as principais empresas tenham sido privatizadas e o acesso liberalizado, certos mercados, como o da energia ou das telecomunicações, não perderam, por ora, a sua natureza de mercados regulados" (O acesso aos mercados regulados e o direito da concorrência. *RDPE*, Belo Horizonte, Fórum, 2/304, abr./jun. 2003).

[3] Moreira, Vital. *Autorregulação profissional e Administração Pública, op. cit.*, p. 43.

jurídico-administrativo), mas também e especialmente a autonomia de gestão do serviço por parte do concessionário. Isso faz com que o Poder Público se autoatribua a supervisão de atividades complexas, instaladas em setores nos quais os serviços ou são exercidos em regime monopolista (o que acentua a assimetria de informações, pois o concessionário é o detentor daquelas que importam ao serviço) ou são prestados em concorrência (o que multiplica os trabalhos do concedente e exige sua fina articulação com autoridades regulatórias e concorrenciais). "Concessões nas quais o Estado assume sobretudo tarefas de garantia e controlo – escreve Maria João Estorninho –, uma vez que a sua tradicional responsabilidade de execução (*Erfüllungsverantwortung*) tende a ser substituída por uma responsabilidade de garantia da prestação (*Gewährleistungsverantwortung*) ou, até, por uma mera responsabilidade de controlo ou fiscalização (*Beobachtungsverantwortung*)."[4] Hoje as tarefas são mais difíceis de serem realizadas e exigem ainda maior responsabilidade em sua concretização.

Se for verdadeiro que o Estado brasileiro abdicou de algumas das atividades prestacionais que o caracterizaram durante quase meio século, isso, contudo, não pode ter como consequência a volta a um passado marcado pela passividade estatal. Como anota Pedro Gonçalves, a despublicização não implica "a 'batida em retirada' do Estado, nem, ao jeito de um renovado *laissez-faireism*, a entrega da economia às 'leis de mercado' ou a 'leis jurídicas' de mera definição, enquadramento e protecção da economia e da concorrência". O atual *Estado de Garantia* "foi chamado a assumir uma nova *posição de garante da realização de dois objectivos ou interesses fundamentais*: por um lado, o *correcto funcionamento dos sectores e serviços privatizados* (...), e, por outro, a *realização dos direitos dos cidadãos*, designadamente dos direitos a beneficiar, em condições acessíveis, de *serviços de interesse geral*".[5] Tal compreensão é decisiva para o direito brasileiro das concessões, em que os serviços públicos persistem em sede constitucional e não experimentaram a privatização substancial. O tema merece algum aprofundamento.

A toda evidência, a compreensão do *Estado Garantidor* exsurge com clareza num ambiente de privatização material (v. acima, §§2 e 3), no qual o Estado-Administração se retira e, por isso, garante a disponibilização e a qualidade de bens e serviços outrora seus, mas agora de titularidade privada. Mas, se é bem verdade que a Administração de Garantia mais se coaduna com o cenário da redução material da atividade administrativa, fato é que a privatização formal também traz consigo forte carga de deveres de fiscalização. Sobremodo no caso brasileiro – insista-se –, que conserva o foro constitucional para os serviços públicos. É por meio da regulação e da fiscalização que a Administração Pública preserva a eficiente prestação do serviço. Sob este aspecto é que se pode tratar do *dever administrativo* de *garantir o adequado fornecimento dos serviços públicos concedidos*.

---

4 ESTORNINHO, Maria João. Concessão de serviço público: que futuro?, *op. cit.*, *In:* López-MUÑIZ, José Luis M.; QUADROS, Fausto de. *Direito e Justiça*: VI Colóquio Luso-Espanhol de Direito Administrativo, p. 22. Sobre o "dever estadual de garantia" na fase pós-privatização, ampliar em: GONÇALVES, Pedro. *Entidades privadas com poderes públicos, op. cit.*, p. 158-170, e *A concessão de serviços públicos, op. cit.*, p. 7-23, 176 e 239 e ss.; WOLFF, Hans J.; BACHOF, Otto; STROBER, Rolf. *Direito Administrativo, op. cit.*, v. 1, p. 56-59; SCHMIDT-ASSMANN, Eberhard. *La teoría general del Derecho Administrativo como sistema, op. cit.*, p. 179-186; GOMES CANOTILHO, J. J. O Estado garantidor: claros-escuros de um conceito. *In:* Nunes, António José Avelãs; Coutinho, J. N. de Miranda (org.). *O Direito e o futuro, o futuro do Direito.* Coimbra: Livraria Almedina, 2008, p. 571-576.

5 GONÇALVES, Pedro. Direito administrativo da regulação. *In: Regulação, electricidade e telecomunicações:* estudos de direito administrativo da regulação. Coimbra: Coimbra Editora, 2008, p. 9-11.

Nada obstante o contrato de concessão implique a "dispensa" quanto à responsabilidade imediata na gestão e fornecimento, fato é que instala o dever de a Administração garantir a efetiva prestação do serviço público. O que se tem é uma técnica diferenciada para a realização da tarefa administrativa que foi primariamente cometida ao Estado.

Por isso que a fiscalização prevista no art. 3º da Lei nº 8.987/1995 não se reduz a uma conferência passiva e unilateral dos relatórios prestados pelo concessionário. Não pode ser concebida como um exame burocrático *a posteriori*, com a finalidade de checar se os papéis protocolados na repartição contêm o número suficiente de cópias, carimbos e assinaturas. Muito menos se trata de um vigiar e punir orientado por supostas relações verticais de poder e subordinação, imputando as consequências de uma má prestação por meio de sanções administrativas. Não é porque o Estado não presta diretamente o serviço público que dele se desvincula. Nada disso. Os deveres estatutários do concedente impõem a supervisão, prévia e ativa, das prestações atribuídas ao concessionário bem como a participação cooperativa na evolução do projeto.

O *poder de fiscalizar* é instrumental ao *dever de garantir a adequada prestação do serviço* – esta é a razão de sua existência. Para assegurar o serviço a todo o universo de usuários (reais e potenciais), o concedente há de se coordenar com o projeto de concessão e suas variações. Essa convivência diligente não importa apenas a inspeção do comportamento alheio, mas implica a responsabilidade específica de fazer o que é devido a fim de que o projeto seja bem executado e tenha sucesso. Só o real cumprimento do contrato revelará se foi adequada a escolha daquele modelo de concessão, e isso será exposto pela respectiva fiscalização.

Mas note-se que se trata de *dever imputado ao concedente*. Se em face do concessionário e de terceiros este dever implica o exercício de competência com caracteres que podem chegar à intervenção ("poder de fiscalização"), fato é que para a pessoa pública a quem foi atribuída tal competência trata-se de dever vinculado e indeclinável. Compreensão que já foi adotada pelo STJ: "(...). 2. Nos termos do art. 19 da Lei. n. 9.472/1997, compete à ANATEL a obrigação de fiscalizar os serviços públicos concedidos, bem como de reprimir as infrações aos direitos dos usuários. Com efeito, não há discricionariedade para o administrador público em realizar, ou não, a fiscalização. 3. A discricionariedade, porventura existente, circunscrever-se-ia na escolha do meio pelo qual a fiscalização será exercida. Todavia, ainda assim, o administrador está vinculado à finalidade legal, de modo que o meio escolhido deve ser necessariamente o mais eficiente no desempenho da atribuição fiscalizadora".[6] Afinal, será por meio da fiscalização que se procurará garantir a efetiva prestação do serviço adequado.

A fiscalização de contratos de concessão recebeu normatividade suplementar com a positivação do art. 117 da Lei nº 14.133/2021, que, em conjunto com seus arts. 5º e 7º, preceitua o *princípio da segregação de funções*.[7] O fiscal é distinto do gestor do contrato e possui autonomia funcional, podendo examinar a *fiel execução* do pactuado por ambas as partes contratantes, com a maior imparcialidade possível. Ampliar a seguir, no §34-A.

---

[6] STJ, REsp nº 764.085-PR, Min. Humberto Martins, *DJ* 10.12.2009.

[7] Cf. MOREIRA, Egon Bockmann; GARCIA, Flavio Amaral. *Contratos Administrativos na Lei de Licitações, cit.*, p. 197-208.

Na justa medida em que existe o dever público de fiscalizar e garantir o serviço, ao Estado é cometido seu atendimento. Há específico múnus, no sentido de a Administração adotar determinada conduta comissiva com vistas ao cumprimento do estatuto daquela concessão ou permissão. Este encargo envolve também a edição do regulamento que discipline a supervisão da concessão e a composição da comissão de representantes do concedente, concessionária e usuários (Lei nº 8.987/1995, art. 30, parágrafo único). Exige-se conduta proativa. O *non facere quod debeatur* pode resultar, inclusive, na responsabilidade objetiva da autoridade administrativa a quem foram atribuídos tais deveres (Constituição, artigo 37, §6º).[8] Tanto os usuários como o concessionário têm o direito subjetivo de exigir a melhor e mais colaborativa supervisão do contrato.

§34 O concedente "responsável pela delegação"

O texto do art. 3º da Lei nº 8.987/1995 conferiu a fiscalização ao responsável pela delegação, o que exige a interpretação ampliativa dos sujeitos a quem se atribui tal dever. Isso significa dizer que a fiscalização não necessita ser integralmente adimplida só pelo titular do serviço, mas pode se dar por meio de outra pessoa de direito público. Esta divisão de competências pode ser detectada partindo-se da noção de que nem sempre no contrato o concedente é aquela pessoa a quem a norma atribuiu a execução do serviço.

Se é certo que a Lei Geral de Concessões se refere às pessoas políticas como "poder concedente" (art. 2º, I), nada impede que outra entidade de direito público detenha esse título em sede contratual ou que haja a transferência dessa parcela da competência por meio de convênio ou de consórcio público – como acima se pretendeu demonstrar (§§15 a 18). Nestes casos, quem responde imediatamente pela concessão e dela presta contas será pessoa diversa daquela que detém a titularidade do serviço.

Mas a fragmentação de competências não significa o descaso do titular do serviço com a execução do contrato. Persiste com o detentor originário o dever de adotar conduta ativa, pois quem outorga não renuncia. Conforme já consignado (§§15 a 18), o fato de a Constituição e as leis facultarem a delegação do serviço a outra pessoa pública não desfaz o vínculo normativo com o respectivo titular. Por exemplo, no caso da União, os bens e serviços persistirão federais mesmo se celebrado convênio que transfira sua gestão a Estado-membro. Tanto isso é verdade que os convênios e consórcios podem ser desfeitos ou ter um de seus membros excluídos na hipótese de descumprimento do negócio administrativo. E ao fim do convênio ou do consórcio os bens e serviços retornarão ao seu detentor – que usufruirá as vantagens materiais oriundas da concessão. Logo, é inconcebível o desprezo ao exercício da fiscalização por parte do titular do serviço.

---

[8] A respeito da responsabilidade objetiva decorrente da omissão, v.: Bittencourt, Marcus Vinicius Corrêa. *Controle das concessões de serviço público, op. cit.*, p. 90-91; Moreira, Egon Bockmann. *Processo Administrativo*: princípios constitucionais e a Lei 9.784/1999. 6. ed. Belo Horizonte: Fórum, 2022, p. 141-49. O STJ já proferiu decisão que isenta o Banco Central de responsabilidade pela não fiscalização: "Fiscalizar, *per se*, não significa atuar. A mera omissão na fiscalização, ainda que existente, não levaria ao infeliz mas não imprevisível desate do Grupo Coroa-Brastel, dado o alto risco especulativo com que atuava. Há necessidade de nexo de causalidade eficaz entre a ação ou omissão do Estado e o dano sofrido pelo lesado" (REsp nº 44.500-MG, Min. Franciulli Netto, *DJ* 9.9.2002). Trata-se de questão que não se referia a serviço público, mas o raciocínio a propósito da responsabilidade do fiscalizador é contrário ao defendido neste livro.

§34-A Fiscalização e aplicação subsidiária da Lei nº 14.133/2021

A Lei Geral de Licitações (Lei nº 14.133/2021), que ab-rogou a 8.666/1993 e a 10.520/2002, derrogou certos dispositivos da 12.462/2011 e menciona por duas vezes esta Lei Geral de Concessões. Em primeiro lugar e conforme acima examinado (§21), ela acresceu ao art. 2º, incs. II e II, a modalidade licitatória do diálogo competitivo. Em segundo lugar – o que neste ponto mais nos interessa – o art. 186 da Lei nº 14.133/2021 preceitua sua aplicação subsidiária a esta Lei nº 8.987/1995 (ver acima, §9-A).

Quando o art. 186 positiva que a Lei nº 14.133/2021 aplicar-se-á "subsidiariamente" à Lei nº 8.987/1995, ele quer significar que, diante de lacunas normativas na Lei Geral de Concessões, o intérprete pode valer-se da Lei Geral de Licitações. Aplicação subsidiária não revoga a lei anterior, mas contribui para com ela, a subsidia nos casos que demandam legislação complementar.[9] Isto é, a ausência de dispositivo necessário ao caso concreto não implica a inexistência de solução, mas instala o dever de o intérprete escandir o outro diploma normativo, detectar a norma aplicável e comprovar sua incidência.

Por isso que Marçal Justen Filho anota que a interpretação do art. 186 deve se dar "com grande cautela. As Leis 8.987/1995, 11.079/2004 e 12.232/2010 dispuseram sobre temas específicos, versando sobre contratações dotadas de peculiaridades diferenciadas. Tais contratações são incompatíveis com parcela muito significativa das normas da Lei 14.133/2021. Logo, somente quando existir compatibilidade efetiva entre o regime das referidas Leis e as características das relações por elas disciplinadas é que será cabível aplicar as normas da Lei 14.133/2021".[10] Ou seja, não se trata de livre escolha, de *legal shopping* a juízo do gestor público, mas sim de processo hermenêutico que comprove a lacuna e demonstre que a Lei nº 14.133/2021 supre a pontual falta legislativa da 8.987/1995. Pois é isso o que se passa quanto à fiscalização dos contratos de concessão, que pode ser aprimorada com o art. 117 da Lei Geral de Licitações.

Isso porque o art. 117 da Lei nº 14.133/2021 contém preceitos harmônicos com a 8.987/1995, ao esclarecer a ideia de fiscalização e confirmar o seu conteúdo material: fiscaliza-se, de modo ativo e imparcial, a *fiel execução* do contrato. Ou seja, e no caso da Lei nº 8.987/1995, o fiel cumprimento ao projeto concessionário, tal como estampado no contrato. O escopo da fiscalização é objetivo, visando a dar mostras de respeito ao princípio da confiança.

Além disso e já em seu *caput*, o art. 117 refere-se ao art. 7º da Lei nº 14.133/2021, que positiva o dever de gestão por competências e qualifica a fiscalização como uma das "funções essenciais" aos contratos administrativos. Além da necessidade de existir, no mínimo, um fiscal por contrato, ele deverá promover as anotações adequadas e, se for o caso, comunicar a seus superiores e/ou dirimir eventuais dúvidas pelos "órgãos de assessoramento jurídico e de controle interno da Administração" (Lei nº 14.133/2021, art. 117, §3º). Esses deveres refletem boas práticas na fiscalização dos contratos administrativos, aprimorando-a sensivelmente.

---

9 Sobre o conceito de aplicação subsidiária, v. MOREIRA, Egon Bockmann. O novo Código de Processo Civil e sua aplicação no processo administrativo. *Revista de Direito Administrativo – RDA*, Rio de Janeiro, Renovar, 273/313-334, set./dez. 2016. Disponível em: https://bibliotecadigital.fgv.br/ojs/index.php/rda/article/view/66665/64689.

10 *Comentários à Lei de Licitações e Contratações Administrativas, op. cit.*, p. 1766-1767.

Por conseguinte, e quando menos: *(i)* não deve haver identidade entre fiscal e gestor, em vista da necessária segregação de funções (Lei nº 14.133/2021, art. 5º, c/c art. 7º, §1º); *(ii)* a fiscalização destina-se a promover a fiel e imparcial execução do contrato, preferencialmente por servidor ou empregado público com formação compatível (Lei nº 14.133/2021, art. 7º, incs. I e II, c/c art. 18, §1º, inc. X, e art. 117). Trata-se de fiscalização da execução do contrato e da conduta de ambas as partes contratantes.

§35 Fiscalização formal e fiscalização substancial

Neste ponto pode-se cogitar a respeito de outra dimensão do ato de fiscalizar: a diferença entre a coleta física dos dados pertinentes (*fiscalização formal*) e a efetiva correlação de tais informações, bem como as conclusões dos trabalhos e respectivas consequências práticas (*fiscalização substancial*). A primeira ordem de tarefas é de pura execução e não envolve juízos de valor nem, tampouco, exercício de poderes coercitivos. Pode ser feita mediante a contratação de terceiro imparcial, que realizará apenas o levantamento fático quanto à execução do contrato, nos termos da decisão da Administração concedente, preferencialmente com a ciência prévia e a participação dos usuários e concessionário (ou permissionário).[11] Aqui não estão em jogo decisões discricionárias ou quaisquer outras ponderações quanto à conduta do concessionário. Nem mesmo se cogita de o terceiro realizar escolhas quanto ao modo e limites da fiscalização – ele apenas executa o previamente definido pelo concedente (cuja decisão levará em conta as normas legais, regulamentares e contratuais). São atividades que prescindem de vínculo estatutário, pois envolvem o singelo levantamento físico de dados – exigindo-se, sim, qualificação técnica para bem executá-las.

Outra coisa é a definição prévia do levantamento de tais informações (quais devem ser arroladas) e o exame pormenorizado delas (quais devem ser valorizadas e em que grau), verificando sua consistência e as pondo em contraste com os termos da legislação e do contrato, a fim de se concluir pela adequada ou inadequada prestação do serviço, bem como os limites e consequências de eventuais disparidades. O mesmo se diga quanto a atos fiscalizadores que se ponham em prática mediante a submissão da pessoa privada concessionária, numa relação especial em face do concedente. Estes atos demandam não só conhecimento técnico, mas sobretudo a estabilidade do servidor

---

[11] Neste ponto o texto se aproxima daquilo que Pedro Gonçalves chama de "privatização no âmbito de tarefas públicas" (cf. *Entidades privadas com poderes públicos, op. cit.*, p. 345 e ss.; o exame de casos relativos à inspeção e certificação oficial consta das p. 867-889). E como o autor consigna a respeito da privatização funcional para a execução de tarefas públicas de fiscalização, "diremos que não há, em princípio, obstáculo à contratação de uma empresa para a realização de uma ou outra diligência de fiscalização ou inspecção, desde que seja claro que, em si mesma, a direcção da tarefa de fiscalização continua a pertencer à Administração (e, insistimos, desde que não envolva a subordinação do fiscalizado ou inspeccionado)" (*op. cit.*, p. 368). No mesmo sentido Marçal Justen Filho acolhe a delegação contratual de parcelas do poder de polícia (*Curso de Direito Administrativo, op. cit.*, 15. ed., p. 350-353). Quanto aos limites dessa outorga, v.: BANDEIRA DE MELLO, Celso Antônio. Serviço público e poder de polícia, concessão e limitação. *In: Grandes temas de Direito Administrativo*. São Paulo: Malheiros Editores, 2009, p. 289-300; Guimarães, Fernando Vernalha. As parcerias público-privadas e a transferência de atividades de suporte ao poder de polícia. *In:* SUNDFELD, Carlos Ari (coord.). *Parcerias Público-Privadas*. 1. ed. 2 tir.. São Paulo: Malheiros Editores, 2007, p. 368-405; Oliveira, José Roberto Pimenta. Parcerias público-privadas: indelegabilidade no exercício da atividade administrativa de polícia e na atividade administrativa penitenciária. *In:* SUNDFELD, Carlos Ari (coord.). *Parcerias público-privadas, op. cit.*, 1. ed. 2. tir. p. 406-432; e a seguinte decisão do TRF-2. Região: ACi nº 1998.51.04.502716-0-RJ, Des. Federal Reis Friede, *DJ* 12.9.2007.

e o comprometimento estatutário com a questão pública (Constituição, arts. 37, II, e 39 a 41). Aqui estão em jogo um juízo de valor e o exercício de dever-poder pela pessoa pública responsável pela delegação – inclusive porque poderá gerar a mutabilidade do contrato (e até mesmo sua extinção). Esta segunda ordem de condutas é privativa do concedente e de impossível transferência a uma pessoa privada.

Nesse sentido já decidiu o STF, por meio de liminar proferida pelo Min. Marco Aurélio na ADI nº 2.310-DF, que versava sobre a inconstitucionalidade de lei autorizadora da contratação de celetistas para empregos em agências reguladoras. A decisão consignou que: "Inegavelmente, as agências reguladoras atuam com poder de polícia, fiscalizando, cada qual em sua área, atividades reveladoras de serviço público, a serem desenvolvidas pela iniciativa privada. (...). Prescindir, no caso, da ocupação de cargos públicos, com os direitos e garantias a eles inerentes, é adotar flexibilidade incompatível com a natureza dos serviços a serem prestados (...). Está-se diante de atividade na qual o poder de fiscalização, o poder de polícia fazem-se com envergadura ímpar, exigindo, por isso mesmo, que aquele que a desempenhe sinta-se seguro, atue sem receios outros, e isso pressupõe a ocupação de cargo público, a estabilidade prevista no art. 41 da CF".[12] Isso, contudo, não significa endossar a ideia de que a fiscalização das concessões seja *apenas* o exercício do poder de polícia – a rigor, a "envergadura ímpar" dessa atividade faz com que ela seja muito mais que isso.

Tal compreensão veio reforçada no julgamento pelo Pleno do STF na ADI nº 6.276,[13] que questionava a proibição – positivada no art. 8º da Lei nº 13.848/2019 – de nomear membros de organizações sindicais para a diretoria de agências reguladoras. Afinal, o que a Lei Geral das Agências disciplina é a garantia da impessoalidade reforçada dos seus dirigentes, que devem ser "estritamente técnicos e imparciais, a fim de evitar o desequilíbrio em favor de quaisquer das partes e, sobretudo, a subversão da regulação" – como consignado no voto do Min. Edson Fachin, relator do acórdão com votação unânime.

§36 Fiscalização versus poder de polícia

Em vista do acima defendido, um alerta merece ser feito: a fiscalização dos serviços públicos não é sinônimo do conceito já datado de "poder de polícia administrativa", muito menos em sua concepção arcaica.[14] Afinal, e como alerta Gustavo Binenbojm,

---

12 STF, ADI-MC nº 2.310-DF, *DJ* 1.2.2001. A decisão suspendeu, *ad referendum* do Plenário, a eficácia dos arts. 1º, 2º e parágrafo único, 12 e §1º, 13 e parágrafo único, 15, 24 e inciso I, 27 e 30 da Lei nº 9.986/20000. Depois a ação direta de inconstitucionalidade perdeu objeto, devido à edição da Lei nº 10.871/2004, que revogou expressamente tais artigos. Aprofundar em CUÉLLAR, Leila. *Introdução às agências reguladoras brasileiras*. Belo Horizonte: Fórum, 2008, p. 95-98.

13 STF, ADI nº 6.276, Tribunal Pleno, Min. Edson Fachin, *DJe* 27.09.2021.

14 Sobre a análise histórica e a crítica ao conceito de *poder de polícia*, v.: GORDILLO, Agustín. *Tratado de Derecho Administrativo*. 5. ed. t. II. Belo Horizonte: Del Rey/Fundación de Derecho Administrativo, 2003, p. V-5 a V-28; MERKL, Adolf. *Teoría General del Derecho Administrativo*. Madri: Editorial Revista de Derecho Privado, 1935, p. 315-363; Caetano, Marcello. *Manual de Direito Administrativo, op. cit.*, 10. ed. 9. reimpr. t. II, p. 1.145-1.199; BANDEIRA DE MELLO, Celso Antônio. *Curso de Direito Administrativo, op. cit.*, 27. ed., p. 818-846; Moreira Neto, Diogo de Figueiredo. *Curso de Direito Administrativo, op. cit.*, 15. ed., p. 441-471; SUNDFELD, Carlos Ari. *Direito Administrativo ordenador, op. cit.*, 1. ed. 3. tir. p. 10-19; Oliveira, Fernando Andrade de. O poder do Estado e o exercício da polícia administrativa. *RTDP*, São Paulo, Malheiros Editores, 29/71-98, 2000. A análise do tema

"o poder de polícia evoluiu de um modo de atuação com raízes autoritárias para tornar-se um instrumento da autonomia pública e privada dos cidadãos, intimamente relacionado à realização dos valores da democracia e dos direitos fundamentais".[15] Nada obstante sejam ideias que se projetam em planos diversos (o poder de polícia em relação à liberdade pessoal e empresarial; a fiscalização das concessões oriunda da relação especial de administração decorrente do exercício de serviço público a cargo da pessoa privada), fato é que os conceitos relativos a cada um deles comungam de alguns pontos – relação que se tornou mais forte com a vinda das agências reguladoras independentes.

Afinal, as agências brasileiras regulam não só atividades econômicas em sentido estrito, mas também – e especialmente – os setores econômicos ocupados pelos serviços públicos (telefonia, transportes, água, energia etc.). E algumas das atividades de tais autarquias sob regime especial consubstanciam o que hoje se pode entender por *Administração Ordenadora* (Carlos Ari Sundfeld).

A ideia de poder de polícia traz consigo fortes tons do Estado Liberal, com esferas excludentes quanto à convivência público-privada. Ela é própria do cenário em que o Estado se arroga a condição de *monopolista* do *interesse público, o único titular do interesse público*, e mantém relacionamento unilateral com as pessoas privadas (esferas substitutivas: *ou* Estado *ou* particulares). Como nos monopólios econômicos, em que o monopolista é *price maker*, não *price taker*, no monopólio do interesse público o Estado é *public interest maker*, não *public interest taker*. Sob essa estampa, cabe privativamente ao Poder Público gerenciar todas as atividades econômicas de interesse público (incluindo-se os serviços públicos), reservando às pessoas privadas a livre empresa. Aqui a Administração detém conjunto de competências que a autoriza a impor limites à livre ação das pessoas privadas para que – também no setor econômico privado – possa disciplinar o convívio social.

Torna-se evidente que tal perspectiva é congruente com a concepção liberal oitocentista. Rememore-se que o Liberalismo colocou o Estado como um passivo garantidor da ordem e mero árbitro *ex post* de conflitos individuais. O Estado não garantia a prestação de comodidade alguma (quando muito, intervinha para arrecadar tributos e reprimir abusos). Estava-se diante de direitos que exigiam a abstinência da ação pública. Conforme a lição de Caio Tácito: "À autoridade cabia somente um papel negativo, de evitar a perturbação da ordem e assegurar o livre exercício das liberdades públicas".[16] Ou na definição de poder de polícia proposta por Merkl, "aquela atividade administrativa que mediante a ameaça ou o emprego da coação persegue a previsão ou desvio dos perigos ou perturbações da ordem".[17] O Poder Público dizia unilateralmente o que era a "ordem pública" e intervinha no domínio privado para a institucionalizar, máxime quando fossem detectados desvios. Daí a forte incidência do princípio da

---

foi abrilhantada pelo livro de BINENBOJM, Gustavo. *Poder de polícia, ordenação, regulação*. 3. ed. Belo Horizonte, Fórum, 2020.

15 Cabe ao Estado controlar o setor privado?. *In*: SUNDFELD, Carlos Ari *et al*. *Curso de Direito Administrativo em Ação, cit.*, p. 368.

16 TÁCITO, Caio. O poder de polícia e seus limites. *In: Temas de Direito Público*. v. 1. Rio de Janeiro: Renovar, 1997, p. 522-523.

17 MERKL, Adolf. *Teoría General del Derecho Administrativo, op. cit.*, p. 316 (tradução livre).

legalidade. "Em síntese – pontifica Diogo de Figueiredo Moreira Neto –, o *poder de polícia* é exercido pelo Estado enquanto *legislador*, pois *apenas por lei* se pode limitar e condicionar liberdades e direitos, enquanto que a *função de polícia*, como aplicação da lei, é exercida pelo Estado como *administrador*."[18] Limitar, condicionar e reprimir – estes são os verbos do poder de polícia.

Este universo de atividades estatais tem significativa alteração com o modelo de Estado Social (e mesmo o "Pós-Social").[19] Entram em cena os direitos prestacionais, de informação e cooperação – que regem não só a concretização de benefícios sociais por parte do Estado, mas especialmente a participação popular na definição e usufruto dessas vantagens públicas. Os verbos, agora, são "ampliar", "cooperar" e "beneficiar". Os indivíduos são detentores de *direitos subjetivos públicos* – seja para inibir a ação do Estado, seja para dele exigir determinadas prestações, seja para colaborar ativamente na construção de soluções de interesse coletivo (ampliar adiante, em especial no §71).

Está-se diante de atividades completamente diversas: uma, a do Estado de disciplinar a ação dos indivíduos no que respeita à livre iniciativa e demais liberdades (limitando-as *ex ante* e reprimindo-as *ex post*); outra, a de supervisionar a execução de contrato cujo objeto é a prestação de serviço público. A Administração não está apenas diante de uma atividade privada lícita, mas, sim, de tarefa pública outorgada ao concessionário (ou permissionário ou autorizatário), cuja prestação aos usuários deve ser *garantida* pelo Estado. Muito embora existam limites muito mais fortes para o ingresso e desenvolvimento desses serviços, a Administração precisa estimular e assegurar sua boa execução: afinal, o agente privado executará um serviço de titularidade e utilidade públicas, próprio do Estado, que foi outorgado por meio de ato e contrato administrativos.

Logo, o que se deve ter em mira quando se fala em fiscalização de concessões é antes a cooperação recíproca, não a interferência do Estado no setor de serviços públicos (por óbvio, ninguém se intromete no que já é seu), a fim de disciplinar e restringir a ação do concessionário. Onde está escrito "fiscalização", leiam-se "cooperação", "incentivos" e "relação especial de administração" – não "submissão", "poder de polícia" ou "relação de especial sujeição".[20]

O *objeto primário da fiscalização* é o *cumprimento do dever estatal de garantia da prestação do serviço adequado*. Circunscrevendo-se às concessões, a fiscalização, compreendida materialmente como uma das competências do concedente, é *a atividade investigativa, disciplinadora e, sobretudo, incentivadora*, a qual, *com lastro numa relação especial de administração, assegura a adequação da atividade privada aos fins públicos previamente definidos no contrato e no estatuto da concessão*, e *apenas secundariamente* procede à *detecção de ilicitudes e aplicação de sanções*.

---

[18] Moreira Neto, Diogo de Figueiredo. *Curso de Direito Administrativo, op. cit.*, 15. ed., p. 442.

[19] Ampliar em: Chueiri, Vera Karam de; Moreira, Egon Bockmann; Câmara Heloisa; Godoy, Miguel. *Fundamentos de Direito Constitucional, op. cit.*, p. 101-125.

[20] Nesse sentido Celso Antônio Bandeira de Mello, ao distinguir o poder de polícia das relações especiais: "Assim, *estão fora do campo da polícia administrativa* os atos que atingem os usuários de um serviço público, a ele *admitidos*, quando concernentes àquele especial relacionamento. Da mesma forma, excluem-se de seu campo, por igual razão, os relativos aos servidores públicos ou aos concessionários de serviço público, (...)" (*Curso de Direito Administrativo, op. cit.*, 27. ed., p. 823-824).

O concedente supervisiona a atividade lícita do concessionário em vista do cumprimento dos preceitos da lei, dos regulamentos e do contrato de concessão. Se porventura detectar falhas, deve apontá-las tempestivamente, a fim de que sejam solucionadas em bom tempo – beneficiando os usuários e preservando a integridade do projeto concessionário. Assim o faz com lastro no vínculo jurídico de especial envergadura qualificador da *relação administrativa especial* posta entre a Administração Pública e o concessionário.

§37 Fiscalização e relação administrativa especial

Por "relação administrativa especial" entenda-se o *vínculo jurídico excepcional, de natureza estatutária, oriundo da integração imediata de uma pessoa privada a um órgão ou entidade da Administração Pública.* O conceito autoriza os respectivos desdobramentos analíticos.

Conforme já consignado (§20), este livro denomina de "relação administrativa especial" (ou "relação especial de administração") aquilo que a doutrina tradicional chama de "relação de especial sujeição" ou "relação de supremacia especial" – concepção oitocentista, intensa no que diz respeito ao "poder" do Estado e à "sujeição" do "administrado" (*rectius*: submissão do súdito, posto como objeto na relação com o Poder Público).[21] [22] Ocorre que hoje não mais podem ser defendidas incidências verticais de poder ao interno de um Estado Democrático de Direito, mas sim relações jurídicas postas entre sujeitos de direito que recebem equivalente respeito do ordenamento jurídico. "As relações de sujeição especial (também chamadas de supremacia especial) – leciona Alejandro Nieto – são uma velha criação do Direito Alemão imperial mediante as quais se justificava uma forte intervenção sobre determinados sujeitos – sem respeito aos seus deveres fundamentais nem ao princípio da reserva legal – que resultara intolerável para os cidadãos que se encontrassem em uma relação de sujeição geral."[23] Logo, a ideia de *especial sujeição* remete ao direito administrativo do século XIX e início do século XX, o qual é tão respeitado quanto atenuado (e mesmo refutado) neste livro.

A *relação especial de administração* (ou relação administrativa especial) diferencia-se com nitidez da relação geral de administração: nesta o Estado cumpre atividade pública de ordenação da atividade privada lícita e as pessoas exercitam seus direitos e atendem

---

[21] Segundo a construção de Otto Mayer: "Sujeción significa vínculo de dos personas desiguales desde el punto de vista del Derecho, cuyo contenido lo determina la voluntad de la persona superior. En este sentido, la relación entre el Estado y el súbdito es un vínculo de sujeción importante. Pero, principalmente, con esta palabra queremos designar una relación de sujeción creada especialmente para el súbdito o más bien para cierta pluralidad de súbditos. Es una relación jurídica de derecho público por la cual el individuo está vinculado respecto del Estado, por efecto de la obligación general de regular su conducta conforme a un cierto interés público. En virtud de esta obligación, se le dan ordenes detalladas" (*Derecho Administrativo Alemán*. 2. ed. t. I. Tradução de H. H. Heredía e E. Krotoschin. Buenos Aires: Depalma, 1982, p. 144).

[22] Como consignou Fritz Fleiner: "Los deberes cívicos (del ciudadano o del súbdito) generales (en materia tributaria, de policía, servicio militar) han de ser cumplidos por todo ciudadano a quien se dirige el mandato legal. Los derechos garantizados a los ciudadanos no dispensan del cumplimiento de los deberes cívicos generales. (...). Hay, además, sin embargo, varios deberes públicos que no provienen de esta relación general, sino de una relación de poder. Por ejemplo, el ciudadano que es nombrado funcionario, el que ingresa en un establecimiento público (escuela, ejército, presidio), el que está colocado bajo un control tributario especial, figura en una relación especial de poder. Potestad jerárquica, potestad disciplinaria y poder de control son ejemplos principales de las relaciones especiales de poder" (*Instituciones de Derecho Administrativo, op. cit.*, p. 134-135).

[23] NIETO, Alejandro. *Derecho Administrativo Sancionador, op. cit.*, 3. ed., p. 22 (tradução livre).

aos seus deveres de cidadania e de empresa; naquela, e no que diz respeito à relação concessionária, a Administração regula e fiscaliza a execução do serviço concedido e o concessionário cumpre os deveres estatutários e as obrigações contratuais. Na relação especial de administração o liame jurídico é diferenciado e específico a uma pessoa (ou categoria diferenciada de pessoas). Aqui o concedente emite comandos, prescrições imediatamente vinculantes (imposições, proibições ou permissões), em face das quais o concessionário não tem o direito de se opor ou a faculdade de descumpri-las. A depender da injunção, o que pode existir é o correspondente dever de reequilibrar o contrato (consequência exógena ao ato administrativo especial, que há de ser cumprido).

Trata-se de *vínculo jurídico* de *natureza estatutária*, derivado que é do conjunto de normas legais e regulamentares que disciplinam a concessão e incidem diretamente sobre o concessionário. Igualmente devido ao fato de ter uma fonte normativa, a relação especial encontra limites jurídicos ao seu exercício. A pessoa privada adquire o *status* de concessionário e é investida num rol de direitos, deveres, prerrogativas e obrigações que caracteriza aquela – e só aquela – relação jurídica. Isso implica integração público-privada *sui generis*: ao atribuir à pessoa privada a execução do serviço público, o estatuto jurídico do projeto concessionário faz com que a empresa concessionária e o concedente formem um todo harmonioso.

Não se está diante de uma *sujeição especial*, mas sim de *integração especial* que, em razão da finalidade do projeto comum, torna compatíveis as competências de cada uma das partes às da outra. A mesma fonte normativa que autoriza o concessionário a exercer o múnus público é a que outorga ao concedente a competência extraordinária de emitir comandos imediatamente vinculantes ao concessionário. Afinal, se é certo que o concessionário exercitará certos aspectos da função administrativa em face dos usuários e de terceiros, esse *status* demanda a correspondente submissão do regime jurídico de direito (privado) administrativo.

Como se infere de seu próprio nome, esta relação especial não se subsome a um modelo estático e uniforme. "Não existe nenhuma *relação especial de sujeição* – escreveu Alfredo Gallego Anabitarte –, mas sim *relações especiais de sujeição*, ou, melhor ainda, relações especiais jurídico-administrativas."[24] O que a doutrina tem perseguido é a sistematização de tais relações, a distinção de suas notas essenciais e respectiva classificação em grupos de relações extraordinárias, nem todas derivadas de vínculos orgânicos (funcionário público; militar; presidiário; estudante; estabelecimentos e bens públicos etc.).

O mesmo se diga quanto às relações concessionárias e respectivos caracteres extravagantes: cada estatuto concessionário definirá em que consiste a específica relação especial instalada por aquele vínculo jurídico. Aqui, o Estado, nada obstante ter contratualizado sua relação com o concessionário, não se despe de sua posição de garante – em vista da titularidade do serviço e respectivo interesse público posto em jogo. Pois para garantir a prestação do serviço poder-se-á fazer necessária a emissão de comandos imediatamente vinculantes e pertinentes em exclusivo à relação concessionária em si mesma. Ordens que possuem fonte imediata na lei e nos regulamentos que lhe dão

---

24 GALLEGO ANABITARTE, Alfredo. Las relaciones especiales de sujeción y el principio de la legalidad de la Administración, *op. cit.*, *RAP*, 34/24 (tradução livre).

executividade, sempre parametrizados pelos contratos administrativos – e a obediência que as partes e o regulador lhes devem.

Portanto, essa relação jurídica *constitui* o particular na *condição extraordinária* de concessionário de serviço público e *outorga-lhe* o exercício de uma *função pública*. O outrora singelo empresário é investido em nova posição jurídica, que antes não detinha (seja em face da Administração, seja dos usuários e de terceiros). Posição jurídica, esta, que outros particulares estão proibidos de titularizar (a não ser que se submetam a nova licitação ou ao regime das autorizações).

É nítido que a relação jurídica de longo prazo posta entre concedente e concessionário não corresponde a vínculo ordinário – tal como se se estivesse diante de contrato administrativo de empreitada ou de um empreendimento privado qualquer (padaria, cinema ou escritório de Advocacia). Os direitos, obrigações e deveres inerentes a esta relação extraordinária assumem configuração jurídica igualmente extravagante. Afinal, não se poderia imaginar que o concessionário, ao mesmo tempo em que assume a gestão e o exercício do serviço público, mantivesse íntegro frente à Administração o seu *status* de pessoa privada – inclusive no que diz respeito a seus direitos e garantias.

Mesmo porque na ampla maioria das vezes o concessionário é *Sociedade de Propósito Específico – SPE*: presta-se apenas a ser quem ele é, uma pessoa cumpridora do contrato e do estatuto da concessão. Essa especificidade empresarial não atende só aos reclamos do empresário privado, mas sobretudo às diretrizes do projeto concessionário. O concessionário já nasce, é constituído, com o caráter próprio da missão que lhe é atribuída quando da assinatura do específico contrato de concessão.

Ao seu tempo, a Administração assume a posição institucional de *garante* do serviço concedido. Para que possa assegurar a efetiva e adequada prestação do serviço público, o concedente há de dispor de competências extraordinárias – diversas daquelas que instruem sua relação geral com todos os cidadãos. Estas competências são *deveres-poderes*, cuja função é a de assegurar a perfeita execução do contrato. A administração dispõe, portanto, de *competências extraordinárias sobre o contrato*, ao lado de *competências extraordinárias sobre o concessionário*; "diz-se por isso que a Administração detém *poderes de autoridade sobre o seu contratante (concessionário)*, que, nessa medida, fica colocado num *estado de sujeição*, uma vez que nada pode fazer para evitar a produção dos efeitos jurídicos provocados pelo *exercício legítimo* daqueles poderes".[25]

Por isso que o *status* especial de "concessionário de serviço público", obediente à Constituição (art. 175, parágrafo único, I), *limita os direitos subjetivos* do particular enquanto e porque concessionário, ao mesmo tempo em que lhe atribui *prerrogativas extraordinárias* e *incrementa seus deveres*. O sujeito de direito "concessionário" deve respeito à Lei Geral de Concessões (e à setorial, se houver), bem como aos *regulamentos administrativos* e ao *contrato administrativo de concessão*. Em razão destes característicos da relação jurídica, há determinadas situações nas quais o concedente pode, por ato próprio, produzir efeitos jurídicos que se impõem de modo inevitável ao concessionário (enquanto e porque concessionário de serviço público).

---

[25] GONÇALVES, Pedro. *A Concessão de serviços públicos, op. cit.*, p. 243.

É incontroverso que o concessionário se submete a gama diferenciada de normas de ordem pública, caracterizadora dos fins públicos que lhe são cometidos – incluindo-se certas prerrogativas tipicamente públicas (o exemplo-limite é a *desapropriação* de bens privados – Lei nº 8.987/1995, arts. 18, XII, 29, VIII, e 31, VI). Em contrapartida, a fiscalização exercida pela Administração recebe configuração jurídica equivalente, a fim de torná-la apta a permitir e, mesmo, a exigir o cumprimento dos deveres de concedente. Os deveres e as prerrogativas outorgadas ao concessionário são como que compensados por sua proporcional e equivalente relação especial com o concedente. Como detalhado por Sundfeld, "enquanto os poderes da Administração, nos vínculos específicos com os particulares, lhe são conaturais e, portanto, tão extensos quanto necessário, os poderes genéricos da Administração frente aos particulares existirão se, quando, como e na medida em que expressamente previstos em lei".[26] Aqui, o direito administrativo ordenador fixado e limitado em lei com caráter absoluto; lá, a relação especial de administração, com lindes e conteúdo mais flexíveis e relativos. Isso porque a natureza do serviço concedido exige competências de igual dimensão, de molde a que o concedente não experimente quaisquer dificuldades quanto ao cumprimento do projeto concessionário.

Mas note-se que a relação administrativa especial posta entre concedente e concessionário não se desdobra para além da relação jurídico-concessionária. Porque especial e extraordinária, deve ser aplicada de modo restrito, sempre obediente à proporcionalidade. Não chega a atingir os sujeitos (limite subjetivo) e os atos e fatos (limite objetivo) que porventura transcendam essa relação – e muito menos pode instalar deveres desproporcionais ao vínculo jurídico posto entre as partes. *V.g.*, o concedente não pode se valer dessa prerrogativa quanto a acionistas da concessionária, tampouco alcançar contratos por estes celebrados com terceiros ou determinar ações estranhas ao objeto do contrato administrativo.

Para encerrar este tópico, vale a lembrança ao chamado *poder de controle externo*. O concedente exercita prerrogativas dessa ordem, que em muito se assemelham ao que se passa em sede de direito societário. A relação especial de administração é um dos sintomas pelos quais se compreende o que se passa, em termos de exercício de poder de controle externo, ao interno de uma relação jurídica concessionária.

§38 Fiscalizar implica punir?

A fiscalização com intuito punitivo diz respeito a um Estado pouco preocupado com a eficiente prestação do serviço concedido. Nada que se assemelhe ao contemporâneo Estado de Garantia, pois ninguém garante coisa alguma enquanto aguarda o ilícito, e muito menos quando aplica punições (os ilícitos merecem ser punidos, mas não é essa a essência do Estado de Garantia).

O intuito da fiscalização instituída na relação especial posta entre concedente e concessionário deve ser o de prevenir, cooperar, coordenar e harmoniosamente buscar soluções para as vicissitudes contratuais (v., adiante, o §105, que trata da capacidade

---

[26] SUNDFELD, Carlos Ari. *Direito Administrativo Ordenador, op. cit.*, 1. ed. 3. tir. p. 24.

de aprendizagem dos contratos de concessão). Inclusive, e como acima mencionado ao tratar da relicitação, a atividade de fiscalizar pode revelar obstáculos à fiel execução do projeto concessionário e conduzir as partes à negociação quanto ao término antecipado do contrato (v. acima, §25.*1*).

A atividade sancionatória correlata à fiscalização administrativa merece ser vista como secundária à essência material do vínculo entre concedente e concessionário. Afinal, ela não traz consigo o que se pode esperar de um bom relacionamento – concertado e colaborador – entre Administração, usuários e concessionário.

Nos dias correntes o eixo central da fiscalização é outro: significa colaborar ativamente na boa prestação do serviço concedido e procurar soluções cooperativas para eventuais falhas. Isso consolida a tese acima defendida, de que a fiscalização substancial deve ser empreendida pelo concedente ele mesmo, por meio de seus agentes estatutários – só aqueles que têm estabilidade na função podem deter a competência para o exercício responsável de encargos públicos dessa dimensão (§35).

Também por isso que reduzir a fiscalização de um projeto público duradouro a algo semelhante ao limitado (e limitador) poder de polícia significa menosprezar as atuais exigências das concessões. Faz com que o Estado se circunscreva a papel acanhado e inibidor, incompatível com o dever de garantir a boa prestação do serviço. Muito embora a fiscalização também envolva a limitação aos excessos do concessionário e até dos usuários (inclusive como forma de garantir o cumprimento do contrato), este aspecto ocupa uma dimensão menor no conjunto de atividades abrangidas pelo processo fiscalizador.

De qualquer forma, se a fiscalização constatar desvios, deve instalar o respectivo processo e, se for o caso, aplicar a pena correspondente. Caso tais ilicitudes exijam ação administrativa imediata, o concedente tem a responsabilidade de promovê-la o quanto antes – como no caso das medidas cautelares administrativas.[27] Inclusive, o concedente e/ou a autoridade reguladora têm a capacidade de, no exercício da fiscalização, reprimir e impedir o exercício de atividades ilícitas correlacionadas ao objeto da concessão – quer as praticadas pelo concessionário, quer as levadas a cabo por usuários e terceiros.[28]

À evidência, trata-se de atividade restritiva e repressora, desenvolvida de forma exclusiva pelo Poder Público – por isso que há de ser entendida como excepcional. Neste ponto reside um exemplo da relação administrativa especial: a depender do caso, o concedente não pode esperar a derrocada do projeto concessionário para agir; não pode sequer apostar nas probabilidades de êxito – deve, sim, intervir de imediato e resgatar a dignidade do serviço a ser prestado. Assim se dá a garantia da prestação adequada. Este é o recurso a ser usado quando o concedente se vir num ponto de não retorno, e pode resultar, inclusive, na aplicação de sanções administrativas pesadas, intervenção e decretação da caducidade (Lei nº 8.987/1995, arts. 32 e 35, II).

---

[27] Medidas cautelares e de urgência que se põem nas relações gerais de administração (cf. Moreira, Egon Bockmann. *Processo Administrativo, op. cit.*, 6. ed., p. 243-244) e podem – devem – ser mais intensas nas especiais.

[28] Nesse sentido, o Município de Barra do Piraí-RJ e a Agência Reguladora do Estado da Bahia (AGERBA) obtiveram liminares em pedidos de suspensão de segurança para que pudessem apreender veículos de "transporte alternativo" de passageiros, impedindo faticamente o exercício ilícito do transporte público (SS 1.180-RJ, Min. César Asfor Rocha. *DJe* 13.10.2008; AgR na SS 989-BA, Min. César Asfor Rocha. *DJe* 2.4.2009; SS 2.097-BA, Min. César Asfor Rocha. *DJe* 3.4.2009).

Tais medidas fiscalizatórias, sobretudo porque podem culminar, em tese, na aplicação de punições, necessitam ser deferentes ao devido processo legal, ampla defesa e contraditório. Não pode o concedente produzir provas unilaterais, sem o prévio e formal conhecimento e/ou a participação do concessionário, tampouco sem submetê-las ao crivo do contraditório – aqui compreendido não apenas como o direito fundamental de a pessoa se manifestar ao tempo e modo certo, mas de ter a sua manifestação analisada pela autoridade administrativa, a fim de ser motivadamente acolhida ou rejeitada. Mais: o ordenamento jurídico tem como inválida a responsabilização independente da prova do elemento subjetivo do tipo (dolo ou culpa), assim como a proporcionalidade da eventual sanção (adequação, necessidade e proporcionalidade em sentido estrito).

§39 Fiscalização, polícia administrativa e terceiros

Importante também é frisar que a atividade material de fiscalização não tem como objeto apenas a conduta do concessionário, mas também a dos usuários e terceiros. A fiscalização abrange toda a relação concessionária, dentro e fora dela: a eficiente execução do contrato é seu eixo central, mas não podem ser desprezadas as consequências da efetiva limitação a direitos titularizados por particulares. Nesta ocasião não se estará diante de uma relação administrativa especial (exceção feita a algumas das relações com os usuários), mas, sim, de competências administrativas ordenadoras.

Com lastro na relação concessionária, e em derivação imediata da condição de Administração Pública exercida pelo concedente, tem-se que direitos e liberdades de terceiros podem ser disciplinados e restringidos, nos termos da lei. Este ângulo da questão, sim, apresenta características formais e materiais que se identificam com o conceito clássico de poder de polícia administrativa: vedações e restrições à liberdade das pessoas privadas.

Já não estamos mais diante da relação jurídica entre concedente e concessionário (e do exercício de um serviço público a servir de parâmetro ao raciocínio), mas, sim, num plano fático-normativo diverso. A posição jurídica das partes é outra, pertinente a uma relação administrativa geral. Com lastro na legalidade, o concedente extrapola a subjetividade da relação de concessão em sentido estrito e, com base nela, mas na condição de Administração Pública, restringe o exercício de atividades lícitas por parte de outras pessoas privadas (que não o concessionário).

Por exemplo, quando a Administração concedente limita o exercício do comércio ou o direito de habitação e construção às margens de ferrovias; quando restringe a utilização de imóveis retroportuários; quando veda a utilização de postes por terceiros; quando inibe a navegação aérea particular e/ou a utilização de aeroportos; ao disciplinar o trânsito em rodovias concedidas etc. – tudo isso também tem fundamento no estatuto da concessão, mas atinge pessoas diversas do concessionário ele mesmo (sejam usuários, sejam terceiros).

Estes casos igualmente exigem respeito ao devido processo legal, contraditório e ampla defesa, eis que envolvem restrições administrativas ao exercício de direitos fundamentais de terceiros que não integram a relação jurídico-concessionária. A toda evidência, situações de urgência ou de aplicação imediata de preceitos legislativos não requerem processo administrativo prévio (como, por exemplo, o trânsito em rodovias concedidas e eventuais limitações momentâneas, decorrentes de acidentes na pista). Contudo, casos em que se limite ou se suprima o exercício dos direitos fundamentais de propriedade ou livre empresa (dentre outros), o devido processo legal é de observância obrigatória, sob pena de nulidade do ato interventivo.

§40 Fiscalização e "cruzamento" de competências: dever de cooperação interorgânica e as "decisões coordenadas"

Há mais de 50 anos Oswaldo Aranha Bandeira de Mello consignou, profeticamente, que a fiscalização, que "cada vez mais tenderá a crescer em extensão e profundidade, encontra, não obstante, limites à sua ação, isto é, o seu exercício deve verificar-se através do órgão competente e em defesa do interesse coletivo, sem desnaturar a concessão".[29] A definição exata da competência do órgão fiscalizador é o tema-chave que legitima o processo fiscalizador.

Será competente aquela entidade assim qualificada em lei, a fim de implementar a fiscalização definida no estatuto da concessão (lei, regulamentos e contrato). *Competência não se presume* (Carlos Maximiliano). A constatação está estampada na jurisprudência do STF, que já consolidou o entendimento de que "a competência para a prática do ato administrativo, seja vinculado, seja discricionário, é a condição primeira de sua validade".[30] No que diz respeito ao projeto concessionário, a competência fiscalizadora promana da lei em combinação com a posição jurídico-contratual de concedente (cf. §§*15* a *18*, acima).

Porém, a coexistência de múltiplos serviços concedidos e de várias autoridades responsáveis por sua concessão e regulação produz o fenômeno do cruzamento das competências de fiscalização (ora em relações gerais, ora naquelas especiais – a depender da posição jurídica dos sujeitos envolvidos). No que respeita às concessões isso não se presta a instalar um *forum shopping* (e nem mesmo um *legal shopping*), mas permite a intersecção de vários fiscalizadores. Assim, a pessoa estatal responsável pela supervisão de determinado projeto concessionário poderá fiscalizar e mesmo intervir em atividades desenvolvidas por concessionários subordinados a outro concedente (aqui numa relação administrativa geral, não especial). O mesmo se diga quanto a fiscalizações que podem ser chamadas de transversais, com incidência imediata em alguns projetos (por exemplo, fiscalização ambiental). E a interferência desta ou daquela forma poderá ter consequências tanto no interior do projeto de concessão como também concorrenciais e regulamentares – neste ou naquele mercado.

Constatação que exige apuramento quanto à definição preliminar das competências e ao tipo de fiscalização a ser desenvolvido por uma e outra autoridade, bem como demanda a celebração de convênios dos poderes concedentes entre si, com os reguladores setoriais e autoridades de defesa da concorrência (além de órgãos ambientais, aqueles referentes ao Fisco etc.).

---

[29] Bandeira de Mello, Oswaldo Aranha. Aspecto jurídico-administrativo da concessão de serviço público, *op. cit.*, *RDA*, Rio de Janeiro, FGV, Seleção Histórica, 226.

[30] RMS nº 26.967, 2ª T., Min. Eros Grau, *DJe* 04.04.2008.

Nesse sentido, a Lei Geral das Agências Reguladoras contém normas expressas que devem servir de exemplo para a compreensão do manejo adequado e não conflitivo dessa ordem de competências entrecruzadas. Em seus Capítulos III, IV, V e VI, a Lei nº 13.848/2019 disciplina o relacionamento das agências reguladoras federais com os órgãos de defesa da concorrência (arts. 25 a 28); das agências entre si (arts. 29 e 30); delas com órgãos de defesa do consumidor e do meio ambiente (arts. 31 a 33) e, finalmente, das agências federais com as agências e demais órgãos de regulação estaduais, distritais e municipais. Como se depreende, a lei incentiva a cooperação interorgânica entre as agências – e destas para com outros órgãos e entidades. Mas, atenção: esse estímulo tem como requisito a formalização do vínculo em convênios e acordos. Não podem existir, porque ilegais, atos cooperativos informais ou precários ou instantâneos. Está-se a se falar de manejo de competências administrativas, que deve obediência à lei.

Nesse mesmo sentido, a Lei nº 14.210, de 30 de setembro de 2021, acrescentou importante tema ao processo administrativo brasileiro: a possibilidade de haver "decisão coordenada" na Administração federal. A matéria passou a integrar o Capítulo XI-A, arts. 49-A a 49-G da Lei nº 9.784/1999. Examinemos rapidamente tais dispositivos, não sem antes apresentar o respectivo conceito normativo: "considera-se decisão coordenada a instância de natureza interinstitucional ou intersetorial que atua de forma compartilhada com a finalidade de simplificar o processo administrativo mediante participação concomitante de todas as autoridades e agentes decisórios e dos responsáveis pela instrução técnico-jurídica, observada a natureza do objeto e a compatibilidade do procedimento e de sua formalização com a legislação pertinente". Esse é, nos termos do §1º do art. 49-A da Lei nº 9.784/1999, o que se pode entender por "decisão coordenada".

Em primeiro lugar, note-se que Lei nº 14.210/2021 tem origem remota na proposta do anteprojeto de normas gerais para a Administração Pública, oriunda de grupo de juristas liderados pelo Professor Paulo Modesto, que tinha como um de seus eixos centrais a coordenação e a uniformidade da atuação administrativa, a fim de atenuar o risco de colisões e decisões antitéticas por parte de órgãos e entidades (inclusive quanto a órgãos de controle).[31] A "decisão coordenada" é uma das formas de atuação cooperativa da Administração Pública – ou, como prefere Carolina Stéphanie Francis dos Santos Maciel, de "articulação administrativa".[32] Os órgãos e entidades são incentivados a desenvolver esforços colaborativos, a fim de negociar soluções multipartes – inclusive, com incidência unitária em seus polos ativos (os sujeitos administrativos a quem se imputam os atos) e passivos (as pessoas privadas que experimentarão, direta ou indiretamente, os efeitos do ato).

Sérvulo Correia, ao examinar a "conferência procedimental" portuguesa, traz lições que assim podem ser adaptadas à "decisão coordenada" brasileira: trata-se de

---

[31] Cf. Modesto, Paulo. Anteprojeto de Nova lei de Organização Administrativa: síntese e contexto. *Revista Eletrônica de Direito do Estado – REDE*, Salvador, Instituto brasileiro de Direito Público, 27, jul./set. 2011. Disponível em: http://www.direitodoestado.com.br/codrevista.asp?cod=524. Ampliar o tema em CABRAL, Antonio do Passo; MENDONÇA, José Vicente Santos de (coords.). *Decisão Administrativa Coordenada*. São Paulo: JusPodivm, 2022.

[32] Articulação administrativa: por uma reforma cultural da administração pública. *Revista de Direito Administrativo – RDA*, Rio de Janeiro, FGV, 280/201-225, maio/ago. 2021. Disponível em: https://bibliotecadigital.fgv.br/ojs/index.php/rda/article/view/84495/80109.

processo acessório, que instala "uma matriz do exercício em comum ou conjugado de competências tituladas por órgãos distintos", com vistas à "promoção da eficiência, da economicidade e da celeridade da atividade administrativa".[33] Talvez a conclusão mais importante esteja na natureza e regime jurídico do ato administrativo que resulta desse processo decisório *sui generis*: será um "ato unitário (e não um feixe de atos) mas de conteúdo complexo", praticado apenas "quando for de cariz positivo" (eis que não pode resultar em ato global negativo, caso frustradas as negociações). Mas, atenção: será ato "complexo quanto à autoria, uma vez que é conjuntamente imputado à totalidade dos órgãos participantes".[34]

Vejamos como isso se dá no caso brasileiro: a possibilidade de se instalar o processo de decisão coordenada pode se dar desde que a matéria seja relevante e essa importância demande a articulação ou se "houver discordância que prejudique a celeridade do processo administrativo decisório" (art. 49-A, incs. I e II). Em contrapartida, é proibida a sua instalação em processos licitatórios, ou que envolvam "poder sancionador" – ou mesmo que envolvam autoridades de Poderes distintos (art. 49-A, §6º, incs. I, II e III). Todos os órgãos e entidades deverão apresentar "documento específico sobre o tema atinente à respectiva competência" (art. 49-E), que subsidiará os debates e haverá de ser levado em conta nas respectivas deliberações.

O processo de deliberação colegiada culminará, em prazo razoável, em ata a ser assinada por todos os órgãos e entidades participantes, da qual constarão, para além do relatório e síntese, especialmente: (i) o registro "das orientações, das diretrizes, das soluções ou das propostas de atos governamentais relativos ao objeto da convocação"; (ii) posicionamento expresso dos participantes "para subsidiar futura atuação governamental em matéria idêntica ou similar" e (iii) "decisão de cada órgão ou entidade relativa à matéria sujeita à sua competência" (art. 49-G, incs. IV, V e VI). Ou seja, haverá uma decisão positiva coletiva, em dois níveis materiais de normatividade intersubjetiva: (i) os temas gerais, que promovam uniformização sobranceira às partes, e (ii) os temas especiais, relativos à competência privativa de cada órgão ou entidade. Existirá, portanto, um ato administrativo plurissubjetivo e complexo, eis que emana de várias pessoas e pode conter múltiplos assuntos, todos enfeixados e uniformizados numa só ata-decisão, a "decisão coordenada".

Como se constata, portanto, a decisão coordenada tem a finalidade de permitir a participação/integração de todos os interessados/legitimados na futura decisão administrativa, a fim de acelerar e conferir unidade a processos decisórios complexos, que digam respeito a mais de um órgão ou entidade administrativa federal. Por um lado, incrementa o diálogo e a participação democrática na formação dos atos administrativos; por outro, diminui os conflitos (e respectivos custos), harmonizando perspectivas e soluções consensuais.

Afinal, e considerações à parte a modalidade de fiscalização (tema a ser enfrentado no parágrafo seguinte), fato é que em muitos casos haverá simultaneidade de ações (ou

---

[33] Da conferência procedimental. *In:* Carvalho, Ana Celeste (org.). *O Novo Código do Procedimento Administrativo.* Lisboa: Centro de Estudos Judiciários, 2016, p. 111-112. Disponível em: http://www.cej.mj.pt/cej/recursos/ebooks/Administrativo_fiscal/eb_novo_CPCA.pdf.

[34] CORREIA, Sérvulo. Da conferência procedimental, *op. cit.*, p. 116.

de suas consequências). O concedente do contrato "A" muitas vezes deverá interagir com o concessionário do contrato "B", este vinculado imediata e originalmente ao seu próprio concedente. Mas uma constatação é certa: a análise por parte de um terceiro concedente de determinado contrato de concessão estranho ao seu contrato só é admissível se feita sob o ângulo técnico e se detentor de competência ordenadora estabelecida em lei, assumindo como ponto de partida o contrato de concessão do qual ele é parte – local onde reside sua competência e motivo pelo qual ela foi atribuída. Esta fiscalização externa tem foco primário na seguinte questão: se a técnica de que se vale o concessionário oriundo de outro contrato (e vinculado a outro concedente) poderá influenciar (ou não) no adequado desenvolvimento da concessão vinculada a este contrato.

A rigor, a pessoa pública é qualificada de concedente apenas no contrato em relação ao qual ela é a responsável pela delegação – em relação a outros contratos é apenas terceiro interessado que dispõe de dever-poder público (*poder funcional*). O vínculo normativo que se põe entre as partes do contrato é o limite da competência de supervisão. Quando o concedente examina atos e fatos de outro concessionário, que não aqueles sob sua responsabilidade, estão em pauta as consequências reflexas que o "seu" contrato experimentará. Não há de considerar o outro só como concessionário, mas sim na condição de agente econômico que desenvolve atividades lícitas as quais podem influenciar no contrato de concessão de serviço público sob sua guarda.

Por exemplo, as concessionárias de energia elétrica, água, gasodutos e telefonia – que se valem das margens das rodovias e ferrovias ("faixas de domínio") para instalar sua rede de transmissão – certamente serão forçadas a conviver e a se subordinar a mais de uma espécie fiscalizatória, exercidas com parâmetros diversos. O mesmo se diga do compartilhamento e pagamento de preço pelo uso por parte de um concessionário quanto às *essential facilities* detidas por outro.[35] Assim, se o concedente responsável pela delegação de concessão ferroviária concluir que a instalação de gasoduto às margens da ferrovia reclama técnicas de segurança extraordinárias, poderá exigir seu atendimento por parte do concessionário do serviço de transporte do gás (incrementando os custos deste). Nesse sentido, o STJ já decidiu que autarquias estaduais (Departamento de Estradas de Rodagem e Agência Reguladora) têm competência para fiscalizar a utilização da faixa de domínio de rodovias por parte de concessionária de energia elétrica.[36]

§40-A Fiscalização, competências e governança

Bem vistas as coisas, os contratos administrativos de concessão disponibilizam à Administração Pública uma técnica sofisticada de definição e implementação de

---

35 A propósito do compartilhamento das margens das rodovias entre concessionárias diversas, v.: GRAU, Eros Roberto. Concessionária de serviço público: bens públicos: direito de uso (parecer), *RDA*, Rio de Janeiro, Renovar, 218/343-356, out./dez. 1999; DALLARI, Adilson Abreu. Uso do espaço urbano por concessionárias de serviços de telecomunicações. *RDA*, Rio de Janeiro, Renovar, 223/29-52, jan./mar. 2001; MARQUES NETO, Floriano de Azevedo. Domínio público estadual e serviço federal: aspectos jurídicos sobre o uso de bens estaduais para instalações de energia elétrica. *RDPE*, Belo Horizonte, Fórum, 17/75-110, jan./mar. 2007; FERRAZ JR., Tércio Sampaio; MARANHÃO, Juliano Souza de Albuquerque. O princípio de eficiência e a gestão empresarial na prestação de serviços públicos: a exploração econômica das margens de rodovias. *RDPE*, Belo Horizonte, Fórum, 17/191-209, jan./mar. 2007.

36 STJ, REsp nº 965.810-SP, Min. Castro Meira, *DJ* 22.10.2007.

políticas públicas de longo prazo. Ou seja, existe a possibilidade de *governar por meio de contratos*, o que demanda o exercício da *governança através de contratos*, eis que por meio deles se dará não só o aporte de investimentos privados, mas igualmente a alocação de recursos públicos, de forma imperativa, para toda a sociedade. São os contratos que, influenciados por considerações de ordem técnica, alocam explicitamente recursos e implicitamente valores.[37] Por meio da técnica contratual é possível fixar algumas das prioridades de governo e, quando menos, (i) estabelecer metas para que tais prioridades sejam atingidas; (ii) definir os setores a ser direta e indiretamente beneficiados (pense-se nas externalidades positivas); (iii) fixar modos de integração – regional e nacional – e definir (iii) critérios que podem implicar distribuição de riqueza em projetos de longo prazo.

Para que isso ocorra, deve-se predefinir competências, responsabilidades e transparência de gestão. Como já assinalado: "Clareza na atribuição de funções é um princípio basilar de boa governança regulatória, que inclui, por exemplo, a relação entre o formulador de política, o governo e o regulador. O que, de imediato, reforça a segurança jurídica e confere legibilidade aos investimentos".[38] Afinal, o investidor precisa saber a quem se dirigir, quais regras obedecer e a quem deve imediatamente exigir o respeito ao pactuado. Estamos tratando das instituições públicas competentes, dos critérios e competência de regulamentação (contratual e discricionária), e, especialmente, da integridade em todos os níveis de governo.

No caso brasileiro, a existência de múltiplas pessoas políticas com competências que se entrecruzam nos contratos de concessão traz consigo o reforço ao conceito de *governança*, ideia-chave da Lei nº 14.133/2021, com aplicação subsidiária na Lei Geral de Concessões.[39] Note-se que quem fala de governança não está apenas a tratar de meios formais de execução de tarefas.[40] Muito além disso, ela dá *nova configuração* ao

---

[37] Cf. BREUS, Thiago Lima. Contratação pública estratégica. São Paulo: Almedina, 2020, e MOREIRA, Egon Bockmann. O contrato administrativo como instrumento de governo. *In:* GONÇALVES, Pedro Costa (org.). *Estudos de contratação pública*. v. IV. Coimbra. Coimbra Ed., 2013, p. 5-18. Para projetos de PPPs, a OCDE divulgou documento com 12 princípios, que focam em três objetivos principais: (i) estrutura institucional clara, previsível e legítima, apoiada por autoridades competentes e dotadas de recursos; (ii) seleção de Parcerias Público-Privadas na relação custo-benefício; e (iii) uso do processo orçamentário de forma transparente para minimizar os riscos fiscais e garantir a integridade do processo de aquisição" (Principles for Public Governance of Public-Private Partnerships. Disponível em: https://www.oecd.org/gov/budgeting/oecd-principles-for-public-governance-of-public-private-partnerships.htm). Uma visão mais ampla do tema da governança, poderes públicos e atividades econômicas pode ser vista em: PARGENDLER, Mariana. State Ownership and Corporate Governance. *Fordham Law Review*, 80, jun./2012. Disponível em: https://ir.lawnet.fordham.edu/cgi/viewcontent.cgi?article=4812&context=flr.

[38] DUTRA, Joísa; Moreira, Egon Bockmann; LOUREIRO, Gustavo Kaercher. Competência e governança no setor de saneamento. Texto para Discussão *FGV CERI*, abr. 2021. Disponível em: https://ceri.fgv.br/sites/default/files/publicacoes/2021-04/competencia-e-governanca-no-setor-de-saneamento_quem-faz-o-que.pdf. Vide também: ÁVILA, Natália Resende Andrade; MOREIRA, Egon Bockmann; CORDEIRO NETTO, Oscar de Moraes. Governança regulatória: uma proposta à luz do setor de saneamento básico brasileiro, *Revista da Faculdade de Direito UFPR* 68/107-135. Curitiba: UFPR, maio/ago. 2023. Disponível em: https://revistas.ufpr.br/direito/article/view/87743.

[39] Expressamente positivada no parágrafo único do art. 11 da Lei nº 14.133/2021: "*Parágrafo único*. A alta administração do órgão ou entidade é responsável pela governança das contratações e deve implementar processos e estruturas, inclusive na gestão de riscos e controles internos, para avaliar, direcionar e monitorar os processos licitatórios e os respectivos contratos, com o intuito de alcançar os objetivos estabelecidos no caput deste artigo, promover um ambiente íntegro e confiável, assegurar o alinhamento das contratações ao planejamento estratégico e às leis orçamentárias e promover eficiência, efetividade e eficácia em suas contratações".

[40] Como Pedro Costa Gonçalves sublinhou, "existe, na verdade, uma miríade de definições e de distintas compreensões e pré-compreensões sobre o significado da *public governance*. As dificuldades começam, aliás, antes da referência a uma *governance pública* e surgem logo a respeito do sentido do próprio conceito de *governance* – o qual, como

dever de fiel execução dos contratos, com preocupações relativas à *segregação de funções públicas* e à *cooperação público-privada* em vista da imperiosidade de cumprir o escopo de interesse público.

O eixo central não é só a eficiência, mas também a eficácia e a efetividade daquela contratação pública. O que gera quando menos cinco desdobramentos aos contratos regidos pela Lei nº 8.987/1995 (com aplicação subsidiária da Lei nº 14.133/2021). Em primeiro lugar, repercute na ideia do exercício de *função administrativa nos contratos*, que passa a enaltecer a sinergia entre os estudos prévios, o edital, a proposta vencedora e o contrato – a dar concretude ao interesse público positivado no projeto concessionário. Por outro lado, a ideia de governança inibe ativamente os *conflitos de interesses* (público-público; público-privado e privado-privado). Em terceiro lugar, ela caracteriza aplicação do princípio da segregação de funções (Lei nº 14.133/2021, art. 5º), reforçando a autonomia decisória e a responsabilização dos gestores. Em quarto lugar, acentua os *sistemas de compliance* e respectivos mecanismos de integridade. Em quinto lugar, mas não menos importante, assegura o dever de respeito ao contrato: a assim chamada regulação discricionária (por meio de agências reguladoras independentes e/ou demais órgãos administrativos) não pode se sobrepor ao pactuado, sob pena de violar a segurança jurídica, em seus aspectos subjetivo (princípio da confiança) e objetivo (ato jurídico perfeito).

Note-se que o tema da governança não é nem excêntrico nem exclusivo das boas práticas contratuais. Nos termos do Decreto nº 9.203/2017, governança pública é o "conjunto de mecanismos de liderança, estratégia e controle postos em prática para avaliar, direcionar e monitorar a gestão, com vistas à condução de políticas públicas e à prestação de serviços de interesse da sociedade" (art. 2º, inc. I), e deve ser exercitada segundo os princípios de (i) capacidade de resposta; (ii) integridade; (iii) confiabilidade; (iv) melhoria regulatória; (v) prestação de contas e responsabilidade; e (vi) transparência (art. 3º). Como leciona José Anacleto Abduch Santos, no setor público a governança implica "instituição e constituição de mecanismos destinados a fomentar a conformidade das condutas de agentes públicos com princípios e valores constitucionais e monitorar tais condutas para aferir se efetivamente se ajustam a estes parâmetros, exigindo deles resultados benéficos e vantajosos para o povo, com as devidas prestação de contas e transparência das ações".[41]

Na justa medida em que nos contratos de concessão existem as acima tratadas multiplicidades de órgãos e pessoas (públicas e privadas), algumas vezes em várias instâncias federativas, é importante que se pense na conjugação das ideias de *administração em rede* e *dispersão integrada de instâncias.* "Todavia – alerta Pedro Costa Gonçalves –, sob pena de a dispersão se transformar em confusão, afigura-se indispensável uma

---

já foi assinalado, é um termo popular, mas impreciso; apesar de sublinhar a imprecisão, a doutrina acentua, em qualquer caso, que se trata de uma noção relacionada com o modo de governo, de governação, de uma organização formal ou até de uma comunidade informal: embora não traduza senão uma ideia mínima e verdadeiramente básica, esse primeiro sentido da noção já nos revela o seu potencial de aplicação no campo da administração pública" (Ensaio sobre a boa governação da Administração Pública a partir do mote da *new public governance*. *Revista de Direito Público da Economia – RDPE*, Belo Horizonte, Fórum, 42/142, abr./jun. 2013).

[41] Governança nos contratos públicos. Disponível em: https://www.jmleventos.com.br/pagina.php?area=coluna-juridica&acao=download&dp_id=218.

coordenação do sistema. A imagem da administração em arquipélago, com autoridades que se encontram dispostas em paralelo e que, cada uma, se encarrega de um setor (*setorialização da administração pública*), pode até revelar-se atrativa, mas, a verdade é que também pode envolver riscos de fragmentação e de debilitação da administração pública. A desejável coordenação – *orquestração* – do sistema administrativo pode passar por mecanismos de intervenção vertical, a partir do Governo, mas também por formas de coordenação horizontal, como, por exemplo, as trocas de informações e os acordos de concertação e de cooperação entre instâncias administrativas."[42]

Por isso que é muito importante que os poderes públicos coordenem suas ações e busquem prestigiar o projeto concessionário, em respeito ao dever de fiel execução do contrato. Como nas regras de governança para o setor público nas concessões e parcerias público-privadas, assim sumarizadas por Carlos Oliveira Cruz e Joaquim Miranda Sarmento: "base jurídica clara, transparente, aceitável e estável; segregação de funções (avaliação, decisão, monitoração); processo de seleção competitivo; projetos com média/baixa complexidade e risco tecnológico; contratos com regras de arbitragem e resolução de conflitos claras, transparentes, *standards*, auditáveis e de baixo custo; projetos com algum nível de *Equity*; proibir os acionistas de vender o projeto demasiado cedo; ter um acompanhamento direto com os financiadores".[43]

Em suma, na lição de José Anacleto Abduch Santos, a adoção das boas práticas de governança pela Administração Pública aprimorará "a gestão administrativa para bem atingir dois objetivos elementares: a) o cumprimento do dever jurídico de obter a excelência da execução contratual, com a plena a satisfação do interesse público, consubstanciado nos valores jurídicos e objetivos materiais que a Constituição Federal atribui ao Poder Público; b) evitando ilegalidades ou irregularidades que podem, além de obstar a satisfação do interesse público, ensejar a responsabilização pessoal dos agentes envolvidos no processo da contratação".[44]

Inclusive, a governança se exprime nas técnicas e modalidades de fiscalização, que devem se dirigir à fiel execução e prestígio ao projeto concessionário.

§41 Modalidades de fiscalização: as quatro ordens previstas em lei e seus desdobramentos

Exercitadas em uma relação especial que é o contrato de concessão, não se faz necessária a prévia e exaustiva definição legal que tipifique as modalidades de fiscalização. Podem vir elas definidas no próprio contrato (e em seu edital) ou em sede regulamentar (respeitadora do edital e do contrato). Muitas delas nem sequer precisam ser tipificadas para serem exercidas, vez que fazem parte da relação concessionária e se encontram implicitamente abrangidas na competência do concedente. O que importa não é tanto a sede de sua definição, mas, sim, a respectiva publicidade, razoabilidade e proporcionalidade.

---

42 Ensaio sobre a boa governação da Administração Pública a partir do mote da *new public governance*. *RDPE*, 42/166, cit.

43 *Manual de parcerias público-privadas e concessões*, *op. cit.*, p. 414.

44 Governança nos contratos públicos, *op. cit.*

Inicialmente, é de se sublinhar que a fiscalização – e suas consequências – deve especial atenção à LINDB, sobretudo ao art. 22, que assim preceitua: "Na interpretação de normas sobre gestão pública, serão considerados os obstáculos e as dificuldades reais do gestor e as exigências de políticas públicas a seu cargo, sem prejuízo dos direitos dos administrados". Onde está escrito "gestão pública" pode-se interpretar, extensivamente, como "gestão de serviços públicos" – afinal, esta é a razão desse dispositivo da LINDB. Instaurar o dever de a instância fiscalizadora "ponha-se nos sapatos" do gestor e examine os desafios e dificuldades reais por ele enfrentados. Ou, como acentua Eduardo Jordão, é comum afirmar que o art. 22 "consagra o 'primado da realidade'. Nele, a exigência de contextualização produz uma espécie de 'pedido de empatia' com o gestor público e suas dificuldades".[45] Não se trata de sugestão legislativa, mas de dever imputado ao fiscal.

Daí que as eventuais medidas de sanção, sempre o último remédio, precisem levar em conta a realidade e a contextualização do projeto concessionário em seu tempo e espaço. Como alertou Alice Voronoff, exige-se "que se avalie se a sanção administrativa é uma resposta correta no exercício do contexto específico em que foi inserida e se foi calibrada (em tese e em concreto) de modo apropriado".[46]

Afinal de contas, a fiscalização envolve cogitações a propósito da *efetiva adequação* dos serviços e obras ao longo do prazo contratual e do seu *custo*: as condições econômicas, técnicas e de qualidade devem ser objeto de exame por parte do concedente, com a cooperação dos usuários. Reitere-se que não se trata somente de controle negativo, com vistas a detectar falhas e punir. A rigor, o principal responsável pelo projeto é o próprio Poder Público – foi ele quem fez a escolha desse modo de prestação do serviço e estabeleceu as normas regulamentares para sua execução (logo, responde pela satisfação do usuário). O contrato obriga a autoridade administrativa que o assinou e, sobretudo, os seus sucessores: é dever público de longo prazo. Fiscalizar é coordenar e cooperar com os interesses das partes envolvidas, visando a obter o resultado adequado do projeto. Para isso é indispensável o levantamento constante de elementos concretos quanto à execução do serviço concedido.

Com base nos dados coletados, o concedente poderá determinar o aprimoramento, a correção de desvios e o balanceamento da futura execução, combinados com as variações experimentadas no plano fático. A autoridade administrativa deverá se esforçar por detectar, antecipadamente, eventuais falhas ou desvios e compartilhar tais informações de modo tempestivo com o concessionário, de molde a colaborar na adequada prestação do serviço aos usuários. O contrato não pode ser examinado puramente em abstrato e de modo estático, descolado da realidade circundante. Por isso que a fiscalização poderá resultar na alteração dele, visando a evitar que porventura os gravames se consolidem. A mutabilidade incide como garantia da eficiente prestação do serviço. Trata-se de um dos aspectos da *capacidade de aprendizagem* dos contratos de concessão (adiante, §105).

Pois o art. 3º da Lei nº 8.987/1995 autoriza, quando menos, *quatro ordens* de cogitações sobre a fiscalização: (i) a que diz respeito ao *relacionamento do concessionário com o*

---

[45] Art. 22 da LINDB – Acabou o romance: o reforço do pragmatismo no direito público brasileiro. *Revista de Direito Administrativo – RDA*, Rio de Janeiro, FGV, *Edição Especial*, nov. 2018. Disponível em: https://bibliotecadigital.fgv.br/ojs/index.php/*rda*/article/view/77650/74313.

[46] *Direito Administrativo Sancionador no Brasil*. Belo Horizonte: Fórum, 2018, p. 318.

universo de usuários (*censitária* e *por amostragem*); (ii) a que se preocupa com a *cronologia* e a *periodicidade* dos exames (*contínua, periódica* e *inconstante*); (iii) aquela vinculada ao *concessionário em si mesmo* (*subjetiva*); e (iv) aquela quanto à *materialidade da ação* da Administração (*técnica, econômica* e *concorrencial*). Veja-se cada uma delas.

O *relacionamento do concessionário com o universo de usuários* pode ser tratado segundo o *modo de obtenção* das informações relativas ao serviço prestado (sua coleta). Uma das técnicas dá-se através da análise específica quanto aos sujeitos que recebem as comodidades: a contagem geral da população usuária e de seu relacionamento com o serviço (*fiscalização censitária*). Esta se desenvolve em períodos longos, exige grande número de pessoas, levantamento fidedigno dos dados e correspondente cruzamento estatístico – o que gera custos altos. É evidente que em determinados setores poderá haver instrumentos de tecnologia da informação que permitam a instalação desses dados quando do ingresso do usuário na cadeia de serviços, interligando-se de imediato as partes envolvidas (situação excepcional).

Como exemplo de censo numa concessão, pode-se cogitar do setor de energia elétrica, em que a fiscalização avaliaria quantos usuários reais existem, qual a capacidade econômica e o consumo de cada um deles, os horários de pico e vale de demanda, o nível de adimplemento dos usuários, por quantas vezes ao mês a energia deixa de ser fornecida por motivos endógenos e exógenos ao contrato, qual o tempo necessário para o atendimento em reclamações, se as metas de universalização são atendidas, se a tarifa corresponde ao visado pelo projeto original, se o gerenciamento da concessão permitirá a diminuição dos custos (ou seu incremento), se o atendimento ao usuário é cordial e eficiente etc.

Não obstante a precisão do processo censitário, a fiscalização de todo o universo de usuários demanda um sistema que possivelmente sairia mais oneroso que o volume de recursos disponíveis. Como a fiscalização censitária exige trabalho cujo preço e demora podem impedir sua operação (ou torná-la ineficiente), é de ser desenvolvida a *fiscalização por amostras*. Esta envolve a escolha prévia de número limitado e relativamente pequeno de itens representativos do serviço, submetidos a cálculos probabilísticos. Exige alguns dados básicos e número mínimo de coleta (por exemplo, indicadores geográficos e socioeconômicos, categorias de usuários, limite cronológico para as coletas, liberação das informações em curto prazo e constante alimentação do sistema de dados). Demanda também a definição de amostras representativas e do que elas podem significar para o projeto concessionário. Depois de efetivada, a fiscalização por amostras é contrastada com o modelo concessionário e respectivas margens de confiança e erro: caso gere não conformidades, revelará os correspondentes desvios na prestação do serviço e poderá implicar a respectiva correção e/ou novos levantamentos.

No que diz respeito ao *momento da fiscalização*, a *contínua* representa o dia a dia do concedente (e/ou da agência reguladora a quem foi atribuída tal competência). Aqui, cada um dos usuários assume papel relevante, pois são eles que experimentam de fato a prestação do serviço. Neste ponto se instalam os *ônus* e os *deveres de cooperação* do usuário – o qual, em determinados casos, há de informar o concedente tanto da boa prestação como dos vícios do serviço.[47] Isto é, a cooperação do usuário não tem como única fonte os dados negativos que ele experimentar, mas o conjunto do serviço prestado. Também o Poder Público deve estar atento e desenvolver atividade de supervisão constante, sem interrupções. Este aspecto vincula-se a uma visão macro do projeto concessionário, tendo início quando da assinatura do contrato e termo na sua extinção.

Como exemplo em concessões que contemplem empreitadas, assim se dá quando o concedente aprova – ou impõe alterações técnicas ou rejeita – os projetos básicos e executivos; examina os planos de trabalho; é cientificado do início deles e pode acompanhar seu desenvolvimento e, ao final da execução, recebe formalmente a obra (e toda a sua memória). Ao examinar os projetos e obras, o concedente está a fiscalizar a fiel execução do contrato.

Já a *fiscalização periódica* deve obedecer no mínimo a dois critérios: o dos *momentos-chave do contrato* e o do *ano civil*. O primeiro caracteriza-se pela cronologia dos deveres e obrigações detidos pelo concessionário (metas de universalização, obras, níveis de serviço etc.). Como a concessão se desdobra num longo prazo, há sucessão de fluxos de metas fixas que representam a instalação de momentos cruciais ao cumprimento do contrato.

Cogite-se do caso das concessões rodoviárias com metas físicas, em que existe uma curva crescente de obras (despesas) cujo ápice é sucedido por curva crescente de verbas (receitas), a qual permite amortizar os débitos e gerar caixa para o novo momento crescente de construções: no "ano zero" o concessionário realiza a recuperação dos trechos rodoviários e depois tem a cobrança da tarifa autorizada; até o "ano 5" realiza número específico de duplicações e constrói uma ponte; até o "ano 10" promove a restauração de certas áreas, constrói um contorno rodoviário e instala novas tachas reflexivas ("olhos de gato") etc. Tudo isso convivendo com a manutenção da área rodoviária concedida (placas sinalizadoras; atendimento ao usuário; socorro paramédico; pintura das pistas etc.). Desta forma, haverá instantes cronológicos cujo exame tem o condão de demonstrar a consistência da execução do contrato: se até o "ano 5" as duplicações e a ponte não existirem por completo, haverá falha que poderá implicar a alteração do contrato (e eventual punição do concessionário, a depender do motivo do inadimplemento).

Mas a fiscalização em momentos-chave presta-se também a outros fins, como o cumprimento de metas de universalização em algumas concessões de telecomunicações (o concessionário tem o dever de instalar certo número de telefones públicos por habitante em cidades com "população *x*" até o "ano 5" do contrato; quantidade proporcionalmente maior até o "ano 10"... e assim por diante) e a manutenção da segurança no setor de gás canalizado (inspeção bianual em hotéis, hospitais e estabelecimentos com capacidade para grande número de pessoas; trienais em instalações industriais com consumos superiores a determinada medida; quinquenais em instalações com "mais de *x* anos" e que não tenham sido remodeladas etc.), e, sobretudo, no setor de saneamento (cujo

---

[47] *Ônus* não são *deveres* nem *obrigações*, mas a possibilidade de o sujeito praticar determinada conduta (comissiva ou omissiva) em seu próprio benefício. Sua não implementação traz potencial desvantagem (não uma sanção), que pode ou não se concretizar. Se o sujeito efetivamente desejar impedir tal malefício, tem o ônus de assumir a conduta. Cf.: GRAU, Eros Roberto. *Direito, conceitos e normas jurídicas*, *op. cit.*, p. 117-122; PINTO, Carlos Alberto da Mota. *Teoria Geral do Direito Civil*. 3. ed., p. 179-181.

Novo Marco – a Lei nº 14.026/2020, que alterou a Lei nº 11.445/2007, definiu números expressos para o setor[48]).

A fiscalização periódica segundo o *critério do ano civil* respeita ao exame das obrigações do concessionário quando do fechamento do ano civil (Lei nº 810/1949) – isso permite que ele planeje sua atividade empresarial nos mesmos moldes dos demais cidadãos e faz com que a Administração tenha acesso a informações anualmente atualizadas (balanço, Fisco, Previdência Social etc.). Por outro lado, há determinados contratos de concessão cuja atividade é sazonal ou pode experimentar variações esporádicas – daí por que se torna mais adequado fixar período de tempo certo, pena de a fiscalização se deparar com momento contratual atípico. *V.g.*, o fornecimento de energia por parte do concessionário de usina hidrelétrica – a produção pode experimentar variações extraordinárias de acordo com os níveis de chuva. Neste caso, é de todo indicada a fixação de critério cronológico fechado, que permita avaliação mais precisa da média de todo o desenvolvimento dos trabalhos.

A fiscalização periódica também é o modo de ser implementada a que diz respeito às *comissões tripartites*, prevista no art. 30 e parágrafo único da Lei Geral de Concessões. Esta comissão não necessita obedecer aos critérios do *momento-chave* e do *ano civil*, mas pode se desenvolver trimestral ou semestralmente (ou anualmente, em mês diverso daquele que caracteriza o ano civil). Afinal, a comissão não se aterá a critérios técnicos complexos, pois não se poderá exigir esta qualificação de seus integrantes, mas sim ao caráter social do contrato.

A terceira forma quanto ao momento diz respeito àquela *inconstante* ou *eventual*, assim denominada porque a data da sua instalação não é predefinida contratual ou regulamentar. Neste caso o concedente conduz um procedimento contingente, que se dá por ser imprescindível ao bom andamento da fiscalização. Isso tanto pode ocorrer por iniciativa própria da Administração ou do concessionário como nos casos de pedidos cooperativos dos usuários. A supervisão inconstante não depende de irregularidades prévias para ser instalada, mas pode se dar de forma a checar os dados necessários ao desenvolvimento dos trabalhos. Provavelmente aqui se instalará o exercício dos poderes inerentes a uma relação especial, vez que existe motivo extraordinário apto a criar atuação estatal mais incisiva. A inconstante exige a ciência formal prévia do concessionário e a obediência ao devido processo legal.

Para além da fiscalização quanto ao serviço e à satisfação do usuário, ao concedente cumpre supervisionar *o concessionário em si mesmo*, numa *fiscalização subjetiva* – relativa à pessoa constituída para prestar aquele serviço (ou o respectivo consórcio, caso não exista a SPE).

Isto é, se a estrutura interna do contratado se mantém estável durante toda a execução, refletindo a permanência dos atributos que se prestaram a sagrá-lo vencedor da licitação. Aqui se pode cogitar a propósito da composição societária do concessionário

---

[48] O art. 11-B da Lei nº 11.445, com a redação que lhe foi dada pela Lei nº 14.026, é expresso ao consignar que: "Art. 11-B. Os contratos de prestação dos serviços públicos de saneamento básico deverão definir metas de universalização que garantam o atendimento de 99% (noventa e nove por cento) da população com água potável e de 90% (noventa por cento) da população com coleta e tratamento de esgotos até 31 de dezembro de 2033, assim como metas quantitativas de não intermitência do abastecimento, de redução de perdas e de melhoria dos processos de tratamento".

e organização do seu comando e poder de controle; da contabilidade e seu registro; das receitas (primárias e secundárias); dos graus de endividamento, adimplemento e amortização; da *performance* empresarial e eficiência; do nível de litigiosidade com os usuários e terceiros; da distribuição de lucros aos acionistas; da forma de contratação e execução de seus vínculos estabelecidos com terceiros (e quem são esses "terceiros"); de seu passivo (real e potencial) etc.

Esta fiscalização subjetiva pode levar em conta os dados do concessionário combinados com os do contrato e aqueles de seus concorrentes (reais ou virtuais), criando rede comparativa de informações, a fim de se descobrir se as receitas, despesas e lucros são compatíveis com a execução contratual – inclusive com reflexos na variação tarifária, como será visto mais adiante, nos §§93 e 94. Inclusive, e conforme acima tratado (§25-A), esta ordem de fiscalização poderá implicar providências tendentes à relicitação: a antecipação consensual do termo final do contrato, em vista da potencial inaptidão do concessionário em bem cumprir seus deveres e obrigações.

Por fim, a análise a propósito da *materialidade* da ação estatal fiscalizadora permite sua classificação em *técnica, econômico-financeira* e *concorrencial*. Esta terceira não será tratada neste livro, pois a legislação brasileira atribui ao Sistema Brasileiro de Defesa da Concorrência – SBDC a competência para supervisionar as condutas e estruturas que possam afetar a concorrência (Lei nº 12.529/2011). Isto significa que o concedente deve estar atento às *consequências concorrenciais* derivadas da sua fiscalização, interagindo sempre que possível com as autoridades do SBDC, inclusive em cooperação institucional com elas (ampliar no §40, acima, e §85, adiante).

A *fiscalização técnica* diz respeito à conferência quanto ao atendimento, por parte do concessionário, do conjunto de preceitos técnico-científicos próprios do serviço concedido, de usual definidos pela autoridade regulatória competente e pelas boas práticas (nacionais e internacionais), a fim de que ele seja executado da melhor e mais segura maneira possível. Maria Manuel Leitão Marques, João Paulo Simões de Almeida e André Matos Forte definem a *regulação técnica* como "as regras que se destinam a assegurar a compatibilidade entre equipamentos e sistemas, a garantir a segurança, a protecção da privacidade e a preservar o ambiente".[49]

Por meio da aplicação de critérios técnicos preestabelecidos (seja pelo próprio concedente, seja por órgãos como ABNT, INMETRO e IBAMA), sabe-se que o serviço será executado com a menor margem de risco estimável. O concedente adota ação preventiva, com o objetivo de salvaguardar a segurança dos usuários, em especial em locais de acesso público. A fiscalização técnica é salvaguarda de pessoas e bens de toda a comunidade (por exemplo: o setor de combustíveis gasosos e líquidos; o setor de transportes rodoviários de passageiros; o setor de aeroportos). Demais disso, a boa técnica garante a permanência das obras públicas pelo tempo originalmente estimado. Este tema será igualmente tratado adiante, quando da menção à *regularidade* do serviço concedido como direito subjetivo do usuário (§62).

Por *fiscalização econômico-financeira* do contrato entende-se a supervisão do equilíbrio do contrato bem como da *performance* do projeto de concessão (balancetes, contas de

[49] MARQUES, Maria Manuel Leitão; Almeida; João Paulo Simões de; FORTE, André Matos. Regulação sectorial e concorrência, *op. cit.*, *RDPE*, 9/197.

resultado, custos, receitas e amortizações, estoques, relatórios, pareceres de auditores independentes etc.). Aqui, o foco primário está na consistência econômico-financeira do contrato – é antes uma fiscalização objetiva, pois não diz respeito imediatamente à pessoa do concessionário, mas à estabilidade do contrato. O tema será adiante enfrentado, no Capítulo X (§§100 e ss.).

§42 Fiscalização e cooperação dos usuários e concessionário

Conforme já defendido, a fiscalização não merece ser examinada com premissas de um Estado Liberal de Polícia, no qual a Administração transita passivamente num universo dissociado da sociedade civil e fica sempre de sobreaviso para organizar a ordem pública e punir por meio de atos unilaterais.

O contemporâneo dever estatutário de supervisionar não remete à figura da Administração Pública individualista e superior, que pratica apenas atos concebidos *interna corporis*. Nada mais clássico em direito público que o ato administrativo – e nada mais desigual em Direito que esse mesmo ato concebido secamente como a "decisão que executa a lei", sem qualquer participação das pessoas privadas. O ato é a quintessência do modelo tradicional de desigualdade, estampando a imposição do interesse público por meio da vontade de seu titular monopolista (o Estado).

Como que a impedir a incidência dessa concepção já ultrapassada, o art. 3º da Lei nº 8.987/1995 prevê a cooperação isonômica dos usuários na fiscalização – afinal de contas, são eles os beneficiários imediatos do contrato de concessão e os contratantes da prestação do serviço. São os usuários sujeitos de direito na relação jurídica, e assim merecem ser tratados. Enfim, aqui, a *res publica* é administrada com a colaboração de seu titular. "A cooperação, em sentido estrito – esclarece Pedro Gonçalves –, representa a actuação sinérgica, coordenada e concertada de vários agentes em vista da realização de objectivos determinados."[50] Isso faz com que os usuários sejam reconhecidos como titulares de condição subjetiva equivalente em termos participativos às do concedente e concessionário. Porque o recebe, é o usuário a pessoa qualificada para dizer da adequação do serviço e da modicidade da tarifa. A percepção subjetiva do usuário contrastada com os termos objetivos do instrumento contratual permitirá a elaboração de informações ponderadas para a supervisão da conduta do concessionário.

A rigor, essa fiscalização dá-se desde o primeiro momento de debate e consulta pública quanto aos editais de licitação. É nesse instante que o projeto concessionário deixa de ser cogitação exclusiva da Administração Pública e passa a ser compartilhado pelo conjunto de cidadãos – quer venham a ser futuros usuários, quer não (v. §§53 a 56, adiante). As audiências e consultas públicas prestam-se a revelar a real dimensão social das concessões, a ser consolidada quando da futura fiscalização do contrato por parte dos usuários.

Todavia, as informações prestadas pelos usuários devem ser sopesadas de forma imparcial pela Administração, levando-se em conta o conjunto de deveres, obrigações e direitos das partes. Como no alerta de Pedro Gonçalves: "Apesar de as relações de

---

[50] GONÇALVES, Pedro. *Entidades privadas com poderes públicos, op. cit.*, p. 454.

cooperação poderem metamorfosear-se num fenómeno de colaboração de particulares na execução de tarefas públicas, importa não confundir os dois planos: na hipótese de colaboração, os particulares são solicitados a contribuir para a realização de fins institucionais da Administração; poderão ter interesse (privado) em oferecer essa colaboração, mas a tarefa envolvida reveste carácter público".[51] Na justa medida em que o usuário é a parte que faz desembolsos, tem todo o incentivo para criticar negativamente o concessionário e ao mesmo tempo pleitear o incremento dos serviços (e a diminuição da tarifa). A ampla maioria dos usuários deseja receber melhores serviços a um preço menor (de preferência, gratuitos). Não se tem notícia de usuários que se mobilizem e constituam associação para pagar preço mais alto pelos serviços recebidos ou para obter outros mediante o proporcional incremento dos custos. Mesmo porque os usuários são leigos – e assim compreendem o complexo sistema de fluxos de receitas e despesas, bem como a composição tarifária.

Logo, a cooperação dos usuários é item decisivo, mas não pode ser tida como o único elemento ou a versão mais legítima para a interpretação da execução contratual. Daí a previsão do dever legal de comunicar ao concedente e à concessionária as eventuais irregularidades experimentadas quando do recebimento do serviço (Lei nº 8.987/1995, art. 7º, IV e V – v., adiante, §§77 e 78). Os usuários não só dispõem de direitos subjetivos, mas igualmente de deveres e obrigações para com o serviço concedido (v. §72, adiante). Mais que isso: eles, usuários, devem se conscientizar de que estão cooperando para a ótima implementação de um projeto público de longo prazo, que resultará em benefícios para amplo rol de pessoas (presentes e futuras).

Note-se bem: "cooperar" significa atuar ao lado de terceiros com o objetivo de alcançar desiderato comum a todos. A individualidade e o egoísmo devem ser, na medida do possível, postos em segundo plano. Colaborar num projeto público destina-se a atingir objetivos públicos primários (que podem coincidir, ou não, com o individual das partes). Pressupõe que todos estejam em situação de respeito equivalente, num mesmo plano de igualdade jurídica.

Quando o art. 3º da Lei Geral de Concessões fala em "cooperação dos usuários", sinaliza que essa contribuição se dá com vistas à melhor execução do projeto concessionário – e à repartição dos ônus e bônus dela advindos. Não se trata de supérflua autorização para que o usuário coopere consigo mesmo e defenda seus interesses personalíssimos, mas sim com o interesse público objetivamente definido naquele projeto concessionário. Tampouco se trata de mecanismo de defesa do consumidor (embora a fiscalização possa trazer esse resultado) ou de *minus* em relação ao usuário na relação concessionária (quem coopera, participa). Ao contribuir com trabalho pessoal e esforços, o usuário opera em favor do contrato de concessão e colabora nas vantagens comuns a todos os envolvidos e terceiros, atuais e futuros.

---

[51] *Idem, ibidem*. Ou como José Manuel Sérvulo Correia ponderou a respeito da participação das pessoas privadas na formação do contrato administrativo: "Não pode o administrado, mesmo que apenas a propósito da conformação de uma situação que exclusivamente lhe respeite, substituir com o seu consentimento a actividade dos órgãos administrativos. Assumiria assim uma função que não lhe cabe numa democracia representativa: faltar-lhe-ia para tanto a 'competência democrática'" (*Legalidade e autonomia contratual nos contratos administrativos, op. cit.*, p. 716-717).

A cooperação dos usuários tem importante instrumento no Decreto nº 11.034/2022, que "regulamenta a Lei n. 8.078, de 11 de setembro de 1990, para fixar normas gerais sobre o Serviço de Atendimento ao Consumidor – SAC" no "no âmbito dos fornecedores de serviços regulados pelo Poder Público Federal" (art. 1º) e as eventuais consequências da sua inobservância. O art. 2º do decreto dispõe que se compreende por SAC "o serviço de atendimento realizado por diversos canais integrados dos fornecedores de serviços regulados com a finalidade de dar tratamento às demandas dos consumidores, tais como informação, dúvida, reclamação, contestação, suspensão ou cancelamento de contratos e de serviços". Cada um dos pleitos dos usuários deve receber numeração que permita o acompanhamento da demanda (arts. 15 e ss.). A toda evidência, o Decreto nº 11.034/2022 tem aplicação aos serviços públicos federais objeto de concessão.

Merece também destaque a Lei nº 13.460/2017, que "dispõe sobre a participação, proteção e defesa do usuário dos serviços públicos da administração pública", que não se reporta unicamente aos serviços prestados diretamente pela Administração, eis que trata de temas vinculados a contratos concessionários (como o dever de comunicação prévia ao consumidor caso o serviço seja desligado por inadimplemento – art. 5º, inc. XVI e parágrafo único). A Lei nº 13.460/2017 é regulamentada pelos Decretos nº 9.094/2017 e nº 9.942/2018. Quando menos, esta lei parametriza a relação dos usuários com o poder concedente e, subsidiariamente, com a concessionária.

Mas de nada adiantaria a atividade cooperativa exclusiva do usuário, desvinculada dos demais participantes do projeto. Muito embora o dispositivo da Lei nº 8.987/1995 mencione expressamente o usuário, também concessionário e concedente precisam cooperar entre si, fornecendo uns aos outros todos os dados úteis e necessários à gestão do projeto. Em decorrência, igualmente o conjunto das manifestações do concessionário deverá ser levado em conta quando da atividade fiscalizatória. Não basta ao concedente requerer aleatoriamente as mais diversas informações e as apreciar ao seu talante, para acolher só aquelas que momentaneamente lhe interessem e desprezar as demais (e a recíproca é verdadeira). Desde que as razões e os elementos fáticos fornecidos pelo concessionário sejam pertinentes e fidedignos, deverão ser apreciados pela Administração (quando menos, para serem fundamentadamente rejeitados, nos termos do art. 50 da Lei nº 9.784/1999).

O mesmo se diga quanto ao pessoal disponível para fornecer os dados da empresa concessionária. Não se pode supor que ela deva dispor de um "departamento de atendimento à fiscalização" – a fim de alocar pessoas e bens disponíveis todo o tempo aos fiscais. Isso geraria incremento desnecessário e desproporcional dos custos fixos do empreendimento. Os empregados do concessionário prestam-se a bem executar o serviço concedido – e não a ficar de sobreaviso, aguardando a próxima fiscalização. Claro que deverá haver pessoas treinadas para, em prazo hábil, prestar todas as informações necessárias à fiscalização – o que demandará prévia e formal comunicação (exceção feita a casos marcadamente urgentes). Mas nada parecido com uma sentinela, sempre de plantão para receber os fiscalizadores.

§43 Fiscalização e mutabilidade contratual

A supervisão faz com que o concedente tome contato com as variações impostas ao negócio pelo mundo dos fatos, correlacionando-as às exigências do presente e do futuro do contrato. Como o projeto concessionário é vínculo de longo prazo regido pelo interesse público, é muito importante que se saiba com antecedência se são necessárias medidas de adaptação no decorrer da sua execução, quais são as mais eficazes e quando devem ser implementadas.

A detecção da *alteração das circunstâncias* em que foi celebrado o contrato de concessão é dever das partes contratantes, a fim de que não se instalem problemas de difícil ou impossível solução (v. §§99 e 104, adiante). O perfeito *timing* é essencial para a eficiência do ajuste contratual. Isso requer um processo cotidiano de cooperação e supervisão minuciosa – que preserve as esferas reservadas do concessionário e alcance todos os detalhes e circunstâncias da execução do projeto. Assim, o ato de fiscalizar colabora na construção e aplicação da efetiva *capacidade de aprendizagem* dos contratos de concessão (v. §105, adiante). A atividade concessionária exige esta adaptabilidade para persistir íntegra a finalidade do projeto de concessão.

A fiscalização abrange a análise, compreensão e prospecção das variáveis endógenas e exógenas ao contrato de concessão, oriundas das áreas pública e privada (v. §24, acima). O concedente precisa estar a par das peculiaridades daquele específico setor econômico em que se desenvolve a atividade concessionária e de sua evolução (técnica e social), numa visão prospectiva que permita ao projeto permanecer eficaz ao longo de todo o prazo do contrato.

O mesmo se diga da ciência quanto aos mercados paralelos ou dependentes (por exemplo, a receita de uma concessão ferroviária envolve o transporte de safra agrícola e também o exame dos portos, do mercado internacional de grãos, das condições de plantio e colheita etc.; numa concessão de telefonia é indispensável o apuramento dos avanços tecnológicos e da convergência setorial).

Todos os dados úteis e necessários ao cumprimento do desiderato contratual deverão ser levados em conta e poderão implicar a necessidade de alterações consensuais no negócio jurídico (preservando-se seu objeto e seu conteúdo), de molde a assegurar sua persistência em todo o prazo originalmente contratado. Mediante essa mudança estar-se-á preservando a segurança do contrato de concessão.

A mutabilidade contratual pode ser aplicada sob três formas básicas: pela via *regulamentar*, mediante *termo aditivo* ao contrato ou, mesmo, pelas clássicas *alterações unilaterais* da Administração (v., adiante, §§98 e 99). Caso detectada a necessidade de mudança por meio da fiscalização, esta será uma das causas que possibilitarão a alteração contratual. O fato de se configurar a relação especial de administração autoriza tais mudanças com lastro em fontes diversas (normativas, regulamentares e contratuais).

O primeiro caso – *mutabilidade regulamentar* – usualmente se dá nos setores submetidos a agências reguladoras e tem por objeto os deveres estatutários do concessionário. No que respeita a esta "regulação discricionária", vejamos a lição de Joísa Dutra e Gustavo Kaercher Loureiro, para quem ela existirá "quando estivermos diante de um sujeito especificamente dotado de competências para disciplinar o serviço, competências essas estabelecidas em normas superiores (leis) as quais lhe estabelecem parâmetros materiais e procedimentais para o exercício das atividades de regulação e fiscalização do serviço público que foi concedido por meio de um instrumento contratual".[52] Logo, tais alterações não podem simplesmente impor novas cláusulas contratuais e/ou criar nem extinguir deveres. Caso pretendam fazê-lo, devem preferência à consensualidade e respeito ao simultâneo reequilíbrio econômico-financeiro do contrato.

O segundo e o terceiro casos – *termos aditivos* e *alterações unilaterais* – promovem modificações nas obrigações de meio e de resultado estabelecidas no negócio jurídico – sempre simultaneamente acompanhadas do respeito à equação econômico-financeira do contrato administrativo. As primeiras, que devem ser preferidas, envolvem a negociação e a solução autocompositiva do desafio contratual. Já as unilaterais são residuais, a serem praticadas em decorrência da necessidade pública combinada com a impossibilidade de acordo. Neste sentido, Marcus Vinicius Corrêa Bittencourt consigna que dentro do "dever de direção e controle encontram-se inúmeras obrigações como, por exemplo, a fiscalização ampla da prestação do serviço e o próprio poder de modificação unilateral das cláusulas regulamentares para aperfeiçoamento das atividades".[53] Modificar para aperfeiçoar – este é o mote que não pode ser deixado de lado.

Aqui, a fiscalização está pautada pela denominada "regulação contratual", que, na pena de Joísa Dutra e Gustavo Kaercher Loureiro, pode ser entendida como "a disciplina normativa que, versando sobre um tópico específico do serviço, encontra-se positivada no instrumento formalizador da concessão ('o contrato') e que, além disso, cobre todos os elementos mais relevantes do tópico em questão, por meio de textos que coíbem a formulação de interpretações muito discrepantes entre si [...] blindada por uma 'solene promessa' do poder público (prevista em norma jurídica à qual o regulador está vinculado) de que não serão editadas, no futuro, normas que se sobreponham àquelas originais".[54]

Mas é de se reiterar que uma coisa é a mutabilidade contratual legítima e fundamentada; outra, completamente diferente e reprovável, são as *degenerações contratuais* (v. §8, acima). Com isso se pretende firmar que não será qualquer fiscalização apta a resultar na alteração válida do pacto. Por exemplo, uma fiscalização sigilosa e unilateral certamente não importará alteração legítima. Tampouco satisfaria as exigências de legitimidade da mutação um instrumento qualquer denominado de "termo aditivo", celebrado individualmente pelo concedente e apenas publicado no Diário Oficial.

A preocupação não pode se fundar apenas em tópicos formais, pois deve atenção à substância desses meios aptos a conferir segurança jurídica ao contrato, a desenvolver sua capacidade de aprendizagem e, assim, assegurar a boa prestação do serviço concedido (v. §105, adiante). Afinal, o prestígio à forma – ainda que exacerbado – não tem o condão de gerar o descrédito da substância do contrato de concessão.

---

52 Regulação contratual ou discricionária no saneamento?. *JOTA*. Disponível em: https://www.jota.info/opiniao-e-analise/artigos/regulacao-contratual-ou-discricionaria-no-saneamento-05042021.

53 Bittencourt, Marcus Vinicius Corrêa. *Controle das concessões de serviço público, op. cit.*, p. 79.

54 Regulação contratual ou discricionária no saneamento?, *op. cit.*

§44 Fiscalização e devido processo legal

Dentro da concepção inerente a um *Estado de Garantia*, que conta com a colaboração isonômica dos usuários e do concessionário para a eficiente prestação do serviço público, está o direito-garantia ao devido processo legal.

Isto é, não se imagina que o dever de cooperação transparente atinja apenas os usuários e o concessionário, reservando-se ao concedente a competência para fiscalizações-relâmpago, decisões-surpresa e ações interventivas sem o prévio conhecimento das demais partes.[55] Nem a relação especial de administração tem o condão de derrogar a plenitude dessa garantia constitucional. Somente para hipóteses extremas o concedente detém esfera privativa de ações extraordinárias, uma reserva de competência que o autoriza a desenvolver investigações sigilosas ou aquelas sem a ciência prévia e a garantia da participação ativa do concessionário. Não se está defronte de atividades econômicas cuja fiscalização usualmente demande o elemento surpresa, como as inspeções sanitárias ou o controle da revenda de medicamentos, mas sim de projetos de convivência cooperativa público-privada.

A fiscalização, mesmo a inconstante – aquela instalada sem previsão fixa anterior –, deve ser antecedida de notícia em prazo razoável para que a concessionária possa cooperar e colocar à disposição dos agentes públicos os documentos, pessoas e dados necessários ao eficaz desenvolvimento dos trabalhos. Note-se bem: prazo *razoável*, nem tão longo que permita instalar o menosprezo ao dever de informar, nem tão curto que torne impraticável seu cumprimento.

Mais que isso, a fiscalização deve contar com a participação do concessionário, respeitando-se seu direito de acesso aos dados levantados pelo concedente. Essa garantia de conhecimento de como, onde e por que se processa a investigação traz consigo o direito de petição do concessionário (Constituição, art. 5º, XXXIV, "a"), com o correspondente dever de o concedente conhecer, examinar e apreciar motivadamente os pedidos protocolados pelos interessados (princípio do contraditório) e tornar pública sua decisão. O direito de petição abrange o dever de a autoridade conhecer do pedido e apreciá-lo em prazo razoável.

Por outro lado, e na medida em que a fiscalização pode implicar agravamentos ou sanções ao concessionário, aplica-se analogicamente a Súmula Vinculante nº 3 do STF: "Nos processos perante o TCU asseguram-se o contraditório e a ampla defesa quando da decisão puder resultar anulação ou revogação de ato administrativo que beneficie o interessado, excetuada a apreciação da legalidade do ato de concessão inicial de aposentadoria, reforma e pensão". Assim, e desde que em tese a fiscalização possa – direta ou indiretamente – importar a aplicação de sanções (ou a extinção da concessão por meio não sancionatório, como a encampação), torna-se imprescindível que o concessionário seja prévia e formalmente cientificado de todos os seus termos, que a ele se assegure o direito de petição referente aos atos do processo e que suas manifestações sejam motivadamente levadas em conta quando da edição do ato

[55] Em sentido contrário, Fernando Herren Aguillar, para quem "o direito de fiscalização supõe o elemento surpresa. Fiscalização com hora marcada é tão inútil quanto a falta de fiscalização, de modo que o poder do usuário de fiscalizar é permanente ou inexiste" (*Controle Social de serviços públicos*. São Paulo: Max Limonad, 1999, p. 249). Note-se que a crítica do autor diz respeito à previsão do art. 3º combinada com a do parágrafo único do art. 30.

administrativo concludente.[56] Em suma, o direito-garantia do devido processo legal (Constituição, art. 5º, LIV).

Igualmente se aplica o raciocínio da Súmula Vinculante nº 5 do STF: "A falta de defesa técnica por advogado no processo administrativo disciplinar não ofende a Constituição". *Mutatis mutandis,* as manifestações dos concessionários nos processos fiscalizatórios não exigem a defesa técnica realizada por advogado (o mesmo se dá nos processos de encampação e caducidade – Lei nº 8.987/1995, arts. 35 e ss. – ver §§123 a 126, abaixo). Os concessionários são empresas de elevada competência, qualificação e habilidade técnica, que têm ao seu dispor os melhores profissionais daquele ramo do conhecimento. Por isso, suas manifestações em procedimentos administrativos não têm como requisito de validade a assinatura de um advogado no documento. Isso não significa dizer que o advogado não possa comparecer e defender por meio da técnica jurídica os interesses do concessionário; apenas se consigna que não é condição de validade das petições (a presença do advogado depende do livre juízo formado pelo concessionário – e sua livre presença é assegurada pela Lei nº 8.906/1994, Estatuto da OAB).

§45 Fiscalização, custos e fontes

A fiscalização das novas concessões de serviços públicos tem alto custo. São projetos complexos, que envolvem mais de uma atividade econômica a ser supervisionada (incluindo-se aí aquelas que geram receitas acessórias, secundárias ou de projetos associados), desenvolvidos em longo prazo e com número previamente indeterminado de usuários. De usual, os contratos preveem o cumprimento de metas e convivem com reiterados avanços tecnológicos e fortes investidas de concorrentes. A fiscalização deve estar atenta também ao mercado exógeno à própria concessão, que muitas vezes acelera (ou atenua) o ritmo dos serviços concedidos – desde sua prestação até sua mutabilidade.

A supervisão por parte do concedente exige pessoal qualificado e em número suficiente, que disponha de infraestrutura física adequada e de alta tecnologia. Os agentes incumbidos da fiscalização devem ser constantemente treinados e ter sua especialização apurada. Afinal, seria paradoxal exigir do concessionário investimentos de porte (e de ponta) caso o concedente não disponha da aptidão necessária para fiscalizar a execução do contrato. Tanto a ignorância a propósito de tecnologias como a falta de pessoal agravam a assimetria de informações: se o agente público desconhece a técnica, não tem como avaliá-la; se não há número suficiente de servidores, serão improváveis a conferência tempestiva dos dados e a atuação em diversas frentes de supervisão. Logo, quanto mais complexo o contrato de concessão, mais cara será sua fiscalização.

Esse elevado custo instala nova investigação, a propósito das fontes dos recursos. Em tese, numa visão míope do fenômeno, a privatização se prestaria a desonerar o Estado de todas as despesas relativas ao serviço – sobraria verba e bastaria realocá-la.

---

[56] Nesse sentido há decisão do TRF-4. Região garantindo a participação do concessionário em processo de levantamento de dados que visava à encampação do serviço. V. o acórdão e respectivos comentários no artigo de NESTER, Alexandre Wagner. Concessões de serviços públicos, encampação e devido processo legal. *RDPE,* Belo Horizonte, Fórum, 7/237-251, jul./set. 2004.

Talvez isso em parte se dê nas privatizações substanciais (transferência definitiva do poder de controle e patrimônio), mas não naquelas formais (transferência provisória da gestão dos bens e serviços), nas quais há metas crescentes a atingir, alta capilaridade social e serviços cuja adequada prestação é tarefa pública. É inegável que a transferência da atividade para o setor privado instalará outros dispêndios públicos, relativos à supervisão e respectivo controle (técnico, econômico e concorrencial). Em alguns casos, nos quais há décadas os investimentos eram precários (rodovias, ferrovias, portos, água e saneamento etc.), é bem possível que haja significativo incremento das despesas. Mas isso não representa desvio ou frustração de expectativas consistentes. Afinal de contas, não se pode dizer que há distorção se quem gastava 1, quando deveria gastar 10, passa a se ver constrangido a gastar 5 – aqui não se tem aumento de 500%, mas deságio de 50% (não da despesa real, depauperada, mas daquela necessária). Se rodovias, ferrovias, serviços de saneamento, portos e aeroportos estavam em péssimo estado era porque neles não se investia sequer o necessário para sua manutenção – aqui está o problema, não nos custos da fiscalização.

A fonte dos recursos para a fiscalização pode ser examinada sob dois ângulos básicos: a cobrança de taxa do concessionário e/ou verbas públicas não vinculadas, oriundas do universo de contribuintes (impostos e receitas orçamentárias).[57] No caso de impostos e outras receitas não vinculadas a análise é mais simples: basta a previsão legislativa que permita a alocação orçamentária de verba estimada para a realização dessa tarefa pública de fiscalização (isso com todos os problemas, *ex ante* e *ex post*, referentes ao manuseio de verbas orçamentárias). O universo dos contribuintes, na medida da capacidade contributiva de cada um deles, financiará a supervisão daquele contrato – pouco importa se beneficiados (ou não) pelo projeto concessionário. Por exemplo, caso se opte por esta ordem de arrecadação, todos os contribuintes – mesmo aqueles que não tenham automóvel ou que jamais passem por certa rodovia – financiarão o dever de fiscalizar a ser desempenhado por parte do concedente responsável pela concessão rodoviária.

Claro que esta alternativa pode gerar problemas de distribuição de renda. Isso porque em determinados serviços os concessionários e os usuários são, presumida e relativamente, detentores de maior capacidade econômica que a maioria dos contribuintes – pense-se nos serviços de transporte aéreo e portos; lembre-se das telecomunicações digitais. Se a fonte dos recursos da fiscalização estiver no orçamento, haverá transferência indevida de renda: quem pagará serão aqueles que não usufruem o serviço e/ou não dispõem de renda equivalente à dos concessionários e usuários.

Em contrapartida, a alternativa da taxa é de operacionalidade mais complicada. No sistema tributário brasileiro a taxa é tributo vinculado, remuneratório de determinado

---

[57] Marçal Justen Filho, ao escrever a propósito da autonomia econômico-financeira das agências reguladoras, consignou cinco mecanismos de direito público aptos a gerar receita para a manutenção delas, concentrando-se na eficiência das taxas de poder de polícia, pois, "na medida em que a lei atribui o exercício do poder de polícia (competência regulatória) à agência reguladora, será admissível que outra disposição legal institua uma taxa destinada ao custeio dessa atividade" (*O Direito das agências reguladoras independentes*, *op. cit.*, p. 478).

serviço público ou do exercício do poder de polícia.[58] O que instala um primeiro problema de interpretação constitucional: caso se pretenda a aplicação restrita dos métodos hermenêuticos clássicos, *à la* F. C. von Savigny (a descoberta declaratória da *mens legis* e/ou da *mens legislatoris* por meio da combinação das interpretações gramatical, lógica, sistemática e histórica), poder-se-á chegar à conclusão de que, na medida em que o concedente não exerce poder de polícia em seu sentido e alcance tradicionais (v. §§36 e 37, acima), não se aplica o art. 145, inc. II, da Constituição e será inconstitucional qualquer lei que pretenda a cobrança de taxa. Nas concessões a fiscalização não se dirige à liberdade e propriedade das pessoas privadas, mas à gestão de um serviço público (de titularidade do concedente). Quando muito, o que se tem é uma liberdade de empresa circunscrita a parâmetros prefixados pelo concedente (cronológicos, territoriais e mercadológicos), cuja comparação com a *rationale* da polícia administrativa demonstra a disparidade de regimes. Mas aqui se estaria aplicando metodologia e conceitos do século XIX para solucionar problemas do século XXI.

Pois este livro pretende ir avante e construir solução contemporânea que, embora com muito respeito às teses clássicas (pois delas se vale num primeiro momento), não hesite em conferir eficiência aos dispositivos constitucionais e legais, de molde a lhes dar contornos pertinentes à sua razão atual.

Afinal, conceber a expressão "poder de polícia" como excludente da fiscalização a ser desempenhada pelo concedente implica triplo efeito pernicioso: por um lado, insiste-se na perenidade daquele poder típico do Estado autoritário e limitador, oposto à convivência cooperativa entre particulares e Administração. A concepção de que só é possível a cobrança da taxa se a atividade fiscalizadora do concedente for a polícia administrativa *stricto sensu* de outrora é desconstruída pela realidade, que prova que ela assim, de fato, não é (e nem pode ser).

Por outro lado, esse prestígio ao passado importa desprezo à complexidade – e alto custo – das tarefas fiscalizadoras contemporâneas. Com vistas à garantia da prestação adequada do serviço público, ao concedente são imputados deveres geradores de alto dispêndio. O exercício da competência de fiscalizar é desempenhado pelos mais variados órgãos e entidades públicas, sendo-lhes defeso delegar tal função. No limite, essa supervisão oriunda da relação especial que se põe entre concedente e concessionário imbrica-se no que antigamente se entendia por poder de polícia – sendo a modalidade mais branda e civilizada dessa atividade administrativa. Nos tempos atuais, o que no passado era a exceção tornou-se a regra em alguns setores.

Por fim, o terceiro dos motivos perniciosos resulta de concepção acanhada da dimensão das contemporâneas concessões de serviço público, como se o Estado só pudesse exercer legítima fiscalização – aquela que está na raiz do conceito de polícia administrativa – naquelas atividades próprias do domínio econômico privado. Retoma-se aqui o tema do Estado Liberal que se dedica a circunscrever as condutas das pessoas privadas em prol da ordem pública, conjugado com um setor de serviços públicos que não gera preocupações fiscalizadoras mais complexas e que não se insere em mercados

---

[58] CF, art. 145: "A União, os Estados, o Distrito Federal e os Municípios poderão instituir os seguintes tributos: (...) II – taxas, em razão do exercício do poder de polícia ou pela utilização, efetiva ou potencial, de serviços públicos específicos e divisíveis, prestados ao contribuinte ou postos à sua disposição (...)".

nacionais e mundiais. Além disso, circunscreve-se a concessão à singela "execução" do serviço público – olvidando-se da autonomia de gestão do projeto concessionário conjugada com o risco assumido pelo empreendedor privado. Os tempos são outros, e os setores econômicos não se submetem à lógica bipolar fechada de outrora – goste-se ou não disso, a contemporaneidade ampliou em muito a zona cinzenta de integração público-privada. Mais que isso: para efetivamente assegurar a boa prestação do serviço concedido, o Estado precisa muito mais do que apenas ordenar e supervisionar passivamente a conduta do concessionário – é preciso fiscalizar por meio de comportamento proativo, que determine a agenda nas prestações de comodidades aos usuários.

Mercados fortes exigem Estados mais fortes ainda, como já consignado. O mesmo se diga quanto à prestação de serviços concedidos: contratos complexos, que outorgam serviços públicos a concessionários política, tecnológica e economicamente fortes, exigem concedentes muito mais fortes. Daí a defesa da legalidade das taxas de fiscalização nas concessões de serviço público.

Tais taxas de fiscalização estão albergadas no art. 145 da Constituição brasileira, nada obstante serem desenvolvidas em face da execução de tarefas públicas por parte do concessionário. O aplicador há de desconstruir o conceito oitocentista de "poder de polícia" e construir hermenêutica que corresponda às exigências e peculiaridades contemporâneas da fiscalização das concessões de serviços públicos. No mínimo, a interpretação construtiva há de ser aquela que insira as relações administrativas especiais como modalidade contemporânea de exercício do "poder de polícia".

§46 Fiscalização, custos e "taxa de fiscalização"

A fiscalização é atividade imposta por lei ao concedente – não depende da vontade de qualquer das partes do contrato de concessão. Ela é habitualmente vantajosa ao projeto da concessão e nem sempre o é ao sujeito concessionário (eis que parametriza sua atividade, pode implicar abusos e interferência na liberdade de gestão). Além disso, é mensurável, causando despesa pública especial diretamente relacionada ao concessionário (o objeto da fiscalização é a gestão da obra e/ou serviço concedido). A fiscalização dá-se nos atos praticados pelo concessionário. Em vista da sua natureza (e em razão dela), é de se prestigiar a tese de que esse dispêndio público seja bancado por meio de taxa de fiscalização.

A taxa ora defendida desempenha *função remuneratória* imediatamente relacionada à atividade de fiscalizar: o concedente tem atuação específica (real ou potencial) disciplinada em lei; o sujeito passivo é o concessionário que sofre a fiscalização e paga ao concedente um valor aproximado da despesa daí oriunda; há claro nexo entre a atividade concessionária e aquela do concedente no exercício da fiscalização. "A hipótese de incidência da taxa – na lição de Ataliba – é uma atuação estatal diretamente (imediatamente) referida ao obrigado (pessoa que vai ser posta como sujeito passivo da relação obrigacional que tem a taxa por objeto)."[59] A taxa é tributo – portanto, exige o

[59] ATALIBA, Geraldo. *Hipótese de incidência tributária*. 6. ed. 11. tir. São Paulo: Malheiros Editores, 2010, p. 147. Ou, na definição de Rubens Gomes de Souza: "Taxa é o tributo instituído para remunerar um determinado serviço ou atividade especial do Estado, *que seja cobrado somente dos contribuintes que de fato se utilizem desse serviço ou*

cumprimento dos requisitos constitucionais e legais (Constituição, arts. 150 e ss.). Para ser colocada em prática, demanda a predefinição em lei da fiscalização a ser exercitada em face de uma categoria de agentes econômicos (além da taxa ela mesma).

No caso das concessões, a atividade estatal é específica, diferenciada não só pelo sujeito à qual ela se dirige, mas sobretudo pela sua forma e conteúdo: fiscalizar, por meio de agentes públicos, o desenvolvimento do projeto concessionário. Quem deve pagar diretamente a taxa é a pessoa cuja atividade será objeto da supervisão pública (é receita derivada daquela obtida pelo concessionário frente aos usuários – logo, em última análise, são estes que arcam com o pagamento).

É de se sublinhar que a atividade do concedente que compõe a hipótese de incidência da taxa de fiscalização corresponde *materialmente* a alguns dos aspectos do exercício do poder de polícia *stricto sensu*, mesmo estando-se diante de relação especial de direito público (não de relação geral com a incidência ordenadora da Administração sobre a atividade privada). O serviço administrativo decorrente da relação especial tem equivalência substancial àquele típico da polícia administrativa: com vistas a assegurar o bem-estar oriundo da boa prestação do serviço concedido, o concedente vistoria os documentos e a atividade material do concessionário; recebe relatórios; faz exames, perícias, cálculos e projeções; controla as metas e autoriza a instalação de novas fases no projeto; determina alterações pontuais; processa e pune (multas, intervenção) etc. O *aspecto material* da hipótese de incidência, o fato descrito na norma como pressuposto da incidência ("realizar fiscalização"), remete à natureza jurídica do tributo *taxa*.

A fiscalização é dever fundamental do concedente na relação concessionária. Não se olvide de que, ao dispor sobre a fiscalização, a Lei Geral de Concessões remete também às suas premissas (as normas legais, regulamentares e o contrato) e consequências (a aplicação de sanções que podem culminar na extinção do contrato). A fiscalização, portanto, abrange todo o ciclo configurador do assim denominado "poder de polícia" administrativo: informação, prevenção, vigilância, ordenamento e punição.[60] É por meio dessas atividades materiais que de ordinário se manifesta a Administração Ordenadora – todas passíveis de subsunção à fiscalização materialmente exercida pelo concedente na relação administrativa especial travada com o concessionário.

Como não poderia deixar de ser, o conceito consolidado quanto à expressão constitucional "exercício do poder de polícia" reporta-se diretamente à polícia administrativa. Salvo erro ou falta de percepção, as obras doutrinárias brasileiras e a jurisprudência dos

---

atividade, ou que os tenham à sua disposição" (*Compêndio de legislação tributária, op. cit.*, p. 169). Sobre as taxas no Direito brasileiro, consultar a obra coordenada por MARTINS, Ives Gandra da Silva. *Caderno de Pesquisas Tributárias 10:* taxa e preço público. São Paulo: Centro de Estudos de Extensão Universitária/Resenha Tributária, 1985 (máxime o estudo de SOUZA, Hamilton Dias de; GRECO, Marco Aurélio. Taxa e preço público, *op. cit.*, p. 111-132). Sobre as "taxas de fiscalização" brasileiras, em especial as do sistema de telefonia, v.: SUNDFELD, Carlos Ari, Câmara, Jacintho Arruda; SOUZA, Rodrigo Pagani. A fiscalização estatal sobre o serviço móvel celular e seus reflexos tributários. *RDPE*, Belo Horizonte, Fórum, 4/17-41, out./dez. 2003; DIAS, Eduardo Rocha. A cobrança pela outorga de concessões, permissões e autorizações de serviços de telecomunicações, *op. cit.*, *RDPE*, 6/59-66.

[60] Quanto às manifestações materiais (meios de atuação ou formas de exercício) da polícia administrativa, v.: BANDEIRA DE MELLO, Celso Antônio. *Curso de Direito Administrativo, op. cit.*, 27. ed., p. 835-836; Moreira Neto, Diogo de Figueiredo. *Curso de Direito Administrativo, op. cit.*, 15. ed., p. 444-456; Caetano, Marcello. *Manual de Direito Administrativo, op. cit.*, 10. ed. 9. reimpr. t. II, p. 1.164-1.166; MEDAUAR, Odete. *Direito Administrativo Moderno*. 12. ed. São Paulo: RT, 2008, p. 337-338; SUNDFELD, Carlos Ari. *Direito Administrativo Ordenador, op. cit.*, 1. ed. 3. tir. p. 75-76.

Tribunais Superiores não cogitam desse dilema emanado das relações administrativas especiais. Mas fato é que a materialidade da ação estatal é idêntica, não obstante a diversidade dos regimes jurídicos que autorizam sua implementação. Nos dois casos há efetivo exercício das mesmas atividades ou diligências (não obstante serem diversas as naturezas jurídicas das relações que se põem entre os respectivos "fiscais" e "fiscalizados" – uma, geral e em esferas jurídico-econômicas distintas; outra, especial e no mesmo setor público da economia). Logo, é válida a defesa de que a locução constitucional "poder de polícia" igualmente contempla, para fins estritamente tributários, a fiscalização oriunda da relação administrativa especial que se estabelece entre concedente e concessionário. Ao fiscalizar, a Administração (concedente ou regulatória) exercita competência própria, que se imiscui em aspecto peculiar da liberdade de empresa: aquela exercitada pelo concessionário, se e quando assim constituído pelo contrato administrativo. O que instala problema ainda mais sério quanto às taxas oriundas da fiscalização de uma relação administrativa especial.

Assim, é de se retomar o assunto da *relação especial de administração* e da inexistência de poder de polícia em seu sentido estrito, sobremodo no que diz respeito à exigência de lei para a cobrança da taxa. Em suma, o que acima foi dito quanto à ausência da polícia administrativa na relação jurídica da concessão tem consequências equivalentes quanto à reserva legal para a instituição de taxa de fiscalização. Esta persiste com natureza tributária, mas não se lhe podem fazer todas as exigências ordinárias daquelas taxas do poder de polícia *stricto sensu*.

Para usar termo cunhado por Sundfeld, o exercício da fiscalização é "conatural" ao contrato de concessão e deriva não apenas de previsão legal expressa, mas da própria natureza especial da relação jurídica de direito público estabelecida entre concedente e concessionário: aqui há uma presunção, *iure et de iure*, quanto ao cumprimento do dever de fiscalizar, que tem fonte normativa primária na Lei Geral de Concessões. Em contrapartida, a "taxa de fiscalização" admite, sim, a flexibilização quanto à sua fonte: tanto pode ser ela direta e exaustivamente a lei (como se dá no poder de polícia) como pode ser composta indiretamente por um regulamento ou o próprio edital e o contrato administrativo (que darão a densidade necessária à configuração da taxa). A reserva legal exigida para a taxa de poder de polícia aqui é posta em xeque, mas não derrogada.

Explica-se: o que se está, aqui, a advogar é a possibilidade de a lei prever genericamente o *standard* que permita a cobrança da taxa de fiscalização. A pessoa privada a ela livremente decide se submeter desde o momento em que apresenta sua proposta no certame licitatório. Uma previsão genérica, a tomar forma e a se concretizar no regulamento, no edital e/ou no contrato – amplia-se, portanto, a discricionariedade administrativa. Se esta é inerente ao "poder de polícia", com mais vigor ainda se estabelece nas relações administrativas especiais. Nada de arbitrariedades ou da defesa de tributação ilimitada no vácuo legislativo, mas sim a imprescindível margem legal alargada em razão do vínculo estatutário especial que une concedente e concessionário. Nem se poderia dizer que a fiscalização do contrato de concessão é puramente discricionária, pois abrange também atos vinculados (enfim, o dever de fiscalizar é vinculado), mas se afirma com tranquilidade que ela é eminentemente exercitada por meio de atos oriundos da competência discricionária do concedente. A ação fiscalizatória na relação administrativa especial tem esse forte tom discricionário (não só *a posteriori*, como se dá no "poder de polícia", mas também *a priori* – a alargar as fronteiras da ação e consequências).[61]

O pagamento será cogente, para o qual é irrelevante e impertinente a vontade das partes (nada obstante o concessionário ter praticado o ato-condição que o submeteu ao regime jurídico do contrato de concessão). Irrelevante porque a vontade não é a fonte do dever de pagar; impertinente porque ela não pode derrogá-lo. O que não se pode cogitar é da criação *ab ovo* de uma taxa de fiscalização com fonte puramente regulamentar ou contratual.[62] O princípio da legalidade deverá ser atendido – mas o será em vista da previsão geral da cobrança de uma taxa, cuja configuração será dada pela própria lei ou regulamento ou edital e contrato. Mas reitere-se: não se pode concluir pela natureza estritamente contratual desse dever cogente do concessionário – estará no contrato, mas sua natureza jurídica é equivalente à relação administrativa especial que o vincula. Seu pagamento é dever, não obrigação; sua fonte normativa é estatutária. Logo, pode-se inclusive cogitar de flutuações na configuração dessa taxa de fiscalização (ampliativas, restritivas, intensificadoras ou atenuadoras), típicas e próprias da relação jurídica que se põe entre concessionário e concedente.

A base de cálculo (ou base imponível) da taxa será a dimensão da atividade estatal a ser desenvolvida pelo órgão fiscalizador. "Efetivamente, se a h.i. da taxa é só uma atuação estatal, referida a alguém, sua base imponível é uma dimensão qualquer da própria atividade do Estado: custo, valor ou outra grandeza qualquer (da própria atividade)."[63] Este custo tem vínculo imediato com o trabalho público – que, ao seu tempo, se reporta à magnitude das atividades do concessionário. A base de cálculo dimensiona o elemento material da hipótese de incidência. Quanto maior e mais complexo o serviço concedido (tanto em extensão como em intensidade; tanto qualitativa como quantitativamente), mais alta a taxa a ser cobrada.

A definição da base de cálculo da taxa é, portanto, imediatamente vinculada à atividade fiscalizada. Ela presta-se a avaliar o fato descrito na hipótese e quantificá-lo. No setor das concessões há a certeza inerente à natureza do vínculo, quanto ao dever público de fiscalizar. Claro que poderá haver critérios que tenham como referencial dados

---

[61] Discricionariedade essa que se projeta para a eventual aplicação de sanções, que devem ser parametrizadas pelo art. 26 da LINDB, autorizador da solução consensual de qualquer "irregularidade, incerteza jurídica ou situação contenciosa". Ampliar em: GUERRA, Sérgio; PALMA, Juliana Bonacorsi de. Art. 26 da LINDB: novo regime jurídico de negociação com a Administração Pública. *Revista de Direito Administrativo – RDA*, Rio de Janeiro, FGV, *Edição Especial*. Disponível em: https://bibliotecadigital.fgv.br/ojs/index.php/*rda*/article/view/77653/74316.

[62] Como já defendi há algum tempo, "em qualquer hipótese existirão limites certos ao exercício de tal poder regulamentar. Fronteiras às disposições legais que os criem e ao conteúdo substancial dos próprios regulamentos. (...). O que há de inaugural em nosso ordenamento são competências regulamentares criadas por lei e por ela limitadas. Competências mais amplas que aquela de simples execução dos comandos legais, alcançando a origem de novas hipóteses e mandamentos normativos". Por isso que "o regulamento não pode *criar* penas e sanções, nem tributos, inclusive contribuições da Seguridade Social (CF, arts. 5º, XXXIX, 149, 150, I, e 195). Aplica-se o princípio da tipicidade penal (*nullum crimen, nula poena, sine praevia lege*), tributária e da seguridade, ao direito administrativo" (MOREIRA, Egon Bockmann. Agências administrativas, poder regulamentar e o Sistema Financeiro Nacional. *In:* CUÉLLAR, Leila; Moreira, Egon Bockmann. *Estudos de Direito Econômico*. Belo Horizonte: Fórum, 2004, p. 153-154). Em específico sobre as sanções administrativas e respectivos limites regulamentares, v. MOREIRA, Egon Bockmann. Agências reguladoras independentes, poder econômico e sanções administrativas. *In:* GUERRA, S. (org.). *Temas de Direito Regulatório*. Rio de Janeiro: Freiras Bastos, 2004, p. 160-199.

[63] ATALIBA, Geraldo. *Hipótese de Incidência Tributária, op. cit.*, 6. ed. 11. tir. p. 150.

relativos ao sujeito passivo e sua capacidade contributiva (faturamento, patrimônio, número de usuários etc.), tomados aqui na estrita condição de reveladores da fiscalização a ser executada. Isso não quer dizer que a taxa possa incidir diretamente sobre o patrimônio ou o faturamento do concessionário, pois essas são bases de cálculo que não representam imediatamente a dimensão da fiscalização (mas podem gerar impostos). Caso não se defina com precisão a imediata relação entre o que paga o concessionário e o custo da fiscalização, é possível à lei instituidora da taxa valer-se de tais dados como maneira de avaliar a dimensão do trabalho de fiscalizar: uma concessionária de telefonia que tenha faturamento elevado com certeza contará com grande número de usuários e exigirá maior atenção do concedente, ao passo que o inverso se dará com aquela detentora de faturamento pequeno.

Por conseguinte, é possível à taxa criar "categorias" ou "níveis" de contribuintes, escalonados de acordo com uma racionalidade cuja consistência permita inferir a maior ou menor atividade a ser desenvolvida pelo concedente.[64] A definição será legal, mas com delegação de certa margem de mobilidade para o concedente definir *intra legis* tais categorias (ou a dimensão por cada categoria ocupada). De qualquer forma, caso a caso há de existir proporcional vinculação entre o critério-referência para a base de cálculo e o custo da atividade estatal desempenhada – criando a presunção de que determinados dados do concessionário poderão implicar maior ou menor atividade do concedente. Por exemplo, o critério do número de usuários e faturamento pode ser eficaz para avaliar uma concessão de telefonia ou de energia elétrica, mas nem um pouco adequado numa concessão ferroviária, em que as extensões e configurações do trecho a ser fiscalizado e o conhecimento técnico de engenharia são marcantes.[65]

Nesse sentido, há julgados do STF que declararam a constitucionalidade de leis instituidoras de taxas cuja base de cálculo tenha por lastro essa ordem de presunções.[66] Em vista também da existência de decisões a respeito da taxa de limpeza baseada no tamanho do imóvel (RE nº 576.321, dentre outros), por proposta do Min. Lewandowski foi aprovada a Súmula Vinculante nº 29, com a seguinte redação: "É constitucional a

[64] O STF já decidiu pela constitucionalidade de taxa calculada "em razão da extensão da obra, dado perfeitamente compatível com a exigência de divisibilidade do serviço público de fiscalização por ele remunerado, sem qualquer identidade com a base de cálculo do imposto predial" (RE nº 214.569-MG, Min. Ilmar Galvão, *DJ* 13.8.1999), e daquelas calculadas "em razão da área fiscalizada, dado adequadamente utilizado como critério de aferição da intensidade e da extensão do serviço prestado" (RE nº 220.316-MG, Min. Ilmar Galvão, *DJ* 29.6.2001. No mesmo sentido: RE nº 213.552-MG, Min. Marco Aurélio, *DJ* 18.8.2000; RE nº 287.712-MG, Min. Moreira Alves, *DJ* 20.9.2002). Quanto às taxas de lixo, o STF julgou constitucionais as cobradas "em razão exclusivamente dos serviços públicos de coleta, remoção e tratamento ou destinação de lixo ou resíduos provenientes de imóveis" e consolidou "a orientação fixada no sentido de que a taxa que, na apuração do montante devido, adote um ou mais dos elementos que compõem a base de cálculo própria de determinado imposto, desde que não se verifique identidade integral entre uma base e a outra, não ofende o §2º do art. 145 da CF" (QO no RE nº 576.321-SP, Min. Ricardo Lewandowski, *Informativo STF* 531). Entendimento consolidado na Súmula Vinculante nº 19: "A taxa cobrada exclusivamente em razão dos serviços públicos de coleta, remoção e tratamento ou destinação de lixo ou resíduos provenientes de imóveis não viola o art. 145, II, da CF".

[65] Ou como decidiu o STJ: "É razoável a utilização da quilometragem da rede de telefonia como base de cálculo da Taxa de Fiscalização de Instalações, Equipamentos, Infraestrutura e Obras de Concessionárias do Serviço Público de Telefonia" (REsp nº 1.105.270-PR, Min. Eliana Calmon, *DJe* 14.9.2009).

[66] STF, AgR no RE nº 191.417-PE, Min. Néri da Silveira, *DJ* 16.6.2000; RE nº 177.835-PE, Min. Carlos Velloso, *DJ* 25.5.2001; ADI-MC nº 1.948-RS, Min. Nelson Jobim, *DJ* 14.9.2001; ADI nº 1.948-RS, Min. Gilmar Mendes, *DJ* 7.2.2003; ADI nº 453-DF, Min. Gilmar Mendes, *DJ* 6.3.2007 – compreensão consolidada na Súmula nº 665 do STF (É constitucional a taxa de fiscalização dos mercados de títulos e valores mobiliários instituída pela Lei n. 7.940/1989). Ampliar em Ávila, Humberto. *Sistema Constitucional Tributário*. São Paulo: Saraiva, 2004, p. 381-387.

adoção no cálculo do valor de taxa de um ou mais elementos da base de cálculo própria de determinado imposto, desde que não haja integral identidade entre uma base e outra".

Igualmente no STF foi também instalado interessante debate quanto à constitucionalidade da Lei estadual nº 11.073/1997 (RS), que criou taxa de fiscalização com base no faturamento anual dos "delegatários dos serviços públicos", a ser recolhida em favor da Agência Estadual Reguladora dos Serviços Públicos Delegados do Rio Grande do Sul – AGERGS. A Confederação Nacional do Transporte ajuizou a ADI nº 1.948-RS (que teve como primeiro Relator o Min. Néri da Silveira, sucedido pelo Min. Gilmar Mendes). A discussão estava na ausência de especificação da atividade estatal de fiscalização, ao lado do faturamento, como base de cálculo. A liminar foi indeferida, e o acórdão consignou que: "O faturamento, no caso, é apenas critério para incidência da taxa, não havendo incidência sobre o faturamento".[67] Lamentavelmente, contudo, o acórdão não tratou da ausência da definição legal minuciosa quanto à atividade fiscalizadora (nem tampouco quanto à sua classificação – ou não – como "poder de polícia" gerador da incidência).

Na medida em que a fiscalização do projeto concessionário é dever do concedente, aqui não surgirá o debate quanto à efetividade (ou não) do exercício da polícia administrativa como requisito necessário à cobrança da taxa. Tanto no que diz respeito a agências reguladoras como quanto a autarquias ordinárias, as leis criadoras e os decretos instituidores usualmente preveem em termos genéricos a cobrança de taxa de fiscalização.[68] Mas o que se pode ter certeza é de que, se há contrato de concessão, *ipso facto* há concedente – com os respectivos deveres e obrigações legais, regulamentares e contratuais quanto à supervisão. É conatural a qualquer contrato de concessão o exercício efetivo da fiscalização (o mesmo se diga quanto às permissões e autorizações). O que legitima a cobrança da taxa.[69]

---

[67] STF, ADI nº 1.948-RS, Min. Gilmar Mendes, *DJ* 7.2.2003. O precedente é o RE nº 177.835-PE, Min. Carlos Velloso, e o acórdão conta com voto divergente do Min. Marco Aurélio, acompanhado pelo Min. Ilmar Galvão.

[68] Por exemplo, a Lei nº 11.182/2005 (ANAC) prevê: "Art. 29. Fica instituída a Taxa de Fiscalização da Aviação Civil-TFAC" (redação dada pela Lei nº 11.292/2006); a Lei nº 9.427/1996 (ANEEL) dispõe: "Art. 12. É instituída a Taxa de Fiscalização de Serviços de Energia Elétrica, que será anual, diferenciada em função da modalidade e proporcional ao porte do serviço concedido, permitido ou autorizado, aí incluída a produção independente de energia elétrica e a autoprodução de energia"; a Lei nº 9.472/1997 (ANATEL) estabelece: "Art. 47. O produto da arrecadação das taxas de fiscalização de instalação e de funcionamento a que se refere a Lei n. 5.070, de 7 de julho de 1966, será destinado ao Fundo de Fiscalização das telecomunicações – FISTEL, por ela criado"; a Lei nº 10.233/2001 (ANTT e ANTAQ) fixa: "Art. 77. Constituem receitas da ANTT e da ANTAQ: (...) III – os produtos das arrecadações de taxas de fiscalização da prestação de serviços e de exploração de infraestrutura atribuídas a cada Agência" (redação dada pela Medida Provisória nº 2.217-3, de 4.9.2001). Ao seu tempo, o Decreto nº 8.489/205 (DNIT) prevê: "Art. 28. Constituem receitas do DNIT: (...) IV – produto da cobrança de emolumentos, taxas e multas". Já, a Lei Complementar paulista 914/2002 (ARTESP) estabeleceu: "Art. 22. São receitas da ARTESP: (...) V – produto da arrecadação da remuneração pela execução de serviços de gerenciamento e fiscalização dos contratos, conforme previstos nos contratos celebrados – como ônus variável, taxa de fiscalização ou outra denominação que vier a ser adotada". Dispositivo equivalente está na Lei Complementar paranaense 222/2020 (AGEPAR): "Art. 53. Constituem receitas da agência, dentre outras fontes de recursos: I – recursos oriundos da cobrança de taxa de regulação, sobre os serviços públicos delegados".

[69] O debate a propósito de taxa vinculada ao *efetivo exercício* do poder de polícia pode ser visto em Oliveira, Régis Fernandes de. *Taxas de polícia*. 2. ed. São Paulo: RT, 2004, p. 44-47. O STF tem acórdão consignando que: "Não pode o contribuinte furtar-se à exigência tributária sob a alegação de o ente público não exercer a fiscalização devida, não dispondo sequer de órgão incumbido desse mister, sendo, pois, irrelevante a falta de prova do efetivo exercício do poder de polícia" (AgR no RE nº 396.846-MG, Min. Cézar Peluso, *DJe* 28.8.2008). Em sentido contrário: AgR no AI nº 255.804-RJ, Min. Moreira Alves, *DJ* 31.3.2000; RE nº 140.278-CE, Min. Sydney Sanches, *DJ* 22.11.1996.

Quem pode instituir a taxa é aquela pessoa política que de fato exercita a atividade de fiscalização (direta ou mediante pessoa de sua Administração indireta), o "responsável pela concessão". Há relação de causalidade estrita entre o desempenho do ato de supervisionar e a capacidade ativa tributária. Ou, na síntese de Humberto Ávila: "Competente é a pessoa política com poder para exercer aquela atividade".[70] Quem fiscaliza, angaria a receita. Assim, se existe serviço público de titularidade da União que, mediante convênio, tem a administração transferida para um Estado-membro a quem é atribuída a responsabilidade pela concessão, será possível a criação de taxa estadual, a ser paga pelo concessionário para compor os custos da fiscalização.

O detalhe pernicioso poderá surgir do entrecruzamento das competências oriundas de leis que atribuam tarefas "semelhantes" a mais de um ente político – com a consequente multiplicação das fiscalizações e respectivas taxas derivadas dessa confusão. Como já decidiu o TRF-3ª Região: "Trata-se, pois, de excesso de atribuições, as quais devem estar específica e objetivamente previstas e repartidas entre as várias competências, a não permitir os excessos e distorções, visto que os 'serviços' prestados devem ter em mira unicamente o bem da comunidade".[71] A fiscalização de direito ambiental é rica em exemplos dessa ordem, bem como a sanitária e a urbanística – consideradas tanto em termos absolutos (várias pessoas com atribuições a respeito da mesma matéria) como relativos (pessoas com competências que se interseccionam: *v.g.*, a ANATEL, a instalação das antenas de telefonia celular e os Municípios[72]).

Por fim, hão de ser feitas duas ressalvas secundárias, ambas por demais claras: a primeira quanto ao dever de o concessionário pagar tributos, como qualquer outro contribuinte (e a não existência de imunidade recíproca quanto à taxa); e a segunda quanto ao fato de o exercício de fiscalização (e eventual "poder de polícia", a depender do setor regulado) por parte de agências reguladoras serem apenas uma das atividades dessas autarquias especiais.

Quanto à primeira: a toda evidência, os concessionários exercem a atividade econômica de prestação do serviço público com intuito lucrativo. Ainda que exercitem o serviço público que lhes foi outorgado, não se lhes aplica o inciso VI, "a", do art. 150 da CF. Como já decidiu o Pleno do STF: "A imunidade recíproca é uma garantia ou prerrogativa imediata de entidades políticas federativas, e não de particulares que executem, com inequívoco intuito lucrativo, serviços públicos mediante concessão ou delegação, devidamente remunerados".[73]

---

[70] Ávila, Humberto. *Sistema Constitucional Tributário, op. cit.*, p. 245.

[71] TRF-3. Região, AP e RO nº 1.094.270-SP, Des. Federal Lazzarano Neto, 12.9.2007, *Boletim AASP* 2.588/4.855-4.856.

[72] V. a MC na AC nº 1.346-PR, Min. Sepúlveda Pertence, *DJ* 13.9.2006 – em litígio que versa sobre o cumprimento da Lei nº 8.462/2001, do Município de Londrina-PR, que dispõe sobre a instalação de equipamentos transmissores de radiação eletromagnética. A respeito do emaranhado de competências nos setores portuário e de aviação civil brasileiros, v. respectivamente: MAYER, Giovanna. *Regulação portuária brasileira:* uma reflexão sob a luz da análise econômica do Direito, *op. cit.*, p. 104-110; e CAMPOS, Rodrigo Pinto de. Conflito de competências entre Administração direta e agência reguladora: o caso da aviação civil. *RDPE*, Belo Horizonte, Fórum, 23/159-170, jul./set. 2008.

[73] STF, ADI nº 3.089-DF, Min. Joaquim Barbosa, *DJe* 31.7.2008. O STF já decidiu pela imunidade das seguintes empresas públicas prestadoras de serviços públicos: Empresa de Correios e Telégrafos – ECT (RE nº 364.202-RS, Min. Carlos Velloso, *DJ* 18.10.2004) e Empresa Brasileira de Infraestrutura Aeroportuária – INFRAERO (RE nº 524.615-BA, Min. Eros Grau. *DJe* 1.2.2008, e ACO nº 1.352-ES, Min. Joaquim Barbosa, *DJe* 23.3.2009). Esse debate tem consequências seríssimas, inclusive quanto à inclusão de determinadas empresas estatais no malfadado

A segunda, porém, torna explícito que a compreensão acima encampada não significa advogar a tese de que as agências reguladoras exerceriam só a atividade de polícia administrativa (e fiscalização). O fato de a agência exercitar *também* o que hoje se pode entender por "poder de polícia" (Administração Ordenadora, relação administrativa especial) não significa dizer que ela realize *apenas* essa atividade. Seus custos não podem ser compostos somente pela receita oriunda das taxas – estas remuneram uma das muitas atividades desenvolvidas pelas autoridades reguladoras independentes. O parágrafo seguinte deste livro tratará dessa questão.

Mais ainda: como reiteradas vezes mencionado, não se está diante da execução do antigo "poder de polícia", mas frente à competência de supervisão das atividades do concessionário ao administrar o serviço público, a ser desenvolvida em harmonia e cooperação.

§47 Fiscalização, custos e "taxa regulatória"

Toda a literatura, nacional e estrangeira, é firme em consignar o óbvio: a autonomia das agências reguladoras depende de sua soberania financeira. Nos dias de hoje, ninguém – pessoas privadas (físicas ou jurídicas) ou estatais – tem independência sem dispor de verbas que permitam o desempenho condizente de suas tarefas ordinárias. Sem autonomia financeira a independência das agências reguladoras será reduzida a uma figura retórica. Por meio de análise das agências brasileiras, Leila Cuéllar constatou que "o legislador buscou proporcionar-lhes, além das dotações orçamentárias gerais, outras fontes de receitas próprias, como os recursos oriundos de (a) arrecadação de taxas de fiscalização sobre os serviços ou atividades econômicas regulados, (b) produtos de multas, emolumentos e retribuição de serviços prestados a terceiros, (c) rendimentos de operações financeiras, (d) recursos provenientes de convênios, acordos ou contratos celebrados, (e) doações, legados, dentre outros recursos que lhes forem destinados, (f) valores apurados na venda ou aluguel de bens móveis ou imóveis de propriedade das agências".[74]

Uma das fontes mais seguras para (tentar) conferir autonomia financeira às agências reguladoras independentes são as chamadas "taxas de regulação" ou "taxas regulatórias". Este ponto exige dissociação no que respeita à competência de cada uma das agências. Interessam ao presente livro aquelas que ostentem a condição jurídica de concedentes (ou que recebam a delegação para fiscalizar, por parte do concedente, através de lei ou de convênio autorizado em lei). Aqui se está diante de relação administrativa especial, que pode instalar a cobrança da taxa de fiscalização defendida no parágrafo acima (por exemplo, ANATEL, ANEEL, ANTAQ, ANTT, AGERGS, ARTESP, AGEPAR). Outra ordem de atividades é aquela desempenhada por agências independentes de regulação

---

regime de pagamento via precatório. A esse respeito, v. Moreira, Egon Bockmann; GRUPENMACHER, Betina Treiger; Rodrigo Luís, KANAYAMA; AGOTTANI, Diogo Zelak. *Precatórios*: o seu novo regime jurídico, 5. ed. São Paulo: Thomson Reuters/RT, 2023.

[74] CUÉLLAR, Leila. *As agências reguladoras e seu poder normativo*. São Paulo: Dialética, 2001, p. 94 (e nota 220, com citação de dispositivos legais referentes a agências federais e estaduais). Ampliar em *Introdução às Agências Reguladoras brasileiras, op. cit.*, p. 99-100, da mesma autora.

econômica setorial em sentido estrito, que pode se circunscrever à noção específica de Administração Ordenadora (por exemplo, ANS, CVM, ANVISA, ANP).[75]

Mas fato é que não há consenso doutrinário quanto à natureza de tais taxas. Considerações à parte do aspecto econômico delas e eventuais desvios (afinal, podem instalar um problema de captura devido aos incentivos resultantes no aumento da receita da agência em razão direta do faturamento do regulado – como bem ressaltado por Marcos Juruena Villela Souto[76]), há quem defenda que a taxa de regulação de serviços públicos não é uma taxa em sentido estrito (ou nem sempre o é). Assim, Alexandre Santos de Aragão descarta a natureza de taxa "propriamente dita" para aquelas "agências reguladoras de serviços públicos ou da exploração privada de monopólios ou bens estatais", pois nestas a fiscalização não significa o exercício de poder de polícia.[77] Já Marcos Juruena Villela Souto, depois de mencionar opiniões em sentido contrário, consigna que no caso das concessões e permissões não há taxa e cabe "ao contratado, por encargo contratual, previamente autorizado por lei, custear as despesas com a fiscalização e controle da execução dos serviços".[78] Ao seu tempo, Marçal Justen Filho opõe-se a tal compreensão: "A exigência de uma remuneração pelo exercício de competências regulatórias não tem fundamento contratual (...). Sob esse ângulo, há uma distinção fundamental entre o lance ofertado na licitação e a taxa de regulação. Aquele reflete a contrapartida do particular pela obtenção de uma certa vantagem. Já a taxa de regulação é um dispêndio relacionado com as despesas efetuadas pelo Estado para exercitar competência regulatória. (...). A causa jurídica da cobrança da *taxa de fiscalização* é o exercício de competência regulatória. Paga-se *porque* a agência desempenha função regulatória. Portanto, não se pode identificar qualquer natureza sinalagmática ou de contrapartida na *taxa de fiscalização* em face do acesso do particular a algum benefício ou vantagem".[79]

---

[75] Sobretudo para Marçal Justen Filho, ao defender que "a competência regulatória envolve uma manifestação de competências estatais reconduzíveis ao instituto do poder de polícia", pois "na medida em que a lei atribui o exercício do poder de polícia (competência regulatória) à agência reguladora, será admissível que outra disposição legal institua uma taxa destinada ao custeio dessa atividade" (*O direito das agências reguladoras independentes, op. cit.*, p. 478; e, mais adiante, nas p. 537-538, quando correlaciona a discricionariedade regulatória e as peculiaridades do poder de polícia). V. também Paulo César Melo da Cunha, que escreveu sobre a Taxa de Saúde Suplementar em decorrência do exercício do poder de polícia pela ANS (*Regulação jurídica da saúde suplementar no Brasil*. Rio de Janeiro: Lumen Juris, 2003, p. 101-110). Já, Alexandre Santos de Aragão propugna a atualização do conceito de poder de polícia, aproximando-o "do conceito de regulação, apesar de não alcançá-lo *in totum*, por não abranger a regulação dos serviços públicos e outros aspectos a ela inerentes, tais como a composição de conflitos" (*Agências reguladoras*. Rio de Janeiro: Forense, 2002, p. 36). Conforme já tantas vezes consignado neste livro, respeitosamente discordamos da qualificação de "poder de polícia" relativa às agências reguladoras – noção que põe em foco apenas um aspecto (muitas vezes secundário) da atividade dessas entidades públicas.

[76] SOUTO, Marcos Juruena Villela. *Desestatização:* privatização, concessões, terceirizações e regulação. 4. ed. Rio de Janeiro: Lumen Juris, 2001, p. 457-458.

[77] ARAGÃO, Alexandre Santos de. *Agências reguladoras, op. cit.*, p. 332.

[78] SOUTO, Marcos Juruena Villela. *Desestatização:* privatização, concessões, terceirizações e regulação, *op. cit.*, 4. ed., p. 461. Para depois ressalvar: "Nos casos em que as agências estão autorizadas ao exercício do poder de polícia – como na Agência Nacional de Vigilância Sanitária –, o custeio, aí, sim, reveste-se da natureza jurídica de taxa, de caráter tributário". O cruzamento da regulação e do poder de polícia, bem como o tema do custeio, são tratados pelo autor também em *Direito administrativo regulatório, op. cit.*, 2. ed., p. 73-81 e 259-261. Também compreendendo algumas dessas taxas como encargo contratual, DIAS, Eduardo Rocha. A cobrança pela outorga de concessões, permissões e autorizações de serviços de telecomunicações, *op. cit.*, *RDPE*, 6/43-66.

[79] Justen Filho, Marçal. *O direito das agências reguladoras independentes, op. cit.*, p. 474-475. Não se olvide que Marçal Justen Filho correlaciona a competência regulatória ao poder de polícia.

Em suma, e considerações à parte, a natureza e o regime jurídicos das atividades desempenhadas pelas agências reguladoras (possuidores de amplo espectro, desde a Administração Ordenadora até o fomento administrativo, passando pelas relações administrativas especiais), fato é que algumas delas desempenham certas condutas que materialmente se subsomem ao conceito tradicional de "poder de polícia" (ou nas relações administrativas especiais reconduzidas aos preceitos constitucionais específicos). A taxa, portanto, é cabível nestas hipóteses restritas, desde que observada a relação proporcional entre tais custos públicos e a cifra a ser recolhida pelo contribuinte (que pode ser um concessionário de serviço público).

§48 Fiscalização, custos e equilíbrio econômico-financeiro

O recolhimento da taxa de fiscalização (ou regulatória) tem influência direta no equilíbrio econômico-financeiro do contrato. É de todo indicado que esta despesa do projeto de concessão seja previsível desde o edital e componha as projeções a serem feitas nas respectivas propostas. Ainda que aparentemente pequeno a olhos leigos, o percentual de 0,5% ou 1% da receita bruta anual causa fortíssimo impacto na composição da equação dos encargos e receitas da proposta. Basta examinar a dimensão que tal percentual ocupa na composição dos custos do concessionário e projetá-la pelo prazo de 15, 20 ou 30 anos.

Desta forma, tais despesas tributárias devem necessariamente compor a equação econômico-financeira do projeto concessionário (v. §97, adiante). O mesmo se diga caso haja a criação de taxa de fiscalização no curso da execução contratual (ou coisa que o valha, independentemente do rótulo atribuído), pois ela repercutirá de forma direta nos custos fixos do projeto. Este é exemplo típico do *fato do príncipe*, pois preenche as três condições fixadas pela célebre doutrina de Hauriou: (i) um contrato do qual a Administração faça parte; (ii) uma medida de poder público (lei, regulamento, decisão executória etc.); (iii) um elemento de imprevisão, pois essa medida de poder público não constava dos prognósticos das partes ao momento do contrato.[80] [81] Assim, a futura taxa deve ser acompanhada de todas as medidas correspondentes à manutenção da equação contratual. Os estudos justificadores precisam contemplar a simultaneidade da recomposição do equilíbrio – e sua alocação no projeto, pena de os custos serem agravados para todos os envolvidos.[82] Inclusive, seria de todo indicado que a criação e variações em torno das taxas fiscalizatórias viessem alocadas com clareza na matriz de risco contratual (v. acima §23-A).

---

80 HAURIOU, Maurice. *Précis de Droit Administratif et de Droit Public, op. cit.*, 12. ed. (reed.), p. 511. A respeito da teoria da imprevisão nos contratos administrativos, v. Moreira, Egon Bockmann; BAGATIN, Andreia Cristina. Contratos administrativos, direito à greve e os 'eventos de força maior', *op. cit.*, *RT*, 875/41-53. Sobre a teoria do fato do príncipe e sua relativização contemporânea, v. §§98, 99, 104 e 105, adiante.

81 Com lastro na observância do equilíbrio econômico-financeiro definido no edital, o TRF-1. Região já decidiu que: "Não tendo previsto o edital a inclusão do ICMS nas planilhas de custos para a execução das obras contratadas, não pode ser ele assumido pela parte contratada" (AC nº 199901001131746-DF, Juiz Cândido Ribeiro, *DJ* 10.8.2000). O mesmo raciocínio aplica-se às taxas.

82 Cf. decisão do STJ: "A cobrança de taxas pelo exercício do poder de polícia é matéria pertinente à seara com reflexos nos contratos administrativos, que devem ser considerados em ação própria contra o poder concedente ou objeto de aditamento ao contrato de concessão" (REsp nº 1.105.270-PR, Min. Eliana Calmon, *DJe* 14.9.2009).

Insista-se nesse ponto, pois a simultaneidade da recomposição é imperiosa. Conforme acima defendido ao tratar dos riscos do negócio (§23), é de se frisar que pouco ou nada valerá ao projeto concessionário o prestígio à ideia de que o desequilíbrio atual possa ser recomposto por decisão judicial transitada em julgado 10, 20 ou 30 anos depois (muitas vezes depois de encerrado o contrato). Essa ordem de agressão às condições normais do projeto corrompe as projeções contratuais – o que pode ser fatal em investimentos de longa maturação. Num cenário péssimo, a prestação do serviço público será prejudicada e o concessionário ficará detentor de um precatório. É evidente que nada disso atende ao interesse público estampado na Lei Geral de Concessões.

Por outro lado, já de há muito é consagrado que as taxas não podem ser excessivas. Ainda que o percentual seja de apenas um dígito, o valor arrecadado será, em maior ou menor grau, inibidor do adequado desenvolvimento da atividade concessionária. Quando menos, implicará abalo na modicidade tarifária. Daí a exigência da proporção entre tal dispêndio e o projeto concessionário como um todo. De partida, a falta de razoabilidade pode significar a criação de taxa inconstitucional. Em percuciente análise de acórdão do STF a propósito de taxa fixa de 2% do valor da causa em ações judiciais, Humberto Ávila consignou que a decisão "apresenta um duplo significado: o valor das taxas deve ser equivalente aos custos da atividade estatal (razoabilidade-equivalência); o valor das taxas não pode ser tão alto a ponto de comprometer a eficácia mínima de um direito fundamental (postulado da proibição material de excesso)".[83]

Ou seja, o exame da taxa de fiscalização não deve ser restrito à viabilidade da recomposição do seu equilíbrio econômico-financeiro – como se a conduta de agravar desmedidamente o ônus tarifário fosse razoável e equânime. Caso isso se dê, os usuários arcarão com tal incremento e a tarifa deixará de ser módica, pois passará a representar não uma contrapartida aos serviços prestados e obras construídas, mas sim à carga tributária do empreendimento. Isso pode contaminar a racionalidade de todo o projeto concessionário.

§49 Quem fiscaliza o fiscal?

Os atos praticados pelo concedente submetem-se a dois sistemas de controle: o interno (ou administrativo) e o externo. Esta segunda espécie é exercida por órgãos e entidades situados nos outros Poderes do Estado (Judiciário, Legislativo e Tribunais de Contas). O controle externo exercido pelo Poder Judiciário envolve as ações constitucionais (*v.g.*, ação civil pública,[84] ação popular e mandado de segurança) e todo o regime infraconstitucional de sindicância jurisdicional da conduta administrativa do Estado.[85]

---

[83] Ávila, Humberto. *Sistema constitucional tributário, op. cit.*, p. 386.

[84] Sobre a ação civil pública a respeito da prestação de serviços públicos, inclusive em concessões, v. Moreira, Egon Bockmann; BAGATIN, Andreia Cristina; ARENHART, Sérgio Cruz; FERRARO, Marcella Pereira. *Comentários à Lei de Ação Civil Pública*. 3. ed. São Paulo: Thomson Reuters/RT, 2024, especialmente p. 52-55 e 125-129.

[85] Sobre as formas de controle dos reguladores e fiscalizadores, v. CUÉLLAR, Leila. *Introdução às agências reguladoras brasileiras, op. cit.*, p. 104-112. Sobre o controle em sentido amplo, v. JORDÃO, Eduardo. Quem controla a Administração?. *In*: SUNDFELD, Carlos Ari *et al. Curso de Direito Administrativo em Ação, cit.*, p. 551-576. Sobre o controle em si e autoridades competentes, v. o ensaio de minha autoria Notas sobre os sistemas de controle dos atos e contratos administrativos, *op. cit.*, *Fórum Administrativo*, 55/6.079-6.087. Para uma visão ampla quanto aos serviços públicos, v. AGUILAR, Fernando Herren. *Controle social de serviços públicos, op. cit.*, p. 211-286. A

É importante frisar que o controle externo não amesquinha o sistema de controle interno (art. 74 da Constituição; arts. 19 a 26 do Decreto-Lei nº 200/1967), que tem três espécies. A primeira é a autotutela, que – como frisa Edgar Guimarães – impõe "à autoridade competente o dever de analisar a legitimidade e o mérito de seus próprios atos, devendo expurgar aqueles tidos por ilegítimos, inoportunos ou inconvenientes ao interesse público".[86] Em segundo lugar está o controle hierárquico, determinando que o superior discipline, supervisione e fiscalize os atos de seus subordinados. No que diz respeito à Administração indireta dá-se o controle tutelar. "Em essência – escreve Odete Medauar –, tutela administrativa é a fiscalização exercida pelos órgãos centrais sobre as pessoas jurídicas públicas administrativas descentralizadas."[87] Existe nos casos previstos em lei e submete-se a regime estrito quanto à revisão dos atos praticados pela Administração indireta – em especial a autárquica ("recurso hierárquico impróprio").

Para além do controle interno, o Congresso Nacional detém a competência de avaliar a "legalidade, legitimidade, economicidade, aplicação das subvenções e renúncia de receitas" (CF, artigo 70, *caput*). Ao dever de prestar contas submete-se "qualquer pessoa física ou jurídica, pública ou privada, que utilize, arrecade, guarde, gerencie ou administre dinheiros, bens e valores públicos" (art. 70, parágrafo único).

Já o Tribunal de Contas exerce parcela constitucionalmente definida do controle externo. O Legislativo tem competência técnica e política (contas públicas, CPI, *impeachment* etc.) e o Tribunal de Contas exerce controle técnico. Sua atividade dirige-se à função administrativa do Estado em sentido amplo, abrangendo os atos e contratos da Administração direta e indireta. A Corte aprecia e julga as contas públicas, emite parecer a respeito delas, presta informações ao Congresso Nacional, fiscaliza e controla a atividade administrativa dos três Poderes da República e de suas Administrações indiretas, aplica sanções e determina a adoção das providências necessárias ao cumprimento dos preceitos legais (Constituição, art. 71 e incisos). Em suma, é órgão do Poder Legislativo com especialidade técnica, imparcialidade e independência, a quem só é permitida a sindicância técnica especializada (jurídica, econômica, de engenharia, tecnologia da informação, administração, gestão pública etc.).[88]

Em vista da repartição federativa de competências, os Tribunais de Contas submetem-se a limites equivalentes para os respectivos atos de controle. Assim, ao TCU é vedado o controle dos bens e despesas estaduais e municipais (e vice-versa). A competência é limitada por critério objetivo (bens e despesas). Logo, os Tribunais de Contas podem examinar atos de outros entes da Federação, desde que envolvam bens e verbas oriundos da unidade federativa aos quais eles estão vinculados.

---

propósito do controle interno nas concessões, v. especialmente Bittencourt, Marcus Vinicius Corrêa. *Controle das concessões de serviço público, op. cit.*, máxime p. 73-100.

[86] Guimarães, Edgar. Controle dos atos admissionais pelos Tribunais de Contas. *In:* MOTTA, F. (org.). *Concurso público e Constituição*. Belo Horizonte: Fórum, 2005, p. 261-262.

[87] MEDAUAR, Odete. *Controle administrativo das autarquias*. São Paulo: José Bushatsky Editor, 1976, p. 23.

[88] A propósito dos limites à atuação dos Tribunais de Contas, sobretudo os constitucionais, v. SUNDFELD, Carlos Ari; ROSILHO, André (org.). *Tribunal de Contas da União no direito e na realidade*. São Paulo: Atlas/sbdp, 2021; ROSILHO, André. *Tribunal de Contas da União*. São Paulo: Quartier Latin, 2019; REIS, Pedro Dutra e Thiago. *O soberano da regulação: o TCU e a infraestrutura*. São Paulo: Singular, 2020. Importante também é a consulta à coluna Controle Público, do *JOTA*, coordenada por André Rosilho, Carlos Ari Sundfeld. *Grupo Público*, Juliana Bonacorsi de Palma e Yasser Gabriel. Disponível em: https://www.jota.info/opiniao-e-analise/colunas/controle-publico.

Questão interessante surge nos convênios firmados entre as unidades federativas – quando uma delas cede bens para uso ou administração pela outra (cf. §17, acima). Por exemplo, um convênio através do qual a União outorgue a um Estado a administração de bens federais: neste caso, a supervisão desses bens permanece sob a tutela do TCU.[89] Isso porque, por óbvio, um convênio firmado pela Administração Federal não derroga a competência constitucional do TCU: o controle externo permanece atado ao Tribunal vinculado à unidade da Federação originalmente titular do bem (CF, arts. 70, *caput*, e 71, II e VI). Por exemplo, a gestão de porto marítimo: a sindicância quanto a esse complexo de bens federais será objetivamente detida pelo TCU (abrangendo-se aqui a ação da ANTAQ), ainda que objeto de convênio com Estado-membro.

Constatação que tem especial desdobramento no que concerne aos consórcios públicos (cf. §18, acima). Fato é que a União, os Estados, os Municípios e o Distrito Federal podem contratar consórcios públicos para a realização de interesses comuns (art. 1º da Lei nº 11.107/2005). Imagine-se a hipótese de o Município de São Paulo constituir uma associação pública com três outros Municípios: a qual Tribunal de Contas (o Municipal ou o Estadual) caberia o controle externo dos atos do consórcio ele mesmo? Indo além, cogite-se de consórcio constituído pela União e três Estados. Ou de associação pública municipal que receba verbas federais.

Isso resulta na necessidade de, à luz do princípio da eficiência, ser instituído um controle partido, cada Corte a controlar os atos e contratos praticados com lastro em bens ou recursos originários da sua unidade federativa. Mesmo porque a autonomia conferida à pessoa jurídica "consórcio público" a isola dos entes que a constituíram (não se confundindo a pessoa constituída com a personalidade jurídica daquelas que a constituíram). Logo, não seria eficiente o controle múltiplo por parte de mais de uma Corte de Contas sobre os mesmos atos e contratos. Caso não se tenha um sistema objetivo de partição de controles correr-se-á o risco da instalação de potencial e interminável conflito de competências (bem como decisões contraditórias). Por isso se defende a divisão objetiva das competências em razão do objeto a ser controlado (bens e recursos públicos), desvinculada das pessoas públicas signatárias do consórcio.

Também se deve atentar para o momento do controle: é possível aos Tribunais realizar análise preventiva dos atos e contratos da Administração, mas essa não deve ser a regra. A competência detida pelas Cortes de Contas diz respeito precipuamente ao controle *a posteriori* das atividades que envolvam bens e verbas públicas, jamais a configurar condição ao exercício das competências da Administração.[90]

---

[89] Em caso que versava a propósito de rodovias federais delegadas a Estado-Membro por meio de convênio, e assim integradas a rodovias estaduais numa mesma estrutura concessionária, a Justiça Federal decidiu que "não há dúvida de que a análise da questão relativa ao equilíbrio econômico-financeiro dos aludidos contratos cabe, privativamente e com exclusividade, ao TCU. Admitir conclusão diversa significaria permitir, sem autorização constitucional e legal, a ingerência da Corte de Contas estadual no exame, controle e fiscalização de bens, serviços e recursos que, ao fim e ao cabo, pertencem à União" (SJDF, 6. VF, Autos 1017413-33.207.4.01.3400, Juiz Manoel Pedro Martins de Castro Filho, j. 14.02.2020).

[90] O STF já julgou que: "O art. 71 da Constituição não insere na competência do TCU a aptidão para examinar, previamente, a validade de contratos administrativos celebrados pelo Poder Público – Atividade que se insere no acervo de competência da função executiva" (ADI nº 916-MT, Min. Joaquim Barbosa, *DJ* 20.3.2009). Em outro julgado o STF já havia consignado: "A exigência feita por atos normativos do Tribunal sobre a remessa prévia do edital, sem nenhuma solicitação, invade a competência legislativa distribuída pela Constituição Federal, já exercida pela Lei federal n. 8.666/1993, que não contém essa exigência" (RE nº 547.063-RJ, Min. Menezes Direito, *DJ*

As peculiaridades do tema giram também em torno da natureza das decisões do Tribunal de Contas e se elas podem deter conteúdo mandamental, a ponto de decretar a nulidade de contrato firmado por terceiros (Administração e pessoas privadas) e expedir comando normativo instruído com ordem de fazer (ou não fazer). Lembre-se que o conceito jurídico da atividade do Tribunal de Contas não a configura como jurisdicional em sentido estrito, mas seus provimentos têm natureza jurídica de atos administrativos. Na lição de Lúcia Valle Figueiredo e Sérgio Ferraz, "a 'decisão', quer sobre a legalidade da despesa, quer sobre a legalidade do contrato, constitui-se, na verdade, em um ato administrativo de controle".[91] Permanece a observação de Víctor Nunes Leal ao frisar que as decisões do Tribunal de Contas, "embora qualificadas de julgamentos pelo texto constitucional, não escapam ao controle judiciário".[92] As recomendações e determinações oriundas dos Tribunais de Contas são controláveis pelo Poder Judiciário, qualquer que seja o seu conteúdo.

Quando a autoridade administrativa dá cumprimento à recomendação do Tribunal de Contas, pratica novo ato administrativo na esfera de sua competência. Não se trata de "continuação", nem tampouco de atos praticados sob regime hierárquico. Ao revogar ou anular o ato pretérito – seja espontaneamente, seja depois de sugestão da Corte de Contas –, a Administração sujeita-se a controle jurisdicional específico contra esse provimento de anulação ou revogação. Assim já decidiu o STF: "O TCU – embora não tenha poder para anular ou sustar contratos administrativos – tem competência, conforme o art. 71, IX, para determinar à autoridade administrativa que promova a anulação do contrato e, se for o caso, da licitação de que se originou".[93]

Por fim, não se olvide que a atividade dos Tribunais de Contas deve obediência aos princípios constitucionais da ampla defesa, contraditório e devido processo legal (Súmula Vinculante nº 3 do STF). Suas decisões pressupõem a participação ativa dos interessados (Administração e particulares envolvidos). No plano federal, ao TCU aplicam-se as previsões da Lei nº 9.784/1999 (art. 1º, §1º), além de sua legislação de regência.

12.12.2008). Porém, fato é que os Tribunais de Contas têm expandido essa competência, como que a transformar a exigência num costume administrativo.

[91] Figueiredo, Lúcia Valle; FERRAZ, Sérgio. *Dispensa e inexigibilidade de licitação*. 3. ed. São Paulo: Malheiros Editores, 1994, p. 88-89.

[92] Leal, Víctor Nunes. Valor das decisões do Tribunal de Contas. *In: Problemas de Direito Público*. Rio de Janeiro: Forense, 1960, p. 236. Quanto aos desafios atuais, ampliar nos vários casos examinados em: MARQUES NETO, Floriano de Azevedo.; Moreira, Egon Bockmann; GUERRA, Sérgio. *Dinâmica da regulação*. 3. ed. Belo Horizonte: Fórum, 2022.

[93] STF, MS nº 23550-DF, Min. Sepúlveda Pertence, *DJ* 31.10.2001.

A FORMALIZAÇÃO DA CONCESSÃO

§50 Concessão de serviço público e sua formalização jurídica: perfeição, validade e eficácia

Os contratos de concessão exigem prévia licitação e devem sempre obedecer à forma escrita, com assinatura dos agentes públicos competentes. Em termos jurídicos, a concessão de serviço público só tem existência e validade depois de sua formalização mediante específico contrato.[1] Isso especialmente devido ao fato de que a concessão de serviço público não é apenas um contrato de execução de prestações por parte de uma pessoa privada autônoma, mas implica a constituição do sujeito concessionário, por prazo e modo certos. Para o Direito não existem "contratos de concessão" informais, precários, verbais ou tácitos (seja ao início da relação concessionária, seja depois de seu termo). Tampouco serão válidos os "contratos" que desobedecerem aos procedimentos legais.

Mas atenção: somente numa leitura apressada a "formalização" poderia significar a singela realização formal de algo, com mero cumprimento das praxes e cerimônias. O contrato de concessão exige muito mais que isso: o art. 4º da Lei nº 8.987/1995, ao se referir a ele como o instrumento por meio do qual a concessão é formalizada, vincula-o a amplo conjunto de normas processuais e materiais. A formalização encontra-se com a substância jurídica do pacto e desdobra-se na sua efetividade social.

A formalização e seus efeitos merecem ser observados sob mais de um ângulo normativo. Recorrendo-se à teorização de Celso Antônio Bandeira de Mello, os atos e contratos administrativos experimentam três momentos quanto à sua juridicidade: a *perfeição*, a *validade* e a *eficácia*. Perfeito é o ato "que completou o ciclo necessário à sua formação", que esgotou o processo antecedente à sua constituição. Aqui se examinam os requisitos à existência jurídica do contrato, os procedimentos necessários bem como as autoridades que detêm competência para praticá-lo. Já a validade trata da respectiva "conformidade com as exigências do sistema normativo". Este é exame relacional que põe em contraste o conteúdo e o objeto do contrato com as normas jurídicas que lhe

---

1 Isso ao contrário dos contratos administrativos ordinários, os quais podem, inclusive, excepcionalmente e em situações *numerus clausus*, dispensar o "instrumento contratual" (Lei nº 14.133/2021, art. 95). Esta exceção aqui não se aplica. Cf. MOREIRA, Egon Bockmann; GARCIA, Flávio Amaral. *Contratos Administrativos na Lei de Licitações*, *cit.*, p. 94-98.

servem de fundamento (legais e regulamentares). Por fim, eficaz é aquele contrato que já se encontra apto a deflagrar seus efeitos, "quando o desencadear de seus efeitos típicos não se encontra dependente de qualquer evento posterior, como uma condição suspensiva, termo inicial ou ato controlador a cargo de outra autoridade".[2]

Aplicando-se essa construção teórica à concessão, tem-se que a perfeição resulta do cumprimento regular de tudo aquilo que a lei exige como fases precedentes para a produção do contrato, com passagem por todas as autoridades administrativas competentes e participação das pessoas privadas interessadas – sempre em obediência aos prazos e publicidade de tais atos. São os requisitos do seu ciclo de produção, a fim de que ele possa ser assinado. Quando menos, deverá ser observado o seguinte rito: divulgação dos estudos justificadores do mérito da concessão, seu objeto e prazo (Lei nº 8.987/1995, art. 5º, combinado com a Lei nº 14.133/2021, art. 18 – no que couber); audiência pública (Lei nº 14.133/2021, art. 21); publicação do edital (Lei nº 8.987/1995, art. 18); julgamento das propostas, recursos e divulgação do resultado (Lei nº 8.987/1995, arts. 15, 17 e 18-A, combinados com a Lei nº 14.133/2021, art. 165); adjudicação e homologação (Lei nº 14.133/2021, arts. 71, inc. IV); constituição do consórcio vencedor em sociedade empresarial, preferencialmente de propósito específico (Lei nº 8.987/1995, art. 20; Lei nº 11.079/2004, art. 9º) e assinatura do contrato pelo concedente e o vencedor da licitação, com a respectiva publicação. O que se dá, portanto, é sucessão de atos e fatos unidos em razão de uma finalidade: a celebração do contrato de concessão, integrado materialmente pela fusão do edital com a proposta vencedora. Uma vez transposto esse ciclo, o contrato encontra-se perfeito e padronizado. Mas a perfeição não importa automaticamente nem a validade, nem a eficácia do pacto.

O intérprete deve transpor a análise superficial para se imiscuir na validade do contrato: se ele cumpre os preceitos implícitos e explícitos do sistema jurídico que lhe serve de base. E, se não atende, em que medida o viola e qual a consequência (nulidade, anulação ou convalidação – Lei nº 14.133/2021, arts. 137, 147 e 148;[3] Lei nº 9.784/1999, arts. 53 a 55; consequências – LINDB, arts. 20 e 21). Aqui não se está diante de mera comparação quanto ao cumprimento dos requisitos da Lei Geral de Concessões (tampouco dos ritos cabíveis da Lei nº 14.133/2021), mas, sim, do exame material do contrato, daquilo que ele dispõe e de como o faz, sob a óptica do Direito. A validade tem como ponto de partida o sistema constitucional, passa pelas normas infraconstitucionais (gerais e setoriais), até chegar à aplicação do Direito ao caso concreto – que se dá por meio do próprio contrato de concessão (e de seu estatuto).

Não se perca de vista que o que está em jogo não é a "vontade das partes", como se se tratasse de negócio estritamente privado, mas o exame de validade tem pertinência com o objeto e o conteúdo da relação contratual e seu respectivo lastro nas demais

---

[2] BANDEIRA DE MELLO, Celso Antônio. *Curso de Direito Administrativo, op. cit.*, 27. ed., p. 387-388. Quanto à aplicação de qualificação semelhante (existência, eficácia e validade) aos contratos administrativos, v. MOREIRA, Egon Bockmann; GARCIA, Flávio Amaral. *Contratos Administrativos na Lei de Licitações, cit.*, p. 442-452; SUNDFELD, Carlos Ari. *Licitação e contrato administrativo, op. cit.*, 2. ed., p. 215-226 (contratos regidos pela Lei nº 8.666/1993).

[3] Ao tratar da nulidade dos contratos administrativos, os arts. 147 e 148 da Lei nº 14.133/2021 consolidaram a perspectiva do dever de saneamento das irregularidades, prestigiando ao máximo a segurança jurídica e o princípio da confiança com a exigência de "análise prévia do interesse público envolvido". Ampliar em: MOREIRA, Egon Bockmann; GARCIA, Flávio Amaral. *Contratos Administrativos na Lei de Licitações, cit.*, p. 422-452.

fontes normativas (v. §§11 e 12, acima). A formalização do contrato, seu estampar num meio físico (ou digital), apenas confere publicidade às normas daquele negócio jurídico celebrado entre os que agora podem ser chamados de "concedente" e "concessionário".

O terceiro momento da formalização da concessão diz respeito à sua eficácia. Está-se diante de instante lógico posterior, pois só depois de perfeito o contrato é que se pode cogitar a propósito da sua eficácia. Eficaz é a concessão que produz efeitos no mundo dos fatos, instalando os atos iniciais por parte do concessionário – no sentido de prestar aos usuários os serviços concedidos ou dar início à execução das obras. A eficácia começa no momento imediatamente posterior à assinatura do contrato, a não ser que haja condição a ser implementada pelo concedente, pelo concessionário ou por terceiro. Trata-se de situação excepcional: para que a eficácia do contrato não seja imediata é imprescindível que a condição venha expressamente prevista (e interpretada restritivamente).

Mas, atenção: tais planos cognitivos nem sempre coincidem, eis que o contrato, integrado ao ato de delegação, pode ser perfeito e válido, porém ineficaz; ou mesmo eficaz, apesar de inválido.[4] Trata-se daquilo que Bernardo Giorgio Mattarella denomina de "disjunção entre validade e eficácia": situação na qual o ato inválido produz, ainda assim, efeitos jurídicos (próprios e impróprios; diretos e reflexos).[5] Ou seja, e como ensina Marcos Bernardes de Mello, "existir, valer e ser eficaz são situações distintas em que se podem encontrar os fatos jurídicos".[6] Como acima já esboçado, a dimensão da *existência* está no plano do ser: o contrato existe pelo simples fato de haver sido praticado, independentemente da geração de efeitos jurídicos.[7] A *validade* de determinado contrato está relacionada à integridade de seu suporte fático, ou seja, dos elementos nucleares que o compõem. Já sua *eficácia* diz respeito à aptidão para produzir efeitos jurídicos (o que não está necessariamente atrelado à validade do ato).

§51 Formalização e esclarecimentos ao edital

A formalização de um contrato de concessão tem como fonte imediata o edital – integrado à proposta vencedora. Nem sempre, contudo, o ato convocatório permanece

---

4 Como ensina Marcos Bernardes de Mello "Diz-se válido o ato jurídico cujo suporte fático é perfeito, isto é, os seus elementos nucleares não têm qualquer deficiência invalidante, não há falta de qualquer elemento complementar. Validade, no que concerne a ato jurídico, é sinônimo de perfeição, pois significa a sua plena consonância com o ordenamento jurídico". (*Teoria do Fato Jurídico: plano da validade.* 8. ed. São Paulo: Saraiva, 2008, p. 4). Constatação que gera sério impacto no Direito Intertemporal, especialmente em sede de Direito Público e respectivas garantias constitucionais – a esse respeito, v. CHUEIRI, Vera Karam de; MOREIRA, Egon Bockmann; CÂMARA, Heloisa Fernandes; GODOY, Miguel Gualano de. *Fundamentos de Direito Constitucional, op. cit.*, p. 233-241.

5 "Il Provvedimento. *In:* S. Cassese (coord.). *Trattato di Diritto Amministrativo:* Diritto Amministrativo Generale. t. I, cit. p. 817. Aliás, essa lógica disjuntiva é acolhida legislativamente em situações mais graves, como no controle de constitucionalidade de leis, em que o STF pode declarar a invalidade da lei, mas restringir seus efeitos para momento posterior à decisão, nos termos do art. 27 da Lei nº 9.868/1999. A lei será, simultaneamente, eficaz e inconstitucional (esta, a suprema invalidade).

6 *Teoria do fato jurídico*: plano da validade. 8. ed., *op. cit.*, p. 12. Distinção que tem origem a partir da visão clássica de Pontes de Miranda entre os planos da existência, da validade e da eficácia dos atos jurídicos (*Tratado de Direito Privado*. t. I. 3. ed. Rio de Janeiro: Borsoi, 1970, p. 3-35).

7 Como já decidiu o STF: "O plano da existência é o plano do ser, e a norma jurídica existe pelo simples fato de ter sido promulgada e publicada independentemente da possibilidade ou não de incidência no mundo jurídico". (ADI nº 4013, Tribunal Pleno, Min. Cármen Lúcia, *DJe* 18.04.2017).

imutável. Isso porque, ao mesmo tempo em que firma a vinculação ao edital (art. 5º), o art. 164 da Lei nº 14.133/2021 prevê o pedido de esclarecimentos dos interessados – norma com aplicabilidade direta nas concessões.

Os esclarecimentos fornecidos passam a *integrar o edital*, gerando consequências diretas para a formalização e futura execução do contrato.[8] Ou seja, a decisão administrativa que analisa os pedidos de esclarecimentos torna-se parcela do edital, nele constando para todos os efeitos de direito. Daí o ônus que os interessados têm de pleitear os respectivos esclarecimentos, ao tempo e modo certos, a fim de equacionar as respectivas projeções negociais e econômico-financeiras, bem como exigir do poder concedente o respeito ao edital durante todo o prazo de execução. Em contrapartida, o pedido de esclarecimentos instala o dever de resposta adequada e suficiente: respostas-padrão, com palavras imprecisas e incertas, que deixem de esclarecer, mas apenas tergiversem sobre o assunto versado, podem gerar a futura nulidade de cláusulas contratuais. Não se está diante do direito de "protocolar esclarecimentos", mas, sim, de "ver a questão devidamente esclarecida, em todos os seus termos".

Aos esclarecimentos aplica-se o art. 22, §1º, combinado com o art. 6º, *caput*, ambos da Lei nº 9.784/1999: tanto sua formulação quanto a resposta devem ser por escrito, com intimação formal dos interessados. Uma vez recebido, a Comissão de Licitação deve examinar o pedido e, na hipótese de indeferimento, externar suas razões: ou não pode sequer ser conhecido (*v.g.*, por intempestivo), ou não merece ser provido (*v.g.*, por desnecessário ao certame). Nos termos do art. 50, I, e §1º, da Lei nº 9.784/1999, a rejeição deve trazer a "indicação dos fatos e dos fundamentos jurídicos", de modo explícito, claro e congruente.

Já para o acolhimento surgem três novos caminhos. O mais simples é o de fornecer o esclarecimento, desfazendo dúvidas, obscuridades ou aparentes contradições. Aqui não se dará qualquer alteração no edital, mas singelo aclaramento daquilo que ele já continha. A Administração declara que a leitura do edital deve ser aquela, e assim atribui maior densidade ao seu conteúdo.

Em segundo lugar, o pedido pode resultar na constatação de que o edital contém vício que não afeta a formulação das propostas (Lei nº 14.133/2021, art. 164 c/c art. 55, §1º). São detalhes formais ou erros materiais transponíveis, os quais afetam apenas a superfície do ato convocatório, mas, uma vez que produzem modificações no texto, fazem com que seja necessária a republicação. Isso porque o pedido de esclarecimentos não pode ter efeitos infringentes no sentido de *modificar substancialmente* e/ou *contrariar* o edital de licitação, pois isso pode implicar prejuízos aos licitantes. Diógenes Gasparini denominou tal provimento de "*rerratificação* do ato convocatório (...) retifica-se o que se quer corrigir e ratifica-se o que não foi alterado".[9] Preservando a eficiência

---

[8] Cf. MOREIRA, Egon Bockmann. O edital e os 'esclarecimentos à licitação' (Lei nº 8.666/1993, art. 40, VIII), *op. cit.*, *RTDP*, São Paulo, Malheiros Editores, 32/101-106.

[9] GASPARINI, Diogenes. *Direito Administrativo*. 11. ed. São Paulo: Saraiva, 2006, p. 481. Ampliar nos comentários de Marçal Justen Filho, que versam inclusive sobre a Lei nº 12.527/2011 – a Lei de Acesso à Informação (*Comentários à Lei de Licitações e Contratações Administrativas*, *op. cit.*, p. 1.664-1.672). O TRF-1. Região já decidiu que, na hipótese de os esclarecimentos contrariarem o edital, este deve ser republicado e os prazos reabertos (REO no MS nº 2007.33.00.005927-0-BA, Desa. Federal Selene Maria de Almeida, 2.4.2008, *Boletim AASP* 2.605/1.609).

administrativa, a Comissão de Licitação deve retificar o edital (convalidando-o) e republicá-lo, reabrindo os prazos.

Na hipótese de a Comissão constatar a necessidade de modificação do edital em sua essência, deverá ou republicar o edital, com as correções, ou instalar novo certame (Lei nº 14.133/2021, arts. 71, 69 e 147), pois a alteração do seu conteúdo e/ou objeto tem implicações radicais na licitação, nas propostas e no contrato a ser celebrado.[10] Caso isso importe ato de anulação ou revogação do edital, este deverá não apenas ser motivado, mas antecedido do devido processo legal (Lei nº 9.784/1999, art. 50, combinado com a Lei nº 14.133/2021, arts. 71, 69 e 147).

Desta forma, não é exata a compreensão de que o edital exaurir-se-ia no documento originalmente publicado. A fim de evitar conflitos derivados de incertezas no texto (e anexos), a legislação confere ao interessado o ônus de inquirir a Administração – para que tais dúvidas não persistam no momento das propostas, na formalização e futura execução. Caso não argua o esclarecimento no momento certo, tem-se que a leitura do edital é indene de dúvidas ao interessado (mas, ainda assim, nos termos da Lei nº 14.133/2021, não gera preclusão de impugnar o edital[11]). O resultado dos esclarecimentos não se dirige apenas àquele que os formulou, mas sim à perfeição do certame: trata-se de controle objetivo do edital. Uma vez fornecidos tais informações e esclarecimentos, eles devem se tornar públicos e passam a integrar o instrumento convocatório. Como já decidiu o STJ: "A resposta de consulta a respeito de cláusula de edital de concorrência pública é vinculante; desde que a regra assim explicitada tenha sido comunicada a todos os interessados, ela adere ao edital".[12] Entra em cena a *teoria dos motivos determinantes* (§98, adiante).

Um tema sobremaneira importante quanto aos esclarecimentos é a matriz de alocação de riscos (v. acima §23-A). Essa ordem de alocação subjetiva de eventos futuros e incertos, que impactarão na execução contratual e definirão seu equilíbrio econômico-financeiro inaugural, não pode passar sem exame apurado por parte dos interessados. Um edital que aloque mal os riscos pode subverter a lógica da atribuição *ex ante* de infortúnios a ocorrer *ex post*. Afinal, a cláusula contratual da matriz de riscos deve conter previsão prévia, expressa e autocompositiva com uma listagem de possíveis eventos (v. Lei nº 14.133/2021, art. 6º, inc. XXVII).

Como já mencionado, deve-se intensificar a preocupação, especialmente quanto à matriz de riscos, de impugnações e de esclarecimentos aos editais e, preferencialmente, de audiências públicas. Decerto que o contratado privado conhece os riscos da execução de determinada ordem de contrato melhor do que ninguém, assim como faz a gestão de alocação de riscos que mais lhe beneficia, porém, é preciso observar e compreender a questão do funcionamento da consensualidade nos contratos administrativos concessionários. Isso sem se deixar de lado o fato de que, por vezes, não há tempo

---

[10] Cf.: DALLARI, Adilson Abreu. *Aspectos jurídicos da licitação*. 7. ed. São Paulo: Saraiva, 2006, p. 113 e ss.; e Figueiredo, Lúcia Valle. *Direitos dos licitantes*. 4. ed. São Paulo: Malheiros Editores, 1994, p. 44 e ss.

[11] Nos comentários de Marçal Justen Filho: "É relevante assinalar que a Lei nº 14.133/2021 eliminou a previsão constante da Lei nº 8.666/1993 no sentido de que a ausência de impugnação acarretava a preclusão da faculdade de impugnar o edital". (*Comentários à Lei de Licitações e Contratações Administrativas, op. cit.*, p. 1.668).

[12] STJ, REsp nº 198.665-RJ, Min. Ari Pargendler, *DJ* 3.5.1999. No mesmo sentido: MS nº 13.005-DF, Min. Denise Arruda, *DJe* 17.11.2008.

hábil para a conferência dos dados da matriz entre a publicação do edital e a data de apresentação das propostas – além da circunstância de que existem dados privados da própria entidade licitante, que os produz e gerencia há décadas (como se dá nos processos de privatização de serviços *brownfield* de água e saneamento, gerenciados há décadas pela companhia estatal).

Os dados esclarecedores farão parte do edital e orientarão não só a conduta da Comissão, mas especialmente a execução do contrato e os futuros atos e decisões do concedente, bem como as obrigações do contratado. Por isso que um esclarecimento que porventura altere o edital pode dar margem a novas manifestações – e até a impugnações – por parte dos demais interessados.

§52 Contrato de concessão: lei, normas pertinentes, edital e proposta

Ao mencionar que toda concessão "deverá observar os termos desta Lei, das normas pertinentes e do edital de licitação", o art. 4º da Lei nº 8.987/1995 deixou de fazer referência a elemento sobremaneira importante para a formalização do contrato: a proposta do licitante vencedor. É ela que dá concretude àquele específico contrato de concessão, tornando-o único em todo o universo jurídico. O edital é apenas a oferta de contratação dirigida a número indeterminado de pessoas, dependente da futura seleção da proposta mais vantajosa. É a aceitação dos termos da proposta do licitante que torna aquela oferta pública um negócio jurídico.

Na mesma medida em que o contrato não existe sem a proposição do licitante (e a sua aceitação pela entidade pública), sua aplicação fática é dependente da compreensão dos termos dela. Afinal, o negócio firmado entre concedente e concessionária advém da integração entre as previsões abstratas da lei e do edital com os termos concretos da proposta vencedora. Esta é que confere determinação e certeza ao contrato – inclusive definindo seu equilíbrio econômico-financeiro. Até então havia atos administrativos de execução das leis que constituíam oferta pública passível de ser não só preenchida, mas inovada por uma proposta do particular: é este ato de direito privado que transforma o documento convocatório genérico, abstrato e despido de qualquer individualidade num contrato de concessão de serviço público.

Logo, a formalização do contrato deve obediência aos termos da proposta vencedora da licitação (tal como aceita pela Administração), a implicar vinculação recíproca entre o concedente (que a examinou, aprovou e declarou que, dentre todas, era a que melhor atendia ao objeto e ao fim público daquele edital) e o concessionário (que, valendo-se de sua *expertise* técnica, logrou apresentar oferta que atende primariamente aos seus interesses privados e, por derivação, dá cumprimento ao interesse público primário tutelado pela Administração). Não há como se compreender a relação concessionária sem o adequado respeito à proposta vencedora. Enfim, é por meio da proposta que o modelo de contrato que acompanha o edital se formaliza, tornando-se uma verdadeira concessão de serviço público.

Talvez a exceção exista apenas na permissão de serviço público (a confirmar a regra). Afinal, na permissão o que se tem é um *contrato de adesão*, em face do qual o interessado não formula proposta que porventura dê conteúdo específico à contratação.

Na medida em que a única proposta a ser apresentada é aquela que diz "sim, aceito todos os termos do edital" (acompanhada do nome e qualificação do interessado), não se pode falar que a interpretação do contrato dependa da proposta nos contratos de permissão de serviço público.

O art. 4º da Lei nº 8.987/1995 revela os sucessivos níveis de densidade normativa para a interpretação de cada um dos contratos de concessão. Sempre depois da Constituição, o próximo passo é a Lei Geral de Concessões, que disciplinará todos os contratos concessionários celebrados. Em seguida, e subordinando-se à lógica da normatividade geral, aplicam-se as "normas pertinentes", isto é, aquelas leis especiais que disciplinam as peculiaridades de certos setores econômicos (Lei de Telecomunicações; Lei de Portos; Lei do Gás; Lei de Saneamento, etc.). Estas leis setoriais não revogam a 8.987, mas limitadamente especificam sua aplicação a determinados contratos. Igualmente, as leis setoriais usualmente demandam regulamentos administrativos que permitam sua aplicação uniforme por todos os agentes públicos e, assim, reforçam a segurança jurídica e a estabilidade nas relações advindas de tais diplomas. Em seguida, vem o edital de licitação – cuja hermenêutica é integrada pelas respostas aos esclarecimentos e tornada concreta pela proposta vencedora. Uma vez firmado o contrato de concessão, ele é blindado em vista de futuras leis, regulamentos e atos administrativos. Caso estes impactem ou mesmo alterem o negócio jurídico-administrativo, deverão, concomitantemente, restabelecer o equilíbrio econômico-financeiro original.

A PUBLICIDADE DO ATO JUSTIFICADOR

§53 Concessão comum e o mérito do projeto

Tal como os demais contratos administrativos, toda concessão ou permissão tem como pressuposto um juízo fundamentado quanto ao seu cabimento, utilidade e moralidade. Como consignou José Manuel Sérvulo Correia: "O *acto inicial* – que denominamos *decisão ou deliberação de contratar* – envolve necessariamente a apreciação de um ou mais interesses públicos cuja prossecução represente atribuição do Estado e a identificação do contrato e, dentro deste amplo género, de um contrato com determinada causa-função, como meio mais idóneo para satisfazê-los".[1] As concessões comuns são projetos autossustentáveis cuja finalidade é a prestação, a preço módico e longo prazo, de serviço público adequado ao usuário (art. 6º da Lei Geral de Concessões). Por isso que não basta ao administrador um exame das vantagens econômicas *stricto sensu* do empreendimento (muito menos as vantagens políticas), mas lhe são obrigatórios o estudo e a justificativa pública quanto ao seu "mérito".

Sob ângulo jurídico estrito, o ato que fundamenta a conveniência da outorga reporta-se ao motivo da decisão administrativa. A competência da Administração é discricionária, instruída pelas razões dos estudos técnicos que autorizam o projeto. Além de deliberar pelo modelo concessionário, o órgão público define em tese o objeto, a área e o prazo do futuro contrato. Como em todos os atos administrativos, a decisão há de ser motivada e tornada pública. "No que respeita ao motivo, essa discrição se refere à ocasião de praticá-lo (oportunidade) e à sua utilidade (conveniência)."[2] É disso que trata o art. 5º da Lei nº 8.987/1995: as razões pelas quais a concessão ou permissão é útil, adequada e vantajosa. A demonstração de que o projeto concessionário posto a debate atende ao pressuposto fixado no art. 6º da Lei Geral de Concessões – a "prestação do serviço adequado ao pleno atendimento dos usuários".

---

1 CORREIA, José Manuel Sérvulo. *Legalidade e autonomia contratual nos contratos administrativos, op. cit.*, p. 537-538.

2 FAGUNDES, Miguel Seabra. *O controle dos atos administrativos pelo Poder Judiciário*. 4. ed. Rio de Janeiro: Forense, 1967, p. 82-83.

Já sob o ângulo do projeto da concessão, o mérito é o ponto alto da análise social, financeira e econômica de um projeto de investimentos.[3] Depois do exame de sua solidez (completude das etapas, coerência entre elas e ausência de erros fundamentais) e de sua consistência (correção da metodologia, credibilidade das fontes, tratamento operacional e consistência relativa entre etapas), deve ser realizada "uma análise em que se determinam relações entre os benefícios gerados e os custos imputados e as possibilidades alternativas de obter melhores resultados com estes mesmos custos em outros projetos".[4] Em especial nas concessões de serviços públicos, o Estado deve avaliar outros fins, coerentes, mas autônomos à viabilidade microeconômica do projeto, antes ajustados à estabilidade do crescimento econômico, à distribuição de renda, às demandas de infraestrutura, à estabilidade dos ciclos etc. Assim, o projeto deve orientar-se também por fatores exógenos às decisões puramente empresariais dos agentes privados ou àquelas porventura populistas do governo de plantão.

Caso o projeto conte com empréstimo lastreado em verbas públicas (o que se dá nas concessões via BNDES, BID ou outras entidades de fomento nacional ou internacional), o mérito do projeto se relacionará mais fortemente com o escopo visado através da disponibilização de tais recursos. Não se estará diante apenas da viabilidade de o investimento ser lucrativo, mas em especial das externalidades sociais que dele poderão advir. Se para o investidor privado a busca de recursos públicos significa dinheiro a custo menor, para o financiador a óptica é outra: o empréstimo é feito para gerar vantagens sociais superiores. Evidente que a concessão de serviço público só interessará ao investidor privado se gerar lucros, mas esse não deve ser o *leitmotiv* do projeto: é a avaliação positiva do seu mérito socioeconômico o fator determinante. O mesmo se diga quanto a projetos concessionários que porventura prestigiem exageradamente os usuários do serviço, numa visão míope que despreze o longo prazo e as externalidades de projetos sociais. Se é bem verdade que a concessão pressupõe a prestação de serviço adequado ao usuário (art. 6º da Lei Geral de Concessões), isto não significa que algo exorbitante seja adequado. Vantagens exageradas nesta ou naquela ponta da relação concessionária merecem ser inibidas. Como já se afirmou acima, no projeto de concessão os excessos devem estar ausentes (§6º).

O ponto de partida está em que a concessão deve ser orientada pelo melhor uso social dos recursos disponíveis (máxime quando houver verba pública). O eixo central do mérito da concessão não está nos interesses secundários nem do concedente, nem do concessionário, nem dos usuários – está, sim, nas vantagens macrossociais que dela possam resultar. Por isso que se pode afirmar que a escolha da técnica concessionária "é a expressão de um *poder administrativo organizatório*", o qual cria "centros de imputação de

[3] Cf. BUARQUE, Cristovam. *Avaliação econômica de projetos, op. cit.*, 23. tir. p. 130-178. Ampliar em: Oliveira, Roberto Guena de. Análise de custo-benefício. *In:* BIDERMAN, C.; ARVATE, P. (org.). *Economia do setor público no Brasil.* Rio de Janeiro: Elsevier, 2004, p. 321-338; STIGLITZ, Joseph E. *Economics of the Public Sector.* 3. ed. Nova York: W. W. Norton, 2000, p. 271-297; HYMAN, David N. *Public finance.* 6. ed. Forth Worth: Dryden Press, 1999, p. 210-235.

[4] BUARQUE, Cristovam. *Avaliação econômica de projetos, op. cit.*, 23. tir. p. 136. O estudo coordenado por Roberto Guena de Oliveira estabelece premissa importante como condição para que um contrato esteja em equilíbrio: "É o fato de que pactuar o contrato com a concessionária seja a melhor estratégia para o poder concedente e que, simultaneamente, pactuar o contrato com o poder concedente seja a melhor estratégia para a concessionária" (*Avaliação do equilíbrio econômico-financeiro dos contratos de concessão de rodovias, op. cit.*, p. 26).

actividades administrativas fora da Administração Pública".[5] Trata-se de competência típica da Administração Pública contemporânea, a Administração de infraestrutura, a qual deve tomar decisões que organizem o tempo, modo e lugar de projetos que terão intensa repercussão no todo social (v. §81, adiante). O mérito do projeto envolve, portanto, a decisão organizatória a respeito da transferência e atribuição de tarefa originalmente pública a pessoa privada.

Em suma, a identificação do mérito público do projeto concessionário não se cinge à singela relação custo-benefício equivalente à dos investimentos privados. Nesta ordem de empreendimentos públicos não está em jogo apenas a rentabilidade, mas sobretudo o leque de vantagens sociais deles resultantes (que vão desde o desenvolvimento social e erradicação da pobreza até a proteção ao meio ambiente, passando pela prevenção de engarrafamentos e acidentes de trânsito – a depender do projeto). Em projetos públicos há impactos de outras ordens (que não apenas os lucros) e ausência de "custos de mercado" para a configuração dos custos e benefícios.[6] Se o investidor privado pode adotar como razão de decidir a potencialidade do lucro gerado pelo empreendimento, a escolha pública quanto ao mérito do projeto é muito mais complexa. Daí por que concedente e concessionário não podem ser tidos como "sócios" no empreendimento: são objetivos diversos que levam um e outro a adotar a decisão de implementar o projeto (v. §5, acima).

A divulgação da justificativa do mérito do projeto presta-se a colocar em debate público tais vantagens sociais oriundas da outorga à gestão privada de um serviço de titularidade do Estado.

§53-A Vantagens socioeconômicas e financeiras: o *Value for Money* – VfM do projeto concessionário

A existência de um leque de alternativas contratuais legítimas, todas disponíveis ao gestor público, implica a determinação de que a legislação seja vista como um facilitador de procedimentos, a gerar economia de recursos públicos combinada com vantagens a serem legitimamente auferidas pelas pessoas privadas.[7] Como sublinhou Fernando Vernalha Guimarães, ao gestor público "não é dado contentar-se com a mera *utilidade*

---

5 GONÇALVES, Pedro. *A concessão de serviços públicos, op. cit.*, p. 121-122. E, mais adiante: "A *decisão de conceder* é justamente o acto através do qual o órgão competente exerce o poder organizatório que a lei lhe conferiu – neste sentido a concessão não é acto organizatório, mas apenas a consequência de um acto prévio dessa natureza. Ou seja, a decisão de conceder é, antes de mais, um acto destinado a pôr em prática uma certa concepção *político-administrativa* (...). A própria *possibilidade legal de concessão* significa, pelo menos em abstracto, que o legislador ponderou os custos e os benefícios da técnica concessionária, tendo concluído pela prevalência dos segundos sobre os primeiros" (*op. cit.*, p. 206-207).

6 Essa é a lição de Joseph E. Stiglitz a propósito das principais diferenças ente a análise do custo-benefício social e privado: "1. Social cost-benefit analysis takes into account a wider range of impacts, not just profits. 2. *In:* social cost-benefit analysis, market prices may not exist for many benefits and costs, and market prices may not be used because of market failures (so, market prices do not reflect marginal social benefits and costs)" (*Economics of the Public Sector, op. cit.*, 3. ed., p. 275). Ou como escreveu David N. Hyman: "In practice, cost-benefit analysis is more of an art than a science. Many simplifying assumptions must be made to obtain measures of benefits of both marketable and nonmarketable goods resulting from projects. *In:* addition, when projects involve negative externalities, considerable differences of opinion often exist among experts about how they should be valued" (*Public Finance, op. cit.*, 6. ed., p. 226).

7 Ampliar em Moreira, Egon Bockmann; Guimarães, Fernando Vernalha. *Licitação pública*. 2. ed., *op. cit.*, p. 118-120.

dos meios com vistas ao atingimento da finalidade normativa. Deve perseguir o *melhor resultado* possível a partir da eleição de meios *idôneos, compatíveis e proporcionais*".[8]

Ora, a Administração efetivamente dispõe de amplo cardápio normativo de contratos de parceria (contratos de desembolso, concessões comuns, parcerias público-privadas, permissões, autorizações etc.), combinado com várias modalidades de financiamento (investidor, financiamento bancário e/ou mercado de ações; pública e/ou privada; local, regional, nacional e/ou internacional). Logo, a ela cabe não só averiguar e definir o modelo de projeto e a modalidade de contratação, mas também as alternativas de financiamentos disponíveis – e respectivos custos. Aqui entra em cena o conceito de *Value for Money – VfM*.

A ideia de *Value for Money – VfM* pode ser livremente traduzida como "o valor atribuído ao dinheiro", no sentido do desempenho econômico-financeiro dado aos insumos de que dispõem as autoridades públicas. Na medida em que existem dados a respeito dos projetos de interesse público, respectivos custos e efetivas realizações, torna-se viável desenvolver juízos comparativos a propósito da mais eficiente forma de alocar tais recursos (especialmente no longo prazo).[9] Com base em estudos preliminares, a metodologia do *VfM* permite compreender a forma mais eficiente de se atender à necessidade pública: se por meio da contratação direta de obras e serviços (Lei nº 14.133/2021), se através de concessões comuns, patrocinadas e administrativas (Leis nºs 8.987/1995 e 11.079/2004) ou mesmo permissões e autorizações. Ele permite avaliações quantitativas, qualitativas e análise de risco, que, conjugadas, relevarão a robustez comparativa do projeto.

Em suma, o *VfM* se refere à obtenção do melhor desempenho possível ao menor custo, considerando a qualidade e a eficiência dos serviços prestados. São seus componentes a *eficiência* (uso racional dos recursos), a *eficácia* (capacidade de alcançar os objetivos e resultados desejados) e a *economicidade* (alternativas que ofereçam o melhor custo-benefício, considerando os custos imediatos e os de longo prazo). Por isso, o contrato deve especificar os padrões de desempenho, indicadores de qualidade, e penalidades para o não cumprimento, com mecanismos robustos de monitoramento e avaliação.

---

[8] *PPP – parceria público-privada*. 2. ed. São Paulo: Saraiva, 2014, p. 228.

[9] É de se trazer o alerta de Maurício Portugal Ribeiro quanto às restrições da aplicação do *VfM* no Brasil: "Na experiência internacional, por exemplo, no Reino Unido, o custo da Administração Pública prestar diretamente o serviço, é uma das referências importantes para definir o preço máximo que o Poder Público estaria disposto a pagar pelo serviço, isso apesar de, nem sempre, na experiência internacional, inclusive no Reino Unido se estipular no edital de licitação o preço máximo para o serviço – o assim chamado preço de reserva – e, mesmo quando há preço de reserva, nem sempre se divulga aos participantes qual é o seu valor. As metodologias e técnicas, contudo, empregadas para tanto no Reino Unido dificilmente podem ser empregadas no Brasil, por duas razões básicas: a contabilidade pública brasileira é feita de tal maneira que é muito difícil saber quanto realmente a prestação de um serviço custa ao Poder Público, porque a apropriação dos custos públicos é feita em rubricas contábeis genéricas que não permitem determinar quanto custa esse ou aquele serviço; e, a qualidade do serviço prestado pela Administração Pública geralmente é muito diferente da que se espera seja prestada pelo concessionário ou parceiro privado, de maneira que os custos da Administração Pública, mesmo que pudessem ser corretamente apurados, não se aplicariam ao padrão de qualidade que geralmente se exige do concessionário ou parceiro privado". (*Concessões e PPPs*. Disponível em: https://portugalribeiro.com.br/ebooks/concessoes-e-ppps/melhores-praticas-na-modelagem-de-licitacoes-de-concessoes-e-ppps-a-busca-dos-participantes-adequados-e-da-maximizacao-da-competicao/a-divulgacao-do-projeto-e-o-nivel-de-detalhamento-dos-estudos/).

Pode-se afirmar que a licitação destina-se, sobretudo, a concretizar uma escolha de *best Value for Money*.[10] Como esclarecido por Licínio Lopes Martins, o *VfM* "traduz uma combinação ideal dos custos de um ciclo completo de um projecto, incluindo os riscos e a gestão dos riscos, o tempo de finalização e a qualidade do equacionamento sempre na perspectiva do cumprimento de requisitos públicos".[11] O que se pretende é parametrizar e avaliar o projeto no tempo (sobretudo em vista do bem a ser utilizado e/ou serviço a ser prestado e respectiva relação qualidade-preço). Note-se que isso não precisa necessariamente envolver apenas despesas privadas ou público-privadas, mas pode prestar-se definir se este ou aquele projeto merece ser desenvolvido nesta ou naquela modelagem.

Mas, atenção: como alertam Carlos Oliveira Cruz e Joaquim Miranda Sarmento, o *VfM* "é uma medida da utilidade do dinheiro gasto. Essa definição é diferente de 'a solução mais barata'. Maximizar o VfM é procurar a máxima eficiência. (...) Maximizar o VfM precisa levar em conta os conceitos de eficiência (para garantir baixos custos) e eficácia (para alcançar o objetivo/efetividade)".[12] Isto é, deve-se averiguar quanto custa determinado projeto ao longo de sua vida útil, através de um rol de questões associadas ao caso concreto, desde que as respostas possam decorrer de dados fidedignos. Os custos são maiores ou menores na modalidade de contratação direta, na concessão comum ou na PPP? A manutenção do bem em toda a sua vida útil é permitida pelos paradigmas de responsabilidade fiscal? A Administração Pública dispõe de maturidade e conhecimento técnico que lhe autorize promover uma contratação integrada? Ou uma PMI? Ou um diálogo competitivo? O escopo é o de que o procedimento de *Value for Money* permita escandir e comparar a gestão de riscos; o padrão da prestação; a alocação dos recursos e os resultados de gestão da infraestrutura.

Por conseguinte, a análise de cada uma dessas alternativas traz consigo a resposta à pergunta de quem arcará com os custos da obra e do serviço públicos: se *só os contribuintes* (contratos de desembolso) ou se *só os usuários* (concessões comuns, permissões e autorizações) ou *se os contribuintes e os usuários* (concessões patrocinadas e administrativas). Tais respostas, em suma, visam a maximizar os benefícios socioeconômicos, por meio de: (i) alocação adequada dos riscos; (ii) exame e projeções dos custos para todo o ciclo de vida do projeto; (iii) transparência absoluta do orçamento, utilidade e previsibilidade do serviço a ser prestado; (iv) mutação e inovação; (v) *accountability* e governança.

§54 Conveniência e oportunidade da outorga: publicidade e debate prévios

O ato de publicação da justificativa da futura concessão não se exaure em si mesmo; não pode ser compreendido como "o ato de comunicar (e não debater)". Ao dispor que cumpre à Administração levar a conhecimento público o *porquê* de todas e de cada uma das futuras outorgas, a Lei nº 8.987/1995 prestigia o princípio da publicidade da Administração (Constituição, art. 37, *caput*). A publicação destina-se a dar conhecimento

---

[10] Cf. GONÇALVES, Pedro Costa. *Reflexões sobre o estado regulador e o estado contratante*. Coimbra. Coimbra Ed., 2013, p. 384-385; e Guimarães, Fernando Vernalha. *PPP – parceria público-privada*. 2. ed., *op. cit.*, p. 226-227.

[11] *Empreitada de obras públicas*. Coimbra, Almedina, 2014, p. 350.

[12] *Manual de parcerias público-privadas e concessões, op. cit.*, p. 136.

e possibilitar a interação popular com o projeto. Não se está mais diante de uma Administração unilateral, impositiva e que descarta a manifestação privada prévia aos atos administrativos.

A necessidade da prévia audiência pública para formalizar o debate deriva de aplicação analógica do art. 21 da Lei nº 14.133/2021, combinado com o art. 31 da Lei nº 9.784/1999 e o art. 29 da LINDB – lidos sob a racionalidade do art. 5º da Lei nº 8.987/1995. Há identidade de efeitos jurídicos na concepção das três hipóteses. A aplicação é analógica porque a concessão comum envolve contratos com valores significativos e assunto de interesse geral, mas não diz respeito a desembolsos públicos (Lei nº 14.133/2021) tampouco envolve fase que poderia ser qualificada de instrução processual propriamente dita (Lei nº 9.784/1999). Se as regras das Leis de Licitações e de Processo Administrativo estatuem a audiência pública para casos semelhantes, a hipótese análoga da Lei Geral de Concessões deve ser resolvida da mesma forma.[13]

Os indivíduos interagem não só na busca de benefícios privados, mas também com vistas a vantagens coletivas e/ou difusas – busca-se *o cumprimento do direito fundamental à* informação, democracia e pluralismo democrático na formação das decisões públicas. Esta ordem de direitos fundamentais merece ser tratada com especial atenção – afinal, como destacou Maria da Glória Garcia: "O poder da sociedade civil é um poder aparentemente frágil, um poder *soft*. Consiste em contestar, experimentar, enunciar, propor, reivindicar, mas também em negociar e participar da definição das políticas públicas".[14] Diante disso, a legitimidade é de todos os cidadãos, de todas as pessoas – pouco importa se futuramente afetados ou não pelo edital de licitação e/ou pela relação concessionária.

Daí por que a publicidade não pode ser parcial ou acanhada: o dever imputado ao futuro concedente somente será cumprido na hipótese de ser levado a conhecimento público, da forma mais ampla e mais democrática possível, o inteiro teor de todos os estudos que conduziram à conclusão de que aquele projeto é conveniente ao interesse público. Caso a publicação circunscreva-se ao *Diário Oficial*, é quase certo que a intenção velada é esconder a escolha administrativa. O povo não lê o *Diário Oficial* – apenas alguns poucos servidores públicos e leitores profissionais o fazem. É imprescindível tornar o ato justificador acessível a todos aqueles que serão por ele afetados, estampando-o em jornais de grande circulação (e de pequena também, circunscritos ao local onde o projeto será desenvolvido) e, sobretudo, na Internet. O que a lei preceitua é a possibilidade de acesso popular espontâneo.

Por outro lado, a obtenção dos dados deverá ter a colaboração ativa da Administração. A disponibilidade dos documentos não pode ser compreendida sob um ângulo de inércia estatal, no sentido de os documentos serem produzidos e arquivados na gaveta da repartição pública (e, assim, supostamente colocados ao alcance dos interessados). Todos

---

[13] No mesmo sentido: AMARAL, Antônio Carlos Cintra do. *Concessão de serviço público, op. cit.*, 2. ed., p. 61-62; Justen Filho, Marçal. *Teoria geral das concessões de serviços públicos, op. cit.*, p. 210-211; Azevedo, Eurico de Andrade. Legislação brasileira sobre garantias para as concessões, *op. cit.*, *RDA*, Rio de Janeiro, Renovar, 214/162. Em licitação para concessão de transportes rodoviários o TRF-1. Região já decidiu o seguinte: "Inexistência de vício, pela não realização de audiência pública, em procedimento licitatório cujo valor não atinge 100 vezes o limite constante do art. 23, I, 'c', da Lei de Licitações (Lei n. 8.666/1993, art. 39)" (AC nº 199934000000102-DF, Des. Federal Daniel Paes Ribeiro, *DJ* 11.9.2006).

[14] GARCIA, Maria da Glória. *Direito das políticas públicas*. Coimbra: Livraria Almedina, 2009, p. 59. Ampliar adiante, no §81.

os estudos precisam ser postos à disposição do público por meio de obtenção direta e gratuita, via Internet ou em local de fácil acesso. Quando muito, o valor a ser cobrado do particular que pretender cópia dos documentos deverá se restringir ao custo das cópias. Não se trata de atividade lucrativa ou da imputação de custos extraordinários e inibidores do acesso. O mais perfeito cumprimento está no *open access*, de forma a que o material seja livre a todos os indivíduos e pronto para ser usado.

O cumprimento da norma tampouco se satisfaz com a escolha arbitrária de algumas peças-chave para a compreensão do projeto, deixando-se de lado os levantamentos técnicos e a respectiva fundamentação. Ainda que recheada de boas intenções, a seleção de textos e informações pressupõe a exclusão de outros tantos – normalmente estes em número menor que os divulgados (caso contrário a seleção será ineficiente). Isso implica a supressão de dados, não a comunicação deles. E quem detém a titularidade para qualificar determinada peça ou estudo como "relevante" não é a Administração, mas sim o público. Em suma, todos os documentos devem ser tornados públicos, e aqueles que não o forem serão imprestáveis para a licitação e para o futuro contrato (o que pode implicar a responsabilização do agente estatal que os omitiu).

Também é de se sublinhar que tais estudos justificadores precisam ser disponibilizados tanto em sua versão técnica como por meio de documentos simplificados, que os tornem compreensíveis ao leigo. A apresentação técnica permite a conferência dos dados e cálculos, através de exames científicos. A versão simplificada destina-se a permitir a compreensão popular do projeto concessionário, tornando mais democrático o controle. Tanto os técnicos quanto os leigos devem ter acesso a tais dados, os quais hão de ser perfeitamente assimiláveis. Textos herméticos e cálculos complexos não cumprem o escopo do princípio da publicidade. O mesmo se diga quanto aos programas operacionais das bases de dados: não é possível reputar público algo que se vale de programa sofisticado e caríssimo, o qual exige computadores de última geração – logo, acessível apenas a alguns poucos privilegiados.

Mas não bastam a divulgação e o acesso. O ato justificador deve ser posto a debate em audiências e consultas públicas, com prazo suficiente para seu exame, compreensão e formulação das respectivas críticas. As audiências são eventos nos quais há participação em tempo real dos interessados: manifestações de viva voz, por meio de participação física direta ou indireta (videoconferências). Já as consultas referem-se à participação indireta, por meio de contribuições escritas – que podem ser via Internet ou via física (documentos entregues diretamente ou pelo correio). Em ambos os casos as comunicações podem se fazer acompanhar de documentos (estudos, teses etc.). Claro que não se espera e nem deve ser incentivada a entrega de rol enorme de documentos – esta hipótese apenas se prestaria a inviabilizar o certame licitatório e o futuro projeto concessionário.

Mas note-se que à Administração não deve ser imputado o dever de realizar número infindo de audiências públicas ou de renovar tais atos caso haja desordem ou manifestações impeditivas do debate. Ao dever de publicidade corresponde o ônus de condutas civilizadas por parte do público debatedor. Nada obstante se reconheça que a Administração tem de potencializar e prestigiar ao máximo a participação popular nas audiências, estas exigem a definição prévia de dia e hora, pauta e número limitado de inscrições para debate – com começo, meio e fim. Caso haja manifestações impeditivas da discussão, o sacrifício daquela específica audiência pode se configurar como consequência intransponível. Não se supõe que a Administração exercerá *manu militari* o seu poder de polícia, reprimindo os manifestantes, nem que realizará tantas audiências quantas necessárias ao afrouxamento dos instintos animais dos que impedem o debate. O futuro concedente tem, sim, o dever de marcar o evento e prover os cidadãos de todos os meios necessários para o debate, mas deve igual prestígio ao princípio da eficiência. Caso a Administração se veja impedida fisicamente de realizar o debate real, resta o recurso às contribuições virtuais por meio da consulta via Internet (é de todo indicada sua realização num período lasso: antes, durante e depois das audiências).

Com lastro no princípio da eficiência, a autoridade competente pode limitar tanto o volume de páginas como o tamanho dos arquivos a serem entregues. O mesmo se diga quanto ao número de interessados a se manifestar nas audiências, todos mediante prévia identificação formal. As audiências e consultas são apenas um ato do processo que culminará na publicação do edital de licitação – não constituem um fim em si mesmas e não podem se transformar em atos protelatórios.

Depois de recebidas as contribuições, a Administração deverá examiná-las e produzir ato motivado pelo qual as acolherá ou rejeitará (todas e cada uma delas). Só depois de todo esse percurso será válida a publicação do edital. A abertura do certame é, portanto, ato a ser praticado depois do ato justificador do mérito da outorga – que o antecede, condiciona-o e lhe serve de guia.

§55 Caracterização do objeto, área e prazo

O art. 5º da Lei nº 8.987/1995 preceitua que o ato justificador deve somente *caracterizar* determinadas informações relativas ao projeto. Isso significa evidenciar do que se trata aquela futura concessão e quais são as particularidades que a distinguem. Seria paradoxal exigir minúcias nesta fase (caso contrário não se trataria de ato justificador, mas sim de decisão final). O ato é anterior ao edital. Dentre os dados essenciais ao ato justificador, a Lei Geral de Concessões deu especial destaque a três: o objeto do futuro contrato de concessão, sua área e o prazo.

Conforme já discorrido (§20, acima), o objeto do contrato de concessão é o tipo de prestação a que se obrigará o futuro concessionário: só serviços, só obras ou obras e serviços. O objeto do contrato não pode ser percebido na acepção vulgar de bem público onde se realizam as atividades do concessionário. Uma coisa é a base física na qual serão desenvolvidos serviços e obras; outra é o objeto do contrato. Então, o ato justificador deverá descrever o serviço a ser prestado e/ou as obras que deverão ser executadas, consignando as vantagens oriundas de sua delegação ao futuro concessionário (econômicas e sociais).

A área do contrato de concessão reporta-se à extensão mais ou menos limitada do espaço territorial onde será desenvolvido o projeto. Não é necessária – mesmo porque muitas vezes fisicamente impossível – a discriminação precisa e exaustiva do território. A definição variará em razão do tipo de serviço: uma concessão de telefonia pode ser restrita a determinados Estados brasileiros; uma rodoviária deve ser limitada a certo trecho de estradas (principais e vicinais, por exemplo); uma usina hidrelétrica deverá ser rigorosa no que diz respeito ao local – e assim por diante.

Quanto ao prazo do contrato, confira-se o §25, acima.

Mas a aplicação do dispositivo ora analisado não se restringe aos três elementos arrolados em seu texto – isto é, a leitura do art. 5º da Lei nº 8.987/1995 não é impeditiva do alargamento da publicidade. O ato justificador deverá trazer o elenco das principais características da futura outorga. Como Marçal Justen Filho anotou, há, quando menos, dois itens que merecem ser sempre divulgados: (i) se a outorga dar-se-á (ou não) em regime de exclusividade (Lei nº 8.987/1995, art. 16), ocasião em que deverá ser motivada a escolha administrativa; (ii) o critério de julgamento das propostas (Lei nº 8.987/1995, art. 15).[15]

§56 Publicidade do ato justificador: consequências jurídicas

O ato justificador deve ser colocado à disposição do público para assegurar conhecimento e debate democrático tanto no que respeita ao seu impacto social como no que tange à sua especificação técnica. É o primeiro momento de participação popular na configuração de um futuro contrato de concessão, que gerará vantagens imediatas aos usuários e toda uma rede de externalidades positivas.

O ato justificador tem a natureza jurídica de futura *minuta* da contratação, de *modelo contratual* a ser posto em discussão pública (acompanhado dos estudos técnicos e da motivação do mérito). Não tem eficácia vinculante para a Administração ou para os terceiros interessados em participar da licitação. Caso assim não fosse seriam prescindíveis a publicação do ato justificador e sua discussão prévia: afinal, para que divulgar e debater algo que não pode ser modificado? Aliás, não é de se descartar que a publicidade dada ao ato justificador e respectivos debates resulte na extinção do projeto concessionário – ou em sua radical modificação.

A rigor, o único efeito vinculante derivado da publicação do ato justificador é aquele oriundo de seu eventual descumprimento. Se for promovida licitação sem atendimento ao art. 5º da Lei Geral de Concessões, haverá a nulidade de todos os atos praticados. Neste caso, a licitação será imperfeita e inválida. Imperfeita porque não obedeceu ao ciclo necessário à sua formação; inválida porque desatendeu a requisito procedimental para ser posta em prática. Cabe à própria Administração, de ofício ou mediante provocação, decretar a nulidade do certame instalado em desatendimento ao art. 5º.

---

[15] Justen Filho, Marçal. *Teoria geral das concessões de serviços públicos, op. cit.*, p. 210.

O SERVIÇO ADEQUADO

§57 Princípios da Lei Geral de Concessões

É usual o tratamento do art. 6º da Lei nº 8.987/1995 (sobretudo o seu §1º) como a sede dos princípios das concessões de serviços públicos. Não obstante a perfeição da assertiva, ela deve ser compreendida em termos, pois tem o condão de instalar desdobramentos que exigem prévia reflexão. Considerações à parte do acolhimento desta ou daquela corrente no trato da matéria principiológica, duas ressalvas merecem ser feitas sobre o perigo do prestígio exacerbado a princípios. Em ambas o alerta é para o risco de se aplicar algo que a doutrina (ou a lei) chama de "princípio" sem critério algum, instalando opiniões flutuantes e rapidamente mutáveis, as quais pouco ou nada têm a ver com a segurança das relações jurídicas.[1] Ou – o que é pior – o perigo de instalar a confusão entre as teorias: aplicar a sistematização proposta por uma corrente com lastro na definição determinada por outra.

Por um lado, é importante conferir nitidez ao fato de que a discussão a propósito da dimensão e da técnica de aplicação dos princípios é antes política que jurídica. "Aparentemente muito técnica e abstracta – diz António Manuel Hespanha –, esta discussão da relevância jurídica dos princípios está carregada de política, e de política muito concreta, embora de sentido variável com as circunstâncias. O que aqui se discute é, no fim de contas, quem (que grupo social) tem o poder de dizer o Direito, uma questão

---

[1] A esse respeito a advertência de Paulo de Barros Carvalho: "Ora, a proliferação de princípios, nos mais variados setores da disciplina dos comportamentos interpessoais, é uma realidade viva do momento por que passa a sociedade brasileira. Há princípios para todas as preferências, desde aqueles tradicionais, manifestados expressamente ou reconhecidos na implicitude dos textos do direito positivo, até outros, concebidos e declarados como entidades que dão versatilidade ao autor do discurso para locomover-se livremente, e ao sabor de seus interesses pessoais, na interpretação do produto legislado. E lidar com tais estimativas é algo perigoso que promove a politização do trabalho hermenêutico, enfraquecendo o teor da mensagem, na medida em que o exegeta passa a operar com padrões móveis de referência, que se deslocam facilmente no eixo das ideologias e das tendências emocionais daquele que interpreta. Lembremo-nos de que o Direito, como objeto da cultura, requer a atribuição de valores para imprimir sentido ao texto editado pelo legislador. Todavia, a presença axiológica não pode assumir dimensões incontroláveis, sob pena de não atingir aquele *minimum* de segurança ínsito à existência do *dever ser*. (...)" (Prefácio. *In:* Humberto Ávila, *Teoria da igualdade tributária*. 2. ed. São Paulo: Malheiros Editores, 2009, p. 9-10). Aprofundar em Ávila, Humberto. *Teoria dos princípios:* da definição à aplicação dos princípios jurídicos, *op. cit.*, 10. ed. *passim*; Chueiri, Vera Karam de; Moreira, Egon Bockmann; Câmara, Heloisa Fernandes; Godoy, Miguel Gualano. *Fundamentos de Direito Constitucional*, *op. cit.*, p. 245-252.

que é politicamente central."[2] Enfim, quem pode falar o Direito e com qual intensidade: o legislador (constituinte ou ordinário), a Administração, os juízes, a comunidade ou os jurisconsultos? Claro que todos devem contribuir na construção do Direito, como dado inerente à cidadania. Mas também é fato que apenas alguns podem aplicá-lo com força vinculante (tanto sob o prisma da legitimidade como sob o da legalidade). Constatação que instala discussões a propósito da intensidade democrática de cada uma das escolhas – sobremodo no caso de normas de textura aberta, algumas delas não consignadas expressamente no texto legal.

Por outro lado, o alargamento da compreensão principiológica do Direito gerou uma ânsia (às vezes parecida com uma "corrida dos princípios"), como se fosse elegante a descoberta de "novos" princípios ou a instalação de lista interminável deles – muitos paradoxalmente imponderáveis entre si (ou inconciliáveis, melhor dizendo). Isso ao nível legislativo, jurisprudencial e doutrinário – como que a autorizar o retorno aos velhos tempos em que ao jurista cabia constatar as máximas do ordenamento e lhes dar nomes e classificações que se pretendessem eternos. Por mais sedutora que seja a ideia da construção contínua de princípios, eles não são um *deus ex machina*, que surge para resolver problemas até então aparentemente insolúveis – provendo ao aplicador uma resposta fácil (mas algumas vezes forçada).[3] Afinal, quando *tudo* for só princípios, eles serão reduzidos a *nada*.

Mais especificamente no direito público corre-se o risco da sequência interminável de *fórmulas-gazua* (Gaston Jèze) construídas *ad hoc*, a fim de abrir (ou fechar) todas as portas da discricionariedade administrativa. O que antes revela a perigosa sucessão de opiniões e palpites que uma construção de hermenêutica jurídica propriamente dita, a implicar aquilo que Paulo de Barros Carvalho chamou de "*banalização dos princípios*, uso indiscriminado desses primados, sem qualquer aderência a critérios de organização, associado à liberdade de quem legisla, numa volúpia de estabelecer parâmetros que acomodem as várias possibilidades de composição discursiva. Nesse ponto residiria o comando supremo de *convencer a qualquer custo*, ainda que tal persuasão viesse em detrimento do que há de mais caro às tradições jurídicas de nossa sociedade".[4]

Hoje em dia, tantos são os princípios que muitas vezes as pobres das regras e o depauperado texto da norma nem sequer são aplicados (não obstante o caso concreto o

---

2 HESPANHA, António Manuel. *O caleidoscópio do direito*: o direito e a justiça nos dias e no mundo de hoje. Coimbra: Livraria Almedina, 2007, p. 122-123. A ressalva de Hespanha é lançada na análise do debate Hart *versus* Dworkin.

3 O uso da expressão latina (oriunda do teatro grego) tem inspiração em texto de Alejandro Nieto – que, depois de enaltecer os méritos da construção principiológica, consigna: "El mayor inconveniente, con todo, de tales principios no reside en su ambigüedad sino en el abuso de su empleo, hasta tal punto que es constatable la tendencia a disolver en ellos las normas positivas. En la actualidad, el ordenamiento jurídico está formado ya no tanto por normas concretas como por una red de principios generales que actúan como un *deus ex machina* que simplifica la aplicación de las leyes. El resultado final puede parecer sorprendente y provocar la repulsa de honestos juristas; pero no es lícito desconocerlo si es que se quiere tener valor suficiente para contemplar la realidad tal como es: *el Derecho progresa cuando renuncia a sus caracteres aparentemente esenciales de claridad y previsibilidad y cuando debilita la garantía de la seguridad jurídica que ofrecen sus normas positivas, para lanzarse a las turbulencias vitales y arriesgadas de los principios generales de Derecho*" (*Derecho administrativo sancionador, op. cit.*, 3. ed., p. 40).

4 Carvalho, Paulo de Barros. Prefácio. *In:* Ávila, Humberto *Teoria da igualdade tributária*, p. 11. A esse respeito, v.: FRANKENBERG, Günther. Tirania da dignidade?: paradoxos e paródias de um valor supremo. *In: Gramática da Constituição e do Direito*, p. 305-320; e Nabais, J. Casalta. Algumas reflexões críticas sobre os direitos fundamentais, *op. cit.*, *RDPE*, 22/61-95.

exigir!). Mais ainda: como será melhor examinado adiante (§58), aquilo que parcela da doutrina qualifica de "princípios" corresponde às máximas, à configuração estrutural, às características essenciais de um serviço qualificado normativamente como público (este, sim, variável no tempo e no espaço) – construídas originalmente para albergar não só os serviços públicos econômicos (ou empresariais), mas também e especialmente os serviços administrativos do Estado. De mais a mais, o que é um princípio para determinada corrente doutrinária pode ser uma regra para outros estudiosos (isso sem se falar nos *postulados normativos*).[5]

Cabe, portanto, aqui, ressaltar os pontos nos quais insiste Hespanha: (i) os princípios devem estar positivados, "nomeadamente na Constituição"; (ii) "o desenvolvimento dos princípios terá que obedecer às regras de arte do saber jurídico" (afastando-se os sentimentos e os ideais porventura presentes neste ou naquele tribunal); (iii) o bom jurista não é aquele que só conhece a lei e a jurisprudência, mas "aquele que dá vida a estes conhecimentos, com a participação, como jurista, na vida da cultura na sociedade em que opera"; (iv) "a primeira regra deontológica do jurista deve ser não o cultivo da autossuficiência e da arrogância, mas a assunção de um espírito de serviço; de serviço tanto aos valores culturais e políticos democraticamente positivados na Constituição e nas leis como às regras de arte de um saber jurídico que reflicta esta atitude de serviço à democracia".[6]

Enfim, este livro defende que a Lei Geral de Concessões merece ser compreendida como sistema aberto de princípios e regras, com intensa capacidade de aprendizagem. Não somente regras, nem tampouco apenas princípios – e todos na condição de normas. Afinal, como alerta J. J. Gomes Canotilho a propósito do sistema constitucional de princípios e regras, os extremos só trazem problemas: "Um modelo ou sistema constituído exclusivamente por regras conduzir-nos-ia a um sistema jurídico de limitada racionalidade prática. Exigiria uma disciplina legislativa exaustiva e completa – *legalismo* – do mundo e da vida". Já o sistema baseado exclusivamente em princípios "levar-nos-ia a consequências também inaceitáveis. A indeterminação, a inexistência de regras precisas, a coexistência de princípios conflituantes, a dependência do 'possível' fáctico e jurídico, só poderiam conduzir a um sistema falho de segurança jurídica e tendencialmente incapaz de reduzir a complexidade do próprio sistema".[7]

---

[5] Daí o cuidado extremo que se exige em sua aplicação. Afinal de contas, a "continuidade" é um princípio na concepção de Rolland, de Celso Antônio Bandeira de Mello, ou mesmo segundo J. Esser ou Karl Larenz. Mas será uma regra para Dworkin (pois aplicada segundo o critério *all or nothing at all*). Assim, e não obstante o acolhimento da tese de que os princípios são, sim, normas jurídicas, não adentrarei neste elevado debate acadêmico. Para a compreensão apurada das doutrinas principiológicas e respectivos pressupostos lógico-jurídicos, v.: BANDEIRA DE MELLO, Celso Antônio. *Curso de Direito Administrativo, op. cit.*, 27. ed., p. 29-136; BONAVIDES, Paulo. *Curso de Direito Constitucional*. 25. ed. São Paulo: Malheiros Editores, 2010, p. 255-295; GRAU, Eros Roberto. *A ordem econômica na Constituição de 1988, op. cit.*, 13. ed., p. 154-170; Ávila, Humberto. *Teoria dos princípios:* da definição à aplicação dos princípios jurídicos, *op. cit.*, 10. ed. *passim*; Silva, Virgílio Afonso da. *A constitucionalização do direito*: os direitos fundamentais nas relações entre particulares. 1. ed. 2. tir. São Paulo: Malheiros Editores, 2008, p. 29-37; CUNHA, Sérgio Sérvulo da. *Princípios constitucionais*. São Paulo: Saraiva, 2006, *passim*.

[6] HESPANHA, António Manuel. *O caleidoscópio do direito:* o direito e a justiça nos dias e no mundo de hoje, *op. cit.*, p. 130-132. Ampliar o debate em ZAGREBELSKY, Gustavo. *El derecho dúctil*: ley, derechos, justicia. Tradução de M. Gascón. Madri: Editorial Trotta, 2008, p. 109-130.

[7] CANOTILHO, J. J. Gomes. *Direito constitucional e teoria da constituição*. 7. ed. Coimbra: Livraria Almedina, 2003, p. 1.162.

A aplicação da Lei nº 8.987/1995 exige que os princípios e as regras convivam e se potencializem reciprocamente. É da sua compreensão unitária que emerge a aplicação sensata dos comandos normativos. Feita essa ressalva, com todos os ônus que ela traz consigo, passa-se ao exame do art. 6º da Lei Geral de Concessões.

§58 Serviço adequado e as "Leis de Rolland"

Aquilo que no art. 6º da Lei nº 8.987/1995 pode ser qualificado como "princípios" não é exclusivo de serviços concedidos, mas sim do gênero *serviço público*. Tais particularidades trazem à memória as quatro "Leis de Rolland" do serviço público: vínculo estatal, continuidade, adaptabilidade e igualdade.[8] Para Rolland, são caracteres comuns a todos os serviços públicos: (i) "correspondem a uma obrigação imposta aos governos de prover o bem comum"; (ii) em vista da sua grande importância para o público, são "empreendimentos regulares e contínuos"; (iii) "as suas regras de organização e de funcionamento podem sempre ser modificadas a qualquer momento pela autoridade competente"; e (iv) "diante de todos os serviços públicos, os particulares são iguais".[9] Estes característicos estabelecem o regime diferenciado de prestação contínua e regular que qualifica o serviço público.

O raciocínio tem por base a concepção de que a submissão do serviço a um regime jurídico especial deve-se à sua extrema importância social. Esta é sua razão de existir, sua finalidade. Por isso a Administração Pública tem regime jurídico qualificado por deveres e prerrogativas extraordinárias. Logo, se a necessidade social que dá origem ao serviço público é assim tão relevante, ele não pode ser interrompido: deve ser prestado sem contratempos, interrupções ou suspensões.[10] "A partir desta concepção finalista – anota Antonio Martínez Marín –, o grau de interrupção ou irregularidade não só nos revela o maior ou menor cumprimento do regime regulamentar do serviço,

---

8 Louis Rolland escreveu seu *Précis de Droit Administratif* ao início do século XX (este livro tem por base a 9ª ed. Paris, Dalloz, 1947). Representante da *Escola do serviço público* ao lado de Léon Duguit, Gaston Jèze e Roger Bonnard (dentre outros), Rolland concebia o direito administrativo "constitué par l'ensemble des règles relatives à l'organisation et au fonctionnement des services publics et aux rapport de ceux-ci avec les particuliers" e definia a Administração Pública francesa desta forma: "Du point de vue juridique, l'Administration ne constitue pas une entité. C'est simplement l'ensemble des services publics autres que ceux assurés par la Cour de Cassation et les tribunaux indépendants" (*Précis de Droit Administratif, op. cit.*, 9. ed., p. 1 e 3). Ou como leciona Antonio Martínez Marín: "Llevados a sus valoraciones máximas, el servicio público es la razón legitimadora del Estado, y la continuidad y regularidad son la esencia de aquél" (*El buen funcionamiento de los servicios públicos*. Madri: Tecnos, 1990, p. 25). Logo, é nítido que a assimilação contemporânea das "Leis de Rolland" (as "Leis do Serviço Público") exige essa contextualização e deve atentar ao fato de que, quando Rolland as cunhou, escrevia a respeito de todo o direito administrativo e da integralidade das atividades da Administração francesa de então – não a propósito do que a Constituição do Brasil e a Lei Geral de Concessões chamam de "serviço público" (muito menos sob a perspectiva da complexa relação jurídica concessionária vivida nos dias de hoje). O que estava em jogo era a existência e o funcionamento do próprio Estado (Estado que deixava de ser Liberal para pretender se tornar Social). Aprofundar nas considerações tecidas com maior desenvoltura por: CÂMARA, Jacintho Arruda. *Tarifa nas concessões, op. cit.*, p. 102-109; e CLUZEL-MÉTAYER, Lucie. *Le Service Public et l'Exigence de Qualité*. Paris: Dalloz, 2006, p. 537-544.

9 ROLLAND, Louis. *Précis de Droit Administratif, op. cit.*, 9. ed., p. 17-18 (tradução livre). A respeito da "relativa indeterminação" e respectiva ambiguidade dos princípios fundamentais do serviço público, aprofundar na lição de MESCHERIAKOFF, Alain-Serge. *Droit des Service Publics*. Paris: PUF, 1991, p. 134-179.

10 "Ils ont tous une si grande importance pour le public, qu'ils doivent fonctionner sans heurts, sans à-coups, sans arrêts. Tous les services publics sont des entreprises régulières et continues" (ROLLAND, Louis. *Précis de Droit Administratif, op. cit.*, 9. ed., p. 18).

mas sim a medida em que essa necessidade pública ou interesse geral são satisfeitos".[11] Daí a continuidade e a regularidade exigirem regime peculiar quanto à atividade, aos bens e aos servidores a quem se atribui a prestação do serviço.

Tal regime jurídico especial traz consigo a mutabilidade como *dever estatal*, a fim de assegurar a contínua prestação do melhor serviço possível. O que também significa ausência de direito adquirido dos prestadores e dos usuários à manutenção das condições anteriores ou originais. Esta é premissa indissociável da ideia de serviço público. Afinal, se as necessidades sociais experimentam evolução, é de se ter como consequência inexorável o permanente progresso do serviço dirigido a supri-las.

Esta concepção clássica merece ser adaptada às circunstâncias do presente, sobremodo no que tange à prestação de determinados serviços sob o regime de concessão e permissão. Deve-se ter clareza na dissociação de serviços como a administração da justiça ou a polícia administrativa de outros como as telecomunicações. Nada obstante a magnífica construção dos mestres da Escola do Serviço Público, a contextualização das "Leis de Rolland" é condição à boa compreensão da Lei Geral de Concessões.

§59 Serviço adequado como o pressuposto

Para o Direito Brasileiro a "obrigação de manter serviço adequado" tem fonte primária no texto constitucional (art. 175, parágrafo único, I). Neste sentido, o *caput* e o §1º do art. 6º da Lei nº 8.987/1995 são específicos: toda e qualquer concessão ou permissão tem como ponto de partida a adequação do serviço em sua prestação aos usuários – este é *o pressuposto*. Claro que isso não significa compreender o verbo "pressupor" como "conjecturar" ou "dar por assente sem demonstração". Este não é o sentido e o alcance do termo: a lei quer significar "escopo", "propósito". O pressuposto, aqui, é a finalidade a ser atingida, é o objetivo primário da concessão: esta deve existir *se e somente se* puder resultar na prestação de serviço adequado ao universo de usuários. Os esforços devem ser desenvolvidos no sentido de atingir este escopo, que transcende a esfera subjetiva individual tanto da Administração como dos empresários e das pessoas que receberão a prestação (concedente, concessionário e usuários).

A prestação do serviço adequado à coletividade de usuários *funcionaliza* a concessão de serviço público. Confere conteúdo material mínimo ao projeto concessionário, que é estruturado "ao influxo de uma finalidade cogente" (Ruy Cirne Lima). O objetivo a ser buscado pelo agente público, contido na relação administrativa que se estabelece ao início da licitação e na futura relação concessionária, é o atendimento ao interesse público, tal como previsto na Constituição, na Lei Geral de Concessões e no regime estatutário do serviço (lei setorial e regulamentos). No caso das concessões e permissões, a finalidade determinada em lei é a "prestação do serviço adequado aos usuários". Cabe ao agente público desenvolver o modo pelo qual se dará essa busca (sempre de forma motivada). Não se pode ignorar esse objetivo fixado em lei ou praticar atos que porventura o desvirtuem.

---

11 MARTÍNEZ MARÍN, Antonio. *El buen funcionamiento de los servicios públicos, op. cit.*, p. 27 (tradução livre).

Logo, o "poder" de instalar o certame licitatório para a futura celebração de contrato de concessão é outorgado à Administração em vista do dever de obter a prestação de um serviço público de forma apropriada, congruente ao específico universo de usuários que dele necessitam. Para a concretização dessa finalidade a Administração detém poderes instrumentais, a serem exercitados na justa medida em que permitam o eficiente atingimento do pressuposto legal.

Como foi descrito nos §§53 a 56, existe o dever de colocar o mérito do projeto concessionário em prévio debate público. Uma vez consolidada e discutida a proposta do edital (não obstante a persistência de polêmicas), abrem-se duas alternativas que exigem demonstração fundamentada por parte da Administração Pública. Caso se chegue à conclusão de que o projeto tem como resultado a prestação inadequada do serviço, ele não deverá ser instalado. A Administração precisa revogar os atos ou adaptá-los ao desiderato público. Caso haja a percepção de que aquela particular concessão atende às exigências daquele serviço público em seu relacionamento com o conjunto de usuários, a Administração deve conduzir o processo licitatório e celebrar o contrato administrativo – fato que instalará a relação jurídica concessionária e as potenciais relações multipolares dela derivadas.

§60 Serviço adequado ao pleno atendimento dos usuários

O modelo de concessão, aqui compreendido como o todo do projeto concessionário (v. §§24 e 53 a 56, acima), deve ter como objetivo primário a prestação do serviço público de modo compatível com as exigências coletivas.

Tenha-se em mente que o serviço é definido como público porque necessário à sociedade, aqui estratificada no grupo de usuários (presentes e futuros). O legislador – constituinte e ordinário –, assim, destacou determinadas atividades econômicas do regime puro de mercado. Afinal, os usuários não são os únicos beneficiados – podem sê-lo imediatamente, mas fato é que a prestação de um serviço público traz significativas vantagens externas. Por exemplo, estas externalidades positivas podem desdobrar-se na saúde pública, na educação, no desenvolvimento econômico e na integração nacional (água e saneamento; telecomunicações; portos; rodovias; ferrovias; aeroportos; energia etc.).

Assim, se é fato que toda concessão ou permissão tem como alvo o fornecimento de serviço compatível com as necessidades dos usuários, isso não pode resultar na predominância exacerbada das vantagens individuais. O que está em jogo não é o pessoal, mas o coletivo. Não se pode pretender prestigiar uma inversão de valores normativos. O interesse individual do usuário (ou de subgrupo deles) deve ceder em favor da concepção global, holística, do projeto concessionário. Caso contrário importará o desvirtuamento da função que a Constituição e a lei fixam para a concessão de serviço público. A intenção de beneficiar este ou aquele usuário (ou subgrupos de) pode implicar a frustração do interesse público previamente estudado, debatido e definido no regime estatutário da concessão.

Mais: a eventual vantagem concedida a um usuário (ou subgrupo de) implicará o aumento do custo do serviço aos demais usuários (ou aos contribuintes). Caso esse benefício discriminatório seja instalado depois de assinado o contrato e do início da execução contratual, instalará o dever de simultâneo reequilíbrio econômico-financeiro – que inclusive pode implicar o aumento das tarifas ou a diminuição das obras e serviços (além da quebra da confiança em razão do descumprimento ao pactuado). Por conseguinte, é erro crasso pretender a outorga de benefícios egoísticos a poucos usuários (por mais nobre que isso possa parecer), eis que essa ordem de desbalanceamento do contrato gerará custos – econômicos, financeiros, de segurança jurídica – que serão arcados por todos os demais usuários (se não pelos contribuintes), muitos dos quais nem sequer têm conhecimento de que pagam mais para beneficiar alguns poucos.

Na justa medida em que o interesse público a ser perseguido é o primário, ele não pode ser subjugado por interesses da máquina administrativa do Estado ou pelo poder econômico do concessionário. Tampouco se pode conceber que interesses egoísticos de um ou mais usuários possam lançar pá de cal em todo o projeto de concessão de serviço público. No caso das concessões, o processo de concretização do interesse público tem início na previsão geral da Constituição; passa por essa Lei Geral e respectiva lei setorial; adquire maior nitidez no regulamento administrativo e no edital de licitação; para depois se tornar fático no contrato administrativo e respectiva execução. Tudo isso permeado por debates públicos de alta relevância. Porém – e como é próprio das sociedades democráticas –, decisões públicas jamais agradam a todos. Há sempre os descontentes, de quem se espera comportamento contestador. Mas frise-se que isso não pode implicar a ditadura, quiçá a tirania, da minoria sobre a razão da maioria.

O foco primário da concessão é, portanto, prestar o serviço adequado nos moldes definidos pelo projeto concessionário previamente posto a debate (e depois concretizado no edital e contrato de concessão). As autoridades constituídas caminham no sentido da celebração do interesse público. A concretização dos interesses é objeto de prévio e amplo debate democrático, em todas as esferas a quem a Constituição do Brasil e a legislação atribuíram específica competência para tanto (Poderes constituídos e sociedade civil). Há pluralidade de fontes, e tudo passa por significativo processo de legitimação. Uma vez consolidado o processo e tomada a decisão, esse projeto público há de ser efetivamente posto em prática como definido no contrato de concessão.

Aqui, uma observação merece ser feita: por óbvio, não se está a defender a imutabilidade do contrato ou a se esquecer do regime estatutário dele (normas legais e regulamentares). Muito menos se visa a amesquinhar a posição dos usuários do serviço. Nada disso. O que se objetiva com estas notas é afastar a visão algo onírica de que cada um dos usuários "manda e desmanda" na concessão, colocando-a ao livre dispor do seu egoísmo. Ou que associações e mesmo o Ministério Público poderiam ter – e implementar judicialmente – "ideias geniais" a respeito de como aquele contrato deveria ser executado (na maioria das vezes, sem ter a menor noção do que se passa no mundo real). Além de não ser democrática, esta concepção deixa de lado as razões de política pública do projeto concessionário. O tema será mais bem examinado adiante, ao se tratar das consequências do inadimplemento do usuário (§66) e da política tarifária (§81).

Demais disso, é claro que não se ousaria negar a preeminência dos usuários na relação concessionária. Afinal, o serviço é *público*, da mesma forma que o é o interesse que define a razão de sua prestação. Mas dentre os usuários não há apenas um protagonista ao lado de exércitos de coadjuvantes. Nem tampouco há usuários mais importantes que outros; ou alguns detentores apenas de direitos (sem deveres ou responsabilidades). Mais ainda: o modelo brasileiro está a exigir considerações mais profundas em relação ao cidadão não usuário (aquele que pode vir a ser usuário, mas atualmente é economicamente alijado do serviço público[12]).

A solidariedade social não é via de mão única, pela qual o Estado (ou quem lhe faça as vezes) assegura uma cornucópia de direitos individuais. O que se deve ter em mira é o fato de que o serviço é tornado público devido a razões que vão para além dos limites do individual. A não ser em hipóteses excepcionais, nas quais os fatos concretos demonstrem a necessidade do tratamento privilegiado a um indivíduo (ou subgrupo de), a relação concessionária deve ser a mais equânime e horizontal possível. Basta a comparação entre o hospital benemerente que extraordinariamente não disponha de recursos para pagar a tarifa de energia elétrica (este, um usuário *sui generis*, que pode provar que necessita de legítimo tratamento especial) com o indivíduo que faz ligação elétrica clandestina destinada a furtar a energia (o vulgo "gato de energia") ou os donos de automóveis de luxo que reputam muito dispendiosas as tarifas de pedágio previamente debatidas em audiências e definidas no edital, mas exigem rodovias semelhantes às melhores da Europa.

Também o usuário deve colaborar na qualidade do serviço, que é imperativa nos serviços públicos, máxime naqueles cuja prestação é outorgada a pessoas privadas. A capacidade para prestar o serviço segundo critérios de adequação constitui um dos pressupostos para a contratação do concessionário.[13] O serviço adequado é aquele prestado segundo os padrões de qualidade e eficiência definidos no regime estatutário, edital e contrato. Os usuários têm *status positivo*, mas não na condição de "súditos" (típica de um direito administrativo pretérito), tampouco na de "consumidores" ou "clientes" (concepção privatista e mercadológica do serviço), muito menos na condição de "feitores" (própria de uma visão egoísta). São sujeitos de direito que assumem a posição de usuários de serviços públicos, de quem se espera colaboração ativa para que o interesse público primário seja atingido e beneficie a todos, da melhor maneira possível e de modo eficaz.

---

[12] Como destacou o estudo de Alketa Peci e Bienor Scelza Cavalcanti: "Talvez um dos principais problemas do modelo regulatório brasileiro resida exatamente no consumidor, ou, melhor, na falta deles. Há de se lembrar que a potencialidade do mercado consumidor brasileiro foi uma das principais motivações de investimentos em setores de infraestrutura. No entanto, altos índices de inadimplência vêm caracterizando vários setores desde os primeiros anos de desestatização. (...). O modelo reconhece – embora teoricamente – o usuário de serviços públicos como um importante ator, mas não considera o cidadão brasileiro. O cidadão que, ainda em grandes números, não é usuário dos serviços, mas que tem direitos, assim como os usuários" (A outra face da regulação: o cidadão-usuário de serviços públicos e o novo modelo regulatório brasileiro. *RDPE*, Belo Horizonte, Fórum, 2/23, jul./set. 2003).

[13] Nesse sentido, Lucie Cluzel-Métayer, depois de exame minucioso das legislações comunitária e francesa, consigna que: "Parce que le service public doit être de qualité, qu'il soit géré en regie ou délégué, il est nécessaire que le personne publique délégant s'assure de la capacité du délégataire à remplir au mieux sés obligations. De même, l'Administration qui souhaite conclure un marché public ou un 'contrat de partenariat' doit choisir le candidat le plus à même de répondre aux exigences inhérentes à la mission de service public que le marché va contribuer à réaliser. Or, parmi ces exigences, celle de qualité est de plus en plus souvent prise en considération: elle préside au choix du cocontractant de l'Administration, et est intégrée dans les clauses des contrats, au tire des obligations que le cocontractant doit remplir" (*Le Service Public et l'Exigence de Qualité*, *op. cit.*, p. 470-471).

Os usuários devem ser tratados com igualdade perante o concessionário e concedente – quanto a isso não há dúvida. Mas o que não pode ser deixado de lado é que também se espera uma visão isonômica dos usuários entre si. O usuário "A" não é nem melhor nem pior que o usuário "B" – são ambos igualmente dignos frente à relação concessionária. Mesmo porque eventuais benefícios concedidos a um usuário (ou subgrupo de) repercutirão na formação da tarifa a ser cobrada dos demais: se alguns consomem e não desembolsam é devido ao fato de que outros pagam mais caro. Se a principal fonte de receita são os pagamentos feitos pelos usuários, é inviável a prestação de serviços gratuitos, abaixo do custo ou cuja receita não assegure o lucro do concessionário. "Os serviços públicos concedidos ou permitidos de ser prestados pelos particulares refogem à gratuidade – leciona Cármen Lúcia Antunes Rocha –, visto que a tarifa paga pelo usuário é que consubstancia a contraprestação percebida pelo prestador da atividade."[14] A Lei nº 8.987/1995 trata da concessão comum, de projetos autossustentáveis que podem ser instalados ao conjugar a prestação de um serviço adequado com a perspectiva de investimento rentável por parte do investidor.

Aqui entra em cena o conceito contemporâneo relativo à prestação de serviços públicos adequados, derivado das modificações experimentadas pelos ordenamentos jurídicos ocidentais a partir da década de 1980. Duas novas ideias emergem desse conceito, quais sejam: o *serviço universal* e as *obrigações de serviço público* (v. §63, adiante).

Nos dias de hoje, *serviço adequado é aquele prestado com qualidade (humana e técnica), a preço acessível a todos os usuários, universalizado em cumprimento aos deveres e obrigações legais, regulamentares e contratuais.*

Em suma, a relação concessionária não pode implicar ônus desmesurados (nem aos usuários, nem ao concessionário) e muito menos impedir o acesso ou a prestação do serviço. Não poderá ser excludente, parcial ou defeituosa. O ponto ótimo estará na constante busca de equilíbrio entre o que pode ser prestado a custos razoáveis aos usuários e o investimento que aguce interesses empresariais.

§61 Serviço adequado conforme a Lei Geral, as normas pertinentes e o contrato

Conforme mencionado, não há dois contratos de concessão iguais. A Lei Geral de Concessões e as normas pertinentes (legais e regulamentares) são uniformes a cada um dos setores, mas os contratos não. Inclusive, isso é verdadeiro para pactos referentes ao mesmo setor econômico: ainda que a licitação seja uma só (o mesmo edital dividido em lotes), não há duas propostas nem dois contratos idênticos (então, o que se dizer de contratos pertinentes a serviços prestados em setores econômicos diferentes, como telecomunicações ou ferrovias; água ou energia; rodovias ou portos?).

Os estudos comparativos podem ser proveitosos, mas antes se prestam a acentuar as diferenças e peculiaridades de cada serviço público prestado sob o regime da Lei nº 8.987/1995. Daí a óbvia conclusão de que a configuração do "serviço adequado" se dá caso a caso, nos termos do respectivo regime estatutário, edital, proposta e contrato.

[14] ROCHA, Cármen Lúcia Antunes. *Estudo sobre concessão e permissão de serviço público no Direito brasileiro, op. cit.*, p. 99.

O verbo "adequar" significa *acomodar* algo frente a um conjunto de dados; *compatibilizar* dois ou mais elementos entre si; *tornar algo conforme* a outra coisa. *Serviço adequado* é aquele bem prestado – não o "serviço perfeito".[15] Ele deverá ser executado em conformidade com as exigências fixadas na lei de regência, no edital, na proposta e no contrato. Há de ser conforme ao previsto em seu regime jurídico, de molde a assegurar a prestação segura, que respeite a integridade física e moral dos usuários e não os submeta a quaisquer constrangimentos. Aqui está a relação que autoriza a percepção do que vem a ser um serviço adequado aos usuários.

A Lei Geral de Concessões é expressa nesse sentido ao consignar que a finalidade do contrato de concessão é a prestação do serviço adequado aos usuários "conforme estabelecido nesta Lei, nas normas pertinentes e no respectivo contrato" (art. 6º, *caput*). A conjunção conformativa significa "consoante", "de acordo com", o parâmetro de densificação normativa do caso concreto. O nível de adequação é aquele previamente definido – podendo se submeter a aperfeiçoamento posterior, desde que não traia o objeto e o conteúdo do contrato, nem frustre seu equilíbrio econômico-financeiro.

É da conjugação do regime estatutário com a proposta vencedora e o contrato celebrado que resultam o objeto, conteúdo e limites das obras e prestações a serem executadas (v., acima, §§11, 12 e 52). A *adequação do serviço* é avaliável individualmente no que respeita a cada um dos contratos de concessão, de acordo com as peculiaridades do serviço e do modo de sua prestação (espaço geográfico; perfil dos usuários; características do concessionário e do concedente; intensidade regulatória; nível de competitividade; deveres e obrigações etc.). Mais ainda – e como defende Letícia Guimarães –, a configuração de um serviço adequado depende da ponderação e respectiva compatibilização dos requisitos previstos em lei: "Por exemplo, o possível conflito entre a exigência de atualidade do serviço e a modicidade das tarifas. A lei impõe a aplicação de técnicas, instalações e equipamentos modernos, assim como a melhoria e a expansão do serviço. Entretanto, a implementação dessas exigências implica um aumento no preço das tarifas, podendo, inclusive, comprometer a sua modicidade".[16] A adequação do serviço é, portanto, uma constante busca, a ser feita com esforço e persistência.

Além disso, a relação da qual resulta essa adequação não será a mesma no tempo e no espaço. Pode-se afirmar sem hesitação que o serviço público que é prestado em decorrência de contrato hoje celebrado será significativamente diverso daquele oriundo de outro contrato a ser assinado daqui a 10 anos. O tempo é implacável no que se relaciona à modulação dos deveres e obrigações prestacionais que podem (devem) ser imputados ao concessionário, das necessidades dos usuários, bem como no que tange à configuração dos custos do investimento.

[15] Para Marçal Justen Filho a adequação do serviço "consiste, basicamente, na eficiência do ponto de vista técnico-econômico. A atividade deve ser estruturada segundo as regras técnicas a ela pertinentes e de modo a que se constitua em meio causalmente próprio para satisfazer necessidades dos usuários. A atividade em que se materializa o serviço público é um *meio*-causa que deve conduzir a um *fim*-consequência. Não será adequado o serviço que não for apto a satisfazer, do ponto de vista técnico, a necessidade que motivou sua instituição" (*Teoria geral das concessões de serviços públicos*, *op. cit.*, p. 305).

[16] Guimarães, Letícia. *O princípio da continuidade dos serviços públicos*. Dissertação de Mestrado, PUC/SP. São Paulo: 2007, p. 37. No mesmo sentido: Justen Filho, Marçal. *Teoria geral das concessões de serviços públicos*, *op. cit.*, p. 308.

Por exemplo, um serviço de telefonia concebido no alvorecer das comunicações digitais teve configuração bastante diversa daquela que se dá nos dias de hoje: então, muito adequada; hoje, certamente inútil. O mesmo se diga da comparação segundo critérios geográficos. Serviços prestados em grandes cidades são diversos daqueles prestados no interior do país – tanto no exame de seu arranjo interno (custos referentes à área urbana; competição; violência etc.) como na comparação com a demanda de serviços (custos referentes à distância da área rural; ausência de infraestrutura; escassez de usuários; baixa capacidade econômica destes etc.). Da mesma forma, o momento em que o contrato é celebrado revela muito do custo de oportunidade do capital e perspectiva de investimento, com impacto nas tarifas. A Taxa Interna de Retorno – TIR depende do cenário econômico subjacente ao investimento (v., adiante, §102), a implicar contratos equivalentes com remuneração distinta, muito embora com vigência simultânea (pense-se nas concessões de rodovias brasileiras, que já possuíram nos mesmos Estados contratos, oriundos de licitações promovidas com anos de distância, com TIR cravando mais de 22% e menos de 9%).

O serviço será adequado em razão das premissas fixadas para sua análise. "Em suma, *serviço adequado* é conceito indeterminado, a ser especificado por ocasião da sua aplicação, o que se fará em face das circunstâncias."[17] Mais uma vez, o que se defende é a análise objetiva, a fim de deixar de lado as pretensões individuais egoísticas deste ou daquele usuário, concessionário e concedente. Por outro lado, mesmo nesta análise objetiva (ou, melhor: em decorrência dela) é inevitável surgir o exercício de competência discricionária por parte do concedente, de molde a compatibilizar – com a colaboração dos usuários e concessionário – o perfil dos requisitos legais a cada caso concreto, nas diversas fases da prestação do serviço.

§62 Serviço adequado: regular, contínuo, eficiente, seguro, atual, geral e cortês

O §1º do art. 6º da Lei nº 8.987/1995 traz algumas das qualidades que permitem avaliar a adequação do serviço. São condições normativas cujo cumprimento há de ser proporcional e harmônico. A enumeração é feita *numerus apertus*, de forma exemplificativa. Exige o legislador que, para que o serviço possa ser considerado adequado, ele atenda, quando menos, a tais sete atributos (além da modicidade tarifária, a ser tratada no §64, adiante).

A norma é primariamente dirigida à Administração Pública. Estabelece dever a ser cumprido de forma ótima. O legislador ordinário conferiu maior grau de precisão aos comandos constitucionais, circunscrevendo a competência do agente administrativo. A Lei Geral de Concessões instituiu o fim a ser perseguido e como ele deve estar caracterizado em todas e cada uma das concessões. O princípio da legalidade exige que a adequação do serviço concedido seja *secundum legis*, definido em concreto caso a caso. Estas exigências deverão ser tornadas mais inteligíveis por meio das normas regulamentares

---

[17] Justen Filho, Marçal. *Teoria geral das concessões de serviços públicos, op. cit.*, p. 305.

e contratuais. Por isso mesmo, a Lei Geral autoriza a ampliação discricionária de tais atributos (desde que motivada, congruente e respeitosa da modicidade tarifária).

Isto é, nada obstante a lei diga *o que é* o serviço adequado, o aumento das premissas por meio de regulamento ou edital não implica a criação de serviço *inadequado*. Ao contrário: ele persistirá atendendo aos requisitos básicos, embora acrescido de um *plus* que seja vantajoso aos usuários. Não cabe ao administrador público menosprezar tais exigências legais; caso o faça, o ato será *contra legem*.

A fim de conferir um pouco de clareza a esses atributos, a seguir cada um deles será examinado, nos termos da ordem consignada no texto legal: *regularidade, continuidade, eficiência, segurança, atualidade, generalidade* e *cortesia*.

Dizer que o serviço deve ser prestado com *regularidade* significa que ele tem de ser estável e submetido a determinados procedimentos para sua execução. Precisa ser executado conforme regras e praxes previamente estabelecidas e de conhecimento público. Aqui, a lei trata da adequação aos requisitos técnicos que disciplinam a especialidade daquele serviço e o modo de sua prestação – o que estabelece duas premissas: a prévia fixação das respectivas normas técnicas (pela via legal ou regulamentar, antes da licitação) e a fiscalização quanto ao cumprimento de tais exigências. Logo, serviço regular é aquele normal, usual – não o extraordinário, excepcional ou esplêndido. Estas qualidades atípicas não merecem ser superestimadas, pena de comprometer a modicidade tarifária e a adequada prestação do serviço.

Já o atributo da *continuidade* implica a permanência no tempo, sem interrupções inesperadas – na justa medida da necessidade dos usuários, tal como estatutariamente definido. A continuidade "configura um dever a ser implementado na prestação do serviço público, seja pela própria Administração, seja pelo concessionário ou permissionário", pois é objetivo "comum a todos os partícipes da consecução do interesse público, seja na prestação do serviço, seja na fruição do mesmo".[18]

A continuidade não resulta necessariamente no direito à existência e à permanência do serviço público. Refere-se a outra dimensão de análise, precípua aos serviços que já são prestados aos usuários. Além disso, esta característica nem sempre importa a prestação de serviços ininterruptos, durante todas as horas do dia em todos os dias do ano. Há serviços nos quais a continuidade da prestação assim se caracteriza (por exemplo, água e energia elétrica), mas outros assim não podem ser (por exemplo, transporte rodoviário e correios). O que se faz necessário no caso de serviços periódicos é estabelecer com antecedência e tornar pública a uniformidade dos momentos da prestação (quadro das horas de partida e chegada dos ônibus, trens e aviões; horário de funcionamento das agências dos correios e momento estimado de entrega das correspondências etc.).

Para Antonio Martínez Marín a continuidade pode ser examinada em seus significados objetivo e subjetivo; bem como formal e material. O sentido objetivo é "aquele que considera de modo isolado e exclusivo o funcionamento de um serviço público", apresentando-se objetivamente como eventual disfunção na prestação do serviço (atraso no horário dos transportes; defeitos na transmissão de dados nas telecomunicações etc.). Já o significado subjetivo "tem em conta a funcionalidade do serviço em consideração

---

[18] SCARTEZZINI, Ana Maria Goffi Flaquer. *O princípio da continuidade do serviço público*. São Paulo: Malheiros Editores, 2006, p. 117.

ao usuário concreto", configurando não apenas algo geral e abstrato, mas sim direito pessoal e concreto (recebimento do gás com qualidade e pressão devidas em todas as horas do dia; disponibilidade plena do serviço de água etc.). A análise dos aspectos formal e material presta-se a distinguir a "manifestação externa de funcionamento" do efetivo "resultado funcional" do serviço – isto é, "a satisfação regular e contínua da necessidade pública".[19]

A *eficiência* no serviço concedido é desdobramento do princípio constitucional da eficiência (Constituição, art. 37, *caput*).[20] Será eficiente a prestação que cumprir com perfeição o estatuto da concessão e as obrigações contratuais, gerando com efetividade o benefício social que dele se espera. Além de exigir que o serviço produza efeitos úteis, também se faz necessária a postura ativa do concessionário e do concedente no sentido de aprimorar o cumprimento do estabelecido em lei, regulamento e contrato. A eficiência de um serviço não apenas impõe a concreção imediata dos fins preestabelecidos, mas que esse cumprimento se dê com um mínimo de ônus sociais, na constante busca do prestígio ao interesse público primário definido naquele projeto concessionário. Trata-se da busca do *melhor caminho*, do *caminho social ideal* ao atingimento da eficácia: a relação entre o concretamente realizado e a perspectiva ideal da atividade de concessão daquele serviço público.

Como não poderia deixar de ser, a *segurança* é essencial às atividades econômicas definidas como serviço público. A prestação deve ser orientada a não instalar novos perigo (físicos, morais ou patrimoniais) aos usuários e terceiros. Lembre-se de que a prestação de determinados serviços tem o condão de instalar riscos à comunidade. Isso é inevitável: basta a lembrança das tubulações para transporte de gás e cabos condutores de energia elétrica. O contrato de concessão é criador de novos riscos, o que exige a fiscalização apurada a propósito da segurança na instalação e prestação do serviço. O que se tem em mira é o dever de procedimentos necessários ao não surgimento do perigo – o que, na lição de Marçal Justen Filho, significa "a adoção das técnicas conhecidas e de todas as providências possíveis para reduzir o risco de danos, ainda que assumindo ser isso insuficiente para impedir totalmente sua concretização".[21]

Em contrapartida, a segurança traz consigo a respectiva responsabilidade do concessionário e do concedente. Uma vez que o serviço deve ser seguro, caso da não adoção das medidas cabíveis (omissão) resulte dano aos usuários e/ou terceiros, instala-se a obrigação de indenizar os prejuízos causados – nos termos dos arts. 37, §6º, da Constituição e 43 do CC.

A exigência da *atualidade* é tratada de forma autônoma no §2º do art. 6º da Lei nº 8.987/1995, razão pela qual será analisada no §63, adiante.

O serviço é prestado em regime de *generalidade* quando se dirige à satisfação de todos os usuários compreendidos em sua área de prestação. Os resultados visados pelo contrato de concessão devem ser estendidos a todo o conjunto de possíveis usuários,

---

19 MARTÍNEZ MARIN, Antonio. *El buen funcionamiento de los servicios públicos, op. cit.*, p. 72-73 (tradução livre). É importante frisar que o autor trata a regularidade e a continuidade de forma conjugada.

20 Sobre o princípio da eficiência no direito administrativo brasileiro, v. o meu *Processo administrativo, op. cit.*, 6. ed., p. 154-191, com amplas referências bibliográficas e jurisprudenciais.

21 Justen Filho, Marçal. *Teoria geral das concessões de serviços públicos, op. cit.*, p. 306.

de modo isonômico. O serviço deve ser *acessível*, tanto em termos geográficos quanto socioeconômicos e personalíssimos.[22] A exclusão – ativa e/ou passiva – de quaisquer usuários não se compadece com a racionalidade de serviços regidos pela isonomia e generalidade: a concessionária tem o dever, estatutário e contratual, de prover o serviço também aos desvalidos e menos afortunados.

Aqui, o *princípio da generalidade* revela-se como manifestação do *princípio da igualdade* – o que se desdobra tanto no que respeita à proibição de discriminações como na adoção de condutas promotoras da igualdade material.

Como escreve Cármen Lúcia Antunes Rocha, o serviço público há de ser prestado em regime de igualdade, impessoalidade e neutralidade – a assegurar "a tolerância com todas as formas de liberdade socialmente aceitas em determinado grupo".[23] A totalidade dos usuários – reais ou potenciais – deve ser beneficiada pelo serviço, sem qualquer espécie de discriminação (cortesia, prazo de atendimento, preço, qualidade etc.). Mas destaque-se que serviço acessível é aquele de fácil alcance e admissão – não significa serviço gratuito, nem implica o fornecimento a terceiros porventura estranhos à área geográfica previamente definida como a de abrangência da concessão. O estatuto da concessão e o contrato é que darão a específica densidade normativa necessária à aplicação isonômica do princípio da generalidade.

Em vista disso, a *igualdade* importa "a sujeição de todos os utentes, actuais ou potenciais, ao mesmo regime jurídico no acesso ao serviço. Assim sendo, o prestador de um serviço onerado com obrigações de serviço público tem a obrigação de tratar igualmente, isto é, de sujeitar ao mesmo regime jurídico, todos os utentes, aplicando-lhes de forma idêntica as condições fixadas, à qual corresponde o direito do utente de exigir esse tratamento igualitário". Mas claro que essa condição exige também a isonomia entre os usuários, "numa acepção relativa e relacional, justificando-se o tratamento desigual daqueles que se encontrem em situações desiguais, na estrita medida dessa desigualdade (o que implica com considerações de proporcionalidade)".[24] O direito das concessões há de ser eficaz quanto ao princípio da igualdade.

Ao interno e ao externo do contrato, a *igualdade material* configura objetivo do projeto concessionário. Isso significa que não apenas se exige postura passiva do concedente e do concessionário (o tratamento isonômico dos usuários), mas, sim, o cumprimento de complementações derivadas da certeza da desigualdade: aqui está o calcanhar de Aquiles das concessões de serviços públicos (qualquer que seja a "discriminação positiva", ela gera custos que, num projeto autossustentável, devem ser arcados com receitas endógenas). Isto aos poucos se revela nas preocupações contemporâneas com os deveres de universalização (adiante, §63); com as categorias de usuários e respectivos custos proporcionais não só ao consumo, mas também à capacidade financeira (adiante, §112); com os deveres dos usuários (adiante, §72); com as revisões periódicas e com o compartilhamento de ganhos (adiante, §94). O conhecimento e a contextualização do

---

22 Sobre a *acessibilidade do serviço público*, v. CLUZEL-MÉTAYER, Lucie. *Le Service Public et l'Exigence de Qualité, op. cit.*, p. 207-246.

23 ROCHA, Cármen Lúcia Antunes. *Estudo sobre concessão e permissão de serviço público no Direito brasileiro, op. cit.*, p. 96.

24 GONÇALVES, Pedro; MARTINS, Licínio Lopes. Os serviços públicos económicos e a concessão no Estado regulador *In:* Moreira, Vital (org.). *Estudos de regulação pública – I*, p. 209.

projeto, guiados pela mão forte do concedente, são as chaves-mestras para a igualdade material dos usuários.

Há constatação importante que decorre desses deveres extraordinários a qualquer atividade empresarial: o concessionário deve fazer investimentos superlativos, de molde a assegurar a prestação contínua a número *a priori* irrestrito de usuários, que podem incrementar ou diminuir a demanda segundo critérios de antemão indefiníveis (ou apenas estimáveis). As exigências de isonomia, continuidade, regularidade e mutabilidade requerem "que o serviço esteja sobre-equipado e tenha uma reserva de capacidade não empregada, determinada pela Administração e incluída nos custos do serviço".[25] O serviço precisa ser adequado também – e especialmente – nos horários de pico.

Por fim, a *cortesia* é decorrência imediata dos princípios constitucionais da dignidade da pessoa, moralidade, publicidade e impessoalidade. Não se imagina que o legislador tenha celebrado a possibilidade de postura formalmente cordial e materialmente supressora de direitos fundamentais do cidadão. Os usuários têm direito a serem tratados condignamente e, em especial, a prerrogativa de ter acesso aos dados do serviço que lhes digam respeito e a não enfrentar qualquer discriminação no trato com concessionário e concedente – aqui, a publicidade dá feição específica à cortesia que se espera de um serviço adequado, em vista dos direitos do usuário/consumidor.[26] E a recíproca é verdadeira: também se espera dos usuários conduta urbana e gentil – sobretudo no trato com os empregados da empresa concessionária.

§63 Serviço adequado, atualidade tecnológica e universalização

A *atualidade* implica o constante aperfeiçoamento do serviço a ser prestado – tanto em termos tecnológicos como no que concerne à ampliação do número de usuários. "Os serviços públicos – pondera Stéphane Braconnier – não são criados de maneira imutável. Porque nascidos da necessidade de satisfação do interesse geral, por essência evolutivo, os serviços públicos devem ser capazes de se adaptar a essa evolução, que comanda o princípio da adaptabilidade, ou da mutabilidade, dos serviços públicos."[27] Justamente porque público, o serviço precisa atender com eficiência e qualidade ao ritmo dinâmico das demandas sociais. Isso "faz com que haja uma mutabilidade permanente e saudável nos termos segundo os quais o concessionário ou permissionário se dão, obrigatoriamente,

[25] SALA ARQUER, José Manuel. Las concesiones de servicio público en un contexto liberalizado *In:* LÓPEZ-MUÑIZ, José Luis M.; QUADROS, Fausto de. *Direito e justiça*: VI Colóquio Luso-Espanhol de Direito Administrativo, p. 41 (tradução livre).

[26] A respeito do dever de publicidade, o STJ já decidiu: "Não é razoável que se exclua do conceito de 'serviço adequado' o fornecimento de informações suficientes à satisfatória compreensão dos valores cobrados na conta telefônica. Consectário lógico da consagração do direito do consumidor à informação precisa, clara e detalhada é a impossibilidade de condicioná-lo à prestação de qualquer encargo" (REsp nº 684.712-DF, Min. José Delgado, *DJ* 23.11.2006). Em sentido semelhante, o TJRJ deu aplicação ao Código de Defesa do Consumidor e impediu cobrança de verbas não discriminadas na conta telefônica: "A falta de informação adequada, uma vez que o consumidor não tem como saber quais ligações foram incluídas como 'pulsos excedentes', 'pulsos além da franquia' ou outras genéricas, gera direito de não efetuar o pagamento de tais valores. Constitui direito do consumidor apenas arcar com os custos do serviço que lhe é informado e demonstrado como prestado" (ACi nº 9.258/2009, Rio de Janeiro, Des. Ricardo Couto de Castro, 1.4.2009, *Boletim AASP* 2.639/1.714).

[27] BRACONNIER, Stéphane. *Droit des Services Publics*. 2. ed. Paris: PUF, 2007, p. 319-320 (tradução livre).

às alterações que os vinculem a seus objetivos específicos".[28] O serviço a ser prestado não pode se tornar ultrapassado no transcorrer do prazo contratual – tanto em termos de inovação tecnológica como quanto à segurança e comodidade dos usuários.

Como bem sublinhou Floriano de Azevedo Marques Neto, "(i) o pacto concessório é sempre dependente da peculiaridade do objeto delegado e dos interesses por ele alcançados; não pode prescindir de mediações e especificações que jamais poderiam ser captadas pelos comandos gerais e abstratos próprios à lei; (ii) o pacto concessório é necessariamente dinâmico, envolve uma delegação de atribuições de largo prazo, e tal dinamismo é contraditório com a rigidez e a estabilidade inerentes aos comandos legais".[29] A atualidade, tal como positivada no art. 6º, §2º, da Lei nº 8.987/1995, demanda essa convivência infralegal, que permita ao concedente e ao concessionário detectarem as necessidades dos usuários e concretizarem os avanços tecnológicos e de universalização.

A atualidade importa conduta ativa quanto à pesquisa e supervisão (técnica e de satisfação dos usuários), que vise a manter vivo o serviço – e não uma postura passiva de esperar reclamações demonstradoras de que a prestação está defasada, para depois arcar com os custos de sua atualização. O serviço precisa acompanhar *pari passu* a respectiva evolução tecnológica. Exigência cuja fiscalização deve ser incrementada nos últimos anos do contrato: afinal de contas, nesse momento o concessionário não terá mais o estímulo de efetuar desembolsos para a atualização de um serviço que em breve não lhe gerará lucros.

O §2º do art. 6º da Lei nº 8.987/1995 apresenta os quatro ângulos nos quais se desdobra a atualidade do serviço: (i) *modernidade* (inovação das técnicas, do equipamento e das instalações); (ii) *conservação* (manutenção dos benefícios adquiridos); (iii) *melhoria* (constante aperfeiçoamento); e (iv) *expansão* (incremento do número de pessoas beneficiadas e aumento de vantagens do serviço ele mesmo). Logo, a atualidade tem "caráter tanto qualitativo como quantitativo" – conceito abrangente que "traz como principal vantagem possibilitar que sejam explicitadas, contratualmente, as obrigações que assume a concessionária", como anotam Arnoldo Wald, Luíza Rangel de Moraes e Alexandre de M. Wald.[30]

Além disso, o serviço precisa ser apto a atender às variações de demanda no que se refere à sua qualidade e ao aumento do número de usuários, sobretudo naquelas concessões que contemplam metas de universalização.[31] Neste ponto assume especial importância o tema da *universalização dos serviços públicos*.

---

[28] ROCHA, Cármen Lúcia Antunes. *Estudo sobre concessão e permissão de serviço público no Direito brasileiro, op. cit.*, p. 112. A respeito da atualidade e a chamada "cláusula de progresso" do Direito Espanhol, v. §§8 (nota 40) e 105.

[29] *Concessão, op. cit.*, p. 387.

[30] Wald, Arnoldo; Moraes Luíza Rangel de; Wald, Alexandre de M. *O direito de parceria e a lei de concessões, op. cit.*, 2. ed., p. 311-312.

[31] No setor elétrico as metas estão contempladas na Lei nº 10.438/2002, na Resolução Normativa ANEEL nº 950/2021 (com as alterações das Leis nºs 10.762/2003 e 10.848/2004), bem como no Decreto nº 7.583/2011. No setor de telecomunicações, v. a Lei nº 9.472/1997 (Lei Geral de Telecomunicações – LGT), a Lei nº 9.998/2000 (instituiu o Fundo de Universalização dos Serviços de Telecomunicações – FUST) e o Decreto nº 3.624/200. Em termos de universalização de serviços públicos, o maior impacto foi o do novo marco do Saneamento Básico (Lei nº 11.445/2007, com alterações advindas da Lei nº 14.026/2020), cuja meta é a de que, até 2033, 99% da população tem acesso à água tratada e 90% ao tratamento e à coleta de esgotamento sanitário.

"Universalizar" significa prestar de forma adequada os respectivos serviços públicos a toda a população de potenciais usuários. Tenha-se em mente, portanto, que a universalização só é atingida quando a oferta atender à demanda absoluta – o serviço só estará *efetivamente universalizado* quando toda a população puder ser atendida (afinal, em alguns serviços, como a telefonia, poderá haver indivíduos que não desejarão ser atendidos e, em outros, como o saneamento, todos deverão se submeter ao atendimento). Para isso é necessária a prévia definição de padrões de atendimento (diferentes usos do serviço e volume de necessidades), que estime/antecipe a demanda a ser satisfeita ao longo do tempo e proponha/fixe metas de curto, médio e longo prazos.

A *universalização* é típica hipótese de regulação social em mercados liberalizados: corresponde ao dever de levar a toda a sociedade a prestação do serviço definido como público. Como lecionam Alexandre Faraco, Caio Mário da Silva Pereira Neto e Diogo Coutinho, *universalizar* "significa tornar determinada categoria de serviço fruível por todos os segmentos sociais, de forma ampla e sem limitações decorrentes de condicionantes econômicas, geográficas ou culturais".[32] Isto é, o ordenamento jurídico (constitucional e infraconstitucional) reconhece e define determinados serviços públicos como de acesso necessário a todos os cidadãos e imputa ao Estado a responsabilidade de cumprir esse objetivo. Ao seu tempo, quando do edital os interessados têm prévio conhecimento de que tais metas deverão ser atingidas, e assim planejam o projeto concessionário (inserindo nele tais custos, a serem arcados ao menos em parte pelos usuários "históricos" do sistema). Depois de firmado o contrato, ao concedente *cumpre garantir* que o serviço seja prestado e as metas atingidas.

No mesmo sentido, Floriano de Azevedo Marques Neto escreve que a universalização "envolve um dever positivo do Poder Público, consistente em adotar todas as providências necessárias para, ao longo do tempo, permitir a crescente incorporação de parcelas da sociedade ao acesso e fruição de um serviço público".[33] A compreensão do que vem a ser um *serviço universal* – e respectivos deveres de implementação – fica mais nítida ao se cogitar dos serviços de água e de correios: todos têm o direito de receber em seu domicílio água tratada e as correspondências a si destinadas. A universalização merece ser abarcada, portanto, numa política pública implementada (também) por meio de projetos concessionários.

Há, quando menos, *três justificativas* econômicas para a universalização – escrevem Alexandre Faraco, Caio Mário da Silva Pereira Neto e Diogo Coutinho: "(a) a existência de externalidades positivas, (b) a relação positiva entre investimento em infraestrutura, crescimento e desenvolvimento econômico e (c) os efeitos redistributivos da universalização".[34] Cada uma destas justificativas merece exame individual. As *externalidades positivas* dizem respeito aos benefícios havidos em razão do aumento do número de

---

[32] Faraco, Alexandre; PEREIRA NETO, Caio Mário da Silva; Coutinho, Diogo. Universalização das telecomunicações no Brasil: uma tarefa inacabada. *RDPE*, Belo Horizonte, Fórum, 2/9, abr./jun. 2003. Os autores analisaram o setor de telecomunicações, mas o raciocínio aplica-se aos demais serviços públicos. Ampliar em Faraco, Alexandre. *Regulação e direito concorrencial:* as telecomunicações, *op. cit.*, p. 367-384, e Concorrência e universalização nas telecomunicações: evoluções recentes no Direito brasileiro. *RDPE*, Belo Horizonte, Fórum, 8/9-37, out./dez. 2004.

[33] MARQUES NETO, Floriano de Azevedo. As políticas de universalização, legalidade e isonomia: o caso 'telefone social'. *RDPE*, Belo Horizonte, Fórum, 14/77, abr./jun. 2006.

[34] Faraco, Alexandre; PEREIRA NETO, Caio Mário da Silva; Coutinho, Diogo. Universalização das telecomunicações no Brasil: uma tarefa inacabada, *op. cit., RDPE*, 2/11.

usuários: em serviços prestados em rede, quanto maior o número de usuários, menores os custos, maior o benefício recíproco e mais prática a institucionalização de subsídios cruzados.[35] O "efeito de rede" significa dizer que a importância das redes cresce exponencialmente com o aumento do número de pessoas interligadas (a expressão foi criada para descrever a rápida expansão dos telefones: ele é tanto mais útil para o usuário quanto mais pessoas possuam aparelhos).

A apreensão dos temas da *universalização, infraestrutura* e *desenvolvimento* reside na noção de "infraestrutura". Para a Economia é conceito amplo: desde a educação até as ferrovias, passando pela saúde, água e saneamento, energia, rodovias, silos, portos e aeroportos.[36] Em termos mais apurados, o setor de infraestrutura pode ser definido como a base física sobre a qual os diversos setores econômicos irão se desenvolver e se relacionar entre si. A todo processo de crescimento econômico subjaz um conjunto de bens e serviços de base, o qual permite que os operadores promovam suas atividades e possam atingir os respectivos objetivos. As falhas na infraestrutura significam, no mínimo, aumentos dos custos e diminuição da competitividade. Já a ausência de infraestrutura impede a instalação de atividades econômicas que dela dependam (direta ou indiretamente). Os investimentos em infraestrutura são de elevado custo e longa perspectiva de retorno. Estas peculiaridades tornam o setor um lócus onde poucos agentes interagem: daí a necessidade de ação estatal, inclusive por meio da expansão da base física na prestação dos serviços. Como se pode inferir, aqui está um dos papéis mais significativos da universalização de serviços públicos.

Por fim, os *efeitos redistributivos* derivados da *universalização* têm lastro na prática de subsídios cruzados que visem a fazer com que aqueles usuários com melhor condição socioeconômica (ou os que se valham de serviços menos custosos) colaborem na ampliação dos benefícios sociais percebidos pelos demais cidadãos.[37] "Nessa linha, a universalização visaria a atender, basicamente, a duas categorias de consumidores: aqueles ditos 'consumidores de alto custo' (*e.g.*, domicílios rurais localizados em áreas de baixa densidade e consumidores com limitada mobilidade geográfica) e os

---

[35] *Grosso modo*, as externalidades são efeitos exteriores que implicam a imposição involuntária de custos (negativas) ou vantagens (positivas) a terceiros. Apesar de não participarem, terceiros são afetados (positiva ou negativamente), ao passo que o agente econômico primário não arcará com os custos nem se beneficiará dos ganhos. Exemplos de externalidades são as poluições ambiental e sonora (negativas) e a educação, pesquisa tecnológica, investimentos de infraestrutura e vacinação (positivas). Na lição de Fábio Nusdeo, elas "correspondem, pois, a custos ou benefícios circulando *externamente* ao mercado, vale dizer, que se quedam incompensados, pois, para eles, o mercado, por limitações institucionais, não consegue imputar um preço. E, assim, o nome 'externalidade' ou efeito externo não quer significar fatos ocorridos fora das unidades econômicas, mas sim fatos ou efeitos ocorridos fora do mercado, externos ou paralelos a ele, podendo ser vistos como efeitos parasitas" (*Curso de Economia: Introdução ao Direito Econômico*. 5. ed. São Paulo: RT, 2008, p. 153). V. também Pinheiro, Armando Castelar; Saddi, Jairo. *Direito, economia e mercados, op. cit.*, p. 258-259.

[36] Cf. David N. Hyman: "A nation's *physical infrastructure* is its transportation and environmental capital including its schools, power and communication networks, and health care system" (*Public Finance, op. cit.*, 6. ed., p. 224).

[37] Assim já decidiu o TRF-1. Região: "Os serviços de correios e telégrafos são, na origem e por natureza, típico instrumento da interdependência e solidariedade sociais. Para cumprir essa finalidade, o princípio da universalização orienta que as operações deficitárias possam ser custeadas com os rendimentos obtidos em operações 'lucrativas', ocorrendo uma espécie de subsídio ao custeio das prestações realizadas em locais de acesso dispendioso" (AC nº 200638060011296- MG, Des. Federal Fagundes de Deus, *e-DJF1* 6.6.2008).

'consumidores de baixa renda' (*e.g.*, consumidores urbanos com dificuldades para pagar suas contas telefônicas)".[38]

Em suma, tanto mais adequado será o serviço quanto mais universal for sua prestação. Não se pode compactuar com um conceito restritivo de *serviço adequado*, a privilegiar pequeno número de usuários. A ampliação do universo prestacional (subjetivo e geográfico) é um dos princípios basilares do setor de concessões de serviços públicos, tal como positivado na Lei nº 8.987/1995.

§64 Serviço adequado e modicidade tarifária

A adequação do serviço vive em aparente tensão com a modicidade tarifária. Isso devido à má compreensão do que vem a ser "adequação" e "modicidade" – como se fosse possível a definição apriorística (ou subjetiva) de tais atributos dos serviços concedidos ("excelente" e "barato" *versus* "bom" e "caro").

Em princípio pode-se dizer que o serviço será *adequado* em vista das necessidades sociais definidas em seu regime estatutário e no contrato de concessão, ao passo que a tarifa será *módica* em relação aos deveres e obrigações também lá estabelecidos. Esta primeira aproximação pretende tornar claro que os conceitos de "serviço adequado" e "modicidade tarifária" são *relacionais* e *objetivos*. Relacionais devido ao fato de que resultam da comparação de dois ou mais objetos de análise: a prestação a ser executada; a obra a ser construída; o perfil socioeconômico dos usuários que serão beneficiados; o custo do dinheiro para as inversões; o prazo do contrato; a taxa de retorno viável etc. O exame de tais dados é que permitirá a conclusão quanto a serem (ou não) adequado o serviço e módica a tarifa.

Por outro lado, são conceitos objetivos, pois as informações que permitem chegar a esta ou àquela conclusão são definidas no estatuto da concessão, na proposta e no respectivo contrato. Não dizem respeito apenas à pretensão lucrativa do concessionário, nem tampouco às exigências individuais de todos e de cada um dos usuários. Mais que isso: a relação "serviço adequado" e "tarifa módica" tem estreito vínculo com o equilíbrio econômico-financeiro do contrato.[39]

Uma vez fixada essa premissa, o mais importante é a constante busca de resultados ótimos. Dentro desse conjunto de dados, a tarifa deve ser a mais módica possível em vista do serviço a ser administrado e prestado pelo concessionário. No caso das concessões comuns regidas pela Lei Geral de Concessões, módica é a tarifa que está na medida para tornar o projeto autossustentável – nem mais nem menos que o estritamente necessário para que o serviço seja adequado às respectivas necessidades sociais. Daí a necessidade

---

[38] Faraco, Alexandre; PEREIRA NETO, Caio Mário da Silva; Coutinho, Diogo. Universalização das telecomunicações no Brasil: uma tarefa inacabada, *op. cit.*, *RDPE*, 2/17.

[39] V. o teor da decisão proferida na SLS 735: "Se a ANEEL, como órgão incumbido de regulamentar e fiscalizar o setor de energia elétrica, realizou a revisão prevista em contrato (fls. 633), alterando a receita anual permitida, a fim de promover a eficiência e a modicidade tarifária, com base em dados técnicos – custos e investimentos praticados por concessionárias similares, no contexto nacional e internacional –, não há por que arredá-la de pronto, sem maiores indagações. Por outro lado, verificado excesso de arrecadação, a revisão tarifária com redução de receita busca, na verdade, o equilíbrio do contrato" (STJ, Min. Barros Monteiro, *DJ* 12.11.2007). Em sentido semelhante há decisões do TRF-2. Região (AI nº 200402010132327-RJ, Des. Federal Guilherme Calmon, *DJ* 21.22007) e do TRF-5. Região (AI nº 200505000160088-PE, Des. Federal Marcelo Navarro, *DJ* 9.2.2007).

de constante atenção ao equilíbrio econômico-financeiro do contrato (para mais ou para menos), estampada nas suas revisões periódicas – que são um dos meios mais eficientes de assegurar a modicidade (v., adiante, §93).

A tarifa a ser paga é composta pelos valores representativos dos investimentos que permitam a execução do serviço ao conjunto de usuários durante o prazo contratual (acompanhada do pagamento dos custos, amortização e aferição do lucro). Não é definida nem aleatória nem unilateralmente, mas resulta de cálculos realizados tanto pelo concedente como pelo concessionário. É por meio da definição da tarifa que se instala a possibilidade de projeto autossustentável que resulte no fornecimento do serviço e obras. Assim, ela, por um lado, representa a composição que permite o equilíbrio econômico-financeiro do contrato e, por outro, a boa qualidade do atendimento aos usuários. É evidente que isso significa conflito de interesses: os usuários desejam serviços bons, abundantes e baratos; o concessionário visa a maximizar o retorno de suas inversões. A busca pelo equilíbrio entre tais extremos, portanto, é dado fundamental a ser levado em consideração pelo concedente (bem como pelas autoridades reguladoras).

Igualmente é importante firmar que a modicidade significa distribuição de riqueza: quanto menor a tarifa a ser paga, maiores os benefícios financeiros aos usuários e menor a receita do concessionário. O que este deixa de ganhar é percebido por aqueles. Logo, o concessionário não se sentirá incentivado a prestar o melhor serviço possível caso a tarifa seja muito pequena (ou desproporcional, ou sempre decrescente). Há, aqui, uma fronteira delicada: se a tarifa for "exageradamente" módica, pode chegar ao resultado da depauperação do serviço e respectivas instalações (ampliar adiante, no §84, que trata da "tarifa ótima").

O assunto, portanto, é mais delicado e complexo do que à primeira vista possa parecer. "A fixação de tarifas, todavia – leciona Jacintho Arruda Câmara –, supera a composição de interesses entre usuários e prestadores de serviços públicos. O concedente, além de intermediar esta constante tensão de interesses, tem como atribuição instituir, por intermédio do regime jurídico tarifário, uma política pública para o serviço em questão."[40] A análise da tarifa não é apenas um tema endógeno ao contrato de concessão, mas tem a dimensão de política pública a ser implementada na economia local e nacional (v. §81, adiante).

Assim, refuta-se o entendimento de que a modicidade tarifária possa ser compreendida em abstrato – num jogo de adivinhar o menor número possível, independentemente dos deveres e obrigações contratuais. Ou que isso possa ser estabelecido por meio de critério subjetivo na defesa unilateral do concessionário ou do usuário (ou subgrupo de). Tenha-se claro que as tarifas devem gerar a rentabilidade ordinária do projeto, e caso isso não ocorra implicará a impossibilidade de prestação do serviço e consequente rescisão do contrato de concessão.

---

[40] CÂMARA, Jacintho Arruda. *Tarifa nas concessões, op. cit.*, p. 67-68.

§65 Interrupção devido a razões de emergência, de ordem técnica e de segurança

O §3º e seu inciso I do art. 6º da Lei nº 8.987/1995 estabelecem três exceções ao princípio da continuidade: situações de *emergência*, de *ordem técnica* e de *segurança*.

A primeira delas não exige prévio aviso devido à sua própria natureza: *situações de emergência* são fatos imprevisíveis, fortuitos, os quais exigem ação imediata do concedente e/ou do concessionário, que pode implicar a suspensão do fornecimento do serviço. Imagine-se a precipitação de chuvas em volume desproporcional e atípico, a gerar inundações e, assim, impedir a prestação de vários serviços públicos (água e saneamento; transporte público; energia elétrica etc.). Esse estado de calamidade pública tem como consequência imediata a adoção de todas as medidas destinadas a conferir segurança aos usuários e restabelecer a prestação dos serviços, na justa medida das possibilidades fáticas. A rigor, a lei nem sequer precisaria dispor a propósito da interrupção por emergência: é o mundo dos fatos que rege tal excepcionalidade.

Logo, não são emergenciais as situações previsíveis – ainda que sejam decorrentes de estimativas equivocadas por parte do concedente e/ou do concessionário.[41] Por exemplo, no serviço de energia elétrica: uma coisa são chuvas desproporcionais ou o acidente de automóveis que derrube o poste e respectivos cabos de transmissão; outra é um programa de incentivos para o incremento do número de usuários e consumo porventura desacompanhado do prévio e proporcional aumento da capacidade das instalações – no primeiro caso, os blecautes não quebram a continuidade; no segundo, com certeza sim.

As situações emergenciais exigem a equivalente capacidade de intervenção e restauração da prestação do serviço. O concessionário precisa dispor permanentemente de equipes de trabalho em regime de sobreaviso, a fim de dar início imediato aos trabalhos. O tempo é implacável e trabalha contra o usuário: quanto mais transcorre, maiores os prejuízos. Por isso que este atendimento deve ter demanda superestimada: caso contrário a emergência cairá na vala comum do atendimento diário. O dever do concessionário é o de adotar a conduta mais eficaz a fim de que a prestação do serviço seja restabelecida o quanto antes. Caso a demora seja injustificada ou desproporcional, é de se cogitar da sua responsabilização.[42]

---

[41] O tema lembra a "crise energética" ocorrida no Brasil em 2001, quando o Governo Federal instalou programa de racionamento de energia elétrica. Isso gerou discussão a respeito da previsibilidade, ou não, da crise e respectivas consequências. A esse respeito, v.: CÂMARA, Jacintho Arruda. *Tarifa nas concessões, op. cit.*, p. 83-87; CUÉLLAR, Leila; MOREIRA, Egon Bockmann. As agências reguladoras brasileiras e a crise energética. *In:* Moreira, Vital (org.). *Estudos de regulação pública – I*. Coimbra: Coimbra Editora, 2004, p. 567-590. Crise esta que se repetiu em 2021, com características hidrológicas associadas (a escassez d'água, a gerar baixa produção hidroelétrica e a instalar programas de incentivos a consumo em certos horários e racionamento espontâneo por meio de custos elevados).

[42] Como já julgou o TJRJ: "A concessionária ré, apelante, deverá suportar os danos sofridos pela autora, isto porque o nexo causal vinculado à falta de cuidado da empresa que procedeu ao restabelecimento imediato de energia elétrica, interrompido em virtude de furto, por terceiros, dos fios de ligação entre o poste da rede elétrica e o relógio marcador da entrada da residência da autora. Conquanto a causa da interrupção tenha sido a ação ilícita de terceiro, houve a falha na prestação dos serviços, agravada pela demora injustificável de oito dias para o restabelecimento dos serviços interrompidos" (AC nº 2008.0001.56916-RJ, Des. Mário Assis Gonçalves, *Boletim AASP* 2.624/1.671).

No que respeita à interrupção do serviço por *motivos técnicos* ou de *segurança das instalações*, é dever do concessionário avisar previamente aos usuários. Suas causas dizem respeito à atualização e conservação do serviço em termos aptos a cumprir o pressuposto da adequação. Tais razões devem ser de conhecimento público e precisam ser formalmente comunicadas aos usuários – de modo pessoal (correspondências, telefonemas, *e-mails* etc.) e em prazo hábil para que estes possam programar suas atividades privadas e empresariais. Assim, não basta a publicação do "aviso de suspensão do fornecimento" no *Diário Oficial* ou em coluna de editais de jornais, nem tampouco a comunicação por carta com 24 horas de antecedência (ou o aviso na sexta-feira à tarde de que o serviço será suspenso na segunda pela manhã).

O atendimento à prescrição legal do *prévio aviso* é feito a depender do caso concreto e na justa medida da avaliação sensata do que se faz necessário para que o usuário não possa sofrer contratempos e prejuízos com a suspensão do fornecimento do serviço. Imagine-se empresa de *call center* em face da suspensão dos serviços de telefonia, fábrica diante da suspensão da energia elétrica, ou empresa de cobrança em face da suspensão dos serviços dos correios. Caso o *aviso* não chegue ao usuário de modo *formal* e *prévio*, o concessionário poderá ser responsabilizado pela quebra da continuidade (tanto em sua relação com o concedente como no que se refere aos prejuízos experimentados pelo usuário).

Em qualquer dessas hipóteses, apropriado será que a suspensão do fornecimento seja disciplinada em sede legal, contratual e, sobretudo, nos regulamentos setoriais. O STJ já decidiu que "a interrupção do fornecimento de energia elétrica, por si só, não gera o dever de indenizar o usuário que deixou de produzir durante o período da interrupção. Há que se averiguar se foram observados os limites de tolerância estabelecidos pelo Poder Público, inclusive por força das peculiaridades que envolvem a produção, transmissão e distribuição de energia elétrica".[43] Serão as agências reguladoras (ou outras autoridades competentes para regular o serviço) que definirão quais os limites aceitáveis para a interrupção. Igualmente, o próprio contrato de concessão pode trazer cláusula com percentuais e/ou diretrizes a respeito. Caso a atuação do concessionário os exceda, haverá o dever de responder pelos prejuízos; caso contrário o concessionário terá atuado nas balizas da legalidade.

§66 Interrupção devido a inadimplemento do usuário

Este parágrafo pretende esclarecer preceito específico, devido à sua importância para a interpretação sistemática da Lei Geral de Concessões. O §3º do inciso II do art. 6º, ao fixar que é válida a suspensão do fornecimento do serviço público devido a inadimplemento do usuário, consolida a racionalidade pública do projeto concessionário. O que a previsão tem em vista é a continuidade do serviço a todos os usuários e seu aperfeiçoamento constante num projeto autossustentável.

Claro que há situações a respeito das quais nem sequer se cogita da discussão a propósito da obrigação do usuário de adimplir: ninguém ousaria defender o direito

---

[43] STJ, REsp nº 935.468-AL, Min. Eliana Calmon, *DJe* 23.4.2009.

de "pular a catraca" para ingresso no transporte metroviário ou o direito de "fazer um gato" (*rectius*: furto) para consumir energia elétrica, muito menos o de falsificar selos para valer-se dos correios. Em sentido contrário, há suposta controvérsia quanto a alguns serviços tidos por "mais essenciais" (água, energia, telecomunicações, alguns transportes públicos etc.) – como se fosse válido desprezar a qualificação atribuída por lei a todos e a cada um dos serviços públicos.

Ocorre que na maioria das vezes o problema está malposto. Em verdade, o serviço deve ser prestado em vista dos benefícios coletivos que produz (diretos e indiretos), não só para suprir o interesse egoístico deste ou daquele indivíduo. "Em outras palavras – escreveu Leila Cuéllar –, não é porque o serviço público examinado é essencial que deve ser prestado apesar da inadimplência. É justamente porque o serviço é essencial que não se pode consentir com a inadimplência – que em escala elevada pode traduzir-se na não prestação do serviço, pura e simplesmente."[44] Para que a prestação seja viável é necessário que a tarifa seja módica e que todos os usuários tomem consciência do dever de colaborar ativamente: precisam preservar a infraestrutura e as instalações, bem como pagar pontualmente as tarifas.

O tema tem alguns desdobramentos. Por um lado, se é nítida a impossibilidade da prestação de serviços públicos gratuitos (alguém sempre paga por eles – seja o usuário direto, sejam os demais usuários ou os contribuintes), o que se dizer de serviços públicos concedidos em projetos autossustentáveis? Aqui, o inadimplemento individual frustra a *ratio essendi* da Lei Geral de Concessões e todo o processo público de concretização do comando constitucional (máxime o art. 175). A Lei nº 8.987/1995 e os contratos dela oriundos têm por objeto normas que implementem projetos concessionários nos quais o pagamento da tarifa – módica, insista-se – por parte de todos os usuários é um dado essencial. Não foi devido a um acaso que em momento algum o texto da Lei Geral de Concessões se vale do termo "usuário" no singular – o plural "usuários" é revelador da preocupação quanto a projetos que visem a beneficiar uma coletividade de pessoas. Pensar-se apenas no individual importa trair a lógica da Lei nº 8.987/1995.

Assim, não se pode descrever a interrupção do serviço como modo indireto de cobrança (afinal, a dívida já existe e a supressão do fornecimento só impede o futuro aumento dela), nem tampouco como irrestrita agressão à cidadania ou à dignidade da pessoa. Se é bem verdade que a relevância dos efeitos da interrupção é indeclinável, fato é que a suspensão do fornecimento visa antes a impedir efeitos de rede que porventura impossibilitem a prestação do serviço. Como decidiu o STJ: "Com efeito, ao saber que o vizinho está recebendo energia de graça, o cidadão tenderá a trazer para si o tentador benefício. Em pouco tempo, ninguém mais honrará a conta de luz. Ora, se ninguém paga pelo fornecimento, a empresa distribuidora de energia não terá renda. Em não tendo renda, a distribuidora não poderá adquirir os insumos necessários à execução dos serviços concedidos e, finalmente, entrará em insolvência. Falida, a concessionária

[44] CUÉLLAR, Leila. Serviço de abastecimento de água e a suspensão do fornecimento. *In:* CUÉLLAR, Leila; Moreira, Egon Bockmann. *Estudos de Direito Econômico*. Belo Horizonte: Fórum, 2004, p. 356. Sobre o debate, v.: Guimarães, Letícia. *O princípio da continuidade dos serviços públicos, op. cit.*, p. 64-80; CÂMARA, Jacintho Arruda. *Tarifa nas concessões, op. cit.*, p. 100-143; Grotti, Dinorá Musetti. *O serviço público e a Constituição brasileira de 1988, op. cit.*, p. 270-274; ARAGÃO, Alexandre Santos de. *Direito dos serviços públicos*. 4. ed. cit., p. 414-420; Justen Filho, Marçal. *Teoria geral das concessões de serviços públicos, op. cit.*, p. 309-311.

interromperia o fornecimento a todo o Município, deixando às escuras até a iluminação pública".[45] O que está em jogo, portanto, não é o valor individual da conta não paga, mas o gérmen de uma crise sistêmica quanto ao não pagamento coletivo de muitas contas individuais.

Por outro lado, é igualmente cristalino que o *direito de receber a prestação* do serviço traz consigo uma gama de *deveres aos usuários*: não é via de mão única, a conceder benesses a indivíduos que podem pagar, mas preferem dar outra destinação à sua receita (poupança, dívidas e investimentos pessoais etc.). Aos usuários é imputada equivalente carga de deveres e obrigações oriundos da relação concessionária (v. §72, adiante).

A premissa, lançada com perfeição na Lei Geral de Concessões, é a de que *os serviços prestados em regime de concessão não são gratuitos*. Na mesma medida em que o concessionário não pode deixar de os fornecer, o usuário não pode deixar de cumprir com sua obrigação de pagar pelos serviços recebidos – pena de prejudicar todo o sistema. O vínculo entre concessionário e usuários é simultaneamente contratual e coletivo: existe rede de contratos instalada em benefício da coletividade. Porém, todos e cada um dos usuários estabelecem relação jurídica com o concessionário, a qual tem como objeto a prestação remunerada de um serviço: há direitos e deveres recíprocos. "Interromper a prestação de serviço público a um usuário que não atenda aos requisitos exigidos para sua obtenção, assim, não configura rompimento ao dever de continuidade. A continuidade do serviço público é preservada sempre que o Poder Público (ou a empresa concessionária ou permissionária) o oferece nas condições estabelecidas pela regulamentação. Não há que se falar em violação ao dever de continuidade se entre essas condições figurar o pagamento de tarifa e o fornecimento for interrompido em função do inadimplemento do usuário. O dever de prestar o serviço – vale registrar mais uma vez – somente se torna exigível se as condições para sua fruição estiverem presentes" – é a lição de Jacintho Arruda Câmara.[46]

Por fim, parece por demais ingênua a tentativa de ver os usuários como conjunto homogêneo de consumidores hipossuficientes, que foram seduzidos pelo "canto de sereia" do mercado ou que são coagidos a receber serviços públicos compulsórios que apenas protegem a saúde pública. O título de usuário de serviço público não traz consigo o direito de não responder por seus atos, a gerar zonas de conforto e inibição existencial. A dignidade da pessoa não é apenas um *status* passivo, mas traz consigo a responsabilidade. Os cidadãos e as instituições brasileiras não são conjuntos compostos por inimputáveis, mas, sim, de pessoas com dignidade e que têm condições de avaliar

---

[45] STJ, REsp nº 363.943-MG, Min. Humberto Gomes de Barros, *DJ* 1.3.2004. Vale a pena destacar os votos divergentes. Para o Min. José Delgado a suspensão do fornecimento configuraria meio indireto de cobrança: "O que entendo abusivo é o meio utilizado pela impetrada para obrigar o devedor a pagar o que julga que lhe é devido, que é com a ameaça quase sempre consumada de suspender-lhe o fornecimento de energia elétrica, meio ilegal, como prevê o CDC, em seu art. 42". Já, o Min. Luiz Fux dissocia as hipóteses de suspensão: "Penso que tínhamos, em primeiro lugar, que distinguir entre o inadimplemento de uma pessoa jurídica portentosa e o de uma pessoa física que está vivendo no limite da sobrevivência biológica. É mister fazer tal distinção, *data maxima venia*. Em segundo lugar, a Lei de Concessões estabelece que é possível o corte considerado o interesse da coletividade, que significa não fazer o corte de energia de um hospital ou de uma universidade, não o de uma pessoa que não possui R$ 40,00 para pagar sua conta de luz, quando a empresa tem os meios jurídicos legais da ação de cobrança. A responsabilidade patrimonial no Direito brasileiro incide sobre o patrimônio devedor, e, neste caso, está incidindo sobre a própria pessoa!".

[46] CÂMARA, Jacintho Arruda. *Tarifa nas concessões, op. cit.*, p. 107.

suas próprias escolhas – seja racional, seja emocionalmente. Logo, têm de arcar com as consequências – positivas ou negativas – de suas opções e também com as vicissitudes da vida. As exceções devem ser respeitadas, e nessa condição tratadas com equivalente dignidade.

Caso haja populações carentes ou efetivamente despidas de recursos, o problema maior está no momento da definição da política pública: neste caso, o Estado precisa prestar diretamente o serviço público (e não o conceder ou permitir) ou deve contar com programas assistenciais – como aqueles que de fato existem. Caso haja vicissitudes imponderáveis, é caso de se estabelecer regime extraordinário que possibilite a prestação do serviço a usuários carentes (telefone público; torneira coletiva; água e energia com limite de consumo gratuito e cobrança simbólica; transportes gratuitos a idosos ou a pessoas com necessidades especiais; dias e horas diferenciados para a cobrança do pedágio; programas sociais de fornecimento de serviços etc.).[47] Por exemplo, a Lei nº 14.898/2024, cujo art. 1º define a Tarifa Social de Água e Esgoto e a denomina como "a categoria tarifária social dos serviços de abastecimento de água e esgoto destinada a grupos familiares de baixa renda que atenda às diretrizes previstas nesta Lei". Alguns destes temas serão mais bem analisados no §71, que trata dos direitos subjetivos públicos dos usuários.

Isto posto, cabe o exame de qual é o requisito para que se possa interromper o fornecimento do serviço público: o *prévio* e *motivado* aviso. Este é indispensável, de molde a possibilitar tanto o adimplemento como o eventual planejamento pessoal para quando se der a interrupção (ou mesmo a defesa e prova de que a conta está errada). Trata-se daquilo que Jacintho Arruda Câmara denominou de *dever de adotar um procedimento prévio,* um requisito *de natureza formal* à interrupção: "O prévio aviso ao usuário serve para lhe assegurar o exercício do direito à ampla defesa e ao contraditório".[48] Neste sentido, o STJ já decidiu caso em que o usuário impugnava a fidedignidade do medidor de energia elétrica: "(...). Valor do débito passível de discussão – Inexistência de liquidez e certeza a amparar a hipótese de interrupção do serviço, prevista na Lei n. 8.987/1995 (art. 6º, §3º, II), por inadimplemento do usuário – (...) – Utilização ilegal e inconstitucional do corte de energia como mecanismo para forçar o consumidor a reconhecer 'estimativas' de consumo, produzidas unilateralmente pela concessionária".[49]

Mas reitere-se que o dever de interromper a prestação do serviço ante o inadimplemento do usuário persiste sendo objeto de vastos debates. Nada obstante haver opiniões divergentes, pacificou-se a compreensão de que é, sim, possível a interrupção do serviço devido ao inadimplemento. A polêmica envolveu precipuamente os serviços

---

47 Ao escrever a propósito das despesas inerentes à satisfação de necessidades coletivas num Estado Social (tema mais amplo), Jorge Miranda ponderou: "*Os que podem pagar devem pagar*. E é preferível que paguem em parte (até certo limite do custo real) o serviço ou o bem, directamente, por meio de taxas, e não indirectamente, mediante impostos, por três motivos: (1) porque assim tomam consciência do seu significado económico e social e das consequências de aproveitarem ou não os benefícios ou alcançarem ou não os resultados advenientes; (2) porque, em muitos casos, podem escolher entre serviços ou bens em alternativa; (3) porque mais de perto podem controlar a utilização do seu dinheiro e evitar ou atenuar o peso do aparelho burocrático. (...). Diversamente, *os que não podem pagar não devem pagar* (ou receber prestações pecuniárias – bolsas, pensões, rendimento mínimo garantido, subsídio de desemprego – para poderem pagar)" (*Manual de Direito Constitucional*. 3. ed. t. IV. Coimbra: Coimbra Editora, 2000, p. 396-397).

48 CÂMARA, Jacintho Arruda. *Tarifa nas concessões, op. cit.*, p. 137.

49 STJ, REsp nº 633.722-RJ, Min. Herman Benjamin, *DJ* 19.12.2007.

de energia elétrica e água – a respeito dos quais abaixo seguem algumas das teses discutidas, sobremodo em razão do Código de Defesa do Consumidor.

Em vista da redação do inciso II do §3º do art. 6º da Lei nº 8.987/1995, ao analisar caso concreto, Eros Roberto Grau consignou que "parece bem nítido, portanto, que na hipótese de interrupção da prestação do fornecimento de energia elétrica, após prévio aviso, quando por inadimplemento do usuário (considerado o interesse da coletividade), *não incidem o art. 22 e seu parágrafo único do 'Código do Consumidor'*".[50] Já o STJ decidiu que: "O princípio da continuidade do serviço público assegurado pelo art. 22 do CDC deve ser obtemperado, ante a exegese do art. 6º, §3º, II, da Lei n. 8.987/1995, que prevê a possibilidade de interrupção do fornecimento de energia elétrica quando, após aviso, permanecer inadimplente o usuário, considerado o interesse da coletividade".[51]

Porém, não se trata de solução absoluta e idêntica em todos os casos, como se extrai destas decisões do STJ: "(...). O corte não pode ocorrer de maneira indiscriminada, de forma a afetar áreas cuja falta de energia colocaria em demasiado perigo a população, como ruas, hospitais e escolas públicas";[52] "(...) Não há que se proceder ao corte de utilidades básicas de um hospital, como requer o recorrente, quando existem outros meios jurídicos legais para buscar a tutela jurisdicional".[53] Em outra ocasião a Corte Especial do STJ definiu que: "Mesmo quando o consumidor é órgão público, o corte do fornecimento de água está autorizado por lei sempre que resultar da falta injustificada de pagamento, e desde que não afete a prestação de serviços públicos essenciais, *v.g.*, hospitais, postos de saúde, creches, escolas; caso em que só os órgãos burocráticos foram afetados pela medida".[54]

Em publicação específica sobre a legitimidade (ou não) do corte no fornecimento de serviços públicos, em 2014 a Secretaria de Jurisprudência do STJ consolidou as seguintes 10 teses que representavam o entendimento pacificado da Corte: "*1)* É legítimo o corte no fornecimento de serviços públicos essenciais quando inadimplente o usuário, desde que precedido de notificação; *2)* É legítimo o corte no fornecimento de serviços públicos essenciais por razões de ordem técnica ou de segurança das instalações, desde que precedido de notificação; *3)* É ilegítimo o corte no fornecimento de energia elétrica quando puder afetar o direito à saúde e à integridade física do usuário; *4)* É legítimo

---

[50] GRAU, Eros Roberto. Suspensão do fornecimento de energia elétrica (parecer), *RTDP*, São Paulo, Malheiros Editores, 36/140, 2001.

[51] STJ, REsp nº 805.113-RS, Min. Castro Meira, *DJe* 23.10.2008. Cf. também este excerto de ementa: "(...) a continuidade do serviço público assegurada pelo art. 22 do CDC não constitui princípio absoluto, mas garantia limitada pelas disposições da Lei n. 8.987/1995, que, em nome justamente da preservação da continuidade e da qualidade da prestação dos serviços ao conjunto dos usuários, permite, em hipóteses entre as quais o inadimplemento, a suspensão no seu fornecimento – Precedentes da 1. Turma: REsp nº 591.692-RJ, rel. Min. Teori Albino Zavascki, *DJ* de 14.3.2005; REsp nº 691.516-RS, rel. Min. Luiz Fux, 1. Turma, *DJ* de 24.10.2005; REsp nº 337.965-MG, rela. Min. Eliana Calmon, 2. Turma, *DJ* 20.10.2003" (REsp nº 898.769-RS, Min. Teori Albino Zavascki, *DJ* 12.4.2007). V. também julgado do TRF-4. Região na AMS nº 200471100021412-RS, Juiz Fernando Quadros da Silva, *DJ* 25.10.2006.

[52] STJ, REsp nº 594.095-MG, Min. João Otávio de Noronha, *DJ* 19.3.2007. V. também: REsp nº 682.378-RS, Min. João Otávio de Noronha, *DJ* 6.6.2006; REsp nº 654.818-RJ, Min. Denise Arruda, *DJ* 19.10.2006. No mesmo sentido o TRF-4. Região: "(...) Fornecimento de energia elétrica à viabilização de atividade educacional municipal, deve prevalecer o interesse público na prestação do serviço em detrimento do aspecto contratual da inadimplência" (AMS 200671100000752-RS, Juiz Fernando Quadros da Silva, *DJ* 16.11.2006).

[53] STJ, REsp nº 876.723-PR, Min. Humberto Martins, *DJ* 5.2.2007. No mesmo sentido, quanto a hospitais: REsp nº 621435-SP, Min. Denise Arruda, *DJ* 19.10.2006.

[54] STJ, Corte Especial, AgR na SS 1.764-PB, Min. Ari Pargendler, *DJe* 16.3.2009.

o corte no fornecimento de serviços públicos essenciais quando inadimplente pessoa jurídica de direito público, desde que precedido de notificação e a interrupção não atinja as unidades prestadoras de serviços indispensáveis à população; *5)* É ilegítimo o corte no fornecimento de serviços públicos essenciais quando inadimplente unidade de saúde, uma vez que prevalecem os interesses de proteção à vida e à saúde; *6)* É ilegítimo o corte no fornecimento de serviços públicos essenciais quando a inadimplência do usuário decorrer de débitos pretéritos, uma vez que a interrupção pressupõe o inadimplemento de conta regular, relativa ao mês do consumo; *7)* É ilegítimo o corte no fornecimento de serviços públicos essenciais por débitos de usuário anterior, em razão da natureza pessoal da divida; *8)* É ilegítimo o corte no fornecimento de energia elétrica em razão de débito irrisório, por configurar abuso de direito e ofensa aos princípios da proporcionalidade e razoabilidade, sendo cabível a indenização ao consumidor por danos morais; *9)* É ilegítimo o corte no fornecimento de serviços públicos essenciais quando o débito decorrer de irregularidade no hidrômetro ou no medidor de energia elétrica, apurada unilateralmente pela concessionária; *10)* O corte no fornecimento de energia elétrica somente pode recair sobre o imóvel que originou o débito, e não sobre outra unidade de consumo do usuário inadimplente".[55]

Por fim, é de se frisar que o STF já firmou o entendimento de que nem mesmo leis posteriores podem infringir essa garantia inerente aos contratos administrativos. Ao julgar caso em que se questionava a constitucionalidade de lei estadual que pretendia impossibilitar a interrupção do fornecimento a usuários inadimplentes relativo a serviços de competência federal e municipal, o Relator, Min. Celso de Mello, consignou: "Os Estados-membros – que não podem interferir na esfera das relações jurídico-contratuais estabelecidas entre o poder concedente (quando este for a União Federal ou o Município) e as empresas concessionárias – também não dispõem de competência para modificar ou alterar as condições, que, previstas na licitação, acham-se formalmente estipuladas no contrato de concessão celebrado pela União (energia elétrica – CF, art. 21, XII, 'b') e pelo Município (fornecimento de água – CF, art. 30, I e V), de um lado, com as concessionárias, de outro, notadamente se essa ingerência normativa, ao determinar a suspensão temporária do pagamento das tarifas devidas pela prestação dos serviços concedidos (serviços de energia elétrica, sob regime de concessão federal, e serviços de esgoto e abastecimento de água, sob regime de concessão municipal), afetar o equilíbrio financeiro resultante dessa relação jurídico-contratual de direito administrativo".[56]

§67 Interrupção e direito de greve

O direito de greve no serviço público e contratos administrativos sempre foi preocupação do direito administrativo, sobretudo na Escola Francesa do Serviço Público.[57] Porém, aqui o tema merece ser tratado sob outra perspectiva: está-se diante

[55] STJ – Jurisprudência em Teses 13. Disponível em: https://scon.stj.jus.br/docs_internet/jurisprudencia/jurisprudenciaemteses/Jurisprudencia%20em%20Teses%2013%20-%20Corte%20Nos%20Servicos.pdf (com menção e link aos respectivos acórdãos).

[56] STF, MC na ADI nº 2.337-SC, *DJ* 21.6.2002.

[57] O tema é tratado em Moreira, Egon Bockmann; BAGATIN, Andreia Cristina. Contratos administrativos, direito à greve e os 'eventos de força maior', *op. cit., RT* 875/41-53. A propósito do direito de greve no serviço público (e

de contratos de concessão e permissão de serviço público, nos quais os empregados do concessionário não têm vínculo estatutário com o Estado. São empregados cujo direito à greve é submetido ao art. 9º da Constituição brasileira e à Lei nº 7.783/1989 (dispõe sobre o exercício do direito de greve).

A Lei nº 7.783/1989 traz elenco de atividades consideradas *essenciais*, dentre as quais estão os serviços públicos de tratamento e abastecimento de água; produção e distribuição de energia elétrica, gás e combustíveis; transporte coletivo; captação e tratamento de esgoto e lixo; telecomunicações e controle de tráfego aéreo (atividade íntima ao serviço de transporte aéreo).[58] O rol de atividades é consignado de modo não exaustivo. Caso haja serviços normativamente qualificados como públicos, eles são *ipso facto* essenciais – sobremodo nos termos de seu regime estatutário (leis e regulamentos). Não se pode adotar qualquer outra interpretação – ainda que benéfica aos interesses dos trabalhadores e ao direito de greve: a tensão entre o direito de greve e o dever de continuidade na prestação dos serviços públicos há de ser resolvida em favor deste. Afinal, aqui não se está diante da suspensão do fornecimento a um ou outro usuário, mas à ampla maioria deles (se não a unanimidade).

Note-se que o STF proferiu decisão significativa no MI nº 670-ES, em que julgou procedente mandado de injunção e determinou a aplicação do regime da Lei nº 7.783/1989 a servidores públicos civis (categoria estatutária – especial, portanto, em relação aos empregados das empresas concessionárias e permissionárias). E o acórdão foi além, ao consignar que: "O sistema de judicialização do direito de greve dos servidores públicos civis está aberto para que outras atividades sejam submetidas a idêntico regime. Pela complexidade e variedade dos serviços públicos e atividades estratégicas típicas do Estado, há outros serviços públicos, cuja essencialidade não está contemplada pelo rol dos arts. 9º a 11 da Lei n. 7.783/1989. Para os fins desta decisão, a enunciação do regime fixado pelos arts. 9º a 11 da Lei n. 7.783/1989 é apenas exemplificativa (*numerus apertus*)".[59] A decisão já transitou em julgado e segue produzindo efeitos até a futura edição de lei específica.

Em todos os serviços públicos – e em especial nos concedidos e permitidos – é possível a greve. Poderá haver exceções, sobretudo naqueles serviços essenciais à segurança, saúde e ordem públicas, mas estes de usual não se submetem ao regime

---

concessões e permissões), v.: Guimarães, Letícia. *O princípio da continuidade dos serviços públicos, op. cit.*, p. 80-92; DI PIETRO, Maria Sylvia Zanella. *Parcerias na Administração Pública, op. cit.*, 5. ed., p. 97; GROTTI, Dinorá Musetti. A greve no serviço público. *IDAF*, Curitiba, Zênite, 92/723-736, mar. 2009.

58 Eis os textos: "Art. 10. São considerados serviços ou atividades essenciais: I – tratamento e abastecimento de água; produção e distribuição de energia elétrica, gás e combustíveis; II – assistência médica e hospitalar; III – distribuição e comercialização de medicamentos e alimentos; IV – funerários; V – transporte coletivo; VI – captação e tratamento de esgoto e lixo; VII – telecomunicações; VIII – guarda, uso e controle de substâncias radioativas, equipamentos e materiais nucleares; IX – processamento de dados ligados a serviços essenciais; X – controle de tráfego aéreo; XI – compensação bancária.
"Art. 11. Nos serviços ou atividades essenciais, os sindicatos, os empregadores e os trabalhadores ficam obrigados, de comum acordo, a garantir, durante a greve, a prestação dos serviços indispensáveis ao atendimento das necessidades inadiáveis da comunidade.
"Parágrafo único. São necessidades inadiáveis da comunidade aquelas que, não atendidas, coloquem em perigo iminente a sobrevivência, a saúde ou a segurança da população".

59 STF, MI nº 670-ES, Min. Gilmar Mendes, *DJe* 30.10.2008.

concessionário.[60] De qualquer forma, é indispensável que, durante o transcurso do movimento grevista, seja assegurada aos usuários a fruição do serviço, ainda que circunscrita a um mínimo – este definido caso a caso pelo regime jurídico do serviço ele mesmo, com a respectiva densificação normativa oriunda de seu regime estatutário e do contrato de concessão (ou permissão).

60 Como já decidiu o STF: "Não há dúvida quanto a serem, os servidores públicos, titulares do direito de greve. Porém, tal e qual é lícito matar a outrem em vista do bem comum, não será ilícita a recusa do direito de greve a tais e quais servidores públicos em benefício do bem comum. Não há mesmo dúvida quanto a serem eles titulares do direito de greve. A Constituição é, contudo, uma totalidade. Não um conjunto de enunciados que se possa ler palavra por palavra, em experiência de leitura bem comportada ou esteticamente ordenada. Dela são extraídos, pelo intérprete, sentidos normativos, outras coisas que não somente textos. A força normativa da Constituição é desprendida da totalidade, totalidade normativa, que a Constituição é. Os servidores públicos são, seguramente, titulares do direito de greve. Essa é a regra. Ocorre, contudo, que entre os serviços públicos há alguns que a coesão social impõe sejam prestados plenamente, em sua totalidade. Atividades das quais dependam a manutenção da ordem pública e a segurança pública, a administração da justiça – onde as carreiras de Estado, cujos membros exercem atividades indelegáveis, inclusive as de exação tributária – e a saúde pública não estão inseridas no elenco dos servidores alcançados por esse direito. Serviços públicos desenvolvidos por grupos armados: as atividades desenvolvidas pela Polícia Civil são análogas, para esse efeito, às dos militares, em relação aos quais a Constituição expressamente proíbe a greve (art. 142, §3º, IV)" (Rcl nº 6.568-SP, Min. Eros Grau, *DJ* 25.9.2009).

CAPÍTULO VII

A RELAÇÃO JURÍDICA NAS CONCESSÕES DE SERVIÇO PÚBLICO

§68 Relação jurídica concessionária

O tema dos *direitos e obrigações* dos usuários demanda a tomada de posição quanto à relação jurídica concessionária. Tal como já mencionado (§20), o mero arranjo de explicações autônomas oriundas da teoria do ato, do contrato e/ou do regulamento administrativo não é satisfatório para o exame do vínculo jurídico que se estabelece entre concedente e concessionário (bem como os destes com usuários e terceiros). As teses fracionárias só explicam parcelas das questões suscitadas na relação concessionária – afastando-as, ao invés de integrá-las.

Ora, o que se vê na observação atenta de uma concessão de serviço público? O que o contrato de concessão gera para seus signatários e terceiros? Como se explica esse contato jurídico que se põe entre Administração Pública e pessoa privada? Como enxergar o universal desse vínculo jurídico de elevada complexidade?

Bem vistas as coisas, o contrato de concessão é relação jurídica estabelecida para a proteção de determinados interesses (públicos e privados), efetivada com lastro no direito administrativo (estatuto, ato e contrato), que, além de prescrever deveres, outorgar poderes e gerar direitos e obrigações, instala todo um complexo de novas posições jurídicas subjetivas.

Ou, sob outro ângulo, trata-se de decorrência da conjugação do ato de outorga com a "contratualização" do interesse público estampado na norma jurídica que atribui a responsabilidade pela prestação de determinado serviço público à pessoa estatal (Administração direta e indireta). Durante a vigência da concessão há vínculo permanente e concreto entre ao menos dois sujeitos (concedente e concessionário), sendo que cada um deles pode exigir do outro determinado conjunto de deveres e obrigações (condutas positivas e negativas). Esta passagem do normativo (abstrato) para o contratual (concreto) dá feição específica ao interesse público primário posto em jogo. Este é centro de simetria da relação jurídica concessionária, que confere significado à constelação de outras relações jurídicas dela decorrentes.

O cumprimento do regime jurídico concessionário faz com que os sujeitos contratantes se relacionem entre si e com terceiros (antes, durante e depois da concessão), instalando conjunto de relações jurídicas multifacetadas. Por conseguinte, não se trata só de ato de outorga ou de contrato administrativo, nem tampouco de singela relação estatutária. Igualmente, não se está diante de um só regime jurídico, como se analisássemos um contrato de permuta privado ou a carreira de servidores públicos estatutários.

Por isso a necessidade da perspectiva integradora: na relação concessionária, cada um desses elementos (estatuto, ato, contrato, sujeitos) está no todo, assim como o todo se presta a revelar a verdadeira identidade de cada um deles, numa inter-relação constante e dinâmica. O que se tem é a *relação jurídico-administrativa da concessão* como quadro geral dos vínculos postos entre aqueles que se inserem, direta ou indiretamente, no projeto concessionário.[1] Este universo duradouro de laços jurídicos permite (se não exige) a análise global de seus elementos, uns a explicar os outros no interior da racionalidade típica do modelo concessionário.

A premissa desta proposta é a de que o projeto concessionário se dirige à implementação fática de determinados direitos, deveres e obrigações (com variados matizes: públicos e privados, ao interno e para fora do núcleo contratual *stricto sensu*). Alberga, assim, a outorga de competências públicas para o concessionário, a serem futuramente exercidas em sua relação com usuários e terceiros. Ao ser constituído concessionário, o sujeito privado é investido em prerrogativas típicas daqueles que ocupam o polo ativo de relações jurídico-administrativas – fazendo as vezes do Estado. Ele "adquire um direito novo, *o direito de gerir um serviço público em seu próprio nome*".[2] Esse direito vem carregado de deveres que o funcionalizam, limitando e dirigindo o seu exercício a fim de que seja prestigiado o interesse público tornado específico pelo contrato concessionário.

Daí a formação de novas relações administrativas entre concessionário, usuários e terceiros. À evidência, essa qualificação não incide em todos os vínculos travados pelo concessionário, mas sim naqueles em que haja exercício das prerrogativas de administração que lhe foram outorgadas (instalação e prestação dos serviços, desapropriações, cobranças das tarifas etc.).[3] Está-se diante de uma pessoa privada que se vale do direito público para cumprir o escopo que lhe foi cometido por meio do contrato de concessão. O que traz à memória o direito privado administrativo, tantas vezes acima referido.[4]

---

[1] "Com efeito, a relação jurídica é um 'conceito-quadro', que permite explicar os vínculos jurídicos existentes entre a Administração e os privados, anteriores ou posteriores à prática do acto administrativo, assim como aqueles que se estabelecem quando a Administração utiliza formas de actuação distintas – desta forma resolvendo as dificuldades teóricas experimentadas pela doutrina do acto, e dando resposta às exigências da Administração moderna" (Silva, Vasco Pereira da. *Em busca do acto administrativo perdido, op. cit.*, p. 160-161). Numa perspectiva de direito privado, Carlos Alberto da Mota Pinto: "*Relação jurídica em sentido estrito ou técnico* é a relação da vida social disciplinada pelo Direito, mediante atribuição a uma pessoa de um direito subjetivo e a imposição a uma outra pessoa de um dever jurídico ou de uma sujeição" – a ser considerada "com referência a um modelo, paradigma ou esquema contido na lei" ou, ao invés, "com referência a uma relação jurídica existente na realidade, entre pessoas determinadas, sobre um objecto determinado, e procedendo de um facto jurídico determinado" (*Teoria Geral do Direito Civil*. 3. ed., p. 167).

[2] GONÇALVES, Pedro. *A concessão de serviços públicos, op. cit.*, p. 118.

[3] Como escreveu Javier Salas: "(...) lo que verdaderamente importa es la posición de poder, de preeminencia, la utilización de determinadas prerrogativas por parte de aquella, *[a Administração]* prerrogativas que no hay dificultad en admitir que se traspasan, en determinadas ocasiones, a simples particulares con un determinado *status* y que éstos emplean en sus relaciones con otros particulares. Aquí sí que hay relaciones jurídico-administrativas" (Sobre la naturaleza jurídica de las relaciones entre los usuarios de servicios públicos y las empresas concesionarias. (*REDA*, Madri, Civitas, 4/29 e ss., CD-Rom, jan./mar. 1975).

[4] É de se frisar que mesmo nos relacionamentos de *gestão, exercício* e *efetiva prestação* do serviço público haverá alguns tipicamente administrativos e outros nem tanto (v. o §13, acima). Basta pensar na telefonia móvel ou no

Nas concessões há deveres e prerrogativas instrumentais outorgadas ao concedente e concessionário que geram correspondentes poderes, direitos, deveres e obrigações nas relações que delas se desdobram – cujo significado jurídico encontra melhor explicação se compreendido em sua correlação estrutural. Afinal, como explicar a outorga caso ausentes o ato justificador, a licitação, o contrato de concessão e o regime estatutário? Qual o instrumento que permite entender os direitos reais administrativos exercitados pelo concessionário? Como conceber e aplicar o *project finance* sem os usuários? De que modo é possível integrar três Municípios num consórcio público, que se submeterá às obrigações contratuais e a uma agência reguladora? Como compreender os direitos subjetivos públicos dos usuários e aqueles titularizados por terceiros?

Apesar da validade de sua dissociação analítica, nenhuma dessas realidades é só foto ou só filme – cognoscíveis em si e por si, que apenas devem obediência à primeira e segunda dimensões –, mas constituem hologramas dinâmicos, em que a parte está no todo (e vice-versa) e ambos estão em movimento.

A rigor, em relação ao serviço concedido, a concessão simultaneamente *amplia* a posição jurídica da pessoa privada e *diminui* a da Administração Pública. Esta tem o *dever* de respeitar a gestão privada do serviço concedido, nos termos do estatuto e do contrato de concessão; aquela tem o *direito* de prestar o serviço ao tempo, modo e condições pré-configuradas no estatuto, edital, proposta e contrato. Assim, como sintetiza Pedro Gonçalves, "*na perspectiva do concessionário*, a concessão é um acto ampliativo, que alarga o seu patrimônio jurídico, nele integrando um novo direito".[5] Direito, esse, que tem como contrapartida os deveres do Estado.

O contrato concessionário encaixa-se na categoria daqueles fatos jurídicos (*lato sensu*) que constituem específico *status* jurídico a pessoas privadas, modificando a posição que ocupam em suas relações com as demais pessoas (públicas e privadas). "A eficácia específica dos *atos constitutivos* – pontificou Diogo de Figueiredo Moreira Neto – consiste em estabelecer uma relação jurídica nova, concretizando direitos e obrigações, previstos em tese pela lei, seja para a Administração, seja para os administrados."[6] Assim, a relação jurídico-concessionária possui tipicidade apta a gerar *efeitos jurídicos positivos* em relação ao concessionário e, simultaneamente, *efeitos jurídicos negativos* em

mercado aberto de energia elétrica. As normas primárias regedoras são de direito público, mas o relacionamento entre concessionário e usuário aproxima-se em muito do direito privado. O que põe em xeque a tradicional causalidade entre o regime e a natureza jurídica, pois o serviço é público, mas prestado em regime de direito privado (administrativo ou empresarial). Como assinalou Marco Aurélio Greco: "Regime jurídico deve ser diferenciado de natureza, ou essência, da figura. A natureza de uma figura jurídica não é dada pelo seu regime jurídico; o regime jurídico é o perfil formal de uma determinada entidade, mas não a própria entidade. (...). Afirmar que determinada figura tem certa natureza jurídica, porque submetida a certo regime, é quase afirmar que as coisas 'são porque são', o que dá a este tipo de abordagem uma postura apriorística e uma visão mecanicista (causalista) do mundo. (...). Ocorre que um certo regime jurídico não se aplica, obrigatoriamente, apenas a um certo tipo de figura jurídica que tenha certa natureza" (*Contribuições (uma figura* sui generis*)*. São Paulo: Dialética, 2000, p. 70-71).

5 GONÇALVES, Pedro. *A concessão de serviços públicos*, *op. cit.*, p. 118. E, mais adiante: "Não obstante a actividade do concessionário estar funcionalizada, limitada e programada pelo instrumento de concessão e pelos poderes do concedente, a posição que ele adquire sobre o serviço público é exactamente configurável como um *direito subjectivo*, que a ordem jurídica tutela, não só no plano patrimonial, mas ainda como direito à estabilidade da relação de concessão (protecção do interesse do concessionário na gestão do serviço)" (*op. cit.*, p. 139).

6 *Curso de Direito Administrativo*. 16. ed. Rio de Janeiro: Forense, 2014, p. 166. No mesmo sentido: AMARAL, Diogo Freitas do. *Curso de Direito Administrativo*, v. II. Coimbra: Almedina, 2002, p. 256-262.

face do poder concedente e *efeitos inibitórios* em face de terceiros.[7] Ao mesmo tempo em que a sociedade empresarial torna-se concessionária, o concedente vê-se impedido de ilimitadamente constituir outros para prestar serviços equivalentes no mesmo espaço e tempo, ao passo que terceiros são obrigados a respeitar essa específica relação jurídica. Isso porque o ato administrativo que concede o serviço possui efeitos *típicos* (a constituição do *status* de concessionário e respectiva limitação da competência da autoridade pública) e *atípicos*, dentre os quais os *efeitos reflexos* (no caso, impedir que terceiros recebam outras concessões e a exigir que os usuários ocupem o polo passivo dos contratos de prestação de serviço e cumpram com suas obrigações).

Enfim, quando se fala em concessão de serviço público descreve-se o conjunto de relações intersubjetivas as quais estabelecem direitos, deveres e obrigações entre os sujeitos a elas vinculados. Está-se diante de séries de relações complexas, múltiplas e polimorfas – a gerar as respectivas posições jurídicas. Numa perspectiva simplificadora, basta dizer que os deveres, prerrogativas e direitos do concedente correspondem a direitos, sujeições, deveres e obrigações do concessionário – que ao, seu tempo, desenvolve outros tantos frente aos usuários. Mas pense-se, agora, nos terceiros, públicos e privados (reguladores, financiadores, acionistas, empreiteiros, cidadãos etc.) – com o que se pode ter uma ideia da multilateralidade das relações jurídicas postas.

§69 Relações jurídicas multilaterais

A teoria da relação jurídica, outrora desenvolvida em sede de direito privado (ou em direito administrativo com o intuito de diferenciar *a contrario sensu* o regime jurídico administrativo[8]), experimenta ampliação cognitiva destinada a interpretar os vínculos jurídicos estabelecidos entre pessoas privadas e/ou públicas – e respectivas posições jurídicas ativas e passivas. Por meio dela pode-se compreender os direitos subjetivos públicos titularizados por terceiros estranhos ao contrato, mas titulares de relações jurídico-materiais com o concedente e o concessionário. Tais direitos despontam da relação concessionária e instalam relações multilaterais (ou multipolares).

Como ponto de partida, pode-se dizer que tais relações têm estrutura interna determinada pelo conjunto de elementos que definem o vínculo jurídico e consequente inter-relacionamento entre os sujeitos. Trata-se do conteúdo ativo/passivo da relação jurídica, bem como do papel atribuído a cada um dos sujeitos. Quanto a esse conteúdo, distinguem-se – na lição de José Carlos Vieira de Andrade – "as relações jurídicas

---

[7] Como Bernardo Giorgio Mattarella anotou, os atos administrativos expressam peculiar eficácia subjetiva, eis que "produzem efeitos sobre todos os sujeitos a cujos interesses afeta, mesmo para além daqueles a quem se dirige" (Il Provvedimento. *In:* CASSESE, S. (coord.). *Trattato di Diritto Amministrativo:* Diritto Amministrativo Generale. t. I. Milão: Giuffrè, 2000, p. 823 – tradução livre). Trata-se daquilo que a dogmática publicista alemã de há muito denomina da "figura do ato administrativo favorecedor (*begünstigender Verwaltungskat*), que, contudo, também podia ter efeitos onerosos para terceiros" (STOLLEIS, Michael. *O Direito Público na Alemanha.* Trad. G. B. O. Mendes. São Paulo: Saraiva, 2018, p. 212-213).

[8] Cf. Ruy Cirne Lima: "À relação jurídica que se estrutura ao influxo de uma finalidade cogente chama-se relação de administração. Chama-se-lhe relação de administração segundo o mesmo critério pelo qual os atos de administração se opõem aos atos de propriedade. Na administração, o dever e a finalidade são predominantes; no domínio, a vontade" (*Princípios de Direito Administrativo, op. cit.*, 7. ed., p. 105-106). Sobre a importância contemporânea das reflexões de Cirne Lima a propósito das relações entre o Direito Privado e o Administrativo, v. HORBACH, C. B. Direito administrativo e direito privado na obra de Ruy Cirne Lima. *Fórum Administrativo,* 98/52-60.

simétricas (em que à posição passiva de um sujeito corresponde exactamente uma posição activa do outro sujeito), as *assimétricas* (em que à posição passiva de um sujeito decorrente de uma norma de direito objectivo não corresponde um 'direito' ou uma 'pretensão' substantiva do outro sujeito), as *dissimétricas* (em que cada um dos sujeitos é simultaneamente titular perante o outro de posições activas e passivas, conexas entre si) e as *polissimétricas* ou *poligonais* (quando intervêm mais de dois sujeitos em conjuntos interligados de posições activas e passivas)".[9] A relação macro de concessão dá nascimento a tais relações com conteúdos diversos, que se projetam em cada um dos feixes intersubjetivos do universo concessionário.

Por isso que, em sede primária do vínculo entre concedente e concessionário, "a qualificação 'contrato' é obviamente a mais adequada para traduzir o acto constitutivo de uma *relação dissimétrica* (em que cada uma das partes é simultaneamente titular de direitos e deveres perante a outra), como é a relação de concessão" – como consignou Pedro Gonçalves.[10]

Desta forma, a teorização a propósito da relação jurídica concessionária pretende explicar as posições jurídicas que as partes do contrato desempenham, bem como as respectivas posições substantivas que terceiros ocupam no vínculo concessionário primário (e suas derivações). Existem, portanto, competências das autoridades públicas vinculadas ao contrato (titular do serviço, concedente, regulador); direitos subjetivos públicos das partes signatárias (concedente e concessionário) e de terceiros imediatos (*v.g.*, usuários; acionistas da SPE; pessoa política titular do serviço que transferiu sua posição contratual ativa por meio de convênio), além dos direitos subjetivos privados e/ou públicos de terceiros mediatos e/ou distantes (*v.g.*, relações de direito ambiental; associações de usuários; financiadores do projeto) – os quais germinam e se projetam na relação jurídica da concessão, bem como nela encontram explicação.

Neste cenário de grande fertilidade é que nascem direitos e deveres para concedente, concessionário e usuários – detentores de posições substantivas individualizadas. Tais posições, constituídas que foram pela existência da concessão (e suas premissas e desdobramentos), têm sua natureza dependente do contrato conjugado com o regime estatutário. Estes dados conferem especial densidade normativa à relação concessionária: não há direitos e obrigações para além dessas fronteiras. Afinal, os múltiplos direitos subjetivos advêm das normas jurídicas que constituem a relação concessionária – e o mesmo se diga quanto aos deveres, sujeições e obrigações. Por isso que as pessoas envolvidas têm direitos *umas em relação às outras*, nos termos definidos pela legislação e pelo contrato.[11] Aqui, os direitos e deveres em sua maioria são minudenciados pelo

---

[9] ANDRADE, José Carlos Vieira de. *A justiça administrativa (lições)*. 3. ed. Coimbra: Livraria Almedina, 2000, p. 80. Aprofundar em Silva, Vasco Pereira da. *Em busca do acto administrativo perdido, op. cit.*, p. 167-186 (com críticas à amplitude e ao modelo formalístico desta classificação cunhada por Achterberg, que, ao tentar transformar a relação jurídica numa realidade omnicompreensiva de todo o universo jurídico, seria transformada em mais uma "fórmula mágica" – "capaz de tudo explicar precisamente porque nada explica").

[10] GONÇALVES, Pedro. *A concessão de serviços públicos, op. cit.*, p. 198.

[11] Não se está, aqui, a defender uma posição objetivista ou normativista pura, a fazer coincidir o direito subjetivo ao texto da norma jurídica (aquele a depender deste). O ponto de partida é, sim, o texto das normas, mas a construção jurídica dá-se por meio da compreensão integral do sistema, sobretudo em sede de direitos fundamentais. Como consignou Vasco Pereira da Silva a propósito de direitos subjetivos públicos em direito ambiental: "A atitude do aplicador do Direito deve ser, pois, a de olhar para as normas de protecção do ambiente e, interpretando-as à luz dos direitos fundamentais, determinar quando é que elas conferem direitos subjectivos públicos, além de recorrer directamente aos direitos fundamentais para a sustentação autónoma de direitos de defesa do domínio

estatuto concessionário, fazendo com que as posições subjetivas se tornem nítidas e relativizadas (não absolutas).

Claro que não se pode pretender inibir a existência de relações jurídicas para além daquela concessionária – ou que porventura a tenham como fato gerador, mas se desdobrem em outros planos. Estas, à evidência, não precisam estar predefinidas no regime concessionário (estatuto e contrato). Por exemplo, uma central de tratamento de lixo é apta a gerar relações jurídicas administrativas para além dos sujeitos, tempo e espaço do contrato de concessão. Estes indivíduos podem assumir novas posições jurídicas, com direitos subjetivos consistentes. São relações jurídicas não incluídas na concessão. Mas esta constatação não inibe a conclusão de que a relação concessionária em si e o respectivo estatuto configuram fronteiras a direitos, deveres e obrigações.

A seguir serão examinados alguns dos componentes dessas relações jurídicas (tanto das primárias quanto das secundárias), em específico no que respeita aos direitos, deveres e obrigações dos sujeitos.

§70 Relação jurídica concessionária: direitos, deveres e obrigações

A relação concessionária não gera apenas direitos e obrigações bipolares, na tradicional estrutura sinalagmático-comutativa dos contratos de direito privado. Conforme acima descrito, no contrato de concessão existe uma relação dissimétrica (§69). Porém, e nada obstante a refutação à teoria da trilateralidade contratual (v., acima, §20), as relações aqui postas demandam que se enfrente o tema dos direitos, deveres e obrigações de seus sujeitos *primários*, *secundários* e *reflexos*. Por *primários* entendam-se o concedente e o concessionário; por *secundários*, os usuários; *reflexos* são os terceiros potenciais detentores de posições jurídicas subjetivas em face da relação concessionária.[12]

Inicialmente mostra-se reveladora a diferenciação proposta por Santi Romano a respeito de deveres que não são correlativos a direitos de outros sujeitos (como se dá na órbita dos poderes em sentido estrito).[13] Os deveres, portanto, podem existir em

---

privado garantido por esses direitos, em caso de agressão administrativa ilegal" (*Em busca do acto administrativo perdido, op. cit.*, p. 271).

[12] A propósito da multilateralidade dos atuais contratos concessionários e por todos, v. GARCIA, Flávio Amaral. *A mutabilidade nos contratos de concessão.* São Paulo: Malheiros Editores, 2021, p. 84-94.

[13] Bem verdade que Santi Romano retira tais poderes e deveres em sentido estrito da condição de elementos das relações jurídicas – seriam "deberes sin ulterior especificación, es decir, empleando esta palabra en sentido estricto, así como se dicen poderes también en sentido estricto aquellos poderes que, análogamente a tales deberes, no son elementos de relaciones jurídicas" (Deberes. Obligaciones. *In: Fragmentos de un Diccionario Jurídico, op. cit.*, p. 111). O célebre autor não cogitava das relações administrativas – questionava a bilateralidade das relações jurídicas e distinguia aquelas com cariz obrigacional/patrimonialista daqueles poderes e deveres não correlativos a obrigações. Ampliar em ASIS ROIG, R. de. *Deberes y obligaciones en la Constitución.* Madri: Centro de Estudios Constitucionales, 1991, p. 129-196. Sobre a construção dos conceitos de *relação jurídica* e de *direito subjetivo* pela pandectística do século XIX, sua repercussão e inadequação ao direito público contemporâneo, v. Justen Filho, Marçal. *Sujeição passiva tributária, op. cit.*, p. 38-53 – máxime ao sublinhar que "é possível que dever e poder se conjuguem em uma única e mesma pessoa, o que se passa comumente no campo do direito público, dando origem à figura da função" (p. 48).
Essa análise pode parecer teórica e abstrata, mas se prestarmos atenção, resolve com facilidade muitos dos debates a respeito das posições dos sujeitos nos respectivos contratos, a autonomia da vontade e suas decorrências. Por exemplo, o tema da arbitrabilidade objetiva, que a dissociação entre deveres, direitos e obrigações resolve com facilidade (Cf. Moreira, Egon Bockmann; CRUZ, Elisa Schmidlin. Regulação e arbitragem: caso Petrobras vs. ANP. *In:* MARQUES NETO, Floriano de Azevedo; Moreira, Egon Bockmann; GUERRA, Sérgio. *Dinâmica da regulação.* 3. ed., *cit.*, p. 261-283).

decorrência de regime estatutário específico – e não exigem, para sua configuração, cariz pessoal ou patrimonial. São imputações normativas primárias dirigidas à pessoa, que não necessitam ser gerados nem integrados pela autonomia de vontade daquele que precisar cumpri-los.

Já o termo "obrigações" é reservado a relações jurídicas eminentemente pessoais e patrimoniais. As obrigações são espécies do gênero "deveres", e os "deveres em sentido estrito" os não obrigacionais. A toda evidência, esta construção dogmática do raiar do século XX traz consigo muito de Teoria do Direito impregnada de nuanças privatísticas patrimoniais (com a reserva das críticas lançadas na contemporaneidade[14]). Pois bem, a premissa autoriza o avanço na investigação, desta feita a propósito da configuração dos direitos, deveres e obrigações no seio da relação jurídica concessionária.

Na relação concessionária distinguem-se com clareza os *deveres* dos *direitos subjetivos* e das *obrigações*. Isto para os dois sujeitos primários da relação-mãe (concedente e concessionário), bem como para o universo de sujeitos secundários e reflexos (usuários e terceiros). Como Eduardo García de Enterría e Tomás-Ramón Fernández consignam, há paralelismo entre as figuras dos *deveres* e das *obrigações* em face das *potestades* e dos *direitos subjetivos*.[15] Os deveres e as obrigações são espécies do gênero "deveres": "Comportamentos, positivos ou negativos, que se impõem a um sujeito em consideração a interesses que não lhe são próprios, mas sim os de um sujeito distinto ou os gerais da coletividade".[16] Constatação que permite o esboço da definição de cada um desses temas.

O *dever em sentido estrito* incide em direção objetiva (ou direções subjetivas genéricas), sem a específica personificação do prestador/devedor como premissa cognitiva (pois ausente o *negócio jurídico bilateral* que lhe daria concretude existencial). Os deveres têm esse caráter abstrato. Não há relação fechada entre dois (ou mais) sujeitos determinados, a colocar o "direito subjetivo" em contraposição ao "dever de prestar", mas sim um *dever-poder* que atua visando à implementação fática do consignado no respectivo estatuto. Por isso também que o dever não tem como fonte a autonomia de vontade daquele que o deve cumprir. No caso das concessões, a fonte normativa imediata é a lei e/ou o regulamento. É o estatuto da concessão a sede dos deveres do concedente e do concessionário (desapropriação, intervenção, alteração etc. – dicções que denotam unilateralidade e uniformidade das condutas em relação aos sujeitos passivos).

Já a *obrigação* refere-se à situação de dever produzida "no seio de uma relação dada em estrita correlação com um direito subjetivo de outro sujeito que é parte da dita

---

[14] Tanto a propósito da *repersonalização* do direito civil como de sua *constitucionalização*. O debate merece ser visto em: CORTIANO JR, Eroulths. *O discurso jurídico da propriedade e suas rupturas*. Rio de Janeiro: Renovar, 2002, *passim*; FACHIN, Luiz Edson. *Teoria crítica do Direito Civil*. Rio de Janeiro: Renovar, 2000, máxime p. 77-136; LÔBO, Paulo. *Direito Civil:* parte geral. São Paulo: Saraiva, 2009, máxime p. 35-66 e 137-170; TEPEDINO, Gustavo. Premissas metodológicas para a constitucionalização do Direito Civil. *In: Temas de Direito Civil*. Rio de Janeiro: Renovar, 1999, p. 1-22; NALIN, Paulo. *Do contrato:* conceito pós-moderno: em busca de sua formulação na perspectiva civil-constitucional, *op. cit.*, 2. ed. *passim*; GOMES CANOTILHO, J. J. Civilização do direito constitucional ou constitucionalização do direito civil?. *In:* GRAU, Eros Roberto; GUERRA FILHO, Willis Santiago (org.). *Direito Constitucional:* estudos em homenagem a Paulo Bonavides. 1. ed. 2. tir. São Paulo: Malheiros Editores, 2003, p. 108-115.

[15] GARCÍA DE ENTERRÍA, Eduardo; FERNÁNDEZ, Tomás-Ramón. *Curso de Derecho Administrativo*, *op. cit.*, 9. ed. v. II, p. 26-54 (em especial p. 28-34).

[16] *Idem*, p. 31 (tradução livre).

relação e que, em consequência, tem o poder de exigir do sujeito gravado, sob pena de responsabilidade, o efetivo cumprimento do comportamento previsto, na medida em que esse comportamento vem imposto no marco da relação considerada em atenção, precisamente, aos específicos interesses do titular do direito".[17] A obrigação tem caráter determinado em relação aos sujeitos e/ou bens. Aqui, a fonte normativa imediata é o negócio jurídico celebrado (ou a relação patrimonial – na dicção de Romano), do alto da autonomia de vontade das partes, que dá concreção ao vínculo ativo-passivo posto entre dois (ou mais) sujeitos de direito.

Esta distinção permite compreender com nitidez não só os direitos, deveres e obrigações dos usuários, mas também, em contrapartida, os respectivos poderes, direitos, deveres e obrigações do concedente e do concessionário. A riqueza dos fatos concretos a serem examinados em decorrência da instalação da relação concessionária autoriza este parâmetro cognitivo amplo (pena de surgirem fatos e atos de que teorização mais acanhada não dê conta).

Uma só constatação permite demonstrar a tese: o regime jurídico estabelecido entre concessionário e usuários não é puramente de direito público ou de direito privado em sentido estrito (a solução está no direito privado administrativo), nem é igual em todas as relações concessionárias (é suficiente cogitar dos usuários na telefonia celular, no setor de água e saneamento e no transporte aéreo).

Mais: no que tange ao relacionamento entre concedente e concessionário, o regime geral é eminentemente de direito público (no que respeita aos deveres), matizado pelo direito privado administrativo (pertinente às obrigações); contudo, no que toca à relação entre concessionário e usuários dependerá do fato, da situação jurídica em específico exame. Uma coisa é a obrigação de o usuário de serviços de transporte coletivo urbano pagar a passagem de ônibus ou de metrô; outra, é o dever de o usuário de água e saneamento conectar-se aos sistemas como medida de saúde pública.

Lembre-se, com as devidas ponderações, do que Ruy Cirne Lima escreveu a propósito da empresa estatal: "Se é uma sociedade privada só o é *quoad extra*, em relação aos terceiros com que entra em contato; não assim, em suas relações com a entidade pública, para a qual ou pela qual foi criada, como instrumento de intervenção social ou econômica. Privada *quoad extra*, a sociedade de economia mista é necessariamente pública *quoad intra*".[18] A analogia com o concessionário de serviço público bem demonstra a riqueza de feixes jurídicos postos em jogo, que vão muito além da constatação de um regime único, fechado e monolítico.

Desta forma, é de se concluir que não há um e somente um regime jurídico a disciplinar as relações entre concedente, concessionário e respectivos usuários – mormente se consideradas as várias ordens de concessões existentes.[19] Assim como a Administração

---

17 *Idem, ibidem*. Sobre o conceito de *relação obrigacional* e sua evolução, v.: COUTO E Silva, Clóvis do. *A obrigação como processo, op. cit.*, p. 71-142; TIMM, Luciano Benetti. *A prestação de serviços*: do Código Civil ao Código de Defesa do Consumidor. 3. ed. Rio de Janeiro: Forense, 2006, p. 77-88.

18 LIMA, Ruy Cirne. *Pareceres (Direito Público), op. cit.*, p. 18. No mesmo sentido: COUTO E SILVA, Almiro do. Privatização no Brasil e o novo exercício de funções públicas por particulares. Serviço público 'à brasileira'?, *op. cit.*, *RDA*, Rio de Janeiro, Renovar, 230/69.

19 Cf. Javier Salas: "En effecto, partiendo del principio de que para que exista una relación jurídico-administrativa ha de aparecer la Administración de alguna forma, pienso que en la relación de suministro de los servicios a que nos referimos no cabe una solución unívoca: determinado ámbito de la relación entre empresa concesionaria y

não celebra só contratos administrativos em sentido estrito, o mesmo se diga quanto aos atos e contratos concretizados pelo concessionário (também em alguns aspectos de seu relacionamento com os usuários).

O que se dá é sucessão dos sujeitos ativos a prestar o serviço, como sublinham Pedro Gonçalves e Licínio Lopes Martins: "Sendo os utentes (ou todos os terceiros – terceiros relativamente ao negócio contratual da concessão) titulares de direitos subjetivos públicos em face do concedente, tais direitos não se extinguem nem se suspendem pelo facto de a Administração se fazer substituir na gestão do serviço público. Ou seja, na relação com os utentes do serviço público há só uma alteração subjetiva do lado do devedor: com a concessão, o devedor das prestações de serviço público passa a ser o concessionário, pelo que os utentes (e em geral todos os terceiros destinatários das prestações do serviço público) passam a gozar do direito ao cumprimento do contrato de concessão".[20] A relação administrativa existirá enquanto o concessionário estiver com as vestes de Administração Pública, ligando-se com usuários e terceiros por meio do exercício dos deveres públicos que lhe foram constituídos pela relação concessionária.

Assim sendo, pode-se concluir que a relação jurídica de concessão, oriunda que é da conjugação do ato de outorga com o contrato administrativo, estabelece, sim, um conjunto de direitos, deveres e obrigações a ser cumprido pelos sujeitos de direito que dela participam. Concedente e concessionário não se posicionam em relação hierárquica – nem entre si, nem em relação a terceiros (usuários ou não). O que existe são sujeitos a exercitar direitos e a cumprir obrigações e deveres, com vistas ao fiel cumprimento do pactuado.

§71 Direito subjetivo público à prestação do serviço

Durante muito tempo a noção de *direito subjetivo* foi relegada do direito público. A *summa divisio* tinha por lastro a atribuição de poderes soberanos ao Estado, que se impunha ao indivíduo (este era objeto da relação, não sujeito). Em contrapartida, eram asseguradas a liberdade e a responsabilidade dos sujeitos privados nas suas relações interpessoais. O direito subjetivo, porquanto *direito da pessoa*, era a noção-chave do direito privado e um estranho no ninho do direito público.[21]

usuarios será jurídico-privado y determinado ámbito de la misma será jurídico-público" (Sobre la naturaleza jurídica de las relaciones entre los usuarios de servicios públicos y las empresas concesionarias, *op. cit.*, *REDA*, 4/29 e ss. CD-Rom). O autor restringe a incidência da relação administrativa àquelas hipóteses em que o concessionário atua como delegado da Administração, provido de poderes e faculdades tipicamente administrativos.

20 GONÇALVES, Pedro; MARTINS, Licínio Lopes. Os serviços públicos económicos e a concessão no Estado regulador *In:* Moreira, Vital (org.). *Estudos de regulação pública – I*, p. 241.

21 Como anotou Orlando de Carvalho: "A noção-chave da disciplina civilística é, como diz Carbonnier, a dos direitos da pessoa – a dos 'direitos subjectivos' mais fundos, pois urge distingui-los da generalidade dos direitos subjectivos, que não são apenas um modo de realização dos anteriores – isto é, o poder dos homens de espontaneamente estabelecerem a disciplina da sua quotidiana convivência. Em oposição ao direito do Estado, em que a noção-chave é o Estado (ou os comandos ou prescrições com que se dirige aos indivíduos), a noção-chave aqui é a pessoa (ou o seu poder de gerir autonomamente os seus interesses)" (*A teoria geral da relação jurídica:* seu sentido e limites. 2. ed. Coimbra, Centelha, 1981, p. 30-31 – e veja-se que o autor centrava suas preocupações na *pessoa*, e não no patrimônio). A propósito dos novos parâmetros da distinção e sua evolução (consenso no direito público *versus* autoridade no direito privado; privatização do direito administrativo *versus* publicização do direito privado), v.: GONÇALVES, Pedro. *Entidades privadas com poderes públicos, op. cit.*, p. 270-279; e COUTO E SILVA, Almiro do. Os indivíduos e o Estado na realização de tarefas públicas. *In:* BANDEIRA DE MELLO, Celso Antônio (org.).

Ocorre que as atuais rupturas e transposições experimentadas tanto num lado quanto noutro da antiga divisão essencial têm por lastro a reestruturação integradora de ambas as disciplinas: o direito privado a se *constitucionalizar* e o direito público a se *consensualizar*. Como, com lastro em Cassese, bem aponta Pedro Costa Gonçalves, "a evolução para o consenso resulta de o sistema jurídico-administrativo se estruturar, em grande medida, a partir dos *direitos* (dos cidadãos) e não tanto, como no passado, com exclusiva base no *poder* (da Administração)".[22] Ou seja, o eixo central do direito administrativo contemporâneo merece ter como referência "o desenho de mecanismos especificamente vocacionados para a garantia e proteção dos direitos dos cidadãos perante a Administração Pública".[23] O que se aplica com especial intensidade às concessões de serviço público, que não podem levar em conta apenas o Estado, e seus poderes (supostamente supremos e indisponíveis), mas os direitos fundamentais das pessoas.

Os cidadãos, por conseguinte, são *sujeitos de direito* detentores de *direitos subjetivos públicos* em face do Estado (ou de quem lhe faça as vezes). A titularidade destes direitos permite-lhes estabelecer *relações jurídicas* com a Administração, não mais no papel de súditos (ou administrados), mas sim na condição de pessoas autônomas, dignas e responsáveis. O mesmo se diga, com as devidas proporções, das pessoas jurídicas advindas de liberdades fundamentais como a livre empresa e livre iniciativa. Esta forma de exercício de direitos fundamentais repercute em equivalentes garantias à pessoa concessionário, em seu relacionamento com o concedente, usuários e terceiros.

Em vista disso, o direito subjetivo público emerge daquelas relações jurídicas postas entre as pessoas privadas e a Administração Pública (ou quem lhe faça as vezes). O indivíduo "é titular de um direito subjectivo em relação à Administração sempre que, de uma norma jurídica que não vise, apenas, à satisfação do interesse público, mas também à protecção dos interesses dos particulares, resulte uma situação de vantagem objectiva, concedida de forma intencional, ou, ainda, quando dela resulte a concessão de um mero benefício de facto, decorrente de um direito fundamental".[24] Trata-se do poder de exigir condutas imputadas ao Estado, efetivamente conferido por norma jurídica ao sujeito privado. Enfim, é primariamente de um *direito a uma ação positiva fática* (Alexy) de que se está a tratar.

Dentro das concessões de serviço público, o direito subjetivo público assume conotação um pouco mais complexa: nada obstante regida sobremaneira pelo direito público, a relação concessionária permite a convivência entre o vínculo *more objectivo* (a finalidade pública estampada em lei e concretizada no projeto concessionário, com pouco espaço para o sujeito e sua vontade) e aquele *more subjectivo* (o direito pessoal do usuário em face do concessionário, vinculando fatos, negócios, prestações e bens a sujeitos de direito).

Estudos em homenagem a Geraldo Ataliba – 2 – Direito Administrativo e Direito Constitucional. São Paulo: Malheiros Editores, 1997, p. 74-110.

22 GONÇALVES, Pedro. *Entidades privadas com poderes públicos*, *op. cit.*, p. 276.

23 GONÇALVES, Pedro Costa. *Manual de Direito Administrativo*, v. I, *op. cit.*, p. 98. Como igualmente assinalou Justen Filho, Marçal. o fundamento do direito administrativo, o seu critério fundamental, é a "*supremacia e indisponibilidade dos direitos fundamentais*" (*Curso de Direito Administrativo*. 15. ed., *op. cit.*, p. 48).

24 Silva, Vasco Pereira da. *Por um contencioso administrativo dos particulares*. Coimbra: Livraria Almedina, 1997, p. 112.

Como ressaltou Ruy Cirne Lima: "Nada obsta, porém, a que um negócio jurídico de direito público, essencialmente endereçado a criar uma relação de administração, afete, *per accidens*, também o direito subjectivo privado coexistente. (...) pode o mesmo negócio jurídico, de direito público ou de direito privado, vir a criar simultaneamente relações de administração e direitos subjectivos, aquelas e estes com a mesma natureza publicística ou privatística, segundo a hipótese. Aqui, a produção simultânea das duas ordens de relação não é já acidental, senão substancial". E, mais adiante, em magistral conclusão: "No direito público, assim se desata, por exemplo, a controvérsia da natureza jurídica da concessão de serviço público, da qual defluem simultaneamente relações de administração e direitos subjectivos do concedente e do concessionário".[25] Com a devida licença, é de se acrescentar os direitos subjetivos dos usuários e de terceiros (que trazem tons mais fortes dessa confluência entre a finalidade, cogente e impessoal, da relação de administração e o direito subjetivo, voluntário e pessoal, dos indivíduos).

Sob o ângulo dos usuários de serviço público, há *direito subjetivo público à efetiva prestação do serviço adequado*.[26] [27] Eles têm assegurada – nos termos do estatuto e do

---

[25] LIMA, Ruy Cirne. *Sistema de Direito Administrativo brasileiro, op. cit.*, p. 28-29. As premissas e conclusões do autor são igualmente objeto de investigação em A relação jurídica no direito administrativo. *RDP*, São Paulo, RT, 85/26-42, jan./mar. 1988, e *Princípios de Direito Administrativo, op. cit.*, 6. ed., p. 51-60. Como defende José María Boquera Oliver, não será devido ao adjetivo "público" que deixará de existir o *direito subjetivo*: "El derecho subjetivo es el mismo cuando el obligado a actuar de una determinada manera es una entidad pública o un particular. La facultad de un sujeto de exigir de otro una conducta determinada será esencialmente la misma cuando el otro sea una Administración Pública o un particular. El derecho no cambia su naturaleza al cambiar el sujeto paciente del mismo. (...). Los derechos y obligaciones no tienen apellido. Las calificaciones que suelen añadírseles, derechos y obligaciones de índole civil, administrativa, laboral o de lo que sea, no se deben a caracteres esenciales; son consecuencia de circunstancias poco significativas o responden a exigencias pedagógicas" (*Estudios sobre el acto administrativo*. 5. ed. Madri: Civitas, 1988, p. 266-267).

[26] O conceito de *direito subjetivo* já consumiu rios de tinta e montanhas de papel (teorias da vontade, do interesse, do beneficiário, do reclamante etc.). Cito o conceito cunhado por três autores contemporâneos. Para Carlos Alberto da Mota Pinto, o poder jurídico (reconhecido pela ordem jurídica a uma pessoa) de livremente exigir ou pretender de outrem um comportamento positivo (acção) ou negativo (omissão) ou de por um acto livre de vontade, só de per si ou integrado por um acto de uma autoridade pública, produzir determinados efeitos jurídicos que inevitavelmente se impõem a outra pessoa (contraparte ou adversário)" (*Teoria Geral do Direito Civil*. 3. ed., p. 169). José de Oliveira Ascensão define-o como "uma posição concreta de vantagem de pessoas individualmente consideradas resultante da afectação de meios jurídicos para permitir a realização de fins que a ordem jurídica aceita como dignos de protecção" (*Direito Civil*: teoria geral, *op. cit.*, v. III, p. 79 – as principais teorias nas p. 56-105). Para Pedro Pais de Vasconcelos "o direito subjectivo deve ser entendido como uma posição jurídica pessoal de vantagem, dominantemente activa, inerente à afectação de bens (de meios, isto é, de poderes) à realização de fins do seu titular" (*Teoria Geral do Direito Civil*. 4. ed. Coimbra: Livraria Almedina, 2007, p. 284 – as principais teorias nas p. 249-301). Isso sem mencionar a genial contribuição dos dois ensaios fundamentais de Wesley Newcomb Hohfeld, que, em apertada síntese, define conjuntos de quatro "posições ativas" e quatro "posições passivas" na base de nexos de oposição e correlação, a fim de explicar as relações jurídicas – sobremodo as por ele denominadas de *multital relations* e *paucital relations*. Em substituição aos direitos pessoais e direitos reais, as *multital relations* são a larga classe de direitos fundamentais semelhantes de uma pessoa contra um grupo *a priori* indeterminado de pessoas, ao passo que as *paucital relations* são direitos de uma só pessoa (ou grupo de) contra uma só pessoa (ou grupo de) (*Fundamental Legal Conceptions as Applied in Judicial Reasoning*. Ed. de D. Campbell e P. Thomas. Aldershot, Ashgate Publ., 2001, *passim*). Incrementar as variações em: KELSEN, Hans. *Teoria Pura do Direito*. Tradução de J. B. Machado (revisão brasileira de S. Vieira). São Paulo: Martins Fontes, 1987, p. 138-158; ROSS, Alf. *Sobre el Derecho y la Justicia*. 4. ed. Tradução de Genaro R. Carrió. Buenos Aires: Universitaria, 1963, p. 164-183; DABIN, Jean. *El derecho subjetivo*. Tradução de F. Javier Osset. Granada: Comares, 2006, p. 67-121; GUARINO, Giuseppe. *Potere Giuridico e Diritto Soggetivo*. Reimpr. Nápoles: Dott. Eugenio Jovene, 1990, *passim*.

[27] O conceito de *direito subjetivo público* e suas variações merecem ser vistos em: BANDEIRA DE MELLO, Celso Antônio. *Curso de Direito Administrativo, op. cit.*, 27. ed., p. 62-65 e 949-952; BARROSO, Luís Roberto. *O Direito Constitucional e a efetividade de suas normas:* limites e possibilidades da Constituição brasileira. 7. ed. Rio de Janeiro: Renovar, 2003, p. 103-117; GARCÍA DE ENTERRÍA, Eduardo. Sobre los derechos públicos subjetivos. *REDA*, Madri, Civitas, 6/427 e ss. (CD-Rom), jul./set. 1975; GARCÍA DE ENTERRÍA, Eduardo; FERNÁNDEZ, Tomás-Ramón. *Curso de Derecho Administrativo, op. cit.*, 9. ed. v. II, p. 34-54; GARRIDO FALLA, Fernando;

contrato – uma posição concreta de vantagem pessoal quanto a usufruir imediatamente daquele serviço público. Daí Vitor Rhein Schirato lecionar que "a prestação dos serviços públicos é um instrumento para o cumprimento de direitos subjetivos públicos dos cidadãos e que, portanto, constitui nos indivíduos titulares dos direitos fundamentais um direito de exigência em face do Estado".[28] Ou, como prefere Alessi, "a garantia legislativa de uma utilidade substancial direta e imediata para o sujeito titular".[29]

São direitos concernentes à pessoa que deve receber a prestação do serviço, tornados densos e nítidos pela relação jurídico-concessionária. Já não se está diante de acanhado direito subjetivo público à legalidade (omissiva),[30] mas sim de várias ordens de interesses pessoais consagrados juridicamente – quer em sede estatutária (legal e regulamentar), quer em sede contratual. Advêm, portanto, do sistema jurídico – e não só deste ou daquele texto legal. São direitos relacionais, que exigem *alteridade* e *intersubjetividade*: não são só *invioláveis* pelo outro, mas sim especialmente *exigíveis* do outro.[31] Tais direitos do sujeito usuário, a depender da vontade deste, podem ser impostos juridicamente em face do outro sujeito (imediatamente, o concessionário; mediatamente, concedente e regulador). Afinal, quando se instala a relação concessionária, constituem-se, quando menos, a *proibição de omissão* por parte do concessionário e o *dever de garantia* por parte do concedente.

Logo, o direito subjetivo do usuário corresponde ao aspecto ativo da posição jurídica por ele ocupada: é aquilo que lhe cabe exigir, de modo autônomo e individualizado, no que respeita às vantagens oriundas do serviço concedido. "Deste modo, todo direito subjetivo postula um obrigado (mas não vice-versa), e entre o titular do direito e o obrigado se dá uma relação jurídica."[32] Veja-se a nitidez dessa relação: as prestações são devidas aos usuários enquanto sujeitos de direito e porque integrantes desta específica relação jurídica. Por isso eles têm legitimidade para exigir as prestações previamente fixadas

---

PALOMAR OLMEDA, Alberto; LOSADA GONZÁLEZ, Herminio. *Tratado de Derecho Administrativo*. 14. ed. v. I. Madri: Tecnos, 2005, p. 518-529; ALEXY, Robert. *Teoria dos Direitos Fundamentais*. 1. ed. 2. tir. Trad. de Virgílio Afonso da Silva. São Paulo: Malheiros Editores, 2009, p. 180-253; ALESSI, Renato. La crisi attuale nella nozione di diritto soggettivo ed i suoi possibili riflessi nel campo del diritto pubblico. *In: Scritti Minori*. Milão: Giuffrè Editore, 1981, p. 561-587; MERKL, Adolf. *Teoría General del Derecho Administrativo, op. cit.*, p. 171-185; MAURER, Hartmut. *Direito Administrativo Geral, op. cit.*, p. 175-188; FOULQUIER, Norbert. *Les Droits Publics Subjectifs des Administrés:* Emergence d'un Concept en Droit Administratif Français du XIXe au XXe Siècle. Paris: Dalloz, 2003, máxime p. 64-80; 279-348; 413-447 e 542-569; ANDRADE, José Carlos Vieira de. *Os direitos fundamentais na Constituição portuguesa de 1976*. 3. ed. Coimbra: Livraria Almedina, 2007, p. 113-142; Silva, Vasco Pereira da. *Por um contencioso administrativo dos particulares, op. cit.*, p. 80-121, e *Em busca do acto administrativo perdido, op. cit.*, p. 220-297; QUEIROZ, Cristina. *Direitos fundamentais sociais*. Coimbra: Coimbra Editora, 2006, p. 135-157; MACHETE, Pedro. *Estado de direito democrático e administração paritária*. Coimbra: Livraria Almedina, 2007, p. 484-540.

28 *Livre iniciativa nos serviços públicos, op. cit.*, p. 115.

29 ALESSI, Renato. La crisi attuale nella nozione di diritto soggettivo ed i suoi possibili riflessi nel campo del diritto pubblico *In: Scritti Minori*, p. 571.

30 Essa concepção, típica do *excès de pouvoir* do direito administrativo francês, exclui os direitos subjetivos como fundamento do controle (o indivíduo é "auxiliar da legalidade"). Na pena de Prosper Weil: "Sendo um recurso destinado a assegurar o respeito pela legalidade, é um recurso objectivo, que não visa a separar os direitos subjectivos de um demandante e de um defendente (réu), mas anular uma decisão administrativa unilateral não conforme ao Direito: segundo a fórmula clássica, dá lugar não a um processo entre partes, mas a um processo respeitante a um acto (*fait à un acte*)" (*O Direito Administrativo, op. cit.*, p. 141). Ampliar em ANDRADE, José Carlos Vieira de. *A justiça administrativa (lições), op. cit.*, 3. ed., p. 13-48; Silva, Vasco Pereira da. *Por um contencioso administrativo dos particulares, op. cit.*, p. 13-64.

31 Cf. DABIN, Jean. *El Derecho Subjetivo, op. cit.*, p. 109-113.

32 GARRIDO FALLA, Fernando; PALOMAR OLMEDA, Alberto; LOSADA GONZÁLEZ, Herminio. *Tratado de Derecho Administrativo, op. cit.*, 14. ed. v. I, p. 518 (tradução livre).

como deveres e obrigações do concessionário. Por conseguinte, a relação concessionária confere peculiar *densidade normativa* aos direitos subjetivos públicos dos cidadãos, que devem receber a prestação daquele serviço adequado, tal como estampado em minúcias no respectivo regime estatutário, no contrato de concessão e no contrato de prestação (este, quando for o caso).

No que importa à efetividade das obrigações contratuais do concessionário, isto é indiscutível. Está-se, aqui, diante de direitos subjetivos típicos, os quais garantem posições ativas do indivíduo frente à Administração (ou quem lhe faça as vezes), no sentido de exigir a prestação de benefícios com caráter patrimonial-personalista (bens e serviços, avaliáveis economicamente ou não). O cidadão-usuário é titular de direitos e dono da escolha quanto ao uso e gozo da comodidade a ser prestada pelo concessionário (exceção feita a serviços de fruição obrigatória, como água e saneamento, os quais mitigam a autonomia do usuário – que não pode optar se os usa ou não, deve utilizar a água tratada –, mas sim a dimensão deste uso: basta fechar a torneira). Aqui se está diante de poder jurídico concreto, que emerge das pessoas alcançadas por aquele serviço público.

Ao se ter como ponto de partida a perspectiva do cidadão, este tem o direito de exigir a adequada prestação do serviço, nos exatos termos do seu estatuto (Constituição, leis, regulamentos e contrato). A circunstância de ser usuário do serviço traz consigo os respectivos direitos – cujo exercício, ao seu tempo, deve respeito à ética, prestígio à boa-fé e refutação ao abuso de direito. O que importa dizer que a pessoa detentora da condição de usuário do serviço público não pode exigir nem mais nem menos do que o definido no estatuto da concessão (leis, regulamentos e, especialmente, o contrato). Inexistem direitos subjetivos a reclamar do concessionário prestações ausentes do contrato de concessão, nem com configuração diversa daquelas nele positivadas, tampouco por preços distintos dos predefinidos contratualmente.

Em suma, a *posição jurídica do usuário* "traduz-se no poder de exigir ou pretender de outra pessoa um determinado comportamento positivo ou negativo – uma dada acção (*facere*) ou uma dada abstenção (*non facere*)".[33] Esta "outra pessoa" é primariamente o concessionário (com fundamento no contrato e no regime estatutário) e secundariamente o concedente (com fundamento e limites no regime estatutário). "Diz-se que existe direito subjetivo público – escreveu Ruy Cirne Lima – quando uma pessoa administrativa se constitui em obrigação, segundo o direito público, para com o particular."[34] Daí a constatação de que existe no seio da relação concessionária o direito subjetivo público dos cidadãos-usuários (e das pessoas jurídicas usuárias).

A compreensão do *direito subjetivo público* à prestação do serviço concedido exige forte ressalva: não há, nem pode haver, num Estado Democrático de Direito, direitos absolutos. Isto é próprio de Estados antidemocráticos – ou de Estados que não se pretendam um Estado Social de Direito (ou Pós-Social ou de Administração de Infraestrutura). Observação que não se resolve com recurso ao sujeito titular do direito: sejam ricos ou pobres, sábios ou incultos, os direitos de que são titulares devem ser

---

[33] ANDRADE, Manuel A. Domingues de. *Teoria geral da relação jurídica, op. cit.*, v. I, p. 10.

[34] LIMA, Ruy Cirne. *Princípios de Direito Administrativo, op. cit.*, 7. ed., p. 117. Ao redor disso, o autor consigna: "Os direitos subjetivos públicos, unidos, no direito administrativo, à relação de administração, têm, de regra, no desenvolvimento desta uma como *conditio sine qua*" (p. 55); "O direito subjetivo invariavelmente nasce da transferência ou do exercício de uma parcela do poder estatal" (p. 58).

compreendidos como limitados, cujo exercício é restrito pela vida social (incluindo-se aqui o seu custo).

Assim, o cometimento de determinadas atividades a pessoas políticas não pode gerar a ilusão de que *ipso facto* surge o direito irrestrito ao usufruto crescente de prestações e benefícios, ao livre talante da imaginação dos sujeitos privados. O que tende a se agravar nas situações em que já há a definição – legal, regulamentar e contratual – do modo de prestação do serviço, mas ainda assim se tenta descobrir e defender "direitos fundamentais" extravagantes. Os direitos individuais – quaisquer que sejam eles – não prevalecem sobre o Direito.[35] A compreensão contemporânea dos direitos fundamentais exige tanto a perspectiva subjetivista-individual quanto a objetivista-comunitária. O estatuto e o regime contratual da relação concessionária definem o direito subjetivo naquele tempo e espaço, tornando-o prontamente exigível. O que implica, simultaneamente, a configuração exata desse direito e dos limites concretos ao seu exercício.

Como assinalou António Manuel Hespanha, o problema não é só o de "levar os direitos a sério" (Dworkin), mas "é, antes, por um lado, o de saber quem define séria e objectivamente esses direitos, sobretudo num mundo cultural e ideologicamente plural como o de hoje; e, em segundo lugar, se se podem levar a sério os direitos de uns, sem igualmente se levarem a sério os direitos de outros, isto é, *sem se levar a sério a séria tarefa da sua ponderação*".[36] Neste ponto das concessões de serviço público a técnica da ponderação assume complexa perspectiva multilateral: não se está propriamente diante da *cotitularidade* ou *comunhão* de direitos subjetivos, mas existem, sim, *coabitação* e *coexistência* de direitos de múltiplos usuários (ao lado daqueles do concessionário e os da comunidade como um todo), dependentes entre si. Basta pensar nos usuários que optam por não pagar a conta de luz ou fraudam os registros ou simplesmente furtam energia: na justa medida em que *there ain't such a thing as a free lunch*, no mesmo instante em que alguém deixa de pagar, outro pagará a conta do fraudador (usuários, contribuintes, acionistas etc.). O mesmo se diga quanto a prestações não previstas no respectivo programa concessionário ou àquelas definidas para determinados momentos do projeto: quem pode estabelecer isso é o estatuto da concessão e o respectivo contrato. O direito subjetivo do usuário deve ser levado a sério também nestes níveis, pena de se transformar num paradoxal "direito subjetivo absolutista" (a concretização pós-moderna

---

[35] Com as devidas ponderações, o alerta destina-se a parametrizar a compreensão sobre os direitos econômicos, sociais e culturais e respeitável produção acadêmica a propósito dos serviços públicos. Muito embora configurem direitos fundamentais (ou garantia deles), isso não significa dizer que possam ter alargada sua exigibilidade a ponto de torna-los absolutos. Assim, é de se remeter o leitor para algumas das fontes – nacionais e estrangeiras – do debate: *Teoria geral das concessões de serviços públicos, op. cit.*, p. 57-68 e 549-567; DALLARI, Adilson. Direito ao uso dos serviços públicos. *RTDP*, São Paulo, Malheiros Editores, 13/210-215, 1996; DOURADO, Maria Cristina Cesar de Oliveira. O repensar do conceito de serviço público. *RDAeC*, Curitiba, Juruá, 6/75-88, 2001; BARROSO, Luís Roberto. Da falta de efetividade à judicialização efetiva: direito à saúde, fornecimento gratuito de medicamentos e parâmetros para a atuação judicial. *Interesse Público*, Belo Horizonte, Fórum, 46/31-65, nov.-dez. 2007; GEBRAN NETO, João Pedro. *A aplicação imediata dos direitos e garantias individuais*. São Paulo: RT, 2002, *passim*; GOMES CANOTILHO, J. J. Tomemos a sério os direitos económicos, sociais e culturais. *In: Estudos sobre Direitos Fundamentais*. Coimbra: Coimbra Editora, 2004, p. 35-68, e *Direito Constitucional e teoria da Constituição, op. cit.*, 7. ed., p. 473-485; ANDRADE, José Carlos Vieira de. *Os Direitos Fundamentais na Constituição Portuguesa de 1976, op. cit.*, 3. ed., p. 385-419; MIRANDA, Jorge. *Manual de Direito Constitucional, op. cit.*, 3. ed. t. IV, p. 383-403; QUEIROZ, Cristina. *Direitos fundamentais sociais, op. cit.*, p. 123-157; CHUEIRI, Vera Karam de; MOREIRA, Egon Bockmann; CÂMARA, Heloisa Fernandes; GODOY, Miguel Gualano de. *Fundamentos de Direito Constitucional, op. cit.*, p. 313-319.

[36] HESPANHA, António Manuel. *O caleidoscópio do direito:* o direito e a justiça nos dias e no mundo de hoje, *op. cit.*, p. 88.

da máxima *princeps legibus solutus est*). Sujeitos de direito que são, os usuários – assim como concedente, concessionário e terceiros – devem se submeter à lei e ao Direito.

Reitere-se que não existe no direito público e no privado a ilusória correlação absoluta entre deveres e direitos: tanto estes quanto aqueles podem existir sem dependência recíproca. Por todos, a lição de Eduardo García de Enterría e Tomás-Ramón Fernández ao consignarem que são "abundantes" as hipóteses de deveres públicos a que não correspondem direitos, como no caso do dever "de a Administração criar, manter ou melhorar serviços públicos, o de ditar normas jurídicas etc., todos eles casos nos quais não se pode dizer que haja um sujeito que ostente um direito a exigir a efetiva adoção dessas condutas".[37]

O direito subjetivo existe em decorrência da atribuição normativa de poder concreto a determinado sujeito de direito. A especificação do direito é dever do Estado, que se submete a controle no momento e local adequados. Por isso que este poder deixa de ser concreto – e o direito deixa de ser subjetivo – quando o ordenamento se limita a atribuir a condição de interessados aos sujeitos de direito, pois regula sua titularidade e seu exercício de forma genérica e não atributiva de qualquer poder imediato. Claro que o cidadão dispõe de *status activus* em face do serviço público concedido, mas fato é que essa posição subjetiva adquirirá diferentes configurações de acordo com o regime estatutário da relação concessionária.

Afinal, o cidadão-usuário tem direito à efetiva prestação do serviço, mas não pode exigir do concessionário algo que não esteja previsto em lei, regulamento ou contrato. Mais que isso: uma vez que o concedente submete previamente o projeto ao crivo público (audiências, edital, contrato), instala-se a boa-fé cognitiva quanto aos limites daquela concessão de serviços públicos. Pretender transpor tais fronteiras não agride apenas a legalidade, mas sobretudo a segurança jurídica.

Há outra constatação ainda mais clara, nada obstante custosa de ser acolhida: não são *todos os indivíduos* que podem ser qualificados como titulares de *amplo, instantâneo e irrestrito* direito subjetivo público a *todos os serviços públicos* e/ou a *todas as prestações do serviço concedido*. Com perdão pela tautologia, esta generalização pouco tem de concreto. A sedução a ela inerente traz consigo o canto da Iara, que afoga o projeto concessionário (e os usuários). Afinal, só aqueles que de fato estejam em contato – real ou potencial – com o serviço prestado são titulares do direito subjetivo público à sua prestação, pois sempre haverá limites jurídicos (reveladores das fronteiras geográficas, cronológicas e econômicas do serviço). Pouco ou nada contribui para o debate dizer que os serviços devem ser a todos, de pronto, prestados: afinal, seria celebrar a inconsistência das previsões constitucionais e legais a respeito do tema (aplicando-se, em lugar delas, as opiniões dos intérpretes).

Se a Constituição prevê – como de fato o faz – que determinados serviços devem ser prestados pelo Estado (direta ou indiretamente), é devido ao motivo de que eles não são – nem podem ser – ordinariamente prestados por quem quer que seja. O dispositivo

---

[37] GARCÍA DE ENTERRÍA, Eduardo; FERNÁNDEZ, Tomás-Ramón. *Curso de Derecho Administrativo, op. cit.*, 9. ed. v. II, p. 32. Mais adiante os autores descrevem a teoria que fixa a reserva de discricionariedade administrativa quanto à criação e à manutenção de um serviço público, para concluir pela negativa da "titularidade de um verdadeiro direito, exigível na via jurisdicional, à implantação efetiva do serviço" (p. 72 – tradução livre).

estampado na Lei Magna existe porque é imperioso prestá-los – o que não se dá nem num *big-bang* existencial nem num *hocus-pocus*, a criar os melhores serviços para todos os indivíduos numa explosão cósmica ou por mágica. Eventuais compreensões dessa ordem apenas descolam o intérprete da realidade e criam sonhos difíceis de serem realizados.

Os serviços públicos, ainda que compreendidos como direitos fundamentais sociais (ou, melhor: porque assim entendidos), só podem ser garantidos de acordo com planos e programas concretos, na justa medida do possível, "isto é, de modo proporcional ao desenvolvimento e ao progresso económico e social. É essa dependência da conjuntura que determina os limites e a extensão dos 'pressupostos de facto' da realização dos direitos fundamentais sociais".[38] Sua implementação demanda esforços, sacrifícios, tempo e dinheiro – coordenados em projetos públicos macroeconômicos de longo prazo.

Mais ainda: os usuários não têm o abstrato direito subjetivo à prestação do serviço que melhor lhes aprouver individualmente, pelo preço mais baixo – que bom seria se assim fosse... mas a vida é um pouco mais complexa que as boas intenções. Conforme acima já consignado (sobretudo no §66), não se está diante de empreendimentos egoísticos que porventura possam beneficiar este ou aquele usuário (ou o concessionário), mas, sim, de projetos que visam ao atingimento do interesse comum de todos os potenciais usuários e à implementação de benefícios indiretos a ampla gama de excluídos (desenvolvimento, emprego, saúde, educação, integração etc.). O que está em jogo é o interesse público primário, aquele titularizado pela Administração Pública e assim instituído em benefício do todo social.

O art. 7º da Lei nº 8.987/1995 consigna rol exemplificativo dos direitos e obrigações dos usuários de serviço público. A condição de usuário, a qualificação jurídica que esse conceito alberga, atribui significativo feixe de direitos subjetivos públicos às pessoas (físicas ou jurídicas) que nele se enquadram. Aqui está a sede dos direitos dos usuários, cujo perfil será delineado com precisão nos respectivos regimes estatutário e contratual. Descendo a minúcias, J. H. Meirelles Teixeira enumerou quais são os "requisitos essenciais à sua caracterização, a favor dos particulares: (a) existência de um *interesse próprio* e *individualizado*, do particular; (b) proteção jurídica *completa e direta* desse interesse individual pela norma jurídica; (c) uma *situação jurídica* subjetiva de *vantagem* individual para o particular, e de *obrigação* para a Administração Pública, em virtude da qual seja lícito ao primeiro exigir da segunda um comportamento positivo ou uma abstenção".[39] Isto é, não basta a previsão abstrata – quer em sede constitucional, quer na Lei Geral de Concessões –, mas, sim, é necessário o dispositivo legal (e/ou regulamentar, e/ou contratual) que dê consistência aplicativa ao direito do cidadão à prestação deste específico

---

[38] QUEIROZ, Cristina. *Direitos fundamentais sociais, op. cit.*, p. 97-98.

[39] Teixeira, J. H. Meirelles. Permissão e concessão de serviço público (parecer, 2. Parte), *op. cit.*, RDP, São Paulo, RT, 7/128. Cf. também Eduardo García de Enterría e Tomás-Ramón Fernández quando escrevem a propósito das atividades prestacionais dos entes públicos: "Esos derechos son, por su propia naturaleza, derechos de prestación, y por serlo no están directamente construidos por la Constitución como auténticos derechos subjetivos. Para alcanzar ese carácter necesitan un adequado tratamiento por parte del legislador ordinario, que es quien ha de precisar en cada caso el contenido concreto de los mismos cuyo desfrute corresponda a los ciudadanos individualmente considerados o a grupos determinados de ellos concretamente definidos, contenido que, a partir de ese momento, y no antes, traducirá a términos de obligación en sentido estricto, susceptible de ser exigida como tal por aquellos y estos (...). no obstante el deber de los Poderes Públicos que la Constitución ha querido imponer" (*Curso de Derecho Administrativo, op. cit.*, 9. ed. v. II, p. 80).

serviço público (e não daquele ou daqueloutro), com as características conferidas por lei, regulamento e contrato. Para que se possa construir a obra pública ou prestar o serviço é necessária a definição – estatutária e contratual – de quais são as obras e os serviços a serem executados (e em qual momento). Uma vez lançada a definição, esta tem efeitos vinculantes aos sujeitos da relação jurídica concessionária.

O direito subjetivo público advém de posição jurídica que estampa interesse próprio, definido e individualizado pelo sujeito de direito. Será a atuação legislativa e administrativa do Estado que transformará aquela incumbência constitucionalmente atribuída ao Poder Público em específico direito subjetivo do cidadão. Caso contrário todas as competências da Administração (que se dirigem ao interesse público primário e, direta ou reflexamente, aos interesses individuais) gerariam irrestritos direitos subjetivos públicos – dissipando a personificação exigida para assim caracterizá-los (por exemplo, todos os indivíduos titularizariam o direito subjetivo público à nomeação de servidores administrativos eficientes e respectivo controle).

Por outro lado, a norma jurídica deve definir os contornos precisos desta vantagem individual – em sede legal e regulamentar (ou mesmo no contrato). O nível de concretização exigível é aquele razoável e proporcional ao exercício do direito subjetivo: não basta a mera atribuição genérica, mas é necessária a determinação do que deve ser feito para satisfazer o direito. É assente que, no dever jurídico, "o sujeito do dever, expondo-se embora a sanções, *tem a possibilidade prática de não cumprir*".[40] Em concessões de serviço público a essência está na alta probabilidade do cumprimento dos deveres e obrigações por parte do prestador, mas não na sua certeza absoluta (e o mesmo se diga quanto aos usuários). Daí a estipulação da presença do Estado como o garantidor da prestação. Afinal de contas, caso assim não fosse as obrigações não seriam deveres do presente e do futuro, mas sim fatos do passado. Para que, na relação concessionária, este não cumprimento desencadeie a *possibilidade de exigir* e *de impor sanções* é necessário que se tipifique, com clareza e de antemão, o que deve ser feito.

Igualmente, inovações legislativas e/ou regulamentares que pretendam atribuir novos deveres e obrigações ao concessionário, lado a lado com demandas judiciais (individuais ou coletivas) com a mesma natureza, subsomem-se ao conceito de *fato do príncipe* (v. §98) Configuram encargos extraordinários, imprevistos e/ou de consequências imprevisíveis, gerados pelo Estado ao externo da relação contratual. Se ocorrerem, demandam equivalente e simultâneo reequilíbrio econômico-financeiro, atento às consequências práticas da modificação contratual, bem como aos obstáculos naturais do gestor e eventual regime de transição (LINDB, arts. 20, 22 e 23). Caso previstos na matriz de riscos, a solução está estabelecida desde o início do contrato administrativo; caso não previstas, configuram incertezas e devem ser manejadas por meio dos conceitos tradicionais da teoria da álea extraordinária.

Indique-se que a qualificação dos serviços públicos de acordo com a "categoria" de sua utilidade e essencialidade não desfaz o acima consignado. Os direitos, deveres e

[40] PINTO, Carlos Alberto da Mota. *Teoria Geral do Direito Civil*. 3. ed., p. 176. O autor consigna que os direitos potestativos geram sujeições caracterizadas por serem necessidades inelutáveis (direitos subjetivos *versus* deveres; direitos potestativos *versus* sujeições). Mas é nítido que mesmo no segundo caso persiste a possibilidade de o sujeitado se opor, impedir ou dificultar o exercício do direito potestativo.

obrigações das partes emanam do respectivo regime jurídico (não são dados exógenos). Aliás, Antônio Carlos Cintra do Amaral aponta como equívoca a criação de classes de serviços públicos quanto à sua "essencialidade" (ou não): "Se uma determinada atividade foi definida pelo ordenamento jurídico como 'serviço público', ela é essencial à comunidade. Não há serviços públicos *essenciais* e *não essenciais*. Nem serviços públicos *mais essenciais* e *menos essenciais*".[41] Afinal, sendo essenciais, a quem é que se dirige esta nota distintiva? "O que parece evidente – escreve Matilde Carlón Ruiz – é que esta chamada à essencialidade só pode ser interpretada em função das necessidades coletivas".[42] Para a Lei Geral de Concessões o que há são serviços públicos concedidos, cujo contrato foi submetido a regulamento administrativo, audiências públicas, licitação e contrato – e, assim, definida em termos objetivos sua essencialidade social. O direito ao serviço público constitui, portanto, um dos *elementos fundamentais da ordem objetiva da coletividade* – para aqui citar a expressão de Hesse.[43] São, por isso, definidos, garantidos, organizados e também limitados pela ordem jurídica.

Conforme consignam Eduardo García de Enterría e Tomás-Ramón Fernández, uma vez existente o serviço e iniciado seu funcionamento, "é quando a posição do cidadão começa a adquirir certa solidez".[44] Aqui as perspectivas são outras, em vista da concretude que lhes é conferida pela efetiva implementação do serviço e sua real prestação aos usuários.

O dever de garantir a prestação deixa de ser discricionário e passa a ser vinculado – gerando específicos direitos a todos e a cada um dos usuários. Assim, o *direito subjetivo público* para o recebimento do serviço objeto de contratos de concessão é *exatamente aquele definido nas normas estatutárias* (leis e regulamentos) e no *contrato de concessão* de

---

41 AMARAL, Antônio Carlos Cintra do. *Concessão de serviço público, op. cit.*, 2. ed., p. 18. Em seguida o autor refuta tal critério também no que diz respeito aos serviços de utilização obrigatória (água e esgotamento sanitário) e aos de utilização facultativa (transporte aeroviário, telefonia etc.). Em sentido contrário, Marçal Justen Filho admite a diferença "em vista da característica da necessidade a ser atendida. Há necessidades cujo atendimento pode ser postergado e outras que não comportam interrupção" (*Curso de Direito Administrativo, op. cit.*, 15. ed., p. 422). A rigor, parece-me que esta classificação antes se reporta à dimensão superlativa originalmente atribuída ao tema pela *Escola do serviço público* (v., acima, §58) e a uma qualificação antes instintiva que propriamente derivada do conceito jurídico de serviço público. Ampliar em: MOREIRA, Egon Bockmann. Os serviços públicos e sua lógica jurídico-econômica: reflexões a partir do artigo 175 da Constituição, cit.

42 CARLÓN RUIZ, Matilde. Nuevas técnicas para nuevos tiempos: del servicio público al universal. *In:* MUÑOZ Machado, S. (dir.). *Derecho de la regulación económica*, v. I. Madri: Iustel, 2009, p. 480. Mais adiante a autora reporta-se a Duguit, que conectava as prestações objeto do serviço público "ao seu *caráter indispensável para a convivência social*".

43 Como escreveu o célebre autor: "De todo, direitos fundamentais não são 'naturalmente', isto é, pré-juridicamente assegurados, senão só lá onde eles fazem parte da ordem jurídica positiva estatal. Sem garantia, limitação jurídica pelo Estado e sem proteção jurídica, os direitos fundamentais não estariam em condições de proporcionar ao particular um *status* concreto, real, de liberdade e igualdade, e de cumprir sua função na vida da coletividade (...)" (HESSE, Konrad. *Elementos de Direito Constitucional da República Federal da Alemanha*. Tradução de Luís Afonso Heck. Porto Alegre: Sérgio Fabris Editor, 1998, p. 232). Pense-se agora nos direitos subjetivos oriundos dos serviços públicos: estes, como tantas vezes frisado neste livro, não são naturais, imutáveis e perenes, mas nascem e vivem sob o signo da mutabilidade – tanto essencial (se algo é um serviço público) quanto prestacional (se o é, como deve ser prestado). Quem os cria e os define é a ordem jurídica – e assim estabelece os respectivos conteúdo e limites. O que dizer, então, dos direitos subjetivos públicos oriundos de serviços prestados sob o regime concessionário? Não parece haver dúvida quanto à definição objetiva-subjetiva aqui concretizada pela ordem jurídica (Constituição ⊛ Lei Geral de Concessões ⊛ lei especial ⊛ regulamentos ⊛ edital ⊛ proposta ⊛ contrato de concessão).

44 GARCÍA DE ENTERRÍA, Eduardo; FERNÁNDEZ, Tomás-Ramón. *Curso de Derecho Administrativo, op. cit.*, 9. ed. v. II, p. 74 (tradução livre). Sobre o direito subjetivo à prestação do serviço, v. BITENCOURT NETO, Eurico. *Devido procedimento equitativo e vinculação de serviços públicos delegados no Brasil, op. cit.*, p. 104-106.

cada um deles – nem mais, nem menos. "A situação do usuário é, pois, uma situação legal e regulamentar – escrevem García de Enterría e Fernández –, estritamente objetiva portanto, e em seu aspecto positivo se concretiza em um direito ao funcionamento legal do serviço nos termos concretos que em cada caso estabeleça a regulamentação regedora do dito serviço, porém não a permanecer perpetuamente naquela que em um momento o afetou."[45]

Por isso que Joana Paula Batista defende que o usuário do serviço público fique investido "de direito subjetivo público a fim de que este possa exigir que sejam observadas as regras e princípios aplicáveis à prestação da atividade, desde o procedimento licitatório anterior à contratação do concessionário, até a remuneração a ser arcada pelo usuário para a fruição do serviço".[46] Este arco de configurações dos direitos subjetivos merece ter garantido seu exercício imediato, em especial nas hipóteses de haver resistência à pretensão do usuário.

Também é importante a advertência de Dinorá Musetti Grotti no sentido de que "o rol estipulado no art. 7º não é exaustivo, pois outros direitos-poderes decorrem de dispositivos esparsos ou também poderão ser reconhecidos, à luz dos princípios que disciplinam essa área, do regulamento específico do serviço ou das particularidades do caso concreto".[47] Ou seja, os direitos dos usuários advirão não só da Lei Geral de Concessões, mas sim do microssistema jurídico estampado em cada uma das concessões de serviço público.

§72 Deveres, obrigações e demais posições passivas dos usuários

Tão importante quanto tratar dos direitos subjetivos públicos é enfrentar os *deveres e obrigações dos usuários* na relação concessionária. Afinal, os usuários não são apenas os destinatários finais do serviço e das obras, mas, no modelo de concessões comuns, são aqueles que devem pagar pelas prestações e, assim, gerar a receita que permitirá a sustentabilidade do projeto concessionário. A Lei Geral de Concessões lhes atribui essa responsabilidade, com forte marca de solidariedade social. Para que se possa avançar no tema, primordial é aprofundar o conceito.

Inicialmente, o assunto traz à baila os estudos relativos aos *deveres fundamentais* do cidadão. Isto é, a conscientização de que a alteralidade num Estado que se pretenda Social e Democrático de Direito (ou mesmo Pós-Social ou Infraestrutural) exige a responsabilidade e a solidariedade de todos e de cada um dos cidadãos. Os deveres fundamentais "são imputações normativas com sede constitucional. Configuram categoria autônoma de posições subjetivas passivas, constitucionalmente positivadas. Por meio deles, a Constituição atribui às pessoas a responsabilidade por determinadas condutas (omissivas ou comissivas)".[48] O que importa dizer que não vivemos num mundo só

[45] GARCÍA DE ENTERRÍA, Eduardo; FERNÁNDEZ, Tomás-Ramón. *Curso de Derecho Administrativo, op. cit.*, 9. ed. v. II, p. 75 (tradução livre). Aqui os autores tratam especificamente das concessões de serviço público.

[46] BATISTA, Joana Paula. *Remuneração dos serviços públicos, op. cit.*, p. 31.

[47] GROTTI, Dinorá Musetti. A experiência brasileira nas concessões de serviço público. *Interesse Público*, Porto Alegre, Notadez, 42/108, mar./abr. 2007.

[48] CHUEIRI, Vera Karam de; MOREIRA, Egon Bockmann; CÂMARA, Heloisa Fernandes; GODOY, Miguel Gualano de. *Fundamentos de Direito Constitucional, op. cit.*, p. 330.

de direitos, inclusive no setor de serviços públicos, a desprezar a responsabilidade, a solidariedade e o imprescindível altruísmo de todas e de cada uma das pessoas. Justo ao contrário: a dignidade da pessoa importa receber benefícios e colaborar ativamente para que o todo social perceba equivalentes vantagens socioeconômicas.

"Nestes termos – escreve José Casalta Nabais – podemos definir os deveres fundamentais como deveres jurídicos do homem e do cidadão que, por determinarem a posição fundamental do indivíduo, têm especial significado para a comunidade e podem por esta ser exigidos". São, portanto, em paralelo ao conceito de direitos fundamentais (paralelismo assimétrico), "posições jurídicas passivas, autônomas, subjetivas, individuais, universais e permanentes e essenciais".[49] [50] O conhecimento de que existem *deveres fundamentais* do cidadão é ponto de partida para a compreensão de que a relação concessionária não se estrutura apenas em torno de direitos (ainda que se acolha a ideia de que o serviço público é direito fundamental). Afinal, e como já dito acima, a dignidade da pessoa não consiste apenas em passivamente receber benefícios, mas também em deter a capacidade de reconhecer os valores do todo social e colaborar de modo ativo para sua concretização. Esta deve ser a pedra de toque da compreensão dos deveres e obrigações dos usuários.

Este livro defende que há uma série de relações jurídicas instituidoras de poderes, direitos, deveres e obrigações a concedente, concessionário, usuários (e mesmo a terceiros). Tais relações precisam ser compreendidas em sua inteireza e reciprocidade, sob pena de a sobrevalorização de um dos temas (como se pode dar em sede dos direitos dos usuários) vir a depreciar os demais elementos – que juridicamente são equivalentes em importância e relevo. Afinal, os regimes democráticos presumem a isonomia entre os cidadãos, e por isso se esforçam em constituir a respectiva igualdade material. A atribuição de direitos e deveres significa o respeito recíproco à liberdade de todos (o que importa a limitação da liberdade de cada um).

Nada obstante a eventual impopularidade, fato é que o desprezo à correlação entre liberdade/responsabilidade e direito/dever pode implicar a perigosa compreensão da ilimitada extensão dos direitos e liberdades e a respectiva inexistência de deveres subjetivos – o que trai as ideias de democracia e de igualdade. Subverte a lógica da solidariedade social, inclusive para com as futuras gerações. Mais ainda: a dignidade

---

[49] Nabais, José Casalta. Dos deveres fundamentais. *In: Por uma liberdade com responsabilidade:* estudos sobre direitos e deveres fundamentais. Coimbra: Coimbra Editora, 2007, p. 252. Sobre deveres fundamentais, v. ASIS ROIG, R. de. *Deberes y obligaciones en la Constitución, op. cit.*, p. 395-444; GOMES CANOTILHO, J. J. *Direito Constitucional e Teoria da Constituição, op. cit.*, 7. ed., p. 531-536; ANDRADE, José Carlos Vieira de. *Os direitos fundamentais na Constituição portuguesa de 1976, op. cit.*, 3. ed., p. 159-170.

[50] A Constituição brasileira, apesar do nome dado ao Capítulo I do seu Título II (Dos Direitos e Deveres Individuais e Coletivos), especifica de forma literal os deveres apenas nos arts. 144 (segurança pública: "dever do Estado, direito e responsabilidade de todos"), 196 (saúde: "direito de todos e dever do Estado"), 205 (educação: "direito de todos e dever do Estado e da família"), 217 (desporto: "dever do Estado fomentar práticas desportivas"), 225 (meio ambiente: "impondo-se ao Poder Público e à coletividade o dever de defendê-lo e preservá-lo para as presentes e futuras gerações"), 227 (É dever da família, da sociedade e do Estado assegurar à criança e ao adolescente, com absoluta prioridade, o direito à vida, à saúde, à alimentação, à educação, ao lazer, à profissionalização, à cultura, à dignidade, ao respeito, à liberdade e à convivência familiar e comunitária, além de colocá-los a salvo de toda forma de negligência, discriminação, exploração, violência, crueldade e opressão"), 229 (Os pais têm o dever de assistir, criar e educar os filhos menores, e os filhos maiores têm o dever de ajudar e amparar os pais na velhice, carência ou enfermidade"), 230 (amparo aos idosos: "a família, a sociedade e o Estado têm o dever de amparar as pessoas idosas"). Os demais artigos que trazem a palavra "dever" referem-se basicamente a competências.

da pessoa implica a celebração de sua responsabilidade social ativa. Por isso que a construção dos deveres subjetivos públicos é tão importante quanto a dos direitos. Aliás, foi Larenz quem escreveu que: "Assim como o ordenamento jurídico não pode prescindir do conceito de direito subjetivo, tampouco pode abrir mão do conceito de dever jurídico".[51] A relação concessionária, que não pode abdicar dos direitos subjetivos dos usuários, tampouco pode abrir mão dos deveres jurídicos a eles imputados.

Note-se a exceção de que os deveres nem sempre exigem, para sua configuração, a existência de direito subjetivo titularizado por outra pessoa, mas podem derivar imediatamente de previsões normativas (legais e regulamentares, como no caso das concessões de serviços públicos). "Assim, existem numerosas disposições que ordenam ou proíbem uma determinada conduta a fim de simplesmente impedir a exposição de outros a perigos ou um prejuízo ao interesse público."[52] A primeira ordem de preocupações das normas de direito administrativo diz respeito a temas de interesse público primário – aquele concernente aos interesses da coletividade (e não aos interesses egoísticos dos seus membros). O dever de cumprimento a tais normas – que se revela na relação concessionária – tem por lastro o interesse público estampado no regime jurídico (estatutário e contratual) daquela específica forma de prestação de serviço público. Afinal, o projeto concessionário não concerne apenas ao usuário (no singular), mas a uma concreta *política pública* – que beneficiará todo o conjunto de usuários (ao lado das externalidades positivas, estas incidentes para número muito maior de beneficiários).

A questão não se restringe a deveres autônomos, mas ao contrário: a maioria dos deveres e obrigações dos usuários dá-se em contrapartida aos benefícios por eles recebidos. Em direito administrativo os deveres não surgem tão somente da imposição de restrições e gravames ao cidadão, mas também são oriundos de atos e contratos que lhes gerem benefícios – como se dá na relação jurídica concessionária. "Os atos favoráveis – escrevem García de Enterría e Fernández – constituem, também, com toda frequência, uma causa habitual para a exigência de comportamentos concretos, cuja omissão pelo destinatário do ato determina sua responsabilidade."[53] Estes comportamentos concretos assumem os mais variados perfis de posições passivas – tanto as *sujeições* (relativas às relações especiais de administração) como os *deveres* (oriundos de normas jurídicas), as

---

[51] LARENZ, Karl. *Derecho Civil:* parte general. Tradução de M. Izquierdo e Macías-Picavea. Madri: Editorial Revista de Derecho Privado, 1978, p. 48 (tradução livre) E, mais adiante, ao definir dever jurídico: "Por deber jurídico entendemos un determinado 'estar obrigado' que impone el ordenamiento jurídico en cuanto orden normativo. (...). También el Derecho, al imponer deberes, se dirige en primer término a la comprensión y a la buena voluntad de los destinatarios de la norma; sin embargo, exige la observancia de sus mandatos sin tomar en consideración si el destinatario los siente y los admite en su consciencia como obligatorios. A tal respecto, el 'estar jurídicamente obligado' es un 'estar obligado' heterónomo, en contraposición al deber moral autónomo" (*op. cit.*, p. 262). Ou na definição de Carlos Alberto da Mota Pinto: "O dever jurídico é, pois, a necessidade de (ou a vinculação a) realizar o comportamento a que tem direito o titular activo da relação jurídica" (*Teoria Geral do Direito Civil*. 3. ed., p. 173). As definições, muito embora lançadas em sede de direito privado, servem como uma luva nas relações concessionárias.

[52] LARENZ, Karl. *Derecho Civil:* parte general, *op. cit.*, p. 263 (tradução livre). Como exemplo de deveres aos quais não correspondem direitos Santi Romano indica os serviços vinculados a interesses coletivos ou interesses objetivos, típicos do direito público: "En el derecho público, la figura del deber desligado de un derecho ajeno es frecuente, y en algunos casos más evidente" (Deberes. Obligaciones. *In: Fragmentos de un Diccionario Jurídico*, *op. cit.*, p. 96).

[53] GARCÍA DE ENTERRÍA, Eduardo; FERNÁNDEZ, Tomás-Ramón. *Curso de Derecho Administrativo*, *op. cit.*, 9. ed. v. II, p. 33 (tradução livre). Dentre os exemplos mencionados estão as autorizações e concessões (e a imposição de obrigações e deveres aos autorizados e concessionários), bem como a condição de usuário de serviço público.

obrigações (oriundas do regime estatutário e/ou do contrato, de cunho patrimonial) e os *ônus* (vantagens decorrentes de determinada conduta facultativa). A exigência para que cada uma dessas posições passivas se implemente é sua prévia existência normativa (estatuto ou contrato).

Cogitemos de um exemplo, pertinente ao setor de água e saneamento.[54] Em tese, imagina-se que todas as pessoas demandarão ser conectadas ao sistema de fornecimento de água potável e colaborarão com o esgotamento sanitário e tratamento dos resíduos que produzem. Porém, nem sempre é assim: há usuários que simplesmente se recusam a receber água tratada (instalam poços artesianos sem qualquer controle sanitário) e, mais do que isso, não promovem a ligação à rede de esgoto (impedindo o acesso às estações de tratamento). Porém, não se está unicamente diante de serviço público que outorga direitos individuais disponíveis, mas sim que se destina a preservar o meio ambiente; prevenir doenças; implantar hábitos de higiene; facilitar a limpeza pública e, assim, aumentar a expectativa de vida e diminuir os custos do sistema de saúde pública. Existe, sim, o direito subjetivo de receber os serviços, mas a ele são correlatos os deveres subjetivos de se conectar às redes e as obrigações de pagar a conta. Esse caso confirma a necessidade da convivência/integração e compreensão holística dos direitos, deveres e obrigações.

Mas fato é que na maioria das vezes, na relação concessionária, o sujeito ao qual se impõem deveres é o mesmo em favor de quem são prestados os serviços. Ele é titular tanto dos deveres como dos direitos em relação ao serviço. O que faz surgir a necessidade do trato especializado, serviço a serviço, regime jurídico a regime jurídico. Caso a caso, aos usuários é expressamente imputada certa gama de deveres – muitos dos quais não correspondem simetricamente a direitos subjetivos (por isso se encaixam na classificação de Santi Romano quanto aos "deveres em sentido estrito"), ao lado de outros que efetivamente correspondem a direitos (as "obrigações" de cunho patrimonial a que se refere Santi Romano). A composição de tais deveres e obrigações dos usuários, contudo, torna-se peculiar ao interior de cada um dos serviços concedidos. Mais ainda: caso se conceba cada serviço como uma esfera,[55] é de se sublinhar que ela é *dinâmica, interna* e *externa corporis*. É um erro pretender tornar homogêneos serviços cujos regimes jurídicos são díspares entre si (tanto nos direitos como nos deveres). Daí por que não é válido equalizar o pagamento da tarifa de água ao preço da televisão a cabo – ou o dever de preservação ambiental das margens das rodovias à obrigação de pagar o serviço de telefonia celular. Há amplíssimo leque de deveres e obrigações, cuja tipificação será constatada autonomamente em cada uma das relações concessionárias.

---

[54] Para uma explicação geral do setor, v. FREIRE, André Luiz. Saneamento básico: conceito jurídico e serviços públicos. *In:* CAMPILONGO, Celso; GONZAGA, Alvaro de Azevedo; FREIRE, André Luiz (coord.). *Enciclopédia jurídica da PUC-SP*. Tomo: Direitos Difusos e Coletivos. São Paulo: Pontifícia Universidade Católica de São Paulo: 2017. Disponível em: https://enciclopediajuridica.pucsp.br/verbete/325/edicao-1/saneamento-basico:-conceito-juridico-e-servicos-publicos

[55] Talvez fosse mais adequada a figura do átomo com elétrons e prótons a conviver numa interação quântica (não o modelo atômico da "bola de bilhar" de J. Dalton – este, sim, uma esfera maciça, indestrutível e indivisível). O estado de cada um dos serviços públicos é definido pelo conjunto de todas as informações possíveis de se obter a respeito dele – ao seu interior e para fora (as circunstâncias, atuais e futuras, sempre mutáveis, do serviço – v. §104, abaixo).

Por outro lado, a classificação quanto à "essencialidade" do serviço é igualmente inapta a resolver o problema – afinal de contas, todos são serviços públicos, e não vale a pena ingressar nesse círculo vicioso. Mesmo porque essa ideia imprecisa pode instalar a criação, com base na retórica, de benefícios extraordinários a categorias privilegiadas. Nada obstante a *natureza jurídica* de direito público desses serviços, seu *regime jurídico* (conjunto de normas que os regem) é diverso – a depender da respectiva lei de referência. Igualmente, o contrato de concessão – previamente submetido a audiências e consultas públicas, não nos esqueçamos – representa a densificação especial de determinada categoria de deveres, inclusive dos usuários dos serviços e obras.

O importante é que se saiba da necessidade de existirem deveres e de estes serem respeitados pelos usuários. Como leciona Benedicto Porto Neto, é "muito difícil disciplinar o serviço público sem a instituição de deveres aos seus usuários – quais sejam as condições que por eles devem ser observadas para fruição dos serviços".[56] Os serviços concedidos, máxime nos projetos autossustentáveis definidos pela Lei Geral de Concessões, exigem especial atenção aos deveres dos usuários e respectiva configuração em cada projeto concessionário.

Haverá serviços nos quais, devido à previsão expressa do regime jurídico pertinente, a rigor não se instalará o dever de pagar a tarifa, mas sim uma *obrigação* – derivada da escolha feita pelo usuário quando da celebração do negócio jurídico com o concessionário. A *obrigação de pagar* a tarifa corresponde à *prerrogativa de suspender*, ao *poder de interromper* a prestação do serviço. Mais ainda: a depender do serviço, ele poderá instalar o modelo de pagamentos antecipados. Assim, os usuários só podem entrar no trem, ônibus ou avião se comprarem a passagem; na telefonia podem adquirir "créditos" do concessionário para fazer jus à prestação do serviço (modelo "pré-pago" para todo o serviço ou determinadas prestações, concomitantemente oferecido ao "pós-pago").

Quanto ao seu *conteúdo*, os deveres dos usuários podem ser classificados em *positivos* (pagar a tarifa, preservar a infraestrutura, comunicar ao concedente atos ilícitos praticados pela concessionária etc.) e *negativos* (não gerar condições impeditivas para o cumprimento do contrato, preservar as instalações da concessão, respeitar os funcionários da concessionária, preservar o meio ambiente etc.).[57]

---

[56] PORTO NETO, Benedicto. *Concessão de serviço público no regime da Lei 8.987/1995*: conceitos e princípios, *op. cit.*, p. 39.

[57] Aliás, tais *deveres do credor* (aqui, usuário/consumidor) não são um privilégio do regime concessionário. Como há mais de 40 anos escreveu Clóvis do Couto e Silva: "A concepção atual de relação jurídica, em virtude da incidência do princípio da boa-fé, é a de uma ordem de cooperação, em que se aluem as posições tradicionais do credor e devedor. Com isso, não se pense que o credor deixará de estar nitidamente desenhado como aquele partícipe da relação jurídica que é titular de direitos e pretensões. (...). Caber-lhe-ão, contudo, certos deveres como os de indicação e de impedir que a sua conduta venha dificultar a prestação do devedor. Se houver descumprido um desses deveres, não poderá exigir a pretensão para haver a obrigação principal" (*A obrigação como processo, op. cit.*, p. 120). Ampliar em Paulo Nalin, que acentua o *direito do devedor ao adimplemento* e o *dever de cooperação do credor* (*Do* contrato: conceito pós-moderno: em busca de sua formulação na perspectiva civil-constitucional, *op. cit.*, 2. ed., p. 189-198) e em J. J. Gomes Canotilho e Vital Moreira, que falam em *deveres fundamentais dos consumidores*: "Os direitos dos consumidores articulam-se com o dever de proteção do ambiente e da qualidade de vida, impondo-se, designadamente, a observância de um nível elevado de proteção ecológica através da limitação das escolhas do consumo (incluindo 'dever de desconsumo') e da canalização dessas escolhas para modalidades consumistas asseguradoras de um maior grau de compatibilidade com o ambiente" (*Constituição da República Portuguesa anotada*. 4. ed. v. I. Coimbra: Coimbra Editora, 2007, p. 786).

Quanto ao *sujeito*, em *gerais* e *singulares* (uniformes a todos os usuários, peculiares a certa categoria ou a um só usuário; basta pensar no serviço de energia elétrica e nas diversas categorias de consumidores; no serviço pré e pós-pago da telefonia celular etc.).

§73 Natureza e regime jurídico dos contratos de prestação

Em sequência à relação concessionária primária que se estabelece entre concedente e concessionário (relação-mãe) há a instalação de multiplicidade de contratos de prestação de serviço entre o concessionário e os usuários (formal ou informalmente celebrados) e a instalação de novos feixes de relações jurídicas.

Como a maioria dos serviços concedidos funciona segundo a lógica da economia de escala e redes contratuais, quanto maior o número de usuários, em tese melhor e mais barato o serviço para todos (v. §63, acima). Está-se, aqui, diante de novo leque de situações jurídicas, o qual exige a compreensão da *natureza jurídica* do serviço prestado e de seu *regime jurídico*. Isso porque, nada obstante o serviço tenha natureza jurídica pública (assim definido em sede constitucional por meio de sua imputação ao Poder Público e a respectiva restrição de seu exercício no hemisfério privado dos bens e fatores de produção – v. §13), fato é que ele pode ser prestado em regime jurídico de direito privado administrativo (o que usualmente se dá).

Isto é, uma coisa é a realidade jurídica do regime estatutário do contrato de concessão e da respectiva relação que se põe entre concedente e concessionário. Outra é a realidade e o regime jurídicos que caracterizam as relações entre concessionário, usuários e terceiros. Aqui começam as cogitações a propósito da incidência (ou não) do Código de Defesa do Consumidor e de sua intensidade, bem como do respectivo regime estatutário que regula o serviço público – com todos os desdobramentos daí decorrentes. O mesmo se diga quanto às concessões de obra pública, bem como às parcerias público-privadas, permissões e autorizações. Pense-se, *v.g.*, nas desapropriações promovidas pelo próprio concessionário de rodovias (típicas do direito administrativo) e nas promoções e ofertas realizadas pelo concessionário de telefonia (típicas do direito empresarial).

Por isso que ao interno do contrato estabelecido entre usuário e concessionário podem existir relações típicas de direito público e outras tantas específicas de direito privado (talvez por isso seja mais adequado falar-se em direito privado administrativo). Por exemplo, a capacidade do concessionário de cortar o fornecimento do serviço em vista do inadimplemento do usuário é tema de direito público ou de direito privado? O STJ já instalou conflito de competência a esse respeito – o voto do Min. Teori Zavascki no acórdão suscitado consignava: "Subjaz à demanda relação jurídica regida exclusivamente pelo direito privado, fundada no contrato particular de prestação de serviço firmado entre consumidora e fornecedor. Não está em questão matéria fundada em direito administrativo (contrato de concessão), nem de direito tributário (legitimidade da tarifa)". Porém, essa tese restou vencida pelo voto do Min. Hamilton Carvalhido, ao defender que "a relação jurídica subjacente à demanda, regida pelo direito privado, não modifica o *thema decidendum*, que tem sede na natureza e no regime das concessões de serviço público essencial, e não no contrato celebrado pelas partes".[58] A temática, portanto, consiste em investigar o caso concreto e detectar qual a natureza da competência (ou capacidade negocial) exercida pelo concessionário de serviço público.

§74 Código de Defesa do Consumidor e prestação do serviço

Ao reportar-se à Lei nº 8.078/1990, o *caput* do art. 7º da Lei Geral de Concessões não confere ao intérprete a possibilidade de estabelecer, em abstrato e *a priori*, a irrestrita aplicação do Código de Defesa do Consumidor – CDC a todas as situações jurídicas derivadas das concessões de serviços públicos. O texto consigna "sem prejuízo do disposto na Lei n. 8.078" – o que significa que a Lei nº 8.987/1995 não obsta, não afasta nem impede a aplicação do Código de Defesa do Consumidor. Isso implica a preservação da autonomia da Lei nº 8.078/1990 quanto às relações de consumo e aplicação circunstancial das normas lá previstas. Se houver relação jurídica que se submeta a tal previsão normativa, terá a respectiva proteção especial.

Note-se que a expressão "sem prejuízo de" é frequentemente utilizada em textos legais para indicar que determinada lei acolhe a possibilidade de outras serem aplicadas simultânea ou posteriormente, sem causar interferência ou impedimento mútuo. Ela visa assegurar que determinada lei não implica a renúncia a outras opções legislativas que possam ser igualmente aplicáveis ou necessárias, a depender do contexto específico. Garante, assim, uma abordagem abrangente e flexível na resolução de questões, mas tudo dependerá da situação concreta de aplicabilidade normativa, bem como de qual contrato de concessão se esteja diante e de que tipo de relações que em decorrência dele se estabeleçam com os usuários dos bens executados e serviços prestados pela concessionária.

Isto é, a relação concessionária pode dar origem a uma multiplicidade de relações jurídicas, dentre elas algumas a serem qualificadas de relações de consumo. Logo, da simples leitura da ressalva normativa não emana a certeza de que toda e qualquer relação jurídica que se ponha entre usuários e concessionários deverá se reger pelo Código de Defesa do Consumidor: este continuará sendo aplicado apenas às relações de consumo, inclusive aquelas oriundas de contratos de concessão e permissão de serviço público.

Assim, do fato de a Lei Geral de Concessões reportar-se ao Código de Defesa do Consumidor não resulta sua incidência a todos os aspectos da prestação de serviços concedidos. As concessões de serviço público devem obediência primária aos arts. 21,

[58] STJ, CComp nº 103.374-RS, Min. Hamilton Carvalhido, *DJ* 1.6.2009. Em outra ocasião a Corte Especial do STJ decidiu: "Quando se tratar de norma geral de contrato baseada em normas regulamentares administrativas (cláusula de fidelização referente à telefonia móvel), a matéria é de direito público e não de direito privado, a reclamar a competência de umas das Turmas que compõem a 1. Seção" (CComp nº 100.503-MG, Min. Aldir Passarinho Jr., 28.5.2009, *Informativo STJ* 396). Porém, o STJ já havia julgado que: "A relação jurídica do serviço público prestado por concessionária tem natureza de direito privado, pois o pagamento é feito sob a modalidade de tarifa, e, não estando os serviços jungidos às relações de natureza tributária, mas, ao contrário, encontrando disciplina também no Código de Defesa do Consumidor, inexiste empecilho à defesa dos usuários via ação civil pública, cuja legitimação encontra na figura do Ministério Público um representante por lei autorizado" (REsp nº 591.916-MT, Min. João Otávio de Noronha, *DJ* 16.3.2007). E também consignou que, na justa medida do entendimento quanto à natureza de preço público (ou tarifa) das contraprestações ao serviço de água, aplica-se o Código Civil à relação entre usuário e concessionário no que tange à prescrição (REsp nº 1.056.228-SP, Min. Eliana Calmon, *DJe* 30.9.2009).

37 e 175 da CF, bem como à Lei nº 8.987/1995 e demais diplomas que disciplinem esta ordem de normas especiais (a ampla maioria deles posterior ao Código do Consumidor). Alexandre Santos de Aragão confeccionou tese decisiva para o trato do tema, justamente num dos pontos que mais afetam os usuários – a tarifa: "Analisar os valores da tarifa de serviço público apenas sob o ponto de vista da legislação do consumidor é desprezar o fato de que a tarifa não representa apenas a contraprestação das prestações concretamente recebidas pelo usuário, sendo, outrossim, um elemento fundamental da preservação do equilíbrio da política pública e do projeto de infraestrutura consubstanciado na concessão".[59] Assim, é errôneo interpretar o projeto concessionário apenas sob o ponto de vista do direito do consumidor. Nem mesmo a importância de tal diploma permitiria a subsunção automática das concessões e permissões ao regime consumerista. Não basta a existência de um serviço público concedido para que se aplique a Lei nº 8.078/1990, irrestrita e imotivadamente, independentemente do que se passa no mundo dos fatos.

Com efeito, a premissa está em que o concessionário deve respeito primário ao contrato de concessão, à lei e aos regulamentos administrativos. Ao seu tempo, o concedente tem o dever de garantir o fiel cumprimento do pactuado. Muitas vezes nenhum dos dois sequer tem autonomia de gestão para determinar quando será efetivada esta ou aquela obra ou implementada certa ordem de serviços aos usuários (tampouco a tarifa). Logo, posicionar o consumidor como titular de escolhas substitutivas no regime de execução contratual implica corromper todo o edital de licitação e respectiva proposta vencedora. Pior: transferir essa escolha ao Ministério Público e ao Poder Judiciário não só corrompe o contrato de concessão, mas, sobretudo, a legislação regedora dessa ordem de projetos de interesse público. Os contratos concessionários impõem limites, objetivos e subjetivos, à incidência do CDC.

Nem poderia ser de outra forma. A natureza jurídica dos contratos, os deveres e direitos que se põem entre os contratantes, a enorme gama de normas de direito público e o interesse público primário que os regem impõem a definição apropriada dos direitos de consumidor dos usuários. Esta compreensão é estampada na lição de Joana Paula Batista, ao consignar que: "A tutela relativa ao usuário do serviço público é totalmente diversa da do consumidor de bens e serviços mediante exploração de atividade econômica. Nesse sentido, cumpre observar que a Constituição não utiliza os termos 'consumidor' e 'usuário' indistintamente. Ao contrário, guarda para os destinatários dos serviços públicos a denominação 'usuário' e para os das atividades econômicas 'consumidor'".[60] Daí a necessidade de aprofundar o exame das relações de consumo em face daquelas advindas do contrato de concessão.

---

[59] ARAGÃO, Alexandre Santos de. *Direito dos serviços públicos*. 4. ed., *op. cit.*, p. 396.

[60] BATISTA, Joana Paula. *Remuneração dos serviços públicos, op. cit.*, p. 51. Para Jacintho Arruda Câmara, quando a remuneração do serviço público se dá por intermédio da cobrança de tarifas, é inconteste a incidência das normas previstas na legislação geral de proteção ao consumidor" (*Tarifa nas concessões, op. cit.*, p. 99). Ampliar em: MARQUES, Cláudia Lima. *Contratos no Código de Defesa do Consumidor*. 4. ed. São Paulo: RT, 2002, p. 484-495; Justen Filho, Marçal. *Teoria geral das concessões de serviços públicos, op. cit.*, p. 554-560; Guimarães, Bernardo Strobel. Conceito de relação de consumo e atividades prestadas por entidades sem fins lucrativos. *RDM*, São Paulo, Malheiros Editores, 135/164-187, jul./set. 2004; Grotti, Dinorá Musetti. *O serviço público e a Constituição Brasileira de 1988, op. cit.*, p. 340-352; AMARAL, Antônio Carlos Cintra do. *Concessão de serviço público, op. cit.*, 2. ed., p. 113-118; NOVAIS, Elaine Cardoso de Matos. *Serviços públicos e Relação de Consumo*. Curitiba: Juruá, 2006, p. 139-199; ARAGÃO, Alexandre Santos de. *Direito dos serviços públicos*. 4. ed., *op. cit.*, p. 379-400; Wald, Arnoldo; Moraes, Luíza Rangel de; Wald, Alexandre de M. *O direito de parceria e a lei de concessões, op. cit.*, 2. ed., p. 159-163 e 319-330;

Em primeiro lugar, e como subordinante de todo o raciocínio, cumpre examinar a *relação de consumo* entre usuários e serviços concedidos. A Lei nº 8.078/1990 tem várias previsões que envolvem a prestação de serviços públicos. Destacam-se: o art. 4º, cujo inciso VII estabelece como princípio da Política Nacional de Relações de Consumo a "racionalização e melhoria dos serviços públicos"; o inciso X do art. 6º, que, dentre os direitos básicos do consumidor, prevê "a adequada e eficaz prestação dos serviços públicos em geral"; o *caput* do art. 22, ao prever que os "órgãos públicos, por si ou suas empresas, concessionárias, permissionárias ou sob qualquer outra forma de empreendimento, são obrigados a fornecer serviços adequados, eficientes, seguros e, quanto aos essenciais, contínuos", enquanto seu parágrafo único estabelece que: "Nos casos de descumprimento, total ou parcial, das obrigações referidas neste artigo, serão as pessoas jurídicas compelidas a cumpri-las e a reparar os danos causados, na forma prevista neste Código"; e, por fim, o §1º do art. 59, ao dispor que: "A pena de cassação será aplicada à concessionária de serviço público, quando violar obrigação legal ou contratual". Também merece destaque o §2º do art. 3º da Lei nº 8.078/1990 ao definir serviço como "qualquer *atividade fornecida no mercado de consumo*, mediante remuneração, inclusive as de natureza bancária, financeira, de crédito e securitária, salvo as decorrentes das relações de caráter trabalhista".

O Código do Consumidor definiu duas máximas: a *existência* de uma *relação de consumo* e o *fornecimento* de um *serviço* diretamente ao consumidor no *mercado de consumo*. A relação de consumo estará presente diante das situações jurídicas em que as partes sejam qualificadas por tais posições (subjetivas e objetivas). Por isso que nem todas as relações mantidas com concessionários de serviço público são de consumo. Como bem sintetiza Eliane Cardoso de Matos Novais, "todo consumidor de serviço público é também usuário, mas nem todo usuário é consumidor de serviço público".[61] Há, portanto, situações nas quais o usuário de serviço público não ostenta a qualificação jurídica de consumidor. Mas o que se pode entender por "relação de consumo" e "mercado de consumo"?

Na definição de Nelson Nery Jr., *relação de consumo* é "a relação jurídica existente entre fornecedor e consumidor tendo por objeto a aquisição de produtos ou utilização de serviços pelo consumidor".[62] Não é conceito subjetivo puro ou exclusivamente objetivo. Não se trata de algo passível de definição *a priori*, com lastro na teórica condição de "vulnerabilidade" ou "hipossuficiência" dos usuários. Nem tampouco pode ter como único fundamento a espécie de serviço prestado. Nelson Nery Jr. vai além, e esclarece que o Código de Defesa do Consumidor exige três elementos, indissociáveis: *subjetivo*

PEREIRA, César Augusto Guimarães. *Usuários de serviços públicos*. São Paulo: Saraiva, 2006, p. 133-241; MACEDO JR., Ronaldo Porto. A proteção dos usuários de serviços públicos: a perspectiva do direito do consumidor. *In:* SUNDFELD, Carlos Ari (coord.). *Direito Administrativo Econômico*. 1. ed. 2. tir. São Paulo: Malheiros Editores, 2002, p. 239-254; MOREIRA, Egon Bockmann. Concessão de rodovias: Código do Consumidor – Ação civil pública (parecer), *op. cit.*, *RDA*, Rio de Janeiro, Renovar, 222/315-328.

61 NOVAIS, Eliane Cardoso de Matos. *Serviços públicos e Relação de Consumo, op. cit.*, p. 190.

62 NERY JR., Nelson. *Código Brasileiro de Defesa do Consumidor comentado pelos autores do anteprojeto* (em colaboração com A. P. Grinover, A. H. de V. Benjamin, D. R. Fink, J. G. B. Filomeno, K. Watanabe e Z. Denari). 9. ed. Rio de Janeiro: Forense Universitária, 2007, p. 504. Sobre o conceito de *relação jurídica de serviço* e *relação de consumo*, v.: TIMM, Luciano Benetti. *A prestação de serviços:* do Código Civil ao Código de Defesa do Consumidor, *op. cit.*, 3. ed., p. 65-76; MARQUES, Cláudia Lima. Proposta de uma teoria geral dos serviços com base no Código de Defesa do Consumidor. *Revista de Direito do Consumidor*, 33/79-122. São Paulo: RT, jan./mar. 2000.

(fornecedor e consumidor), *objetivo* (produtos e serviços) e *teleológico* (o consumidor caracterizar-se como o destinatário final do produto ou serviço).[63]

Constatação que autoriza especificações, com lastro no objeto e conteúdo da relação concessionária. Afinal de contas, haverá relações que só darão origem a uma obra pública e futura cobrança da tarifa (concessão de obra), além daquelas em que o serviço é prestado em razão da obra (concessão de serviço precedido de obra). Nestas hipóteses os usuários não são os destinatários finais da totalidade das prestações contratuais a serem cumpridas pelo concessionário (apesar de arcarem com parcela dos custos das obras entregues à coletividade).

Logo, não será em todas as relações oriundas da prestação do serviço público (ou do uso da obra pública) que haverá propriamente um fornecedor de serviços protegidos pelo Código do Consumidor, pois, como leciona Luciano Benetti Timm, "a perfeita identificação do fornecedor é correlacionada ao consumidor, e, portanto, casuísta".[64] O usuário só pode ser entendido como consumidor se, quando e enquanto destinatário final daqueles serviços que lhe são prestados diretamente. Assim, *consumidor* "é o que, em princípio, utiliza um serviço, no intuito de satisfazer uma necessidade pessoal, que é, via de regra, ilimitada; não há neste ato de consumo qualquer pretensão de obter receitas, mas ao contrário, de despender".[65] Em vista das peculiaridades da questão fática, dá-se a proteção oriunda da Lei nº 8.078/1990 em relação a serviços públicos objeto de contrato de concessão.

Além disso, nem todos os serviços concedidos são prestados em mercados de consumo. A depender do caso concreto, alguns podem se subordinar a tal conceito (*v.g.*, telecomunicações, transporte aéreo); outros, não (*v.g.*, portos marítimos e o transporte de contêineres). Ou, melhor: não há mercados de consumo em todos os serviços concedidos, mas eventuais situações análogas que autorizam a incidência do Código de Defesa do Consumidor. Afinal, a noção de mercado exige a competição entre agentes e respectivas liberdades: premissas que não se concretizam em todos os serviços concedidos. Aqui, ao contrário do que se possa imaginar, não há um mercado qualificado por interesses opostos entre usuários e concessionário, mas, sim, interesses coletivos coordenados pelo projeto concessionário.

Mas mesmo naqueles contratos de prestação que possam configurar relação de consumo haverá situações e relações que não se submeterão ao regime consumerista: trata-se dos atos e fatos que tenham como fundamento imediato o cumprimento do regime estatutário da concessão (Constituição, leis, política nacional do respectivo setor, regulamentos etc.). Essas normas são de competência exclusiva do concedente e respectivas pessoas de direito público reguladoras do setor econômico em que se desenvolve a concessão – a quem incumbe estabelecer as regras e fiscalizar a prestação do serviço. Aqui, o regime é excepcional ao das relações de consumo – o que impede a

---

[63] NERY JR., Nelson. *Código Brasileiro de Defesa do Consumidor comentado pelos autores do anteprojeto, op. cit.*, 9. ed., p. 505-506.

[64] TIMM, Luciano Benetti. *A prestação de serviços*: do Código Civil ao Código de Defesa do Consumidor, *op. cit.*, 3. ed., p. 71.

[65] *Idem*, p. 69.

aplicação da Lei nº 8.078/1990. Em termos objetivos, o regime legal afasta a incidência do Código de Defesa do Consumidor.

Mais ainda: há usuários que não são consumidores, devido às suas características subjetivas. "A caracterização dessa relação especial dá-se através da correlação entre os conceitos de consumidor e fornecedor. Esta interligação conceitual deve ser complementada, para a perfeita identificação da relação jurídica em exame, de uma análise casuística da relação de forças entre os polos da relação obrigacional. Vale dizer, somente existe um fornecedor quando, no caso concreto, ele estiver conectado a um consumidor, que é necessariamente o polo mais vulnerável."[66] Pois os serviços concedidos são igualmente utilizados por pessoas que detêm poder econômico relevante e subordinante (instituições financeiras; grandes grupos econômicos; empresas estatais; outros concessionários de serviços públicos etc.). São pessoas físicas e jurídicas titulares de posição socioeconômica que não poderia ser qualificada como de inferioridade, vulnerabilidade ou hipossuficiência. A única exceção cogitável seria derivada da compreensão do concessionário como agente público. Porém, tal concepção não se presta a qualificar os usuários como consumidores, mas tem desdobramentos que antes frustram tal adjetivação. Uma vez que exerce função pública, a concessionária curva-se a determinados deveres preestabelecidos em lei e no contrato administrativo. Ora, do cumprimento dos deveres públicos atribuídos à concessionária não poderia resultar a condição de consumidor do usuário (o regime estatutário, objetivo, proíbe essa compreensão).

Ao seu tempo, as tarifas – o preço pago pelos usuários – não correspondem unicamente à contraprestação uniforme e singular de fornecimento de serviços, ou, nos termos da Lei nº 8.078/1990, a uma "atividade fornecida no mercado de consumo". Afinal, trata-se de contrato administrativo com específicas finalidades públicas. Na verdade, a tarifa corresponde à contraprestação de ampla gama de deveres e obrigações assumidos pelo concessionário, os quais contêm configurações jurídicas variáveis. Por exemplo, na concessão de serviço precedida de obra pública o custo da empreitada é uma das principais bases de cálculo da tarifa – mas nem sempre o usuário se vale de toda a obra (ou de determinados momentos da obra, pois muitas vezes a receita oriunda do usuário presente é que financia a obra futura).

Por fim, e reforçando a impossibilidade de aplicação irrestrita da Lei nº 8.078/1990, confiram-se duas das previsões de seu art. 51, que rege o "fornecimento de produtos e serviços". O inciso XIII qualifica de "nula de pleno direito" a modificação unilateral do contrato – que é da natureza primeira dos contratos de concessão (e repercute diretamente nos serviços prestados). Já o inciso X proíbe a variação unilateral do preço. Tais dispositivos demonstram que o Código de Defesa do Consumidor não se aplica à larga aos contratos de concessão de serviços públicos. A modificação de contratos e preços é da própria natureza jurídica das concessões. E os reflexos destas peculiaridades são sentidos, em última análise, pelos usuários dos serviços públicos.

Claro que assuntos relativos a riscos e vícios nos bens e serviços, constrangimento em cobranças, publicidade enganosa ou abusiva, cláusulas contratuais abusivas, práticas

---

[66] *Idem*, p. 68.

comerciais lesivas, manutenção por período superior a cinco anos de informações negativas etc. são típicos do direito do consumidor e se aplicam às relações de consumo derivadas de concessões de serviços públicos (bem como das autorizações e permissões). Nestes casos a Lei nº 8.078/1990 terá aplicação supletiva aos preceitos da Lei Geral de Concessões.[67] A explicação é simples: a matéria, aqui, não é aquela relativa ao conteúdo material dos serviços públicos e execução do projeto concessionário, mas é típica do relacionamento de fornecedores e consumidores.

O STF já proferiu acórdão quanto aos limites do Código de Defesa do Consumidor, no qual foi desenvolvido raciocínio que se aplica analogicamente às concessões e permissões de serviços públicos.[68] O julgamento envolveu instituições financeiras – tema sensível à Lei nº 8.078/1990. O STF decidiu que as normas oriundas do Conselho Monetário Nacional e do Banco Central do Brasil – o regime estatutário da atividade das instituições financeiras – não podem ser tolhidas ou controladas pelas normas do direito do consumidor. Logo, houve a dissociação da atividade de livre prestação de serviços (fixada autonomamente pelas instituições financeiras) daquela que se dá em decorrência de seu regime estatutário (ou regulatório). Isto é, as relações jurídicas entre instituições financeiras e consumidores cujo conteúdo e/ou objeto sejam estabelecidos pelas normas e diretrizes do Conselho Monetário Nacional e do Banco Central do Brasil *não se submetem ao regime* do Código do Consumidor. Raciocínio que se aplica ao direito das concessões.

Nesse sentido, o STJ já decidiu que: "O ato normativo expedido por agência reguladora criada com a finalidade de ajustar, disciplinar e promover o funcionamento dos serviços públicos objeto de concessão, permissão e autorização, assegurando um funcionamento em condições de excelência tanto para fornecedor/produtor como principalmente para o consumidor/usuário, posto urgente, não autoriza que os estabelecimentos regulados sofram danos e punições pelo cumprimento das regras maiores às quais se subsomem, mercê do exercício regular do direito, sendo certo, ainda, que a ausência de nulificação específica do ato da agência afasta a intervenção do Poder Judiciário no segmento, sob pena de invasão na seara administrativa e violação da cláusula de harmonia entre os Poderes. Consectariamente, não há no cumprimento das regras regulamentares violação *prima facie* dos deveres do consumidor".[69] Decisão, essa, que estampa parcela das teses acima desenvolvidas.

---

[67] Como já decidiu o STJ: "Tratando-se de tarifa, é plenamente aplicável a disciplina do Código de Defesa do Consumidor-CDC em casos de *aumento abusivo*" (AgR no REsp nº 856.378-MG, Min. Mauro Campbell Marques, *DJe* 16.4.2009).

[68] STF, ADI nº 2.591-DF, Min. Eros Grau, *DJ* 29.9.2006 (rel. orig. Min. Carlos Velloso).

[69] STJ, REsp nº 806.304-RS, Min. Luiz Fux, *DJe* 17.12.2008 (o acórdão trata da relação administrativa especial posta entre agência reguladora e empresas concessionárias). Em outro acórdão o STJ consignou o seguinte: "É da exclusiva competência das agências reguladoras estabelecer as estruturas tarifárias que melhor se adéqüem *[sic]* aos serviços de telefonia oferecidos. Ao intervir na relação jurídica para alterar as regras fixadas pelos órgãos competentes, o Judiciário corre o risco de criar embaraços que podem não apenas comprometer a qualidade desses serviços mas, até mesmo, inviabilizar a sua prestação" (AgR na MC nº 10.915-RN, Min. João Otávio de Noronha, *DJ* 14.8.2006. Em sentido semelhante: AgR no Ag nº 1.034.962-SP, Min. Eliana Calmon, *DJe* 17.11.2008; REsp nº 1.007.703-RS, Min. Eliana Calmon, *DJe* 18.11.2008; REsp nº 993.511-MG, Min. Eliana Calmon, *DJe* 1.12.2008).

§75 Direito à informação para defesa de direitos

Os usuários têm direito à obtenção de todas as informações necessárias e suficientes à defesa de seus direitos na relação oriunda da prestação do serviço público – tanto do concessionário como do concedente. Como em todo Estado Democrático de Direito, o Brasil admite como exceção absoluta os atos sigilosos dos Poderes Públicos (ou de quem lhes faça as vezes). Isso sem se falar do princípio da publicidade, reiteradamente declarado no texto constitucional (art. 5º, XXXIII, XXXIV, LX e LXXII; art. 37, *caput* e §3º; art. 93, IX).

Esta é a premissa para o debate: existe o dever ativo de dar publicidade a todos os atos praticados pelos Poderes Públicos (ou quem lhes faça as vezes), salvo as exceções expressas (material e formalmente legítimas). Afinal, como os usuários poderão cumprir algo de que não tenham conhecimento? Como conhecer e controlar o invisível? Como defender seus interesses sem as informações necessárias?

Segundo Antônio Carlos Cintra do Amaral, o direito do usuário de receber informações para a defesa de interesses individuais ou coletivos presta-se a "(a) levar ao conhecimento do Poder Público e das concessionárias as irregularidades de que tenham conhecimento, referentes ao serviço prestado; e (b) comunicar às autoridades os atos ilícitos praticados pela concessionária".[70] Parece, contudo, que esse dever de prestar informações tem caráter mais amplo, que não se destina apenas a tornar operacionais esses dois deveres dos usuários, mas igualmente a permitir a defesa de direitos subjetivos públicos frente à concessionária e ao concedente – ou mesmo simplesmente o direito subjetivo público de obter informações. Isto é, caso o conhecimento e o controle de determinados direitos dos usuários exijam o fornecimento de informações, é reforçado o dever de elas serem prestadas.

Mas a compreensão do dever de prestar informações na relação concessionária não tem valor absoluto, no sentido de que todos os dados da concessão devam ser fornecidos aos usuários: a lei é clara ao consignar que se trata de informações pertinentes à defesa de interesses individuais e coletivos. Logo, há limites para tais pedidos – o que resulta na restrição à qualidade da informação a ser fornecida. Como todo direito subjetivo, o de obter informações não pode ser exercitado de modo abusivo. Cumpre a quem faz o pedido demonstrar a necessidade e utilidade das informações.

A legitimidade para pleitear informações é ilimitada. Sejam pessoas físicas ou jurídicas, brasileiros ou estrangeiros, todos têm direito. Tampouco tem relevo eventual proximidade ao conteúdo do pleito: o interesse na obtenção de informações pode ser particular ou coletivo. O interesse *privado* deriva da legitimidade pessoal. Trata-se de informações vantajosas e úteis àquele que as requer (moral, social ou materialmente importantes).

Já o interesse *coletivo* é titularizado por grupo de pessoas ligadas entre si por uma relação jurídica própria, que as unifica. Deriva do liame formal que existe entre tais pessoas e só pode ser exercido comunitariamente (pois é indivisível e se relaciona com a coletividade em si mesma). O STF firmou que os interesses coletivos são "aqueles pertencentes a grupos, categorias ou classes de pessoas determináveis, ligadas entre si ou

---

[70] AMARAL, Antônio Carlos Cintra do. *Concessão de serviço público, op. cit.*, 2. ed., p. 37.

com a parte contrária por uma relação jurídica base (...) sendo coletivos, explicitamente dizendo, porque são relativos a grupos, categorias ou classes de pessoas, que, conquanto digam respeito às pessoas isoladamente, não se classificam como direitos individuais para o fim de ser vedada a sua defesa em ação civil pública, porque sua concepção finalística destina-se à proteção desses grupos, categorias ou classe de pessoas".[71]

Note-se que a Lei de Acesso à Informação – LAI (Lei nº 12.527/2011) expressamente subordina os órgãos públicos e as pessoas jurídicas de direito público da administração direta ou indireta (art. 1º, parágrafo único, incs. I e II). Ao admitir sua aplicação a pessoas privadas não submetidas a poder de controle estatal, a LAI limita sua incidência "no que couber, a entidades privadas sem fins lucrativos que recebam, para realização de ações de interesse público, recursos públicos diretamente do orçamento..." (art. 2º). O acesso às informações destas pessoas privadas ("entidades de cooperação"), portanto, restringe-se à parcela de receitas públicas por elas percebida. Por conseguinte, a LAI incide e deve ser imediatamente cumprida pelo poder concedente, mas não é obrigatória, de modo integral, à concessionária de serviço público.

§76 Direito à liberdade de escolha do prestador e situações de monopólio

O inciso III foi inserido no art. 7º da Lei nº 8.987/1995 por força da Lei nº 9.648/1998,[72] prestando-se a garantir a concorrência em determinados serviços concedidos. Em vista o fato de que muitos dos serviços públicos brasileiros foram instalados sob regime de monopólio público (energia, telecomunicações, portos, aeroportos etc.), sua privatização formal teve de construir soluções compatíveis com a futura matriz concorrencial de alguns deles. O modelo histórico existia em *situação de monopólio*; já o que se pretendeu com a desestatização foi o modelo de *mercado concorrencial* (real ou virtual), na maioria das vezes subordinado a intensa regulação pública (ampliar no §85, adiante).

A situação de monopólio retrata a composição de mercado em que há apenas um agente econômico no polo da oferta (ou um agente com grande poder de mercado, a tornar insignificante a concorrência). O monopolista vende quantidades menores a preços mais elevados (pode determinar ou o preço ou a quantidade). Seus preços estão acima do preço ideal num mercado competitivo. Por isso se costuma dizer que o monopolista é *price maker*, não *price taker*: ele elabora o preço, não o recebe em decorrência do livre funcionamento do mercado. Na medida em que os lucros extraordinários do monopolista se consolidam no longo prazo, ele tem todo o interesse de bloquear o acesso de novas empresas (barreiras à entrada). Pois uma das barreiras mais efetivas consiste na proibição – legal, contratual – de que aqueles que consomem os bens ou serviços fornecidos pelo monopolista contratem com outro operador. Se não for possível a migração daqueles que integram o polo da demanda (consumidores/usuários), o monopolista continuará

---

[71] STF, RE nº 163.231-SP, Min. Maurício Corrêa, *DJ* 29.6.2001.

[72] Que, ao seu tempo, tem origem remota na Medida Provisória nº 1.081/1995 – a qual foi reeditada por 35 vezes e resultou na Medida Provisória nº 1.531-18/1998, esta convertida na Lei nº 9.648/1998, cuja ementa assim dispõe: "Altera dispositivos das Leis n. 3.890-A, de 25 de abril de 1961, n. 8.666, de 21 de junho de 1993, n. 8.987, de 13 de fevereiro de 1995, n. 9.074, de 7 de julho de 1995, n. 9.427, de 26 de dezembro de 1996, e autoriza o Poder Executivo a promover a reestruturação da Centrais Elétricas Brasileiras – ELETROBRÁS e de suas subsidiárias e dá outras providências".

a exercer seu poder de mercado. Enfim, os consumidores/usuários tornam-se reféns. Com a pretensão de quebrar este círculo vicioso é que foi estabelecido o inciso III do art. 7º da Lei Geral de Concessões.

Afinal de contas, de nada valeria promover a licitação e outorga da prestação do serviço a outros concessionários caso não houvesse a viabilidade de os usuários livremente escolherem o prestador. A rigor, este vazio reforçaria a barreira de entrada e desestimularia o ingresso de concorrentes. Na hipótese de não ser desbloqueado este direito à escolha, os sucessores dos operadores estatais históricos contariam com extraordinário poder de mercado: haveria a substituição do monopolista público pelo monopolista privado. Assim sendo, o primeiro concessionário contaria com reserva de mercado incompatível com os novos paradigmas de alguns dos serviços concedidos. A garantia da liberdade de escolha do prestador é imperiosa em mercados que se pretendam concorrenciais.

Porém, o dispositivo há de ser compreendido em termos. Isso porque o inciso se vale do condicional "quando for o caso", significando que há casos de concessão de serviço público que não se encaixam na previsão. Trata-se dos serviços que continuam sendo prestados em regime de monopólio (natural ou legal). O tema das situações de monopólio será mais bem tratado adiante, quando do exame do regime tarifário das concessões (§§81 e ss.).

Mas, ainda que de forma breve, é necessário enfrentar o assunto, a fim de possibilitar a compreensão da ressalva normativa. A expressão "monopólio natural" retrata a situação fática em que é economicamente ineficiente (se não impossível) a instalação de concorrência, "no sentido de a estrutura do mercado tornar mais eficiente a presença de um único produtor que a presença de vários"[73] – seja devido a custos fixos muito elevados, seja em razão de economias de escala. O exemplo clássico de monopólio natural é a instalação de rede de distribuição de água canalizada: até a presente data não se encontrou solução que permitisse a concorrência do lado da oferta, pois se exigem investimentos iniciais imobilizados muito elevados, com retorno em longo prazo e risco elevado.

Já os *monopólios legais* são aqueles cuja barreira de entrada é fixada em norma jurídica. "Quanto aos monopólios legais ou de direito – escreveu Comparato –, eles podem ser públicos ou privados. Os primeiros têm como titular uma pessoa jurídica de direito público interno e existem exclusivamente no interesse coletivo. Os segundos são atribuídos por lei a particulares, mas sempre coordenando a satisfação do interesse próprio do monopolista ao interesse geral da coletividade."[74] Esta segunda hipótese é de mais difícil instalação, mas pode ser cogitada por prazo determinado em setores econômicos que alberguem serviços desestatizados (formal ou materialmente), a fim de

[73] ARAÚJO, Fernando. *Introdução à Economia*. Coimbra: Livraria Almedina, 2002, p. 348. Ampliar em: NESTER, Alexandre Wagner. *Regulação e concorrência (compartilhamento de infraestruturas e redes), op. cit.*, p. 39 ss.; VISCUSI, W. Kip; VERNON, John M.; HARRINGTON JR, Joseph E. *Economics of Regulation and Antitrust*. 3. ed. Cambridge: MIT Press, 2001, p. 337-358; SCHMALENSEE, Richard. *The Control of Natural Monopolies*. Lexington: Lexington Books, 1979, *passim*; e WATERSON, Michael. *Regulation of the Firm and Natural Monopoly*. Oxford: Basil Blackwell, 1988, *passim*.

[74] COMPARATO, Fábio Konder. Monopólio público e domínio público: exploração indireta da atividade monopolizada. *Direito Público*, São Paulo, Saraiva, 1996, p. 148.

assegurar as projeções iniciais do concessionário. Na justa medida em que a concessão do serviço muitas vezes envolve o pagamento de preço de outorga (bem como as obras iniciais), isso pode implicar custos elevados e consequente extenso prazo para a compensação do desembolso inicial (com posterior compartilhamento da rede com os futuros entrantes).

Mas é importante frisar que os monopólios legais privados devem ser concebidos como exceção, inclusive nos serviços públicos concedidos. Trata-se daqueles casos em que a concessão do serviço é outorgada em *regime de exclusividade*: aqui não cabe a escolha quanto ao concessionário, mas sim a escolha do usuário quanto ao uso (ou não) do serviço.

O essencial para este tópico é o fato de que há situações nas quais pode *não existir a liberdade de escolha*. São monopólios naturais e de direito, nos quais simplesmente não é o caso de optar entre os prestadores de serviço. Por óbvio, isso não implicará o surgimento de contrato administrativo lavrado em desobediência ao inciso III do art. 7º da Lei Geral de Concessões. Ao contrário, o dispositivo é aplicável apenas e tão somente aos casos em que a liberdade de escolha for fática ou juridicamente possível. Nesse sentido, em caso que versava sobre concessão rodoviária e vias alternativas (gratuitas), o STJ já decidiu que: "A Lei n. 8.987/1995, que regulamenta a concessão e permissão de serviços públicos, não prevê a contrapartida de oferecimento de via alternativa gratuita como condição para a cobrança de pedágio, nem mesmo no seu art. 7º, III".[75] A questão específica do fornecimento de serviço público gratuito aos usuários será objeto de comentários no §91, adiante.

§77 Obrigação de informar irregularidades ao concedente e à concessionária

Dentre as obrigações expressamente imputadas aos usuários está a de dar ciência tanto ao concedente como às concessionárias das eventuais irregularidades experimentadas quando do recebimento do serviço. A rigor, trata-se de *dever* em sentido estrito (muito embora o dispositivo do art. 7º, inc. IV, da Lei nº 8.987/1995 fale em "obrigação").

Aqui se revela aspecto decisivo da *participação cooperativa* dos usuários na *fiscalização do serviço* (v. §42, acima) A estes é atribuído o dever de colaborar no aperfeiçoamento da prestação do serviço por meio de condutas ativas que atenuem a assimetria de informações. Ora, concessionário e concedente postam-se do lado da oferta e não dispõem do mesmo grau de conhecimento prático que os usuários para a avaliação da qualidade do serviço – só estes sabem como ele é efetivamente prestado.

Por meio da colaboração dos usuários instala-se um sistema social de aperfeiçoamento do serviço, com baixo custo, devido ao compartilhamento espontâneo de ideias. Isso sobretudo se houver meios de controle eficazes e automáticos (por exemplo, Internet ou programas de informação automática de erros). Ao colaborar, os usuários repartem determinadas informações com o intuito de cooperar com a eficaz prestação do serviço público.

---

[75] STJ, REsp nº 927.810-PR, Min. Francisco Falcão, *DJ* 11.6.2007. Idêntica é a decisão no REsp nº 417.804-PR, Min. Teori Zavascki, *DJ* 16.5.2005.

Também muito importante é o papel reservado ao concessionário e ao concedente, que devem fazer com que as informações sejam processadas de forma eficiente e objetiva. Isto é, o dever de prestar informações não pode se transformar num dever de protocolar pedidos, receber telefonemas ou *e-mails* e mensagens de WhatsApp – sem a respectiva e fundamentada resposta. Caso ausente a efetiva coordenação desses dados, será impossível realizar a compreensão de qualquer informação e o aperfeiçoamento de tarefas. Na justa medida em que a comunicação é a base desse sistema, é necessário estabelecer formas para o recebimento e processamento delas, bem como prazos para as respostas.

É de todo adequado que tais assuntos sejam disciplinados por meio de leis setoriais, regulamentos administrativos e/ou legislação específica. Exemplo é o Decreto nº 11.034/2022, que regulamenta o Código do Consumidor e "diretrizes e normas sobre o Serviço de Atendimento ao Consumidor - SAC, no âmbito dos fornecedores dos serviços regulados pelo Poder Executivo federal, com vistas a garantir o direito do consumidor: I - à obtenção de informação adequada sobre os serviços contratados; e II - ao tratamento de suas demandas. Parágrafo único. Para fins do disposto neste Decreto, os órgãos ou as entidades reguladoras considerarão o porte do fornecedor do serviço regulado" (art. 1º). O art. 2º deste decreto presidencial é claro ao consignar que se dirige ao "serviço de atendimento realizado por diversos canais integrados dos fornecedores de serviços regulados com a finalidade de dar tratamento às demandas dos consumidores, tais como informação, dúvida, reclamação, contestação, suspensão ou cancelamento de contratos e de serviços". Logo, abrangidas estão as comunicações referentes às irregularidades quando da prestação do serviço público concedido, permitido ou autorizado (ao nível federal).

§78 Obrigação de informar ilicitudes

O dever de cooperação dos usuários não se circunscreve ao fornecimento de informações ao concedente e concessionário. Mais que isso, há a previsão legal do dever de comunicar às autoridades competentes os *atos ilícitos* em tese praticados pelo concessionário quando da prestação do serviço. Aqui não mais se trata de detectar irregularidades (formais ou materiais) na prestação do serviço e colaborar no seu aperfeiçoamento. Cuida-se do dever de informar ilícitos em tese praticados pelo concessionário – desta feita a autoridades vinculadas à natureza do ilícito cometido (polícia judiciária; autoridade de defesa da concorrência; autoridade de defesa do consumidor; autoridade de defesa do meio ambiente etc.).

Assim, se um funcionário do concessionário pleitear recompensa para se omitir na prática de seus deveres funcionais (suborno); se o concessionário deixar de atender no tempo certo ao pedido de reinstalação do serviço suspenso; se o concessionário abusar de seu poder econômico em detrimento da livre concorrência etc. – todos esses ilícitos devem ser objeto de comunicação por parte do usuário (que não poderá ser apenado em decorrência de eventual improcedência da denúncia – a não ser nos casos de seu exercício abusivo ou doloso). Caso o usuário opte por não comunicar o ilícito, poderá experimentar as respectivas consequências legais.

§79 Obrigação de colaborar com as boas condições dos bens

O inciso VI do art. 7º da Lei nº 8.987/1995 impõe aos usuários o dever de preservar os bens públicos pertinentes à prestação do serviço. Colaborar com as boas condições exige a adoção de condutas ativas e passivas por parte dos usuários. Tal dispositivo não admite interpretação restritiva – seja no sentido de se entender que devam ser preservados apenas os bens públicos e/ou somente os bens públicos através dos quais o serviço é prestado.

Ao contrário, a interpretação é extensiva: aos usuários é imputado o dever de bem zelar e preservar os bens públicos e privados relativos ao serviço concedido (além de todos os demais bens públicos). A rigor, não se trata de dever exclusivo dos usuários, mas sim de uma questão de cidadania – o cidadão tem o dever fundamental de preservar a coisa pública e de se comportar de maneira civilizada.

O DIREITO À ESCOLHA DA DATA DO VENCIMENTO

§80 Direito do usuário à escolha do dia de vencimento

Este direito do usuário foi instalado pela inserção do art. 7º-A na Lei nº 8.987/1995 (o que se deu pela Lei nº 9.791/1999). Este dispositivo é um desastre em termos formais e materiais. Formalmente, é muito mal redigido, porque fala em "concessionária de serviço público de direito público"; menciona os Estados e o Distrito Federal (mas se omite quanto à União e os Municípios); traz elenco de duas supostas categorias de utentes (consumidor e usuário); divide o mês em seis partes de cinco dias cada (como se não houvesse semanas); estabelece um dever e o chama de "obrigação".

Materialmente, traz tema típico de regulamento, porque se reporta a certas categorias de serviços públicos (aqueles que têm cobrança mensal). Logo, seria mais adequado que as respectivas autoridades setoriais disciplinassem esse modo de execução da lei. Os "critérios" desse art. 7º-A exigem boa vontade do intérprete.

Em suma, numa leitura benevolente, tem-se que em relação aos serviços que possam ser objeto de cobranças periódicas (mensais ou não) deve ser ofertada, quando da contratação com o usuário, a opção de escolher um dos seis dias possíveis para o vencimento do débito. O usuário faz essa escolha, e o concessionário a implementa. As seis datas hão de ser previamente fixadas pelo concessionário (ou autoridade reguladora), a fim de que o usuário faça a opção: a lei não permite interpretação invertida, a qual outorgue a cada um dos usuários a definição aleatória da data do vencimento (por isso fala em oferta mínima de seis datas – para limitar a escolha a uma destas).

Uma vez definida a data do pagamento, ela é vinculante para ambas as partes contratantes: concessionário e usuário. Caso o usuário se veja obrigado a alterar a data de pagamento, deverá comunicar ao concessionário em prazo certo e adequado, com os limites e as consequências financeiras da nova escolha.

O dispositivo não autoriza, portanto, alterações constantes nas datas do pagamento (seja a pedido do usuário, seja por fato do concessionário ou concedente).

A POLÍTICA TARIFÁRIA

§81 Concessão de serviço público e política tarifária

"A fixação das tarifas – há tempos escreveu Themístocles Brandão Cavalcanti – talvez seja o problema mais difícil de quantos ligados ao regime de concessões. Os interesses em jogo deformam-lhe muitas vezes o verdadeiro sentido, e transformam uma questão que envolve essencialmente o interesse público num problema em que o critério comercial sobreleva ao estritamente econômico e social".[1] Ocorre que este problema se tornou ainda mais complicado nas concessões contemporâneas, em vista do grande número de variáveis que devem ser levadas em conta para a configuração da justa remuneração (ao lado da amortização e custos) bem como da concorrência instalada nos diversos setores.

O mais importante, contudo, está na conscientização de que o assunto "tarifa" não diz respeito somente à quantificação de receita do projeto concessionário (ou aos custos a serem arcados pelos usuários). A sua função não se limita à pecúnia que circulará entre usuários e concessionário, mas sim repercute na estrutura de todo o funcionamento do projeto concessionário. Além de representar política ativa de distribuição de riqueza e permitir o financiamento da concessão, é a tarifa que define quais serviços serão prestados, bem como quais obras serão feitas (e respectivo prazo de amortização).

A fixação da receita tarifária e sua composição são assuntos típicos de políticas públicas superiores, previstas na Constituição e exercitadas ao nível legal e administrativo

---

1 CAVALCANTI, Themístocles Brandão. *A Constituição Federal comentada.* 3. ed. v. III. Rio de Janeiro: José Konfino Editor, 1958, p. 300. Vale a menção ao texto comentado, da Constituição de 1946:
"Art. 151. A lei disporá sobre o regime das empresas concessionárias de serviços públicos federais, estaduais e municipais.
"Parágrafo único. Será determinada a fiscalização e a revisão das tarifas dos serviços explorados por concessão, a fim de que os lucros dos concessionários, não excedendo a justa remuneração do capital, lhes permitam atender às necessidades de melhoramentos e expansão desses serviços. Aplicar-se-á a lei às concessões feitas no regime anterior, de tarifas estipuladas para todo o tempo de duração do contrato".
Disposição semelhante às das Constituições brasileiras de 1934 (art. 137) e de 1937 (art. 147 e parágrafo único). A respeito do percurso constitucional brasileiro quanto às concessões (e respectiva base constitucional do equilíbrio econômico-financeiro), v. LOUREIRO, Gustavo Kaercher; Rodrigues, Itiberê de Oliveira Castellano. Tem mesmo base constitucional o equilíbrio econômico-financeiro nas concessões?. *In:* LOUREIRO, Gustavo Kaercher. *Estudos sobre o regime econômico-financeiro de contratos de concessão.* São Paulo: Quartier Latin, 2020, p. 81-146.

(Constituição, art. 175, parágrafo único, III). "A 'política tarifária' – escreve Carlos Ari Sundfeld –, insista-se, é determinada pela lei e não pela Constituição. Assim, cabe à lei escolher entre as possíveis opções no tocante à regulação dos preços."[2] Por isso que a política tarifária ao interno do serviço deverá ser definida pelos entes políticos detentores da respectiva competência para a prestação do serviço – como diz Aline Paola Correa Braga Camara de Almeida: "A lei que estabelecer a política tarifária não deve ser de alcance nacional para todos os serviços públicos delegados, seja porque cabe a cada ente da Federação organizar seus próprios serviços (art. 18 da CF), seja porque cada serviço deve ser formatado de modo singular, em atendimento às suas peculiaridades".[3] Como consigna o título do Capítulo IV da Lei Geral de Concessões ("Da Política Tarifária"), a tarifa representa a definição prática de determinada política pública – a ser concretizada caso a caso.

Uma vez que não há serviço público isento de custos, cabe ao Estado determinar se o usuário arcará com a remuneração principal ou total (concessões comuns), se pagará apenas parte dela (concessões patrocinadas) ou se o valor total do serviço será custeado por meio de impostos indiretos (concessão administrativa ou prestação direta). Igualmente, cumpre estabelecer como se dará a formação e o controle do preço a ser pago. Estes são temas privativos de política pública, que desce a minúcias quando se trata da demarcação em concreto do valor da tarifa nas concessões comuns.

O valor a ser estabelecido como tarifa será o retrato de diretriz estatal de longo prazo – seja ela de desenvolvimento e infraestruturas, seja de distribuição de renda ou geração de trabalho, seja com fundamento em outras razões de interesse público primário. Não se pode olvidar que as concessões ultrapassam os mandatos de mais de um governante e, assim, merecem ser compreendidas dentre as políticas estatais maiores (crescimento econômico, pleno emprego, educação, estabilidade monetária etc.).[4] São típicas relações administrativas duradouras, que se desdobram no longo prazo do contrato. Dirigem-se também às futuras gerações, que merecerão experimentar os benefícios, diretos e indiretos, do projeto concessionário, sempre de modo sustentável. Aqui entra em cena a finalidade social de longo prazo assinalada no projeto concessionário e concretizada na respectiva política tarifária.

---

[2] SUNDFELD, Carlos Ari. A regulação de preços e tarifas dos serviços de telecomunicações. *In:* SUNDFELD, Carlos Ari (coord.). *Direito Administrativo Econômico*. 1. ed. 2. tir. São Paulo: Malheiros Editores, 2002, p. 320. Ampliar em Almeida, Aline Paola Correa Braga Camara de. *As tarifas*: e as demais formas de remuneração dos serviços públicos, *op. cit.*, p. 75-130.

[3] Almeida, Aline Paola Correa Braga Camara de. *As tarifas:* e as demais formas de remuneração dos serviços públicos, *op. cit.*, p. 78 – seguida de citação de decisões do STF. O texto trata da definição da política tarifária serviço a serviço; ao passo que existem políticas públicas com reflexos na composição da tarifa a ser paga. Por isso que podem existir políticas públicas de caráter nacional a incidir de modo transversal nas tarifas de vários serviços: tais variáveis exógenas não podem ser descartadas (v. §24, acima).

[4] A teorização jurídica a propósito de políticas públicas pode ser vista em: COMPARATO, Fábio Konder. Juízo de constitucionalidade de políticas públicas. *In:* BANDEIRA DE MELLO, Celso Antônio. (org.). *Estudos em homenagem a Geraldo Ataliba* – 2 – Direito Administrativo e Direito Constitucional. São Paulo: Malheiros Editores, 1997, p. 343-359; GRAU, Eros Roberto. *Planejamento Econômico e Regra Jurídica*. São Paulo: RT, 1978, p. 9-65; BUCCI, Maria Paula Dallari. *Direito Administrativo e políticas públicas*. São Paulo: Saraiva, 2002, *passim*; BREUS, Thiago Lima. *Políticas públicas no estado constitucional*. Belo Horizonte: Fórum, 2007, *passim*; MOREIRA, Egon Bockmann. Anotações sobre a história do direito econômico brasileiro (Parte II: 1956-1964). *RDPE*, 11/121-143, Belo Horizonte, Fórum, jul./set. 2005.

Como em todo planejamento público, a implementação da *política tarifária* exige a definição de metas a serem atingidas. Qual o objetivo socioeconômico que se pretende atingir por meio do projeto concessionário? Quais os meios de que dispõe o Estado para alcançá-los? Como as pessoas privadas podem colaborar na realização desses objetivos? Aqui, a política pública toma consistência por meio das audiências e debates a propósito do ato que justifica a opção concessionária – num cenário avesso a "uma *racionalidade subsuntiva*" e mais apropriado àquela ação estatal que Maria da Glória Garcia qualifica de *poder de governança*, que se desenvolve "segundo outra racionalidade, argumentativa, situada, atenta aos pormenores fácticos e aos princípios de Direito que aqueles convocam, ponderando interesses, dando voz a quem tem dificuldade em se fazer ouvir, adequando meios disponíveis aos fins, gerindo múltiplas acções com eficiência e prudência, construindo e reconstruindo intencionalidades com permanente sentido da limitação que o Direito impõe às ações que o têm de realizar".[5] Isso deve vir estampado desde o ato justificador e intensificado nos debates públicos: lá estão os fins sociais que se busca alcançar por meio da licitação e do contrato (v., acima, em especial os §§53, 54 e 56).

Por meio da combinação de tais meios e objetivos começa-se a construir a política pública, tratada como "conjunto de atos e fatos (...) unificada pela sua finalidade. Os atos, decisões ou normas que a compõem, tomados isoladamente, são de natureza heterogênea e submetem-se a regime jurídico que lhes é próprio".[6] Por isso que um dos itens de maior relevo no projeto concessionário é a política tarifária nele estampada (e seu regime jurídico). Ela revelará o escopo a que se visa por meio da concessão de serviço público, bem como parte substancial da efetiva (e complexa) combinação entre os fins visados e a ação público-privada de longo prazo a ser concretizada. Tópico que desperta a atenção, em vista de alguns conflitos que podem surgir.

Por ser a expressão real de determinada política pública, a definição da tarifa não precisa ser nem estática nem idêntica em todos os projetos concessionários – nem no tempo, nem no espaço. Os diferentes momentos de definição dos objetivos públicos fazem com que haja mais de uma finalidade a ser atingida e instalam a variação dos meios disponíveis. Mais que isso: a política tarifária não visa a beneficiar este ou aquele usuário (nem o concessionário), mas à efetivação do interesse coletivo. Logo, haverá contratos de concessão que privilegiarão a tarifa baixa, em contraste a outros que celebrarão valor mais elevado – tudo a depender do que se pretenda. Inclusive – como alerta Carlos Ari Sundfeld – pode haver a outorga de determinadas atividades de titularidade estatal para que pessoas privadas as explorem em regime de liberdade tarifária (preço formado nos respectivos mercados).[7] É muito amplo o leque de alternativas a serem definidas em

---

[5] GARCIA, Maria da Glória. *Direito das políticas públicas, op. cit.*, p. 57.

[6] COMPARATO, Fábio Konder. Juízo de constitucionalidade de políticas públicas *In:* BANDEIRA DE MELLO, Celso Antônio (org.). *Estudos em homenagem a Geraldo Ataliba*: 2 – Direito Administrativo e Direito Constitucional, p. 353.

[7] SUNDFELD, Carlos Ari. A regulação de preços e tarifas dos serviços de telecomunicações *In:* SUNDFELD, Carlos Ari (coord.). *Direito Administrativo Econômico*. 1. ed. 2. tir., p. 318-320. São vários os exemplos trazidos pelo autor, com citação das respectivas leis: radiodifusão sonora e de sons e imagens; televisão a cabo; energia elétrica por produtor independente; transporte aéreo público não regular; operações portuárias fora do porto organizado; exploração mineral; pesquisa e lavra de petróleo e gás natural; refinação e transporte de petróleo.

sede normativa (legal, regulamentar e contratual). Daí o relevante papel desempenhado pela Lei Geral de Concessões na definição da política tarifária.

Não se deve estranhar, portanto, a existência de dois contratos de concessão de serviço público semelhantes em seu objeto mas diferentes no volume de deveres, obrigações, prazo e tarifas – a marcar as políticas públicas praticadas em determinado momento histórico. Cada contrato de concessão é a estampa de projeto único, com suas características exclusivas. Por exemplo, serviços públicos que exijam elevado volume de obras executadas em curto prazo certamente implicarão tarifas mais altas (ao contrário daqueles que já tenham infraestrutura própria à sua prestação). O mesmo se diga quanto a subsídios cruzados ao interno do projeto (usuários de mais elevada renda e/ou consumo pagam mais pelo serviço, subsidiando aqueles de menor renda e/ou consumo).

Porém, merece ser feita a seguinte ressalva: do fato de ser expressão de certa política pública não resulta a validade de alteração unilateral do valor da tarifa definida pelo edital, proposta e contrato de concessão sem o correspondente equilíbrio econômico-financeiro (como, aliás, disciplina o §4º do art. 9º da Lei nº 8.987/1995). O que pode variar é a política pública a ser futuramente implementada naquele setor econômico em outros contratos, não os negócios de boa-fé celebrados à luz da normatividade anterior. O contrato é garantido pelo regime jurídico que lhe é próprio e faz com que seja incontornável a manutenção do equilíbrio econômico-financeiro à luz das circunstâncias em que foi celebrado. Apesar de não existir *direito subjetivo* à estabilidade de políticas públicas, persiste o dever de respeito ao *ato jurídico perfeito* estampado no contrato de concessão.[8] As políticas são, sim, variáveis e alteráveis, mas isso não traz consigo a legitimidade de modificações unilaterais desacompanhadas da preservação, efetiva e concomitante, do equilíbrio econômico-financeiro contratual (v., adiante, §98).

Há acórdão do STF que bem revela a integração entre o modo pelo qual são prestados os serviços públicos e políticas públicas. Trata-se de caso em que se discutiu a constitucionalidade de lei que concedeu passe livre a pessoas portadoras de deficiências no transporte rodoviário. Parte da ementa consigna: "(...). 3. Em 30.3.2007 o Brasil assinou, na sede da ONU, a Convenção sobre os Direitos das Pessoas com Deficiência, bem como seu Protocolo Facultativo, comprometendo-se a implementar medidas para dar efetividade ao que foi ajustado. 4. A Lei n. 8.899/1994 é parte das políticas públicas para inserir os portadores de necessidades especiais na sociedade e objetiva a igualdade de oportunidades e a humanização das relações sociais, em cumprimento aos fundamentos da República de cidadania e dignidade da pessoa humana, o que se concretiza pela definição de meios para que eles sejam alcançados".[9] A decisão expressa o entendimento de que o serviço público existe para satisfação de determinados interesses

---

[8] Cf. a seguinte decisão do TRF-1. Região: "É inerente à política econômica a possibilidade de alteração para atender a circunstâncias internas e externas, assim como é inerente ao risco empresarial a necessidade de adaptação a tais mudanças. Não há direito subjetivo à manutenção de determinada política econômica, desde que estabelecida genericamente e sem compromisso de sua permanência por determinado prazo" (EI na AC nº 1999.34.00.027243-6-DF, Juíza Federal Maria Maura Martins Moraes Tayer, *e-DJF1* 20.7.2009).

[9] STF, ADI nº 2.649-DF, Min. Cármen Lúcia, *DJe* 16.10.2008. Anteriormente, na ADI nº 3.768-DF (Min. Cármen Lúcia), o STF já havia julgado a constitucionalidade da isenção tarifária em transportes urbanos, oriunda do Estatuto do Idoso – v. o acórdão e respectivos comentários em SCHWIND, Rafael Wallbach. O custo dos direitos – O caso da gratuidade prevista no Estatuto do Idoso e a remuneração do concessionário de transporte urbano. *RDPE*,

sociais. Caso a política pública implique desequilíbrio econômico-financeiro, "este não é um dado que conduz à inconstitucionalidade da lei em questão. Tanto se resolve na comprovação dos dados econômicos a serem apresentados quando da definição das tarifas nas negociações contratuais com o poder concedente. Se sobrevier desequilíbrio da equação econômico-financeira do contrato a matéria será objeto de ilegalidade, a se provar em caso específico"[10] – como registra o voto da Relatora, Min. Cármen Lúcia.

Mas note-se que a política tarifária não representa apenas o conjunto de ações estatais que envolvam descontos ou isenções tarifárias. Com a crise energética de 2001-2002 houve a instalação normativa de novos encargos contratuais para os usuários – incrementando o custo do serviço prestado.[11] O mesmo se diga da desastrosa intervenção nos contratos operada em 2013, cujo preço – em moeda e em segurança jurídica – é pago até hoje.[12] Isso significa que a política pública, desde que obediente à Constituição e às leis, pode implicar mudanças que beneficiem ou onerem os usuários do serviço – em vista da necessidade social estampada naquele serviço.

§82 Concessão de serviço público e remuneração tarifária

Nas concessões regidas pela Lei nº 8.987/1995 o concessionário é *remunerado* através das tarifas (e receitas secundárias). Esta ideia é essencial para as concessões comuns: as tarifas "são a remuneração privada dos serviços públicos, arcadas pelos seus usuários".[13] O total da remuneração deriva do conjunto de pagamentos individuais em contrapartida à comodidade material prestada.

Enfim, é a retribuição paga por cada um dos usuários em vista da obra construída e/ou do serviço prestado. Sob a perspectiva destes há correlação entre tarifa, obra e serviços usufruídos. Não se dá relação causal pura, mas interdependência: por um lado, a tarifa não é só composta pela efetiva utilização (podem existir itens do arranjo tarifário que remetam à mera disponibilidade do serviço e à proporção de seu uso, bem como

Belo Horizonte, Fórum, 21/215-240, jan./mar. 2008. V. também Almeida, Aline Paola Correa Braga Camara de. *As tarifas:* e as demais formas de remuneração dos serviços públicos, *op. cit.*, p. 99-108.

10 O voto do Min. Cézar Peluso é esclarecedor: "De modo que, como *factum princeps*, se, eventualmente, nos termos da regulamentação, a imposição – porque de certo modo o é – desse ônus aos concessionários, permissionários ou autorizatários implicar-lhes desequilíbrio contratual, têm eles duas saídas: ou acordam com o Poder Executivo a correspondente reestruturação do contrato, ou pedem-lhe a rescisão. É a solução que cabe no caso". Com a devida licença, e nada obstante o voto ter sido lançado no debate oral, fato é que a solução pode não ser assim tão simples e imediata (ampliar nos §§76, 91 e 100 e ss.).

11 Essa crise energética deu origem a novos encargos nas contas (Lei nº 10.438/2002), os quais foram julgados constitucionais pelo STF: "I – Os encargos de capacidade emergencial e de aquisição de energia elétrica emergencial, instituídos pela Lei n. 10.438/2002, não possuem natureza tributária. II – Encargos destituídos de compulsoriedade, razão pela qual correspondem a tarifas ou preços públicos. III – Verbas que constituem receita originária e privada, destinada a remunerar concessionárias, permissionárias e autorizadas pelos custos do serviço, incluindo sua manutenção, melhora e expansão, e medidas para prevenir momentos de escassez. IV – O art. 175, III, da CF autoriza a subordinação dos referidos encargos à política tarifária governamental. V – Inocorrência de afronta aos princípios da legalidade, da não afetação, da moralidade, da isonomia, da proporcionalidade e da razoabilidade. VI – Recurso extraordinário conhecido, ao qual se nega provimento" (RE nº 576.189-RS, Min. Ricardo Lewandowski, *DJe* 26.6.2009. No mesmo sentido o RE nº 541.511-RS, Min. Ricardo Lewandowski, *DJe* 26.6.2009).

12 Ampliar em MARQUES NETO, Floriano de Azevedo; PALMA, Juliana Bonacorsi de. Captura pública do regulador: caso reforma do setor elétrico (2013), TCU e MME/MF/AGU. *In:* Marques Neto, Floriano; Moreira, Egon Bockmann; GUERRA, Sérgio. *Dinâmica da regulação*. 3. ed., *op. cit.*, p. 247-259.

13 BATISTA, Joana Paula. *Remuneração dos serviços públicos*, *op. cit.*, p. 89.

ao custo de obras passadas e futuras[14]) tampouco representa apenas a remuneração (v. §31, acima); por outro, a tarifa não significa o exato custo do serviço prestado e/ou da obra entregue, mas a menor parcela individual para a composição de custo total (leva em conta o número de usuários e o tempo do projeto).

Já do ponto de vista do concessionário, a remuneração é oriunda do conjunto global de tarifas pagas por todos os usuários (a soma das receitas tarifárias), acrescido das receitas alternativas, complementares, acessórias ou de projetos associados (art. 11 da Lei nº 8.987/1995) (v. §§107 e ss., adiante).

Em vista de tais considerações torna-se fácil dissociar os valores que compõem a tarifa: uma coisa é o pagamento unitário pelo serviço prestado, a significar a contraprestação pecuniária adimplida pelo usuário (remuneração); outras são a amortização do investimento (v. §31, acima), os custos de administração e o benefício econômico incorporado pelo concessionário ao patrimônio dos seus sócios (lucro). Nas concessões comuns, cujo projeto é autossustentável, a tarifa há de ser a principal fonte de remuneração, amortização e lucratividade. Em suma, ela advém da composição de ao menos cinco itens: (i) benefícios aos usuários; (ii) administração do serviço e respectivos custos operacionais; (iii) lucro do investidor; (iv) amortização dos investimentos; (v) tributos. O percentual dessas unidades variará de concessão a concessão.

Apesar de o valor representado pela tarifa de usual incluir o lucro, a amortização e demais variáveis (o que quase sempre se dá em projetos autossustentáveis), não se trata de regra absoluta, pois há também receitas secundárias – as quais compõem o equilíbrio econômico-financeiro e impactam na tarifa. Constatação que variará de acordo com a configuração do projeto – e sua evolução no tempo. Isso porque a amortização pressupõe investimento original a gerar relevante valor imobilizado, composto no decorrer de lapso predeterminado e reduzido gradualmente por meio da receita (v. §31, acima). O mesmo se diga quanto ao lucro do concessionário. Por isso, é de se prestigiar a dissociação adotada por Joana Paula Batista: "A tarifa remunera o serviço público (custo), mas não necessariamente o concessionário (lucro)".[15] A hipótese ideal é a da tarifa justa e razoável, a gerar receita que permita a sobrevivência do projeto (a soma dos ingressos equivalente ao custo total da prestação do serviço), mas nem sempre isso é possível. O que autoriza novas cogitações a propósito das receitas da concessão comum da Lei Geral de Concessões e dos subsídios públicos.

Se antes havia dúvidas quanto às hipóteses de pagamentos feitos pelo concedente ao concessionário, elas se dissiparam desde a Lei nº 11.079/2004: nos termos do art. 2º, §3º, da Lei das PPPs, às concessões ditas comuns é vedada a "contraprestação pecuniária do parceiro público ao parceiro privado". A partir de então, "a noção de 'concessão comum' se qualifica: não é apenas o que se define por exclusão às concessões previstas na legislação setorial, mas também o que se opõe a concessão patrocinada

---

[14] Trata-se das tarifas de consumo mínimo; das cobranças proporcionais em faixas de consumo; dos subsídios cruzados entre categorias de usuários etc. (v. §§112 e 113). Já, para Antônio Carlos Cintra do Amaral a tarifa é "remuneração cobrada por concessionária pela utilização efetiva de serviço público concedido" (*Concessão de serviço público, op. cit.*, 2. ed., p. 23).

[15] BATISTA, Joana Paula. *Remuneração dos serviços públicos, op. cit.*, p. 89.

e administrativa".[16] As concessões regidas exclusivamente pela Lei Geral não podem albergar transferência de verba pública para o concessionário, nem mesmo a título de subsídio.[17] Em termos gerais, subsídios são auxílios em dinheiro efetivados pelo Poder Público para manter o preço pago pelo consumidor num nível abaixo do real. Esta espécie de favores dá-se de modo ativo, a implicar desembolso e transferência de verba pública que ingressa como receita para o concessionário, com a finalidade de o custo da prestação não ser arcado integralmente pelos usuários (mas em parte pelos contribuintes). Ocorre em projetos que não são autossustentáveis. Isso importa dizer que nas concessões comuns não são mais permitidos os ingressos que tomem a forma concreta de contraprestação pecuniária pública. O edital de uma concessão comum que porventura previr esse auxílio estatal desobedecerá ao disposto no art. 2º, §3º, da Lei nº 11.709/2004. O tema dos subsídios é tratado pelo art. 17 da Lei nº 8.987/1995 e agora precisa ser parametrizado pela Lei nº 11.709/2004.

§83 Princípios econômicos fundamentais das tarifas

A definição da tarifa deriva igualmente das informações econômicas que são próprias a cada um dos contratos de concessão (obra e serviço a serem executados, volume de investimento, prazo, perfil dos usuários, liquidez do mercado, nível de risco e respectiva matriz, critérios de amortização etc.). Ela é o arranjo de valores representativos dos componentes de todo o processo de concreção da prestação do serviço público (cadeia de produção e estrutura).

Não há duas tarifas com composição idêntica pelo simples motivo de não existirem dois contratos de concessão absolutamente iguais – afinal de contas, cada projeto concessionário demanda estudos exclusivos e é submetido a processo licitatório, que necessariamente faz com que surjam propostas diferentes entre si (e a proposta integra o contrato, dando-lhe feição específica). Além do mais, as concessões visam a atingir políticas públicas variáveis no tempo e no espaço. A tarifa pode ser a mesma, em especial nos casos de fixação de tetos ou pisos (ou controle público mais incisivo) – o que não revela a existência de contratos materialmente iguais. Assim, é ilusório crer na viabilidade de existirem várias tarifas com estruturas e níveis idênticos.

Porém, isso não significa a inexistência de princípios econômicos típicos do regime tarifário. Ao contrário, para que se possa compreender o que deve existir de comum entre

---

[16] RIBEIRO, Maurício Portugal; PRADO, Lucas Navarro. *Comentários à Lei de PPP:* parceria público-privada, fundamentos econômico-jurídicos, *op. cit.*, p. 73.

[17] Ou, melhor: não é válido o estabelecimento do pagamento de verbas públicas (subsídios) desde o edital. Esta ordem de despesas é própria das concessões administrativas e patrocinadas, não das comuns. Problema complexo aparecerá se a concessão comum experimentar variações significativas a menor na receita, a demandar futuros subsídios públicos para sua manutenção. A depender do contrato, esse *minus* na totalização das rendas será atribuído ao risco administrado por uma das partes (aliás, é de todo indicado que isso se dê – como consignei acima, no §23) – o que, em tese, resolve o problema. Porém, nada obstante esta ressalva quanto à partilha dos riscos combinada com a previsão expressa da Lei das PPPs, fato é que poderão surgir casos extremos nos quais seja imperiosa a decisão de subsidiar (ou de extinguir a concessão). O tema exige exame mais apurado, caso a caso, do porquê da necessidade do subsídio e de sua dimensão. Afinal, a futura outorga de subsídios públicos não terá o condão de transformar uma concessão comum numa administrativa ou patrocinada (isto é, numa PPP), as quais exigem projetos diferenciados (tanto ao início como no seu desenvolvimento). Ampliar em RIBEIRO, Maurício Portugal; PRADO, Lucas Navarro. *Comentários à Lei de PPP:* parceria público-privada, fundamentos econômico-jurídicos, *op. cit.*, p. 82-86.

todas as tarifas é preciso definir proposições elementares, que sirvam de fundamento ao conhecimento do regime da Lei Geral de Concessões.

Seguindo o caminho traçado por Javier de Quinto Romero, seis são os princípios a serem observados pelas tarifas: (i) *objetividade* (metodologia certa para o cálculo da retribuição pelo bem/serviço ofertado, que albergue os componentes de custo necessários e não traga discriminações indevidas); (ii) *transparência* (metodologia pública e de livre acesso); (iii) *simplicidade* (informações fáceis de conhecer e controlar); (iv) *previsibilidade* (mínimo grau de incerteza a respeito da metodologia e sua estabilidade); (v) *eficiência e suficiência econômica* (a metodologia deve proporcionar uma solução ótima, que gere qualidade e acesso a preços mínimos, bem como remuneração suficiente a garantir a viabilidade econômica do projeto); (vi) *eficiência alocativa* (cada usuário deve arcar com os custos que lhe correspondam e cada provedor deve receber a remuneração ajustada).[18] Nada obstante escritos em ambiente alheio ao da Lei nº 8.987/1995, estes princípios são aplicáveis ao seu regime (basta a leitura dos arts. 6º, 7º, 9º e 13 para se acolher o elenco proposto).

§84 Fixação da tarifa ótima: nível e estrutura tarifária

Quem fixa a tarifa é o Poder Público, com lastro no edital de licitação conjugado com a proposta vencedora. Muito embora o *caput* do art. 9º da Lei nº 8.987/1995 estabeleça que a tarifa "será fixada pelo preço da proposta vencedora da licitação", não é exato supor que em todas as hipóteses a definição tarifária dá-se com fundamento exclusivo na proposta.

Há casos, sim, em que o edital exige dos interessados a formulação, fazendo a seguinte pergunta: "Para prestar este serviço e realizar tais obras durante tanto tempo, qual a tarifa que o interessado pode ofertar?". Ou esta: "Com base neste valor máximo da tarifa, quais são os descontos que podem ser ofertados, combinados (ou não) com uma oferta de pagamento pela outorga?" Mas, como se lê nos incisos do art. 15 da Lei Geral de Concessões, estas não são as únicas formas de julgamento da licitação (e mesmo nesses casos a proposta é parametrizada pelo edital – não surge do nada, mas deve atender às exigências do ato convocatório). Essa integração das informações apresentadas pelo concedente no edital com a avaliação estratégica dos interessados é que faz nascer as propostas tarifárias (e os preços de oferta), e também implicará a vinculação de ambas as partes àquela que for proclamada vencedora.[19]

Nos projetos concessionários, *tarifa ótima* é aquela que simultaneamente maximiza o bem-estar social e mantém o equilíbrio econômico-financeiro do contrato. O tema traz preocupações quanto a políticas distributivas eficientes (econômica e socialmente eficientes). Isso tanto no sentido de fixar preço viável para os serviços prestados como no de induzir os usuários a praticar o consumo socialmente ótimo (por exemplo, a impedir o

[18] QUINTO ROMERO, Javier de. Principios económicos de tarificación. *In:* ARIÑO ORTIZ, Gaspar (ed.). *Precios y tarifas en sectores regulado.* Granada: Comares, 2001, p. 248-250.

[19] Em decorrência, como anota Rafael Wallbach Schwind, "o poder concedente, ao aceitar proposta que preveja determinado valor de tarifa, está assumindo que aquele montante é adequado e compatível como os critérios previstos pela própria Administração ao lançar o edital do certame". (*Remuneração do concessionário.* Belo Horizonte: Fórum, 2010, p. 79-80).

desperdício de água, energia ou gás – o que acontecerá se forem gratuitos ou com preço irrisório[20]). A tarifa não pode ter em mira apenas os benefícios gerados aos usuários e terceiros (fixação imprópria para projetos autossustentáveis), nem muito menos o lucro do empresário privado (objetivo secundário de projetos de concessão). Trata-se antes da forma pela qual podem ser implementados benefícios públicos desenvolvimentistas.

Há, quando menos, dois ângulos nos quais deve ser analisada a tarifa ótima nas concessões comuns: (i) se ela permite a instalação de projeto autossustentável; (ii) se ela é equânime, no sentido de promover a distribuição adequada dos custos e benefícios entre concessionário e usuários. As tarifas não podem ser nem muito baixas (sob pena não só de inviabilizar a autossustentabilidade do projeto, mas especialmente em vista da frustração do incentivo para que os usuários consumam adequadamente o serviço) nem muito altas (sob pena de inviabilizar o acesso ao serviço público ao maior número de usuários).

Por conseguinte, a fixação da tarifa ótima é antes dever estatal do que prerrogativa privada. Ela é estabelecida em vista do que se pretende politicamente daquele projeto de interesse público primário – não em razão das perspectivas dos investidores. Por isso se pode afirmar que a definição do regime tarifário é mais estatutária que contratual, mais administrativa que empresarial – enfim, mais política que jurídica.[21] Este regime jurídico que advém de uma decisão política deve ser mantido estável durante toda a relação contratual.

Descendo a minúcias, destaca Joana Paula Batista: "A tarifa submete-se ao regime jurídico administrativo. É forma de remuneração dos serviços públicos. É o valor numérico da contraprestação arcada pelo usuário e pode, ou não, coincidir com o total da remuneração do prestador do serviço. Esta poderá ser incrementada via receitas acessórias ou alternativas, mantendo-se a modicidade tarifária".[22] Ou seja, o regime é de direito público (direito privado administrativo), não de direito empresarial puro – o que comprova a legitimidade do controle tarifário mesmo naqueles serviços prestados em situação de mercado (*v.g.*, telefonia móvel, eletricidade), bem como a estabilidade do que representa a tarifa na equação econômico-financeira.

Sem dúvida que um dos motivos pelos quais a tarifa é disciplinada pelo Poder Público está no perigo de abusos. Caso o assunto fosse deixado ao livre arbítrio dos concessionários (e respectivos "mercados"), os preços certamente gerariam maior concentração de renda. Afinal, na maioria dos serviços públicos brasileiros existe uma barreira de entrada jurídica (licitações e contratos em número limitado), o que resulta num número circunscrito de operadores. Alguém – o Estado – controla essa barreira (e o respectivo setor econômico), construindo, na maioria das vezes, mercados não

---

[20] A ANEEL divulga, periodicamente, relatórios sobre perdas, técnicas e não técnicas, de energia elétrica na distribuição (Disponível em: https://portalrelatorios.aneel.gov.br/luznatarifa/perdasenergias). A ANA divulga o *Atlas Águas*, com dados atualizados pertinentes à segurança hídrica no abastecimento urbano (Disponível em: https://portal1.snirh.gov.br/ana/apps/storymaps/stories/1d27ae7adb7f4baeb224d5893cc21730).

[21] Como na genial advertência de Prosper Weil: "O direito administrativo não é, e não pode ser, um direito como os outros; se estas palavras tivessem um sentido, dir-se-ia de bom grado que não é um direito jurídico, mas sim um direito político. (...). Ele insere-se em problemas fundamentais da Ciência Política, como são as relações entre o Estado e o cidadão, a autoridade e a liberdade, a sociedade e o indivíduo" (*O Direito Administrativo*, *op. cit.*, p. 9).

[22] BATISTA, Joana Paula. *Remuneração dos serviços públicos*, *op. cit.*, p. 81.

disputáveis (não contestáveis). Salvo as excepcionais autorizações, e ainda assim em termos relativamente acanhados (v. §13, acima), o setor de serviços públicos brasileiro tem dificuldades em conviver com a livre iniciativa e a livre concorrência.

Logo, os serviços públicos brasileiros têm a tendência natural de se aproximar das situações de oligopólio e monopólio. No caso das situações de monopólio, seria o paraíso do investidor (e, muito provavelmente, o inferno dos usuários); nos mercados concorrenciais com poucos agentes, uma dificuldade superveniente ao controle público dos serviços. Na melhor das hipóteses, levaria muito tempo para que as forças de mercado ajustassem autonomamente o preço adequado daquele serviço essencial – e *em longo prazo estaremos todos mortos* – na célebre frase de Keynes. O desenvolvimento do projeto concessionário para a concessão comum pressupõe a viabilidade de haver remuneração por meio de tarifa justa a ser paga pelos usuários – daí as exigências de sua adequada definição e debate (audiências e consultas públicas, publicidade ao edital etc.). Também devido a isso, ao lado do sistema de fixação, é necessário o controle tarifário.

Desta forma, é de se notar quão delicada é a fixação das tarifas, a gerar preocupações desde o edital até a futura regulação do respectivo serviço. Como escreveu Miguel Ángel Lasheras, "o nível de preços autorizado pelo regulador tem que permitir o funcionamento das empresas reguladas e, simultaneamente, evitar que estas tenham benefícios extraordinários que diminuam os excedentes dos consumidores. Para encontrar essa solução, há ocasiões em que o regulador deve determinar não só o nível de preços, mas também a sua estrutura".[23] Para apurar a compreensão, tenha-se que o *nível das tarifas* é representado pela receita internalizada pelo concessionário dividida pelo volume de serviços prestados (e/ou bens construídos). Presta-se a cobrir os custos totais dos serviços e obras – e nada mais. É a cobertura básica do projeto concessionário (receita total *versus* custos reais/totais).[24]

Já a *estrutura tarifária* significa o conjunto dos diferentes preços que compõem a receita: uma vez estabelecido o custo total do serviço (nível das tarifas), este valor será repartido entre os usuários de forma igualitária (igualdade material, segundo a capacidade econômica dos respectivos grupos de consumidores, região geográfica, períodos de demanda etc.). Assim, ao regulador (e/ou ao concedente) compete estabelecer e controlar como se darão os ingressos e quais as diferenças admissíveis entre eles. Por óbvio, nenhuma dessas soluções pode implicar danos ao concessionário ou intromissão indevida na gestão do serviço concedido. Os excessos de ambos os lados deverão ser contidos, compartilhando-se com o usuário (real ou potencial) os benefícios daí resultantes.

Assim sendo, a configuração tarifária das concessões comuns demanda aprofundado estudo de técnica de investimentos públicos (o que exige tanto a flexibilização das

---

[23] ÁNGEL LASHERAS, Miguel. *La regulación económica de los servicios públicos, op. cit.*, p. 44 (tradução livre).

[24] O que remete ao conceito de "tarifa técnica" cunhado por Fernando Vernalha Guimarães: "*Tarifa técnica* define-se como a precificação do custo unitário de utilização do serviço público necessário a, considerando-se os níveis de utilização e o número de usuários, cobrir o custeio integral do serviço público (pressupondo-se custo global dos investimentos + margem de retorno ao concessionário). Este valor retrata o custo que seria suportado por cada usuário do serviço público num ambiente de isonomia linear – descontadas estratificações tarifárias amparadas na capacidade econômica dos usuários –, com vistas a assegurar a autossustentabilidade da concessão" (O regime tarifário na concessão de serviço público. *RDPE* 27/58, Belo Horizonte, Fórum, jul./set. 2009).

premissas quanto a atenuação dos arroubos políticos). Felizmente, fato é que determinados problemas já foram transpostos. Talvez um dos mais importantes esteja no caráter de preço administrativo do valor a ser pago pelos usuários. Há algum tempo se pacificou a natureza não tributária dos pagamentos feitos pelos usuários nas concessões de serviços públicos (especialmente em casos em que a execução é atribuída a concessionário privado). No regime jurídico brasileiro trata-se de cobrança que não tem natureza tributária. Se antes havia dúvidas, estas já se dissiparam, conforme se constata na jurisprudência.[25] Nos livros de Dinorá Musetti Grotti, Joana Paula Batista e Jacintho Arruda Câmara há apurada síntese do debate doutrinário e jurisprudencial acerca da natureza jurídica da remuneração dos serviços públicos: é tarifa (preço), não taxa (tributo).[26]

Porque é um preço administrado, a definição da tarifa e o seu controle estão submetidos ao regime estatutário da relação jurídica da concessão de serviço público. Veja-se bem: a expressão "preço administrado" é utilizada na economia e nas políticas públicas para descrever um preço que é fixado ou controlado por autoridades governamentais ou reguladoras ao invés de ser determinado exclusivamente pelo mercado. Isso ocorre quando o governo atua para garantir que certos produtos ou serviços essenciais estejam disponíveis a preços acessíveis para a população ou para evitar flutuações excessivas, que poderiam prejudicar consumidores ou setores específicos da economia a fim de tentar equilibrar interesses econômicos e sociais. Não se trata de algo colocado ao livre dispor das partes. Por isso a doutrina qualifica a fixação da tarifa como "um poder unilateral sobre a quantia e a forma das tarifas do serviço público, já que não é o concessionário que fixa a tarifa, cabendo a este tão somente apresentar a sua proposta de remuneração".[27] A procura pela tarifa ótima é dever solidário do regulador, concedente, concessionário e usuários.

Em suma, a tarifa é *preço público* – se, por um lado, remunera o concessionário, por outro, é administrativamente fixada. Tem muito de contraprestação ao serviço recebido e muito de preço fixado e controlado pelo Estado.

§85 Remuneração tarifária: lucro e situações de mercado concorrencial, monopólios naturais e exclusividades

O estudo da remuneração tarifária é tarefa muito mais complexa que a singela equação receita/encargos do projeto – compreensão própria da Lei nº 14.133/2021, mas de pouca ou nenhuma utilidade em sede de concessões de serviço público. A remuneração

---

25 O tema pacificou-se no STF (*v.g.*: RE nº 54.491-PE, Min. Hermes Lima, *DJ* 15.10.1963; ADI nº 800-RS, Min. Ilmar Galvão, *DJ* 18.12.1992; AgR nº 583-RS, Min. Octávio Gallotti, *DJ* 19.11.1993; ED no RE nº 447.536-SC, Min. Carlos Velloso, *DJ* 26.8.2005; RE nº 471.119-SC, Min. Ellen Gracie, *DJ* 24.2.2006; RE nº 503.759-MS, Min. Cármen Lúcia, *DJ* 25.10.2007) e no STJ (*v.g.*: REsp nº 740.967-RS, Min. Luiz Fux, *DJ* 28.4.2006; REsp nº 834.799-SE, Min. Francisco Falcão, *DJ* 2.10.2006; REsp nº 914.828-RS, Min. Eliana Calmon, *DJ* 17.5.2007; REsp nº 796.748-MS, Min. Luiz Fux, *DJ* 9.8.2007).

26 Grotti, Dinorá Musetti. *O serviço público e a Constituição brasileira de 1988, op. cit.*, p. 226-242; BATISTA, Joana Paula. *Remuneração dos serviços públicos, op. cit.*, p. 63-86; CÂMARA, Jacintho Arruda. *Tarifa nas concessões, op. cit.*, p. 26-47. Marçal Justen Filho defende esta tese desde o *Concessões de serviços públicos, op. cit.*, p. 141-145. V. também: ROCHA, Cármen Lúcia Antunes. *Estudo sobre concessão e permissão de serviço público no Direito brasileiro, op. cit.*, p. 76-80; AMARAL, Antônio Carlos Cintra do. *Concessão de serviço público, op. cit.*, 2. ed., p. 22-27; TÔRRES, Heleno Taveira (coord.). *Serviços públicos e Direito Tributário.* São Paulo: Quartier Latin, 2005, sobretudo p. 121-421.

27 BATISTA, Joana Paula. *Remuneração dos serviços públicos*, p. 94.

é uma das chaves da eficiência das obras e serviços objeto da técnica concessionária. Está-se diante de um agente econômico (o concessionário) que realiza investimentos por meio de aporte de recursos em obras e serviços que oferece a usuários cujos interesses são basicamente o preço, a qualidade, o abastecimento, a informação e a possibilidade de escolha (a depender do serviço prestado).

Por outro lado, o equilíbrio econômico-financeiro dos contratos de concessão deve envolver nível de remuneração adequado ao risco da atividade, à amortização do investimento e à necessidade de atrair capital (levando-se em conta os fluxos estimados de receita e despesa). As concessões ocupam setores estratégicos de interesse nacional (federal, estadual e municipal), por isso é importante que as empresas se mantenham estáveis no mercado e o tornem atraente para novos investimentos. O nível e a composição da remuneração devem ser compatíveis com a importância social do serviço e da estabilidade em sua prestação.

Inicialmente pode-se afirmar que a remuneração deve ser adequada à obra e ao serviço, proporcional ao valor investido e ao risco assumido pelo empresário. Nos serviços públicos o regime de preços deve ser apto não apenas a pagar o investidor, mas em especial a incrementar o bem-estar social. Como boa parte dos usuários é constituída de pessoas menos favorecidas que os acionistas do empreendimento, as quais são o "público" titular do "serviço" imputado ao Estado, é mais que justo que recebam parcela do potencial de ganho destes. Portanto, está-se diante de projetos concessionários que significam políticas públicas de distribuição de renda. Ora, as políticas públicas são avaliadas através dos reflexos que têm no excedente social e sua distribuição. Um contrato de concessão de serviço público bem ajustado pode tornar-se um eficaz instrumento de distribuição de renda.

Como leciona Miguel Angel Lasheras, "o nível de preços autorizado pelo regulador tem que permitir o funcionamento das empresas reguladas e, simultaneamente, evitar que estas tenham benefícios extraordinários que diminuam o excedente dos consumidores".[28] Os benefícios econômicos do empreendimento hão de ser repartidos com os usuários (e terceiros), evitando-se ganhos desproporcionais por parte do concessionário – tarefa cuja concretização e supervisão cabe ao concedente (e/ou ao regulador), desde o momento da configuração do edital. Daí a possibilidade de instrumentos técnicos que permitam a efetiva partilha dos ganhos de *performance* do concessionário (como será examinado no §94).

Também por isso cumpre ao Estado estabelecer limites à atuação dos agentes econômicos privados, bem como gerar meios de melhor distribuição da riqueza. Nesse sentido, confira-se o conteúdo do princípio da lucratividade proposto por Fernando Facury Scaff, o qual "não indica a busca desenfreada pelo lucro capitalista, mas a busca de um equilíbrio entre a impossibilidade de alcançar margens de lucro mínimas que permitam o desenvolvimento dos negócios sociais e a imoralidade da perseguição alucinada da maior quantidade de mais-valia que for possível, ou seja, através da maior exploração do homem pelo homem, que implique violação ao princípio da dignidade

---

[28] ÁNGEL LASHERAS, Miguel. *La regulación económica de los servicios públicos, op. cit.*, p. 44 (tradução livre).

da pessoa humana".[29] Premissa que se reforça no setor de serviços públicos brasileiro – tarefa pública imputada ao Estado, que no regime concessionário assume o dever de garantir a prestação adequada do serviço.

No caso brasileiro há duas fontes básicas de cogitações acerca da remuneração do concessionário: aquela oriunda de *situações concorrenciais* (telecomunicações, transporte aéreo etc.) e a instalada em *situações de monopólio* (água e saneamento, ferrovias, rodovias etc.). Em ambas as hipóteses o que se pretende é estabelecer tarifa que incremente a eficiência na prestação (melhores serviços a preços módicos). Tarifa que respeite a capacidade econômica dos usuários e promova a justa e equitativa distribuição dos custos, por meio de critérios de igualdade material (usuários a receber as mesmas prestações em situações equivalentes por meio do pagamento de tarifas proporcionais – tanto em relação aos custos quanto à capacidade econômica). A estrutura tarifária eleita levará à prática o arranjo equitativo do custo do serviço em face das diversas categorias de usuários.

Ora, fato é que o mercado concorrencial apresenta peculiaridades que não se reproduzem nas situações de monopólio – a refletir nos critérios de composição e controle da tarifa. Conforme acima mencionado (§76), alguns serviços públicos configuram *situações de monopólio natural*, nos quais é economicamente inviável a competição, pois a mera existência de dois agentes econômicos no polo da oferta conduziria à falência de ambos (além daqueles serviços prestados em regime de exclusividade – ou monopólio legal).[30] "Um monopólio é natural quando determinada tecnologia impõe uma função de custos segundo a qual resulta mais caro produzir a quantidade demandada de um determinado bem ou serviço por duas ou mais empresas que por uma só".[31]

---

[29] SCAFF, Fernando Facury. Ensaio sobre o conteúdo jurídico do princípio da lucratividade. *RDA*, Rio de Janeiro, Renovar, 224/341, abr./jun. 2001.

[30] A evolução dos monopólios merece ser vista em Nunes, António José Avelãs. Os sistemas económico. Separata do *Boletim de Ciências Econômicas* XVI. Coimbra, 1994, p. 161-207. Acerca do monopólio legal, v.: COMPARATO, Fábio Konder. Monopólio público e domínio público: exploração indireta da atividade monopolizada *In: Direito Público*, p. 146 e ss.; LEÃES, Luiz Gastão Paes de Barros. Construção e operação do gasoduto para importação do gás boliviano: o exercício do monopólio do gás pela União. *RTDP*, São Paulo, Malheiros Editores, 14/160-170, 1996.

O STF enfrentou o tema do monopólio legal e suas classificações na ADI nº 3.273-DF (Min. Eros Grau, *DJ* 2.3.2007). No julgamento relativo às atividades postais, o voto do Min. Eros Grau distinguiu "o regime de privilégio de que se reveste a prestação dos serviços públicos do regime de monopólio", afirmou que "os regimes jurídicos sob os quais são prestados os serviços públicos implicam que sua prestação seja desenvolvida sob privilégios, inclusive, em regra, o da exclusividade na exploração da atividade econômica em sentido amplo a que corresponde essa prestação, haja vista que exatamente a potencialidade desse privilégio incentiva a prestação do serviço público pelo setor privado quando este atua na condição de concessionário ou permissionário". Mais adiante, ressaltou que "o serviço postal é prestado pela ECT, empresa pública criada pelo Decreto-lei n. 509/1969, que foi recebido pela Constituição Federal/1988, a qual deve atuar em regime de exclusividade (em linguagem técnica, em situação de privilégio; e, em linguagem corrente, em regime de monopólio)" (ADPF, 46-DF, *Informativo STF* 554).

[31] ÁNGEL LASHERAS, Miguel. *La regulación económica de los servicios públicos, op. cit.*, p. 32 (tradução livre). Ou, na definição de Baumol, Bailey e Willig: "By a *natural monopoly* we mean an industry whose cost function is such that no combination of several firms can produce an industry output vector as cheaply as it can be provided by a single supplier" (*apud* WATERSON, Michael. *Regulation of the Firm and Natural Monopoly, op. cit.*, p. 16). Sobre o monopólio natural e os serviços públicos brasileiros, v. Schirato, Vitor Rhein. *Livre iniciativa nos serviços públicos, op. cit.*, p. 202-214. Importante é a menção à regulação dos monopólios naturais em Richard A. Posner (*Natural Monopoly and its Regulation* (30th anniversary ed.). Washington: Cato Institute, 1999, *passim*), Richard Schmalensee (*The Control of Natural Monopolies, op. cit., passim*), Kenneth E. Train (*Optimal Regulation:* the Economic Theory of Natural Monopoly. Cambridge: MIT Press, 1994, *passim*) e Armando Castelar Pinheiro e Jairo Saddi (*Direito, economia e mercados, op. cit.*, p. 266-283).

Retomemos o exemplo do setor de água e saneamento, em que o conceito de monopólio natural é bastante relevante. As redes de distribuição de água e os sistemas de tratamento de esgoto requerem robustos investimentos em infraestrutura fixa (tubulações, estações de tratamento e redes de distribuição). Esses altos custos fixos experimentarão retorno financeiro paulatino, em longo prazo, e só gerarão receita depois de completados os investimentos da rede de tratamento, fornecimento e coleta. Isso significa que uma única concessionária pode fornecer água e serviços de saneamento de forma economicamente mais eficiente (e mais racional) do que várias competindo no mesmo mercado, eis que existem (i) economias de escala significativas a reduzir os custos médios de produção à medida que se aumenta o volume de serviços fornecidos; (ii) inviabilidade de duplicação de infraestrutura a impedir redundâncias e otimizar a utilização dos recursos disponíveis; e, mais importante, (iii) a necessidade de garantia de fornecimento, contínuo e confiável, de água potável e serviços de saneamento para toda a população, especialmente em áreas onde a densidade populacional é baixa ou economicamente mais vulnerável e a concorrência fosse inviável. Em contrapartida, o setor de água e saneamento demanda regulação rigorosa para proteger os consumidores de preços excessivos e garantir a qualidade dos serviços prestados, na tentativa de equilibrar o interesse público de acesso universal com a necessidade de incentivar investimentos privados.

Nestas situações fáticas, para que o serviço seja oferecido ao usuário é necessário que o monopólio natural seja sustentável – quer por meio do controle de entrada, quer por meio do preço praticado.[32] Isto é, a *situação de monopólio natural* não merece ser entendida como privilégio a certo agente econômico, mas, sim, significa que aquele bem ou serviço só pode ser prestado de forma eficiente se o for por uma só empresa. Constatação que se acentua nos serviços públicos – os quais, por definição constitucional, *devem ser prestados* ao cidadão. Por isso que se dá a existência, em determinados contratos públicos, da *proibição de ingresso* de novos agentes – direitos de exclusividade expressos ou que resultem "implicitamente da obrigação, que a Administração concedente assume, de não atribuir a empresas terceiras títulos para a exploração de actividades concorrentes ou que possam fazer concorrência ao concessionário (*pactum de non licitando*)".[33] Logo, e a depender das peculiaridades deste ou daquele serviço público, ele só poderá ser prestado por um e somente um concessionário. A existência de mais de um prestador exigirá a criação de mercados artificiais a custos públicos perdidos (com a respectiva indenização ao concessionário a quem foi originalmente adjudicado o serviço).

Aqui, como em toda situação de monopólio (natural, legal ou falha de mercado), o preço tende a ser fabricado pelo agente como se mais um produto fosse. As informações são internas, assimétricas e reservadas ao produtor. Na medida em que existe um único

---

[32] "A natural monopoly is sustainable if there is no vector of prices and associated vector of outputs which allow an incumbent's total costs to be at least covered by revenues but which make entry unattractive. Therefore the possibility of there being a natural monopoly is intimately related to the assumptions regarding potencial entrant behaviour" (WATERSON, Michael. *Regulation of the Firm and Natural Monopoly, op. cit.*, p. 30).

[33] GONÇALVES, Pedro. *A concessão de serviços públicos, op. cit.*, p. 266. Trata-se, portanto, de *dever* do concedente correlativo ao *direito subjetivo* do concessionário, tal como fixado no estatuto e no contrato de concessão. Pense-se nos exemplos de serviços de determinadas linhas de ônibus que simplesmente não podem concorrer com outros ônibus nos mesmos trajetos e horários ou de obras de uma ponte cuja rentabilidade em longo prazo exija a ausência de outras pontes numa distância mínima.

vendedor, a demanda representa toda a que existe naquele mercado. O monopolista realiza grandes investimentos iniciais e traz consigo a potencialidade de auferir lucros anormais em longo prazo (pois não ingressarão novos concorrentes no mercado, que se adaptará às regras unilaterais da oferta).

Os monopólios são projetos (ou investimentos) duradouros (longa maturação para o retorno expectado), unidos ao desenvolvimento de barreiras ao ingresso (ou à retirada) de terceiros do respectivo mercado (e respectivos custos). Não é devido a um acaso que as situações de monopólio de serviços públicos exigem especial cautela do concedente/regulador. A falta de concorrência permite que o prestador do serviço tente impor os preços ao usuário (preços superiores ao normal, a gerar lucros desproporcionais). Se o poder de monopólio é a hipótese ideal para empresários despidos de preocupações sociais, de usual configura o prognóstico péssimo para o consumidor: "Uma indústria competitiva opera num ponto onde o preço equivale ao custo marginal. Uma indústria monopolizada opera onde o preço é maior que o custo marginal. Por isso que em geral o preço será mais alto e a produção menor se a empresa adotar comportamento monopolístico ao invés de competitivo. Devido a esta razão, os consumidores estarão tipicamente em pior situação num setor organizado como um monopólio que num organizado de forma competitiva".[34] Daí a imperiosidade de que o concedente e o órgão regulador envidem esforços para que a disciplina dos serviços prestados em regime de monopólio procure substituir o mercado ideal do setor (*rectius*: as vantagens mercadológicas para o projeto), de modo a que a oferta se faça nas melhores condições de qualidade e preço.

Voltemos ao setor de água e saneamento, que é típico exemplo de monopólio natural com alta relevância social, em que é mais eficiente haver apenas um agente econômico, pois é inviável a solução que permita a concorrência do lado da oferta (altíssimo investimento inicial imobilizado, retorno em longo prazo, riscos elevados etc.).[35-36] Outros são aqueles serviços que também envolvem infraestruturas com custos

---

[34] VARIAN, Hal R. *Intermediate Microeconomics*: a Modern Approach. 5. ed. Nova York, 1999, p. 420-421 (tradução livre). Ou, como diz Fábio Nusdeo: "Este preço *tão alto quanto possível* será aquele que multiplicado pela quantidade que os compradores estejam dispostos a adquirir assegure para o monopolista uma receita bem superior ao seu custo, e aí, evidentemente, seus lucros estarão maximizados" (*Curso de economia:* introdução ao direito econômico, *op. cit.*, 5. ed., p. 273). O que, sem dúvida alguma, se agrava nas concessões de serviço público: aqui, o monopólio gera efeitos sociais mais daninhos que naqueles que tratam de bens de consumo secundário. Por isso a necessidade de intensa regulação, contratualização e fiscalização.

[35] "Several of the classic public utilities industries, such as water and sewer services and the local distribution of gas and electricity, involve networks along which something is transmitted from (or to) a relatively small number of locations to (or from) a relatively large number of geographically dispersed demanders (or suppliers). (...) if there are everywhere decreasing average costs of transmission within the network, such distribution systems are natural monopolies. Water supplies provides a simple illustration (...)" (SCHMALENSEE, Richard. *The Control of Natural Monopolies*, *op. cit.*, p. 4).

[36] A concorrência dá-se num momento inicial: a licitação, em que os interessados oferecem preços competitivos unidos a serviços eficientes. Isto torna aquele monopólio natural um mercado *disputável* (ou *contestável*), nada obstante de competição circunscrita. Caso não cumpridas as metas, o agente paga a multa, perde a titularidade da execução do serviço e se instala novo certame. Trata-se da competição *ex ante – pelo mercado* e não *no mercado* –, que envolve a concorrência na fixação de preços e lucros quando da formulação das ofertas e posterior controle (cf.: DEMSETZ, Harold. Why regulate utilities?. *In:* STIGLER, George J. (ed.). *Chicago Studies in Political Economy*. Chicago: University of Chicago Press, 1988, p. 267-278; VISCUSI, W. Kip; VERNON, John M.; HARRINGTON JR., Joseph E. *Economics of Regulation and Antitrust*, *op. cit.*, 3. ed., p. 397 e ss.; WATERSON, Michael. *Regulation of the Firm and Natural Monopoly*, *op. cit.*, p. 106-121; SCHMALENSEE, Richard. *The Control of Natural Monopolies*,

elevados, alguns dos quais vêm sendo atenuados com o avanço tecnológico, os processos de desagregação e a instalação das *essential facilities* (ferrovias, telefonia fixa, rede de energia elétrica etc.).[37]

Porém, fato é que em determinados serviços públicos o monopólio natural é a forma mais eficiente de alocar recursos e promover o funcionamento adequado de economias de escala – maior número de produtos e serviços a uma tarifa módica (quanto maior o número de usuários, potencialmente menor será o preço). Os serviços dessa ordem albergam expectativa de demanda crescente como condição de sobrevivência. No caso das concessões instaladas nestes setores, cabe ao concedente (e ao regulador) o dever de simular a existência de mercado em funcionamento ideal – promovendo a estabilidade para o empreendedor e tornando previsível a prestação daquele serviço para usuários. O fato de saber quais são as regras é importante para o investidor (ainda que iniba as expectativas de lucro). Afinal, em grande parte dos serviços públicos a renda média dos acionistas certamente será maior que a dos usuários – e também aqui incide o efeito distributivo do mérito do projeto (v. §53, acima).

Daí a necessidade da fixação, prévia e transparente, do valor tarifário e respectivos critérios de composição, instalação, apuração, atualização e readequação. Enfim, a *disciplina* e o *controle* da tarifa.

§86 Tarifa, preços equitativos e desagregação

Não bastasse a usual dificuldade em se compor tarifas equitativas, no cenário brasileiro muitos dos serviços públicos trazem consigo a concentração de várias atividades em poucos prestadores. Seja devido a questões políticas, seja por razões de ordem técnica, no passado as atividades foram verticalmente "empacotadas" (ou "enfeixadas") e assim dominadas por uma só pessoa. Este era o perfil do operador histórico brasileiro dos serviços públicos prestados em rede, originalmente instalados e executados por empresas estatais que concentravam toda a cadeia de produção, transmissão, distribuição e comércio. "Caso emblemático – anota Fábio Nusdeo – é o da energia elétrica, antes visto como um conjunto único típico de monopólio natural. Mais recentemente ele é visto como formado por quatro segmentos: produção, transmissão, distribuição e comercialização de energia, nem todos eles monopólios em si."[38] Isto é, a evolução da técnica e as mudanças de políticas públicas trouxeram consigo a mutação e multiplicação dos sujeitos prestadores.

---

op. cit., p. 67-83; Carvalho, Vinicios Marques de; CASTRO, Ricardo Medeiros de. Políticas públicas regulatórias e de defesa da concorrência: qual espaço de cooperação?. *RDPE*, Belo Horizonte, Fórum, 28/145-175, out./dez. 2009).

[37] O que implica divisão entre a "propriedade" (domínio) das infraestruturas e seu uso compartilhado com outros agentes econômicos (concorrentes ou não), bem como o respectivo preço. Sobre as *essential facilities*, v.: NESTER, Alexandre Wagner. *Regulação e concorrência (compartilhamento de infraestruturas e redes)*, *op. cit.*, *passim*; ARAGÃO, Alexandre Santos de. *Direito dos serviços públicos*. 4. ed., *op. cit.*, p. 339-368; GRAU, Eros Roberto. Uso compartilhado de infraestrutura para a prestação de serviços públicos e a 'natureza jurídica' da remuneração a ser percebida em razão desse uso (parecer), *op. cit.*, *RTDP*, São Paulo, Malheiros Editores, 34/103-116; Salomão Filho, Calixto. Tratamento jurídico dos monopólios em setores regulados e não regulados *In: Regulação e concorrência*, p. 37-51; VILLAR ROJAS, Francisco Jose. *Las instalaciones esenciales para la competencia*, *op. cit.*, *passim*.
Ampliar nos §§27 e 40, acima.

[38] NUSDEO, Fábio. *Curso de economia:* introdução ao direito econômico, *op. cit.*, 5. ed., p. 275-276.

Afinal de contas, se tal situação era explicável em tempos pretéritos, com o processo de desestatização tornou-se necessária a desagregação dos bens, sujeitos e serviços (horizontal e vertical). Mais ainda: a concentração tende a se agravar com a evolução tecnológica, que permite a integração horizontal entre empresas e vertical entre atividades prestadas em setores diversos – centrais e adjacentes –, intensificando o poder de mercado da empresa ou, mesmo, seu poder de monopólio (por exemplo, rede de energia e transmissão de dados de telecomunicações).[39] Como em qualquer processo de excessiva concentração, isso havia gerado falta de transparência e a possibilidade de desvios na composição dos custos (subsídios cruzados, desvios concorrenciais e discriminação na formação dos preços). Assim, em muitos setores, quando da privatização foi instalado o correspondente dever de desagregação (*unbundling*[40]), imputando-se-o ao concedente ou à autoridade regulatória.

Trata-se da *reestruturação* dos respectivos setores econômicos ocupados pelos serviços públicos – em termos de *desverticalização* da produção, transmissão, distribuição e comercialização ao interno do mesmo serviço (*vertical unbundling*) e de *dispersão horizontal* da produção e comercialização de serviços diversos (*horizontal unbundling*). Claro que essas fragmentação e reestruturação – e respectiva dimensão – somente podem existir desde que tecnicamente possíveis e economicamente eficientes.

Isso significa tanto estabelecer *diretrizes à separação dos preços* de cada serviço e produto nos respectivos setores econômicos quanto o *compartilhamento de infraestruturas* necessárias à prestação concorrencial do serviço concedido (instalações essenciais ou *essential facilities*). O primeiro caso exige a definição de cada fase autônoma do processo de produção, transmissão, distribuição e comercialização do serviço, separando-se as atividades num grau crescente: (i) contábil (*desagregação contábil*: uma só empresa com controles contábeis autônomos em relação a cada uma das atividades); (ii) societária ou jurídica (*desagregação de negócios*: divisão jurídica de uma mesma empresa em segmentos autônomos e independentes entre si, ainda que submetidos ao mesmo poder de controle); e (iii) real ou de propriedade (*desagregação real*: ruptura e alteração do poder de controle, com independência acionária entre as empresas). Em decorrência, permitem-se o conhecimento e a respectiva imputação de parcelas proporcionais na formação do custo total da tarifa a ser paga. Como não é o mesmo sujeito que realiza todas as fases da cadeia de produção, pretende-se que se tornem mais transparentes a composição dos custos e a fixação do nível e da estrutura tarifária.

Por outro lado, é igualmente importante ampliar o compartilhamento vertical das redes pré-instaladas, com o ingresso de novos agentes no mercado de específico

---

[39] Como acentuam Tércio Sampaio Ferraz Jr. e Juliano Souza de Albuquerque Maranhão: "A preocupação é com a possibilidade de ocorrência do que os norte-americanos denominam *leveraging*, isto é, que um monopólio em um mercado relevante estenda-se a outro mercado ou que, presente em um estágio de produção, alcance estágios sucessivos por meio da criação, pelo monopolista, de vantagens artificiais às suas empresas coligadas localizadas em mercados adjacentes" (Separação estrutural entre serviços de telefonia e limites ao poder das agências para alteração de contratos de concessão, *RDPE*, 8/206-207).

[40] Como anota Pedro Dutra: "*Unbundling* quer dizer desenfeixamento; *bundle*, em inglês, corresponde a *fascia*, feixe, em Latim. O verbo *to bundle*, enfeixar, encontra o seu contrário pela adição do prefixo *un*, e o vocábulo assim composto, acrescido do sufixo *ing*, forma o gerúndio desse verbo, de onde provém o substantivo *unbundling*. Na linguagem específica de telecomunicações optou-se pelo vocábulo 'desagregação' como versão do vocábulo inglês, em francês *degroupage*, desagrupamento" (Desagregação e compartilhamento do uso de rede de telecomunicações. *In: Livre concorrência e regulação de mercados*. Rio de Janeiro: Renovar, 2003, p. 168).

serviço. "Em termos práticos – escreve Alexandre Wagner Nester –, a desagregação vertical implica a segmentação dos elementos que compõem uma determinada rede (que geralmente se encontra estabelecida em regime de monopólio natural), possibilitando a separação entre a atividade de gestão da infraestrutura e a atividade de prestação dos serviços que nela se desenvolvem. E é justamente nos serviços que se encontra o campo propício para a implementação da concorrência, de modo que o modelo ideal configura-se da seguinte forma: uma empresa gerindo a infraestrutura (sem prestar serviços a ela inerentes) e várias empresas concorrendo nos segmentos dos serviços que são ofertados com base nessa infraestrutura."[41] Esta técnica permite que mais de um agente econômico (concessionários, permissionários e autorizatários) forneça o mesmo serviço com base numa só rede histórica; e, em decorrência, faculta-se aos usuários a escolha daquele que ofereça melhores condições de prestação (preço, qualidade, comodidade, tecnologia, atendimento etc.).

Já a separação horizontal das atividades dá-se na hipótese de convergência entre serviços prestados em setores econômicos diversos. Ao invés de existir um só grupo econômico a controlar diversos serviços públicos, instalam-se vedações subjetivas que impedem a direção integrada de mais de um serviço. Por exemplo, a integração horizontal entre os serviços de telecomunicações (Internet) e de eletricidade, em vista da viabilidade de aqueles se valerem da rede de transmissão de energia elétrica a fim de transmitir dados. Nestes casos o risco de subsídios cruzados entre os setores é muito elevado – afinal, trata-se do mesmo grupo a controlar dois serviços instalados numa só rede. Voltando ao exemplo, é de todo viável que os consumidores de energia elétrica subsidiem aqueles de telecomunicações de alta velocidade (afinal, este mercado será mais recente, mais competitivo, com maior custo e menor número de usuários cativos). Também aqui é de todo indicada a separação entre os prestadores – a fim de preservar a nitidez da composição dos preços a serem cobrados dos usuários e possibilitar efetividade do controle público.

§87 Remuneração e "cestas tarifárias"

As chamadas *cestas tarifárias* – ou *tarifas multipartidas* – dizem respeito a contratos em que a política tarifária discrimina os componentes do(s) serviço(s) prestado(s) unitariamente com a intenção de nivelar os respectivos custos e possibilitar o fornecimento com menor desembolso por parte dos usuários – bem como estabilizar a receita do concessionário (por exemplo, no Serviço Telefônico Fixo Comutado – STFC a cobrança unitária e discriminada de tarifas de habilitação, de assinatura básica e pulsos efetivamente utilizados[42]). Várias tarifas com razão de ser autônomas são fundidas entre si, com a

---

[41] NESTER, Alexandre Wagner. *Regulação e concorrência (compartilhamento de infraestruturas e redes), op. cit.*, p. 56-57. Sobre regulação, reestruturação e concorrência de serviços públicos, v.: ÁNGEL LASHERAS, Miguel. *La Regulación Económica de los Servicios Públicos, op. cit.*, p. 141-174; ARAGÃO, Alexandre Santos de. *Direito dos serviços públicos, op. cit.*, p. 435-441.

[42] Como esclarecem Alexandre Faraco e Diogo Coutinho: "Os contratos de concessão do STFC na modalidade local contemplam, expressamente, a possibilidade de ser feita uma cobrança periódica (a assinatura) que tem como contrapartida apenas a manutenção do acesso ao usuário. Segundo o Anexo III desses contratos, que descreve o plano básico do serviço local de oferta obrigatória pela concessionária, também integram a 'cesta' tarifária os seguintes componentes: *tarifa de habilitação*, que pode ser cobrada quando o usuário obtém acesso ao serviço, por

atenuação de algumas em favor de outras, transformando-se num desembolso único por parte dos usuários. "Estas tarifas – escrevem Armando Castelar Pinheiro e Jairo Saddi – permitem aumentar a eficiência alocativa, sem a necessidade de subsidiar o monopolista natural. Tarifas multipartidas também são usadas para criar subsídios cruzados entre diferentes grupos de consumidores."[43] As cestas tarifárias são usualmente predefinidas no estatuto da concessão (leis e regulamentos) e consolidadas no contrato.

As cestas podem variar serviço a serviço (e respectivas modalidades), além de experimentarem variações no curso do tempo (*v.g.*, custo de instalação cuja cobrança não mais se justifica depois de já estabelecida toda a rede). Igualmente, pode haver composições diferenciadas nas cestas, integrando serviços e os combinando com outros dados relevantes (por exemplo, telefone fixo e móvel; Internet; ligações locais, estaduais, nacionais e internacionais; alguns a variar quanto aos momentos em que são prestados os serviços – dia/noite; dias úteis/feriados e fins de semana; horários de pico/horários de vale etc.). Neste caso, é um combinado de serviços e preços que implica o preço global (ou preços proporcionalmente menores de cada um dos componentes). Não se trata de tarifa única estatutária (logo, não se trata de cesta tarifária em sentido próprio), mas de pacote de serviços produzido pelo concessionário em sintonia com o concedente/regulador e comercializado a preço unitário.

Em ambos os casos são tarifas nas quais é economicamente eficiente sua integração (a exigir demonstração caso a caso). O estatuto da concessão ou respectivo contrato podem prever a variação dos preços individuais dos componentes da cesta tarifária, desde que mantido estável o preço médio definido para o conjunto de serviços.[44] Em face do usuário, a fim de instalar sinergia entre os custos do serviço (com respectiva atenuação), é de todo viável a instalação da cesta de tarifas. "No sistema de *cesta tarifária* todas as tarifas cobradas em relação a um serviço são reunidas, e o controle é feito de maneira geral. Os itens tarifários são inseridos numa fórmula matemática e, a partir daí, são fixados valores máximos em relação à 'cesta'; os reajustes e revisões são aplicáveis em relação ao todo. O concessionário, neste modelo, ganha a liberdade de balancear a proporção que cada item terá em relação ao todo ('cesta')."[45] O detalhe está na imperiosa clareza das premissas configuradas para a operação da cesta, bem como na respectiva legibilidade por parte dos usuários – que deverão conhecer as modalidades e custos de cada um dos produtos, pena de pagar por serviços inúteis (ou pagar mais pelos serviços menos usados).

---

meio da disponibilização de uma linha própria; *tarifa de assinatura*, a ser paga mensalmente, para a manutenção do direito de uso do serviço; e o *pulso*, cobrado em função da duração das chamadas feitas pelo usuário" (Regulação de indústrias de rede: entre flexibilidade e estabilidade, *op. cit.*, *Revista de Economia Política* 27(2)/270).

43 Pinheiro, Armando Castelar; Saddi, Jairo. *Direito, economia e mercados*, *op. cit.*, p. 269.

44 O que pode ser combinado com o controle do *teto na variação tarifária*. Como nos exemplos de telecomunicações e água citados por M. E. Beesley e S. C. Littlechild: "Another feature of price control is the precise rule for determining allowed price changes. BT's rule is based on the concept of a 'tariff basket', whereby price changes must be such that the average price of the services in the basket, as weighted by observed usage in the previous year, does not increase more than RPI-X. The water industry has a similar rule" (The regulation of privatised monopolies in the United Kingdom. *In:* VELJANOVSKI, C. *Regulators and the Market*. Londres: Institute of Economics Affairs, 1991, p. 44). Ampliar abaixo, no §94.

45 CÂMARA, Jacintho Arruda. *Tarifa nas concessões*, *op. cit.*, p. 93. Ampliar em TRAIN, Kenneth E. *Optimal Regulation: the Economic Theory of Natural Monopoly*, *op. cit.*, p. 191-237.

Porém, nem sempre essa clareza é economicamente eficiente, sob a óptica do projeto concessionário. Sem atentar para desvios na formação da tarifa, fato é que a atribuição de custos unitários a serviços prestados em rede configura tarefa extremamente complexa. Quanto maior o número de itens componentes da cesta e respectiva combinação, mais difícil se torna sua fragmentação equânime (tanto sob o ponto de vista do concedente e concessionário como dos usuários). Além disso, a composição da cesta permite estratégias mais interessantes a serem exercitadas *para fora da cesta* (novos produtos, incremento na qualidade etc.) – o que pode inibir a eficiência e a qualidade dos serviços internos à cesta. Isso porque a cesta tarifária pode vir a se transformar num nível de receita assegurada ao concessionário – e, assim, implicar a criação de zonas de conforto e desdém justamente nos serviços ao interno da cesta.

§88 Estrutura tarifária e discriminação de tarifas

Um modo eficiente de distribuir renda está na estrutura tarifária que distinga os diferentes níveis de usuários, compondo diversos conjuntos de tarifas. Esta estratificação funciona "distinguindo preços e aplicando preços diferentes segundo tipo de consumidores, níveis de consumo, zonas geográficas ou períodos de demanda".[46] O mesmo concessionário presta o serviço enfrentando igual custo a vários usuários, mas dissocia as tarifas com lastro em critério previamente estabelecido no estatuto e contrato de concessão. Este método pode ser subjetivo (usuário de baixa renda; empresas *versus* pessoas físicas; força de trabalho ativa *versus* aposentados e desempregados etc.) e/ou objetivo (área objeto de programa de fomento econômico; momento da prestação; níveis de consumo etc.) – ou mesmo a combinação deles (usuários de baixa renda e momentos do consumo).

Estas discriminações cumprem o princípio da isonomia sob seu aspecto material ao distinguir os desiguais e conferir tratamento privilegiado àqueles que dele efetivamente necessitam. Exigem, por conseguinte, normas empiricamente válidas e diferenciação proporcional à diversidade que de fato exista.

Por exemplo, a existência de diferentes tarifas em vista do sujeito pressupõe que a renda real dos usuários não seja uniforme: uns de baixa renda (os beneficiados), outros em situação confortável (que arcam com valores maiores, em cumprimento ao dever fundamental de solidariedade social). A cada um destes grupos será atribuída tarifa que diga respeito aos seus dados socioeconômicos – o que só pode ser implementado se forem poucos os grupos-padrão e se houver constante fiscalização (afinal, espera-se que haja desenvolvimento e superação da pobreza). Assim, é isonômico que as tarifas de transporte rodoviário de passageiros sejam menores nos momentos de baixa demanda (e/ou não sejam cobradas dos idosos) e que as tarifas de energia elétrica sejam mais baratas para usuários de baixa renda (e/ou custem menos fora dos horários de pico de consumo).

---

[46] ÁNGEL LASHERAS, Miguel. *La regulación económica de los servicios públicos, op. cit.*, p. 47 (tradução livre). O tema foi pacificado no STJ com a edição da Súmula nº 407: "É legítima a cobrança da tarifa de água fixada de acordo com as categorias de usuários e as faixas de consumo".

Boa parcela destas discriminações representa subsídios cruzados, operação de engenharia financeira por meio da qual o custo a menor de um usuário é bancado pela despesa a maior do outro, num processo econômico de distribuição de renda (v. os §§112 e 113, adiante).

Miguel Ángel Lasheras ressalta que a eficiência da discriminação de tarifas deve atender basicamente a duas condições: (i) que seja viável, por parte do Poder Público e do concessionário, identificar em separado os preços pagos por segmento para o qual se oferece a possibilidade de pagamento diferenciado (caso contrário é impossível desenhar a estrutura das tarifas e controlá-las); (ii) que não seja possível aos usuários a negociação do bem ou serviço a ser recebido com preço diferenciado (caso contrário poderão ocorrer ganhos indevidos por parte daquele que paga menos e revende por um preço maior).[47] O discrímen visa a atingir os efeitos de solidariedade social fixados em determinada política pública, não a gerar ganhos oportunistas de quem quer que seja. Assim, é essencial a possibilidade de levantamento fidedigno dos dados passíveis de serem discriminados e a respectiva eficiência na distribuição.

No caso brasileiro igualmente é muito importante o estabelecimento destas categorias diferenciadas de usuários desde o primeiro debate a propósito do edital, como assinalou Flávio Amaral Garcia: "Esta diferenciação deve ser formatada no momento da elaboração do edital (função regulatória da licitação), de modo a integrar o equilíbrio econômico-financeiro da futura relação contratual, sendo indispensável a criação de mecanismos que permitam a estes usuários comprovarem efetivamente a sua situação diferenciada e fazerem jus a uma tarifa de menor valor em relação à tarifa convencional".[48] Caso, excepcionalmente, essa distinção ocorra no curso da execução, nos termos do art. 35 da Lei nº 8.987/1995, "deverá ser efetuada a revisão contratual, para reequilíbrio da equação econômico-financeira, se a própria lei [instituidora da diferenciação] não contiver a previsão de seu custeio", conforme frisa Karina Houat Harb.[49] Ou seja, a criação – legislativa ou administrativa – de futuras categorias de cobranças diferenciadas, há de prestar respeito ao equilíbrio econômico-financeiro da concessão (v. §§81 e 100).

§89 Piso tarifário e "tarifas mínimas"

O que se chama de "tarifa mínima" diz respeito àqueles serviços cuja prestação exige pagamento básico por parte de todos os usuários, independentemente do efetivo uso do serviço. Paga-se mensalmente uma importância que confere ao usuário o direito de usar o serviço em qualquer momento do dia, mas até certo limite (a partir do qual se instala a cobrança-padrão).

O que não é possível em todos os serviços, como sublinha Jacintho Arruda Câmara: "A cobrança de um valor mínimo, mensal, pela utilização de serviços públicos é

---

[47] ÁNGEL LASHERAS, Miguel. *La regulación económica de los servicios públicos, op. cit.*, p. 48 (tradução livre).

[48] GARCIA, Flávio Amaral. A remuneração nas concessões de rodovias. *RDPE*, Belo Horizonte, Fórum, 5/53, jan./mar. 2004. A esse respeito, a Lei nº 12.212/2010 dispõe sobre a *tarifa social de energia elétrica* para consumidores enquadrados na "subclasse residencial baixa renda", para as famílias devidamente cadastradas (v. também a Lei nº 10.438/2002).

[49] *A revisão na concessão comum de serviço público*. São Paulo: Malheiros Editores, 2012, p. 77.

frequentemente adotada em modelos tarifários de serviços que empregam uma estrutura de 'rede' para assegurar sua oferta aos usuários".[50] Ainda que o usuário não consuma o serviço (nenhuma unidade de água ou de energia ou de telecomunicações), pelo fato de estar ligado à rede ele impõe custos fixos ao sistema, pelos quais deve pagar.

Ao se cogitar do porquê das tarifas mínimas, há de se abandonar a visão individualista daquele que paga e questionar o que está por detrás dessa cobrança: o interesse coletivo definido naquele projeto concessionário. Melhor dizendo: a concessão significa a concretização de determinada política pública, debatida e definida pelas autoridades a quem se outorgou tal competência. O projeto concessionário merece o respeito de todos, com lastro no dever fundamental de solidariedade – ainda que isso implique custos fixos a serem arcados periodicamente. Afinal, a cobrança de um valor mínimo não corresponde tão somente ao custo do que é efetivamente consumido, mas sim àqueles da implantação de toda a rede necessária ao bom funcionamento do sistema de serviço público (obras iniciais; manutenção e reforma; demandas sociais; atendimento de emergência; segurança e estabilidade do serviço etc.). A fim de que o serviço seja prestado – e para que ele alcance todos os que dele precisam – faz-se necessária a projeção relativa a uma receita mínima, o que só é possível por meio do pagamento de quantia fixa por parte de todos os usuários.

A tarifa mínima tem, ao menos, quatro temas-chave que a justificam: (i) estabilidade de receita: garante receita linear para concessionárias prestadoras de serviços de interesse social, mesmo que o consumo de alguns clientes seja baixo ou variável, o que é crucial para cobrir os altos custos fixos associados à infraestrutura e à manutenção necessárias para operar um monopólio natural; (ii) acesso universal: a tarifa mínima acessível faz com que os serviços básicos possam ser garantidos para todos os consumidores, independentemente de sua capacidade de pagar por um uso mais extensivo; (iii) incentivo ao uso racional: incentiva os consumidores a usarem os serviços de forma eficiente, pois qualquer uso acima do limite mínimo implicará cobranças adicionais; (iv) equilíbrio entre custos e benefícios: confere sustentabilidade ao projeto concessionário ao equilibrar os interesses dos consumidores em acessibilidade e o interesse das concessionárias em cobrir seus custos operacionais e investimentos em infraestrutura.

O tema das tarifas mínimas continua a gerar elevados debates acadêmicos. Dinorá Musetti Grotti enfrenta o tema com proficiência, cuja cobrança Joana Paula Batista considerava abusiva – não obstante o prestígio de sua legitimidade pelos Tribunais Superiores.[51] Mas o STJ já pacificou o assunto, como expressamente consta de sua Súmula nº 356: "É legítima a cobrança da tarifa básica pelo uso dos serviços de telefonia fixa".

§90 Tarifa e direito intertemporal

O §1º do art. 9º da Lei nº 8.987/1995 é incisivo ao consignar que a tarifa "não será subordinada à legislação específica anterior" (texto inserido pela Lei nº 9.648/1998). Com isso se pretende resolver problema de direito intertemporal em face de leis especiais

---

50 CÂMARA, Jacintho Arruda. *Tarifa nas concessões, op. cit.*, p. 143.

51 Grotti, Dinorá Musetti. *O serviço público e a Constituição brasileira de 1988, op. cit.*, p. 242-244; e BATISTA, Joana Paula. *Remuneração dos serviços públicos, op. cit.*, p. 92-94 – ambos com citação de amplo rol de julgados.

pretéritas. Constatação que exige prévio aclaramento dos conceitos de normas *gerais* e *especiais*.

Conforme acima descrito (§9), as normas gerais de licitação e contratação administrativa são a fórmula por meio da qual o poder constituinte pretendeu possibilitar ao legislador ordinário a supressão *ex ante* de conflitos normativos em matérias nacionais que abranjam competências e interesses comuns aos entes federativos (e respectivas Administrações indiretas). A Lei Geral de Concessões é subjetiva e objetivamente geral, no sentido de que se aplica a todas as pessoas administrativas brasileiras. Essa é a sua incidência vertical em termos federativos. Mas ela é também uma lei especial (em face das demais leis de licitações e contratos, como a Lei nº 14.133/2021) e geral (no que respeita a leis setoriais específicas, como a 12.815/2013, para os portos, e a 11.445/2007, para o setor de saneamento). Essa é a sua incidência horizontal, em termos de sucessão de leis no tempo (ampliar acima, no §9).

Ou seja, uma coisa é a compreensão interfederativa da Lei nº 8.987/1995, outra é a distinção entre leis gerais e especiais para fins de sua aplicação no tempo. Apesar da coincidência da nomenclatura, aqui se trata de técnica de transposição de antinomias dirigida à amplitude da matéria legislada, a qual envolve a consideração de uma lei em relação à outra. Como leciona José de Oliveira Ascensão: "Uma regra é especial em relação a outra quando, sem contrariar substancialmente o princípio nela contido, a adapta a um domínio particular".[52] O que remete ao critério hermenêutico que governa o relacionamento entre as normas sucessivas no tempo. "O cânone da totalidade – descreveu Betti – impõe uma perene referência das partes ao todo, e por essa razão também uma referência das normas singulares ao seu complexo orgânico: portanto, impõe uma atuação unitária das avaliações legislativas e uma decisão uniforme de todos aqueles conflitos de interesses que, medidos segundo essas avaliações, mostram possuir, por assim dizer, uma idêntica localização. A aplicação do cânone em comento nada mais é que as velhas regras escolares sobre conflito entre normas contraditórias com a prevalência da *lex posterior* sobre a *lex anterior* ou da *lex specialis* sobre a *lex generalis*: *lex posterior derogat legi priori*, com a reserva de que *lex posterior generalis non derogat legi priori speciali*."[53]

É nítido que a Lei nº 8.987/1995 diz respeito à configuração universal de especial instituto jurídico – a concessão e a permissão de serviço público –, pois ordena num só diploma normativo o específico conjunto de preceitos que apenas a esse instituto são singulares. Com isso, essa Lei Geral de Concessões instalou dissociação específica entre as concessões de serviço público contemporâneas e as demais licitações e contratações administrativas – abrangendo-se aí as concessões pretéritas, instaladas segundo legislação setorial fragmentada (por exemplo, o Decreto nº 24.643/1934, o denominado "Código de Águas", e respectivo regime tarifário[54]). Apesar das semelhanças, fato é que foi

---

52 ASCENSÃO, José de Oliveira. *Introdução à Ciência do Direito, op. cit.*, 3. ed., p. 512.

53 Betti, Emilio. *Interpretazione della Legge e degli Atti Giuridici*. 2. ed. Milão: Giuffrè Editore, 1971, p. 119 (tradução livre).

54 Cf., *v.g*, alguns de seus dispositivos:
"Art. 163. As tarifas de fornecimento da energia serão estabelecidas, exclusivamente, em moeda corrente no país e serão revistas de 3 (três) em 3 (três) anos.
"(...).
"Art. 178. No desempenho das atribuições que lhe são conferidas, a Divisão de Águas do Departamento Nacional da Produção Mineral fiscalizará a produção, a transmissão, a transformação e a distribuição de

criado regime jurídico inaugural mediante a positivação de conjunto específico de preceitos normativos, visando a fim diverso daqueles já positivados em outras normas (ou conjunto de). Isso tanto no cenário das licitações como naquele das contratações. A tarifa das concessões comuns instaladas sob o regime da Lei Geral de Concessões não será de forma alguma subordinada à legislação pretérita – e o mesmo se diga quanto à configuração do equilíbrio econômico-financeiro do contrato (v. §100, adiante). Por exemplo, não incide nas novas concessões de serviços de água e energia o regime do Código de Águas.

Aplica-se à Lei nº 8.987/1995 a previsão do art. 2º, §§1º e 2º, da LINDB.[55] A Lei Geral de Concessões *revogou* as disposições das leis anteriores quando expressamente o declarou ou quando com elas incompatível ao tratar do mesmo tema.[56] E o §1º do seu art. 9º *expressamente declarou* a incompatibilidade da legislação anterior pertinente ao regime tarifário.

§91 Tarifa e serviços públicos alternativos e gratuitos

O tema dos serviços alternativos foi objeto de comentários ao se tratar da liberdade de escolha do prestador prevista no inciso III do art. 7º da Lei Geral de Concessões (acima, §76). Porém, o dispositivo do §1º do art. 9º da Lei nº 8.987/1995 vai além, e trata do serviço alternativo qualificado de *gratuito* como *condição* para a cobrança da tarifa. Não versa, portanto, somente a respeito da liberdade de escolha – mas da obrigação de fornecimento do serviço gratuito, ao lado daquele tarifado.

A fim de não defender a impropriedade semântica do texto legal (a palavra significa "de graça", "sem custos"), é necessário frisar quem é a pessoa que experimentará a gratuidade do serviço. Por isso que o texto da norma limita a graciosidade "para o usuário" singular (nem todos, mas ao menos alguns deles). Seria impróprio forçar a existência de serviço grátis para todos os usuários como condição para a cobrança deles mesmos. (Quem optaria pelo serviço pago? – só os excêntricos.)

---

energia hidroelétrica, com o tríplice objetivo de: a) assegurar serviço adequado; b) fixar tarifas razoáveis; c) garantir a estabilidade financeira das empresas.
"Parágrafo único. Para a realização de tais fins, exercerá a fiscalização da contabilidade das empresas".
"(...).
"Art. 180. Quanto às tarifas razoáveis, alínea 'b' do art. 178, o Serviço de Águas fixará, trienalmente, as mesmas: I – sob a forma do serviço pelo custo, levando-se em conta: a) todas as despesas e operações, impostos e taxas de qualquer natureza, lançados sobre a empresa, excluídas as taxas de benefício; b) as reservas para depreciação; c) a remuneração do capital da empresa; II – tendo em consideração, no avaliar a propriedade, o custo histórico, isto é, o capital efetivamente gasto, menos a depreciação; III – conferindo justa remuneração a esse capital; IV – vedando estabelecer distinção entre consumidores, dentro da mesma classificação e nas mesmas condições de utilização do serviço; V – tendo em conta as despesas de custeio fixadas, anualmente, de modo semelhante".

55 "Art. 2º. Não se destinando a vigência temporária, a lei terá vigor até que outra a modifique ou revogue.
"§1º. A lei posterior revoga a anterior quando expressamente o declare, quando seja com ela incompatível ou quando regule inteiramente a matéria de que tratava a lei anterior.
"§2º. A lei nova, que estabeleça disposições gerais ou especiais a par das já existentes, não revoga nem modifica a lei anterior".

56 Em caso que diz respeito ao uso da faixa de domínio de rodovias, o TJSP confrontou o Código de Águas (art. 151) com a Lei nº 8.987/1995 (art. 11) e decidiu: "Diante das duas normas jurídicas, não há dúvida de que *o art. 11 da Lei 8.987/1995, com fulcro no art. 175 da CF, revogou, nesta matéria, o art. 151 do Código de Águas*, especialmente no que diz respeito às concessões estaduais e municipais, eis que referidas regras jurídicas não podem se sobrepor às normas criadas pelo legislador estadual ou municipal" (ACi nº 670.533-5/2-00, Des. José Habice, j. 26.1.2009).

Afinal de contas, aqui, o serviço alternativo gratuito não aparece como prestação autônoma, mas na condição de pressuposto para a cobrança da tarifa do serviço concedido. Determinadas categorias de usuários necessitam, por conseguinte, de adjetivação (passe *escolar*; passe aos *idosos* ou passe livre às pessoas *carentes* e *portadoras de deficiência*[57]). Ou seja, poderá existir um serviço público concedido sob regime tarifário cuja condição de existência esteja subordinada a outro serviço equivalente (mas não necessariamente igual), a ser fornecido de modo gratuito.

Quais são os requisitos para que isso aconteça, nos termos da Lei Geral de Concessões? O §1º do art. 9º prescreve duas exigências: (i) *previsão legal expressa* (a excluir atos e regulamentos administrativos) e (ii) *fornecimento de outro serviço* (alternativo ao em que é cobrada a tarifa).[58] A combinação de ambas resulta em que a cobrança da tarifa não pode ser condicionada ao fornecimento do mesmo serviço ao mesmo usuário ou de duas ordens de serviços equivalentes (iguais, mas um de graça e o outro pago).

Afinal, *serviço alternativo* não significa *idêntico*, mas, sim, *aquele que resulta da escolha entre dois diferentes* (*alter* = outro; "alternativa" = sucessão de duas coisas diferentes; "alternar" = variar sucessivamente). E tal diversidade não poderia resultar unicamente do sujeito prestador: não é alternativa subjetiva, mas escolha objetiva entre dois serviços. O serviço deverá ser prestado de forma idêntica apenas nos casos em que seja faticamente impossível essa diferenciação (ou que ela importe menosprezo à dignidade do beneficiário). Estes são os pressupostos legais para a instalação de serviço alternativo e gratuito que condicione a cobrança da tarifa no serviço concedido.

Mas o tema não se esgota nessas singelas constatações. Note-se que o serviço alternativo e gratuito pode ser instalado ao interno do contrato principal (serviço tarifado para determinadas categorias de usuários *versus* serviços gratuitos para certos grupos) ou em outro contrato administrativo (por exemplo, a instalação de outra concessão, administrativa ou patrocinada) ou prestado diretamente pela Administração. Em qualquer dessas hipóteses o serviço alternativo e gratuito gera forte impacto no equilíbrio econômico-financeiro do contrato principal.

Por isso o respectivo oferecimento deve ser antecedido de estudos que comprovem a possibilidade da convivência entre os dois serviços bem como o conteúdo e limites de cada um deles – isso não só naqueles que condicionem a tarifa, mas também nos que

---

57 Por exemplo, diz a Lei nº 8.899/1994: "Art. 1º. É concedido passe livre às pessoas portadoras de deficiência, comprovadamente carentes, no sistema de transporte coletivo interestadual". Esse diploma foi regulado pelo Decreto nº 3.691/2000: "Art. 1º. As empresas permissionárias e autorizatárias de transporte interestadual de passageiros reservarão 2 (dois) assentos de cada veículo, destinado a serviço convencional, para ocupação das pessoas beneficiadas pelo art. 1º da Lei n. 8.899, de 29 de junho de 1994, observado o que dispõem as Leis ns. 7.853, de 24 de outubro de 1989, 8.742, de 7 de dezembro de 1993, 10.048, de 8 de novembro de 2000, e os Decretos ns. 1.744, de 8 de dezembro de 1995, e 3.298, de 20 de dezembro de 1999". Posteriormente, os Ministros de Estado dos Transportes, Justiça e Saúde baixaram a Portaria Interministerial 003/2001, visando a (art. 1º) "disciplinar a concessão do passe livre às pessoas portadoras de deficiência, comprovadamente carentes, no sistema de transporte coletivo interestadual, nos modais rodoviário, ferroviário e aquaviário". O benefício exige a prova de o usuário ser portador de deficiência e carente em termos financeiros – o que implica uma condição para a prestação do serviço gratuito, pena de fiscalização, multas e até a decretação da caducidade do contrato. Sobre a isenção oriunda do Estatuto do Idoso, v. SCHWIND, Rafael Wallbach. O custo dos direitos: o caso da gratuidade prevista no Estatuto do Idoso e a remuneração do concessionário de transporte urbano, *op. cit.*, *RDPE*, 21/215-240. Ampliar nos §§76 e 81.

58 Como decidiu o STJ: "Com efeito, a disponibilização e oferta de via pública alternativa e gratuita para os usuários, em caráter obrigatório, somente deve ser imposta quando objeto de previsão expressa de lei" (REsp nº 617.002-PR, Min. José Delgado, *DJ* 29.6.2007). O caso versava sobre concessões rodoviárias.

não estabeleçam essa estipulação. Além disso, é de todo recomendável que a definição do fornecimento gratuito seja anterior ou simultânea à celebração do contrato de concessão, pena de agredir de forma irremediável o fluxo de receitas e despesas do projeto concessionário. Caso isso não aconteça, sua instalação exigirá a concomitante produção dos estudos de reequilíbrio (a resultar, *v.g.*, na majoração das tarifas dos demais usuários, na extensão do prazo do contrato, na atenuação dos custos das obras e/ou serviços ou em indenização a ser imediatamente paga pelo concedente).[59]

§92 Remuneração tarifária e efetiva disponibilidade do serviço

As comodidades oferecidas aos usuários de serviço público concedido exigem o pagamento da tarifa, tal qual originariamente definida (regime estatutário, edital, proposta e contrato). O concessionário tem sua atividade empresarial remunerada por todos e cada um dos usuários. Nada obstante a natureza dos serviços, o regime concessionário comum depende do pagamento dos usuários. Em contrapartida, é necessária sua efetiva prestação para que a tarifa possa ser cobrada.

Na justa medida em que a concessão comum existe em vista de projetos autossustentáveis, os quais abdicam de verba pública e pressupõem o aporte de recursos privados, é inadmissível que o financiamento inicial – o primeiro de todos – seja realizado pelos futuros usuários. Isto é, não se pode exigir a cobrança de tarifa sem a prestação do serviço público (ou a respectiva obra). Se assim fosse haveria a desnaturação da tarifa cobrada – que deixaria de ser contraprestação ao serviço e assumiria configuração próxima dos tributos indiretos.

Aliás, o STF já decidiu que: "A circunstância de a exploração do serviço de instalação de rede coletora de esgoto haver sido concedida a entidade de direito privado, conquanto organizada como sociedade de economia mista, não acarreta para o usuário o dever de financiar o custo da implantação, cumprindo-lhe tão somente o pagamento da taxa ou tarifa correspondente ao serviço posto à sua disposição".[60] Por isso o projeto nas concessões comuns envolve financiamentos prévios (capital dos acionistas ou empréstimos bancários – com os respectivos custos) e o aporte de recursos privados em empreendimentos públicos.

Mas esta constatação não quer dizer que toda a infraestrutura do projeto concessionário deva estar pronta e acabada antes da cobrança da tarifa – nem que a integralidade dos serviços esteja em plena prestação. É perfeitamente válido condicionar a cobrança da tarifa à execução de obras e/ou serviços iniciais ou preliminares: um conjunto mínimo

[59] Como o STJ decidiu, antes mesmo da promulgação da Lei Geral de Concessões: "A Lei n. 5.153/1991 do Município de Campos-RJ não é inconstitucional posto que, embora imponha a gratuidade nos transportes coletivos de servidores municipais que indica, acobertou, esses ônus, com o aumento concreto do itinerário concedido às linhas de ônibus do Município, bem como com o reajuste das tarifas" (RMS nº 3.161-RJ, Min. Demócrito Reinaldo, *DJ* 11.10.1993).

[60] STF, RE nº 150.507-SP, Min. Ilmar Galvão, *DJ* 5.9.1997. Em sentido semelhante o STJ: "Não há que se reconhecer como devida a tarifa de coleta de esgoto quando o acórdão, com base na prova pericial, atesta que o referido serviço não é prestado à população, no local em que está situado o imóvel da parte contra quem se faz tal exigência" (REsp nº 856.516-RJ, Min. José Delgado, *DJ* 14.6.2007). Ampliar em: GARCIA, Flávio Amaral. Aspectos jurídicos da cobrança antecipada de pedágio nas concessões públicas de rodovias. *In: Licitações e Contratos Administrativos*. 2. ed. Rio de Janeiro: Lumen Juris, 2009, p. 433-445; Almeida, Aline Paola Correa Braga Camara de. *As tarifas:* e as demais formas de remuneração dos serviços públicos, *op. cit.*, p. 117-119.

de intervenções que permitam aos usuários usufruir serviço e/ou obra (aliás, trata-se de previsão expressa do art. 2º, III, da Lei nº 8.987/1995).

Os projetos de concessões comuns normalmente têm longo prazo com a finalidade de estabelecer a periodicidade da execução de obras e prestação de serviços, contando com certo plano de execução. Este pode estabelecer metas específicas (critérios físicos, financeiros etc.) ou índices de *performance* a serem atendidos. A não ser nos casos de obras e serviços que não possam abdicar da instalação completa antes da prestação ao usuário (aeroportos, rede de água e esgoto, ferrovias e rodovias dantes inexistentes etc.), o que normalmente se dá é a sucessão de fluxos de obras com aqueles de receitas. O tema é caro às concessões de serviço precedidas de obras públicas, como já se mencionou no §28, acima.

A toda evidência, cada serviço e respectiva legislação setorial definirão o critério de remuneração em vista do que se pode entender por efetiva disponibilização do serviço ao usuário. Por exemplo, o setor de água e saneamento instala desafios peculiares, eis que sua instalação ultrapassa o espaço público das ruas e calçadas, para ingressar nas residências privadas. Em decorrência, é possível que a concessionária chegue até as portas dos usuários e estes pretendam se recusar à ligação. Impedem o ingresso da concessionária em sua propriedade privada e, ao mesmo tempo, não promovem a respectiva conexão. Ou seja, tais usuários desprestigiam os deveres de saúde pública – e, inclusive, o art. 45 da Lei nº 11.445/2007 (que estatui a interligação obrigatória, especialmente depois da redação que foi dada aos §§5º a 7º pela Lei nº 14.026/2020[61]). Ora, em situações como essa, equivalentes ao acúmulo de lixo no quintal como forma de não pagar o serviço de limpeza urbana, a cobrança é um incentivo a que o usuário cumpra com o seu dever fundamental de promover a saúde pública (v., acima, §72), mesmo que ele refute e/ou descumpra o dever de conectar-se.[62] Igualmente, o poder de polícia da Administração que figura no polo ativo do contrato merece ser acionado, a fim de compelir o usuário a se conectar.

Igualmente no setor de saneamento, em recurso repetitivo, o STJ consolidou que a tarifa é integralmente devida mesmo nos casos em que a concessionária faz a coleta do esgotamento sanitário, mas não efetua a integralidade do tratamento. Como consta do acórdão, "(...) justifica-se a cobrança da tarifa de esgoto quando a concessionária realiza a coleta, transporte e escoamento dos dejetos, ainda que não promova o respectivo tratamento sanitário antes do deságue. 3. Tal cobrança não é afastada pelo fato de serem utilizadas as galerias de águas pluviais para a prestação do serviço, uma vez que a concessionária não só realiza a manutenção e desobstrução das ligações de esgoto que são conectadas no sistema público de esgotamento, como também trata o lodo nele gerado. 4. O tratamento final de efluentes é uma etapa posterior e complementar,

---

[61] Lado a lado com a Lei nº 9.605/1998, que preceitua ser crime ambiental causar poluição "em níveis tais que resultem ou possam resultar danos à saúde humana", dentre eles o lançamento de resíduos "em desacordo com as exigências estabelecidas em leis ou regulamentos" (art. 54, §2º, inc. V).

[62] Nesse sentido, o STJ considerou válida a cobrança por disponibilidade, inclusive em casos de hidrômetro único. Em processo de reclamação, 1. Seção do STJ considerou diversa a cobrança da tarifa fixa (ali chamada de tarifa de "serviço básico", que remunera a disponibilidade do serviço de água e esgoto, independentemente de consumo) da tarifa mínima (que seria uma ficção de consumo). Com isso, considerou válida a cobrança por disponibilidade, mesmo em caso de múltiplas economias (Rcl nº 7.541, Min. Humberto Martins, *DJe* 30.05.2012).

de natureza sócio-ambiental, travada entre a concessionária e o Poder Público. 5. A legislação que rege a matéria dá suporte para a cobrança da tarifa de esgoto mesmo ausente o tratamento final dos dejetos, principalmente porque não estabelece que o serviço público de esgotamento sanitário somente existirá quando todas as etapas forem efetivadas, tampouco proíbe a cobrança da tarifa pela prestação de uma só ou de algumas dessas atividades. Precedentes: REsp 1.330.195/RJ, Rel. Min. Castro Meira, Segunda Turma, DJe 04.02.2013; REsp 1.313.680/RJ, Rel. Min. Francisco Falcão, Primeira Turma, DJe 29.06.2012; e REsp 431121/SP, Rel. Min. José Delgado, Primeira Turma, DJ 07/10/2002. [...] 7. Recurso especial provido, para reconhecer a legalidade da cobrança da tarifa de esgotamento sanitário".[63]

§93 Reajuste e revisão tarifária

É de todo adequado que o regime estatutário preveja e o contrato dê concreção a mecanismos de reajuste e de revisão a serem periodicamente implementados pelo concedente (ou agência reguladora). Projetos duradouros como os das concessões exigem essa cautela a fim de que, com o passar do tempo, as tarifas não se descolem da realidade. A natural incompletude de contratos que combinam longo prazo e complexas prestações torna necessários os mecanismos de manutenção do pacto (ou ao menos formas preestabelecidas de solução de litígios). Assim sendo, os reajustes e as revisões devem ser conduzidos de modo imparcial e sob uma óptica de longo prazo, conscientes de que as tarifas geram impactos não só no interior do serviço prestado (criam incentivos ou contraincentivos aos concessionários – presentes e futuros), mas também refletem em termos de política macroeconômica e, de maneira incisiva, nos processos de estabilidade monetária (v. §96, adiante).[64]

As tarifas são preços fixados administrativamente (preços públicos; preços administrados – ver acima, §89). Não flutuam, como os demais preços livremente fixados pelos agentes nos respectivos mercados. Elas se mantêm estáveis durante períodos certos, prefixados – logo, as alterações dos custos para a prestação do serviço não impactam de imediato nas tarifas, mas, sim, são represadas e postas a teste quando da divulgação dos reajustes (e revisões). Alguns dos problemas mais sérios a serem enfrentados estão em que as tarifas não refletem de imediato as alterações nos custos e podem ser mantidas artificialmente baixas por razões políticas.[65] Isto é, a tarifa

---

[63] Tema 565: REsp nº 1339313, 1. Seção, Min. Benedito Gonçalves, *DJe* 21.10.2013.

[64] Cf. MENDONÇA, Helder Ferreira de. Metas para inflação e taxa de juros no Brasil: uma análise do efeito dos preços livres e administrados. *Revista de Economia Política* 27(3)/431-451. São Paulo: Editora 34, jul./set. 2007. Como visto no §89 acima, a expressão "preços administrados" quer significar aqueles estabelecidos, direta ou indiretamente, pela Administração Pública – seja pela via contratual, seja por regulação. De ordinário abrange bens e serviços em tese infensos a condições de oferta e procura (devido aos próprios mercados ou devido a opções legislativas) e, ao mesmo tempo, necessários para as pessoas privadas e para o desenvolvimento de atividades produtivas. É usual que estes preços tenham repercussão na formação e na estrutura dos demais.

[65] Basta lembrar o que aconteceu nas décadas de 1940/1950 à luz do Código de Águas, cujo art. 163 disciplinava tarifas e revisão. O Governo controlava as tarifas, represando reajustes e revisões. Por um lado, isso implicou o controle de preço público definido em contrato (a inflação de usual resulta na tentativa governamental de reprimi-la nos preços públicos). Na conclusão de Mário Henrique Simonsen, a distorção resultante da "estabilidade legal" da moeda gerou "o desinteresse dos capitais privados na expansão dos serviços de utilidade pública, em que as tarifas eram calculadas de modo a remunerar os capitais investidos em apenas 10% ao ano sobre o seu

experimenta variações reais em sua composição, mas, devido a motivos não técnicos e desrespeitosos da lei e dos contratos, tem sua atualização bloqueada pelos agentes públicos. Isso gera o represamento dos valores e sua implementação a maior em data futura (além do prejuízo ao interno da execução contratual).

Por conseguinte, os processos constitutivos dos respectivos custos só incidem indireta e periodicamente nas tarifas – e não diretamente, como se dá nos preços formados em situação de mercado concorrencial. Além desse lapso entre a variação real dos custos e sua efetiva incorporação na tarifa, há a necessidade de procedimento prévio, a culminar no ato administrativo (real ou presumido) que determina a implementação da nova tarifa em dia e hora prefixados. Sob este aspecto pode-se afirmar que a tarifa é administrada, gerenciada, pelo Poder Público.

Atente-se para o fato de que tarifas são preços públicos que incidem nos principais setores da economia (em termos sociais e de projetos de investimento), a remunerar projetos vultosos e contínuos, que duram muitos anos. A estabilidade das concessões depende da manutenção das regras do jogo. Logo, é imprescindível a definição prévia de quem, como, quando e onde serão desenvolvidos os reajustes e revisões – segundo regras claras, de aplicação cogente e inviável modificação unilateral.

Reajuste e *revisão* são *formas diversas* de alteração da importância a ser paga pelo usuário a título de tarifa. Não podem ser confundidas. Assim, cada um destes mecanismos de (re)avaliação da tarifa no tempo merece tratamento autônomo.

O *reajuste* diz respeito a alterações ditas nominais, que visam a preservar o valor real da tarifa em vista do fenômeno inflacionário (ou deflacionário). *Grosso modo*, a inflação pode ser conceituada como a queda do poder de compra da moeda e correspondente aumento no nível dos preços; já a deflação é a redução do nível dos preços e correspondente aumento de poder de compra da moeda. É com isso que o reajuste se preocupa: não há aumento (ou diminuição) do valor real da tarifa, mas sua manutenção por meio de mudança na respectiva expressão numérica (para mais ou para menos).

Como dizem Arnoldo Wald, Luíza Rangel de Moraes e Alexandre de M. Wald, "a tarifa resultante de *reajuste* é *a mesma tarifa* anterior, não significando o reajuste um aumento, nem importando fixação de nova tarifa".[66] Afinal, no contrato de concessão as partes *ajustam* o valor da tarifa e respectivo nível tarifário (a receita que efetivamente cobre os custos totais dos serviços e obras contratados – v. §84). O número que representa o valor ajustado, contudo, não se mantém estável no tempo.

Caso haja inflação (ou deflação), isso importará alteração dos custos reais do projeto e respectiva perda (ou incremento) do poder aquisitivo representado pelo valor

valor histórico em moeda nacional, aplicando-se o mesmo critério aos encargos de depreciação e amortização. A consequência inevitável foi a deterioração da qualidade dos serviços de utilidade pública, o racionamento de alguns deles (inclusive os de água e luz, para não falar na telefonia) e a encampação final desses serviços pelo Estado" (*30 Anos de Indexação, op. cit.*, p. 26). Por outro lado, a retração do reajuste conviveu com a intensificação da inflação. A partir da década de 1950 esse aumento, em combinação com o bloqueio estatal dos preços, deu margem à potencialização futura dos índices, ao desinteresse e fuga de investimentos e a nova elevação da inflação reprimida. O Governo impedia artificialmente o desdobramento do impacto inflacionário, contenção cuja permanência era impossível em longo prazo, com maior repasse futuro. O que gerou círculo vicioso inflacionário e intensa intervenção do Estado na ordem econômica através da tentativa de controle oficial dos índices da inflação. Situação que só veio a ser regularizada na década de 1990 (v. §96, abaixo).

66 Wald, Arnoldo; Moraes, Luíza Rangel de; Wald, Alexandre de M. *O direito de parceria e a lei de concessões, op. cit.*, 2. ed., p. 195.

da tarifa. O mesmo volume de pagamentos não repercutirá da forma contratualmente ajustada – instalando-se o dever de o valor tarifário *voltar a ser ajustado* (*ser reajustado*). Se a inflação faz com que o nível tarifário desça e torne inviável o cumprimento dos deveres e obrigações contratuais, no caso da deflação existe o incremento da receita do projeto. Em ambas as alternativas isso significa que, com o passar do tempo, o número estampado na tarifa não mais traduzirá o poder de compra existente à época da contratação – exigindo seu reajuste. Com a alteração do número representativo da tarifa busca-se estabilizar seu papel nos custos do projeto e preservar o respectivo poder de compra. Sua aplicação prática significa a execução do contrato nos termos pré-ajustados.

Por isso que Flávio Amaral Garcia frisa que o reajuste "opera independentemente de variações significativas, não demandando, a rigor, a existência de desequilíbrio. É um mecanismo preventivo aplicado de forma vinculante para impedir que o desequilíbrio chegue pelo impacto que o tempo costuma exercer sobre os custos da atividade".[67] Todavia, a não concessão do reajuste, com respectiva manutenção do valor histórico da tarifa, importa a imposição de *deságio tarifário* por omissão (própria, caso não homologado, ou imprópria, caso proibido). A não aplicação do reajuste significa que os usuários pagarão valor real menor do que o pactuado no contrato, em detrimento do projeto concessionário em si mesmo. Esse deságio tarifário é uma forma indevida de intervenção do poder concedente (ou de terceiros) na execução contratual, equivalente a uma ordem cogente de diminuição do valor da tarifa sem o correspondente reequilíbrio.

O reajuste dá-se por meio da aplicação direta de índice referente à variação dos preços no setor econômico em que se desenvolve o projeto tarifário ou através do emprego de fórmulas paramétricas, que igualmente se valem de índice apurado por instituição imparcial e oficial (um ou mais índices que se prestam à execução dos cálculos). São exemplos os índices divulgados pelo Instituto Brasileiro de Geografia e Estatística – IBGE (INPC – Índice Nacional de Preços ao Consumidor, IPCA – Índice Nacional de Preços ao Consumidor Amplo, INCC – Índice Nacional da Construção Civil etc.), aqueles divulgados pela Fundação Getúlio Vargas – FGV (os IGPs – Índices Gerais de Preços) e o Índice de Preços ao Consumidor – IPC, calculado pela Fundação Instituto de Pesquisas Econômicas – FIPE (sobre a variação endógena desses índices, v. o §95, adiante).

Assim, uma vez divulgado o índice pactuado no dia e mês preestabelecidos, todos (regulador, concedente, concessionário, usuários e terceiros) têm condições de saber qual será o reajuste. Tanto o índice quanto as fórmulas paramétricas são dados públicos de livre acesso. Por isso que o estatuto e os contratos de concessão podem se valer de regras para a aplicação automática do reajuste (elaboradas as contas pelo concessionário e submetidas ao escrutínio da autoridade competente). Desde que expressamente previstos todos os itens de sua composição e modo de incidência, a homologação do reajuste é ato vinculado da Administração: não lhe resta qualquer discricionariedade para deferir (ou não) a manutenção do valor da tarifa.

Como destaca Carlos Ari Sundfeld, a competência relativa ao reajuste da tarifa "é de simples homologação, a qual, além de vinculada (afastando-se, destarte, qualquer

---

[67] *A mutabilidade nos contratos de concessão, op. cit.*, p. 239.

apreciação subjetiva), não é condição para o reajuste, envolvendo simples reconhecimento de direito existente".[68] Mesmo porque o indeferimento do reajuste equivale a ato de diminuição real do valor pactuado – o que exigiria as correspondentes medidas de reequilíbrio.

Daí por que são válidas previsões contratuais de homologação automática do reajuste caso a Administração quede silente – a prestigiar a segurança jurídica da contratação.[69] Como em mais de uma ocasião decidiu o TRF-4ª Região, a negativa exige do concedente a apresentação fundamentada dos erros nas contas. Caso não existam, homologado está o reajuste: "Não existe grave lesão à ordem econômica, jurídica ou administrativa pelo cumprimento de cláusula contratual, firmada entre as partes, e não discutida judicialmente e que corresponde, inclusive, a direito constitucional da concessionária de manter a equação econômico-financeira do contrato. De toda forma, neste interregno passou tempo suficiente para apresentação dos cálculos que a Administração entenderia corretos, dos índices aplicados e da própria contestação de valores, havendo muito maior prejuízo na não manutenção de estradas ou na não prestação do serviço público contratado".[70] Nestes casos o silêncio administrativo tem efeitos de homologação tácita ou presumida – basta a previsão expressa no contrato ou no estatuto da concessão.

A interpretação desse dever da Administração advém da natureza do ato a ser praticado: no caso dos reajustes, trata-se de *homologação*. Nos termos do art. 29, V, da Lei Geral de Concessões, é *encargo* do concedente *homologar reajustes* "na forma desta Lei, das normas pertinentes e do contrato". A definição de Celso Antônio Bandeira de Mello para a homologação se ajusta perfeitamente à previsão legal: "(...) o ato vinculado pelo qual a Administração concorda com ato jurídico já praticado, uma vez verificada a consonância dele com os requisitos legais condicionadores de sua válida emissão".[71] Se é ato vinculado e se a Administração não apontar quaisquer defeitos no valor, homologado está o reajuste – para todos os fins e efeitos de direito. Mesmo porque, reitere-se, o reajuste presta-se a manter no tempo o valor original da tarifa – caso não seja

---

[68] SUNDFELD, Carlos Ari. A regulação de preços e tarifas dos serviços de telecomunicações *In:* SUNDFELD, Carlos Ari (coord.). *Direito Administrativo Econômico*. 1. ed. 2. tir., p. 318-320. Como se infere, o artigo tratou de telecomunicações – mas o raciocínio se aplica aos demais serviços públicos, em vista da previsão do art. 29, V, da Lei Geral de Concessões.

[69] A configurar um fato jurídico resultante da imputação direta de consequências jurídicas à omissão administrativa – e não propriamente um ato administrativo tácito. Como leciona Celso Antônio Bandeira de Mello: "Na verdade, o silêncio não é ato jurídico. Por isto, evidentemente, não pode ser ato administrativo. Este é uma declaração jurídica. Quem se absteve de declarar, pois, silenciou, não declarou nada e por isto não praticou ato administrativo algum. Tal omissão é um 'fato jurídico' e. *In: casu*, um 'fato jurídico administrativo'. Nada importa que a lei tenha atribuído determinado efeito ao silêncio: o de conceder ou negar. Este efeito resultará do fato da omissão, como *imputação legal*, e não de algum presumido ato, razão por que é de se rejeitar a posição dos que consideram aí ter existido um 'ato tácito'" (*Curso de Direito Administrativo, op. cit.*, 27. ed., p. 414).

[70] TRF-4. Região, SL nº 2004.04.01.005676-7, Des. Federal Maria Lúcia Leiria, *DJ* 10.3.2004. Em outro acórdão foi consignado: "Não é dado ao Poder Judiciário, em sede de cognição sumária, alterar unilateralmente dispositivo contratual, ao fundamento de que o silêncio da Administração nele previsto não pode ser invocado em favor de particular e concluir pela nulidade do contrato ou até mesmo seu descumprimento, a ponto de definitivamente negar-lhe vigência" (Ag nº 2003.04.01.031897-6, Des. Federal Valdemar Capeletti, *DJ* 26.11.2003).

[71] BANDEIRA DE MELLO, Celso Antônio. *Curso de Direito Administrativo, op. cit.*, 27. ed., p. 439. Logo, *homologar* é diverso de *aprovar*: "(...) a aprovação envolve apreciação discricionária ao passo que a homologação é plenamente vinculada" (*idem*, p. 431).

aplicado, haverá deságio real na tarifa cobrada (e na respectiva receita contratualmente tida como essencial ao equilíbrio econômico-financeiro da concessão).

Não é de se estranhar essa homologação por meio do silêncio eloquente da Administração, pois o que tais índices e fórmulas representam são mecanismos de cálculo da correção/atualização monetária (geral ou setorial). Por isso que o resultado da sua aplicação não pode ser compreendido como aumento ou diminuição do valor a ser pago. Nesse sentido, de há muito é firme a jurisprudência do STJ: "Os termos iniciais da avença hão de ser respeitados e, ao longo de toda a execução do contrato, a contraprestação pelos encargos suportados pelo contratado deve se ajustar à sua expectativa quanto às despesas e aos lucros normais do empreendimento". Afinal, atualização monetária não significa "acréscimo ou pena", mas "mera adequação do valor real à sua expressão numérica".[72]

Quanto à respectiva periodicidade, em vista de previsão do "Plano Real" (Lei nº 10.292/2001, arts. 2º e 3º), o reajuste nos contratos públicos não pode ter intervalo inferior a um ano. Em contrapartida, prazos muito superiores tendem a frustrar o objetivo do reajuste: "Não é possível prever um prazo tão largo que o objetivo da própria regra legal – que é a manutenção do valor real das tarifas ao longo do contrato – acabe por ser desatendido".[73] O regime estatutário da concessão há de tentar encontrar o ponto ótimo do período incidente para o reajuste – nem tão longo que implique perdas irrecuperáveis, nem tão curto que resulte em aceleração inflacionária.

Mas, atenção: os contratos concessionários devem prever explicitamente os critérios objetivos de cálculo do reajuste e sua periodicidade. Cada contrato, obediente à legislação de regência, definirá a tipicidade do respectivo reajuste. Se o poder concedente o bloquear, estará cometendo ato ilícito, o qual não admite medidas paliativas, porventura apelidadas de "reajuste". Ou seja, caso sua tipicidade seja anual e mediante a aplicação de fórmula paramétrica, um ato eventualmente chamado de "reajuste" que deixe de aplicar os critérios estatuídos não gerará efeitos de direito equivalentes. Não se pode manusear esse *nomen juris* em abuso de direito ou desvio de poder (manejando-se uma competência para atingir fins extravagantes a ela). O contrato haverá de receber fiel execução por ambas as partes.

Examinado o reajuste, passe-se ao estudo dos mecanismos de *revisão tarifária*.

A *revisão* significa o procedimento pelo qual se pretende emendar, corrigir ou aperfeiçoar a tarifa praticada. É modo específico de disciplina e controle da tarifa durante todo o prazo contratual. Diz respeito à manutenção do equilíbrio econômico-financeiro sob seu aspecto substancial, com o exame e a reestruturação dos dados cuja combinação configurou a tarifa.

Ao contrário do reajuste, não se trata só de mecanismo de manutenção do valor real da tarifa, mas sim de sua (re)avaliação crítica. A revisão é, portanto, um procedimento cooperativo em que concedente (ou regulador) e concessionário renovam alguns

---

[72] Excertos das ementas dos seguintes acórdãos, pela ordem: REsp nº 216.018-DF, Min. Franciulli Netto, *DJ* 10.9.2001; REsp nº 134.831-MT, Min. Hélio Mosimann, *DJ* 14.9.1998; EREsp nº 126.538-DF, Min. Vicente Cernicchiaro, *DJ* 17.8.1998.

[73] CÂMARA, Jacintho Arruda. *Tarifa nas concessões, op. cit.*, p. 179. Sobre as revisões (e renegociações), v. também RIBEIRO, Maurício Portugal; PRADO, Lucas Navarro. *Comentários à Lei de PPP:* parceria público-privada, fundamentos econômico-jurídicos, *op. cit.*, p. 128-134.

dos debates que permitiram a configuração original da tarifa (o que se dá dentro dos limites impostos pelo regime estatutário e contratual). Aqui, o nível e a estrutura da tarifa podem ser reavaliados, bem como a eficiência, a qualidade e a remuneração adequada – aproveitando-se a experiência construída no próprio projeto, com o intuito de permitir seu aperfeiçoamento. Ou seja, a revisão tem como balizas os termos do próprio contrato: é um *fenômeno endocontratual*, respeitador do pactuado.

Como a define Flávio Amaral Garcia, a revisão ordinária é "procedimento contratual periódico para acompanhar ganhos e perdas que não podem ser previstos (ou devidamente estimados) na origem do contrato e que passarão ao largo do sistema de reajuste, tais como evoluções técnicas (e tecnológicas) incidentes sobre as atividades, ganhos de produtividade e eficiência ou, mesmo, variações de custos não mensuradas pela cláusula de reajuste".[74] Significativa é a distinção assinalada por Eugenia Marolla, ao advertir que "na revisão, procede-se à reconsideração ou reavaliação do próprio valor inicial da tarifa tomado em consideração para fazer frente, de maneira adequada, aos encargos impostos".[75] Ou seja, o valor real da tarifa (não o seu valor nominal), já objeto do reajuste, será objeto de revisão, a fim de que se adapte à alteração das circunstâncias que originalmente deram substância às "condições do contrato" (Lei nº 8.987/1995, art. 10).

A revisão pode ser *periódica* (ou ordinária) ou *circunstancial* (ou excepcional). A primeira delas, que será mais bem tratada a seguir (§94), envolve a aplicação de mecanismos preestabelecidos de reavaliação do projeto concessionário. Seu objeto é limitado, circunscrevendo-se à implementação do protocolo prescrito no estatuto ou no contrato de concessão. Com isso não se quer significar que a revisão periódica seja simples – nada disso; trata-se do desenvolvimento de trabalhos complexos que pretendem atenuar a assimetria de informações e avaliar tanto a *performance* do concessionário como a qualidade e adequação do serviço prestado.

A revisão circunstancial dá-se em vista de eventos extraordinários que repercutam na formação do nível e estrutura tarifários. Este assunto será mais bem desenvolvido ao se comentar o equilíbrio econômico-financeiro do contrato de concessões (§§100 e ss., adiante).

Como a revisão tem objeto mais amplo que o reajuste, traz consigo a possibilidade de efeitos igualmente lassos. O processo de revisão pode implicar tanto o aumento como o decréscimo do valor das tarifas; a eliminação de subsídios cruzados; o alargamento do prazo do contrato; a alteração da respectiva área de incidência – tudo a depender do que for examinado e quais as conclusões da Comissão Técnica, cujos trabalhos deverão ser avaliados e aprovados pela autoridade competente (quando não de comum acordo com o concessionário, por meio da lavratura de termo aditivo ao contrato).[76] A depender da revisão, portanto, não se estará diante de ato de homologação, mas sim de aprovação (que traz consigo significativa carga de discricionariedade) – e mesmo da celebração de

---

[74] *A mutabilidade nos contratos de concessão, op. cit.*, p. 242. Ampliar em: ARAGÃO, Alexandre Santos de. *Direito dos serviços públicos*. 4. ed., *op. cit.*, p. 488; MARQUES NETO, Floriano de Azevedo. *Concessões, op. cit.*, p. 192.

[75] *Concessões de serviço público*. São Paulo: Verbatim, 2011, p. 103.

[76] O STJ já decidiu que: "Não há qualquer ilegalidade na ação conjunta dos Ministérios da Fazenda e Comunicações objetivando a revisão e reestruturação tarifária dos serviços de telecomunicações, mormente quando se visa à eliminação de subsídios tarifários, adequando as tarifas ao custo de prestação" (MS nº 5.417-DF, Min. Castro Filho, *DJ* 4.6.2001).

termo aditivo ao contrato (e respectiva mutabilidade). Ato esse ao qual o concessionário tem toda a legitimidade de se opor, eis que poderá, caso desproporcional e/ou abusivo, afetar a economia e as finanças do contrato.

O que aqui se pretende é o refinamento do arranjo tarifário: afinal, a real composição da tarifa só será efetivamente conhecida quando da implementação fática do projeto concessionário (v. §8). Até o momento em que se instala a execução do serviço concedido, o que se têm são estudos técnicos baseados em fatos da experiência pretérita. Será a atividade concessionária que revelará ao concedente, concessionário e usuários a real configuração e o verdadeiro impacto do serviço prestado contra o pagamento daquela tarifa. Daí a necessidade da previsão expressa de revisões e de sua concretização fática pelo concedente. A ideia primal da revisão gira em torno, portanto, da preservação do projeto concessionário: ela não se destina nem à implementação de maiores lucros para o concessionário nem a medidas populistas de diminuição tarifária. A tarifa é revista para ser constantemente otimizada em vista da própria concessão de serviço público.

Por isso que a revisão não é apta a instalar novidades contratuais, ao livre talante do poder concedente ou do concessionário. Ela não se presta a, com lastro em suposta autonomia da assim chamada "regulação discricionária", promover mudanças imprevistas no contrato e/ou novas interpretações ou revogação de cláusulas (v., acima, §34). Em todo o processo de revisão, o respeito ao contrato é condição necessária ao exercício das competências públicas.

Devido à sua importância, já se pode notar que os processos de reajuste e revisão tarifária devem ser transparentes e serenos, de modo a assegurar o contrato de concessão e do respectivo setor. Será sobretudo a revisão que constituirá a *capacidade de aprendizagem* do contrato de concessão (v. §105, adiante) e a efetiva prestação de um serviço adequado a um preço equânime (v. §59, acima). Ambos – reajuste e revisão – têm fundamento na estabilidade e segurança jurídica do pacto concessionário, impedindo arroubos por parte de qualquer uma das partes e respectivas consequências negativas (*v.g.*, o concessionário não pode ser surpreendido com "revisão" *interna corporis* promovida pelo concedente, pena de sofrer impacto imprevisível). Caso isso se dê, é imprescindível o concomitante reequilíbrio. Afinal de contas, onde está escrito "revisão" não se pode ler "fato do príncipe" ou "fato da administração", nem "prerrogativas extraordinárias".

Como tantas vezes mencionado neste livro, o importante é a preservação do *projeto concessionário*: a revisão não é instrumento de incremento dos lucros do concessionário, nem meio de defesa do consumidor e muito menos forma de implementar políticas públicas populistas. Todos aqui têm interesses de curto prazo: o governo (a eleição); o investidor (o máximo lucro no mais curto tempo); os consumidores (a tarifa mais barata em face do melhor serviço). Mas o que está em jogo não é o interesse pessoal de cada um desses agentes, e sim a estabilidade das instituições e a eficiência dinâmica do projeto. As regras legais, regulamentares e contratuais devem prever periodicidade certa; metodologia predefinida; processos abertos e participativos, com prazos, fases e metas predeterminados; estabilidade das regras revisionais; exame atual, de médio e de longo prazos da realidade daquele setor; irretroatividade das decisões etc. – dados que constituem a pauta mínima a ser seguida nas revisões e reajustes.

§94 Revisão tarifária, ROR e IPC-X

Dito de forma bastante simplista, há duas formas de disciplina e controle da tarifa ao longo do prazo contratual: aquela baseada em custos e a referente a preços. Em ambos os casos o que se pretende é o estabelecimento de revisões periódicas durante toda a permanência do contrato, por meio de instrumentos técnicos prefixados de fiscalização tarifária. A definição da metodologia pode se dar tanto em sede estatutária (legal ou regulatória) como contratual.[77] O importante está na prefixação, formal e explícita, de tais métodos de aprendizagem contratual: as regras do jogo precisam ser previamente definidas e estáveis.

No primeiro caso (custos do investimento) é estabelecida a taxa de retorno sobre os ativos e são autorizados proveitos destinados a cobrir o custo de exploração e a remuneração do capital investido (*ROR – Rate of Return Regulation*; *FRR – Fair Rate of Return*). No caso de serviços concedidos, o edital, a proposta e o contrato fixam os custos (variáveis e de investimento), o nível e a estrutura da tarifa, bem como definem a taxa de remuneração (o retorno estimado). As revisões periódicas visam a manter estável a equação da *ROR*. Assim, este mecanismo "consiste em que o regulador aprova de tempos em tempos a tarifa de venda ou fornecimento de serviços públicos, de maneira que os ingressos obtidos com essas tarifas permitam cobrir todos os custos em que razoavelmente incorre a empresa regulada, incluindo a retribuição aos capitais investidos nos ativos fixos utilizados".[78] O que pode gerar alguns problemas, pois, ao lado de não estabelecer incentivos para condutas eficientes, fato é que, quanto mais crescem os ativos, maior a remuneração obtida – logo, existe o estímulo para que o concessionário fique "supercapitalizado", incremente os custos necessários para a prestação do serviço e, assim, obtenha o aumento da tarifa a ser cobrada (sem melhoria de eficiência ou aprimoramento da qualidade do serviço).

Já a revisão tarifária baseada em preços apresenta algumas espécies, dentre as quais a mais significativa é o método *price cap*. A expressão *price cap* significa *tarifa-teto*, *limite de preço* ou *preço máximo*. O sistema *price cap* fixa o valor máximo da tarifa e, assim, tenta estabelecer estímulo à eficiência produtiva. Funciona adequadamente nos objetivos de investimentos e adequação de infraestrutura (sobremodo em redes). Porém, o modelo não precisa ser autônomo em relação a outras formas de disciplina de tarifas. Ao contrário, convive bem com alternativas que pretendam aprimorar o controle da eficiência do prestador do serviço.

---

77 Os vários mecanismos de fixação e controle, sua comparação e aplicação merecem ser vistos em: ÁNGEL LASHERAS, Miguel. *La regulación económica de los servicios públicos, op. cit.*, p. 79-114; SCHWIND, Rafael Wallbach. *Remuneração do concessionário, op. cit.*, p. 83-94; e Guimarães, Fernando Vernalha. O regime tarifário na concessão de serviço público, *op. cit.*, *RDPE*, 27/51-76.

78 ÁNGEL LASHERAS, Miguel. *La regulación económica de los servicios públicos, op. cit.*, p. 80 (tradução livre). Para análise do "efeito Averch-Johnson" do modelo *Rate of Return* e respectivo exame crítico, v.: BAUMOL, William J.; KLEVORICK, Alvin K. Input choices and Rate-of-Return Regulation: an overview of the discussion. *In:* JOSKOW, P. L. (ed.). *Economic Regulation*. Northampton: Edward Elgar Publishing, 2000, p. 261-289; NEWBERY, David M. Rate-of-Return Regulation *versus* price regulation for public utilities. *In:* NEWMAN, P. (ed.). *The New Palgrave Dictionary of Economics and the Law*, v. 3. Nova York: Palgrave MacMillan, 2002, p. 205-210; LITTLECHILD, S. C. *Elements of Telecomunications Economics*. Londres: Peter Peregrinus, 1979, p. 189-193; WATERSON, Michael. *Regulation of the Firm and Natural Monopoly, op. cit.*, p. 84-89; SCHMALENSEE, Richard. *The Control of Natural Monopolies, op. cit.*, p. 11-25; TRAIN, Kenneth E. *Optimal Regulation:* the Economic Theory of Natural Monopoly, *op. cit.*, p. 19-67; e Pinheiro, Armando Castelar; Saddi, Jairo. *Direito, economia e mercados, op. cit.*, p. 271-275.

No caso das situações de monopólios, a chamada regulação de desempenho (*yardstick regulation; yardstick competition*)[79] é forma de revisão tarifária por meio de sistema de incentivos no qual se comparam monopólios regionais do mesmo setor econômico. Com as informações obtidas entre diversas empresas monopolistas que prestam os respectivos serviços em locais diferentes (por exemplo, transporte ferroviário; eletricidade; água), procura-se atenuar as assimetrias de informações, instalar a concorrência virtual e estimular a eficiência econômica (com redução de custos e preços e controle da qualidade).

Os dados obtidos numa determinada empresa servirão de medida para a regulamentação das outras (e vice-versa). O que se dá é a utilização de informações externas ao contrato. "A medida-padrão (*yardstick*) que é usada para a regulamentação de uma empresa não depende da decisão dela própria, mas de decisões tomadas por outras empresas."[80] Indo avante, a *yardstick competition* pode implicar a construção de modelo de empresa conhecido como "empresa-sombra" (*shadow firm*), que representará a média das empresas do mesmo setor econômico (e respectivos custos). Esta empresa-sombra servirá de parâmetro para a avaliação dos concessionários (desempenho, custos, tarifas etc.).

Ainda no sistema *price cap* tem-se o denominado *IPC-X*, que na verdade é outra modalidade de revisão de tarifas por incentivo de desempenho.[81] O método de disciplina de preços *IPC-X* é composto por duas parcelas – a primeira, o Índice de Preços ao Consumidor – IPC, que representa a inflação, e a segunda, que é a variação de produtividade que se espera que o concessionário venha a obter no período prefixado (*Fator X*). O *Fator X* inicial é estabelecido no edital de licitação. Segundo essa fórmula, o nível dos proveitos autorizados é definido para o primeiro ano e vai diminuindo ao longo do período de concessão, em função dos ganhos de eficiência expectáveis. Ou seja, uma vez fixado o preço inicial (P_0), estabelece-se que ele não poderá crescer mais que sua possível variação (*IPC*) menos o fator de produtividade (*Fator X*).

Assim, o concedente/regulador fixa o nível de proveitos inicial e seu decréscimo ao longo dos anos (afinal, se supõe que o *Fator X* se revele negativo – quando menos até o momento em que não imponha perdas de *performance* para o concessionário). "O sistema implica uma transferência ao concessionário de certo grau de responsabilidade

---

79 *Yardstick* significa a construção do parâmetro que caracterize o funcionamento ideal do setor: a bitola, medida ou modelo-padrão a ser tomado como paradigma. Por meio do levantamento de dados equivalentes de empresas que operam em locais diversos é possível a fixação de referência fixa aos outros prestadores daquele serviço. Assim se pretende comparar a *performance* de diferentes agentes que prestam o mesmo serviço (afinal, cada um presta seu serviço em situação de monopólio, o que torna impossível a competição real). Em decorrência dessa comparação, é possível fixar critérios de eficiência (e respectivo controle) na prestação de serviços equivalentes (com reflexos imediatos na tarifa). Talvez o maior problema de tal método seja o de encontrar serviços *efetiva* e *verdadeiramente* comparáveis (cf. VISCUSI, W. Kip; VERNON, John M.; HARRINGTON JR, Joseph E. *Economics of Regulation and Antitrust, op. cit.*, 3. ed., p. 368-369).

80 BÖS, Dieter. *Privatization: a* Theoretical Treatment, Oxford, Clarendon, 1991, p. 80 (tradução livre).

81 Metodologia que contém variações – por exemplo, a fórmula *ICP+K*, em que o *K* representa tanto o aumento de produtividade como um incremento periódico nos preços, a fim de apurar a qualidade do serviço prestado (o que o torna um método *IPC-X+Q*, ou seja, o índice de preços *IPC* menos o *fator X*, mais o aumento da qualidade *Q*). Para uma visão da regulação por incentivos e respectiva crítica, v.: JOSKOW, Paul L.; SCHMALENSEE, Richard. Incentive regulation for electric utilities. *In:* JOSKOW, Paul L. (ed.). *Economic Regulation*. Northampton: Edward Elgar Publishing, 2000, p. 338-386; BÖS, Dieter. *Privatization*: a Theoretical Treatment, *op. cit.*, p. 65-69 e 80-83; BEESLEY, M. E.; LITTLECHILD, S. C. The regulation of privatized monopolies in the United Kingdom. *In:* VELJANOVSKI, C. *Regulators and the Market*, p. 29-58; Justen Filho, Marçal. *Curso de Direito Administrativo, op. cit.*, 15. ed., p. 651-653.

pela variação na demanda pelo serviço. Com a liberdade de cobrar valor mais baixo que o máximo fixado, há espaço para que o particular ofereça condições econômicas mais atraentes ao aumento da demanda pelo seu serviço."[82] De usual, a fórmula incide em períodos de tempo certos e prefixados (a cada quatro ou cinco anos). A depender do serviço, a aplicação do mecanismo de controle pode dar-se em datas específicas ou com prazo certo, na busca de novos incentivos (conquista de novos clientes ou fidelidade de antigos; pacote de serviços ou categorias de usuários; consumo de novos produtos ou modalidades prestacionais etc.). Ao controlar só as tarifas o sistema pretende encorajar o concessionário a reduzir seus custos e se beneficiar da própria eficiência.

Em tese, o concedente (ou autoridade reguladora) apenas limita o preço, sem a necessidade de intervir na gestão do empreendimento ou de aprovar reajustes (e revisões). Pode-se notar, contudo, que este modelo tende a inibir os investimentos (quanto menos investe e mais eficiente fica, mais ganha) e não estimula o incremento da qualidade. Isso em setores onde a qualidade do serviço é essencial não só aos usuários, mas especialmente frente a terceiros: basta pensar no esgotamento sanitário e na recolha do lixo. Nestes casos, como em todos os outros serviços públicos, a qualidade é um dado endógeno ao contrato, de importância equivalente ou superior ao preço.

A técnica do ICP-X significa, na pena de Fernando Vernalha Guimarães, aplicar "à tarifação um reajustamento segundo um índice geral de preços, limitada a evolução do valor-resultado por um fator de produtividade, que lhe subtrai um percentual arbitrado pelo poder concedente-regulador".[83] A toda evidência, o *Fator X* necessita da predefinição consensual de sua forma de cálculo (seja no próprio contrato, seja por meio de termo aditivo), o que envolve juízos de proporcionalidade e razoabilidade. Apesar de vir a se mostrar tentador diminuir tarifas, não se pode esquecer que elas representam o fluido vital do projeto concessionário. Uma coisa é compartilhar ganhos de produtividade, outra é subverter a função desempenhada pela tarifa em projetos que demandam equilíbrio econômico-financeiro.

Por outro lado, a eficiência (o *Fator X*) impõe novo problema, que é a dificuldade em calculá-la e as variadas técnicas para sua apuração, normalmente sintetizadas em três: (i) estudos econométricos – determinação da fronteira da eficiência através de exame de grande número de empresas (as mais eficientes formam a fronteira da eficiência); (ii) estudos de *benchmarking* – comparações entre determinado grupo de empresas; ou (iii) análise de tendências (exemplo: custos do mercado tendem a crescer ou diminuir). Talvez o mais adequado seja a realização de levantamentos das três ordens e estudos, culminando numa decisão de bom senso (ao menos, é o que se espera). Mas não se pode descartar o fato de que, ao final, há certa discricionariedade ou, mesmo, solução negociada entre concedente/regulador e concessionário – o que não permite a dispensa às normas técnicas e fundamentação do ato revisional. O importante é o apuramento da técnica, a gerar decisões adequadamente motivadas. Como já decidiu o TCU: "A falta de

82 CÂMARA, Jacintho Arruda. *Tarifa nas concessões*, *op. cit.*, p. 92.

83 *Concessão de serviço público*. 2. ed., *op. cit.*, p. 193.

embasamento técnico para a fixação do percentual de revisão tarifária constitui grave infração à norma legal",[84] a ensejar inclusive a nulidade do ato.

Todavia, nem só de compartilhamento de produtividade vivem os contratos de concessão. Letícia Lins de Alencar anota ao menos os seguintes fatores, que podem ser acolhidos como técnica de parametrização dinâmica da tarifa: "(i) compartilhamento de ganhos de produtividade ou eficiência do concessionário (Fator X); (ii) atendimento, ou não, aos indicadores de qualidade pelo concessionário (Fator Q); (iii) atendimento, ou não, de parâmetros de desempenho, buscando assegurar a equivalência entre os serviços prestados e sua remuneração (Fator D); (iv) não destinação, pelo concessionário, de verbas para as finalidades previamente definidas no contrato; (v) compartilhamento de verbas extraordinárias".[85] O perigo aqui está em o concedente se deixar seduzir pela multiplicidade de fatores e, com o seu acúmulo ou má-gestão, estrangular a receita tarifária (ou se deixar capturar pela assimetria de informações).

Em suma, ao definir um teto para as tarifas a serem cobradas, ajustado periodicamente com base em índices de inflação e ganhos de produtividade, o método *price cap* pretende incentivar maior eficiência, pois a concessionária pode aumentar seus lucros ao reduzir custos. Todavia, essa técnica pode gerar problemas e incentivos negativos, como, por exemplo: (i) foco excessivo na redução de custos, com eventual consequência negativa na qualidade do serviço; (ii) negligência em investimentos de longo prazo, decorrente da pressão para reduzir custos e aumentar a eficiência; (iii) desigualdade entre os consumidores, com a potencial geração de tarifas desproporcionalmente altas para certos grupos; (iv) revisões tarifárias altamente complexas, a potencializar a assimetria de informações entre concedente e concessionária; e (v) incentivos à manipulação contábil, a implicar a captura do regulador e consequente revisão tarifária que implique maximização dos lucros.

§95 Reajuste, revisão e variação dos índices

Apesar de os índices de reajuste serem percentuais cuja forma de cálculo deve manter-se estável no tempo (com o que se visa a preservar o poder de compra tal como definido no ano zero), é de todo viável que se deem alterações significativas na forma de sua composição. Isso poderá gerar impacto relevante nos processos de reajuste e de revisão – esvaziando ou superdimensionando seus resultados.

Veja-se o que se passou desde a criação de um dos índices mais célebres, o Índice Geral de Preços – IGP. A FGV instalou a metodologia em 1947 (referia-se a preços de títulos públicos e ações, preços no atacado, preços de gêneros alimentícios e custo de vida). Ocorre que se deram três derivações do IGP. Em 1969, com o objetivo de isolar as oscilações dos preços do café, deu-se a separação do IGP em Disponibilidade Interna – DI e Oferta Global – OG. Depois, em 1989, introduziu-se a versão para o mercado financeiro: o Índice Geral de Preços do Mercado: IGP-M. Aqui, a diferença está no período de coleta (no IGP-DI, entre 1º e 30 do mês de referência; no IGP-M, entre os dias 21 do mês

---

[84] TCU, Processo nº 015.402/2001-1, Acórdão 1.201/2009, Min. Aroldo Cedraz, j. 3.6.2009, *Fórum de Contratação e Gestão Pública* 90/124.

[85] *Equilíbrio na concessão, op. cit.*, p. 132.

anterior e 20 do mês de referência), o que faz com que o IGP-M possa ser divulgado antes do final do mês-calendário (essencial para uso como referência financeira). Em 1993 a FGV passou a se divulgar o IGP-10, versão cuja coleta é realizada entre os dias 11 do mês anterior e 10 do mês de referência. As novas realidades exigiram tais derivações do índice criado em 1947, o que implicou modificações não só na respectiva composição, mas também no impacto e efetividade.

Indo avante, pode-se indicar as alterações de índices típicos de contratos de concessão de serviço público. Descendo a detalhes no setor de concessões rodoviárias, veja-se o Índice Nacional de Custo de Obras Rodoviárias (FGV). Esse índice é composto por 13 séries.[86] Logo, infere-se que se deu a criação de novas séries devido à relevância ocupada por seus dados na composição dos índices anteriores (tamanha, que exigiu o desdobramento do índice anterior e a autonomia do novo). Ou mesmo se pode cogitar da inexistência daquela obra ou técnica específica ao tempo da criação do índice (em 1968 foram instituídas quatro séries; em 2000, outras quatro; em 2001, três séries; e a mais recente data de 2005). Nada impede, portanto, o surgimento de novos índices, a impactar de forma diversificada no contrato concessionário. O que pode implicar a desnaturação – ou, mesmo, a imprestabilidade – daquele originalmente fixado.

Tais alterações dos índices permitem descer a detalhes na formulação de um exemplo concreto. Originalmente, o produto "asfalto" representava 9,94667% do Índice de Obras Rodoviárias-Pavimentação.[87] Em dezembro/2000 a FGV revisou a estrutura dos índices sob sua responsabilidade, e o asfalto foi excluído do Índice de Pavimentação – IP e passou a compor novo índice: o de Ligantes Betuminosos.[88] Desde então, o IP deixou de incluir o asfalto – gerando descompasso entre o uso de um dos principais insumos da atividade diária das concessionárias de rodovias e o efetivo reajuste dos respectivos contratos de concessão (para os contratos que previam o IP na fórmula paramétrica). Note-se que enquanto o IP teve variação de 97,995%, entre dezembro/2000 e novembro/2007, o de Ligantes Betuminosos (materiais asfálticos) variou 143,459%.

Igualmente é de se destacar as variações experimentadas pelo IGP-M no ano de 2020 – que, no cenário de pandemia, sofreu elevação da ordem de 23,14% (o mais alto desde 2002, que havia atingido 25,31%) e impactou diretamente nos reajustes do final do ano. Essa escalada radical gerou renegociações (mais fáceis no setor privado) e litígios que pretendiam modificar judicialmente o índice contratual. Nesse sentido, o

86 Quais sejam: Índice de Obras Rodoviárias-Terraplenagem (desde dez. 1968); Índice de Obras Rodoviárias-Obras de Arte Especiais (desde dez. 1968); Índice de Obras Rodoviárias-Pavimentação (desde dez. 1968); Índice de Obras Rodoviárias-Consultoria-Supervisão e Projetos (desde dez. 1968); Índice de Obras Rodoviárias-Drenagem (desde dez. 2000); Índice de Obras Rodoviárias-Sinalização Horizontal (desde dez. 2000); Índice de Obras Rodoviárias-Pavimentos de Concreto de Cimento Portland (desde dez. 2000); Índice de Obras Rodoviárias-Conservação Rodoviária (desde dez. 2000); Índice de Obras Rodoviárias-Ligantes Betuminosos (desde dez. 2000); ÍOR-Ligantes Betuminosos-Índice de Asfalto Diluído (desde janeiro/2001); IOR-Ligantes Betuminosos-Índice de Cimento Asfáltico de Petróleo (desde janeiro/2001); IOR-Ligantes Betuminosos-Índice de Emulsões (desde janeiro/2001); Índice de Obras Rodoviárias-Sinalização Vertical (desde maio/2005). Todas as séries são mensais, com dados atualizados (fonte: http://fgvdados.fgv.br. Acesso em: 08/08/2009).

87 Este índice era assim composto: equipamentos – 37,51284%; cimento – 7,77545%; asfalto – 9,94667%; mão de obra especializada – 8,59509%; mão de obra não especializada – 3,16446%; pedra – 15,74804%; areia – 1,53983%; óleo diesel – 14,68764%; gasolina – 0,15778%; outros – 0,8722%.

88 Índice assim composto: equipamentos – 38,8694%; mão de obra – 13,0848%; brita – 18,8252%; diesel – 25,5561%; outros – 3,6652%.

TRF4 indeferiu o pedido de arrendatária em terminal portuário, que pleiteou ordem liminar para a substituição do IGPM pelo IPCA.[89]

Em casos como os descritos, a mudança na composição do índice previsto no contrato pode implicar desvios na aplicação dos reajustes (a menor ou a maior) – demonstrando que a atualização não mais faz frente à efetiva variação dos custos. Entendimento esposado por Celso Antônio Bandeira de Mello: "(...) se e quando os índices oficiais a que se reporta o contrato deixam de retratar a realidade buscada pelas partes quando fizeram remissão a eles, deve-se procurar o que foi efetivamente pretendido, e não simplesmente o meio que deveria levar – e não levou – ao almejado pelos contraentes. Não padece dúvida de que os índices são um meio e não um fim. A eleição de meio revelado inexato não pode ser causa elisiva do fim, mas apenas de superação do meio inadequado".[90] Logo, também as fórmulas e os índices podem flutuar no tempo, exigindo revisões (e termos aditivos) que estabilizem tais mutações.

Assim, e muito embora a fórmula do reajuste tenha de se manter íntegra em toda a execução contratual, não é impossível ou inválida sua modificação devido a fato superveniente. Porém, o que jamais será válido é a tentativa de alteração desmotivada e unilateral. Como já decidiu o STJ: "A substituição aleatória da fórmula de reajuste previamente pactuada, desconsiderando critérios técnicos indispensáveis à manutenção do equilíbrio econômico-financeiro do contrato, interfere nos mecanismos de política tarifária aprovados pelo Conselho Nacional de Desestatização e ofende a ordem pública administrativa".[91] Está-se diante do dever de manutenção do equilíbrio econômico-financeiro do contrato de concessão – e não de autorização normativa à sua burla.

§96 Reajuste, revisão e expectativas inflacionárias

Conforme frisado, as tarifas são preços públicos colocados sob supervisão do concedente. Este tem o dever de ficar atento à repercussão social de suas decisões – sobretudo em países como o Brasil, que já experimentou inflação de elevado grau e conviveu com expectativas inflacionárias (ideia típica – se não exclusiva – de economias com altos índices de inflação = hiperinflação). Em ambientes de processos crônicos

---

89 Consta do acórdão: "Com efeito, quando se pretende alterar judicialmente cláusulas e condições contratadas inicialmente pelas partes é fundamental a comprovação do desiquilíbrio econômico-financeiro, devendo a parte que pretende a alteração demonstrar sua efetiva situação financeira e as repercussões que a situação presente traria à toda contratação". (AI nº 5019985-80.2021.4.04.0000/SC, 3. Turma, Des. Vânia Hack de Almeida, j. 28.09.2021). Ou seja, não basta a alteração no índice, mas é necessário o exame do contrato em si mesmo, o impacto dessa variação ao seu interno e respectivo nexo causal com o comprovado desequilíbrio econômico-financeiro.

90 BANDEIRA DE MELLO, Celso Antônio. *Curso de Direito Administrativo, op. cit.*, 27. ed., p. 657-658. Isso sem se falar da composição do índice eleito e sua efetiva representatividade da variação do custo setorial – a esse respeito, v. BERTRAN, Maria Paula. Índices econômicos e reajuste nos contratos de concessão: uma análise do setor elétrico. *RDPE*, Belo Horizonte, Fórum, 16/125-137, out./dez. 2006. Aqui estamos diante daquilo que António Menezes Cordeiro qualificou de alterações de circunstâncias que superam, no interior, a própria cláusula de adaptação: "O exemplo da escola é, por hipótese, o da indexação de certos preços ao valor do ouro: *quid iuris* se o próprio ouro se desvaloriza imprevisivelmente? Ou, então: consigna-se uma garantia de certa margem de lucro para os acionistas: *quid iuris* se, perante a evolução geral da economia, essa margem se tornar desfavorável, levando a uma fuga de capitais? O serviço público não pode ser prejudicado" (Contratos públicos: subsídios para a dogmática administrativa, com exemplo no princípio do equilíbrio econômico-financeiro. *Cadernos O Direito* 2/108. Coimbra: Livraria Almedina, 2007). V., abaixo, nos §§99, 104 e 105, as *alterações circunstanciais* e a *capacidade de aprendizagem* dos contratos de concessão.

91 STJ, AgR na SLS 162-PE, Min. Edson Vidigal, *DJ* 1.8.2006.

de depreciação do poder de compra da moeda as pessoas tendem a instintivamente projetar expectativas de inflação futura e embuti-las a maior nos preços a serem pagos pelos consumidores. Há aumento generalizado dos preços, dissociado dos mercados e da respectiva oferta e procura. Assim, em tese se asseguraria o lucro em termos reais, mantendo intacto o poder aquisitivo da moeda. O que implica os respectivos desvios, unidos a reajuste recíproco e circular dos preços, fazendo com que a taxa de inflação aumente exponencialmente. Este é um risco de difícil detecção quando da assinatura do contrato, mas com sérios efeitos em sua execução.

Como escreveram Luiz Carlos Bresser-Pereira e Yoshiaki Nakano, há gama de expressões ("correção monetária automática", "inflação autônoma", "inflação inercial", "memória inflacionária", "expectativas inflacionárias", "inflação compensatória", "realimentação inflacionária" etc.) que se referem à "capacidade de cada agente econômico de repassar automaticamente os aumentos de custos para os preços, independentemente de pressão de demanda".[92] Isto é, situações de mercado em que os preços são aumentados devido a fatores outros que não a oferta e procura, mas sim de forma independente dos mercados e pela iniciativa dos próprios agentes econômicos. O que não pode ser aplicado às concessões – que apenas sentem o respectivo impacto em seus preços administrativos (cf. §93, acima).

Mesmo porque só num sistema de liberdade de preços e índices (tipos, setores, periodicidade etc.) cada agente econômico (ou grupo de) fixa livremente os reajustes nos seus preços – gerando os grupos classificados por Francisco Lopes como *superajustadores* (capital de risco em investimentos cuja remuneração é o lucro líquido residual), *subajustadores* (reajustes em períodos longos, devido ao tipo de clientela e a incertezas na comercialização que a dificultem) e *ajustadores neutros* (cuja renda real permanece estável, não reajustada pela inflação).[93] Esses processos tendem a ser agravados em países que sofreram os chamados "planos econômicos heterodoxos" a fim de combater a hiperinflação. Na medida em que nem sempre os planos se firmam no tempo, há a tendência generalizada ao aumento em vista do futuro plano a ser editado – assim, os agentes que fixam os próprios preços perderiam menos com o futuro e incerto plano heterodoxo e outros assumiriam as perdas: aqueles que dependem de preços administrados e outros de reajuste com periodicidade certa (por exemplo, serviços públicos, trabalhadores etc.). Quanto mais intensa a sequência de planos, maiores a procura por índices e a inserção de expectativas inflacionárias no custo dos bens e serviços (máxime nos setores dominados por agentes *superajustadores*).

O setor de obras e serviços públicos brasileiro, sobretudo a partir de meados da década de 1990, é exemplo em que a expressão "expectativa inflacionária" não tem cabimento num sentido próprio. Ora, a Medida Provisória nº 681/1994 (hoje, Lei nº 10.292/2001, arts. 2º e 3º), que dispôs sobre o "Plano Real", circunscreveu o conceito de

92 BRESSER-PEREIRA, Luiz Carlos; NAKANO, Yoshiaki. *Inflação e recessão:* a teoria da inércia inflacionária. 3. ed. São Paulo: Brasiliense, 1991, p. 9. Aprofundar em: SIMONSEN, Mário Henrique. *30 Anos de Indexação, op. cit.*, p. 99-127; MODIANO, Eduardo. A ópera dos três cruzados: 1985-1989. *In:* ABREU, M. de Paiva (org.). *A ordem do progresso*, 16. tir. Rio de Janeiro: Campus, 1990, p. 347-386; BARROSO, Luís Roberto. Crise econômica e direito constitucional. *RTDP,* São Paulo, Malheiros Editores, 6/32-63, 1994.

93 Lopes, Francisco. *O choque heterodoxo:* combate à inflação e reforma monetária. Rio de Janeiro: Campus, 1986, p. 23-24.

correção monetária à variação acumulada do IPC-r com periodicidade anual. Isso foi detectado por Benedicto Porto Neto: "(a) A correção das expressões monetárias deve obrigatoriamente ficar vinculada à variação do IPC-r, seja se sua adoção decorre de negócios jurídicos, seja decorrente de previsão legal. (b) A periodicidade de reajuste dos preços *pactuada em contratos* não poderá ser inferior a um ano".[94] Destas duas ordens de limites, apenas a segunda se aplica aos contratos de concessão comum: aqui, os índices podem (devem) ser pactuados entre as partes, a fim de refletir as peculiaridades do serviço e obras a serem executados.

Assim, é inadequado falar-se em expectativa de inflação num setor econômico em que os reajustes são anuais, por índice previamente fixado (em lei, regulamento ou no contrato). Defeito que se agrava se for levado em conta que atualmente são gerenciáveis os índices inflacionários do Brasil. O agente econômico que optar por incluir expectativas inflacionárias em seus preços numa economia sem processo inflacionário crônico estará agindo de forma contrária aos seus próprios interesses (pois os concorrentes venderão mais por preços mais baixos). O que se acentua em contratações públicas precedidas de licitação, em que a concorrência é *ex ante* e os agentes têm de fixar preços adequados. Falar de expectativas inflacionárias nesse setor envolve uma absoluta falta de conexão com a realidade.

Outro ponto a destacar é a importância do combate à inflação e o modo de sua concretização. As tarifas são preços administrados pelo concedente ou respectiva agência reguladora – os quais, direta ou indiretamente, têm o dever de impedir o crescimento inflacionário. "Em primeiro lugar – escreveu Gaspar Ariño Ortiz –, ninguém discute que, em determinados momentos, o governo possa estimar que a luta contra a inflação seja um objetivo nacional absolutamente prioritário, como pode sê-lo a redução do desemprego ou a luta contra a droga. Tampouco se nega que, para atingir esse objetivo, o governo possa, *excepcionalmente*, instalar, por exemplo, um congelamento de preços da energia elétrica ou do transporte urbano."[95] Mas isso não pode significar desrespeito ao direito subjetivo ao equilíbrio econômico-financeiro titularizado pelo concessionário. Caso se pretenda inibir o reajuste a ser aplicado, é indispensável o desenvolvimento de estudos prévios relativos às medidas compensatórias e mantenedoras do equilíbrio, sempre com a participação do concessionário. Igualmente imprescindíveis a definição do curto prazo referente ao congelamento e as medidas alternativas para a mitigação do retorno ao valor real do serviço.

§97 Tarifa e impacto tributário

Os modelos tarifários são compostos por variáveis endógenas e exógenas (v. §24). Dentre estas, o *impacto tributário* é uma das de mais difícil (se não impossível) previsão. Nem o mais apurado exercício de futurologia permite que concedente e concessionário detectem qual será o regime tributário a ser enfrentado nas décadas futuras em que será

94 PORTO NETO, Benedicto. Contrato administrativo: Plano Real e correção monetária por atraso no pagamento. *RTDP*, São Paulo, Malheiros Editores, 11/176, 1995. Ampliar em SUNDFELD, Carlos Ari. *Licitação e contrato administrativo, op. cit.*, 2. ed., p. 246-249.

95 ARIÑO ORTIZ, Gaspar. *La Regulación Económica*. Buenos Aires: Editorial Ábaco, 1996, p. 134-135.

desenvolvido o projeto concessionário. Mas, que os tributos existirão, isto é incontestável, como na célebre frase de Benjamin Franklin: "Certeza? Neste mundo nada é certo, a não ser a morte e os impostos". A instalação de novos impostos e a variação dos já vigentes são certas; porém, incerta é a representatividade deles no projeto concessionário – basta pensarmos na representatividade da Emenda Constitucional nº 132/2023, que alterou o sistema tributário nacional.[96] De todo inviáveis o cálculo prévio desse fato imprevisível e sua quantificação – tornando-o mais que um risco ao interno do contrato de concessão: uma verdadeira incerteza (v. §23).

Na medida em que os tributos configuram algo que não pode ser estimado de partida nem tampouco atribuído ao risco administrado por um dos contratantes, o contrato há de ser previamente imunizado contra futuras incidências e variações das já existentes (tanto a maior como a menor). A matriz de riscos contratuais há de alocar a futura variação tributária sob a responsabilidade do concedente, eis que o seu impacto no projeto concessionário é inadministrável pela concessionária, que, igualmente, não é a fonte de tais variações (v., acima, §23-A).

Constatação que se agrava no Brasil, onde há muitas autoridades públicas aptas a instituir os mais variados tributos (federal, estaduais, municipais e distrital). Por isso a previsão expressa do §3º do art. 9º da Lei nº 8.987/1995: exceção feita aos impostos sobre a renda, toda e qualquer "criação, alteração ou extinção de quaisquer tributos ou encargos legais, após a apresentação da proposta", que efetivamente cause impacto no projeto concessionário "implicará a revisão da tarifa, para mais ou para menos". A redação do dispositivo autoriza o exame de seus componentes.

A ressalva dos impostos sobre a renda pode ser explicada porque não se está diante de impacto endógeno à execução do contrato (com reflexo nos deveres e obrigações), mas com repercussão na distribuição dos ganhos empresariais aos acionistas do concessionário. O imposto sobre a renda incide sobre o produto do capital ou do trabalho (ou da combinação de ambos), cuja base de cálculo é o lucro – a receita menos a despesa. Não incide diretamente nos custos do projeto concessionário nem gera impacto endógeno à prestação do serviço ou obra. São dados externos à equação que compõe o equilíbrio econômico-financeiro do contrato. Desta forma, caso as variações do imposto sobre a renda tivessem efeito para o reequilíbrio contratual, estar-se-ia diante de violação ao princípio da isonomia por meio da instituição de privilégio desarrazoado e desproporcional a determinada categoria de contribuintes.

Note-se que o texto se valeu de amplo leque de verbos ("criar", "alterar" ou "extinguir"), visando a atingir todo o ciclo vital dos tributos. Com isso pretende impedir que variações decorrentes de mutações tributárias possam escapar do dever de reequilíbrio. Pouco importa se surge novo tributo ou se é promovida alteração, direta ou indireta, no que já existia – todas as criações, alterações e extinções de tributos e encargos instalam o dever de produzir o imediato reequilíbrio contratual.

---

[96] Eric Castro e Silva e Marcos Nóbrega desenvolveram estudo a propósito do impacto da EC nº 132 nas concessões, que pode ser lido em: Reforma tributária e o equilíbrio econômico-financeiro dos contratos administrativos de longo prazo. *PSP Hub*, jun. 2024. Disponível em: https://psphub.org/conhecimento/working-paper/reforma-tributaria-e-o-equilibrio/.

O mesmo se diga da expressão "encargos legais": a Lei Geral de Concessões refere-se aos deveres e obrigações compulsórios, estabelecidos por lei e imputados ao concessionário, seja para a constituição de fundos destinados ao financiamento de atividades sociais (por exemplo, universalização), seja para certas obrigações a cumprir para com seus empregados, seja no regime das contribuições. Todos os encargos legais devem ser levados em consideração. Por meio desta expressão ampla a Lei Geral impede que a criatividade fiscal gere impactos nocivos à execução do contrato de concessão.

O termo *a quo* para a instalação do dever de reequilíbrio em função das variações tributárias é a data de apresentação da proposta. A proposta deve levar em conta a carga fiscal aferível para aquele contrato de concessão, de acordo com os dados atuais e disponíveis aos licitantes. A legislação descartou, portanto, a data de lançamento do edital, a dos estudos prévios (pretérita à proposta) e aquela da assinatura do contrato (posterior à proposta). Assim sendo, atribuiu aos interessados em participar da licitação o ônus de levantar e estimar todos os tributos e encargos legais que, na data de apresentação da proposta, efetivamente impactem no contrato de concessão. Na medida em que os tributos ocupam significativa fatia dos custos do projeto, a proposta deve estimar os dados presentes e projetar sua incidência para todo o período contratual. Não o fazendo, caso a proposta permaneça exequível e o interessado seja declarado vencedor, ele assumirá os respectivos custos tributários (com a atenuação dos ganhos dos acionistas).

Mas não será qualquer criação, alteração ou extinção de tributos ou encargos legais que instalará o dever de reequilíbrio. Nem tampouco apenas as variações que impliquem aumento. Somente aquelas que *efetivamente* causem impacto no projeto concessionário – quer para subir, que para diminuir o custo tributário do projeto. Assim, caso se dê a criação de uma contribuição irrisória, com o intuito de promover o controle da movimentação financeira dos contribuintes (como a CPMF o fazia, mas agora com alíquota realmente insignificante), caberá ao concessionário demonstrar o choque imposto ao projeto e a necessidade de reequilíbrio. Ao seu tempo, na hipótese de extinção de tributo ou encargo que tenha sido levado em conta no cômputo dos custos gerais da concessão, será igualmente necessário o reequilíbrio do contrato.

Tenha-se em vista que *equilíbrio* significa *posição estável*, sem variações a maior ou a menor. Não quer dizer aumento da tarifa – este é um de seus possíveis resultados. Nem tampouco significa apenas a consideração de um dado contratual, ignorando-se os demais componentes da equação – num exemplo improvável, se determinado tributo sobe e outro, simultaneamente e na mesma proporção, desce, o contrato permanecerá equilibrado. Esta constatação resultará na manutenção exata dos termos originais da contratação.

Mas uma crítica pode ser feita ao dispositivo em comento, que não é exato ao transmitir a impressão de que as modificações no regime tributário e de encargos resultam apenas na respectiva alteração do valor da tarifa. A revisão tarifária é escolha prática (talvez a mais fácil e célere), mas não é a única e nem sempre é a mais equânime. A depender do respectivo projeto concessionário e em atendimento ao princípio da modicidade tarifária, pode ser mais eficiente (e menos traumático para os usuários) a implementação de formas alternativas de reequilíbrio – que não o incremento do preço a ser pago. Lembre-se da prorrogação do contrato, das indenizações, da modificação de algum dos encargos etc. A Lei Geral de Concessões não bloqueia a criatividade do concedente e do concessionário.

Por fim, é claro que o concessionário não poderá simplesmente repassar *per saltum* aos usuários o pagamento dos tributos de sua responsabilidade. A depender do regime contratual, o tema poderá ser objeto de recomposição – mas jamais de imputação direta aos usuários. A matéria foi tratada pelo STJ, que decidiu pela "ilegalidade do repasse do PIS e da COFINS na fatura telefônica, porquanto a inclusão desses tributos na conta telefônica não tem o condão de modificar a sujeição passiva tributária: é a concessionária o contribuinte de direito, tal como ocorre no ICMS".[97] Logo, os tributos imputados ao contribuinte concessionário ou permissionário não podem ser transferidos aos usuários, pena de se desnaturar a exação fiscal.

§98 Alteração unilateral e dever de reequilíbrio simultâneo

Dentre as características dos contratos administrativos, a que mais chama a atenção é a competência detida pela Administração de alterar unilateralmente algumas de suas cláusulas – reflexo da posição de autoridade pública por ela ocupada no seio do contrato. Se isso é extraordinário em negócios de direito privado, é natural ao contrato administrativo. A "marca essencial ou decisiva do regime substantivo do contrato administrativo reside no facto de a Administração estar colocada numa posição de *supremacia jurídica* sobre o seu contratante, transportando assim para o interior do contrato a autoridade que geralmente lhe é associada".[98] Muito embora o contrato administrativo seja um acordo de vontades, isso não implica a derrogação do *status* de Administração Pública de um de seus signatários, nem tampouco a atenuação da *função pública* a ela legalmente atribuída.

O que se acentua nos Estados contemporâneos, os quais são investidos do dever de garantir a prestação de serviços públicos outorgados a pessoas privadas, tal como disciplinada em contratos administrativos.

Isto é, não há qualquer incerteza quanto à *natureza pactual* do contrato de concessão: ele é compromisso jurídico travado entre pessoas que se obrigam a cumpri-lo. Porém, isto há de conviver com a *natureza funcional* da ação administrativa do Estado. "O que existe aqui, em realidade – escreveu Eugenio Bruti Liberati –, é uma combinação entre a lógica do *pactum* e aquela própria da *função* administrativa: a primeira, relativa à implementação do programa acordado, exige que as partes assumam um empenho real, juridicamente relevante; (...) a segunda exige que as decisões a cargo da Administração Pública sejam sempre aptas a satisfazer determinados interesses públicos e, portanto,

---

[97] STJ, ED nos ED no REsp nº 625.767-RJ, Min. Humberto Martins, *DJe* 15.12.2008.

[98] GONÇALVES, Pedro. *O contrato administrativo: uma instituição do direito administrativo do nosso tempo, op. cit.*, p. 102. E, mais adiante: "No contrato administrativo há portanto um claro *espaço de supremacia jurídica*, que obedece a uma 'lógica da função' que a Administração exerce, mas há também um claro *espaço de paridade das partes*, que respeita na íntegra a 'lógica do contrato'" (*op. cit.*, p. 103). O que se aproxima do que Marçal Justen Filho chama de "natureza funcional" dos contratos administrativos (*Teoria geral das concessões de serviços públicos*, p. 166-170). Em sentido semelhante: SUNDFELD, Carlos Ari. *Licitação e contrato administrativo, op. cit.*, 2. ed., p. 203-205. Ampliar em MOREIRA, Egon Bockmann; GARCIA, Flávio Amaral. *Contratos Administrativos na Lei de Licitações, cit.*, p. 235-249.

que sejam modificadas ou removidas se lhes faltar aptidão para tal."[99] Reforce-se que a posição ostentada pela Administração na relação jurídico-concessionária representa, antes de tudo, a garantia da execução do projeto segundo finalidades públicas; de que o serviço adequado será fornecido ao conjunto de usuários.

As vantagens coletivas são definidas objetivamente no regime estatutário e contratual – instalando-se relação jurídica na qual a Administração tem o dever de zelar pela efetividade da prestação daquele serviço. Tais benefícios ingressam no patrimônio jurídico dos usuários e dão nascimento ao direito subjetivo público à prestação do serviço (§71, acima). O que está em jogo é o interesse público primário, o qual exige que a Administração a quem foi cometido tenha condições de intervir na concessão e adaptá-la às necessidades sociais, econômicas, tecnológicas etc. Tal ingerência, seus limites e consequências têm como fonte o estatuto e como parâmetro o regime contratual da concessão.

Assim sendo, é formal e materialmente legítima a posição de superioridade institucional ocupada pelo concedente. Os direitos e deveres a ele impostos são *fundamentalmente desiguais* dos direitos e deveres de titularidade dos usuários e do concessionário. Conforme consignou Luísa Cristina Pinto e Netto sob uma perspectiva mais ampla, fato é que "o Estado tem faculdades, prerrogativas, competências que não encontram similares na esfera dos particulares e lhe conferem a chamada *autoridade* necessária e imprescindível para a concretização do interesse público".[100] É justamente em decorrência do serviço público definido no contrato de concessão – o objeto contratual – que é indispensável assegurar à Administração o dever-poder de alterar unilateralmente as prestações contratuais.

Assim, e nada obstante a alteração unilateral exorbitar o regime civil e empresarial, ela é necessária aos contratos administrativos – máxime os de concessão e permissão de serviço público. Aqui ela não é a exceção, mas sim a regra; é a nota que tipifica o contrato administrativo, distinguindo-o das demais formas de contratação (públicas e privadas). Se um pacto admite a qualificação de *contrato administrativo*, isso se deve sobremodo a tal característico. "Constitui-se o *ius variandi* – escreveu Fernando Vernalha Guimarães –, portanto, como um poder administrativo típico de interferência direta no âmbito da relação jurídico-contratual. Relaciona-se com a *função instrumental* do contrato administrativo."[101] Esta competência permite à Administração remodelar a execução do contrato com o objetivo de preservar a adequação do serviço prestado, fazendo com que ele efetivamente atinja os objetivos públicos construídos desde o edital de licitação (ou, melhor: em construção desde o edital).[102]

---

[99] Liberati, Eugenio Bruti. *Consenso e Funzione nei Contratti di Dirittto Pubblico, op. cit.*, p. 159 (tradução livre).

[100] NETTO, Luísa Cristina Pinto e. *A Contratualização da Função Pública, op. cit.*, p. 138.

[101] Guimarães, Fernando Vernalha. *Alteração unilateral do contrato administrativo*: interpretação de dispositivos da Lei 8.666/1993, *op. cit.*, p. 123. Sobre o *ius variandi* em contratos concessionários, ampliar em GARCIA, Flávio Amaral. *A mutabilidade nos contratos de concessão, op. cit.*, p. 136-148.

[102] Na pena de Diogo de Figueiredo Moreira Neto: "Parece irrefutável, portanto, na perspectiva pós-moderna do direito administrativo, que as *exorbitâncias* nada mais representem que meras *modulações contratuais*, que são inseridas sempre que *motivadamente exigíveis pela matéria administrativa*, ou seja, em se tratando de obras e serviços públicos, em geral" (O futuro das cláusulas exorbitantes *In:* ARAGÃO, Alexandre Santos de; MARQUES NETO, Floriano de Azevedo (coord.). *Direito Administrativo e seus novos paradigmas*, p. 579). Já, Fernando Dias Menezes de Almeida aponta uma série de vícios decorrentes das cláusulas exorbitantes e defende a interpretação restritiva,

O regime prestacional dos contratos de concessão é, portanto, normalmente passível de modificações por parte do concedente – a serem acatadas e cumpridas pelo concessionário e usuários. Trata-se de competência típica (faz parte da *ratio essendi* dessa ordem de contratações), que não é excepcional nos contratos administrativos nem se submete a interpretação restritiva. O que, como será enfatizado mais abaixo, há de ser exercido em respeito à proporcionalidade e aos parâmetros aplicativos positivados pela LINDB.

Competência administrativa que é, tem como fonte primária a legalidade (Constituição, Lei Geral de Concessões, leis especiais e regulamentos). Isto é, ditos poderes não provêm imediatamente do contrato, mas sim da norma que outorga à Administração a titularidade de determinado serviço público e a competência para outorgar sua exploração em regime concessionário. "Assim, o poder de modificação de um contrato de concessão de serviço público constitui certamente um *poder sobre o contrato*, uma pretensão relativa àquele contrato, mas ele é também outra coisa, ou, talvez melhor, ele é a expressão de um outro poder público da Administração, o *poder sobre o próprio serviço público.*"[103] Como em todas as competências públicas, deve obediência à legalidade e gerará atos válidos desde que exercida em seu âmbito próprio, de modo motivado, proporcional e razoável.

Logo, não é exato falar de *cláusulas exorbitantes* ou de *competência extraordinária* ao se tratar das alterações unilaterais dos contratos administrativos – pois estas só são excessivas em relação às contratações de direito privado. Se tais prerrogativas *exorbitam* do direito privado, elas *orbitam* no direito público. A relação administrativa concessionária tem como nota típica essa característica natural aos contratos administrativos: a competência detida pela Administração de modificá-los unilateralmente.[104] A qualificação de "exorbitante"

---

mitigação e futura extinção delas (Mecanismos de consenso no direito administrativo. *In:* ARAGÃO, Alexandre Santos de; MARQUES NETO, Floriano de Azevedo (coord.). *Direito Administrativo e seus novos paradigmas, op. cit.*, p. 335-349) – tese criticada por Alice González Borges (Considerações sobre o futuro das cláusulas exorbitantes nos contratos administrativos. *In:* TOJAL, Sebastião Botto de Barros (coord.). *Contratos com o Poder Público*. São Paulo: AASP, 2009, p. 16-24).

[103] GONÇALVES, Pedro. *O contrato administrativo:* uma instituição do direito administrativo do nosso tempo, *op. cit.*, p. 118. Ou, como o autor consignou em outra sede: "Os actos de autoridade que a Administração Pública pode praticar no âmbito das relações constituídas por contratos administrativos são de dois tipos. Por um lado, a lei atribui-lhe competência para impor (unilateralmente) *alterações* ao estipulado no contrato, seja para modificar o conteúdo das prestações, seja para extinguir o contrato em termos diferentes dos previstos: está aqui em causa, portanto, um *poder sobre o contrato*. Por outro lado, a lei confere-lhe, em certos termos, *poderes sobre o seu contratante*, que pressupõem uma relação de *supra-infra*-ordenação fundada no contrato administrativo" (GONÇALVES, Pedro. *A concessão de serviços públicos, op. cit.*, p. 237). Semelhante é a compreensão quanto à fonte desse poder (em razão do qual o contrato é instrumento) proposta por García de Enterría e Fernández: "Ahora bien, este formidable poder no resulta propiamente del contrato mismo, sino de la posición jurídica general de la Administración, de su privilegio general de autotutela, que ya conocemos, de modo que es en sí mismo extracontractual. (...) la verdadera razón de fondo que justifica la aplicación de esta prerrogativa está en la relación inmediata del contrato con las necesidades públicas o, si se prefere, con los 'servicios públicos', cuya responsabilidad de gestión tiene atribuida la Administración, y cuyo gobierno, por conseguiente, debe ésta de atender con todas sus facultades específicas, sobre todo en evitación de retrasos (...)" (*Curso de Derecho Administrativo*. 12. ed. v. I. Madri: Thomson/Civitas, 2004, p. 697). Ampliar no §37, acima, que trata da *relação administrativa especial* entre concedente e concessionário.

[104] Aqui surge detalhe decisivo a qualificar o regime de direito privado administrativo: nada obstante os parâmetros de direito privado a fundamentar e explicar alguns dos tópicos mais relevantes da relação jurídico-concessionária, fato é que a importância decisiva da competência de alterações unilaterais dá o forte tom de direito administrativo ao relacionamento. Por isso que a investigação demanda a permanente convivência entre o direito público e o direito privado, sem que haja a clivagem fundamental que há tempos atrás os dissociava por completo (v. §§13, acima, e 104 e 105, abaixo).

é própria de estudos que estabeleçam perspectiva relacional com o direito privado, não ao interno das concessões, permissões e autorizações.[105] Mas note-se bem que esta constatação não significa a defesa irrestrita de alterações unilaterais como a única forma de modulação do contrato de concessão – pacto cooperativo que é, ele merece pautar-se por soluções consensuais (a serem vistas como preliminares à alteração unilateral). O que se deve ter em mente é a permanência desta capacidade modificadora titularizada com exclusividade pelo concedente. Isto posto, necessário se faz o exame de seus requisitos e peculiaridades em sede da Lei Geral de Concessões.

Conforme já tratado (§§20 e 68 a 79), a relação jurídico-concessionária toma forma ao nascer o contrato administrativo. Lá estão estampados os direitos e obrigações dos contratantes. Além disso, ela deve obediência ao respectivo regime estatutário (leis e regulamentos). Trata-se de relação dinâmica que enfrenta as mutações decorrentes de escolha das partes (ou só de uma delas, o concedente) e também as impostas pelo mundo dos fatos. Não se está diante de negócio jurídico por meio do qual o particular cumpre prestações pontuais em favor da Administração (obras e serviços que se exaurem em si mesmos), mas sim de contrato que se liga à execução do serviço, cujas prestações são levadas a efeito durante décadas em favor dos usuários. O que reforça a natureza administrativa da concessão, a qual não se deve apenas à posição da Administração no polo ativo ou em decorrência das cláusulas ditas exorbitantes, mas sim da combinação dessas características com a outorga a uma pessoa privada da prestação de determinado serviço público.

Isso demonstra que se está diante de contratação administrativa reforçada e *sui generis*, a estabelecer a convivência entre deveres estatutários, obrigações contratuais e direitos subjetivos. A concessão não tem qualificação estática. O princípio da adaptabilidade é a pedra de toque dos serviços públicos e respectivas concessões (afinal, é uma das "Leis de Rolland" – v. §§8, 58 e 62).[106] O regime dinâmico do projeto concessionário exige tratamento equivalente no que respeita às alterações unilaterais e dever de manutenção do equilíbrio econômico-financeiro.

A Lei Geral de Concessões disciplina a alteração unilateral no §4º do art. 9º, combinado com o inciso V do art. 23 (que fixa como obrigatória a cláusula que estabeleça direitos, garantias e obrigações inclusive quanto à "futura alteração e expansão do serviço e consequente modernização, aperfeiçoamento e ampliação dos equipamentos e das

---

[105] Como frisa Vera Monteiro: "O argumento que se quer enfatizar é que estudar o contrato administrativo a partir de sua oposição ao de direito privado é algo bastante impróprio, pois cria uma polarização na análise e tende a uniformizar o regime contratual administrativo" (*A Caracterização do Contrato de Concessão Após a Lei 11.079/2004, op. cit.*, p. 47).

[106] A consagração da mutabilidade unilateral dos contratos administrativos tem origem nas concessões de serviço público, como anota Jean Rivero: "(...) a regra foi vigorosamente reafirmada pela jurisprudência; aliás, ela não faz mais que traduzir o primado do interesse geral, cujas exigências, que podem mudar com o tempo, não deveriam ser postas em xeque por razões contratuais imutáveis. A Administração pode, pois, aumentar, modificar ou reduzir as obrigações do contraente. A regra foi estabelecida para as concessões de serviço público: os concessionários de iluminação a gás foram obrigados, depois da descoberta da eletricidade, a adaptarem-se à nova técnica (...)" (*Direito Administrativo*. Tradução de R. Erhardt Soares. Coimbra: Livraria Almedina, 1981, p. 145). Aliás, como diz Pedro Gonçalves, "a autonomia da instituição *contrato administrativo* ficou muito a dever à concessão de serviços públicos" (*A Concessão de serviços públicos, op. cit.*, p. 188, nota 76). Ampliar em: PÉQUIGNOT, Georges. *Théorie Générale du Contrat Administratif, op. cit.*, p. 363-417; LAUBADÈRE, André de; VENEZIA, Jean-Claude; Gaudemet, Yves. *Traité de Droit Administratif*. 15. ed. t. 1, Paris, LGDJ, 1999, p. 825-829; BRACONNIER, Stéphane. *Droit des Services Publics, op. cit.*, 2. ed., p. 185-191 e 319-323.

instalações"). A riqueza da modificação do contrato deve respeito a tais preceitos – a serem configurados caso a caso. Como será visto mais detidamente adiante (§104), tem-se que a célebre classificação quanto às áleas ordinária e extraordinária – fatos do príncipe e da administração, teoria da imprevisão, força maior, sujeições especiais – tem que ser efetivamente relativizada ante os novos desafios dos contratos de concessão de serviço público.

Pode-se afirmar, portanto, que nas concessões a competência para alterações vai muito além da racionalidade da antiga Lei nº 8.666/1993 (máxime no art. 65, que delimitava *numerus clausus* as modificações ditas quantitativas e qualitativas)[107] e da Lei nº 14.133/2021, que reproduz tal lógica em seus arts. 124 e 125. As normas da Lei de Licitações que circunscrevem as alterações não se aplicam ao regime concessionário (restrições interpretam-se restritivamente), desautorizando a incidência do art. 186 em vista da dissociação lógica entre as situações factuais (ver acima, §§9-A e 34-A). Não se está diante de singela balança de encargos e receitas, nem tampouco frente a desembolso de verbas do erário, mas sim de fluxos de caixa projetados para mais de 10 anos (v. §§100 a 105, adiante). Ao contrário da Lei nº 14.133/2021, a Lei Geral de Concessões ampliou as hipóteses de modificação contratual e respectivos limites, não se submetendo às amarras dos contratos administrativos ordinários. O mesmo se diga quanto às consequências, estas sempre atentas à LINDB.

Reitere-se que não se está a defender a degeneração do contrato: as alterações (unilaterais e bilaterais) exigem respeito ao pacto e à sua razão de existir – definida pela realidade socioeconômica a ele subjacente. A juridicidade do pacto importa o dever das partes de desempenharem com afinco os melhores esforços para seu cumprimento. Elas devem acatamento à natureza contratual das tarefas que lhes foram atribuídas – e também à legalidade, motivação e proporcionalidade. Mas o que não é válido é a submissão de um contrato com prazo de décadas, detentor de complexos fluxos de receitas e despesas e desenvolvido numa época propensa a instabilidades, a regime jurídico celebrado em vista de situações fáticas que, com o passar do tempo, se revelam diversas daquelas efetivamente vivenciadas na execução contratual (e nas demandas sociais). No caso da Lei Geral de Concessões as perspectivas de modulações e transformações são muito mais amplas, ricas e coloridas que o acanhado perfil da Lei de Licitações.

§98-A Alteração unilateral: requisitos de validade

Pois quais seriam as condições para a alteração unilateral nos contratos de concessão? Ela exige o cumprimento de ao menos *cinco requisitos*: (i) a competência do

---

[107] Para Luís Roberto Barroso é consistente a tese de que o art. 65 da Lei nº 8.666/1993 não se aplica diretamente às concessões regidas pela Lei nº 8.987/1995, mas "parece prudente, pelo proveito de se operar com um parâmetro objetivo, que tais percentuais sejam utilizados, não como regras cogentes, mas como diretrizes, também no âmbito das alterações quantitativas dos contratos de concessão" (Alteração dos contratos de concessão rodoviária. *RDPE*, 15/121, Belo Horizonte, Fórum, jul./set. 2006). Já, Fernando Vernalha Guimarães refuta a aplicação, mesmo subsidiária, do preceito às concessões de serviço público (A repartição de riscos na parceria público-privada, *op. cit.*, *RDPE*, 24/157-171), assim como o faz RIBEIRO, Gabriela Engler Pinto Portugal. *Novos investimentos em contratos de parceria*. São Paulo: Almedina, 2021, p. 67 ss.
A interpretação dos arts. 124 e 125 da Lei nº 14.133/2021 merece ser vista em MOREIRA, Egon Bockmann; GARCIA, Flávio Amaral. *Contratos Administrativos na Lei de Licitações*, *cit.*, p. 235-281.

agente; (ii) o respeito à natureza da cláusula a ser modificada; (iii) a motivação; (iv) o dever de respeito à LINDB e à proporcionalidade; e (v) o simultâneo reequilíbrio do contrato.[108] Confira-se cada uma delas, mas não sem antes destacar a necessidade de procedimentalização do *ius variandi*.

Ou seja, a competência de modificação unilateral, pautada pela obediência ao simultâneo equilíbrio econômico financeiro, será exercitada de modo mais eficiente e com menores custos de transação caso instrumentalizada em procedimento dialógico-colaborativo. Como anotou Flávio Amaral Garcia, para além de o procedimento se visto como verdadeira *obrigação de meio* para a modificação, "as cláusulas com natureza procedimental devem estipular, por exemplo, as condições formais para a operacionalização da mutabilidade, tais como prazos, forma e meios de manifestação e comunicação dos contratantes, publicidade das decisões e demais atos procedimentais conformadores da vontade das partes e assecuratórios de seus direitos".[109] A bem da verdade, e também em vista da aplicação subsidiária do art. 151 da Lei nº 14.133/2021 (autorizador da aplicação dos métodos adequados de solução de controvérsias na unanimidade dos contratos administrativos), é de todo indicado que a modificação unilateral seja a última alternativa a ser cogitada, depois de esgotadas todas as formas de composição amigável (a fim de que ela se dê de modo bilateral).

Examinemos com atenção cada um dos cinco requisitos, começando pela competência daquele que pretende modificar o contrato concessionário.

O primeiro requisito é a *competência do agente*: como em todo ato administrativo, competente para a prática da alteração unilateral é o agente legalmente investido no exercício da função de concedente (v. §15). O exercício da competência deriva da conjugação de duas fontes normativas: uma primária e mais genérica (estatutária = lei e regulamento), outra secundária e mais minuciosa (contrato de concessão). Serão estas fontes que definirão quem pode praticar o ato e dentro de quais limites.

Está-se diante de ato que deriva da investidura do agente, sobretudo das peculiaridades definidoras do regime jurídico da relação concessionária. Por exemplo, no contrato celebrado em decorrência de convênio entre duas pessoas políticas será necessário definir qual das autoridades públicas poderá praticar atos de alteração unilateral – se apenas uma, ou se mais de uma, por meio de atos administrativos complexos.

Como o ato de alteração unilateral é exclusivo da Administração, terá como fonte primária a lei ou o regulamento. Não pode ser delegado a terceiros ou previsto exclusivamente no contrato. A Lei Geral de Concessões descreve as hipóteses de alteração contratual e o dever de reequilíbrio simultâneo. Tanto os regimes específicos de cada um dos serviços como os respectivos contratos administrativos precisarão descer a minúcias.

Por isso, os agentes públicos somente podem promover a alteração unilateral se e quando a lei assim o permitir, e devem omitir-se quando a lei proibir. Afinal, e como

---

[108] Ao tratar do *ius variandi* regido pela Lei nº 8.666/1993, Fernando Vernalha Guimarães classifica os *pressupostos objetivos* do seu exercício, dividindo-os em duas categorias: *pressupostos materiais* (situações de fato e/ou de direito: alteração das circunstâncias do contrato e/ou constatação de erros no projeto ou condições contratuais) e *pressupostos procedimentais* (procedimento prévio, hábil e suficiente à validade do ato), bem como a obediência aos princípios da proporcionalidade, economicidade, eficiência, boa-fé e legalidade (*Alteração unilateral do contrato administrativo: interpretação de dispositivos da Lei 8.666/1993, op. cit.*, p. 163-226).

[109] *A mutabilidade nos contratos de concessão, op. cit.*, p. 145.

de há muito firmou Carlos Maximiliano, "competência não se presume".[110] A mesma constatação está estampada na jurisprudência do STF, que já consolidou o entendimento de que "a competência para a prática do ato administrativo, seja vinculado, seja discricionário, é a condição primeira de sua validade".[111]

O segundo requisito diz respeito à *natureza da cláusula a ser modificada*: não é qualquer cláusula que pode ser alterada unilateralmente. Ou, mais propriamente, não é o conteúdo de qualquer cláusula que pode ser modificado, mas sim aquelas cuja substância diga respeito ao objeto do contrato e à forma de sua execução. São passíveis de modificação as cláusulas que disciplinem as *prestações atribuídas ao concessionário*: o objeto do contrato, entendido como *a execução da atividade substancial definida pelo ato de outorga: a materialização da obra, a gestão do serviço concedido e sua prestação aos usuários* (v. §20). O objeto pode ser diminuído, modificado ou incrementado, desde que preservada a essência da contratação. As variações dão-se ao interno do objeto originalmente definido no edital, proposta e contrato.

Em decorrência, o objeto contratual não pode nem ser extinto nem substituído por outro. Ao se falar em alteração do objeto do contrato se está tratando do modo de sua execução. Onde está escrito "alteração contratual" não se pode ler nem "substituição contratual", nem "extinção contratual". Por exemplo, não é válida a alteração do contrato de concessão de serviço para outro de obra pública (ou de um serviço para outro que não tenha qualquer relação com o originalmente pactuado). É imprescindível a manutenção do serviço adequado tal como definido na licitação e no contrato – a ser modulado em vista das necessidades de interesse público. Aqui se está diante do que se designa de *cláusulas contratuais regulamentares* (disciplinam a execução do objeto), em contraposição às *cláusulas econômicas* (fixam o equilíbrio econômico-financeiro). Estas são inalteráveis, pois versam a respeito da manutenção do equilíbrio contratual.

Porém, mais do que tais excludentes materiais – o conteúdo do contrato e o da modificação – existem também excludentes formais, advindas da teoria do ato administrativo. A toda evidência, se o ato unilateral caracterizar algum vício, desproporção ou desvio, poderá ser impugnado (administrativa ou nos juízos arbitral ou judicial). Por exemplo, se modificar a essência do contrato (violando o seu objeto, corrompendo as prestações pactuadas). Ou caso revele desvio de finalidade: quando o ato de alteração tenha nítida finalidade diversa daquela autorizada em lei (determina a supressão de parte do contrato como meio indireto de punir o contratado). Ou se consubstanciar atentado ao princípio da boa-fé, como nos casos do *venire contra factum proprium*, por meio de sequência de ordens contraditórias.

O terceiro requisito é a *motivação do ato que altera o contrato*: como todo ato administrativo que incida nas relações contratuais, a alteração unilateral exige motivação necessária e suficiente para sua prática (Lei nº 9.784/1999, art. 50). O que envolve considerações de duas ordens: os fatos que deram origem ao ato e o dispositivo legal que autorizou sua concretização: os *motivos de fato* (razões de fato) e os *motivos de direito* (fundamentos de direito) do ato, unidos por *nexo de causalidade* inquebrantável.

---

[110] *Hermenêutica e aplicação do direito*. 9. ed. Rio de Janeiro: Forense, 1984, p. 285.

[111] RMS nº 26.967, 2ª T., Min. Eros Grau, *DJe* 04.04.2008

Os *motivos de direito* devem existir e ser perfeitos ao ato praticado. Não basta haver prescrição normativa – ela há de ser a que permita a edição do ato de modificação. O mesmo se dá em relação aos *motivos de fato*, que são o substrato da realidade constatada pelo agente. O ordenamento jurídico brasileiro não permite que qualquer fato dê origem a alteração unilateral: somente aqueles pertinentes ao objeto da concessão e respeitadores da real e efetiva necessidade pública detectada pela Administração – a ser minuciosamente descrita e comprovada. Tais motivos de fato e de direito devem ser expostos de modo legível – incluindo-se aí o impacto econômico-financeiro trazido ao projeto concessionário e correspondente reequilíbrio (sua forma técnica e o momento de efetivação).

Os *motivos de fato* determinantes da alteração unilateral podem ser basicamente de ordem técnica ou econômica. Em ambos os casos o que se dá é a constatação de mudanças na base fática do contrato (demandas sociais, evolução da técnica, variações no entorno, exigências ambientais, fatos econômicos extraordinários etc.), a alterar a realidade técnica que conformou as prestações ou, mesmo, modificar o substrato econômico delas (interno ou externo ao contrato). Aqui se analisam a adequação do serviço e respectivos custos – adaptando-se-o às novas demandas sociais visando a cumprir seu respectivo escopo, a função pública daquele contrato de concessão.

Dá-se o nome de *motivação* à explanação dos motivos (de fato e de direito) que levam à prática do ato. A motivação tem efeitos externos ao ato: uma vez tornada pública, a Administração não pode retroceder e desfazer os motivos. Tampouco poderá praticar novo ato que porventura contradiga o outrora consignado. Trata-se da *Teoria dos Motivos Determinantes*, sistematizada por Gaston Jèze: "Se o motivo determinante não existe de fato ou se é ilícito ou imoral, a manifestação unilateral de vontade ou o acordo bilateral de vontades são irregulares".[112] Jèze fixou a ideia fundamental de que "a atividade dos agentes públicos e o exercício de sua competência somente podem ter por motivo determinante o bom funcionamento dos serviços públicos".[113] Ao expor a razão que fundamenta os atos administrativos, associada com seu controle, Jèze uniu o dever de motivar ao efeito vinculante derivado dessa motivação. Ao consignar o motivo, o agente torna públicas a razão de ser do ato e a sua finalidade. O motivo insere-se no comando normativo do ato e se torna juridicizado, imutável pela "vontade discricionária" do agente. Caso o motivo seja outro ou o ato se baseie em razão inadequada (ou falsa) à finalidade visada, isto resultará na sua invalidade.

Toda essa teorização aplica-se nas alterações unilaterais do contrato de concessão. Está-se diante de projeto concessionário que tem origem remota em estudos técnicos – além dos debates públicos e processo licitatório. Aqui foi definido o modelo contratual e foi consubstanciada a base objetiva da relação jurídico-concessionária. Presume-se que todas as partes tenham agido de boa-fé, instalando confiança recíproca no empenho para o cumprimento do pacto. Além disso, o projeto traz consigo o respectivo equilíbrio econômico-financeiro – de construção complexa, que demanda a integração da proposta do concessionário ao edital. Para que todo este oceano de informações e projeções possa

---

[112] JÈZE, Gaston. *Principios Generales del Derecho Administrativo*, v. III. Tradução de Julio N. San Millán Almagro. Buenos Aires: Depalma, 1949, p. 226 (tradução livre).

[113] *Idem*, p. 231 (tradução livre).

ser modificado é imprescindível a motivação séria, clara e tecnicamente adequada. Se é bem certo que as alterações são competência da Administração, não é menos exato que o projeto concessionário alberga um interesse público definido em concreto e cujo pacto deve ser respeitado. Conforme já escrito a propósito do art. 115 da Lei nº 14.133/2021, que se aplica com largueza à Lei nº 8.987/1995: "Ao dispor que o contrato 'deverá ser executado fielmente', a legalidade agrega valor específico àquele acordo de vontades. O contrato não só obriga o contratado, mas tem efeitos vinculantes para ambas as partes, que lhe devem obediência. Ele torna objetiva a subjetividade do pacto".[114]

Sublinhe-se que a finalidade da exceção unilateral ao *pacta sunt servanda* tem como referência o dever de fiel cumprimento ao contrato. Como tantas vezes já indicado, o concedente não pode intervir ao seu bel-prazer (ou em vista de razões puramente políticas, sem substrato técnico). Daí também a necessidade de a motivação revelar o *nexo de causalidade* entre as premissas factuais autorizadoras e a modificação implementada. Ou seja, é imprescindível que o ato revele não só a necessidade pública que o orienta, mas especialmente a sua relação imediata com a modificação que se pretende promover.

O quarto requisito está no *cumprimento à LINDB*. Depois da edição da Lei nº 13.655/2018, que agregou normas de segurança jurídica à LINDB, qualquer ato de alteração deve respeito sobretudo ao art. 20, que exige atenção às consequências práticas da decisão e à proporcionalidade.

Note-se que o art. 20 da LINDB abre com uma proibição: é vedado que se decida sem levar em conta o que será produzido pela decisão, em termos jurídicos e práticos. O que traz consigo o segundo momento da norma, em seu parágrafo único, que tem como objetivo convocar a autoridade pública a considerar soluções alternativas que resultem na melhor preservação (otimização) de todos os bens jurídicos relevantes que estejam em jogo. A autoridade necessita descrever as opções e levá-las em conta, motivadamente, em sua deliberação. O que importa dizer que tal dever somente poderá ser adequadamente cumprido caso o agente público examine as evidências factuais que justificam o seu ato. Afinal de contas, para se avaliar as consequências da decisão, necessário se faz conhecer as suas premissas reais. Isto é, a norma determina a exposição de qual é o conjunto de fatos levado em consideração e por que ele autorizaria esta ou aquela medida, com esta ou aquela consequência.

Se tais evidências factuais deixarem de ser tratadas na decisão administrativa, inclusive as regulatórias, haverá desatendimento a requisito de validade do respectivo ato administrativo – implicando a sua nulidade por violação à LINDB.

Por fim, mas não menos importante, o sexto requisito é o de *respeito ao simultâneo reequilíbrio econômico-financeiro*: nos contratos de concessão a equação econômico-financeira exige o exame de projeções de longo prazo – tal como construídas e lançadas quando da licitação. Contratos complexos dessa ordem geram estudos com dificuldades acima da média. Não é tarefa fácil, nos dias de hoje, estabelecer o equilíbrio em projeções estatísticas que ultrapassam 10 anos. Sabe-se, de antemão e de boa-fé, que as situações socioeconômicas conformadoras do contrato sofrerão mutações – não se pode ignorar estas peculiaridades contemporâneas, pois já se passou o tempo dos contratos de

[114] MOREIRA, Egon Bockmann; GARCIA, Flávio Amaral. *Contratos Administrativos na Lei de Licitações, cit.*, p. 186.

longo prazo estáveis e imodificáveis.[115] O que dizer, então, de alterações unilaterais que modifiquem ou adaptem tais projeções e estabeleçam outras, no curso do contrato (pretende-se modificar o avião em pleno voo)?

A manutenção do equilíbrio é a condição para se alterar unilateralmente o contrato – caso contrário a modificação poderá extinguir a concessão (o ato trará consigo o vício do *desvio de função*). Daí a exigência de estudos comprobatórios de que a alteração efetivamente preserva o equilíbrio econômico-financeiro do contrato. Afinal, o desrespeito ao equilíbrio fere de morte o contrato de concessão.

Por outro lado, não se pode reduzir o direito ao equilíbrio econômico-financeiro do contrato a eventual indenização a ser composta depois de décadas de litígios. Raciocínios como este desprezam o que está por detrás do contrato de concessão: a definição, legal e administrativa, do modo de prestação adequada de um serviço público. Ao se falar de indenização não se pensa em prestação do serviço, mas em lucros cessantes e danos emergentes. *Reequilíbrio* e *indenização* são conceitos antagônicos: o primeiro presta-se a manter o respectivo serviço público; o segundo, a indenizar o concessionário pelo inadimplemento contratual do concedente. Pois a Lei Geral de Concessões celebra o dever de adimplemento contratual por meio da prestação adequada do serviço.

Por isso que de nada adianta reequilibrar a destempo um contrato dinâmico e exigente como o das concessões. A demora no reequilíbrio implicará a derrocada do projeto concessionário. E o mesmo se diga quanto ao comprometimento de todos os envolvidos: "O reequilíbrio dos contratos deve ser levado a cabo pelo prisma da boa gestão, devidamente fiscalizada. Em suma: deve observar o exigido pelas regras de governo das sociedades ou *corporate governance*".[116] Deve ser estruturado e funcionar com vistas a atingir a meta de preservação equânime do contrato, em cumprimento à Constituição e à Lei nº 8.987/1995, além do respeito aos direitos subjetivos dos usuários e do concessionário.

Logo, a preservação do equilíbrio deve-se antes em vista da essencialidade da prestação do serviço concedido que devido a razões que procurem preservar o lucro dos acionistas ou o orçamento público. Constatação que se acentua nas concessões regidas pela Lei Geral: projetos autossustentáveis, que demandam estabilidade nas receitas e despesas, a fim de garantir a solidez e constância das obras e serviços.

Caso o contrato opere em desequilíbrio, por mínimo que seja, contaminará os projetos de investimento. O desequilíbrio produz a asfixia do contrato de concessão: impede-o de respirar e, assim, proíbe que os esforços necessários sejam desenvolvidos – o adequado fluxo de receitas e despesas é o oxigênio do projeto. Ausente o equilíbrio, haverá o dever de prestar serviços e executar obras sem receita que permita o financiamento endógeno do projeto. Não se supõe (e nem se espera) que os acionistas da concessionária

---

[115] Como Clóvis do Couto e Silva escreveu, forte em Teubner, foi o século XIX que viveu "a existência de um 'rigorismo normativo' na ordem contratual, o qual pressupõe um sistema econômico e social cujos elementos possam ser objeto de cálculo com grau elevado de exatidão, e isto somente foi possível porquanto existiam condições de mercado eficientes, situações políticas estáveis, um tipo de Estado que não realizou intervenções punctuais na economia e uma moeda estável" (A teoria da base do negócio jurídico no Direito brasileiro. *In:* FRADERA, V. M. J. (org.). *O direito privado brasileiro na visão de Clóvis do Couto e Silva*. Porto Alegre: Livraria do Advogado, 1997, p. 90).

[116] CORDEIRO, António Menezes. Contratos públicos: subsídios para a dogmática administrativa, com exemplo no princípio do equilíbrio econômico-financeiro, *op. cit.*, *Cadernos O Direito* 2/112.

façam aportes com o intuito de financiar, a custo perdido, obras e serviços públicos. Contratos de concessão não são projetos altruísticos ou filantrópicos, mas sim de geração de desenvolvimento e distribuição de riqueza.

Nem se diga que projetos grandiosos podem experimentar pequenos déficits.[117] O raciocínio não se sustenta, pois, na justa medida em que são contratos com elevado volume de despesas e receitas alocadas em longo prazo, exigem cálculos precisos e a respectiva estabilidade. O déficit de 1% representa perda brutal e irrecuperável caso compreendido num ambiente em que os cálculos descem aos milésimos e são estimados para mais de 15 ou 20 anos. Somente a visão míope contentar-se-ia com o apurado num cálculo anual em vista de estimativas decenais.

Igualmente configura grave equívoco a tentativa de comparar a preservação do equilíbrio econômico-financeiro dos contratos de concessão àquela dos de empreitada de obra ou serviço – nos quais a pessoa contratada sofre por si só os efeitos deletérios da agressão ao contrato. Na empreitada existe relação contratual exauriente, compreendida segundo sua dimensão unitária. Já a concessão demanda exame mais amplo, que não se esgota no bilateralismo de curto prazo dos contratos administrativos estáticos. Nos contratos de empreitada há um negócio a mais no portfólio do empresário; nos de concessões, uma SPE e investimento significativo, com aportes de recursos a serem compostos em longo prazo. Tudo isso girando em torno de serviços que a Constituição imputa como de prestação pública.

Por tais razões, dentre tantas outras, a competência para alterar unilateralmente os contratos de concessão curva-se ante o dever de prestação do serviço adequado – o que somente é possível num ambiente do mais perfeito equilíbrio econômico-financeiro.

§99 Alteração unilateral e alteração circunstancial

Ao tratar do poder de modificação unilateral dos contratos, Pedro Gonçalves desenvolve classificação quanto à sua origem: se a discricionariedade da Administração ou se as circunstâncias fáticas.

Na primeira hipótese existe a imposição administrativa da alteração, em que "há uma sucessão lógica dos seguintes momentos: (i) consideração, pelo contraente público, de um facto de interesse público que, na sua óptica, recomenda uma modificação; (ii) imposição da modificação de cláusulas contratuais; (iii) reposição do equilíbrio financeiro do contrato, em benefício do cocontratante (na medida em que não suporte qualquer risco de modificação)". Em suma, "a modificação desequilibra o contrato", pois tem

[117] Neste sentido, o TRF-4. Região já decidiu: "A lei do Estado do Paraná, a qual cria isenção de tarifa para as motocicletas e similares, altera a perspectiva de lucro já delineada por ocasião da celebração do contrato de concessão, não só pela inexistência de tal isenção quando da contratação, mas também pela ausência de previsão de mecanismos de compensação das perdas decorrentes dessa dispensa de pagamento. Isso altera de forma substancial as condições iniciais da proposta e o possível lucro que levou a concessionária a contratar com o Poder Público" (Ag na ACi nº 2008.70.00.000253-8-PR, Des. Federal Carlos Eduardo Thompson Flores Lenz, *DJe* 3.9.2009). Daí o julgamento de inconstitucionalidade da referida lei estadual, em vista do dever de manutenção do equilíbrio econômico-financeiro do contrato (mesmo em vista de alterações que à primeira vista podem parecer irrisórias para o leigo – tal como as motocicletas em rodovias –, mas que na verdade representam sério impacto nas projeções oriundas do edital, proposta e contrato). Semelhantes o teor e o resultado da ADI nº 2.733-ES, Min. Eros Grau, *DJ* 22.10.2006.

como fonte a decisão administrativa e resulta no dever de reequilibrar o contrato (ou, melhor: traz consigo a simultaneidade desse dever).[118] Ao alterar unilateralmente o contrato, *ipso facto* surge para a Administração o dever de reequilibrá-lo.

Já na segunda hipótese há outra sucessão de eventos: "(i) alteração anormal e imprevisível das circunstâncias em que as partes fundaram a decisão de contratar; (ii) pretensão no sentido da modificação, a qual se traduzirá, em regra, numa alteração das cláusulas financeiras, segundo critérios de equidade". Aqui, "a modificação recupera o equilíbrio do contrato".[119] Neste caso não se está diante da decisão administrativa que instala a modificação, mas de circunstância fática que a efetiva de forma concreta e irreversível, gerando como consequência o dever de reequilíbrio (a fim de que o serviço permaneça sendo prestado pelo concessionário).

Se no primeiro caso existe relação de causalidade entre o ato administrativo, seu impacto no contrato e o *quantum* do desequilíbrio, o segundo instala a necessidade da ponderação entre as circunstâncias, o efetivo desequilíbrio por elas gerado e a revisão econômico-financeira a ser feita. Neste caso, a solução pode ser negociada entre as partes contratantes; no primeiro, sua implementação é imposta pela lei (a mesma fonte normativa que autoriza o exercício da competência de modificar o contrato condiciona seu exercício ao reequilíbrio).

Esta classificação permite lançar novas luzes nos tradicionais critérios de exame das modificações do contrato administrativo, como será visto com mais atenção nos §§100 e ss.

---

[118] GONÇALVES, Pedro. A relação jurídica fundada em contrato administrativo, *op. cit.*, *Cadernos de Justiça Administrativa* 64/40-41.

[119] *Idem, ibidem*. Segundo António Menezes Cordeiro a alteração das circunstâncias é o instituto civil básico em que se enxerta o princípio do equilíbrio econômico-financeiro do contrato, e pode ser assim compreendida: "A locução 'alteração das circunstâncias' exprime, na linguagem jurídica portuguesa actual, o instituto vocacionado para intervir quando se modifiquem, de modo significativo, os condicionalismos que rodearam a celebração de determinado contrato. Em princípio, o instituto em causa permitirá responder à questão da manutenção, da cessação ou da adaptação do contrato atingido, e à da medida em que isso poderá suceder" (Contratos públicos: subsídios para a dogmática administrativa, com exemplo no princípio do equilíbrio econômico-financeiro, *op. cit.*, *Cadernos O Direito* 2/52). Instituto que em França se assemelha, com as devidas ponderações e limites, à teoria da imprevisão (idem, p. 83-85). Ampliar no §104.

AS CONDIÇÕES DO CONTRATO E SEU EQUILÍBRIO ECONÔMICO-FINANCEIRO

§100 Concessão e equilíbrio econômico-financeiro

O art. 10 da Lei nº 8.987/1995 pretende estabelecer relação entre as "condições do contrato" e o equilíbrio econômico-financeiro do projeto concessionário. Como Karina Houat Harb desenvolveu, as *condições do contrato* remetem à ideia de "contrato válido decorrente de licitação que, por sua vez, decorreu de planejamento prévio, o qual deu certeza da viabilidade econômico-financeira da outorga do serviço público em concessão".[1] Este (o equilíbrio) será atendido se e quando aquelas (as condições) sejam respeitadas. São claras as ideias de base objetiva do negócio, harmonia e inalterabilidade transmitidas pelo texto normativo.[2] Mas a complexidade do regime concessionário autoriza outras ponderações.

Como a própria expressão revela, "equilíbrio econômico-financeiro" significa a posição estável do projeto concessionário no que respeita à administração de seus recursos materiais (*economia*) e ao capital disponível para tanto (*finanças*). Fala-se em "equilíbrio" porque se sabe que existirão oscilações: tanto sob um aspecto como noutro. Ou, como prefere Gabriela M. Engler Pinto Portugal Ribeiro, "a perspectiva econômica é aquela que analisa a viabilidade e o retorno do projeto a partir de métricas como o VPL do projeto. Então, quando há desequilíbrio decorrente da inserção de novo investimento na parceria, o contrato precisa ser reequilibrado de modo a preservar a viabilidade econômica do projeto". Ao seu tempo, "a perspectiva financeira preocupa-se com a

---

1 *A revisão na concessão comum de serviço público, op. cit.*, p. 133.

2 A respeito do equilíbrio econômico-financeiro nos contratos concessionários brasileiros e sua recomposição, v. os estudos reunidos em MOREIRA, Egon Bockmann (coord.). *Tratado do equilíbrio econômico-financeiro*. 2. ed., *op. cit.*, passim, e LOUREIRO, Gustavo Kaercher. *Estudos sobre o regime econômico-financeiro de contratos de concessão, op. cit., passim*. É de se referir também ao estudo desenvolvido por Licínio Lopes Martins, que coloca em relevo variantes que escapam às teorias da alteração superveniente das circunstâncias e da imprevisão, fazendo apelo às modernas teorias da análise e gestão do risco e aos métodos de financiamento, em regime de *project finance*, de realização de infraestruturas públicas e de exploração de obras públicas e de gestão de serviços públicos (O equilíbrio econômico-financeiro do contrato administrativo: algumas reflexões. *Revista de Contratos Públicos – RCP*, Belo Horizonte, Fórum, 1/199-240, mar./ago. 2012).

geração de fluxo de caixa do projeto, isto é, sua capacidade de gerar liquidez para fazer frente às obrigações da concessionária".[3]

Em suma, em contratos de longo prazo é natural que haja alterações financeiras e econômicas quando da futura execução das obras e serviços. A garantia do equilíbrio pressupõe o dinamismo do contrato concessionário, sua natural adaptação organizacional e respectiva gestão de mudanças. Daí a necessidade de a legislação garantir a segurança do pacto, que imputa às partes contratantes o dever de envidarem os melhores esforços nesse sentido.

Aliás, não será demais afirmar que no contrato de concessão o aspecto financeiro assume importância superlativa (basta se examinar os conceitos de Valor Presente Líquido – VPL, Taxa Interna de Retorno – TIR e Custo Médio Ponderado de Capital – CMPC – como será feito abaixo, nos §§101 a 103).

Fato é que mudanças ocorrem em qualquer contrato – sobremodo no de concessão de serviços públicos, qualificado por sua incompletude reforçada (v. §§8, 23 e 24). O tempo é implacável e inclemente: não há dúvida de que produzirá efeitos (basta pensar na evolução tecnológica e nas novas demandas sociais). Então, qual seria a referência para se reconquistar o equilíbrio depois da instabilidade? Entra em cena aquilo que a lei denominou de "condições do contrato": a boa-fé objetiva e a confiança recíproca, o seu estatuto, a sua natureza e respectivas qualidades. As circunstâncias institucionais que determinam a existência daquele específico negócio jurídico (e de mais nenhum outro) e a respectiva natureza funcional do pacto. A base objetiva do contrato, a ser preservada inclusive por meio da mutação das prestações cometidas às partes.

Assim, cabe o alerta de Jacintho Arruda Câmara: "(...). A indeterminação faz parte do conceito de equilíbrio econômico-financeiro dos contratos administrativos. Ele não pode ser preso a fórmulas estanques, preconcebidas em análises abstratas, mesmo se feitas para aplicação a uma dada categoria de contratos". Caso se pretenda análise em abstrato, "sua aplicação só pode ser descrita em termos genéricos, vagos, indeterminados: *a relação entre encargos e receita deve ser preservada*".[4] Esta indeterminação comprova que em concreto não se trata só disso (encargos *versus* receitas), mas de algo que contém vários elementos, com diversas formas de inter-relação.

Seria por demais simplista resumir o tema da equação econômico-financeira ao binômio edital – proposta vencedora. Letícia Lins de Alencar alerta que: "Embora a proposta do licitante vencedor seja elemento crucial, existe uma ampla variedade de fatores que também deverão ser considerados, como, por exemplo, da perspectiva do concessionário, a expectativa original de receitas, tarifárias e não tarifárias, a serem percebidas, os custos e dispêndios incorridos no cumprimento das obrigações assumidas, o que pode envolver a contratação de mão de obra, celebração de contratos com terceiros, obtenção de financiamentos, aquisição de insumos, execução de obras, contratação de

---

[3] *Novos investimentos em contratos de parceria*. São Paulo: Almedina, 2021, p. 141-142. Esse descompasso entre as perspectivas, sublinha a Autora, pode dar margem a "reequilíbrios incompletos", na expressão cunhada por Mauricio Portugal Ribeiro.

[4] CÂMARA, Jacintho Arruda. *Tarifa nas concessões*, *op. cit.*, p. 169-170. A respeito da relação entre encargos e remuneração, v. o estudo de MENDES, Renato Geraldo. Aspectos fundamentais do contrato administrativo: relação entre encargos e remuneração. *ILC*, 155/5-18, Curitiba, Zênite, jan. 2007 – que enfrenta de forma analítica todas as variações comportadas pelo tema (sob a óptica da Lei nº 8.666/1993).

seguros, eventual pagamento de outorga ao poder concedente e taxas de fiscalização a órgãos reguladores, atendimento da matriz de riscos dos contratos etc.".[5] Enfim, são muitas as variáveis (endógenas e exógenas) que ilustram a realidade do equilíbrio econômico-financeiro em contratos de longo prazo, boa parte delas apenas idealizada ou presumida quando da assinatura do pacto.

Logo, não se está diante tão só da igualdade quantitativa entre receitas e despesas (o que só pode ser considerado em abstrato), mas, sim, da equação estabelecida entre o custo de oportunidade do capital, o investimento realizado, a gestão das mudanças, os fluxos de receitas e despesas e respectivas projeções de longo prazo. Tudo isso definido em certo momento fático, que dispunha de específico arcabouço institucional e positivou específica matriz de alocação de riscos. Ora, o equilíbrio econômico-financeiro "se dá quando o capital destinado a um negócio é remunerado a uma taxa que compense não só o custo normal de oportunidade do capital mas também o risco do negócio".[6] Está-se a discorrer sobre custos (de oportunidade e administrativos), riscos, investimentos, amortizações e lucros. Não se trata, portanto, de singela equação com duas ou mais variáveis estáticas no tempo e espaço.

A ideia mais importante está em que a disciplina das concessões de serviços públicos condensa um núcleo contratual que se pretende imune a futuras alterações – sejam elas políticas, regulatórias em sentido estrito ou econômicas. "Esse núcleo – escrevem Faraco e Coutinho – é a equação econômico-financeira dos contratos. Ela afeta diretamente a regulação subsequente, que, por sua vez, opera de maneira limitada quando se trata de alterar ou modificar estruturalmente os termos da primeira. Este ponto merece, portanto, ênfase: a regulação futura é determinada em grande parte pelas opções técnicas e políticas que faz o governo que outorga as concessões, momento em que se desenha, por assim dizer, o coração do compromisso regulatório."[7] As escolhas primárias de política pública, condensadas na legislação e regulação, tornam-se concretas nas condições do contrato. Aqui está a chave para o respeito ao equilíbrio econômico-financeiro.

Quanto a esse ponto não há dúvidas ou incertezas. A execução do contrato nos termos em que foi pactuado é dependente do equilíbrio econômico-financeiro. Qualquer alteração – seja exógena ou endógena, unilateral ou circunstancial – deve respeito à equação econômico-financeira definida pelas condições contratuais. Como já decidiu o STJ: "Se a prestadora de serviços deixa de ser devidamente ressarcida dos custos e despesas decorrentes de sua atividade, não há, pelo menos no contexto das economias de mercado, artifício jurídico que faça com que esses serviços permaneçam sendo fornecidos com o mesmo padrão de qualidade. O desequilíbrio, uma vez instaurado, vai refletir, diretamente, na impossibilidade prática de observância do princípio expresso no art. 22, *caput*, do CDC, que obriga a concessionária, além da prestação contínua, a fornecer

---

5 *Equilíbrio na concessão*, *op. cit.*, p. 132.

6 Oliveira, Roberto Guena de (coord.). *Avaliação do equilíbrio econômico-financeiro dos contratos de concessão de rodovias*, *op. cit.*, p. 7-8. Definição que traz a seguinte consequência: "Nesse sentido, argumenta-se que a reposição do equilíbrio econômico-financeiro não está imediatamente garantida com a recuperação da rentabilidade esperada do negócio, pois, se há uma variação no risco do empreendimento, a rentabilidade para torná-lo viável também varia".

7 Faraco, Alexandre; Coutinho, Diogo. Regulação de indústrias de rede: entre flexibilidade e estabilidade, *op. cit.*, *Revista de Economia Política* 27(2)/265-266.

serviços adequados, eficientes e seguros aos usuários".[8] Isto é: o que está em jogo é a efetiva prestação do serviço adequado, tal como especificado em sede estatutária e contratual.

Além disso, é de se notar que a Lei Geral de Concessões não exige qualificativos para que se possa definir uma situação como de efetivo desequilíbrio econômico-financeiro. Ela não se vale de termos como "imprevisto", "imprevisível", "extraordinário", "irresistível", "lesão enorme" etc.[9] A norma do art. 10 exige apenas a observância e o atendimento às "condições do contrato" para eclodir o dever de reequilibrá-lo (não a destruição dele, nem a excessiva onerosidade ou a lesão enorme). Basta preservar o equilíbrio do contrato em termos objetivos. O que a Lei nº 8.987/1995 pretende é a prestação do serviço adequado aos usuários (o fim essencial do projeto concessionário).

Porém, como é calculado o equilíbrio econômico-financeiro em projetos concessionários? Como se estimar a taxa de rentabilidade que compense a assunção da tarefa pública e de que modo é possível inseri-la no negócio jurídico? Não se trata de tarefa fácil. Ao contrário: aqui se exige a compreensão de pluralidade de fatores, que permitem avaliar como aquele serviço pode ser prestado de forma adequada e em que medida o investimento privado é a melhor escolha possível (para a Administração e para o empreendedor privado).

Dentre as técnicas de avaliação, três merecem destaque: o Valor Presente Líquido – VPL, a Taxa Interna de Retorno – TIR e o Custo Médio Ponderado de Capital – CMPC.

§101 Valor Presente Líquido – VPL

Os projetos concessionários são sempre de longo prazo. São investimentos feitos com o dinheiro hoje disponível em vista da rentabilidade futura. Exigem, portanto, a análise do valor do dinheiro no tempo: a comparação da saída de caixa feita ao início com as futuras entradas de caixa a serem geradas pelo projeto. Como o dinheiro atual vale mais que o do futuro (aquele pode ser aplicado e gerar mais dinheiro), não é válida a comparação em termos absolutos – é necessário o desenvolvimento de técnicas que permitam apreender o valor do dinheiro no tempo.

A ampla maioria dos projetos de concessão de serviço público exige aporte inicial de recursos, os quais têm o chamado *custo do capital*. Tais custos não são uniformes, pois retratam as características do projeto, dos sujeitos envolvidos e respectivo financiamento. Isto é, na medida em que há várias alternativas de investimento, há de ser feita a escolha de apenas uma delas, em detrimento de todas as demais. A única peculiaridade que lhes

---

8 STJ, REsp nº 572.070-PR, Min. João Otávio de Noronha, *DJ* 14.6.2004.

9 A Lei nº 8.987/1995 utiliza as expressões "caso fortuito" e "força maior" restritivamente para o caso de eventual exceção à inadimplência do concessionário, a impedir que a paralisação no serviço dê margem à decretação da caducidade (art. 38, §1º, III). Isso ao contrário da Lei nº 14.133/2021, que acolheu tais termos de modo uniforme, sem os distinguir, e, assim, conferindo-lhes uniformidade aplicativa (art. 124, inc. II, "d"). É nítida a discrepância entre os microssistemas – as normas explicando-se umas às outras ao interno de cada uma das leis – e da racionalidade dos respectivos contratos (administrativos tradicionais *versus* especiais de concessão e permissão). Nos contratos especiais, assim definidos pelo art. 175 da CF brasileira e pela Lei nº 8.987/1995, não há espaço para a subjetividade oriunda das antigas classificações pertinentes ao equilíbrio, mas sim à base objetiva das condições do contrato. Para investigação a respeito da construção da "teoria da imprevisão" e da "força maior" pelo Conselho de Estado e doutrina franceses, v. Moreira, Egon Bockmann; BAGATIN, Andreia Cristina. Contratos administrativos, direito à greve e os 'eventos de força maior', *op. cit.*, *RT*, 875/41-53.

é comum é a necessidade de a taxa ser superior à das inversões ordinárias do mercado financeiro (caso contrário o investidor deixaria o dinheiro aplicado, reduziria o risco e realizaria o ganho).

Esta taxa de investimentos de baixo risco representará o *piso*, a *taxa mínima de atratividade* – a fim de que as aplicações do dinheiro possam ser comparadas. Uma vez empregada em todas as entradas e saídas de capital do empreendimento, a taxa mínima de atratividade permite revelar o Valor Presente Líquido – VPL do investimento.

O custo do capital pode ter origem em duas fontes básicas: acionistas controladores (taxas maiores) e empréstimos financeiros (taxas menores). Capital próprio ou capital de terceiros, enfim, que comportam taxas diferenciadas. "Por exemplo: a remuneração do capital dos acionistas de um projeto depende dos resultados específicos do negócio; já a remuneração do capital de terceiros (emprestado por bancos e outros organismos financeiros) é prefixada contratualmente. Os acionistas devem arcar com todos os riscos do negócio. Os bancos e outras organizações financeiras precisam arcar apenas com o risco da inadimplência. Por essa razão, o custo do capital próprio, ou seja, a remuneração necessária para induzir os acionistas a participar de um projeto específico, costuma ser mais elevado que o custo do capital de terceiros, isto é, a remuneração necessária para que bancos e instituições financeiras aceitem financiar parte do negócio."[10] Tais premissas são importantes para a fixação do custo de oportunidade do empreendimento.

Como se dá em toda decisão que envolva aporte de capitais e transcurso do tempo, a concessão de serviços públicos pressupõe um *custo de oportunidade*: ao investir recursos próprios, o empresário sabe não só que *deixará de lucrar* o que lhe ofereceriam as aplicações do mercado financeiro, mas também que *não poderá aplicar* os recursos sob nenhuma outra forma (afinal, a importância ficará retida naquele empreendimento). Muito embora o significado de "custo" para o leigo seja algo instintivo ("a quantidade de dinheiro gasta em algo"), os economistas "desenvolveram uma noção mais geral: o custo de qualquer coisa é o valor que deve ser sacrificado para a sua obtenção. Se o dinheiro tem que ser gasto, tudo o mais que esse dinheiro poderia comprar foi sacrificado".[11]

Na justa medida em que o dinheiro não é onipresente, quaisquer outros investimentos são intocáveis – hoje há somente a certeza do que ele deixará de render em vista da futura rentabilidade do projeto (estimativa). Este *trade-off* implica algo não contabilizado no orçamento usual de receitas e custos, que é justamente o custo de oportunidade do capital (a renda que a importância investida no projeto deixará de gerar para o aplicador). Caso o custo de oportunidade deixe de ser levado em conta,

---

[10] Oliveira, Roberto Guena de (coord.). *Avaliação do equilíbrio econômico-financeiro dos contratos de concessão de rodovias, op. cit.*, p. 30. Porém – e à evidência –, os mútuos que envolvam os acionistas podem estabelecer taxas fixas, não adstritas ao êxito do negócio. O problema está no segundo momento: a responsabilidade na hipótese de não pagamento. Os empréstimos de terceiros podem também ser garantidos pelos acionistas, que se responsabilizam pelo adimplemento (instalando custo a ser remunerado pela concessionária: por exemplo, preço mensal a ser pago pelo aval – afinal, tais garantias são limitadas: o aval dado num projeto impede outros tantos). Já, os empréstimos dos próprios acionistas não dispõem desse atenuante do risco quanto à eficácia da responsabilidade do devedor.

[11] LITTLECHILD, S. C. *Elements of Telecomunications Economics, op. cit.*, p. 53 (tradução livre). Ou, como preferem Joseph E. Stiglitz e Carl E. Walsh: "Aplicar o recurso em alguma coisa significa não poder usá-lo para outra. Assim, precisamos considerar o melhor uso alternativo de qualquer recurso quando decidimos destiná-lo a uma utilização determinada. Esse melhor uso alternativo é a medida formal do custo de oportunidade" (*Introdução à microeconomia, op. cit.*, p. 31).

os resultados encontrados não serão efetivos. Porém, se o for, pode-se chegar ao VPL do empreendimento.[12]

O VPL é a fórmula de Matemática Financeira que considera o valor do dinheiro no tempo: o valor presente de pagamentos futuros descontados a uma taxa apropriada, menos o custo do investimento inicial. Por meio desse cálculo chega-se à expressão, em valores presentes, da soma dos benefícios e custos projetados ao longo do prazo do investimento. É, portanto, uma técnica de avaliação de investimentos que calcula a diferença entre o valor presente das entradas de caixa e o valor presente das respectivas saídas de caixa ao longo do tempo (descontadas por meio de específica taxa de juros). Se o VPL for positivo, em tese o investimento é viável, eis que pode se esperar que gere mais vantagens do que o seu custo inicial.

Ao se fixar a taxa (e descontá-la do fluxo de caixa), mensura-se a rentabilidade do empreendimento. "Essa taxa – frequentemente chamada de *taxa de desconto, retorno exigido, custo do capital* ou *custo de oportunidade* – é o retorno mínimo que deve ser obtido em um projeto para que o valor de mercado da empresa fique inalterado."[13] O VPL estabelece uma razão entre os custos do projeto e os benefícios dele oriundos: seu valor positivo representa que as entradas são maiores que as saídas (logo, o investimento é atrativo), pois o desembolso de hoje há de resultar no ganho de amanhã (ao menos, é o que se espera). Como se infere, o VPL exige o investimento inicial.

Um conceito que merece ser apreendido no que respeita às relações entre o dinheiro e o curso do tempo está no fato de que hoje as unidades monetárias valem mais que no futuro. Caso bem aplicado, o dinheiro pode gerar ainda mais dinheiro – e esse potencial não pode ser menosprezado em cálculos financeiros. Assim, as unidades monetárias que hoje ingressam no caixa do projeto concessionário (e as que dele saem) não podem ser comparadas por meio de simples adições àquelas que daqui a 10 anos ingressarão ou deixarão o mesmo caixa. Por isso que no VPL tanto as entradas como as saídas são tratadas como dinheiro presente – estabelece-se, assim, o marco temporal que permitirá a comparação entre receitas, despesas e lucratividade.

Mas, note-se bem: o VPL está relacionado à ideia econômica de *ceteris paribus*: "Tudo o mais constante". Quando o utilizamos, assumimos *a priori* que todas as demais variáveis externas permanecem constantes durante o período de análise (taxa de desconto fixa; fluxos de caixa projetados; estabilidade econômica; e constância dos custos e das receitas). Com isso, pretende-se simplificar a análise do investimento, focando nos fluxos de caixa e na taxa de desconto fixa, sem considerar todo o universo das incertezas futuras e respectivas complexidades (de impossível avaliação presente). O VPL é um

---

12 "Como em geral a taxa de juros é positiva, um Dólar hoje se torna mais de um Dólar no futuro. Isso significa que um Dólar hoje vale mais que um Dólar no futuro. Os economistas denominam isso *valor do dinheiro em termos de tempo*. O conceito de *valor presente* nos informa como medir o valor do dinheiro em termos de tempo. (...). O conceito de valor presente é muito importante, porque muitas decisões em Economia são orientadas para o futuro. Seja a pessoa que vai comprar um carro ou uma casa, ou economizar para a aposentadoria, seja uma companhia que quer construir uma fábrica ou fazer um investimento, quem toma a decisão precisa ser capaz de avaliar o valor do dinheiro que será recebido em 1, 2, 5 ou 10 anos" (STIGLITZ, Joseph E.; WALSH, Carl E. *Introdução à microeconomia, op. cit.*, p. 151-152). Aprofundar em: LITTLECHILD, S. C. *Elements of Telecomunications Economics, op. cit.*, p. 93-97; ROSS, Stephen A.; WESTERFIELD, Randolph W.; JAFFE, Jeffrey F. *Administração financeira: corporate finance*. Tradução de A. Z. Sanvicente. São Paulo: Atlas, 2002, p. 73-93.

13 GITMAN, Lawrence J. *Princípios de administração financeira*. 10. ed. Tradução de A. Z. Sanvicente. São Paulo: Pearson Addison Wesley, 2004, p. 342.

processo eficiente, contudo: (i) uma vez que seu enfoque diz respeito ao valor presente, o tempo do projeto ficará num plano secundário (o que incrementa a complexidade da análise de investimentos de longa maturação); e (ii) como não considera o tempo de aplicação e se reporta a taxa de remuneração do capital predefinida, não é indicado para ambientes voláteis (o que exigiria um prêmio pelo risco, de difícil estimativa). Assim, as variáveis exógenas pertinentes a qualquer projeto de investimento têm papel mais sensível no VPL, pois este método pressupõe que serão constantes os fluxos de caixa e a taxa de juros (o que instala a semente da exacerbação do risco).

As concessões de serviço público brasileiras têm também se ocupado da Taxa Interna de Retorno – TIR.

§102 Taxa Interna de Retorno – TIR

A TIR é modelo de análise de investimento voltado para uma taxa que não se vincula a mercados externos ao projeto. "O raciocínio básico por trás da TIR é o de que se procura obter uma única cifra para sintetizar os méritos de um projeto. Essa cifra não depende do que ocorre no mercado de capitais. É por esse motivo que é chamada de Taxa Interna de Retorno; a cifra é interna ou intrínseca ao projeto e não depende de mais nada, a não ser dos fluxos de caixa do projeto."[14]

Em termos bastante sintéticos, a TIR torna o valor presente das entradas de caixa igual ao valor presente das saídas de caixa – pois dentre as saídas está a remuneração do capital investido (o VPL é nulo). A TIR encontrada para aquele determinado projeto deve ser *comparada* com a taxa de juros do mercado, e o investimento será rentável quando aquela for superior a esta.

A utilização da TIR em concessões tem por escopo a estruturação de critério objetivo para o cálculo do equilíbrio econômico-financeiro. Ela o possibilita de modo predefinido, a fim de refletir a estimativa do agente privado quanto à rentabilidade necessária para compensar a atividade pública que lhe será outorgada. Estimativa essa de ciência do concedente (e dos órgãos controladores). Desse modo, permite a construção de expectativas futuras sobre o cenário-base, que formarão o processo decisório de investimento do agente privado (e demais *stakeholders*). Esse modelo de análise de investimentos se vincula a elementos internos do projeto, consubstanciados em seu fluxo de caixa. Logo, viabiliza a análise da rentabilidade a partir apenas dos próprios méritos do empreendimento. Especificamente no âmbito das contrações públicas, o indicador permite realizar comparações da expectativa de retorno do projeto (consolidada à época da participação do certame e da assinatura do contrato), com os cenários efetivamente encontrados durante sua execução.

Nesse sentido, Gabriel Galípolo e Ewerton de Souza Henriques definem que a TIR de um projeto "nada mais é do que um índice relativo que mede a rentabilidade do investimento por unidade de tempo. Ela atua justamente como uma taxa de juros

[14] ROSS, Stephen A.; WESTERFIELD, Randolph W.; JAFFE, Jeffrey F. *Administração financeira: corporate finance, op. cit.*, p. 131. Em seguida os autores entranham-se nos *problemas* com o enfoque da TIR (p. 132-140). Sobre a comparação e conflitos entre VPL e TIR, v.: GITMAN, Lawrence J. *Princípios de administração financeira, op. cit.*, 10. ed., p. 346-351; LITTLECHILD, S. C. *Elements of Telecomunications Economics, op. cit.*, p. 97-98.

sobre o valor do Investimento e deve refletir o custo de oportunidade dos investidores e os riscos presentes no projeto de investimento".[15] Ela consiste, portanto, em subsídio fundamental para a tomada de decisão quanto à realização do investimento. Permitem analisar a estimativa de rentabilidade do projeto, considerando-se seus riscos intrínsecos, em comparação às alternativas de investimento.

Para Carlos Oliveira Cruz e Joaquim Miranda Sarmento, a "grande vantagem da TIR é o facto de apresentar o resultado em percentagem, como um verdadeiro retorno sobre o investimento, o que simplifica a sua interpretação. Por outro lado, também podemos verificar que a TIR considera o valor do dinheiro no tempo, bem como todos os *cash flows* ao longo da vida útil do projeto de investimento, sendo ainda consistente com o objetivo da gestão financeira que é a maximização da riqueza dos sócios".[16]

Assim, a TIR corresponde à rentabilidade projetada para certo empreendimento – sinaliza a taxa necessária para igualar o valor de um investimento (valor presente) com seus respectivos retornos futuros, justificando (ou não) que o empresário assuma o risco do investimento. A TIR significa calcular a taxa efetiva de rentabilidade daquele projeto. É denominada de Taxa de Retorno *Interna* ao projeto porque seu cálculo depende apenas do respectivo fluxo de caixa (é valor intrínseco ao fluxo). O fluxo de caixa de determinado projeto de investimento significa a previsão de recebimentos (aspectos positivos: entradas de caixa) e pagamentos (aspectos negativos: saídas de caixa) projetada para períodos de tempo prefixados (anual, trienal etc.). O conceito de TIR não é único, pois envolve as noções de *TIR do Projeto* e *TIR do Acionista*.

A *TIR do Projeto* (ou *TIR do Empreendimento*, ou *TIR Desalavancada*[17]) corresponde à rentabilidade estimada, tendo por premissa que os investimentos necessários para sua consecução serão realizados exclusivamente por meio de capital interno – cujo custo é a taxa de juros máxima à qual podem ser aplicados estes mesmos recursos pelo investidor (para alternativas de riscos equivalentes). Visa a definir qual a maior rentabilidade possível para o capital a ser aportado no investimento. Trata-se de percentual teórico, na medida em que empreendimentos que envolvem significativo volume de investimentos necessariamente se valem de financiamentos perante terceiros. A importância do seu cálculo está na avaliação do custo de oportunidade do capital, pois representa a estimativa do retorno que se terá em face do aporte de recursos. Se não resultar numa boa rentabilidade para os recursos disponíveis, é melhor que sejam alocados em projetos diversos. Desse modo, o valor deve ser atraente e adequado, pena de os interessados preferirem fazer aplicações em outros negócios ou, mesmo, no mercado financeiro.

---

[15] Rentabilidade e equilíbrio econômico-financeiro do contrato. *In:* MOREIRA, Egon Bockmann (coord.). *Tratado do equilíbrio econômico-financeiro*. 2. ed., *op. cit.*, p. 466. Para ampliar o debate sobre a TIR – e sua utilização no Brasil – é indispensável a consulta ao artigo de Maurício Portugal Ribeiro e Felipe Sande. Mitos, incompreensões e equívocos sobre o uso da TIR – Taxa Interna de Retorno para equilíbrio econômico-financeiro de contratos administrativos. Disponível em: https://papers.ssrn.com/sol3/papers.cfm?abstract_id=3771770.

[16] *Manual de parcerias público-privadas e concessões, op. cit.*, p. 207.

[17] Os deselegantes neologismos "alavancado" e "desalavancado" significam a utilização (ou não) de recursos de terceiros para aumentar as possibilidades de lucro. Os recursos externos seriam a alavanca financeira. Quanto maior o grau de endividamento da empresa, maior é sua alavancagem. Como a alavanca representa as dívidas, o empreendedor desalavancado não se obriga ao pagamento do principal e sua remuneração (juros, o custo do capital). Em sentido contrário, a empresa alavancada tem tais acréscimos em seu fluxo de caixa.

Já a *TIR do Acionista* (ou *TIR do Capital Social*, ou *TIR Alavancada*) corresponde à rentabilidade propiciada por determinado projeto, considerado o emprego de capital de terceiros em sua consecução. Ela é obtida ao se inserir no fluxo de caixa do projeto os investimentos, amortizações e juros relativos. Na medida em que empreendimentos de envergadura – hidrelétricas, sistemas de transmissão de energia, *pipelines* de gás, sistemas de água e saneamento, concessões rodoviárias etc. – envolvem a obtenção de vultosos financiamentos, este percentual permite verificar quais serão o custo do capital e o retorno econômico que a concessão efetivamente propiciará.

Os conceitos e os cálculos da TIR envolvem prognósticos *ex ante* num cenário de estabilidade jurídico-econômica. Ela se presta a avaliar o valor econômico dos recursos lançados no tempo, tal qual as circunstâncias em que foram elaborados assim o permitirem. Não é um exercício de futurologia, mas permite a elaboração de projeções de investimento. Estas projeções são feitas partindo-se do pressuposto de que o edital e o contrato administrativo serão cumpridos pelo concedente e concessionário. Quanto maior a incerteza, maiores o custo do projeto e as respectivas TIRs (e mais alto será o preço). Todos os riscos passíveis de avaliação e quantificação deverão ser avaliados e quantificados, com a utilização dos instrumentos cabíveis. Em vista da variação potencial do contrato de concessão, a TIR pretende ser um indicador que estabilize as projeções do projeto de investimento.

A estabilidade da TIR resulta na segurança e manutenção do projeto original, como já decidiu o TCU: "O fluxo de caixa é o instrumento que permite, a qualquer instante, verificar se a Taxa Interna de Retorno original está sendo mantida. Cabe ressaltar que a TIR é extraída diretamente da proposta vencedora da licitante e expressa a rentabilidade que o investidor espera do empreendimento. Em termos matemáticos, a TIR é a taxa de juros que reduz a zero o Valor Presente Líquido do fluxo de caixa, ou seja, a taxa que iguala o fluxo de entradas de caixa com as saídas, num dado momento. Assim, pode-se dizer que a manutenção da TIR é garantia tanto do Poder Público quanto da concessionária, e sua modificação dá ensejo à revisão contratual, na forma prevista na lei e no contrato".[18]

Para efeitos de equilíbrio econômico-financeiro do contrato de concessão, é usual privilegiar-se a TIR do Projeto. Esta contempla os dados de receita e custos do empreendimento, sintetizando a essência da concessão e neutralizando as escolhas (adequadas ou não) do controlador da empresa concessionária, vez que a TIR do Acionista pode acolher informações relativas à distribuição de dividendos, capacidade de angariação e negociação de taxas, integralização de capital etc. – que correspondem a engenharia financeira personalíssima, com itens exógenos ao contrato de concessão, cujo impacto nem sempre precisa ser transmitido ao projeto (e/ou ao concedente e usuários). Somente em casos excepcionais a TIR do Acionista é tomada como exclusivo parâmetro de reequilíbrio.

---

[18] TCU, Rp TC-014.811/2000-0, Min. Walton Alencar, *DOU* 11.11.2002. O professor Sérgio Guerra escreveu artigo em que analisa sobretudo a compreensão dos órgãos de controle quanto à TIR (Concessões de serviços públicos: aspectos relevantes sobre o equilíbrio econômico-financeiro e a Taxa Interna de Retorno (TIR). *In:* MOREIRA, Egon Bockmann (coord.). Tratado do equilíbrio econômico-financeiro. 2. ed., *op. cit.*, p. 547-560).

Note-se que, ao longo da relação contratual, certamente surgirão eventos passíveis de modificar a rentabilidade projetada na TIR. Estes devem, então, ser aferidos matematicamente e *alocados entre as partes a partir da matriz de risco definida em contrato*, de modo a realinhar a TIR ao seu valor ótimo e reequilibrá-lo, se for o caso (Lei nº 8.987/1995, art. 9º, §§2º e 4º, e art. 10º). A recomposição do equilíbrio econômico-financeiro pode ser implementada por meio de medidas que compensem economicamente os desvios da *TIR Originária*, tais como: reajuste de tarifas, aumento do prazo da concessão, indenização e redução/ampliação de obrigações contratuais. Tanto a constatação dos eventos de desequilíbrio, quanto os mecanismos para a sua recomposição, devem se dar por meio de processo administrativo, com base em laudos técnicos, em plena observância aos requisitos estabelecidos em lei e no contrato. Após definida a alteração a ser implementada, haverá sua formalização por meio de termo aditivo.

§103 Custo Médio Ponderado de Capital – CMPC

Outra forma de cálculo financeiro do empreendimento concessionário é o Custo Médio Ponderado de Capital – CMPC (ou *Weight of Average Cost of Capital – WACC*).[19] Este CMPC é típico de companhias, especialmente as abertas, que tenham duas ordens de ações: as ordinárias (controladores e proprietários) e as preferenciais (investidores). As preferenciais são reguladas na Lei nº 6.404/1976, em especial no art. 17 (redação dada pela Lei nº 10.303/2001, que conferiu maior segurança aos preferencialistas). Ao contrário da TIR, o CMPC é dependente de mercados externos ao projeto (nada obstante correlatos).

Na medida em que o capital da companhia pode experimentar diferentes fontes, espera-se que tenha diversos custos e rentabilidades. "Se os investidores de uma empresa forem apenas os acionistas ordinários, então, o custo de capital usado no orçamento de capital será a taxa de retorno requerida sobre o patrimônio líquido dos acionistas ordinários. Entretanto, a maioria das empresas emprega distintos tipos de capital e, em razão das diferenças no risco, esses diferentes títulos têm diferentes taxas de retorno requeridas. A taxa de retorno requerida sobre cada componente de capital é denominada *custo componente*, e o custo do capital utilizado para analisar as decisões de orçamento de capital deve ser uma *média ponderada* dos vários custos componentes. Chamamos essa média ponderada exatamente *Custo Médio Ponderado de Capital* ou *CMPC*."[20] Assim, o CMPC presta-se a calcular estatisticamente a média ponderada dos custos de capitais obtidos para o projeto de investimento (capital próprio e de terceiros), tendo como um dos eixos o mercado de ações ordinárias e preferenciais (custo de mercado,

---

[19] O modelo WACC representa a forma de calcular o preço justo de companhias listadas em bolsas de valores. Não se identifica com o Capital Asset Pricing Model – CAPM (*Modelo de Precificação de Ativos Financeiros*), que se refere ao custo do capital próprio, por meio da definição da taxa requerida pelo investidor para aportar recursos. "O CAPM descreve a relação entre o risco sistemático e retorno esperado dos ativos, medindo a variação dos retornos e os risk markers para uma carteira bem diversificada". (CRUZ, Carlos Oliveira; SARMENTO, Joaquim Miranda. *Manual de parcerias público-privadas e concessões*, *op. cit.*, p. 208).

[20] BRIGHAM, Eugene F.; EHRHARDT, Michael C. *Administração financeira*. Tradução de J. N. A. Salazar e S. S. M. Cucci. São Paulo: Thomson, 2007, p. 421. V. também: ROSS, Stephen A.; WESTERFIELD, Randolph W.; JAFFE, Jeffrey F. *Administração financeira: corporate finance*, *op. cit.*, p. 268-270; GITMAN, Lawrence J. *Princípios de administração financeira*, *op. cit.*, 10. ed., p. 412-414.

não o contábil). A rentabilidade do projeto é definida prioritariamente por um custo de capital relativo ao preço do mercado de ações – os títulos relativos à empresa e/ou às empresas do setor (e não só pelas taxas de juros de empréstimos financeiros). Há íntima correlação do crescimento das empresas no mercado de capital, em decorrência do cálculo do patrimônio líquido, preço da ação e dividendos por ação. Logo, o custo da obtenção de capital em Bolsa desempenha papel decisivo na ponderação relativa ao CMPC.

Em suma, o CMPC é uma métrica *financeira* que pretende representar o custo médio de financiar determinado empreendimento, ponderado pelo peso relativo de cada fonte de capital (dívida e patrimônio líquido). Ele reflete a taxa mínima de retorno que uma sociedade empresarial deve obter a fim de satisfazer seus credores e acionistas. Assim, é uma ferramenta que se presta a avaliar projetos de investimento. Funciona não só como taxa de desconto, mas também como *benchmark* para decisões quanto à rentabilidade do projeto.

Esta técnica financeira relaciona-se prioritariamente com sistemas econômicos que tenham mercado de capitais abertos, fortes e institucionalmente consistentes, os quais contem com empresas investidoras que transitem com desenvoltura no mercado de ações. Além disso, as ações preferenciais devem ser tidas como um produto efetivamente comercializado e passível de ser objeto de investimentos – a gerar perfil próprio e consistente no mercado de capitais. Neste modelo as preferenciais não fazem parte da composição patrimonial da companhia, mas, sim, representam uma dívida cujos dividendos são prefixados quando da emissão. Por isso o lugar de destaque a ser ocupado pelas preferenciais – não se trata de recurso componente do patrimônio do acionista, mas, sim, de investidores que alocam recursos naquele setor econômico (energia, água, transporte etc.). Trata-se de técnica financeira que permite a forma de cálculo da rentabilidade estável de determinados projetos – antes se destinando a consolidar as perspectivas dos acionistas que propriamente a assegurar o equilíbrio econômico-financeiro frente a projetos concessionários.

Como se infere, talvez o CMPC ainda não seja o mais apropriado para todos os perfis de projetos concessionários brasileiros. Se os mercados de telecomunicações e energia efetivamente podem ser denominados de intensivos quanto ao mercado de capitais, o mesmo não pode ser dito em relação a todos os demais setores (sobremodo quanto à multiplicidade de empresas estatais fechadas responsáveis pela infraestrutura). Além disso, e em que pese o mercado de capitais brasileiro ter experimentado notável fortalecimento a partir da década de 1990 – máxime depois da criação do Novo Mercado[21] –, ainda se está no momento de consolidação institucional. Não existe a plena cultura referente ao papel desempenhado pelo capital de terceiros na estrutura do capital das empresas concessionárias brasileiras.

---

21 Criado em dezembro de 2000, o Novo Mercado é segmento especial de listagem da Bolsa de Valores de São Paulo (BOVESPA) destinado a empresas que se comprometem com a adoção de padrões elevados de governança corporativa. Mas note-se que, em vista a má experiência brasileira com ações preferenciais, no Novo Mercado existe o compromisso de não emissão desta ordem de papéis. Logo, o modelo de CMPC resta comprometido. Informações em http://www.bmfbovespa.com.br/pt-br/a-bmfbovespa/download/Focus5.pdf. Acesso em: 8 jan. 2010.

Ora, o modelo do CMPC pressupõe a existência de investimentos com riscos assemelhados, os quais permitam efetiva comparação por qualquer um a qualquer instante – daí o recurso às Bolsas. A base de cálculo é principalmente representada por valores mobiliários e submetida a cálculos estatísticos. Na medida em que no Brasil, contudo, não há higidez dessas informações em todos os setores de concessão de serviço público, tem-se cogitado de dados oriundos de outros países (máxime Estados Unidos da América). Uma vez obtidos, eles seriam submetidos a ajustes setoriais (sobretudo em vista das variáveis do risco do negócio). Ao que se infere, este arranjo antes representa um arremedo de CMPC que aquilo que efetivamente se pretende com tal critério (basta lembrar que não existem serviços públicos nos Estados Unidos – mas, sim, *public utilities*, que ostentam racionalidade completamente diversa do modelo brasileiro; isso sem falar no mercado de ações e ações preferenciais).

Ainda assim, o CMPC pode ser utilizado em qualquer sociedade empresarial, independentemente de ter ações preferenciais ou não. É ferramenta de avaliação financeira aplicável para calcular o custo médio das fontes de financiamento da empresa e determinar a viabilidade de projetos de investimento. A inclusão de ações preferenciais no cálculo do CMPC é apenas um dos componentes possíveis (mas não obrigatório). Sua versatilidade permite a adaptação às necessidades de diferentes tipos de empreendimento. Para empresas com ações preferenciais, o CMPC incluirá o respectivo custo, mas, para sociedades sem essas ações, o cálculo será simplificado, abrangendo apenas a dívida e o patrimônio líquido (segundo as respectivas fórmulas).

Claro que esta técnica pode ser adaptada às peculiaridades brasileiras, inclusive para empresas de capital fechado. O recurso às debêntures (Lei nº 6.404/1976, arts. 52 e ss.) é modalidade que pode "substituir" as ações preferenciais – mas, a toda evidência, ocupando parcela bem menos expressiva que a desempenhada pelas ações preferenciais. Por outro lado, isso implicaria a construção de outros modelos quanto às fontes permanentes de financiamento, igualmente consistentes, mas provavelmente mais complexos (e sem referencial adequado quanto ao mercado de ações).

§104 Variações no equilíbrio: alterações circunstanciais

Expostas algumas das metodologias contemporâneas relativas ao equilíbrio projetado em empreendimentos concessionários, é de se cogitar a propósito das respectivas técnicas de avaliação do desequilíbrio e medidas de reequilíbrio. Aqui, o dever estatutário é idêntico àquele dos demais contratos administrativos (respeito ao equilíbrio), mas há número mais elevado de elementos e diferentes formas de inter-relação. "Temos, então – assinalou Floriano de Azevedo Marques Neto –, um mesmo dever de equilíbrio, só que com bases mais complexas. Sim, pois, enquanto na empreitada habitual o equilíbrio se verifica na singela equação encargos-remuneração, na concessão ele terá que ser aferido levando em conta muitas outras variáveis, tais como montante estimado de investimento, fluxo de caixa projetado, cronograma de desembolsos, variações de receita, custo de remuneração do capital (para fixação do qual concorrem outros tantos fatores, inclusive o risco político enredado no negócio) etc."[22] A regra básica – o respeito ao equilíbrio, tal como definido pela combinação do estatuto com o edital e a proposta, consubstanciados no contrato – permanece hígida. As exigências dizem respeito à metodologia de aferição do desequilíbrio e instrumentos de recomposição. São novas perspectivas, as quais se dissociam de alguns dos paradigmas do passado.

Estamos diante de um sistema dinâmico de preservação do equilíbrio, próprio de contratos administrativos de longo prazo, cujo ponto de partida e referência primaz é exatamente a escolha, justa e adequada, feita pelas partes quando da celebração do pacto. "Esse complexo sistema instaura situação de *equivalência* e *proporcionalidade* entre os benefícios percebidos pelas partes contratantes. Contudo, não o faz de modo estanque, mas por intermédio de uma *relação capaz de dialogar com cenários mutáveis*."[23] O que esse sistema tem em mira é a preservação do projeto concessionário, eis que desequilíbrios por ele experimentados comprometerão a prestação do serviço adequado.

Tradicionalmente, os eventos que podem gerar o dever de reequilíbrio foram qualificados de aleatórios pela doutrina e pela jurisprudência. Ou, melhor: ordinária ou extraordinariamente aleatórios, em alusão aos riscos ordinários dos negócios privados e às características extraordinárias dos contratos administrativos (*álea ordinária* e *álea extraordinária* – esta, *administrativa* e *econômica*). Aqui há forte clivagem: os riscos ordinários seriam arcados pelo contratado, ao passo que os extraordinários poderiam ser atribuídos à Administração (entrando em cena *fato do príncipe*; *fato da administração*; *força maior*; *teoria da imprevisão* etc.). A teoria da imprevisão – que trouxe a cláusula *rebus sic stantibus* aos contratos administrativos –, como o nome já diz, exigia a detecção de eventos imprevistos e imprevisíveis geradores de relevante impacto na execução contratual, desde que não oriundos do sujeito contratado. Em decorrência, não haveria a viabilidade de alocação dos riscos do negócio – eles já seriam naturalmente divididos entre as partes. Estas premissas dirigem-se precipuamente a outros contratos que não os contemporâneos de concessão de serviços públicos. O que dizer, então, da balança estática de receitas e encargos, peças de difícil encaixe nos atuais contratos de concessão? Mais ainda: esta concepção recebeu forte influência da vontade das partes e respectiva carga de subjetivismo para a definição do desequilíbrio.

Em que pese à atenuação e às críticas construídas pela doutrina brasileira,[24] a célebre classificação é pouco eficaz – se não incompleta – para enfrentar os desequilíbrios

---

[22] MARQUES NETO, Floriano de Azevedo. Breves considerações sobre o equilíbrio econômico-financeiro nas concessões. *Revista de Informação Legislativa*, 159/194 (também disponível em: http://www.senado.gov.br/web/cegraf/ril/Pdf/pdf_159/RIL159-14.pdf. Acesso em: 8 jan. 2010).

[23] Moreira, Egon Bockmann; GUZELA, Rafaella Peçanha. Contratos administrativos de longo prazo, equilíbrio econômico-financeiro e Taxa Interna de Retorno (TIR). *In:* MOREIRA, Egon Bockmann (coord.). *Tratado do equilíbrio econômico-financeiro*. 2. ed., *op. cit.*, p. 425.

[24] O estudo comparativo mais aprofundado de que tenho conhecimento é a erudita dissertação da autoria de BARBOSA, Leticia Chaves Freitas. *La théorie de l'imprévision dans les contrats de concession de service public:* une approche comparée entre la France et le Brésil. Dissertação de Mestrado, Université Paris II, Panthéon-Assas. Disponível em: https://docassas.u-paris2.fr/nuxeo/site/esupversions/00abcec5-5777-4a64-ada3-cd2d758eed0c?inline. Em termos de comparação da lógica entre os sistemas de contratos públicos (EUA, França e Brasil), bem como a razão de cada um, é indispensável a leitura do magnífico livro de GIACOMUZZI, José Guilherme. *Foundations of Public Contracts*. UK: Elgar, 2022.
Ampliar em Justen Filho, Marçal. *Teoria geral das concessões de serviços públicos, op. cit.*, p. 382-422; Moreira Neto, Diogo de Figueiredo. *Curso de Direito Administrativo, op. cit.*, 15. ed., p. 191-194; DI PIETRO, Maria Sylvia Zanella. *Direito Administrativo, op. cit.*, 18. ed., p. 263-272, e *Parcerias na Administração Pública, op. cit.*, 5. ed., p.

instalados nas atuais concessões brasileiras de serviço público.[25] Ela fica bastante esvaziada diante de cenários contratuais com predefinição expressa da matriz de alocação de riscos (v., acima, §23-A). Pode, sim, se prestar à compreensão dos desafios enfrentados pela execução contratual, servir de referência teórico-explicativa e gerar aplicação subsidiária. Em outras palavras, não se está a descartar a aplicação da teoria das áleas, mas a circunstanciar a sua incidência.

De mais a mais, não se pode esquecer que a teoria do fato do príncipe (e do fato da administração) antes retrata a típica situação hierárquica entre autoridade soberana e súdito que propriamente atos jurídicos os quais, praticados no seio de uma relação jurídica e respeitadores do princípio da legalidade, geram efeitos no equilíbrio econômico-financeiro da concessão.[26] Ou bem se desenvolve teorização habilitada às peculiaridades da relação jurídico-concessionária contemporânea (tanto sob o prisma jurídico como sob a perspectiva econômico-financeira), ou se terá como resultado a aplicação de teorias aptas a explicar outros contratos que não os atuais de concessão de serviço público.

A rigor – e por mais herético que isso possa soar –, fato é que foi posta em xeque a própria noção tradicional quanto à constatação do (des)equilíbrio e sua configuração. Basta pensar no dinamismo oriundo do modelo *IPC-X*: aqui, se o concessionário experimentar variação de produtividade inferior ao *Fator X*, sua reposição tarifária não será plena (v. §94, acima). A *revisão periódica* poderá implicar tarifa menor, em termos reais, que a estimada: a álea ordinária do negócio (desempenho empresarial) a resultar na efetiva diminuição do preço a ser pago pelo usuário (aquém da correção monetária). Isto é, a receita diminuirá e os encargos permanecerão os mesmos.

O mesmo se diga quanto às variações na composição endógena dos índices de reajuste (cf. §95, acima): como se pode qualificar tais decisões e seus efeitos no contrato à luz da teoria tradicional? Igualmente devido a motivos dessa ordem que a economia e as finanças da relação concessionária não são representadas pela singela balança de encargos e receitas.

Com licença pela comparação, não se trata de um regime à moda antiga, em que o indivíduo obeso simplesmente escolhia perder peso pela inanição e ficava feliz ao olhar a balança (nada obstante os resultados negativos ao seu organismo); trata-se de processos objetivos de reeducação alimentar, combinados com atividades físicas

114-123; LOUREIRO, Gustavo Kaercher. Álea econômica extraordinária e atos estatais: as teorias da imprevisão e do fato do príncipe e o direito positivo brasileiro. *In:* LOUREIRO, Gustavo Kaercher. *Estudos sobre o regime econômico-financeiro de contratos de concessão, op. cit.*, p. 183-230.

25 Nesse sentido, Vera Monteiro diz que "a classificação genérica entre álea ordinária e álea extraordinária é pouco útil nas concessões. As áleas precisam ser previamente identificadas e detalhadas, sendo natural que o contrato faça a alocação dos riscos a partir de uma lógica econômica" (*A caracterização do contrato de concessão após a Lei nº 11.079/2004, op. cit.*, p. 175). Aprofundar em GARCIA, Flávio Amaral. *A mutabilidade nos contratos de concessão, op. cit.*, 2021, p. 45-50, e 131 ss.

26 Enfim, e nada obstante a beleza poética e a tradição das expressões francesas, é de se perguntar: eu preciso delas – eu devo obediência irrestrita a elas – para qualificar os eventos exógenos que geram o desequilíbrio reequilibrável? Elas são aplicáveis em todas as situações? Elas são contempladas pelo art. 175 da CF e pela Lei nº 8.987/1995? Como ficam as matrizes de alocação de riscos? Parece-me que tais teorias clássicas são úteis, mas não são nem únicas, nem limitadoras. Prestam-se a explicar o que se passa do lado de fora dos contratos. A subsunção dos fatos concretos a tais conceitos não mais se qualifica como *conditio sine qua non* para a instalação do dever de reequilibrar o contrato (aliás, nem se pode dizer que o raciocínio seja subsuntivo, mas sim cooperativo, maleável e construtivo).

e avaliação da composição da massa corporal (visando a preservar e incrementar o bem-estar do sistema orgânico). Hoje em dia, só o número da balança entre encargos e receitas não satisfaz – e o mesmo se diga quanto à qualificação dos fatos que dão origem ao desequilíbrio. A dinamicidade da equação econômico-financeira dos contratos de concessão está a exigir soluções igualmente ativas: ágeis na detecção de suas peculiaridades, adaptáveis às mudanças de métodos e instituidoras de perspectivas de longo prazo quanto à estabilidade da (re)composição.[27] As *condições do contrato*, como prescreve o art. 10 da Lei nº 8.987/1995, são o critério-chave para a manutenção do equilíbrio econômico-financeiro da concessão de serviço público.

Com tal assertiva não se está a descartar em absoluto os critérios tradicionais, mas sim a questionar sua eficácia plena e irrestrita (e até mesmo sua necessidade em todos os casos). Se é fato que muito desta classificação persiste eficaz (*v.g.*, o *fait du prince* e as *sujeições imprevistas* referentes a variáveis exógenas de direito tributário ou a fenômenos naturais), também é veraz que ela não resolve todos os problemas da atual configuração das concessões. Afinal, se o *risco político* integra o cálculo da TIR, em que medida determinados *fatos do príncipe* efetivamente podem representar a quebra da equação? Talvez a solução fique mais simples ao se dissociar as fontes das alterações contratuais, os seus motivos e respectivas consequências – isso à luz das circunstâncias do contrato, de sua base objetiva.

Este tema não é novo neste livro. A tese foi esboçada acima, ao se expor as modificações unilaterais, quando se trouxe à baila as denominadas *alterações circunstanciais* (§§98 e 99). A classificação, exposta por Pedro Gonçalves, dissocia o momento primário das modificações que instalam o desequilíbrio: se a *discricionariedade administrativa* (ato que desequilibra o contrato, a gerar o dever de reequilíbrio) ou se as *circunstâncias fáticas* (fato que desequilibra o contrato, a instalar o dever de sua percepção e da prática de ato que o reequilibre). Estas categorias prestam-se também a reordenar a leitura dos eventos que permitem a compreensão do fenômeno desequilíbrio/reequilíbrio.

§104-A Alterações circunstanciais, consequências e respectivas soluções de reequilíbrio

Neste ponto interessam as *alterações circunstanciais* e o que nelas merece ser avaliado. Para tanto, exige-se clarificar: (i) as *condições do contrato* (a base contratual); (ii) as *premissas exógenas* (como e quando um evento merece ser considerado); (iii) as *consequências endocontratuais* (o que a ocorrência efetivamente gera ao contrato); e (iv) as *soluções de reequilíbrio* (o que pode ser feito nos casos de desequilíbrio).

---

[27] Como António Menezes Cordeiro consignou, trata-se de "uma evolução da interpretação contratual complementadora. Na sua base estão determinadas orientações económicas segundo as quais as empresas e os contratos estão num *continuum*. A esta luz, e ao contrário do que resultaria de uma análise jurídica tradicional, os contratos devem ser tomados como algo de dinâmico e não como um acontecimento cristalizado. (...). Ao celebrarem um contrato, sobretudo quando o façam para vigorar no médio ou no longo prazo, as partes aceitam, manifesta e antecipadamente, a representação de que saberão renegociar os aspectos que venham a ser perturbados pela evolução conjuntural, de tal modo que as situações respectivas nunca venham a piorar substancialmente" (Contratos públicos: subsídios para a dogmática administrativa, com exemplo no princípio do equilíbrio econômico-financeiro, *op. cit.*, *Cadernos O Direito* 2/67).

A bem da verdade e com a devida licença pelo truísmo, fato é que as alterações circunstanciais merecem ser compreendidas caso a caso, eis que dizem respeito ao conjunto de fatores que acompanham a situação real do contrato concessionário. Se é certo que inexistem dois contratos idênticos na partida, essa disparidade é acentuada quando das respectivas execuções. Assim, os mesmos eventos tendem a gerar consequências diversas em contratos distintos. Não existem dois contratos absolutamente iguais: se assim o fossem, seriam um só. As *alterações circunstanciais* exigem as correspondentes *soluções circunstanciais*.

Conforme já mencionado, as *condições do contrato* positivadas no art. 10 da Lei nº 8.987/1995 remetem às circunstâncias institucionais nas quais ele foi celebrado. O estado de coisas que permitiu a elaboração e a concretização daquele específico projeto concessionário (interesse público primário e sua densificação por meio de leis, debates públicos, regulamentos, edital e contrato; metas a serem atingidas; qualificação e cooperação das partes; fluxos de receitas e custos; taxas de rentabilidade; matriz de alocação de riscos etc.).

Isto diz respeito à boa-fé objetiva dos participantes, bem como à respectiva base objetiva do negócio – aqui compreendida como a definiu Larenz: "o conjunto de circunstâncias cuja existência ou persistência é devidamente pressuposta no contrato – sabendo ou não os contratantes –, porque, se assim não for, não se poderia alcançar a finalidade do contrato, o propósito das partes contratantes, e a subsistência do contrato não teria 'sentido, fim ou objeto'".[28] O que se defende é a compreensão do contrato de concessão como um negócio jurídico celebrado em determinado contexto histórico (e, assim, como não poderia deixar de ser, circunscrito à sua própria historicidade objetiva), impondo-se a respectiva adaptação às alterações supervenientes, anormais e imprevisíveis, relativas à sua base objetiva.

Não se pretende que o intérprete se imiscua na "vontade" das partes e respectiva subjetividade da avença (a averiguar eventuais vícios da vontade), mas, sim, na base objetiva que veio a dar efetividade ao projeto concessionário. A teoria conjuga as efetivas e significativas mudanças nas circunstâncias que serviram de base ao contrato com

---

[28] LARENZ, Karl. *Base del negocio jurídico y cumplimiento de los contratos*. Tradução de C. Fernández Rodríguez. Granada: Comares, 2002, p. 34 (tradução livre). O autor aprofunda a investigação a propósito da base objetiva nas p. 91-159, ao tratar do problema das transformações das circunstâncias, sobretudo aquelas que implicam a *destruição da relação de equivalência* e a *impossibilidade de se alcançar a finalidade do contrato*. Sobre as alterações das circunstâncias e a teoria da base do negócio, v.: COUTO E SILVA, Clóvis do. *A obrigação como processo, op. cit.*, p. 129-136, e A teoria da base do negócio jurídico no Direito brasileiro. *In:* FRADERA, V. M. J. (org.). *O direito privado brasileiro na visão de Clóvis do Couto e Silva*, p. 89-98; MARTINS-COSTA, Judith. *In:* Teixeira, Sálvio de Figueiredo (coord.). *Comentários ao novo Código Civil*. 2. ed. v. V. t. I. Rio de Janeiro: Forense, 2005, p. 60-85 e 278-315; ASCENSÃO, José de Oliveira. Alteração das circunstâncias e justiça contratual no novo Código Civil. *Revista CEJ*, Brasília, Centro de Estudos Judiciários da Justiça Federal, 25/59-69, abr./jun. 2004 (disponível em http://www2.cjf.jus.br/ojs2/index.php/cej/article/viewFile/605/785); CORDEIRO, António Menezes. *Da boa-fé no Direito Civil*. Coimbra: Livraria Almedina, 2007, p. 903-1.114; ANDRADE, Manuel A. Domingues de. *Teoria geral da relação jurídica, op. cit.*, v. II, p. 403-403; TELLES, Inocêncio Galvão. *Manual dos contratos em geral*. 4. ed. Coimbra: Coimbra Editora, 2002, p. 337-353; PINTO, Carlos Alberto da Mota. *Teoria geral do Direito Civil, op. cit.*, 3. ed., p. 597-604; BRUFATTO, Tamiris Vilar. *Teoria da base objetiva do negócio jurídico*. São Paulo: Almedina, 2020; Dannemann e Schulze, *German Civil Code*, v. I, *op. cit.*, p. 504-509.
O STJ tem vários julgados que expressamente aplicam a teoria: AgInt no AREsp nº 1.340.589, Min. Raúl Araújo, *Dje* 17.05.2019; AgInt no AREsp nº 1.514.093, Min. Marco Buzzi, *Dje* 07.11.2016; REsp nº 1.321.614, Min. Ricardo Villas Bôas Cueva, *DJe* 03.03.2015; REsp nº 135.151-RJ, Min. Ruy Rosado de Aguiar, *DJ* 10.11.1997, e REsp nº 94.692-RJ, Min. Sálvio de Figueiredo Teixeira, *DJ* 21.9.1998 – casos de substancial alteração da base objetiva do contrato devido ao fenômeno inflacionário.

o fato de que as partes não o teriam celebrado tal como o celebraram se porventura pudessem ter previsto tais alterações. O que não significa descartar eventos outrora qualificados de imprevistos, de força maior etc. – estes têm abrigo nas condições do contrato (mas não só estes) e na relação jurídica dele oriunda. O horizonte ora defendido é mais extenso e complexo.

Assim, se a expressão legal "condições do contrato" pode encontrar eventuais dificuldades em leituras ortodoxas, isto não se dá para o direito privado administrativo – que dá cabo das exigências relativas à equação econômico-financeira dos contratos de concessão contemporâneos (v. também o §13, acima). Sob esta óptica é possível compreender a obrigação concessionária como um processo dinâmico, a envolver esforços cooperativos para que seja alcançado o escopo contratual. A *base objetiva do contrato de concessão* permite averiguação mais fiel quanto ao ponto ótimo da tarifa, seu nível e estrutura (v. §84, acima), os respectivos fluxos financeiros e os critérios de avaliação do custo de oportunidade e remuneração do dinheiro no tempo (v. §§100 a 103), bem como as variações que o contrato experimenta em seus custos e receitas.

Mas ressalte-se que nesta ordem de cogitações convive, mas não exige a dita onerosidade excessiva, peculiar dos contratos privados: afinal, a busca pelo equilíbrio econômico-financeiro é uma premissa cognitiva, conatural aos contratos de concessão – isto vem desde a Constituição até o instrumento contratual ele mesmo. Não é necessário o desequilíbrio absurdo, nem que o concessionário esteja à beira da falência, pois se está diante do dever estatutário de manutenção do equilíbrio, tal como objetivamente definido nas condições do contrato. A procura, aqui, é pela *estabilidade da base do projeto concessionário*, pela manutenção do respectivo *equilíbrio econômico-financeiro*. Como destacou José de Oliveira Ascensão, a teoria da base objetiva do negócio "mostra não haver necessariamente um prejudicado e outro beneficiado. Existe a alteração anormal da base do negócio, base que é comum; portanto, ambos são atingidos. Qual a consequência, só pode resultar da solução que a ordem jurídica trouxer para o caso, e portanto das regras de cálculo da nova equação econômica que estabelecer".[29] Constatação que se acentua nas concessões, em que o contrato beneficia terceiros à relação jurídica primária: é especialmente do respeito aos usuários que exsurge o dever do equilíbrio.

Note-se que a aplicação da teoria da base objetiva exige a superveniência de mudanças significativas e verossimilhantes, a gerar a convicção de que as partes não teriam celebrado o contrato como o fizeram caso delas pudessem ter conhecimento ou que pudesse evitá-las em razão da diligência esperada para essa ordem de negócios jurídicos.[30] Daí a conclusão de Susana Corotto, ao sublinhar que, naqueles casos "em que a perturbação da base negocial é causadora de eventos externos à formação da base negocial e alheios à vontade das partes, principalmente quando se tratam de acontecimentos inevitáveis (diferente de 'imprevisíveis') aos contratos de longa duração

---

29 ASCENSÃO, José de Oliveira. Alteração das circunstâncias e justiça contratual no novo Código Civil, *op. cit.*, *Revista CEJ*, 25/63.

30 Cf. Dannemann e Schulze, *German Civil Code, op. cit.*, p. 507-508.

(*langfristige Vertäge*) e cuja superveniência do risco não pode ser imputada a nenhuma das partes, aos contratantes deve ser reconhecida a possibilidade de ajustar o contrato".[31]

Já no que se refere às *premissas exógenas*, investiga-se se houve fato ao exterior do contrato em face do qual a construção da base objetiva foi irrelevante e impertinente (v. §24, acima), mas que, ainda assim, gerou efeitos endógenos ao equilíbrio econômico-financeiro. Isto é, uma alteração significativa que, quando da consolidação do contrato (estatuto + edital + proposta = contrato), a ele não foi incorporada. Esse fato pode ou não ser oriundo da Natureza (terremotos, crises do petróleo, pandemias, inundações ou aumentos de impostos), pois o importante está na comprovada impossibilidade de ter sido considerado nas projeções econômico-financeiras do projeto concessionário. Caso tenha sido previsto, na matriz de riscos haverá a designação da parte responsável pela administração de seus efeitos (e o tema do desequilíbrio nem sequer se põe).

Além de não ter sido internalizado nos riscos contratuais (e respectivos custos), tal fato há de ser consistente e necessita de análise caso a caso, dependente que é da relação jurídico-concessionária. Por exemplo, o custo derivado do pagamento pelo uso de infraestruturas alheias não instala o desequilíbrio em concessões de telefonia e eletricidade (despesa ordinária e quantificável), mas há de repercutir para a modicidade tarifária nas concessões rodoviárias e ferroviárias (afinal, pode ou não existir nestes contratos) e, assim, ser futuramente incluído como receita na equação (art. 11 da Lei Geral – v. §§107 e ss., abaixo). Já o custo de severa e imprevisível crise do petróleo pode ter repercussões diversas no mesmo contrato de concessão rodoviária: se o fluxo de veículos diminuir, é risco administrado pelo concessionário; se o índice setorial experimentar variação em sua composição, é de se instalar o reequilíbrio – ou mesmo a alteração do índice componente da fórmula paramétrica (cf. §95).

Pois aqui se instala investigação a propósito das *consequências endocontratuais* do fato exógeno, a fim de avaliar os efeitos que tais variações circunstanciais produziram (ou não) no nível tarifário e nos fluxos do projeto concessionário. Externos que são, tais eventos devem ser internalizados no empreendimento e em sua equação econômico-financeira – provocando (ou não) resultados que façam eclodir o dever de reequilibrar.

É imprescindível, portanto, definir-se o *status* do desequilíbrio constatado. Haverá a necessidade de, evento a evento, se comprovar o nexo causal entre tal fato exterior e o respectivo efeito ao interno do contrato administrativo (sobretudo naqueles casos em que a(s) parte(s) não tem(têm) forças para, em sua esfera subjetiva, transpor esse nexo causal). Levando-se em conta os critérios fixados no regime estatutário e contratual da concessão, é de se perquirir se, do lado de dentro da relação jurídico-concessionária, houve impacto relevante oriundo de fato apto a gerar o dever de restauração – e qual a medida dele para o efetivo cumprimento do estatuto e do contrato.

Está-se a investigar a *efetiva repercussão* (especialmente as alterações de equilíbrio) que alguma *ocorrência especial* produz no *fluxo de receitas e despesas*, bem como a respectiva *teia de repercussões endocontratuais*. Afinal, discutir o equilíbrio econômico-financeiro significa analisar eventos passíveis de quantificação e especificar o que essa quantidade

[31] *Ajuste judicial do contrato*: teoria da base do negócio jurídico a partir do Direito Alemão e sua aplicação no Direito brasileiro. Curitiba: Juruá, 2017, p. 71.

(de moeda, de tempo, de insumos, de fluxos de receitas e despesas etc.) efetivamente significa para a estabilidade estrutural do projeto.

O terceiro passo está na elaboração de *soluções de reequilíbrio*. São procedimentos, a serem instalados *ex officio* pelo concedente e/ou a pedido do concessionário, para que, de forma consensual, sejam apurados o fator de desequilíbrio e as medidas eficazes para restaurar a integridade dos fluxos econômico-financeiros do projeto de investimento.

Trata-se de dever estatutário, *ipso facto*, da constatação do desequilíbrio e de seu *status*. Sua finalidade é a manutenção da relação equânime estabelecida quando da assinatura do contrato e a efetiva prestação do serviço adequado aos usuários. Estas *soluções de reequilíbrio* são dependentes não só das previsões estatutárias e contratuais, mas em especial do momento em que constatadas e do ambiente contratual. Os documentos contratuais não podem ser interpretados restritivamente, de molde a eliminar soluções que efetivamente recuperem o equilíbrio econômico-financeiro do projeto.

Em vista da regra do respeito ao equilíbrio, é de todo indicado que existam cláusulas contratuais disciplinadoras do respectivo *modus operandi*. Como consignou António Menezes Cordeiro, nos contratos públicos tal cláusula não será hábil a restringir as injunções legislativas, mas "apenas poderá movimentar-se dentro do espaço deixado em aberto pelo legislador: prevendo regras de procedimento, métodos de avaliação, sinais de alarme quanto a alterações ou convenções especiais de arbitragem".[32] Por exemplo, e ainda que não prevista expressamente no contrato (mas autorizada pelo estatuto), a solução de prorrogação cronológica pode ser altamente eficaz em certos contratos, mas será catastrófica para aqueles que estejam no início e sofram de déficit de liquidez – neste caso, o arremedo de "solução" apenas incrementará o problema (v. §25).

O certo está em as soluções de reequilíbrio serem desenvolvidas caso a caso, obedientes à realidade concreta do caso e ao *princípio da proporcionalidade* em sua tríplice dimensão, no caminho exposto por J. J. Gomes Canotilho: (i) *conformidade de meios* (adequação ou idoneidade de meios); (ii) *exigibilidade* (menor ingerência, necessidade ou indispensabilidade); e (iii) *proporcionalidade em sentido restrito*.[33] Por conseguinte, tanto nos procedimentos quanto na avaliação e decisão, assume especial relevância a LINDB e sua matriz de proporcionalidade.

A solução de reequilíbrio deve, portanto, estar atenta às alternativas disponíveis e respectivas consequências (LINDB, art. 20), bem como aos "obstáculos e dificuldades reais" dos gestores, tanto do parceiro público quanto do privado a quem foi delegada a administração dos bens e serviços públicos (LINDB, art. 22) e poderá, sempre que possível, levar em conta as orientações gerais da época preverem regime de transição (LINDB, arts. 23 e 24), bem como privilegiarem soluções consensuais (LINDB, art. 26, c/c a aplicação subsidiária da Lei nº 14.133/2021, art. 151) e consultas e audiências públicas (LINDB, art. 29, c/c Lei nº 9.784/1999, arts. 32 a 35). Caso despreze tais regras cogentes, a conduta poderá configurar erro grosseiro, com responsabilização do agente público (LINDB, art. 28).

---

[32] CORDEIRO, António Menezes. Contratos públicos: subsídios para a dogmática administrativa, com exemplo no princípio do equilíbrio econômico-financeiro, *op. cit.*, *Cadernos O Direito* 2/107.

[33] GOMES CANOTILHO, J. J., *Direito Constitucional e Teoria da Constituição*, *op. cit.*, 7. ed., p. 269 ss.

Em qualquer hipótese, o que está em jogo é o *dever estatutário de manutenção do equilíbrio econômico-financeiro* do contrato de concessão – este é o fim a ser cumprido, através dos meios disponíveis. A proporcionalidade exige que, também nesta seara, "a medida adoptada para a realização do interesse público deve ser *apropriada* à prossecução do fim ou fins a ela subjacentes", o que "pressupõe a investigação e a prova de que o acto do Poder Público é *apto* para e *conforme* os fins justificados da sua adopção".[34] Nada que instale vantagens ou prejuízos deve ser feito – mas apenas e tão somente o *ato que seja apropriado* ao saneamento do desequilíbrio constatado (indenização, prorrogação, aumento tarifário etc.).

Note-se que a *proporcionalidade-adequação* recebeu previsão expressa no art. 20 da LINDB, consubstanciando a *exigência de prova positiva* da "aptidão da decisão adotada para atingimento de um fim buscado. Portanto, a ausência de estimativa quanto aos efeitos práticos de uma decisão significa infringir a proporcionalidade-adequação", conforme leciona Marçal Justen Filho.[35]

Já a *proporcionalidade-exigibilidade* ressalta o "direito à menor desvantagem possível" – sendo que aqui não se trata apenas de prejuízo individual (concessionário, concedente ou usuários), mas, sim, de inibir a instalação de *desvantagens ao projeto concessionário* e à *adequada prestação do serviço público*. As condições estruturais do contrato não podem experimentar agressões cujos efeitos persistam no tempo. Assim, ainda que a medida a ser adotada seja conveniente ao fim legal, há de se descobrir se não há alternativa, estatutária ou contratual, mais adequada e menos desvantajosa em termos de *exigibilidade material; exigibilidade espacial; exigibilidade temporal* e *exigibilidade pessoal*.[36] Aqui, as escolhas postas à disposição do projeto concessionário devem ser comparadas em vista da sua unidade e da finalidade pública a que ele se destina, fazendo com que haja o menor ônus possível a todas as partes envolvidas. Como se infere, ao se tratar de *projeto concessionário* se está a sublinhar a *cooperação* entre concedente e concessionário, para que ambos conjuguem esforços para a solução de reequilíbrio proporcional da equação.

De igual modo, o art. 20 da LINDB reforça a incidência da *proporcionalidade-necessidade*, que "significa a ausência de validade de uma decisão que produza restrições superiores ao mínimo necessário à realização do fim buscado. A autoridade deve tomar em vista os efeitos causados pelas diversas alternativas decisórias, sendo obrigatório escolher aquela solução que acarretar as restrições menos intensas aos interessados e valores em jogo".[37]

---

[34] GOMES CANOTILHO, J. J. *Direito Constitucional e Teoria da Constituição, op. cit.*, 7. ed., p. 269-270 (o autor escreve a respeito da proporcionalidade como proibição do excesso "assumido como um *princípio de controlo* exercido pelos tribunais sobre a adequação dos meios administrativos (sobretudo os punitivos) à prossecução do escopo e ao balanceamento concreto dos direitos ou interesses em conflito"). V. também: Ávila, Humberto. *Teoria dos princípios:* da definição à aplicação dos princípios jurídicos, *op. cit.*, 10. ed., p. 163-175 (para quem a proporcionalidade é um *postulado*); Oliveira, José Roberto Pimenta. *Princípios da razoabilidade e da proporcionalidade no direito administrativo brasileiro*. São Paulo: Malheiros Editores, 2006, p. 295-309 e 411-412 (aqui, quanto ao reequilíbrio).

[35] Art. 20 da LINDB – Dever de transparência, concretude e proporcionalidade nas decisões públicas. *Revista de Direito Administrativo*. Edição Especial, p. 30, nov. 2018. Disponível em: http://bibliotecadigital.fgv.br/ojs/index.php/*rda*/article/view/77648/74311.

[36] GOMES CANOTILHO, J. J. *Direito Constitucional e Teoria da Constituição, op. cit.*, 7. ed., p. 270.

[37] JUSTEN FILHO, Marçal. Art. 20 da LINDB: dever de transparência, concretude e proporcionalidade nas decisões públicas *Revista de Direito Administrativo*. Edição Especial, *op. cit.*, p. 30-31, nov. 2018.

Por fim, a *proporcionalidade em sentido restrito* exprime mais que a relação entre os meios empregados e os fins visados, pois engloba a situação fática à qual se aplica a decisão administrativa (princípio da "justa medida") e a investigação a respeito da atitude a ser tomada.[38] Definido que a medida é necessária e adequada para alcançar o fim de reequilíbrio, ainda assim se deve perguntar se o resultado obtido é *proporcional em sentido estrito* às "condições do contrato". Isto é, se a alternativa eleita é eficaz e adequada ao interno daquele específico contrato administrativo de concessão – em vista da sua contextualização fática.

Em suma, o princípio da proporcionalidade prescreve com exatidão que o reequilíbrio deve ser implementado quando: (i) constatado o evento exógeno que afetou de modo imprevisível as condições originais do contrato de concessão; (ii) seja adequada e necessária a prática de ato para restabelecer as condições do contrato; (iii) o reequilíbrio abranja somente os elementos que efetivamente tenham sido colocados em perigo pelo desequilíbrio. Além disso, exige a adoção de todas as providências referentes à atenuação da possibilidade de repetição do evento.

A toda evidência, estes quatro momentos (*condições do contrato*, *premissas exógenas*, *consequências endocontratuais* e *soluções de reequilíbrio*) não são autônomos entre si, mas precisam ser detectados e construídos num processo integrador, que permita constatar o que efetivamente se passou quanto ao equilíbrio econômico-financeiro do contrato de concessão e, assim, resultar na aplicação da medida jurídica que traga melhores resultados ao projeto concessionário.

§105 Equilíbrio, incompletude e capacidade de aprendizagem dos contratos

As concessões de serviço público têm como uma de suas características mais significativas a *capacidade de aprendizagem*. O tema já foi tratado *en passant* ao se mencionar a mutabilidade dos contratos públicos de longo prazo (§§8, 20, 23, 24 e 43) – porém, neste ponto o exame diz respeito ao equilíbrio contratual.

Para se manter equilibrado, o contrato há de ser contextualizado historicamente e aprender com a experiência; para se manter firme, deve ser aberto ao novo e à flexibilização das premissas induzidas no passado. Mas não basta detectar tais peculiaridades (para o que é indispensável a transparência): é necessário geri-las de forma eficiente. O tema da equação econômico-financeira precisa ter como ideias-força a mutabilidade e a capacidade de aprendizagem do contrato administrativo de concessão.

Os contratos de concessão são incompletos e dinâmicos – seja devido ao elevado volume de informações, seja por conta de seu longo prazo, seja em razão do elevado custo para a construção do modelo concessionário.[39] São pactos que precisam ser compreendidos como *contratos abertos*, pois convivem e se nutrem da grande quantidade de informação diariamente recebida. Os deveres, obrigações e direitos do contrato de concessão não são estáticos, fechados e exaustivos (limites que certamente implicarão a sua ruptura com o passar do tempo), mas sim evolutivos. Merecem ser aplicados na

---

[38] GOMES CANOTILHO, J. J. *Direito Constitucional e Teoria da Constituição*, *op. cit.*, 7. ed., p. 270.

[39] Ampliar em: MOREIRA, Egon Bockmann. Quando as concessões mudam?. *In*: SUNDFELD, Carlos Ari *et al*. *Curso de Direito Administrativo em Ação*, *cit.*, p. 527-544.

condição de realidade sociocultural apta a conviver com o novo e a se aprimorar por meio de soluções legítimas (assim reconhecidas pelo Direito). Daí também a necessidade da previsão de reajustes, revisões periódicas, compromissos arbitrais e outras medidas que atenuem os custos oriundos de eventos que possam agredir a estrutura do contrato. Isso porque, se algo é certo no longo prazo, trata-se da efetiva existência das alterações contratuais (unilaterais e/ou circunstanciais). Tais previsões, formalizadas no contrato, destinam-se a possibilitar a detecção de falhas e a elaboração de soluções consensuais, as quais gerem o menor desgaste possível para as partes envolvidas. Esta transparência destina-se também a atenuar os potenciais conflitos de interesse e o recurso ao Judiciário.

Desde a definição do seu mérito (§53), o projeto concessionário visa à busca da prestação do serviço adequado – aquele que melhor atenda às demandas sociais. Mas, como insistentemente frisado (§§59 e ss.), o conceito de *serviço adequado* é relacional e precário. Relacional porque envolve a definição de certo número de variáveis e sua convivência ao interno de projeto específico. Precário devido ao fato de que a evolução tecnológica, combinada com as futuras demandas sociais, exigirá a constante atualização do serviço. Então, não serão poucos os momentos de mutação e adaptação recíproca das partes envolvidas. O que pode instalar conflitos, os quais merecem ser atenuados e evitados desde o momento de formalização do edital. Seria ilusório – se não errado – supor que haverá um contrato de concessão tão completo que o torne imune a variações.

A preocupação maior – como alerta Fernando Araújo – não deve estar tanto no grau de *acabamento* do contrato, mas sim no grau ótimo de *formalização* e *explicitação*, "o seu desenho como veículo de aprendizagem entre as partes – tanto a aprendizagem mútua como a aprendizagem que se reporta aos termos acordados e respectivas consequências jurídicas, aumentando a competência das partes (...) gerando uma margem de autodisciplina e abrindo caminho às soluções 'relacionais' sem perda da juridicidade dos vínculos".[40] Por óbvio, esta capacidade de aprendizagem deve se refletir nos procedimentos de revisão periódica do contrato e nas recomposições oriundas de alterações (unilaterais e circunstanciais). Como assinalou Flávio Amaral Garcia, tal "incompletude e a existência de lacunas nos contratos de longa duração, implicam forçosamente maior grau de flexibilidade e elasticidade nos contratos, a fim de justificar estruturas endógenas que confiram às partes maior adaptabilidade às circunstâncias, aos eventos ou às contingências que não foram previstas na regulação contratual *ex ante*".[41] O que se pretende é a constante troca de informações e o aperfeiçoamento da prestação do serviço, assegurando-se benefícios para todos os envolvidos e terceiros.

O mesmo se diga quanto a procedimentos que representem a readequação e adaptação do fluxo de caixa. Conforme já descrito (§102), *fluxo de caixa* é a sucessão de

---

[40] ARAÚJO, Fernando. *Teoria Económica do Contrato, op. cit.*, p. 187 (o autor trata de contratos incompletos). A temática envolve as chamadas cláusulas de *hardship*, como esclarece António Menezes Cordeiro: "Ninguém duvida de que qualquer alteração nas circunstâncias pode, a ser prevista, encontrar solução cómoda e válida no articulado contratual. A tal propósito fala-se nas cláusulas de *hardship*: cláusulas pelas quais as partes estabelecem um dever de renegociar o contrato, caso opere uma alteração das circunstâncias. As cláusulas de *hardship* são especialmente importantes em contratos internacionais e em contratos de longa duração. Elas podem ser mais ou menos explícitas. Todavia, quando as partes não se entendam, haverá que regressar ao Direito e às leis" (Contratos públicos: subsídios para a dogmática administrativa, com exemplo no princípio do equilíbrio econômico-financeiro, *op. cit., Cadernos O Direito*, 2/65-66).

[41] *A mutabilidade nos contratos de concessão, op. cit.*, p. 99.

recebimentos (aspecto positivo) e pagamentos (aspectos negativos) a ser concretizada no contrato. Com vistas à estabilidade do equilíbrio econômico-financeiro originalmente definido, este procedimento visa a manter a conformidade do programa de investimentos em relação ao que efetivamente se passa no mundo dos fatos, quando do exercício do projeto concessionário. Assim, uma determinada saída de caixa (por exemplo, investimento para a execução de obra) pode ter sua data alterada, sendo antecipada ou postergada, ou ser substituída por outra, tudo de acordo com as necessidades concretas do serviço concedido.

Ao se falar em *capacidade de aprendizagem dos contratos* e – por que não dizer? – da própria relação jurídico-concessionária, está-se a cogitar também da sistematização do conhecimento que aperfeiçoe a eficiência de determinados contratos públicos. Ambos os contratantes precisam desenvolver habilidades de adaptação, crescimento e melhoria em vista da dinâmica do relacionamento contratual ao longo do tempo. Pode-se refletir a propósito da *comunicação efetiva*, da *empatia*, da *adaptabilidade* e *flexibilidade* e da disposição em envidar os melhores esforços para *resolver ativamente os conflitos*. Essa ordem de condutas parte do pressuposto de que o contrato concessionário efetivamente será submetido a desafios e demandará colaboração recíproca para o aprendizado comum. Caso implementada, resultará em ações consistentes e honestas, a gerar confiança e segurança de que o projeto de interesse público será efetivado.

O processo de execução do contrato é significativa fonte de informações e respectiva percepção intelectual, o que faz surgir a constatação de novas vantagens por parte de concedente e concessionário – bem como sua instalação e partilha com usuários (e terceiros). Será a memória da experiência no desenvolvimento da atividade concessionária que permitirá desvendar os desafios dos contratos (presentes e futuros). Estes dados precisam ser administrados de forma eficiente, de molde a resultar em benefícios – diminuição dos custos e incremento da qualidade – para o conjunto de envolvidos no projeto (usuários, concedente, concessionário e terceiros). Por isso que tanta ênfase merece ser posta quanto às metodologias que privilegiem a composição tarifária e sua revisão com lastro na capacidade de inovação e aprimoramento por parte do concessionário. Também devido a esse fato é que o acesso às informações é decisivo. Afinal, prioritária no projeto é a melhoria na prestação do serviço.

Logo, não se está diante de ambiente que conviva bem com aquelas alterações unilaterais e circunstanciais típicas da Administração agressiva de outrora, que não via o concessionário e os usuários como sujeitos da relação, mas sim como objetos de um projeto público excludente. Usuários e concessionário eram peças do jogo de xadrez com que a Administração se entretinha: o destino instalava novos lances e o "poder" concedente movia as peças no tabuleiro. Isso não pode mais ser prestigiado, pena de retorno a um direito administrativo hostil.

Nos dias de hoje, quanto maior o volume de informações organizadas e compartilhadas entre os parceiros do projeto, mais eficaz será a estabilidade consensual da equação econômico-financeira contratual (e das respectivas alterações unilaterais e circunstanciais). As noções de Estado de Garantia e de Administração de Infraestrutura são reveladoras dessa integração público-privada na descoberta de soluções públicas menos custosas aos cidadãos e que mais benefícios lhes possam trazer.

§106 Permissão e equilíbrio econômico-financeiro

À permissão de serviço público aplicam-se, com as devidas ponderações e redução de complexidade, as considerações acima descritas. "Assim como ao concessionário – consignou Caio Tácito –, também ao permissionário se impõe o dever de aplicar o capital necessário ao regular funcionamento do serviço e à segurança de sua continuidade, e ao dever de investir corresponde o correlato direito à cobertura dos custos e à justa remuneração do capital aplicado no serviço."[42]

Afinal, o equilíbrio econômico-financeiro diz respeito à estabilidade do projeto de permissão de serviço público. Não é prerrogativa ou benefício extraordinário do permissionário ou do Poder Público, mas algo objetivo, oriundo da relação entre os encargos e as receitas que qualificam aquele contrato.

O STJ tem várias decisões quanto à aplicabilidade da cláusula do equilíbrio econômico-financeiro nas permissões de serviço público.[43]

---

[42] TÁCITO, Caio. Concessão de serviço de transporte aéreo: equilíbrio financeiro (parecer), *op. cit.*, *RTDP*, São Paulo, Malheiros Editores, 16/69.

[43] *V.g.*: REsp nº 120.113-MG, Min. Humberto Gomes de Barros, *DJ* 14.8.2000; REsp nº 982.909-SP, Min. Denise Arruda, *DJe* 21.8.2009.

RECEITA NÃO TARIFÁRIA

§107 Fontes secundárias de receitas

O art. 11 da Lei Geral disciplina as fontes secundárias de receitas das concessões comuns, reforçando a natureza primária das tarifas. A composição do fluxo de receitas do projeto concessionário há de prever, portanto, a tarifa como o seu principal elemento, ao passo que as quatro ordens de receitas vindas de fontes secundárias (*alternativas*, *complementares*, *acessórias* ou de *projetos associados*) destinar-se-ão a atender ao princípio da modicidade.

Como apontou Cristiane Lucidi Machado, fato é que "a prestação do serviço público delegado cria, para o delegatário, oportunidades de auferir receitas outras que não aquelas decorrentes exclusivamente das tarifas, que, contudo, mantêm relação (mesmo que indireta) com o serviço público prestado ou com os bens afetos à sua prestação".[1] Na medida em que estas oportunidades podem reverter em benefício da modicidade tarifária, constitui dever estatutário do concedente e do concessionário a busca por novas fontes de receita.

Porém, e ainda assim, nem todos entendem que a receita tarifária é a principal fonte do projeto concessionário. Para Benedicto Porto Neto não é necessário que a maior parcela da receita da concessionária seja oriunda do pagamento feito pelos usuários. Haveria opções de pagamento direto pela Administração (ora disciplinadas pela Lei de PPP) e de "renda auferida na exploração de projetos associados (art. 11). Neste segundo caso a receita da concessionária pode ser satisfatória enquanto o afluxo de usuários ao serviço seja pequeno, ou o inverso".[2] Mas aqui surgiria problema de difícil solução ao longo de todo o prazo contratual: se a tarifa não é a fonte principal das receitas, isso significa que o investimento necessita de outra fonte estável no tempo, a qual permita as

---

[1] Machado, Cristiane Lucidi. Receitas alternativas, complementares, acessórias e de projetos especiais nas concessões. *RDPE*, Belo Horizonte, Fórum, 7/97-98, jul./set. 2004. Ampliar em Almeida, Aline Paola Correa Braga Camara de. *As tarifas:* e as demais formas de remuneração dos serviços públicos, *op. cit.*, p. 205-226.

[2] PORTO NETO, Benedicto. *Concessão de serviço público no regime da Lei nº 8.987/95*: conceitos e princípios, *op. cit.*, p. 76. Em outro texto, escrito com Pedro Paulo de Rezende Porto Filho, o mesmo autor consigna que uma das fontes de receita complementar "já podia ser os cofres públicos, mesmo antes do advento da Lei das PPPs" (Contratos celebrados pela Administração Pública – Ampliação do papel do acordo de vontades entre as partes. *ILC* 180/126, Curitiba, Zênite, fevereiro/2009). V. também DI PIETRO, Maria Sylvia Zanella. *Parcerias na Administração Pública*, *op. cit.*, 5. ed., p. 123-126.

projeções adequadas. Essa fonte decorreria de negócio empresarial robusto o suficiente para fazer frente ao fluxo de despesas da concessão. Talvez um exemplo consistente seja o dos *aeroshoppings* (galerias de lojas, hotéis e restaurantes em aeroportos), a atenuar as despesas dos usuários.

Considerações à parte, a dimensão ocupada pelas receitas secundárias no projeto, fato é que a Lei Geral de Concessões disciplina esse ingresso como de extrema relevância para as concessões comuns. O que autoriza que se aprofunde o tema – acolhendo-se a sistematização proposta por Fernando Vernalha Guimarães, que divide tal ordem de receitas "entre duas hipóteses mais abrangentes: (a) receitas oriundas de empreendimentos com vínculo material com a execução da concessão em si; (b) receitas sem vinculação direta com a concessão (vinculadas apenas economicamente ao projeto da concessão, na medida em que funcionam como fonte de recursos adicionados à remuneração do concessionário)".[3]

No primeiro caso, são "situações de oportunidades de negócio periféricas à execução do serviço público",[4] as quais têm vínculo material imediato ao próprio serviço público. O exemplo usual é a faixa de domínio de rodovias (ou ferrovias). Tecnicamente, a rodovia é composta pelo leito da estrada, acostamentos e faixas de domínio. O leito é a pista onde transitam os veículos. Os acostamentos são as margens da pista de rolamento, destinadas a paradas de emergência. Já a faixa de domínio é a área imediatamente contígua ao leito pavimentado, resguardada por questões de segurança. As faixas de domínio são áreas inerentes às rodovias nas quais não podem ser realizadas construções que não aquelas expressamente permitidas por razões de ordem técnica. O conjunto rodoviário integral (rodovia *mais* ambos os acostamentos *mais* ambas as faixas de domínio) tem largura entre 60 e 80 m.[5] Logo, dúvida não pode haver de que a faixa de domínio integra o conjunto de bens administrados pelo concessionário, e, como tal, é passível de exploração econômica. O assunto já foi mencionado várias vezes ao se tratar das *essential facilities* (compartilhamento de infraestrutura – *v.g.*, §§27, 40 e 85).

Já a segunda ordem de receitas seriam aquelas oriundas de projetos que não se integram materialmente na prestação do serviço, mas apenas lhe servem de fonte de rendimento, instalando a "integração econômica da exploração de atividades rentáveis à concessão a projetos e atividades sem vínculo direto ou marginal com a prestação do serviço público".[6] Por exemplo, a cessão de uso de espaço em prédio público do concedente para o desempenho de atividades comerciais vinculadas à concessão. Este tema será explorado no §109, abaixo.

---

3 Guimarães, Fernando Vernalha. As receitas alternativas nas concessões de serviços públicos no Direito brasileiro. *RDPE*, Belo Horizonte, Fórum, 21/122-123, jan./mar. 2008.

4 *Idem, ibidem.*

5 Isso além da denominada área *non aedificandi* estabelecida pelo inciso III do art. 4º da Lei nº 6.766/1979 (regulamenta o parcelamento do solo urbano). O dispositivo estabelece o espaço de 15 m, que tem como início o ponto final da faixa de domínio da rodovia (proíbe que haja edificações até o 15º metro). Logo, diz respeito a nova extensão da vedação a construções, para além da faixa de domínio. Em resumo, e contando-se a partir do eixo central da rodovia, existem as seguintes áreas: (i) leito da estrada; (ii) acostamento; (iii) faixa de domínio; e (iv) área *non aedificandi*. Tanto em termos jurídicos como de engenharia, são inconfundíveis e não podem ser sobrepostas.

6 Guimarães, Fernando Vernalha. As receitas alternativas nas concessões de serviços públicos no Direito brasileiro, *op. cit.*, *RDPE*, 21/125.

Em todos os casos, a receita secundária tem relação com "as peculiaridades de cada serviço" – como reza o *caput* do art. 11 da Lei nº 8.987/1995. Isto não significa limites normativos estreitos para novas receitas, mas, sim, uma locução ampliativa. A definição do serviço concedido tem como premissa o estímulo à descoberta empresarial de específicas fontes de receitas que visem a desonerar os usuários e manter a autossustentabilidade do projeto concessionário. Além disso, o texto vale-se da locução discricionária "poderá o poder concedente prever" – a significar que se trata de algo definido caso a caso (pode-se, inclusive, cogitar de projetos autossustentáveis que não necessitem de fontes secundárias de receitas – o que não impedirá o lançamento do edital). Tampouco é exata a compreensão de que se exigiria relação de causalidade entre o objeto do contrato e a fonte secundária. As peculiaridades de cada serviço são instaladoras de novos achados; não inibidoras da criatividade empresarial (pública e privada).

Igualmente é de se assinalar que a previsão da Lei nº 8.987/1995 a propósito de receitas não tarifárias tem duplo efeito quanto à liberdade de empresa do concessionário de serviços públicos. Por um lado, implica limitação às atividades a serem desenvolvidas pelo concessionário (normalmente uma SPE – v. §22, acima). A criatividade do empresário é circunscrita "às peculiaridades de cada serviço público" (art. 11, *caput*) e respectiva avaliação por parte do concedente. A expressão legal permite interpretação ampla, que diga respeito ao potencial econômico do projeto (e não à peculiaridade físico-material dele). Assim, é de todo indicada a possibilidade de receita oriunda de projetos de *marketing* e propaganda (ônibus, trens, margens de rodovias, aeroportos etc.), isso nada obstante tais atividades nada tenham a ver com a "substância" do serviço a ser prestado. Por outro lado, existe o direcionamento da renda auferida: a receita necessariamente deve ingressar no caixa do projeto concessionário. Isso significa que o empreendimento gerador de receitas não tarifárias precisa ter a maior transparência e ser minuciosamente examinado pelo concedente, sob pena de se correr o risco da instalação de fontes alternativas de receitas para os acionistas da SPE, não para a concessão de serviço público.

§108 Previsão contratual das receitas

Há quem defenda que "as receitas complementares devem ser expressamente previstas no contrato, posto que devem integrar a prestação de contas do concessionário".[7] A tese é parcialmente adequada, pois há contratos que não permitem de antemão a definição exaustiva das possíveis fontes. O que se pode prever expressamente é a possibilidade de existirem receitas não tarifárias, não o seu rol (pena de inibir futuras alternativas de receitas e, assim, inibir a modicidade tarifária).

[7] SOUTO, Marcos Juruena Villela. *Direito administrativo das concessões, op. cit.*, 5. ed., p. 34. Já Cristiane Lucidi Machado vê empecilhos ao uso de receitas secundárias para o reequilíbrio contratual – vinculando-as ao objetivo da modicidade (Receitas alternativas, complementares, acessórias e de projetos especiais nas concessões, *op. cit., RDPE*, 7/100-104). Maria Sylvia Zanella Di Pietro restringe-as ao rol consignado no edital (*Parcerias na Administração Pública, op. cit.*, 5. ed., p. 125). Mas, na medida em que a Lei Geral prevê escolha discricionária (poderá o poder concedente..".), a previsão de receitas secundárias como fator de equilíbrio contratual deve vir prevista ao menos genericamente no edital – a fim de preservar a isonomia na licitação e a vinculação ao edital (cf.: Wald, Arnoldo; Moraes, Luíza Rangel de; Alexandre Wald, M. *O direito de parceria e a lei de concessões, op. cit.*, 2. ed., p. 343; ARAGÃO, Alexandre Santos de. *Direito dos serviços públicos, op. cit.*, p. 612; Almeida, Aline Paola Correa Braga Camara de. *As tarifas*: e as demais formas de remuneração dos serviços públ*icos, op. cit.*, p. 228-232).

Todavia, tenho que a ausência de previsão expressa no contrato não pode implicar a vedação a que tal ordem de receitas venha a ser auferida. Assim, para Eugenia Marolla, "não se pode excluir a possibilidade dessas fontes alternativas de receitas surgirem na etapa de execução do contrato. [...] A ausência de explicitação antecipada dessas fontes de receitas acessórias, alternativas ou complementares não pode implicar vedação ao seu aproveitamento".[8] Quando muito, poderia ser exigido termo aditivo ao contrato, disciplinando essa ordem de ingressos.

Porém, e muito embora o parágrafo único do art. 11 da Lei nº 8.987/1995 fale da necessidade de que tais receitas sejam levadas em conta para o equilíbrio econômico-financeiro, circunscreve tal exigência à respectiva "aferição inicial" (a significar o devenir de outras aferições). Isso porque, mesmo que seja possível estabelecer previamente tais receitas, num contrato com longo prazo o critério *numerus clausus* pode instalar um abismo entre a modicidade tarifária implementável de fato (avanço tecnológico, novas demandas econômicas etc.) e os limites inerentes à previsão contratual exaustiva. Conforme acima descrito ao se tratar da base objetiva do negócio (§104), o contrato tem limites inerentes ao seu contexto histórico – fronteiras, essas, que certamente serão postas em causa devido à evolução social e tecnológica.

Por conseguinte, é recomendável que exista enumeração das fontes secundárias de receita em todos os contratos, mas ela será *numerus apertus*. A depender da evolução dos fatos, o contrato não pode ter sua receita inibida em decorrência da ausência de previsão por parte dos contratantes. "Não se veda, portanto, que o concessionário possa valer-se de outras fontes de receita, mesmo que não explicitamente previstas no momento inicial da contratação. Porém, tais novas fontes devem integrar a equação, eis que importam ampliação dos benefícios inicialmente considerados pelo concessionário."[9] O ideal seria instalar cláusula de abertura que incentive o concessionário a efetivamente diversificar as fontes de receitas – cujo resultado repercutirá na modicidade tarifária. Cláusula instalada desde o edital, a estimular oportunidades de negócio e competição mais intensa quando da licitação.

§109 Concessões cruzadas de obras e/ou serviços, "câmaras de compensação" e "projetos associados"

Há no Brasil o desenvolvimento de estudos associados para projetos de concessão de serviço público. São empreendimentos coligados, que podem integrar tanto duas (ou mais) concessões de serviços como também projetos desenvolvidos ao entorno da concessão (por exemplo, a exploração imobiliária dos bens circundantes à futura estação de Metrô) ou mesmo o puro subsídio cruzado por meio de fundo uniforme de receitas. Esta integração teria duplo objetivo: por um lado, atenuar o custo da tarifa para o usuário; por outro, permitir a instalação de projetos não autossustentáveis sem que haja desembolso de verbas públicas.

---

[8] *Concessões de serviço público, op. cit.*, p. 119. No mesmo sentido, Guimarães, Fernando Vernalha. *Concessão de serviço público*. 2. ed., *op. cit.*, p. 227.

[9] Justen Filho, Marçal. *Teoria geral das concessões de serviços públicos, op. cit.*, p. 374.

O tema não é novo. Celso Antônio Bandeira de Mello manifestou-se desta forma em seminário promovido por Geraldo Ataliba e Luiz Alberto Machado: "Para sermos realistas, vamos pensar menos em cobrar. Vamos proporcionar negócios, e há empreendedores que gostam de negócios. Eles querem montar um *shopping center* que dá muito dinheiro. Por que não se usa o subsolo das praças públicas para estacionamento das cidades que vivem congestionadas? – coisas desse tipo. Fazer alguém ganhar dinheiro, em vez de querer cobrar do indivíduo. (...). A minha proposta é nessa linha: pensar que negócios podem ser despertados para a iniciativa privada, para que eles ganhem dinheiro e nós ganhemos serviços e obras".[10]

Como se sabe, a futura estação de transporte público (Metrô, ônibus etc.) implica incremento dos preços e das atividades nos imóveis circundantes.[11] O mesmo se diga quanto a rodovias, pontes e estações ferroviárias. Tais empreendimentos geram vantagens econômicas quase que imediatas aos bens e serviços ao derredor, oriundas das obras e serviços públicos a serem prestados, e cujo benefício público não merece ser circunscrito à receita derivada de uma contribuição de melhoria (Constituição, art. 145, III). Ora, tais externalidades positivas do empreendimento público não podem ser desprezadas. Quando menos, geram receitas não tarifárias e ampliam a demanda fora dos horários e dias-padrão (além dos empregos e vantagens urbanísticas). E tais vantagens podem ser contratualmente reconduzidas a uma concessão de serviço público, como prevê o art. 11 da Lei nº 8.987/1995. O que se acentua devido à validade de projetos mais amplos cujo cruzamento de dados poder-se-á concretizar em sede de consórcios e convênios públicos (incorporando subsídios cruzados, como previsto no art. 17 da Lei Geral de Concessões).

Há também outro aspecto que merece exame: o que dizer da concessão de serviços e obras cuja receita financie outra obra pública ou uma concessão integrada? Um exemplo é analisado com profundidade por Adilson Abreu Dallari e Adriano Murgel Branco: o "pacote rodoviário" que contemple trechos de uma mesma unidade da Federação, não necessariamente interligados.[12] Uma das estradas exigiria menores investimentos; e a outra delas, maiores – porém, ambas teriam baixa tarifa, operando a transferência de receitas. Aqui se daria a combinação de projetos associados e de subsídios cruzados, numa solução ousada e complexa que resultará em benefício a todos: usuários, concedente e concessionário.

---

10 BANDEIRA DE MELLO, Celso Antônio. *In:* ATALIBA, Geraldo; Machado, Luiz Alberto (coord.). Iniciativa privada e serviços públicos: fórmulas de estímulo e garantias para atrair capitais e experiência gerencial privados para os serviços públicos. Separata da *RDP*, São Paulo, RT, 98/101, abr./jun. 1991. Tais ideias são pormenorizadamente tratadas pelo autor em Obra pública a custo zero: instrumentos jurídicos para realização de obras públicas a custo financeiro zero. *RTDP*, São Paulo, Malheiros Editores, 3/32-41, 1993. A esse respeito, v. também os debates promovidos por ATALIBA, Geraldo. (coord.). Custeio de obras públicas, solo criado, mecanismos de negociações administrativas e contribuição de melhoria. *RDP*, São Paulo, RT, 87/114-202 (Conferências e Debates, jul./set. 1988.

11 Quanto à dificuldade de definir os reais beneficiários de projetos de infraestrutura pública, Joseph E. Stiglitz dá exemplo-paradigma: quem se beneficia de subsídios concedidos para a construção de uma nova estação de Metrô? A resposta mais óbvia é: o usuário do transporte público. Mas ela pode ser incorreta: os proprietários de imóveis às margens da nova estação são os reais beneficiários, pois o aumento do valor dos bens e dos aluguéis é o efeito econômico mais sensível e significativo em termos distributivos (*Economics of the Public Sector, op. cit.*, 3. ed., p. 258-263).

12 DALLARI, Adilson Abreu; BRANCO, Adriano Murgel. *O financiamento de obras e serviços públicos*. São Paulo: Paz e Terra, 2006, *passim*.

§110 Fontes desmaterializadas: os "créditos de carbono"

Um tópico que pode gerar profundo interesse diz respeito a novas fontes de receitas que beneficiam o projeto concessionário, o meio ambiente e as futuras gerações. Em concessões de porte – como saneamento, aterros sanitários e processamento de resíduos, petrolíferas e infraestrutura de transportes – o tema dos *créditos de carbono* merece especial atenção. Este é só um exemplo das *fontes desmaterializadas* de receitas secundárias, as quais resultam de ações ambientalmente adequadas e não implicam o desembolso imediato por parte de terceiros – mas, sim, geram créditos a serem comercializados em mercados secundários.

Os *créditos de carbono* são certificados que representam a redução de dióxido de carbono (CO_2) ou gases de efeito estufa equivalentes. Integram programas para combater as mudanças climáticas, permitindo que países e empresas que reduzem suas emissões abaixo de certa meta vendam os créditos excedentes para outros que não conseguem atingir suas metas de redução. São estruturados por meio de programas de redução de emissões verificados por órgão certificador que emite os créditos, que podem ser negociados em mercados de carbono. As concessionárias de serviço público, como qualquer outra sociedade empresarial, podem vender seus créditos e obter os respectivos benefícios financeiros (além da prática ambientalmente responsável do desenvolvimento de suas atividades).

O sistema de *créditos de carbono* refere-se, portanto, à compra e venda de unidades-crédito que correspondam à redução da emissão de determinados gases poluentes, geradores do chamado "efeito estufa" – em especial o dióxido de carbono (mas também monóxido de carbono, metano, óxido nitroso e óxidos de nitrogênio). Desde dezembro de 2005, data em que o Protocolo de Kyoto entrou em vigor, existem metas de redução dos gases que agravam o efeito estufa. Os países em desenvolvimento que reduzirem suas emissões abaixo das metas obtêm créditos – podendo comercializá-los aos países que poluem acima das metas. A comercialização funciona por meio da compra e venda de Certificados de Emissões Reduzidas – CERs. Isso se dá primordialmente através do Mecanismo de Desenvolvimento Limpo – MDL, que estabelece correlação entre a quantidade de gases poluentes que deixa de ser emitida por países em desenvolvimento e o mercado mundial. Os países ditos desenvolvidos são aptos a comprar o "direito" de poluir em determinadas escalas, transferindo renda para projetos de desenvolvimento sustentável de países em desenvolvimento. Assim, os *créditos de carbono* atribuem valor monetário ao esforço de redução de emissões: cotas de carbono não emitidas (ou suprimidas) são formalizadas em Reduções Certificadas de Emissões – RCEs e vendidas a países que tenham assumido metas de redução.

Ao invés de estabelecerem uma política econômico-ambiental *command-and-control*, em que o Poder Público cria proibições e punições a serem exercitadas por uma autoridade (típicas do direito administrativo agressivo), os *créditos de carbono* instalam opções econômicas a serem escolhidas pelos agentes: ou investem em instalações que atenuem a poluição ou se submetem a multas. Enquanto os *créditos de carbono* forem mais baratos que as multas (por isso as Bolsas que os negociam), certamente haverá estímulo à produção desses bens em atividades emergentes (e de adaptabilidade para as instalações mais antigas).

Os projetos concessionários que admitirem a internalização de *créditos de carbono* como receita a repercutir na modicidade tarifária não só gerarão benefícios aos usuários (redução de custos), mas também ao meio ambiente e às futuras gerações. Sua adoção implicará também o incentivo para avanços tecnológicos no controle da poluição em projetos de interesse público.

§111 Prazo dos contratos das fontes secundárias

Como todos os contratos de concessão devem obediência a prazos certos (§25), a mesma racionalidade precisa ser obedecida nos contratos que gerem fontes secundárias de receitas – afinal, se estes valores ingressam no fluxo de receita do projeto como dado relevante, sua supressão (ou seu término antes do prazo final do contrato concessionário) poderá implicar graves repercussões para o equilíbrio econômico-financeiro (sobremodo nos contratos que privilegiarem essa fonte secundária de receita, porventura tornando-a a principal).

A avaliação por parte do concedente e do regulador quanto ao ingresso dessas receitas deve, portanto, estar atenta ao volume e à estabilidade dos recursos que potencialmente ingressarão no projeto concessionário, máxime quanto ao prazo previsto. Se forem receitas precárias ou que não permitam projeções consistentes em longo prazo, não merecem ser absorvidas no equilíbrio econômico do projeto – pena de, em curto ou médio prazo, reverterem as expectativas e significarem o aumento da tarifa. Se forem receitas de longo prazo, eventualmente superior ao do contrato de concessão, devem ser previstos mecanismos que permitam a manutenção da captação ao interno do projeto concessionário ou a sucessão subjetiva no tempo.

TARIFAS DIFERENCIADAS

§112 Tarifas diferenciadas e princípio da isonomia

Para Jacintho Arruda Câmara, com a regra ora comentada "há o reconhecimento (implícito) do dever de obediência ao princípio da isonomia. A autorização para impor tratamento tarifário diferenciado resume-se a hipóteses em que, por causa de situações objetivamente distintas, esta diferenciação é justificável. Apenas quando houver características técnicas e custos específicos diferenciados entre segmentos de usuário é que a lei autoriza, *a priori*, a adoção de diferença no regime tarifário".[1] Logo, o que a Lei Geral de Concessões prevê são dois casos de diferenciação, ambos provenientes dos diferentes grupos de usuários: aquela oriunda das características técnicas e a derivada dos custos específicos.

A norma ressalta a constatação de que cada grupo de usuários com características afins pode dar origem a uma tarifa diferenciada – isso já foi visto quando do tratamento do tema da política tarifária e da discriminação de tarifas (§§81 e ss.). Mantido o nível tarifário exigido pelo projeto, o que se há de manusear é a estrutura da tarifa e os grupos de pagantes. Significa dizer que tais diferenciações podem atender a objetivos de política pública (usuários idosos ou com baixa renda) ou a diretrizes mercadológicas do serviço prestado (usuários de Internet, respectivas categorias e preços: "banda larga popular", "banda larga turbo" etc.). Mas o que se faz necessário é atentar para a fundamentação – os motivos de fato e de direito – que permita a instalação dos preços diferenciados.

Assim, o critério técnico – legítimo e fundamentado – é apto a definir as respectivas categorias de segmentos de serviços e respectivos usuários. Como consta de acórdão do STJ relatado pelo Min. Herman Benjamin: "Firmou-se em ambas as Turmas que compõem a 1ª Seção do STJ o entendimento de que: (a) a delimitação da chamada 'área local', para fins de configuração do serviço de telefonia e cobrança da tarifa respectiva, leva em conta aspectos predominantemente técnicos, não necessariamente vinculados à divisão político-geográfica do Município; (b) previamente estipulados, esses critérios têm o efeito de propiciar aos eventuais interessados na prestação do serviço a análise da relação custo-benefício que determinará as bases do contrato de concessão; e (c)

[1] CÂMARA, Jacintho Arruda. *Tarifa nas concessões, op. cit.*, p. 77.

não cabe ao Judiciário adentrar o mérito das normas e procedimentos regulatórios que inspiraram a configuração das 'áreas locais'".[2]

O critério, portanto, há de ser técnico ou proveniente de política pública consistente – e não relativo a mero aumento na arrecadação. Como decidiu o STJ, em caso singular de diferenciação de tarifas: "A Prefeitura de São Paulo, por decreto, estabeleceu *tarifas diferenciadas* para as empresas adquirentes de vale-transporte e para os usuários diretos, majorando-as para os primeiros".[3] Isto é, em vista da teórica diferenciação entre as respectivas capacidades contributivas – unida ao dever trabalhista da compra subsidiada de vales-transportes –, o Poder Público violou o princípio da isonomia ao estabelecer por decreto a diferenciação formal numa situação de igualdade material. Afinal: "O ato normativo do Executivo Municipal, criando disparidade entre as tarifas de transporte coletivo, e, portanto, gerando desigualdade entre os usuários, fere o princípio da isonomia".[4] Essa ordem de diferenciações irregulares, com lastro em critérios dissociados das características do serviço e dos segmentos de usuários, não encontra acolhida na Lei nº 8.987/1995.

§113 Tarifas progressivas

Outra forma de se implementar a cobrança diferenciada de tarifas está na construção de níveis de usuários. O regime estatutário do serviço pode estabelecer determinadas faixas de usuários (ou facultar ao concessionário o estabelecimento desses grupos), fixando para cada uma delas o respectivo valor pela unidade de consumo – o que é de todo viável de ser combinado com o método da "tarifa mínima" (v., acima, §89). Há organização dos custos relativamente aos usuários, correlacionando categorias de consumo e preços.

A tarifa progressiva traz consigo o subsídio cruzado entre os usuários: o valor médio (que se pretende justo) é estabelecido com lastro no fato de que aqueles que consomem mais pagarão proporcionalmente mais; e aqueles que consomem menos, proporcionalmente menos (a respeito do subsídio cruzado, v. o art. 17 da Lei nº 8.987/1995). Há distribuição de renda, por meio da qual os usuários com maior consumo efetivamente pagam parcela maior (ainda que ínfima) que os usuários de menor consumo. Enfim, os usuários de baixa renda (presumivelmente os que menos consomem) são beneficiados por aqueles que mais gastam.

Nesse sentido, o STJ já decidiu que: "A política de tarifação dos serviços públicos concedidos, prevista na Constituição Federal (art. 175), foi estabelecida pela Lei n. 8.987/1995, com escalonamento na tarifação, de modo a pagar menos pelo serviço o consumidor com menor gasto, em nome da política das ações afirmativas, devidamente

---

[2] STJ, REsp nº 1.009.902-SC, *DJe* 11.9.2009.

[3] STJ, RMS nº 11.958-SP, Rel. Min. Eliana Calmon, *DJU* 11.6.2001. No mesmo sentido: RMS nº 12.319-SP, Min. Eliana Calmon, *DJ* 8.4.2002.

[4] STJ, RMS nº 13.265-SP, Rel. Min. Milton Luiz Pereira, j. 2.5.2002, *DJU* 1.7.2002. No mesmo sentido: RMS nº 12.959-SP, Min. Milton Luiz Pereira, *DJ* 23.9.2002.

chanceladas pelo Judiciário".[5] Em específico no setor do fornecimento de água, o STJ já consolidou que: "O faturamento do serviço de fornecimento de água com base na tarifa progressiva, de acordo com as categorias de usuários e as faixas de consumo, é legítimo e atende ao interesse público, porquanto estimula o uso racional dos recursos hídricos".[6]

---

[5] STJ, REsp nº 485.842-RS, Min. Eliana Calmon, *DJ* 24.5.2004. No mesmo sentido: AgR no REsp nº 815.373-RJ, Min. Luiz Fux, *DJ* 24.9.2007; AgR no REsp nº 873.647-RJ, Min. Humberto Martins, *DJ* 19.11.2007; REsp nº 862.201-RJ, Min. Teori Zavascki, *DJe* 3.9.2008; REsp nº 963.119-RJ, Min. Humberto Martins, *DJ* 14.10.2008.

[6] STJ, REsp nº 861.661-RJ, Min. Denise Arruda, *DJ* 10.12.2007.

CAPÍTULO XIII

INTERVENÇÃO NA CONCESSÃO

§114 O motivo e a finalidade da competência interventiva

A razão de ser da intervenção na concessão é bastante simples: é um dos mecanismos autorizados em lei para a *preservação do projeto concessionário*. É para isso que ela se destina, visando à efetiva prestação do serviço aos usuários. A relação jurídico-concessionária transcende as partes que a celebraram, eis que instala projeto a ser objetivamente mantido em todo o seu longo prazo, pois se destina à prestação adequada do serviço público. As partes devem envidar os melhores esforços para a fiel execução do contrato.

Tanto isso é verdade que, no limite, a lei atribui ao concedente essa competência excepcional, destinada a suspender, provisoriamente, a gestão do projeto por parte da concessionária. Logo, a intervenção é *modo temporário de ação administrativa, destinada a preservar a continuidade da prestação do serviço*. Daí a definição de José dos Santos Carvalho Filho, para quem intervenção é "a ingerência direta do concedente na prestação do serviço delegado, em caráter de controle, com o fim de manter o serviço adequado a suas finalidades e para garantir o fiel cumprimento das normas legais, regulamentares e contratuais da concessão".[1] Para André Luiz Freire, ela "consiste numa prerrogativa por meio da qual o poder concedente afasta temporariamente os gestores da concessionária e assume a sua posição. Ela é uma supressão temporária do direito subjetivo do concessionário de gerir com autonomia a concessão".[2]

A interpretação dos arts. 32 a 34, que compõem o Capítulo IX da Lei nº 8.987/1995 ("Da Intervenção), merece ser feita à luz dos demais dispositivos dessa mesma lei. A intervenção é uma das "incumbências" do poder concedente, que deve ser feita "na prestação do serviço, nos casos e condições previstos em lei" (art. 29, inc. III).[3] A finalidade, expressamente definida, é a de "assegurar a adequada prestação do

---

1 *Manual de Direito Administrativo*. 35. ed., *op. cit.*, p. 394.

2 *Direito dos Contratos Administrativos*, *cit.*, p. 538.

3 O setor de energia elétrica possui lei especial, a disciplinar a intervenção do poder concedente, por intermédio da ANEEL, a Lei nº 12.767/2012 (*Dispõe sobre a extinção das concessões de serviço público de energia elétrica e a prestação temporária do serviço e sobre a intervenção para adequação do serviço público de energia elétrica*). Tal lei tem origem na MP nº 577/2012, que tentou organizar a intervenção no setor elétrico depois das crises da CEMAR, distribuidora de energia elétrica no Estado do Maranhão, que sofreu intervenção em 2002, e da CELPA, distribuidora de energia elétrica no Estado do Pará, que requereu recuperação judicial em 2012 e gerou o justo receio de contaminação das demais concessionárias controladas pelo Grupo Rede. Ampliar em RIBEIRO, Mauricio Portugal. Alteração

serviço, bem como o fiel cumprimento das normas contratuais, regulamentares e legais pertinentes" (art. 32, *caput*). Dediquemos um pouco de atenção a tais dispositivos, por meio de *três premissas cognitivas*.

Em primeiro lugar, é certo que tais competências interventivas devem ser compreendidas como *ultima ratio*: o último recurso, cuja finalidade é a de garantir a prestação do serviço. Logo, ela só pode ser implementada depois de comprovadamente exauridas todas as demais instâncias, sobretudo a fiscalização colaborativa (v., acima, §§33 a 38) e o "modo amigável de solução das divergências contratuais" (inc. XV do art. 23, que trata das cláusulas essenciais do contrato de concessão).[4] A intervenção rege-se, portanto, pelo princípio da subsidiariedade: só deve se preocupar com aqueles eventos realmente graves à prestação do serviço, depois que todos os demais meios de solução se revelarem ineficientes. Mais: ela só deverá ser exercitada se apta a evitar a inadequada prestação do serviço e/ou o descumprimento das normas (contratuais, regulamentares e/ou legais), em vista dos desafios reais a que a concessão e o respectivo concessionário estão submetidos (LINDB, art. 22).

Em segundo lugar, quando a lei positivou a intervenção como "incumbência", estatuiu uma possibilidade de ação bastante circunscrita pelo direito. O verbo incumbir é sinônimo de encarregar, cometer, confiar: o art. 29, inc. III, c/c arts. 32 a 34 da Lei nº 8.987/1995 atribuem esse encargo funcionalizado ao poder concedente. É um dever a cumprir, em vista da finalidade de preservar o contrato. Logo, a competência interventiva não é um fim em si mesmo (não pode ser exercida sem uma razão necessária e suficiente, tornada pública de modo ativo), mas sim instrumental ao dever ativo de preservar o projeto concessionário. Em contrapartida, essa competência extraordinária não pode, sob pena de nulidade por desvio de finalidade, ser manejada como meio indireto de punir ou exercer pressão para que o concessionário acolha as diretrizes políticas (ou regulatórias) do governante de plantão.

Em terceiro lugar, a intervenção é remédio que precisa ser manejado com bastante cautela. Ela surgirá no exato momento em que se constatar, indene de dúvidas, que o concessionário precisa ter a gestão contratual suspensa, sob pena de haver sérios e irreversíveis problemas na prestação do serviço. Estar-se-á diante de situação da qual o concessionário não consegue sair por suas próprias forças (administrativas, financeiras, técnicas, etc.). Não se pode imaginar que o interventor consiga fazer mágicas, portanto. O que reforça aquilo que tantas vezes se frisou ao longo deste livro: a necessidade de prestígio à capacidade de aprendizagem dos contratos (v. §§8 e 41), instruída por meio de atividade colaborativo-preventiva das partes (v. §33). A fiel execução do contrato demanda, portanto, a antecipação preventiva dos eventos, de molde a não ser exercitada. Ela é como o seguro de vida e o cinto de segurança: existe para, preferencialmente, não ser usada.

---

nas regras relativas à intervenção nas concessões no setor elétrico. Disponível em: https://portugalribeiro.com.br/alteracao-nas-regras-relativas-a-intervencao-nas-concessoes-no-setor-eletrico/.

[4] Mais radical do que a intervenção só mesmo a extinção do pacto por caducidade, em decorrência da comprovada "inexecução total ou parcial do contrato" (Lei nº 8.987/1995, art. 38). Aqui, a situação é muitíssimo mais grave, com consequências que implicam o desfazimento do contrato (e a impossibilidade de prestação do serviço público aos usuários por parte do concessionário, tal como previsto no edital e na proposta vencedora).

Fixadas estas premissas, examinemos o funcionamento da intervenção em contratos concessionários.

§115 Os contratos de concessão e a intervenção

Os contratos de concessão de serviço público têm estruturação bastante peculiar. Conjugam plexo de direitos e deveres entre as partes signatárias (o contrato em si mesmo) e, por outro lado, estatuem a outorga provisória da gestão de bens e serviços públicos a pessoa privada. Por meio desse negócio jurídico, a pessoa privada é *constituída* concessionária de serviços públicos: a sociedade empresarial privada torna-se uma concessionária de serviços legalmente cometidos aos poderes públicos. O que agrega ao acervo da concessionária uma série de direitos subjetivos, deveres e obrigações. O contrato concessionário presta-se a blindar essa relação jurídica, a fim de que as obras e serviços possam ser executados sem atropelos.

A concessão *amplia* a posição jurídico-subjetiva da pessoa privada e, simultânea e proporcionalmente, *diminui* a da Administração Pública. Esta tem o *dever estatutário* de respeitar a gestão privada do serviço concedido, nos termos da lei e do contrato de concessão; aquela tem o *direito* e a *obrigação* de prestar o serviço ao tempo, modo e condições pré-configuradas no estatuto, edital, proposta e contrato. Ambos, concedente e concessionário, têm o *dever de fiel execução* do contrato.

Pode-se dizer, portanto, que se está diante de *título jurídico-administrativo* que outorga *exclusividade* ao concessionário para a exploração daquele bem e/ou serviço. O contrato constitui nova situação jurídica, na qual o concessionário tem, para além do domínio da coisa e da autonomia de gestão, o efetivo ânimo de nela se manter para o fiel cumprimento do estatuto da concessão (contrato, regulamentos e leis). Existe a *autonomia de gestão do serviço* conjugada com a *posse*, poder de fato direto e imediato, *dos bens*, a fim de lhes dar o destino permitido ou determinado pela relação jurídica concessionária.

Bem vistas as coisas, a intervenção do concedente é ato administrativo cuja natureza jurídica se situa, *grosso modo*, entre a intervenção federal nos Estados-Membros e a intervenção judicial em sociedades anônimas privadas. No primeiro caso, trata-se de *ato político-administrativo*, eis que regido imediatamente pela Constituição (arts. 34 a 36); no segundo, de *ato societário-administrativo* (*v.g.*, Lei nº 11.101/2005; Lei nº 6.024/1974; Lei nº 12.529/2011). A intervenção em concessões desenvolve-se num ponto intermediário, nem tão político (submetido ao regime dos atos administrativos infralegais), nem tão societário (dirige-se a corrigir a execução de serviço público).

Está-se diante de *ato administrativo-societário*: *administrativo*, porque oriundo do exercício de competência pública privativa e indelegável, submetido a regime jurídico certo e determinado; *societário*, porque seu objeto é a atuação da sociedade comercial concessionária (a SPE), que experimentará as consequências práticas do ato interventivo (substituição dos diretores pelo interventor, prática de atos societários, acesso de terceiros a dados de gestão, etc.). A autonomia do concessionário é substituída provisoriamente pela autonomia do interventor – que, a fim de gerir autonomamente a concessão, necessitará assumir a gestão da SPE concessionária.

Nesse sentido, não poderia ser mais nítida a dicção do art. 2º, inc. III, da Lei nº 8.987/1995: ao indicar que existe a "delegação" administrativa e utilizar a expressão "por sua conta e risco", consolida a autonomia de gestão. Os bens e serviços são delegados ao concessionário, que os administra de modo autônomo. Não há hipótese de concessão de obra pública ou de serviço público (máxime as precedidas de obra) na qual o concessionário não esteja na posse dos bens públicos necessários à fiel execução do contrato nem com sua autonomia gerencial resguardada.

Na justa medida em que a autonomia de gestão é a regra-matriz, configurando direito subjetivo público da concessionária diante do concedente, a intervenção só pode ser compreendida na condição de mecanismo excepcionalíssimo (*exceptiones sunt strictissimae interpretationis*), a ser manejado pela autoridade competente, sempre em respeito à autonomia de gestão do contrato de concessão. Afinal, estamos diante de medida *restritiva de direitos subjetivos do concessionário.*

§116 A intervenção e o devido processo administrativo

O decreto interventivo é típico ato administrativo de urgência, acautelador do interesse público definido no contrato e cometido ao concessionário. Logo, o concedente "poderá intervir na concessão" por meio do exercício de competência privativa e discricionária. Privativa porque ninguém mais poderá cogitar de intervenção, eis que ela decorre de avaliação legislativamente atribuída ao concedente, com exclusividade.[5] Só ele pode impedir o exercício dos direitos legais e contratualmente assegurados ao concessionário.

Essa verificação decorre da conjugação dos clássicos elementos da oportunidade (se o momento e a ocasião são favoráveis à prática do ato) e da conveniência (a efetiva utilidade e vantagens decorrentes do ato). Logo, terceiros – como a entidade reguladora, os órgãos de controle externo, o Ministério Público e o Poder Judiciário – estão legalmente proibidos de decretar intervenção (se o fizerem, estaremos diante de erro grosseiro ou de dolo).

Daí também a importância da motivação do ato, que abaixo será mais bem examinada (§117). Porém, imediatamente após a prática do ato interventivo discricionário, surge o dever vinculado de instalar o devido processo administrativo (Lei nº 8.987/1995, art. 33).

O princípio do devido processo legal rege todas as funções desempenhadas pela Administração Pública (Constituição, art. 5º, inc. LIV). No mesmo sentido, a Lei nº 9.784/1999 consagra o respeito aos princípios da "ampla defesa", "contraditório" e "segurança jurídica" (art. 2º). A premissa é a de que, todo e qualquer ato que porventura possa, ainda que potencialmente, privar as pessoas de quaisquer de suas liberdades – inclusive a econômica e a de gestão autônoma de serviço público[6] – precisa ser submetido ao devido processo como condição de validade e eficácia.

---

[5] Carvalho Filho sustenta que se "a intervenção se faça por decreto do Chefe do Executivo da entidade concedente [...] O requisito importa modalidade de *competência especial*, visto que apenas um agente da Administração – o Chefe do Executivo – tem aptidão jurídica para decretar a intervenção". (*Manual de Direito Administrativo*. 35. ed., *op. cit.*, p. 394).

[6] Segundo Miguel Reale: "Esse preceito constitucional [art. 5º, LIV, CF] deve ser entendido no seu mais amplo sentido, seja na preservação, entre outras, da liberdade de iniciativa, quer do direito de auferir da aplicação de

Por conseguinte, o ato administrativo que pretenda subverter a autonomia de gestão do concessionário – inclusive por meio de intervenção – submete-se integralmente ao devido processo legal. Note-se que a intervenção suspende unilateralmente direitos estatutariamente assegurados ao concessionário – direito subjetivo garantido em lei e no contrato (v., acima, §70). Trata-se de ato administrativo que inibe o legítimo exercício da *liberdade de empresa* do concessionário, ao mesmo tempo em que se dirige a suspender os efeitos de *ato jurídico perfeito*. Logo, "em situações dessa ordem" – afirma Marçal Justen Filho – "sempre há enorme risco de que a atuação do poder concedente escape aos limites impostos por um Estado Democrático de Direito, o que impõe a observância completa e integral de todo o devido processo legal".[7]

Justamente devido à gravidade do ato interventivo, a decretação-surpresa é nula de pleno direito. Para que o ato possa ser praticado, exige-se a *prévia ciência do concessionário* quanto à existência de irregularidades, mediante procedimentos que colaborem na regularização dessas mesmas falhas. Antes de intervir, o concedente tem o dever de dialogar com o concessionário. Deve *notificá-lo* quanto aos termos das irregularidades verificadas na prestação dos serviços e lhe oportunizar a *manifestação* sobre as imputações ou mesmo a sua *regularização* (ou plano de ação imediata). Só então pode *decidir* motivadamente acerca da decretação (ou não) da intervenção, atento ao teste da proporcionalidade: a medida interventiva deve ser adequada (apta a atingir o objetivo pretendido: assegurar a adequada prestação do serviço e o fiel cumprimento das normas); necessária (proibição do excesso, em vista da garantia da menor ingerência possível) e proporcional em sentido estrito (a relação entre a restrição ao direito da autonomia de gestão e a realização dos direitos fundamentais que a medida visa a proteger).[8]

A intervenção sem audiência prévia do concessionário só será legalmente admissível em situações bastante excepcionais, de *grave urgência* e *perigo de dano irreversível*.[9] Isto é, somente na hipótese de inequívoco e iminente perigo de *lesões graves* ou de *difícil reparação*, decorrente de comprovada *falha contumaz* na prestação do serviço público, é que poderá o concedente *postergar a formação do contraditório* para depois da intervenção. Ainda assim, tais circunstâncias devem constar expressa e fundamentadamente do ato autorizador da intervenção, sob pena de nulidade absoluta.

Sublinhe-se que a 2ª Turma do STJ consolidou o entendimento de que a intervenção em contratos concessionários não exige o contraditório prévio.[10] O direito à ampla

---

seus bens a justa retribuição, visto como são proibidos tão somente os lucros arbitrários e que visem à dominação dos mercados (art. 173, §4º)". (A ordem econômica na Constituição de 1988. *In: Aplicações da Constituição de 1988*. São Paulo: Saraiva, 1990, p. 19). Ampliar em Moreira, Egon Bockmann. *Processo Administrativo*. 6. ed., *op. cit.*, p. 248-250.

7 *Teoria geral das concessões de serviço público, op. cit.*, p. 489.

8 Sobre a proporcionalidade, ampliar acima, §104-A.

9 Para Marçal Justen Filho, "nem por exceção o concedente poderá intervir na concessão sem prévia audiência do concessionário. Mesmo na hipótese de risco de danos irreparáveis, sempre será possível audiência prévia do interessado. O que seria possível cogitar seria a adoção de processo administrativo simplificado, em vista do risco de danos irreparáveis, em caso de emergência. Essa emergência deverá ser clara e estar plenamente demonstrada no ato de intervenção, sob pena de caracterização de desvio de poder. Mais ainda, toas essas razões deverão constar de processo administrativo prévio". (*Teoria geral das concessões de serviço público, op. cit.*, p. 489).

10 RMS nº 66.794, Min. Francisco Falcão, *DJe* 02.03.2022.

defesa, bem como a plena observância do devido processo legal ocorrem ao depois de efetivada a intervenção.

O dever positivado pelo art. 33 da Lei nº 8.987/1995, que determina a instalação, em trinta dias, de "procedimento para comprovar as causas determinantes da medida e apurar responsabilidades", nasce do ato de intervenção e se dirige a apurar a regularidade de sua instalação e desenvolvimento (art. 33, §1º). Como será abaixo aprofundado (v. §121), a sua conclusão, no prazo impostergável de até cento e oitenta dias, é condição de validade da intervenção (art. 33, §2º).

Nesse prazo, o processo administrativo presta-se ao exercício da ampla defesa do concessionário, com todos os meios de prova em direito admitidos. Aplica-se o entendimento do TRF4, no sentido de que o direito de defesa "não existe somente em relação às medidas de caráter punitivo; mas em relação a quaisquer gravames que afetem o patrimônio do súdito do Estado, *v.g.*, suspensão ou supressão de direitos".[11] Em outras palavras, deve-se possibilitar que o particular desempenhe *influência efetiva* na atividade decisória da Administração Pública, exercendo contraditório substancial, por meio do contraditório real.

§117 A intervenção e o dever de respeito à motivação

Como visto, a intervenção é ato administrativo por meio do qual o concedente, em situações de comprovada e intransponível excepcionalidade, afasta a direção da sociedade concessionária e passa a gerir o contrato de concessão. Ela pressupõe, portanto, o *direito à autonomia de gestão*: é justamente por que o concessionário tem garantida a sua esfera de administração empresarial do projeto concessionário que a lei autoriza a excepcional intervenção em tal direito subjetivo da pessoa concessionária.

Uma vez que o ato interventivo incide em liberdades oriundas da lei e do contrato, ele exige a *prévia, evidente e adequada fundamentação*, a fim de se comprovar a aplicabilidade da medida excepcional. A validade do ato depende de *motivação explícita, clara e congruente* (para nos valermos do art. 50, §1º, da Lei nº 9.784/1999).[12] Conforme anotam Arnoldo Wald, Luiza Rangel de Moraes e Alexandre de M. Wald, o ato interventivo "deve conter a justificação precisa das suas causas, sendo impositivo o preenchimento dos requisitos legais objetivos, prazo e indicação do interventor. A ausência de qualquer destes elementos ensejará a anulação do ato, em sede administrativa ou judicial, *ex officio* ou a requerimento da concessionária".[13]

No mesmo sentido, para Marçal Justen Filho "a intervenção deverá ser cumpridamente fundamentada e as razões devem ser dadas a público no mesmo momento da edição do ato. Será nulo o ato de intervenção se não especificar os motivos fundantes da decisão estatal. [...] Também será inválido o decreto que formular considerações genéricas e imprecisas, É o caso, por exemplo, de decreto que se refira apenas à 'existência de

[11] TRF4, Ag nº 2003.04.01.042848-4, Des. Vânia Hack de Almeida, *DJ* 22.03.2006.

[12] Para cada um dos casos, confira-se: Silva, José Afonso da. *Comentário contextual à Constituição*, 6. ed. São Paulo: Malheiros Editores, 2009, p. 324-329, e PEREIRA, Luiz Fernando Casagrande. *Medidas urgentes no direito societário*. São Paulo: RT, 2002.

[13] *Direito de parceria e a lei de concessões*. 2. ed., *op. cit.*, p. 405.

irregularidades'. Outro exemplo de insuficiências é a invocação à 'reiterada recusa do concessionário em atender às determinações do poder concedente', sem especificação das ocasiões em que tal teria se passado e o conteúdo específico de cada ocorrência. [...] É imprescindível a descrição do evento que exterioriza a inadequação do serviço e a atuação defeituosa do concessionário".[14]

Ou seja, em decretos de intervenção é imprescindível a enunciação da conduta efetivamente atribuída ao concessionário, seguida da correlação lógico-jurídica que submete a conduta descrita à hipótese normativa (desrespeito ao contrato, à regulação e/ou à lei). O concessionário não pode ser constrangido a tentar "adivinhar" de quais atos é acusado e, mais do que isso, ser instado a produzir "provas negativas" a respeito de condutas que não praticou.

Mas, atenção: tais motivos não se prestam exclusivamente à indispensável função de tornar pública a razão da intervenção e, assim, franquear o exercício da ampla defesa e do contraditório por parte do concessionário. Mais do que isso, têm dois efeitos vinculantes, dirigidos ao próprio concedente: (i) por um lado, constituem os motivos determinantes do ato interventivo (os motivos apresentados como fundamento vincula a validade do ato – v. §98, acima) e (ii) vincularão os atos do interventor e parametrizarão a sua conduta durante o afastamento da direção da concessionária (sob pena de desvio de finalidade). Isto é, a atividade do interventor não é uma *fishing expedition*: a ilícita procura especulativa de provas que possam justificar o ato interventivo (ou de outras "causas determinantes" – v. Lei nº 8.987/1995, art. 33, *caput*).

§118 A intervenção e o dever de respeito à sua finalidade típica

Não é qualquer irregularidade – ainda que grave ou séria – que autoriza o concedente a intervir na concessão. Nos termos do art. 32 da Lei nº 8.987/1995, a *finalidade* da intervenção resume-se a "assegurar a adequação na prestação do serviço, bem como o fiel cumprimento das normas contratuais, regulamentares e legais pertinentes". Tal dispositivo deve ser interpretado de maneira condizente com a natureza da concessão e o caráter excepcional do ato interventivo. Afinal, existem vários outros mecanismos especificamente desenhados para "assegurar a adequação na prestação do serviço" e/ou garantir "o fiel cumprimento das normas contratuais, regulamentares e legais pertinentes".

Por isso que, quando se fala na finalidade da intervenção, exige-se delimitação precisa de seu escopo. A gravidade e a excepcionalidade que marcam o ato interventivo justificam que a ordem jurídica lhe imponha *finalidade típica*: preservar as condições necessárias à prestação adequada do serviço público contra riscos iminentes. São exemplos de circunstâncias aptas a, em tese, exigir a intervenção do concedente o real e contínuo descumprimento grave do contrato oriundo da conduta do próprio concessionário (e não de eventos estranhos a ele), a gerar consequências intransponíveis e risco iminente à continuidade dos serviços, e/ou à segurança dos usuários e/ou ao meio ambiente,

[14] *Teoria geral das concessões de serviço público, op. cit.*, p. 490-491.

combinadas com a imperícia, imprudência ou negligência do concessionário a lidar com tais desafios.

A intervenção deve ser reservada a situações certas e flagrantemente graves, que requeiram a solução extrema de afastamento temporário do concessionário da operação do serviço. Intervenção sem a qual, comprovadamente, não haveria nem a "adequada prestação do serviço" tampouco o "fiel cumprimento das normas". Trata-se do último recurso a ser manejado, como sublinha Marçal Justen Filho, para quem a finalidade da intervenção "pode ser, então, a adoção de providências destinadas a assegurar a supressão de defeitos graves ou a implementação de medidas inovadoras, tudo voltado a assegurar a produção de um serviço público satisfatório. Mas devem ser indicadas, de modo preciso e exato, as finalidades da intervenção. Não cabe, no caso concreto, formular intervenção sem identificar e delimitar os fins a atingir".[15]

Reitere-se que esses fins previstos em lei são vinculantes à Administração Pública. A outorga da competência simultaneamente condiciona a atividade administrativa. Trata-se do que Seabra Fagundes denomina de "intenção legal" do ato: "os atos administrativos devem procurar atingir as consequências que a lei teve em vista quando autorizou a sua prática" [...] "não importa que a diferente finalidade com que tenha agido seja lícita. Mesmo moralizada e justa, o ato será invalido, por divergir da orientação legal".[16] O administrador público e o interventor se encontram atados às finalidades típicas do ato administrativo, que advêm da própria legislação (art. 32 da Lei nº 8.987/1995).

Daí que o manejo do instituto da intervenção para finalidade diversa daquela tipicamente prevista no ordenamento jurídico implica *desvio de finalidade* na atuação administrativa – ou seja, na nulidade do ato interventivo e responsabilização dos servidores (o que pratica o ato interventivo e os que lhe dão aplicação prática).

§119 A intervenção, o interventor e suas competências

Tão ou mais importantes que as preocupações quanto ao ato interventivo são aquelas relativas à pessoa do interventor e às competências que lhe são atribuídas. Este deve ser pessoa de reconhecida idoneidade e capacidade técnica que o torne apto a substituir o gestor da concessionária.

Note-se que a gestão de projetos concessionários é de elevada complexidade técnica. Também por isso é feita a delegação do serviço e assegurada a autonomia administrativa ao concessionário, que selecionará no mercado os melhores nomes disponíveis para a execução da tarefa. O que instala a correspondente assimetria de informações entre concedente e concessionário: este apenas compartilhará, no curso da execução contratual, os dados que sejam absolutamente obrigatórios, eis que não tem quaisquer estímulos a ir além disso, que legalmente não precisa (como em todas as sociedades empresariais).

Ao seu tempo, os relatórios e a fiscalização periódica não têm o condão de fornecer todos os dados, nem de habilitar o concedente a processar e interpretar o seu significado. Fato é que será a análise do conjunto de documentos, dados e informações, que habilitará o interventor a tomar decisões seguras relativas à linha de ação, ao processo e à conduta

---

15 *Teoria geral das concessões de serviço público, op. cit.*, p. 491.

16 *O contrôle dos atos administrativos pelo Poder Judiciário*. 4. ed., *op. cit.*, p. 79 e 81.

interventiva. Todavia, caso se esteja diante de situação drástica de efetivo descumprimento do contrato, ela instalará o incentivo para que as informações mais sensíveis não sejam inteiramente compartilhadas ao tempo e modo certos. O concessionário e os seus funcionários poderão negar a existência do problema e, uma vez descoberto, dificultar o acesso a dados que possam responsabilizá-los pessoalmente.

Por conseguinte, e apesar das dificuldades inerentes, o interventor a ser nomeado necessita ser pessoa habilitada a executar a tarefa. Podem servir de parâmetro os critérios legais para a nomeação de administradores em empresas públicas e sociedades de economia mista (Lei nº 13.3032016, art. 17) e aqueles para a nomeação da Lei Geral das Agências Reguladoras (Lei nº 13.848/2019). Ou seja, estamos a falar de reputação ilibada, formação universitária compatível, experiência e elevado conceito no campo de especialidade do cargo, bem como a vedação ao exercício de atividades sindicais e político-partidárias e àqueles indivíduos com potencial conflito de interesses. Afinal, o interventor "responderá pelos atos praticados durante a sua gestão" (Lei nº 8.987/1995, art. 34).

§120 A intervenção e o dever de respeito à LINDB

Como tantas vezes mencionado neste livro, a LINDB, sobretudo após a promulgação da Lei nº 13.655/2018, possui a condição de base da execução desta Lei nº 8.987/1995, de metanorma interpretativa, que parametriza o exercício das competências administrativas (inclusive quanto às prerrogativas). A atividade administrativa de licitar, contratar e dar fiel execução a contratos de concessão está normativamente pautada pela LINDB. Em outras palavras, a competência interventiva prevista no art. 32 tem o seu exercício integrado à LINDB.

Examinemos, muito rapidamente, algumas das mais relevantes previsões da LINDB que modulam o exercício das prerrogativas da Administração nos contratos administrativos, inclusive quanto à intervenção.[17] O art. 20 estatui proibição geral a provimentos administrativos, quaisquer que sejam, "com base em valores jurídicos abstratos [leia-se: princípios] sem que sejam consideradas as consequências práticas da decisão", sendo que a motivação de tais atos haverá de demonstrar "a necessidade e a adequação da medida imposta (...), inclusive em face das possíveis alternativas". Se e quando a Administração fundamentar sua decisão em princípios (inclusive quando do exercício das prerrogativas), haverá de cumprir tais requisitos. Não basta dizer que seu ato é "de interesse público", mas precisará expor motivadamente as alternativas decisórias e consequências daquela escolhida.

O art. 22 da LINDB determina o exame dos fatos – "os obstáculos e as dificuldades reais do gestor e das políticas públicas a seu cargo" – para a interpretação das normas sobre gestão pública. As sanções são pautadas pelos critérios estatuídos nos §§2º e 3º desse

---

[17] Sobre a LINDB, v. o livro de Carlos Ari Sundfeld (*Direito Administrativo:* o novo olhar da LINDB. Belo Horizonte: Fórum, 2022) e os comentários, artigo por artigo, na *Revista de Direito Administrativo* (*RDA*, Rio de Janeiro, FGV, Edição Especial – Direito Público na Lei de Introdução às Normas de Direito brasileiro – LINDB. Disponível em: http://bibliotecadigital.fgv.br/ojs/index.php/*rda*/issue/view/4255). V. também MARQUES NETO, Floriano de Azevedo; FREITAS, Rafael Véras de. *Comentários à Lei nº 13.655/2018 (Lei da Segurança para a Inovação Pública)*. Belo Horizonte: Fórum, 2019.

mesmo artigo 22. Isto é, aquela situação concreta objeto da atividade administrativa não pode ser dissociada de seu entorno factual, nem dos respectivos esforços e obstáculos enfrentados pelo agente: o dispositivo consagra o "primado da realidade"[18] – e assim devem ser interpretadas todas as normas, atos e contratos sobre gestão pública.

Ao seu tempo, o dever de respeito a regime de transição diante de "interpretação ou orientação nova sobre norma de conteúdo indeterminado", positivado no artigo 23 da LINDB, também pode repercutir no exercício das prerrogativas contratuais da Administração – seja para limitá-las seja para modulá-las cronologicamente.

O artigo 24 da LINDB é ainda mais relevante, eis que determina o respeito às práticas anteriores como critério de restrição ao exercício de competências revisoras da Administração contratante. Logo, se havia o costume administrativo – ou mesmo decisões de órgãos de controle – e essa pauta for posteriormente modificada, as práticas anteriores restringirão o exercício das prerrogativas contratuais da Administração.

Igualmente como critério que pautará o exercício das prerrogativas está o artigo 26 da LINDB, que faculta a celebração de "compromisso com os interessados" com o escopo de "eliminar irregularidade, incerteza jurídica ou situação contenciosa na aplicação do direito público". Ao invés de simplesmente vigiar e punir, é de todo indicado que a fiscalização se preste a aperfeiçoar a execução do contrato e gerar vantagens para as partes envolvidas (sempre pautadas pelo interesse público predefinido no edital).

De relevância equivalente são os artigos da LINDB 28, que limita a responsabilização dos agentes públicos a casos de "dolo ou erro grosseiro", e 30, que reforça o dever de prestígio à "segurança jurídica na aplicação das normas". Ambos os preceitos blindam a conduta dos agentes responsáveis pela fiscalização e têm como vetor o prestígio à segurança da boa execução do contato (e resposta às consultas, bem como respeito às boas práticas administrativas).

O breve exame de alguns dos preceitos da LINDB destina-se a chamar a atenção para o fato de que o princípio da legalidade delimitou com intensidade o exercício das prerrogativas da Administração, inclusive a radical intervenção em contratos de concessão.

§121 A intervenção e os seus prazos

A intervenção já nasce com prazo certo: não poderá, em circunstância alguma, ultrapassar os lapsos previstos em lei. Examinemos em minúcias os prazos da intervenção e os do respectivo processo administrativo.

A primeira peculiaridade analítica está na distinção entre o *prazo da intervenção* e o *prazo do processo administrativo da intervenção*. A Lei nº 8.987/1995 atribui ao poder concedente a definição do primeiro: trata-se de previsão expressa do parágrafo único do art. 32, indicando que é um dos conteúdos obrigatórios do decreto interventivo. Isso

[18] Nos comentários de Eduardo Jordão: "O *caput* e o parágrafo primeiro do art. 22 devem ser lidos conjuntamente. Ambos os dispositivos exigem a *contextualização* no manejo das normas de direito público, mas enquanto o primeiro foca na interpretação, mais genericamente, o segundo foca no controle. Nos dois casos, impõe-se a atenção às circunstâncias dos casos concretos, evitando-se que os enunciados normativos sejam lidos ou aplicados de forma indiferente a fatos ou condições relevantes" (Acabou o romance: reforço do pragmatismo no direito público brasileiro. *RDA*, Rio de Janeiro, FGV, Edição Especial – Direito Público na Lei de Introdução às Normas de Direito brasileiro – LINDB. Disponível em: http://bibliotecadigital.fgv.br/ojs/index.php/rda/issue/view/4255).

implica que o mandato do interventor terá prazo certo, ao final do qual se esvaziarão, *ipso facto*, todas as suas competências para praticar quaisquer atos na concessão. Ao lado deste prazo definido administrativamente, existem os prazos legais do processo administrativo apurador das "causas determinantes da medida e apurar responsabilidades" (art. 33, *caput*).

Inicialmente, é de se encarecer que os prazos da intervenção e o do processo podem ser idênticos, nada obstante devam ser conduzidos por pessoas diversas (o interventor não deve presidir o processo que comprove ou não as causas da medida e responsabilidades, eis que maculado pela parcialidade e potencial conflito de interesses), mas isso não é imprescindível. Por conseguinte, pode haver uma intervenção com trinta dias de prazo (regularizando o serviço ou mesmo instalando processo de extinção), cujo processo administrativo chegará a ato final mais de noventa dias depois. Logo, é de todo indicado as maiores cautelas para que essa assincronia, se ocorrer, não seja por demais acentuada.

Note-se que o *caput* do art. 33 determina que o prazo para a instalação do respectivo processo administrativo é de até trinta dias, a partir do momento em que for "declarada a intervenção". Porém, o que acontecerá se o processo não for instalado e a intervenção seguir seu curso, no prazo assinalado no decreto? Tenho que, caso seja instalado o processo no trigésimo primeiro dia, a intervenção já não mais existirá de direito – e a omissão é inconvalidável, eis que envolve condição de validade de ato limitador de direitos fundamentais da concessionária (liberdade de empresa, devido processo legal e ampla defesa). O concedente tem o dever vinculado de zelar pela manutenção da legalidade do ato interventivo.

O mesmo se diga se o processo não for concluído em até cento e oitenta dias: este prazo é improrrogável, eis que instala dever imediatamente legal, como expressamente preceitua o §2º do art. 33 da Lei nº 8.987/1995: a partir do centésimo octogésimo primeiro dia do processo administrativo, considera-se "inválida a intervenção".

§121-A A intervenção, sua extinção e consequências

Em termos básicos, a Lei nº 8.987/1995 prevê *duas formas de extinção* da intervenção e também *duas consequências* dela. A intervenção pode ser extinta (i) por ato, praticado pelo concedente, ou (ii) por um fato, que é o decurso de prazo. Possui como consequências: (i) a devolução da gestão contratual à concessionária ou (ii) a extinção do próprio contrato de concessão.

O ato extintivo do concedente quanto à intervenção pode ter por base quatro ordens de fatos: (i.a) a efetiva resolução dos problemas da concessão e a prevenção para que não mais ocorram; (i.b) a constatação de que eles não existiam (ou não demandavam o ato interventivo); (i.c) a decretação de nulidade do ato interventivo (imagine-se a intervenção praticada pelo vice-prefeito quando das férias ou do afastamento indevido do titular, que reassume o cargo e anula o abuso); (i.d) a prova de que a gestão pela concessionária é imprestável, danosa ao projeto concessionário, e exige, a depender das provas coligidas, a aplicação do art. 35 da Lei nº 8.987/1995 (encampação ou caducidade ou anulação). O fato extintivo do decurso de prazo opera por si só e implica que o concedente decaiu do exercício de sua competência.

Caso os fatos que deram origem à intervenção não tenham sido provados ou sejam passíveis de resolução pelo próprio concessionário, ou mesmo se a intervenção for decretada nula, a consequência é a imediata devolução da gestão do contrato à sociedade concessionária, com todas as garantias preservadas e intactas. A devolução da administração deverá ser acompanhada de processo administrativo que apure responsabilidades pelo ato interventivo, bem como por todos os praticados pelo interventor. Inclusive, poderá ser instalado processo de indenização, a abranger danos morais (STJ, Súmula nº 227), e de apuração de reequilíbrio econômico-financeiro.

A consequência "extinção da concessão" é a mais sensível de todas, eis que importará o reconhecimento de que o projeto concessionário traz prejuízos ao interesse público tornado concreto pelo contrato de concessão. Mas ela não poderá implicar a quebra da continuidade na prestação do serviço público. Logo, a aplicação de qualquer uma das formas de extinção autorizada deverá estar bastante atenta ao prazo da intervenção, do mandato do interventor e do processo administrativo interventivo.

Mesmo porque o ato extintivo há de implicar o início de outro processo administrativo, relativo à extinção da concessão. Exceção feita ao advento do termo contratual (um fato), a extinção não opera instantaneamente, mas todas as suas formas requerem atos específicos, que justifiquem a instalação dos respectivos processos administrativos de encampação, caducidade ou anulação, cada qual com suas peculiaridades (Lei nº 8.987/1995, art. 35 e incs. II, III e IV).

A EXTINÇÃO DA CONCESSÃO

§122 O ciclo de vida dos contratos de concessão: a importância da extinção

Os contratos de concessão envolvem a transferência, por prazo certo, da gestão de bens e serviços públicos para pessoas privadas. Não se dá uma privatização substancial, em que o acervo patrimonial deixa o domínio público em caminho sem volta ao setor privado de bens e fatores de produção, mas mera privatização formal e temporária, na qual sempre persistirá a titularidade pública dos bens e serviços (v., acima, §3). Em tese, para que determinados bens e serviços cuja titularidade pública advém da Constituição possam se submeter a modificação subjetiva permanente, necessário se faz emendas constitucionais que assim o autorizem. Enquanto persistir a titularidade pública, positivada na Constituição, a prestação poderá ser feita diretamente ou por meio de pactos de autorização, concessão e permissão – os quais sempre terão começo, meio e fim.

Considerações à parte o planejamento estratégico da concessão, fato é que o início do ciclo de vida contratual dá-se quando de sua assinatura. A proclamação do resultado da licitação, que atribui à proposta objetivamente mais vantajosa a condição de vencedora, faz com que o sujeito que a apresentou se habilite a assinar o contrato e, simultaneamente, assumir o *status* de concessionário de serviço público (v., acima, §§68 e 69). O negócio jurídico-concessionário nasce, *inter partes*, com o lançamento das assinaturas oficiais no documento contratual. Perante terceiros, ele será desde então válido, e os seus efeitos terão início quando da efetiva posse e desenvolvimento, por parte do concessionário, dos bens e serviços.

Mas tão ou até mais importante que a elaboração do edital, assinatura do contrato e respectiva execução é a extinção da concessão. Usualmente, isso ocorrerá em data certa e previamente conhecida desde que o edital é lançado. Por isso que as partes precisam, desde o primeiro momento contratual, envidar os melhores esforços para diminuir os custos e conflitos da saída do concessionário e correlata retomada dos bens e serviços pelo concedente. Isso por vários motivos, todos unidos pela importância que se deve dar à continuidade dos serviços públicos.

Caso as partes não planejem adequadamente a extinção do contrato, instalarão custos extraordinários, a ser arcados ou pelos acionistas da atual concessionária, pelos futuros usuários, ou mesmo pelos contribuintes. Afinal, desde o primeiro momento, as partes sabem que será inevitável o fim do contrato – e que dele podem surgir conflitos de interesse. Se é certo que poderá haver bens reversíveis e que deverão ser resolvidas todas as pendências relativas à amortização e ao equilíbrio econômico financeiro, o mais indicado é que as partes desenvolvam, ativa e antecipadamente, ações positivas visando a sanar as controvérsias e resolver consensualmente como se dará o encerramento do contrato (v., adiante, §129). É sempre mais fácil negociar em momentos de boa execução contratual do que em sua finalização, quando o concedente está mais preocupado com a futura contratação e o concessionário em minorar as despesas finais (e angariar ganhos extraordinários). Momentos de *stress*, sem perspectiva de continuidade no relacionamento entre as partes, tendem a instalar custos de transação desproporcionais e mesmo condutas oportunistas.

Por exemplo, é mais eficiente que as partes ajustem antecipadamente o calendário e critérios técnicos das medidas relativas à apuração dos bens reversíveis, equilíbrio econômico-financeiro e respectivos créditos e débitos. Nada impede que isso seja feito desde o edital, ou em termo aditivo firmado no último ano do contrato, por meio de negócio jurídico-processual que decida o rito a ser adotado, de modo automático, pelas partes. Igualmente, é de todo indicado que o contrato defina, desde o início ou por meio de termo aditivo, os degraus e prazos da negociação: autônoma, inicialmente sem e depois com mediação; heterônoma, por meio de comitês de solução de disputas e mesmo a arbitragem dos tópicos que não lograram êxito na consensualidade. Expor claramente o prazo e modo de solução adequada desde o início constitui enorme vantagem, para ambas as partes e, em especial, para a segurança jurídica.[1]

§123 As categorias de extinção contratual

A execução do contrato se desenvolverá e terminará (ou não) por meio de evento formal e aprazado, que pode se dar sob três categorias, que chamarei de: (i) *extinção precisa*; (ii) *extinção prorrogada* e (iii) *extinção antecipada*. Estas categorias abrangem o rol consignado no art. 35, c/c art. 23, inc. XII, da Lei nº 8.987/1995. A "precisa" é aquela extinção rigorosamente pontual, que opera exatamente quando do "advento do termo contratual" (art. 35, inc. I); a "prorrogada" significa o alargamento do prazo original, que lança a extinção ao tempo futuro (v., acima, §§25 e 25-A), e a "antecipada", a que adianta o termo final, a acolher as alternativas de relicitação, encampação, caducidade, rescisão, anulação, falência ou extinção da empresa concessionária e falecimento ou incapacidade do titular, tal como previstas nos incisos II a IV do art. 35.

No primeiro caso, a *extinção* acontece automaticamente no *preciso instante* após o último momento do último dia do prazo. Não depende da vontade das partes e se incide mesmo diante do silêncio delas. Esse fato jurídico – o transcurso do tempo – opera todos os efeitos jurídicos necessários e suficientes ao retorno das partes ao *status quo*

[1] Sobre os vários métodos de solução adequada de conflitos em contratos administrativos, v. CUÉLLAR, Leila; Moreira, Egon Bockmann; GARCIA, Flávio Amaral; CRUZ, Elisa Schmidlin. *Direito Administrativo e Alternative Dispute Resolution*. 2. ed., *op. cit.*, *passim*; MOREIRA, Egon Bockmann; GARCIA, Flávio Amaral. *Contratos Administrativos na Lei de Licitações*, *cit.*, p. 462-499.

ante: o concedente deixa de ostentar a competência tornada específica pelo contrato; o concessionário volta a ser uma pessoa de direito privado como todas as outras; os usuários e terceiros passam a se relacionar com outro(s) sujeito(s) no polo ativo dos inúmeros contratos de prestação de serviços. As relações jurídicas prestacionais, relativas aos bens e serviços públicos, deixam de existir tal como previstas no contrato. Poderá haver outros vínculos jurídicos intersubjetivos a envolver as partes do contrato, usuários e terceiros, mas com natureza e regime jurídico absolutamente distintos dos da concessão. Esta extinguir-se-á naturalmente, *ipso facto*, se e quando o tempo chegar. A Lei nº 8.987/1995 denomina esta subespécie de "advento do termo contratual" (art. 35, inc. I) e define a maioria dos seus efeitos (§§1º a 4º do art. 35).

Logo, essa é a hipótese mais simples de extinção: a operada pelo advento do termo final do contrato, com o que se cumpre o prazo previamente definido. É causa de "extinção automática" (ou "caducidade automática"). Como tem prazo certo desde o seu nascimento, o contrato de concessão caduca quando de seu *dies ad quem*. O negócio jurídico que constituiu concedente e concessionário deixa de existir, com a correspondente *desconstituição* dos títulos jurídicos atributivos. Os bens reversíveis retornam ao poder público (mediante prévia indenização daqueles não amortizados), que assume sua gestão e dos respectivos serviços. Porém, pode haver outras formas – extraordinárias – de extinção do negócio jurídico original.

Na segunda categoria, a da *extinção prorrogada*, existem as seguintes subespécies, que denominarei de *prorrogação antecipada* e *prorrogação tempestiva*. Na primeira, decide-se o adiamento em momento ainda distante do fim do contrato (como na troca de novos investimentos por prazo – v., acima, §25-A); na segunda, isso se dá no momento certo, intransponível, porque às vésperas do termo final, e pode ser discricionária ou corretiva/vinculada (v. §25). Em ambos os casos, o que as partes negociam é a prolongação da data final do contrato. Assim, por ato de vontade celebram termo aditivo que procrastina o *status quo* do concedente, concessionário, e o relacionamento de ambos, nessa exata condição, com usuários e terceiros. Exceção feita a novas obrigações contratadas, o contrato persiste sendo exatamente o mesmo: a única coisa que efetivamente se altera é a data do seu término. Ele não acabará naquela anunciada pelo edital, mas sim no dia que as partes escolheram em sua negociação. Mas, atenção: só se prorroga o que ainda existe – no dia seguinte à data final, o fato jurídico "tempo" já operou todos os seus efeitos e nada mais há a ser prorrogado.

A terceira categoria, a da *extinção antecipada*, acolhe três subespécies: (i) unilateral, no modo discricionário; (ii) unilateral, no modo sancionatório; e (iii) consensual. A encampação é modo de extinção unilateral e discricionária; ao passo que a caducidade, a anulação e aquela advinda da falência ou extinção da empresa concessionária e falecimento ou incapacidade do titular são extinções unilaterais vinculadas. Por fim, a consensual se dá nos casos de rescisão amigável (que pode, ou não, incluir a relicitação – v., acima, §25-A).

Os casos definidos no art. 35 da Lei nº 8.987/1995 são de iniciativa do concedente (salvo a rescisão, em que o sujeito ativo é o concessionário). Ele pode ser provocado a tal pelo concessionário ou por terceiros, como os órgãos de controle, o Ministério Público e o Poder Judiciário. Porém, existe aqui *reserva de administração* quanto à iniciativa (e responsabilização derivada, inclusive em decorrência da omissão em fazer o que é devido). A única hipótese que a Lei Geral de Concessões atribui iniciativa privativa ao concessionário está no anti-isonômico art. 37, que exige o exercício do direito de ação para que o contrato seja rescindido por "descumprimento das normas contratuais pelo concedente". Como será visto adiante (§217), essa limitação precisa ser interpretada *cum grano salis*.

Inauguremos com a encampação a análise de cada uma das modalidades de extinção do contrato.

§124 Encampação: conceito e lógica

Como lecionam Pedro Costa Gonçalves e Licínio Lopes Martins, "a concessão é, em qualquer caso, um acto de que a Administração se serve no quadro da prossecução dos interesses públicos que está incumbida. Pelo que, havendo alterações neste interesse – seja porque a concessão já não serve os fins que se pretendia alcançar, seja porque se entende que a sua manutenção perturba a realização do interesse público – a Administração poderá fazer uso dos poderes que lhe são (ou devem ser) próprios, enquanto poderes que lhe conferem a posição de garante do interesse público".[2] Tais poderes públicos não precisam ser agitados de forma agressiva e unilateral, mas devem priorizar as soluções consensuais e respectivos métodos adequados – inclusive, no caso brasileiro mais recente, por meio de prorrogações antecipadas, relicitações, transferência de poder de controle e *step-in-rights*. Porém, e ainda assim, pode haver atos unilaterais – como a encampação.

A encampação consubstancia típica escolha de política pública, própria de contratos concessionários.[3] Não é aplicação de penalidade nem tem como causa necessária a má-prestação do serviço, mas significa o (re)posicionamento do Estado naquele setor econômico. Lastreado em motivos técnicos, ou mesmo puramente políticos, a Administração central do concedente decide alterar a forma de implementar a política pública definida no contrato de concessão. Prefere que o Estado o faça, nacionalizando a prestação do serviço via concessão (que deixará de existir enquanto tal). É o caminho inverso da desestatização formal: trata-se da reestatização, eis que devolve o serviço sob gestão privada para a administração/controle do Estado (v., acima, §§1 a 4). Uma vez que já não é mais de interesse público que os bens e serviços sejam geridos e prestados por pessoa privada, o concedente opta por retomá-los da sociedade concessionária (mediante justa compensação). Em suma, ela reorganiza a administração do serviço público.

Encampação – ou "resgate" ou "retomada" – é a operação jurídica por meio da qual o poder concedente, durante o prazo do contrato, exige do concessionário que lhe seja restituído o serviço, suas instalações e bens próprios à execução. Como acentua Ruy

---

2 Os serviços públicos económicos e a concessão no Estado Regulador. *In:* Moreira, Vital (org.). *Estudos de regulação pública – I, op. cit.*, p. 229.

3 Em erudito artigo publicado em 1950, Paulo Brossard traça histórico do instituto, seu conceito e respectivas peculiaridades (Resgate ou encampação. *Revista de Direito Administrativo – RDA*, Rio de Janeiro, Renovar, 19/409-417. Disponível em: https://bibliotecadigital.fgv.br/ojs/index.php/*rda*/article/view/11433).

Cirne Lima, o conteúdo da encampação é informado por dois propósitos principais: "a revogação, pela administração concedente, da concessão mesma" e "a aquisição, pela administração concedente, do acervo de bens, aplicados pelo concessionário à execução do serviço".[4] Preste-se bem atenção nesse último propósito: quem encampa adquire bens que não lhe pertencem – por isso, deve indenizar o seu proprietário dessa expropriação, bem como apurar os lucros que adviriam do uso desses mesmos bens (e foram cessados pela encampação).

A encampação dirige-se a contratos perfeitos, válidos e eficazes. O decreto de retomada exterioriza ato discricionário que, antes do advento do termo final, decide ser de necessidade e utilidade públicas que seja posto fim ao contrato de concessão, com o automático retorno do serviço público, e respectivos bens, ao titular do serviço. Essa avocação do serviço público concedido deve ser antecedida de ressarcimento indenizatório ao concessionário, eis que a encampação só gera efeitos *ex nunc*. Assim, ela dirige-se a contratos em curso de execução, desde que válidos. Não é punitiva ou repressiva, o que impede de ser realizada como forma de punir concessões que porventura padeçam de irregularidades (cuja solução é a aplicação de multas, a intervenção ou a caducidade). Caso a encampação tenha por lastro a má-prestação do serviço, ou o descumprimento às normas legais, regulamentares e/ou contratuais, incidirá em desvio de finalidade. O mesmo se diga caso destine-se a promover nova licitação.

Ela tem por motivação sérios e explícitos motivos de política pública. Daí a necessidade de o concedente requerer autorização legislativa específica para trazer de volta para si a execução dos serviços objeto de contrato de concessão. Em decorrência dessa política pública definida pelo Executivo, o Poder Legislativo emana *lei de efeitos concretos*, sem as tradicionais características da generalidade e abstração, autorizando a encampação. Trata-se de diploma oriundo do Legislativo, mas que tem por objeto *uma e somente uma* autorização em face de *um e somente um* contrato de concessão. Ou seja, haverá a necessidade de uma lei-medida, aquela que "é lei apenas em sentido formal, é lei que não é norma jurídica dotada de generalidade e abstração".[5]

Como a lei autorizadora da encampação se destina a possibilitar a reorganização de bens e serviços de titularidade do Estado (e gestão da Administração Pública), ela é de iniciativa privativa do Chefe do Executivo. Trata-se de lei que disporá sobre a "organização administrativa" e "serviços públicos", daí a reserva constitucional (Constituição, art. 61, §1º, inc. II, "b"). O Poder Executivo precisa encaminhar ao Legislativo o projeto de lei-medida, com a justificativa da encampação e demonstração de capacidade orçamentária, a fim de que a sua prática futura seja autorizada.

Guardadas as devidas proporções, a lógica da encampação aproxima-se daquela da desapropriação: os bens e serviços sob gestão privada ingressam compulsoriamente no domínio público, por meio de específico ato expropriatório que, ao pôr fim ao contrato, extingue as prestações devidas e encerra os direitos reais que o concessionário detinha sobre os bens públicos (v., acima, §27). Trata-se, portanto, de expropriação qualificada,

---

[4] *Pareceres (Direito Público).* Porto Alegre: Sulina, 1963, p. 171.

[5] STF, ADI nº 3.573, Tribunal Pleno, Min. Eros Grau. *DJ* 19.12.2006.

eis que sua incidência se dá em apenas casos especiais, tal como tipificados em lei.[6] Tal como na desapropriação, ao concessionário não cabe opor-se ao mérito da decisão de encampar, cuja essência é inquestionável, mas pode impugnar os seus pressupostos, o devido processo legal e, sobretudo, o valor da indenização a ser paga. A encampação suprime o exercício de direitos fundamentais da pessoa privada: afeta a liberdade de empresa, o direito de propriedade e o princípio da segurança jurídica (sob o aspecto objetivo do ato jurídico perfeito e sob o ângulo subjetivo da confiança legítima). Por isso também deve obediência à proporcionalidade, em suas três máximas (adequação, necessidade e proporcionalidade em sentido estrito – v., acima, §104-A).

Porém, e atenção: de usual a ampla gama dos bens são inexoravelmente públicos (rodovias, estações do metrô, sinal radioelétrico, instalações na zona portuária, tubulação de água e esgotamento sanitário etc.), assim como a integralidade dos serviços concedidos. Aqui, a encampação paradoxalmente se afasta e se aproxima da desapropriação, eis que são retomados os bens e os serviços públicos que estavam na posse do concessionário, e também os bens privados, materiais e imateriais, úteis e necessários à gestão do projeto concessionário. Exemplificando: numa concessão rodoviária, comparem-se os trechos das rodovias aos prédios dos serviços administrativos da concessionária; numa concessão ferroviária, os trilhos que formam as vias férreas *versus* os veículos de transporte dos funcionários da concessionária – e, em ambos os casos, os programas de tecnologia de informação que permitem a prestação do serviço. Igualmente, o bem imaterial "serviço público" abandona o "fundo de comércio" do concessionário – que, ao seu tempo, deixará de existir, eis que seu "propósito específico" será compulsoriamente extraído da SPE (v., acima, §104). Como já foi examinado ao tratar da amortização (acima, §31), e será visto quando do exame do conceito de bens reversíveis (v., adiante, §128), os efeitos dessa dissociação são de suma importância.

Também relevante é o fato de que a encampação não pode implicar a quebra na continuidade da prestação dos serviços públicos aos usuários, tampouco que os bens públicos sejam largados ao abandono. Igualmente, não se pode pretender que o poder concedente tenha a competência para, simultaneamente, encampar e exigir/determinar que o ex-concessionário persista a gerir o serviço público. O ato de política pública que exige a preservação dos serviços e dos bens, em vista da necessidade coletiva que eles representam, é de exclusiva responsabilidade do poder concedente. Essa é a finalidade da encampação: resgatar para que o Estado de imediato preste o serviço público, de modo adequado.

Em decorrência de sua razão de ser, a encampação não se aplica a casos de esvaziamento do serviço público. Ou seja, se porventura a situação factual comprovadamente for a de que o serviço público deixou de fazer sentido, pode-se cogitar de extinção

---

6 Aqui cabe o alerta de que, com essa analogia, não se está a ressuscitar as técnicas de nacionalização de meados do século XX, quando se distinguia a encampação da desapropriação das ações da concessionária. Então, a encampação derivava sobretudo de cláusula contratual expressa, e a desapropriação, dos poderes da Administração. Como Themístocles Cavalcanti, com lastro também em Georges Vedel, consignou em acórdão do STF: "Mas, no caso em apreço, não se trata de encampação, mas de desapropriação do capital que envolveu as ações de que eram portadores seus acionistas, entre os quais os recorrentes. [...] É uma técnica nova, que dispensa estipulação contratual, porque é um direito, não só do poder concedente, mas do próprio Estado, como ocorreu no caso Banco Hipotecário de Minas Gerais e tem sobre a encampação, nos casos de concessão, a vantagem de manter a continuidade da empresa". (RE nº 65.646, Tribunal Pleno, Min. Themístocles Cavalcanti, *DJ* 29.11.1968).

ponha fim ao contrato e à prestação em si mesma.[7] Imagine-se uma concessão antiga daqueles serviços de comunicações escritas denominados de telex (que prevaleceram até o crepúsculo do século XX), porventura ainda em vigor em tempos de internet, e-mail e WhatsApp. Em tese, nada impede que esse serviço, hoje inútil, seja desativado.

Em determinadas hipóteses, é válido que o contrato estabeleça prazo mínimo antes de a cláusula de encampação ter eficácia, criando termo inicial ou condição para a sua incidência – ou, como menciona Cirne Lima, um "prazo de garantia".[8] O negócio jurídico celebrado entre concedente e concessionário tem plena e integral validade, mas algumas de suas cláusulas podem ser submetidas a condições ou termos, bloqueando o exercício da competência administrativa de encampar. Tal como no caso da autorização para cobrança da tarifa condicionada à execução de obras iniciais, a possibilidade de a encampação existir pode ser subordinada a tempo mínimo, sem o qual o investimento não pode sequer ser cogitado.

Note-se que a encampação é ato excepcional e deve respeito ao *direito adquirido* do concessionário, como de há muito sublinhou Seabra Fagundes: "nos contratos de concessão de serviço público o prazo de duração se constitui, para o concessionário, em direito adquirido. Sim, porque sendo peculiar às concessões a efetivação de vultosos investimentos dos concedentes, a serem amortizados pela receita dos recursos tarifários, ao correr de longos prazos de exploração, tem-se por imprescindível, em corolário, o respeito a esses prazos".[9] Logo, a indenização pelo rompimento desse direito adquirido é assunto primordial na encampação.

Igualmente, a encampação deve trazer consigo medidas que assegurem a continuidade na prestação do serviço outrora concedido. Por isso que Cirne Lima defendeu a existência do direito subjetivo público do concedente, cujo conteúdo é "o poder exigir o Estado, à empresa concessionária, que não levante, esta, – revogada a concessão, – os bens aplicados à execução do serviço concedido, para destiná-los a fim ou fins diversos".[10] Em contrapartida, esse despojamento implica o dever de o concedente pagar antecipadamente pelos bens de que se apodera – compensação tempestiva e justa, que abranja os bens não amortizados, lucros cessantes e danos emergentes.

§125 Encampação: cinco requisitos de validade

A encampação possui cinco requisitos de validade: (i) a existência de um *contrato de concessão válido e eficaz*; (ii) a *competência da autoridade* que pratica o ato; (iii) a *transparência e motivação* do interesse público que a justifica, bem como das *consequências* do ato; (iv) a *lei de efeitos concretos* que a autorize, e (v) o pagamento da *prévia indenização*. Tais requisitos são literais do art. 37 da Lei nº 8.987/1995, c/c a LINDB, e merecem ser analisados individualmente.

---

[7] Fernando Vernalha Guimarães trata da "extinção pelo desaparecimento superveniente do objeto do contrato de concessão", que suprimiria a exequibilidade jurídica do contrato (*Concessão de serviço público*. 2. ed., *op. cit.* p. 366).

[8] *Pareceres (Direito Público), op. cit.*, p. 174.

[9] Da encampação nas concessões de serviço público. *Revista de Direito Público –RDP*, São Paulo, RT, 74/42-43, abr./jun. 1985.

[10] *Pareceres (Direito Público), op. cit.*, p. 180.

O *primeiro requisito* poderia ser denominado de pressuposto lógico de existência da encampação, eis que só se pode retomar o concedido. Trata-se de requisito objetivo: nos limites do preceituado na Lei nº 8.987/1995, não se pode praticar o ato em razão de qualquer outro contrato que não aquele de concessão que esteja em vigor e tenha sido celebrado segundo os termos da lei. Ou seja, é inviável encampar contratos irregulares ou inválidos – como, por exemplo, uma concessão originalmente não precedida de licitação ou um pseudocontrato concessionário informal, ou mesmo um contrato de concessão que tenha experimentado o seu termo final. A encampação destina-se, precipuamente, à retomada do serviço que esteja sob regular gestão do concessionário privado. Contratos que não sejam de concessão, assim como os inválidos ou extintos, não constituem causa habilitadora para a prática do ato de encampar (v., adiante, a anulação no §127).

Por exemplo, não cabe a encampação de serviços públicos não privativos (inexiste contrato de concessão), como já decidiu o TRF4: "O serviço de saúde, assim como educação e assistência social, é um serviço público não privativo, simplesmente autorizado a entidades privadas, não se tratando de um serviço concedido, de modo que não pode ser encampado pela União".[11]

O *segundo requisito* é subjetivo e se dirige a comprovar que a autoridade administrativa dispõe de título jurídico que a habilite a efetivar a encampação. Só é competente quem a lei define como tal, sobretudo em casos como a encampação, que implica a quebra do contrato conjugada com a supressão do exercício de direitos fundamentais da sociedade concessionária. Quem pode encampar é o titular do serviço. Ou seja, só aquelas pessoas que ostentam o *status* normativo de poder concedente (aprofundar acima, nos §§15 a 18), constatação que instala especiais desafios nos casos de convênios de delegação e de consórcios públicos (além de outras figuras plurifederativas). Afinal, não é apenas a posição contratual que autoriza a encampação, mas o que está por detrás dela: a titularidade dos bens e serviços que foram contratualmente delegados à pessoa privada.

Por exemplo, caso bens e serviços federais sejam delegados a Estado-membro por meio de convênios de delegação (acima, §17), exatamente a fim de que seja celebrado o contrato de concessão, o ente subnacional não poderá retomar bens e serviços que não lhe pertencem. Mais: o conveniado-delegado estadual está juridicamente impedido de avaliar o reposicionamento político-administrativo do conveniado-delegante federal, e transformar a participação privada em serviços públicos federais na respectiva estadualização. Se litígios houver, a participação de todos os entes conveniados é indispensável. Em caso de delegação de rodovias federais para compor, juntamente com trechos rodoviários estaduais, contratos de concessão, o STJ já decidiu que o processo deve contar com a participação da União: "1. A União é parte legítima para figurar na lide em que se objetiva invalidar decreto estadual de encampação, tendo em conta a existência de contrato pelo qual se concedeu a exploração e administração de rodovia federal delegada a Estado-membro da Federação. 2. A legitimidade da União decorre do contrato celebrado por ela, por meio do DNER, sucedido pelo DNIT, e pelo Estado do Paraná, que tem por objetivo delegar a administração e exploração de trechos de

[11] TRF4, AC nº 5001271-61.2016.4.04.7109, 4. Turma, Des. Luís Alberto Aurvalle, j. 21.02.2018.

rodovias federais, fato determinante para que seja afirmado o interesse da União na causa".[12]

O *terceiro requisito* decorre sobretudo da aplicação do art. 20 da LINDB ("não se decidirá com base em valores jurídicos abstratos sem que sejam consideradas as consequências da decisão"). Onde o art. 37 da Lei nº 8.987/1995 escreve "motivo de interesse público", o poder concedente deve ler: "apresentados ativamente os motivos de fato, as razões de direito, e respectivo nexo causal, que comprovem a existência de um interesse qualificado como público". Isto é, o princípio da legalidade não proíbe que se utilizem valores jurídicos abstratos como a expressão "interesse público", desde que adequadamente motivados e expostas as consequências da decisão, a demonstrar "a necessidade e a adequação da medida imposta (...), inclusive em face das possíveis alternativas" (LINDB, art. 20, parágrafo único).

Isto é, não basta "motivar" a decisão de encampar com referência a conceitos jurídicos indeterminados ("interesse público", "razoabilidade", "liberdade", etc.), sem os correlacionar a elementos reais do caso concreto, estampando a causalidade adequada. É necessário levar em consideração no processo decisório, dentre as múltiplas possibilidades existentes, suas premissas e repercussões no plano dos fatos.[13] Como Marçal Justen Filho já havia advertido, mesmo antes da edição da LINDB: "É inviável resolver a questão por meio de afirmações tais como 'essa concessão é inconveniente para realizar o interesse público'. Essa fórmula verbal nada exterioriza. É vazia e identifica-se com a prática de ato arbitrário. (...) Significa que a avaliação da conveniência da encampação tem de ser feita em face do interesse público concreto. É imperioso identificar, concretamente, como a manutenção da concessão infringiria o interesse público. Deve definir-se qual faceta do interesse público é frustrada por meio daquela concessão específica".[14] Essa avaliação concreta pressupõe, entre outras providências prévias e submetidas à *publicidade* e ao *devido processo legal*, o exame da necessidade e das alternativas disponíveis, bem como a *apuração do custo* envolvido na encampação (a indenização devida ao concessionário e a receita adicional necessária para a futura prestação direta dos serviços).

Sublinhe-se que o motivo apresentado é autovinculante ao concedente. Constitui o motivo determinante do ato (v., acima, §98), devendo ser veraz e fidedigno. O ato é discricionário, mas não arbitrário. "Registre-se, no entanto – anota Carvalho Filho –, por oportuno, que, embora esses fatores sejam próprios da avaliação dos administradores públicos, eles estão vinculados à sua veracidade. Em outras palavras, se o concedente encampa o serviço sob a alegação do motivo A, fica vinculado à efetiva existência desse motivo; se inexistente o motivo alegado, o ato de encampação é írrito e nulo."[15]

O *quarto requisito* está na já mencionada edição de lei prévia, com específica e certa autorização do ato administrativo de encampar (v., acima, §124), e seus efeitos. O

---

[12] REsp nº 887.704, 2. Turma, Min. Castro Meira, *DJ* 24.09.2007.

[13] Cf. MENDONÇA, José Vicente Santos de. Art. 21 da LINDB. Indicando consequências e regularizando atos e negócios. *Revista de Direito Administrativo – RDA*, Rio de Janeiro, Edição Especial: Direito Público na Lei de Introdução às Normas de Direito brasileiro – LINDB (Lei nº. 13.655/2018), p. 43-61, nov. 2018.

[14] *Teoria geral das concessões de serviço público, op. cit.*, p. 583. No mesmo sentido, Guimarães, Fernando Vernalha. Concessão de Serviço Público. 2. ed., *op. cit.*, p. 353.

[15] *Manual de Direito Administrativo*. 35. ed., *op. cit.*, p. 400.

que instala o compartilhamento de responsabilidades: a lei autoriza, mas não opera a encampação; ao passo que o ato do poder concedente não é obrigatório – ele é apenas autorizado a fazê-lo (quem autoriza não ordena, mas apenas permite). Incide o *princípio da reserva de administração*, por meio do qual se preserva o núcleo duro decisório do Poder Executivo, signatário do contrato que é.[16] Este espaço normativo/executivo é privativo da atividade normal, inabdicável, da pessoa administrativa a quem foi imputada a execução do serviço e que havia tomado a decisão originária de delegar por meio de concessão. Por conseguinte, a lei antecede o ato e o circunscreve, mas não tem o condão nem de efetivar a encampação nem de instalar o dever de fazer e/ou colocar em mora o concedente.

Na lição de Marçal Justen Filho, o Poder Executivo não dispõe de competência "para, isoladamente, promover a retomada, quando fundada em uma avaliação de conveniência".[17] Por isso que a lei autorizadora não pode ser abstrata, a permitir quaisquer encampações futuras e incertas. Ao contrário, a autorização legislativa precisa ter em vista a situação específica, concreta e determinada, que permita desde logo a avaliação objetiva do interesse público posto em jogo (e respectivas consequências do ato). Caso contrário, haverá mera delegação incondicional ao Poder Executivo para decidir (com a possibilidade de literalmente chantagear o concessionário), a frustrar a previsão do art. 37 da Lei Geral de Concessões.

O *quinto requisito* é o dever de a encampação só ser efetivada "após prévio pagamento". Este dispositivo do art. 37 da Lei nº 8.987/1995 é típica norma geral das concessões, que dá aplicabilidade ao *princípio constitucional da vedação ao confisco*. Qualquer que seja a medida de limitação pública a direitos patrimoniais privados (tributos, desapropriações, encampação etc.), a Constituição brasileira não autoriza o apossamento de bens e direitos sem a prévia e justa indenização. A encampação suprime o modo de exercício de determinados direitos, não a sua titularidade – logo, não se presta a extinguir o direito à indenização. Mesmo porque ela implica a supressão do exercício da integralidade dos direitos da sociedade concessionária (inclusive, resulta na pena de morte da SPE). A indenização há de ser justa e prévia, a abranger o valor dos bens presentes, lucros cessantes e danos emergentes.

Daí o STF já ter julgado a inconstitucionalidade de dispositivo de Constituição estadual que previa prazo abusivo para o pagamento da indenização: "1. Disposição da Constituição que concede prazo de até vinte e cinco anos para o pagamento, pelos municípios, da indenização devida pela encampação dos serviços de saneamento básico (água e esgoto) prestados, mediante contrato, e pelos investimentos realizados pela Companhia de Saneamento Básico do Estado de São Paulo – SABESP, sociedade de economia mista estadual. (...) 3. *Periculum in mora* caracterizado pela iminente aplicação da norma a Municípios que já editaram lei para assumirem a prestação dos serviços públicos referidos. 4. Medida cautelar deferida com efeito *ex-nunc* – por estarem presentes a relevância dos fundamentos jurídicos do pedido e a conveniência

---

[16] Sobre o princípio da reserva de administração, com amplas referências bibliográficas e jurisprudenciais, v. MOREIRA, Egon Bockmann. Regulação sucessiva: quem tem a última palavra? Caso Pílula do Câncer: ADI nº 5.501, STF. *In:* MARQUES NETO, Floriano de Azevedo; Moreira, Egon Bockmann; GUERRA, Sérgio. *Dinâmica da regulação*. 3. ed., *op. cit.*, p. 195-213.

[17] *Teoria geral das concessões de serviço público, op. cit.*, p. 582.

da sua concessão – até o julgamento final da ação".[18] Por conseguinte, e como já dito, a encampação se aproxima da lógica da desapropriação, eis que exige indenização, justa, prévia e em dinheiro, calculada nos termos do art. 36 da Lei nº 8.987/1995.

Afinal, e "precisamente pelo fato de a encampação não derivar de conduta faltosa do concessionário – leciona Fernando Vernalha Guimarães – é que o regime de indenização há de ser amplo, cujo ressarcimento deverá abranger a recomposição de toda sorte de prejuízos, inclusive danos emergentes e lucros cessantes".[19]

Por isso que a definição, cumpridora do devido processo legal, do valor da indenização é tão importante como elemento que antecede a própria decisão de encampar. Se não souber o valor a ser dispendido, a encampação será uma aventura, abusiva e indevida, do gestor público. Não se saberá se haverá respeito (ou não) ao orçamento público e à Lei de Responsabilidade Fiscal. Como sublinhado por Marçal Justen Filho: "Decretar encampação sem conhecer a dimensão dos custos econômicos e sociais da indenização ao concessionário produz risco de revelar-se, posteriormente, que muito mais conveniente teria sido a continuidade da concessão. Logo, caracteriza-se abuso ou desvio de poder quando o poder concedente omite providências prévias ou ignora seu conteúdo. A decisão será arbitrária, eis que desvinculada do respeito ao Direito ou da persecução objetiva do interesse público".[20]

§126 Caducidade: conceito, lógica, requisitos e consequências

Ao contrário da encampação, que envolve escolha pública de avocação do serviço, a caducidade é específica sanção contratual a ser aplicada em casos de descumprimento de deveres (prestações decorrentes de lei e regulamentos) e obrigações (prestações advindas do contrato de concessão) contratuais, desde que efetivamente comprometedores do destino do projeto concessionário.

Ela põe fim ao contrato e afasta definitivamente a pessoa privada, que estará impedida de prestar o serviço outrora concedido. As hipóteses de caducidade estão exaustivamente elencadas no art. 38, §1º, incs. I a VIII, da Lei nº 8.987/1995. Penalidade que é, sua aplicação depende do efetivo respeito ao *devido processo*, à *ampla defesa* e ao *contraditório*. A caducidade será o ato final de específico processo administrativo, portanto.

A caducidade é *o ato administrativo, de competência privativa do poder concedente, que, em vista da necessidade de preservação do serviço público adequado, extingue o contrato de concessão e, em decorrência, o status de concessionário ostentado pela sociedade comercial privada, em decorrência de grave inexecução contratual.* A caducidade torna inválidos e ineficazes o contrato de concessão e o ato de delegação do serviço público. É medida radical, que visa a assegurar a segurança jurídica na prestação do serviço, violada que foi pelo concessionário. É a reação institucional cometida ao concedente, diante da contumaz quebra do princípio da confiança pelo concessionário.

---

[18] ADI nº 1746 MC, Tribunal Pleno, Min. Maurício Correa, *DJ* 19.09.2003. A medida cautelar foi posteriormente confirmada no julgamento do mérito (Tribunal Pleno, Min. Marco Aurélio, *DJe* 13.11.2014).

[19] *Concessão de serviço público*. 2. ed., *op. cit.*, p. 355.

[20] *Teoria geral das concessões de serviço público, op. cit.*, p. 585.

Note-se que o art. 38 da Lei Geral de Concessões abre duas alternativas diante da inexecução contratual: ela "acarretará, a critério do poder concedente, a declaração da caducidade da concessão ou a aplicação das sanções contratuais". A depender das circunstâncias factuais, e em prestígio à continuidade do serviço público e à proporcionalidade, o concedente poderá optar pela aplicação da sanção administrativa ao invés de decretar a caducidade.

Por isso que, como anota Rafael Carvalho Rezende Oliveira, mesmo antes "da instauração do processo de verificação da inadimplência, o poder concedente fixará prazo ('prazo de cura') para que a concessionária corrija as supostas falhas e descumprimentos contratuais".[21] Tal período vem expresso no §3º do mencionado art. 38 da Lei nº 8.987/1995, de obediência cogente, eis que é condição de validade do processo. Demais disso, e caso as falhas sejam sanáveis, as multas podem ser objeto de negociação e transformadas em medidas compensatórias através de termo de compromisso – que poderá manter os deveres e obrigações do concessionário e definir forma mais eficiente de cumprimento das penalidades (LINDB, art. 26, §1º e incisos).

Todavia, caso as multas não gerem os esperados efeitos dissuasórios, e o concessionário persista no descumprimento de temas fundamentais ao estatuto da concessão (lei, regulamentos e contrato), o poder concedente ver-se-á na necessidade incontornável de, exatamente a fim de preservar a continuidade do serviço adequado aos usuários, decretar a caducidade da concessão. Isso implicará a cumulação de sanções: as multas dantes aplicadas precisam ser exigidas, lado a lado da pena relativa à cassação do direito subjetivo de explorar o serviço concedido. Essa cumulação não configurará, portanto, *bis in idem*: a caducidade não é sanção que repete as multas ou as substitui, mas possui fundamento, processo e momento distintos. A lei autoriza a aplicação de mais de uma penalidade administrativa em face do cometimento de uma só infração.

Tal como todas as demais sanções administrativas, a pena da caducidade deve ser antecedida da viabilidade de o concessionário apresentar a sua versão dos fatos e tê-la, motivadamente, apreciada pela autoridade pública, inclusive com a possibilidade de produzir provas a respeito. Conforme pacífica jurisprudência do STF: "Nenhuma penalidade poderá ser imposta, mesmo no campo do direito administrativo, sem que se ofereça ao imputado a possibilidade de se defender previamente. A preterição do direito de defesa torna írrito e nulo o ato punitivo. 'Nemo inauditus damnari debet'. O direito constitucional à ampla (e prévia) defesa, sob o domínio da Constituição de 1988 (art. 5º, LV), tem como precípuo destinatário o acusado, qualquer acusado, ainda que em sede meramente administrativa. O Supremo Tribunal Federal, ao proclamar a imprescindibilidade da observância desse postulado, essencial e inerente ao 'due process of law', tem advertido que o exercício do direito de defesa há de ser assegurado, previamente, em todos aqueles procedimentos – notadamente os de caráter administrativo-disciplinar – em que seja possível a imposição de medida de índole punitiva".[22]

Por conseguinte, a caducidade exige a prévia e regular instalação do devido processo administrativo, assegurado o direito à ampla defesa e ao contraditório (Lei nº 8.987/1995,

---

[21] *Curso de Direito Administrativo*. 9. ed., *op. cit.*, p. 162.

[22] ADI nº 2.120, Tribunal Pleno, Min. Celso de Mello, *DJe* 30.10.2014.

art. 38, §2º). A notificação inicial do processo de caducidade deverá especificar, sob pena de nulidade, a conduta ilícita que se pretende imputar ao concessionário, bem como as sanções que em tese ele poderá sofrer.[23] Somente com esse pleno conhecimento que a defesa poderá ser articulada de forma ampla.

Na condição de sanção administrativa (a mais grave no contrato concessionário), a decretação da caducidade exige a prova da culpa ou dolo do concessionário quanto à grave inexecução contratual. Não pode ser presumida ou derivar de antipatias, ilações e conjecturas, nem, muito menos, consubstanciar espécie de responsabilidade objetiva com lastro em "verdade sabida".[24] Requer a comprovação do grave e contumaz prejuízo à prestação do serviço adequado (e/ou dano aos bens públicos sob responsabilidade do concessionário). O ônus da prova é do concedente, eis que ao concessionário não se pode exigir a *probatio diabolica*. Relembre-se a jurisprudência consolidada do STJ, no sentido de que a aplicação de penalidades administrativas "deve obedecer à sistemática da teoria da culpabilidade, ou seja, a conduta deve ser cometida pelo alegado transgressor, com demonstração de seu elemento subjetivo, e com demonstração do nexo causal entre a conduta e o dano".[25] Afinal, o mero inadimplemento pode decorrer de fatos externos à esfera subjetiva do concessionário – e mesmo de condutas imediatamente praticadas pelo próprio concedente. Necessária se faz a prova circunstanciada da culpa, portanto.

Ocorre que nem sempre o serviço público poderá aguardar a conclusão do processo administrativo, que precisa ser orientado por sua "razoável duração", oriunda de "meios que garantam a celeridade de sua tramitação" (Constituição, art. 5º, inc. LXXVIII). Na justa medida em que a caducidade tem como fundamento o descumprimento, reiterado e qualificado, do contrato de concessão, haverá situações em que o concedente poderá, comprovada a proporcionalidade da medida (adequação, necessidade e proporcionalidade em sentido estrito), assenhorar-se cautelarmente dos bens e instalações do concessionário, a fim de se substituir a ele com o objetivo de prover os usuários do serviço adequado (Lei nº 9.784/1999, art. 45, c/c CPC, art. 294 e ss.).[26] Essa medida administrativa excepcional demandará justificação robusta, e não poderá ser implementada em casos nos quais a prestação do serviço público, em si mesma, não corra sérios riscos. Por exemplo, o não pagamento do preço de outorga ou de multas, ou o descumprimento a obrigações que não comprometam a continuidade e qualidade do serviço concedido, desautorizam essa ordem de medida cautelar. Mesmo porque a assunção cautelar do serviço assume características de identidade com a intervenção, que pode prestar-se a esse desiderato (v., acima, §§114 a 121).

Como sanção administrativa específica, a decretação caducidade não implica, por si só, a incidência de outras punições – nem autoriza, muito menos, o confisco do patrimônio do concessionário faltoso. Mais: uma vez que a caducidade exige a demonstração da conduta danosa imputada ao concessionário, ela repercute, inclusive,

---

23 Ampliar em: Moreira, Egon Bockmann. *Processo Administrativo*. 6. ed., *op. cit.*, p. 288-289 e 311-313 (aqui, quanto à advertência da possibilidade de defesa técnica).

24 Cf. Moreira, Egon Bockmann. *Processo Administrativo*. 6. ed., *op. cit.*, p. 306-307. A vedação ao uso da "verdade sabida" é pacífica no STJ (Apn nº 626, Corte Especial, Min. Jorge Mussi, *DJe* 29.08.2018; RMS nº 825, 2. Turma, Min. Hélio Mosimann, *DJ* 28.06.1993).

25 REsp nº 1.251.697, 2. Turma, Min. Mauro Campbell Marques, *DJe* 17.04.2012.

26 Ampliar em: Moreira, Egon Bockmann. *Processo administrativo*. 6. ed., *op. cit.*, p. 243-244.

na indenização a ser apurada. Ou melhor, no acerto de contas que haverá de ser feito no processo administrativo. Isto é, "as indenizações em caso de caducidade não englobarão lucros cessantes ou perdas do concessionário derivadas de seu inadimplemento".[27] Mesmo porque, a depender da prova da conduta, o concessionário poderá ser obrigado a indenizar o concedente.

Todavia, reitere-se que, onde está escrito "caducidade" não se pode ler "confisco" – e o concessionário não pode ser sancionado com a expropriação de seus bens sem qualquer indenização. "Portanto – assinala Marçal Justen Filho –, o poder concedente terá o dever de indenizar os bens que expropriar. A indenização deverá ser justa e em dinheiro, mas não se fará previamente. Haverá o imediato apossamento pelo poder concedente de todos os bens, sem prévia indenização."[28] Por isso que os §§4º e 5º do art. 38 da Lei Geral de Concessões determinam o pagamento de indenização, que não será prévia e exigirá o desconto das multas e indenizações devidas.

Igualmente, a caducidade não implicará a responsabilidade, nem solidária nem subsidiária, do concedente em relação a quaisquer débitos e/ou compromissos do concessionário. O §6º do art. 38 da Lei nº 8.987/1995 traz essa blindagem normativa expressa.

De qualquer forma, e nada obstante o natural desgaste subjetivo que a situação de caducidade instala, o seu processo haverá de ser orientado pelo dever de melhores esforços para a preservação do contrato (tal como autorizado expressamente no §3º do art. 38 da Lei nº 8.987/1995). A caducidade é a última alternativa possível, eis que ambas as partes – concedente e concessionário – não só venceram a curva de aprendizado inicial e conhecem os desafios contratuais como poucos, mas têm de observar o cumprimento do projeto concessionário. Aqui avultam de importância as já mencionadas negociações público-privadas (inclusive, e se for o caso, com recurso a métodos facilitadores, como a mediação) e a celebração de termos de compromisso (LINDB, art. 26).

§127 Rescisão, anulação, falência e demais modos de extinção

Os incisos IV, V e VI do art. 35 da Lei Geral de Concessões preceituam outros modos de extinção do contrato concessionário, quais sejam: a rescisão, a anulação, a falência ou extinção (caso o concessionário seja pessoa jurídica) e o falecimento ou incapacidade do titular (se o concessionário for empresa individual). Vejamos rapidamente cada uma dessas hipóteses.

Comecemos pela *rescisão*: o art. 39 da Lei nº 8.987/1995 a especifica como ato de iniciativa do concessionário, diante do inadimplemento do poder concedente, "mediante ação judicial especialmente intentada para esse fim". O dispositivo merece leitura cuidadosa e proporcional, inclusive por tratar de restrição a direitos fundamentais da sociedade concessionária: a garantia da segurança jurídica, a liberdade de empresa (e a responsabilidade do Estado por seus atos ilícitos, comissivos e omissivos).

O concessionário não pode ser submetido ao dever desproporcional de cumprir o contrato diante de atos do concedente que impeçam ou dificultem de modo acentuado

---

[27] Guimarães, Fernando Vernalha. *Concessão de serviço público*. 2. ed., *op. cit.*, p. 363.

[28] *Curso de Direito Administrativo*. 15. ed., *op. cit.*, p. 459.

sua execução. Implicaria a obrigação de financiar, livre de ônus, o serviço público originalmente imputado ao Estado (que havia sido transferido contratualmente ao concessionário, com a garantia do equilíbrio econômico-financeiro). O contrato de concessão não pode se transformar em meio de enriquecimento ilício do poder concedente. Por conseguinte, e assim como há inadimplementos e inadimplementos, haverá rescisões e rescisões.

Isso porque o posicionamento do concessionário diante da conduta indevida do concedente faz nascer, inclusive, muitas situações nas quais não se cogita exatamente da *exceptio non adimpleti contractus*, mas sim do descumprimento às condições necessárias ao adimplemento por parte da concessionária, sem as quais é impossível a execução contratual. Na lição de Anderson Schreiber, a exceção de contrato não cumprido é "mera defesa que pode ser invocada, em contratos bilaterais, contra a exigência de cumprimento, calcada no descumprimento da parte contrária."[29] Ora, uma coisa é o concedente não cumprir obrigações bilaterais, de forma que ainda assim seja possível ao concessionário executar o contrato; outra, com efeitos jurídicos distintos, é a indevida conduta estatal, omissiva ou comissiva, que instale óbice intransponível.

Por exemplo, caso não sejam efetivados o licenciamento ambiental, a desapropriação ou mesmo a instituição de servidão administrativa ou ordem administrativa para início dos serviços, todos atos de responsabilidade privativa do concedente, o concessionário estará factualmente impedido de executar o contrato. Imaginem-se casos em que o concedente, por qualquer razão, resolva efetuar obras de asfaltamento urbano exatamente na região onde se previa o dever de instalação de serviços de água e esgotamento sanitário – e assim impeça de fato a execução do contrato. Ora, o concessionário simplesmente não pode ignorar o licenciamento ambiental ou outras condicionantes de responsabilidade do concedente. Não pode afastar *manu militari* a empresa contratada para a empreitada de obras de pavimentação e escavar as ruas. Não titularia remédio possessório em face do concedente (v., acima, §27). Em todos esses casos, está-se em momento lógico-jurídico anterior à exceção de contrato não cumprido, portanto, eis que o óbice não pode ser transposto pela vontade do concessionário (exceção feita a se ambas as partes pactuarem termo aditivo que transfira tais obrigações ao concessionário e promova, concomitantemente, o reequilíbrio econômico-financeiro do contrato).

Por outro lado, exigência de ação judicial autoriza *três desdobramentos hermenêuticos*. O *primeiro* deles está no fato de que o *caput* do art. 39 da Lei nº 8.987/1995 exige o ajuizamento com a finalidade rescisória específica e seu parágrafo único estabelece que "os serviços prestados pela concessionária não poderão ser interrompidos ou paralisados, até decisão judicial transitada em julgado". Como no caso brasileiro as ações judiciais levam décadas para transitar em julgado, o dispositivo precisa ser lido *cum grano salis*, eis que a lei não pode se prestar a autorizar condutas exorbitantes e/ou o enriquecimento ilícito do concedente. Essa ordem de comportamento abusivo é vedada pelo princípio constitucional da moralidade administrativa, em seu ângulo do

[29] *Manual de Direito Civil contemporâneo*. 4. ed. São Paulo: Saraiva, 2021, p. 530. Como preceitua o art. 476 do Código Civil, que tradicionalmente não se aplica a contratos administrativos, sobretudo os concessionários: "Art. 476. Nos contratos bilaterais, nenhum dos contratantes, antes de cumprida a sua obrigação, pode exigir o implemento da do outro".

respeito à boa-fé: o dever de comportamento leal e honesto.[30] *Nemo auditur propriam turpitudinem allegans.*

Em decorrência, a interpretação desse dispositivo autoriza a implementação judicial de tutela provisória (CPC, art. 294 ss.), que instale regime de transição a ser concretizado de imediato (LINDB, art. 23) e que, preservando a prestação do serviço aos usuários, transfira tais deveres e obrigações ao concedente.

O *segundo* desdobramento está na interpretação do termo "ação judicial", que abrange o juízo arbitral. Como se sabe, a Lei nº 8.987/1995 foi promulgada antes da Lei Brasileira de Arbitragem – a Lei nº 9.307/1996, que em 2015 experimentou inclusões relativas à arbitragem com a administração pública (oriundas da Lei nº 13.129/2015). Igualmente, em 2005 à Lei nº 8.987/1995 foi acrescido o art. 23-A, que expressamente acolhe a arbitragem e outros mecanismos para a solução adequada de conflitos (Lei nº 11.196/2005). O mesmo se diga dos arts. 151 a 154 da Lei nº 14.133/2021, aplicados de modo supletivo às concessões.

Por conseguinte, o parágrafo único do art. 35 deve ser interpretado à luz do atual sistema normativo da Lei Geral de Concessões, que acolhe cláusulas arbitrais nos contratos, em substituição ao recurso ao Poder Judiciário. Se o contrato, originalmente ou por meio de termo aditivo a ele, contiver cláusula que remeta as partes à arbitragem, esta será o recurso adequado para a tutela dos interesses do concessionário em caso de rescisão oriunda de inadimplemento do concedente. Inclusive, poderá abranger tutelas provisórias e de urgência, assim como certamente resultará em sentença transitada em julgado em prazo bastante mais curto.

O *terceiro* desdobramento reside no fato de que a rescisão não necessita ser unicamente litigiosa. Ela pode – *rectius*: deve – ser ao menos antecedida de negociação amigável e culminar num termo que encerre o contrato e, simultaneamente, estabeleça eventual indenização.[31] As partes devem evitar ao máximo a litigiosidade. Aliás, essa é a lógica da relicitação – que se dirige a resolver amigavelmente casos de inadimplência do concessionário (v., acima, §25-A).

Vistos estes pressupostos da rescisão contratual, podemos seguir para as outras formas de extinção a ser examinadas neste tópico.

Ao seu tempo, a *anulação* da concessão decorrerá daquela situação em que o poder concedente, o órgão de controle externo, ou mesmo o Poder Judiciário se depararem com nulidade inconvalidável no certame licitatório ou no próprio contrato, a exigir a decretação da nulidade, com efeitos *ex tunc* (retroativos).

Aqui, incidem os arts. 55 (dever de anular atos eivados de vício de legalidade), 54 (prazo decadencial de 5 anos) e 55 (dever de, sempre que possível, convalidar) da Lei nº 9.784/1999.[32] Por exemplo, se a licitação houver sido comprovadamente fraudada ou se não existir qualquer licitação regular que a anteceda, é de se decretar a nulidade da concessão (sempre antecedida do devido processo administrativo, garantida a ampla defesa). Igualmente aqui deverá ser procedido a um acerto de contas entre as partes

---

30 Ampliar em: Moreira, Egon Bockmann. *Processo Administrativo*. 6. ed., *op. cit.*, p. 109-112.

31 No mesmo sentido, Guimarães, Fernando Vernalha. *Concessão de serviço público*. 2. ed., p. 365-366.

32 Ampliar em: Moreira, Egon Bockmann. *Processo administrativo*. 6. ed., *op. cit.*, p. 101-104.

contratantes – firme na premissa de que atos nulos não são aptos a gerar lucros legítimos ao concessionário nem tampouco o enriquecimento ilícito do concedente.

As duas últimas formas de extinção do contrato de concessão previstas no art. 35 da Lei nº 8.987/1995 tratam do superveniente desaparecimento da pessoa que ocupa o polo passivo do contrato de concessão: a *falência* ou extinção, caso o concessionário seja pessoa jurídica, e o *falecimento* ou incapacidade do titular se ele for empresa individual. Sem uma pessoa jurídica que conte com autonomia de vontade e capacidade de administração autônoma do contrato, não poderá permanecer hígido o contrato.

A extinção da pessoa jurídica e o falecimento do empresário individual são fatos supervenientes que esvaziam o polo passivo do contrato. Já a falência, na medida em que afasta o devedor – leia-se o concessionário falido – de suas atividades (Lei nº 11.101/2005, art. 75 ss.), gera efeitos contratuais análogos ao da extinção.

Mas, atenção: a recuperação judicial não cria esses mesmos efeitos. Prevista no art. 48 e seguintes da Lei nº 11.101/2005, ela pode ser requerida por concessionárias de serviços públicos (exceção feita às empresas estatais e às do setor de energia elétrica, estas nos termos proibitivos do art. 18 da Lei nº 12.767/2021). Como não está tipificada dentre as causas de extinção, a recuperação judicial por si só não implica a extinção do contrato (tampouco a imuniza de multas e da caducidade, caso a má prestação do serviço assim o exija).

§128 Extinção, amortização e bens reversíveis

A extinção do contrato concessionário, qualquer que seja a sua forma, implicará, *ipso facto*, o retorno do serviço público ao concedente. Quanto a essa consequência dúvida alguma existe, eis que o concedente só havia transferido a capacidade temporária de exploração econômica do serviço público. Acabado o contrato, finda está a possibilidade de a pessoa privada administrar algo que não lhe pertence. Com a extinção, o ato administrativo "delegação do serviço público" perde automaticamente todos os seus efeitos.

Todavia, resta o debate quanto aos bens que integram a base material do serviço, sua amortização e eventual indenização – tema que habita toda a Lei nº 8.987/1995, como se lê nos arts. 18, incs. X e XI (conteúdo obrigatório do edital); 23, inc. X (cláusula contratual obrigatória); 35, §§1º e 3º, e 36 (efeitos da extinção do pacto).

Afinal, é natural ao contrato que o concessionário adquira novos bens, móveis e imóveis, bem como aperfeiçoe ou mantenha aqueles que haviam sido recebidos. A relação jurídica concessionária exige investimentos de monta em tais bens, que demandam tempo adequado para sua amortização (v., acima, §159). Isto é, os aportes financeiros corporificados em bens devem ser objeto de cálculo específico, preferencialmente de comum acordo entre as partes e atento às peculiaridades de cada um dos contratos de concessão.

Como já visto (§§5 e 20), as concessões comuns são projetos financeiramente autossustentáveis. Em tese, a equação econômico-financeira esboçada no edital e tornada concreta pela assinatura do contrato com a proposta vencedora permite que se saiba, de antemão, como os bens e serviços serão custeados. A receita tarifária é que permitirá a prestação do serviço e a instalação, gestão e manutenção dos bens, móveis e imóveis. Estes se submeterão ao domínio do concessionário e o investimento neles efetivado será amortizado com o transcorrer do tempo. Ao final, tais bens retornarão ao concedente – e esse regresso pode dar margem à necessidade de pagamentos ressarcitórios por meio de desembolsos orçamentários públicos (ou do próximo concessionário).

Daí a intimidade entre os temas da política tarifária, remuneração, amortização e reversibilidade dos bens. Como sintetiza Ewerton de Souza Henriques, "a reversão dos bens ao final de contrato, pode ser realizada tanto de forma gratuita como da forma onerosa. A primeira forma decorre do fato de os recursos obtidos no transcurso do contrato, sejam estes na forma de tarifa, contraprestação ao aporte de recursos públicos, contemplam o ressarcimento total do concessionário pelo investimento realizado em bens, de modo que ao fim do contrato haverá a reversão dos bens do antigo concessionário para o domínio da Administração Pública sem qualquer espécie de ônus. A segunda é aquela que o Poder Concedente, opta por não transmitir à tarifa a integralidade de amortização dos investimentos executados, cabendo ao final do contrato uma indenização pelos ativos não amortizados que em geral é arcada pelo novo concessionário a ser contratado para execução dos serviços".[33] Veja-se, portanto, a importância de compreendermos a função cometida à tarifa e suas variações. Dentre elas, ao término do contrato assumirá relevância a *amortização financeira*, que tem por objeto a recomposição do capital aportado na concessão pela pessoa privada.

A reversão significa justamente o retorno dos bens ao patrimônio de seu detentor originário, ao seu primeiro dono. O que também se dá em relação aos bens acrescentados àquilo que denominarei de "patrimônio concessionário". Como Fernando Vernalha Guimarães chama a atenção, é fato que, mesmo se edital e contrato previrem rol de bens, nem sempre ele "dará conta de discriminar todos os bens reversíveis, inclusive porque novos bens serão adquiridos e incorporados ao conjunto de bens da concessão já ao longo de sua execução. Em razão disso, a verificação do saldo não amortizado de ativos reversíveis ao poder concedente é um expediente necessário a condicionar a extinção da concessão".[34] Por outro lado, haverá bens originários, existentes ao início do contrato, que se tornarão imprestáveis pelos mais diversos motivos (avanço tecnológico, mudanças estratégicas, concentração gerencial de atividades, desuso etc.). Esse acervo deve respeito ao primado da realidade e à mutação contratual, eis que a prestação do serviço demanda a convivência com os bens a ele vinculados.

A matriz da reversibilidade, segundo o magistério de Sérgio Guerra, está no fato de que "ao termo final do contrato de concessão o Poder Concedente pode recolher o acervo vinculado ao contrato em condições regulares, capazes de assegurar a continuidade do serviço, e o Concessionário recobrar inteiramente o que fora investido durante o contrato na manutenção dos bens reversíveis".[35] Logo, uma coisa é certa, desde muito antes do lançamento do edital de licitação: haverá bens que retornarão ao concedente,

---

33 Contabilização dos ativos em concessões e PPPs. *Revista de Direito Público da Economia – RDPE*, Belo Horizonte, Fórum, 74/56-57, abr./jun. 2021.

34 *Concessão de serviço público*. 2. ed., *op. cit.*, p. 348.

35 A reversibilidade dos bens nas concessões de serviços públicos. *Revista de Direito Público da Economia – RDPE*, Belo Horizonte, Fórum, 8/187-195, out./dez. 2004.

a fim de que ele mesmo explore o serviço de sua titularidade ou efetive nova delegação ao concessionário que assumirá a futura gestão do contrato.

Resta saber como se comportarão a cobertura tarifária e o tempo transcorrido, a fim de verificar se há (ou não) indenizações a serem pagas em decorrência desse retorno dos bens ao domínio público. Por conseguinte, o eventual conflito de interesses surgirá na definição do que deve ser indenizado e como se calculará o *quantum*, especialmente devido ao fato de que nem sempre há uma única solução.

Em estudo precursor na atual Lei nº 8.987/1995, Floriano de Azevedo Marques Neto qualificou os modos de tratar a reversibilidade como "patrimonial" (na medida em que os bens da concessão são afetados ao serviço público, integrariam o patrimônio público, de titularidade do concedente e compartilhariam essa qualidade comum) ou "funcional" (os bens reversíveis seriam os efetivamente afetados à imprescindibilidade na prestação do serviço).[36] Para a análise patrimonial, a reversibilidade seria plena e integral; já a abordagem funcional decorreria do princípio da continuidade do serviço público e abrangeria aqueles bens úteis e necessários, se não inevitáveis, à prestação dos benefícios aos usuários. A distinção assume especial importância, eis que impacta no volume de bens a serem revertidos (e correlato valor ressarcitório).

Por isso que Caio Mario da Silva Pereira Neto, Mateus Piva Adami e Felipe Moreira de Carvalho anotam que a "multiplicidade de modelagens possíveis torna necessário afastar preconcepções existentes a respeito do conteúdo da regra de reversibilidade".[37] O importante está no exame da realidade concreta da concessão que chega ao fim. A adoção do regime a ser aplicado aos bens atrelados a uma concessão é objeto de opção do Poder Concedente e do legislador, dependendo das características do serviço e dos bens em cada caso.

Com efeito, o art. 36 da Lei nº 8.987/1995, muito embora preceitue o dever de indenizar os "investimentos vinculados aos bens reversíveis", não define exatamente quando (sabe-se que após a extinção) nem a respectiva forma de cálculo. Essa técnica legislativa é própria de uma Lei Geral, que autoriza o translado de definição tanto para leis especiais quanto para os regulamentos setoriais e nos próprios contratos administrativos.[38]

Por conseguinte, caso a caso e desde o contrato, é o necessário: (i) definir quais bens, ou tipos de bens, são passíveis de reversão, em rol *numerus apertus*; (ii) como será

---

[36] Bens reversíveis nas concessões do setor de telecomunicações. *Revista de Direito Público da Economia – RDPE*, Belo Horizonte, Fórum, 8/99-121, out./dez. 2004. O tema merece ser aprofundado nos estudos clássicos de Afrânio de Carvalho (Propriedade dos bens da concessão, publicado em duas partes, na *Revista de Direito Administrativo – RDA*, Rio de Janeiro, FGV, 45/22-46. Disponível em: https://bibliotecadigital.fgv.br/ojs/index.php/rda/article/view/15920/14749 e na *Revista de Direito Administrativo – RDA*, Rio de Janeiro, FGV, 44/1-25. Disponível em: https://bibliotecadigital.fgv.br/ojs/index.php/*rda*/article/view/15593/14464); Justen Filho, Marçal. *Teoria geral das concessões de serviço público, op. cit.*, p. 507 ss.; FREITAS, Rafael Véras de. A reversão nos contratos de concessão e seu regime jurídico-econômico. *Revista de Direito Público da Economia – RDPE*, Belo Horizonte, Fórum, 70/149-176, abr./jun. 2020.

[37] Reversibilidade de bens em concessões de telecomunicações. *Revista de Direito Público da Economia – RDPE*, Belo Horizonte, Fórum, 55/73-110, jul./set. 2016.

[38] Por exemplo, a ANTT positivou a Resolução 5.860/2019, que "Estabelece a metodologia para cálculo dos valores de indenização relativos aos investimentos vinculados a bens reversíveis não depreciados ou amortizados em caso de extinção antecipada de concessões rodoviárias federais" (ou seja, dando aplicabilidade à Lei nº 13.448/2017 – v., acima, §25-A). E a Deliberação nº 425/2023, também da ANTT, tornou público o *Manual de Procedimentos para o Encerramento dos Contratos de Concessão de Infraestrutura Rodoviária Federal*.

feito o inventário dinâmico de tais bens, com transparência e controle recíproco entre as partes; (iii) a possibilidade (ou não) de os bens sob regime de direito privado serem dados em garantia pelo concessionário; (iv) o procedimento específico, a ser instalado antes do término do contrato, em prazo adequado e com agenda inicial e critérios básicos predefinidos, para a apuração do volume de bens e valor do ressarcimento.

§129 Extinção e métodos adequados de solução conflitos

Se uma coisa é certa em qualquer relação de longo prazo são as discordâncias que dela brotam. Aqui, não há incertezas. Não é crível imaginar que inexistirão controvérsias em contratos incompletos que albergam elevados valores de investimentos e múltiplas relações jurídicas dinâmicas, projetados para décadas. O problema não está, portanto, na existência dessa ordem de vicissitudes conaturais a vínculos longevos. Os conflitos acontecerão, queiramos ou não – fazem parte da vida. O seu ápice será na extinção do contrato, quando ambas as partes não terão incentivos para preservar a relação. De usual, nessa situação os conflitos tendem a ser mais estressantes e menos estimulantes ao consenso.

Logo, o verdadeiro problema – que pode ser mortal ao projeto concessionário – está em imaginar que não haverá conflitos ou que, se existirem, serão resolvidos a contento, tanto técnica quanto cronologicamente, pelo Poder Judiciário. Já se passou o tempo em que essa opção poderia soar eficiente. Precisamos consolidar a compreensão de que a melhor opção possível é a de prover o contrato de metodologias variadas para a solução eficiente dos futuros conflitos (inclusive, a fim de inibir condutas oportunistas). Cláusulas de *hardship*, para os momentos desafiadores da jornada.

Contratos complexos, incompletos e dinâmicos que são, as concessões comuns demandam leque de soluções atentas ao projeto concessionário em si mesmo (e, secundariamente, aos interesses das partes envolvidas), preferencialmente determinadas de modo completo desde o edital. Ao se preservar a concessão de serviços públicos estar-se-á tutelando o interesse público nela estampado.

Assim, podemos pensar não só na solução automática "pretensão resistida = ação judicial", mas no fato de que existem muitas formas legítimas de se solucionar conflitos. As partes e seus advogados devem se conscientizar de que a arquitetura de processos de solução, construídos caso a caso, é a medida mais eficiente para se manter íntegra a execução contratual. Outrora acostumadas a ver os conflitos solucionados apenas pelo critério adversarial heterocompositivo, as partes precisam alterar sua racionalidade. Os métodos de solução adequada de controvérsias já deram mostras de que são eficientes e atenuam os custos de transação inerentes a qualquer conflito, sobretudo em casos de litígios que envolvam a administração pública. Negociação e *dispute boards*, lado a lado com mediação e arbitragem, são técnicas que precisam ser cada vez mais prestigiadas pelos gestores públicos, concessionários e órgãos de controle.

Soluções variadas que, no caso brasileiro, estão blindadas pelo princípio da legalidade. A previsão de meios de solução consensual de controvérsias insere-se na política atual do CNJ e no modelo multiportas previsto pelo CPC/2015 c/c Lei nº 13.140/2015 (*Dispõe sobre a mediação entre particulares como meio de solução de controvérsias e autocomposição de conflitos no âmbito da administração pública*); Lei nº 9.037/1996, com as modificações oriundas Lei nº 13.129/2015 (Lei de Arbitragem); LINDB e Lei nº 14.133/2021 (Lei Geral de Licitações), sempre na busca de valorização da utilização de meios adequados de solução das controvérsias.[39] O que hoje ganha corpo é a intensificação ao prestígio a essa metodologia de dissipação de conflitos – inclusive com a edição de vários atos regulamentares que os prestigiam (exemplos são o Decreto federal nº 10.025/2019; o Decreto fluminense nº 46.245/2018; o Decreto paulista nº 64.356/2019 e a Portaria AGU nº 320/2019).

Como já consignado, "os contratos administrativos brasileiros podem ser configurados com variedade de mecanismos e instituições para lidar com as disputas. Inclusive, são aptos a conter mais de um método, sequenciais ou simultâneos".[40] Inclusive, o art. 153 da Lei nº 14.133/2021, autorizador de termos aditivos com cláusula de métodos adequados, aplica-se aos contratos regidos pela Lei nº 8.987/1995.

Mas, atenção: tradicionalmente, quando se conjugava o verbo negociar, o que vinha à mente eram barganhas distributivas, as quais definem, de modo estanque, quem ganhará isto ou aquilo. Aquele que negociar melhor vence; o outro perde. Logo, se alguém se dispõe a negociar, só pode ser para angariar o máximo possível – e o outro que se conforme com suas perdas. Essa ordem de concepção parte de modelo estático e prefixado no tempo (valores contabilizados, participação de cada um dos negociadores e contratos autoexaurientes), a fim de encerrar o problema. Contudo, incentiva rivalidades e tende a pôr fim nos vínculos, com pitadas de egoísmo: eu quero resolver o problema da forma que me trouxer maiores vantagens, pouco importa o que acontecerá com meu interlocutor. O acordo torna-se um desacordo imposto ao mais fraco (nas relações com a administração pública, esta sempre é a mais forte – eis que dispõe de todo o poder de alterar e finalizar o contrato, unido à capacidade punitiva unilateral).

Essa compreensão foi posta em xeque quando o chamado "Método da Escola de Harvard" entrou em campo e passou a desenvolver técnicas integrativas e cooperativas, por meio das quais as soluções de conflitos não visam a gerar apenas um "vencedor" e outro "perdedor".[41] A ideia é transformar seu oponente em aliado e construir desenlaces prospectivos, que gerem vantagens para ambas as partes. Em termos simbólicos, consensualmente fazer com que o bolo cresça e se multiplique – para, depois, ser compartilhado por longo prazo (inclusive com terceiros).

A questão, todavia, não está em haver negociações puramente distributivas. Elas existem naturalmente. O erro está em achar que só podem ser distributivas – e ter essa premissa como verdade absoluta, sobretudo nos contratos administrativos de longo prazo. Nas concessões, as partes devem envidar os melhores esforços para preservar o projeto concessionário e manter a relação jurídica estável no tempo originalmente

---

[39] Ampliar na coletânea de estudos e comentários de CUÉLLAR, Leila; Moreira, Egon Bockmann; GARCIA, Flávio Amaral; CRUZ, Elisa Schmidlin. *Direito Administrativo e Alternative Dispute Resolution*. 2. ed., *op. cit.*, *passim*.

[40] MOREIRA, Egon Bockmann; GARCIA, Flávio Amaral. *Contratos Administrativos na Lei de Licitações*, *cit.*, p. 464.

[41] As referências bibliográficas sobre o *Harvard Negotiation Project* são imensas. Por todos: FISCHER, Roger; URY, William; PATTON, Bruce. *Getting to Yes:* negotiating agreements without giving in. 3. ed. NY: Penguin Books, 2011; MNOOKIN, Robert H. *Beyond Winning:* negotiating to create value in deals and disputes. Cambridge: Harvard Univesity Press, 2000. Em específico quanto a negociações e o Direito Público brasileiro: SOUZA, Luciane Moessa de. *Meios consensuais de solução de conflitos envolvendo entes públicos*. Belo Horizonte: Fórum, 2012.

previsto – inclusive para gerar sinalização positiva para as contratações futuras (e estímulos a que as partes avaliem de modo realista essa ordem de riscos contratuais).

Mais: nas concessões, a situação chega a gerar resultados dramáticos se for concebida no modelo em que alguém necessariamente deve perder. Isso porque, muito provavelmente, o perdedor não será apenas aquele que negocia, mas muitos ao seu redor (presentes e futuros). Não nos esqueçamos de que estamos a tratar de relações multipolares, com redes de contratos (v., acima, §69). Supor que alguém ganha ao impor incontáveis multas – e que elas não sejam passíveis de negociação – implica a morte de contratos de longo prazo (e a decepção dos usuários, que serão os grandes perdedores).

Existe um desafio que precisa ser enfrentado, especialmente, quanto ao que se entende por legalidade nas negociações público-privadas. Pensar-se obsessivamente na execução da letra da lei, sem atenção ao que se passa em sua volta, implica fechar as portas ao futuro. Troca-se um problema por outros, ainda mais sérios. A concepção da legalidade já foi normativamente expandida por meio do prestígio à *competência administrativa negocial*.

Afinal, se a lei define que negociações podem ser feitas, outorga competência discricionária privativa aos agentes públicos que negociarão (blindando a negociação). O que importa dizer que a legislação brasileira autoriza negociações *out of the box*, que permitam gerar ganhos distributivos nas relações de longo prazo estampadas em contratos concessionários. Sob o manto da lei, mas com criatividade. A bem da verdade, está-se diante do sistema conhecido por *Design de Sistemas de Disputas – DSD*, que trata de "todo o processo de resolução de controvérsias, desde a prevenção até a execução da solução encontrada".[42] As partes contratantes, preferencialmente com o impulso *ex officio* do poder concedente, devem envidar os melhores esforços para desenhar uma solução adequada de disputas, caso a caso, de modo a permitir a efetivação do interesse público tornado concreto no contrato de concessão.

Constatação que dá colorido especial à ideia de negociar e à adequada tutela do interesse público colocado sob a guarda das autoridades. Serão estas, no calor do enfrentamento real, que saberão o que pode ser acordado. Precisamos compreender que negociar é gerar soluções, pautadas pela empatia recíproca. As autoridades públicas devem ser criativas. Se desenvolvem tratativas, não podem ser vistas como atadas à legalidade estrita, reféns de um legislador que não possui contato com o direito, vivo e pulsante do caso, que precisa ser resolvido com menores custos para todas as partes (e terceiros). Precisa-se refletir a propósito de acordos presentes a instalar benefícios futuros, que, diante da variedade de opções, constituam a base objetiva do negócio jurídico. O que acentua o dever de colaboração público-privada.

Essa percepção é compartilhada por Pedro Costa Gonçalves, para quem "o contrato público se deve conceber como o suporte jurídico de uma colaboração recíproca entre as partes. [...] Percebe-se, pois, que o propósito que nos orienta consista, agora, em chamar a atenção para uma faceta menos considerada e menos estudada da gestão de contratos públicos: a implementação, pelo contraente público, no quadro da gestão de contratos,

---

[42] MOREIRA, Egon Bockmann; GARCIA, Flávio Amaral. *Contratos Administrativos na Lei de Licitações, cit.*, p. 467.

de medidas de colaboração, de auxílio ou de assistência ao contraente privado".[43] Ou seja, tanto o concessionário quanto o concedente devem envidar os melhores esforços para negociar a solução mais adequada ao caso conflituoso, construindo alternativas legítimas que podem culminar num acordo – ou, se não for este o caso, na implementação do caminho processual que permita resolver o impasse do modo mais eficiente (*dispute board*, mediação, arbitragem ou, no limite, a ação judicial).

Mas é importante frisar que nem sempre a via consensual será a mais adequada e/ou eficiente para solucionar o caso concreto. O que se deve buscar quando se está diante de conflito envolvendo a administração pública é o meio mais adequado para sua solução eficaz, a melhor forma de se atingir o interesse público. Não se trata de escolha binária, com hipóteses fechadas de "conflito A = mediação" ou "conflito B = arbitragem" (tal como antes havia a regra do "todos os conflitos = ações judiciais").

Essa ordem de cogitações avulta ao final dos contratos, quando, salvo exceções, haverá debates e conflitos quanto ao valor da indenização pelos bens reversíveis e o seu método de pagamento. Conforme visto acima (§128), a lei não preceitua expressamente como isso se dará. Por conseguinte, ela outorga às partes (e não só ao poder concedente) a capacidade de elaborarem metodologias adequadas para a transposição desse momento crucial aos contratos administrativos de longo prazo.

[43] Gestão de contratos públicos em tempo de crise. *In:* GONÇALVES, Pedro Costa (org.). *Estudos de contratação pública*, v. III. Coimbra: Coimbra Editora, 2010, p. 18.

REFERÊNCIAS

AAVV, *RDA* – Edição Especial – Direito Público na Lei de Introdução às Normas de Direito Brasileiro – LINDB. Disponível em: http://bibliotecadigital.fgv.br/ojs/index.php/rda/issue/view/4255.

AGUILLAR, Fernando Herren. *Controle social de serviços públicos*. São Paulo: Max Limonad, 1999.

AGUILLAR, Fernando Herren. *Direito econômico:* do direito nacional ao direito supranacional. São Paulo: Atlas, 2006.

ALENCAR, Letícia Lins de. *Equilíbrio na concessão*. Belo Horizonte: Fórum, 2019.

ALENCAR, Maria Lúcia Mazzei de; AZEVEDO, Eurico de Andrade. *Concessão de serviços públicos*. São Paulo: Malheiros Editores, 1998.

ALESSI, Renato. La crisi attuale nella nozione di diritto soggettivo ed i suoi possibili riflessi nel campo del diritto pubblico. *In*: *Scritti Minori*. Milão: Giuffrè Editore, 1981.

ALEXY, Robert. *Teoria dos direitos fundamentais*. 1. ed. 2. tir. Tradução de Virgílio Afonso da Silva. São Paulo: Malheiros Editores, 2009.

ALMEIDA, Aline Paola Correa Braga Camara de. *As tarifas:* e as demais formas de remuneração dos serviços públicos. Rio de Janeiro: Lumen Juris, 2009.

ALMEIDA, Fernanda Dias Menezes de. *Competências na Constituição de 1988*. 4. ed. São Paulo: Atlas, 2007.

ALMEIDA, Fernando Dias Menezes de. *O contrato administrativo*. São Paulo: Quartier Latin, 2007.

ALMEIDA, Fernando Menezes de. Mecanismos de consenso no direito administrativo. *In:* ARAGÃO, Alexandre Santos de; MARQUES NETO, Floriano de Azevedo (coord.). *Direito Administrativo e seus novos paradigmas*. Belo Horizonte: Fórum, 2008.

ALMEIDA, João Amaral e. Reflexões sobre o princípio do julgamento objetivo das propostas: os desafios brasileiros e a experiência europeia. *RCP*, Belo Horizonte, Fórum, 1/176-177, mar./ago. 2012.

ALMEIDA, João Paulo Simões de; FORTE, André Matos; MARQUES, Maria Manuel Leitão. Regulação sectorial e concorrência. *RDPE*, Belo Horizonte, Fórum, 9/187-205, jan./mar. 2005.

ALVES, Francisco Kümmel; TIMM, Luciano Benetti. Custos de transação no contrato de seguro: proteger o segurado é socialmente desejável?. *RDPE*, Belo Horizonte, Fórum, 19/125-158, jul./set. 2007.

AMARAL, Diogo Freitas do. *Curso de Direito Administrativo*. v. II. Coimbra, Almedina, 2002.

ANDRADE, José Carlos Vieira de. *A justiça administrativa (Lições)*. 3. ed. Coimbra: Livraria Almedina, 2000.

ANDRADE, José Carlos Vieira de. *Os direitos fundamentais na Constituição Portuguesa de 1976*. 3. ed. Coimbra: Livraria Almedina, 2007.

ANDRADE, Manuel A. Domingues de. *Teoria geral da relação jurídica*. v. I e II. Coimbra: Livraria Almedina, 1987.

ARAGÃO, Alexandre Santos de. *Agências reguladoras*. Rio de Janeiro: Forense, 2002.

ARAGÃO, Alexandre Santos de. As boas práticas da indústria do petróleo como o eixo da regulação do setor. *RDPE*, Belo Horizonte, Fórum, 7/9-27, jul./set. 2004.

ARAGÃO, Alexandre Santos de. *Direito dos serviços públicos*. Rio de Janeiro: Forense, 2007.

ARAGÃO, Alexandre Santos de. *Empresas estatais:* o regime jurídico das empresas públicas e das sociedades de economia mista. Rio de Janeiro: Forense, 2017.

ARAGÃO, Alexandre Santos de; MARQUES NETO, Floriano de Azevedo (coord.). *Direito Administrativo e seus novos paradigmas*. Belo Horizonte: Fórum, 2008.

ARAÚJO, Fernando. *Introdução à Economia*. Coimbra: Livraria Almedina, 2002.

ARAÚJO, Fernando. *Teoria Económica do Contrato*. Coimbra: Livraria Almedina, 2007.

ARAÚJO, Fernando. Uma análise económica dos contratos (Parte I: A abordagem económica, a responsabilidade e a tutela dos interesses contratuais). *RDPE*, Belo Horizonte, Fórum, 18/69-160, abr./jun. 2007.

ARIÑO ORTIZ, Gaspar (ed.). *Precios y tarifas en sectores regulados*. Granada: Comares, 2001.

ARIÑO ORTIZ, Gaspar. *La regulación económica*. Buenos Aires: Ábaco, 1996.

ARVATE, P.; BIDERMAN, C. (org.). *Economia do setor público no Brasil*. Rio de Janeiro: Elsevier, 2004.

ASCARELLI, Tullio. *Problemas das sociedades anônimas e direito comparado*. Campinas: Bookseller, 2001.

ASCENSÃO, José de Oliveira. Alteração das circunstâncias e justiça contratual no novo Código Civil. *Revista CEJ*, Brasília, Centro de Estudos Judiciários da Justiça Federal, 25/59-69, abr./jun. 2004. Disponível em: http://www2.cjf.jus.br/ojs2/index.php/cej/article/viewFile/605/785.

ASCENSÃO, José de Oliveira. *Direito Civil:* teoria geral. v. III. Coimbra: Coimbra Editora, 2002.

ASCENSÃO, José de Oliveira. *Introdução à Ciência do Direito*. 3. ed. Rio de Janeiro: Renovar, 2005.

ASIS ROIG, Rafael de. *Deberes y obligaciones en la Constitución*. Madri: Centro de Estudios Constitucionales, 1991.

ATALIBA, Geraldo (coord.). Custeio de obras públicas, solo criado, mecanismos de negociações administrativas e contribuição de melhoria. *RDP*, São Paulo, RT, 87/114-202 (Conferências e Debates), jul./set. 1988.

ATALIBA, Geraldo. *Elementos de Direito Tributário*. São Paulo: RT, 1978.

ATALIBA, Geraldo. *Hipótese de incidência tributária*. 6. ed., 11. tir. São Paulo: Malheiros Editores, 2010.

ATALIBA, Geraldo. Normas gerais de direito financeiro e tributário e autonomia dos Estados e Municípios. *RDP*, São Paulo, RT, 10/45-80, out./dez. 1969.

ATALIBA, Geraldo; MACHADO, Luiz Alberto (coord.). Iniciativa privada e serviços públicos: fórmulas de estímulo e garantias para atrair capitais e experiência gerencial privados para os serviços públicos. Separata da *RDP*, São Paulo, RT, 98, abr./jun. 1991.

AVELÃS NUNES, António José (org.). *Os caminhos da privatização da Administração Pública*. Coimbra: Coimbra Editora, 2001.

AVELÃS NUNES, António José. *A Constituição Europeia*: a constitucionalização do neoliberalismo. São Paulo/Coimbra: RT/Coimbra Editora, 2007.

AVELÃS NUNES, António José. Os sistemas econômicos: separata do *Boletim de Ciências Econômicas* XVI. Coimbra, 1994.

AVELÃS NUNES, António José; MIRANDA COUTINHO, J. N. de (org.). *O direito e o futuro, o futuro do direito*. Coimbra: Livraria Almedina, 2008.

ÁVILA, Humberto. *Sistema constitucional tributário*. São Paulo: Saraiva, 2004.

ÁVILA, Humberto. *Teoria da igualdade tributária*. 2. ed. São Paulo: Malheiros Editores, 2009.

ÁVILA, Humberto. *Teoria dos princípios: da definição à aplicação dos princípios jurídicos*. 10. ed. São Paulo: Malheiros Editores, 2009.

ÁVILA, Natália Resende Andrade; MOREIRA, Egon Bockmann. Licitações de infraestrutura e o pagamento de outorga com precatórios: os vários efeitos da Emenda Constitucional 113/2021. *FGV-CERI*. Disponível em: https://ceri.fgv.br/publicacoes/licitacoes-de-infraestrutura-e-o-pagamento-de-outorga-com-precatorios-os-varios-efeitos.

ÁVILA, Natália Resende Andrade; MOREIRA, Egon Bockmann. Relicitação: a lógica jurídico-econômica por trás do instituto. *Revista de Contratos Públicos* 30/99-121. Coimbra: CEDIPRE/Univ. Coimbra, set. 2022.

ÁVILA, Natália Resende Andrade; MOREIRA, Egon Bockmann; CORDEIRO NETTO, Oscar de Moraes. Governança regulatória: uma proposta à luz do setor de saneamento básico brasileiro. *Revista da Faculdade de Direito UFPR* 68/107-135. Curitiba: UFPR, maio/ago. 2023. Disponível em: https://revistas.ufpr.br/direito/article/view/87743.

ÁVILA. Natália Resende Andrade; VÉRAS, Rafael. Maior valor da outorga em concessões: ainda uma discussão só jurídica?. Disponível em: https://www.editoraforum.com.br/noticias/maior-valor-da-outorga-em-concessoes-ainda-uma-discussao-so-juridica-coluna-direito-da-infraestrutura/.

AZEVEDO, Bernardo. *Servidão de Direito Público:* contributo para o seu estudo. Coimbra: Coimbra Editora, 2005.

AZEVEDO, Eurico de Andrade. Legislação brasileira sobre garantias para as concessões. *RDA*, Rio de Janeiro, Renovar, 214/159-165, out./dez. 1998.

AZEVEDO, Eurico de Andrade; ALENCAR, Maria Lúcia Mazzei de. *Concessão de serviços públicos*. São Paulo: Malheiros Editores, 1998.

BACHOF, Otto; STROBER, Rolf; WOLFF, Hans J. *Direito Administrativo*. v. 1. Tradução de A. Francisco de Souza. Lisboa: Fundação Calouste Gulbenkian, 2006.

BAER, Werner. *A economia brasileira*. 2. ed. São Paulo: Nobel, 2002.

BAIRD, Douglas G.; GERTNER, Robert H.; PICKER, Randal C. *Game Theory and the Law*. 6. reimpr. Cambridge: Harvard University Press, 2003.

BANDEIRA DE MELLO, Celso Antônio. (org.). *Estudos em homenagem a Geraldo Ataliba* – 2 – Direito Administrativo e Direito Constitucional. São Paulo: Malheiros Editores, 1997.

BANDEIRA DE MELLO, Celso Antônio. *Curso de Direito Administrativo*. 27. ed. São Paulo: Malheiros Editores, 2010.

BANDEIRA DE MELLO, Celso Antônio. Extensão das alterações dos contratos administrativos: a questão dos 25%. *Interesse Público*, São Paulo, Notadez, 8/11-31, out./dez. 2000.

BANDEIRA DE MELLO, Celso Antônio. O equilíbrio econômico nos contratos administrativos. *In: Grandes temas de Direito Administrativo*. São Paulo: Malheiros Editores. 1. ed., 2. tir. 2010.

BANDEIRA DE MELLO, Celso Antônio. Obra pública a custo zero: instrumentos jurídicos para realização de obras públicas a custo financeiro zero. *RTDP*, São Paulo, Malheiros Editores, 3/32-41, 1993.

BANDEIRA DE MELLO, Celso Antônio. *Prestação de serviços públicos e administração indireta*. 2. ed., 3. tir. São Paulo: RT, 1987.

BANDEIRA DE MELLO, Celso Antônio. Serviço público e poder de polícia, concessão e limitação. *In: Grandes Temas de Direito Administrativo*. 1. ed., 2. tir. São Paulo: Malheiros Editores, 2010.

BANDEIRA DE MELLO, Celso Antônio. Serviço público e sua feição constitucional no Brasil. *In: Grandes Temas de Direito Administrativo*. 1. ed., 2. tir. São Paulo: Malheiros Editores, 2010.

BANDEIRA DE MELLO, Oswaldo Aranha. Aspecto jurídico-administrativo da concessão de serviço público. *RDA, Seleção Histórica*, Rio de Janeiro, Renovar, 205-234, 1995.

BANDEIRA DE MELLO, Oswaldo Aranha. *Princípios gerais de Direito Administrativo*. 3. ed. v. I. São Paulo: Malheiros Editores, 2007.

BARBOSA, Leticia Chaves Freitas. *La théorie de l'imprévision dans les contrats de concession de service public:* Une approche comparée entre la France et le Brésil. Dissertação de Mestrado, Université Paris II, Panthéon-Assas. Disponível em: https://docassas.u-paris2.fr/nuxeo/site/esupversions/00abcec5-5777-4a64-ada3-cd2d758eed0c?inline.

BARBOSA, Maria Elisa Braz, e PIRES, Maria Coeli Simões. *Consórcios públicos:* instrumento do federalismo cooperativo. Belo Horizonte, Fórum, 2008.

BARBOZA, Heloísa Helena; MORAES, Maria Celina Bodin de; TEPEDINO, Gustavo. *Código Civil Interpretado*. v. II. Rio de Janeiro: Renovar, 2006.

BARNÉS VASQUEZ, Javier. Introducción a la doctrina alemana del 'derecho privado administrativo'. *In:* PÉREZ MORENO, A. (coord.). *Administración instrumental*: Libro Homenaje a Manuel Francisco Clavero Arevalo. t. I. Madri: Civitas, 1994.

BARRERO RODRIGUES, María Concepción. Algunas reflexiones en torno a la naturaleza jurídica de las entidades supramunicipales. *In:* PÉREZ MORENO, A. (coord.). *Administración instrumental:* Libro Homenaje a Manuel Francisco Clavero Arevalo. t. I. Madri: Civitas, 1994.

BARROSO, Luís Roberto. Alteração dos contratos de concessão rodoviária. *RDPE*, Belo Horizonte, Fórum, 15/99-129, jul./set. 2006.

BARROSO, Luís Roberto. Crise econômica e direito constitucional. *RTDP*, São Paulo, Malheiros Editores, 6/32-63, 1994.

BARROSO, Luís Roberto. Da falta de efetividade à judicialização efetiva: direito à saúde, fornecimento gratuito de medicamentos e parâmetros para a atuação judicial. *Interesse Público*, Belo Horizonte, Fórum, 46/31-65, nov./dez. 2007.

BARROSO, Luís Roberto. *O Direito Constitucional e a efetividade de suas normas:* limites e possibilidades da Constituição brasileira. 7. ed. Rio de Janeiro: Renovar, 2003.

BASSO, Maristela. *Joint Ventures:* manual prático das associações empresariais. 3. ed. Porto Alegre: Livraria do Advogado, 2002.

BATISTA, Joana Paula. *Remuneração dos serviços públicos*. São Paulo: Malheiros Editores, 2005.

BAUMOL, William J.; KLEVORICK, Alvin K. Input choices and Rate-of-Return Regulation: an overview of the discussion. *In:* JOSKOW, P. L. (ed.). *Economic Regulation*. Northampton: Edward Elgar Publishing, 2000.

BECK, Ulrich. *La sociedad del riesgo:* hacia una nueva modernidad. Tradução de J. Navarro Perez, D. Juménez e María R. Borrás. Barcelona, Paidos, 2006.

BEENHAKKER, Henri L. *Risk Management in Project Finance and Implementation*. Westport: Quorum, 1997.

BEESLEY, M. E.; LITTLECHILD, S. C. The regulation of privatised monopolies in the United Kingdom. *In:* VELJANOVSKI, C. *Regulators and the Market*. Londres: Institute of Economics Affairs, 1991.

BERCOVICI, Gilberto. *Dilemas do Estado Federal Brasileiro*. Porto Alegre: Livraria do Advogado, 2004.

BERNSTEIN, Peter L. *Desafios aos Deuses:* a fascinante história do risco. Tradução de I. Korytowski. Rio de Janeiro: Campus, 1997.

BERTRAN, Maria Paula. Índices econômicos e reajuste nos contratos de concessão: uma análise do setor elétrico. *RDPE*, Belo Horizonte, Fórum, 16/125-137, out./dez. 2006.

BETTI, Emilio. *Interpretazione della Legge e degli Atti Giuridici*. 2. ed. Milão: Giuffrè Editore, 1971.

BETTI, Emilio. *Teoria geral do negócio jurídico*. t. II. Tradução de F. de Miranda. Coimbra: Coimbra Editora, 1969.

BICALHO, Alécia. Lei de Responsabilidade das Estatais. Disponível em: https://www.jmleventos.com.br/arquivos/news/newsletter_adm_publica/arquivos/ANEXO_1_48_01.pdf.

BIDERMAN, C.; ARVATE, P. (org.). *Economia do setor público no Brasil*. Rio de Janeiro: Elsevier, 2004.

BINENBOJM, Gustavo. *Poder de polícia, ordenação, regulação*. 3. ed. Belo Horizonte: Fórum, 2020.

BINENBOJM, Gustavo. Cabe ao Estado controlar o setor privado?. *In*: SUNDFELD, Carlos Ari *et al*. *Curso de Direito Administrativo em Ação*. São Paulo: Malheiros; JusPodivm, 2024.

BITENCOURT NETO, Eurico. *Devido Procedimento equitativo e vinculação de serviços públicos delegados no Brasil*. Belo Horizonte: Fórum, 2009.

BITTENCOURT, Marcus Vinicius Corrêa. *Controle das concessões de serviço público*. Belo Horizonte, Fórum, 2006.

BONAVIDES, Paulo. *Curso de Direito Constitucional*. 25. ed. São Paulo: Malheiros Editores, 2010.

BONFIM, Natália Felipe Lima; COSTA, Maria D'Assunção. Prorrogação dos contratos de concessão: Aspectos gerais. *RDPE*, Belo Horizonte, Fórum, 25/197-210, mar./jan. 2009.

BONNARD, Roger. *Précis de Droit Administratif*. Paris: Sirey, 1935.

BONOMI, Cláudio Augusto; MALVESSI, Oscar. Project Finance *no Brasil:* fundamentos e estudos de casos. 2. ed. São Paulo: Atlas, 2004.

BOQUERA OLIVER, José María. *Estudios sobre el acto administrativo*. 5. ed. Madri: Civitas, 1988.

BORGES, Alice González. Considerações sobre o futuro das cláusulas exorbitantes nos contratos administrativos. *In:* TOJAL, Sebastião Botto de Barros (coord.). *Contratos com o poder público*. São Paulo: AASP, 2009.

BORGES, Alice González. Os consórcios públicos na sua legislação reguladora. *Interesse Público*, Porto Alegre, NotaDez, 32/227-248, jul./ago. 2005.

BORGES, Luiz Ferreira Xavier; FARIA, Viviana Cardoso de Sá e. *Project finance*: considerações sobre a aplicação em infraestrutura no Brasil. *Revista do BNDES*, Rio de Janeiro, 18/241-280, dez. 2002. Disponível em: http://www.bndes.gov.br/conhecimento/revista/rev1808.pdf.

BORGES, Luiz Ferreira Xavier; NEVES, César das. Parceria público-privada: riscos e mitigação de riscos em operações estruturadas de infraestrutura. *Revista do BNDES*, 23/73-118, jun. 2005. Disponível em: http://www.bndes.gov.br/conhecimento/revista/rev2305.pdf.

BÖS, Dieter. *Privatization: a Theoretical Treatment*. Oxford: Clarendon, 1991.

BRACONNIER, Stéphane. *Droit des Services Publics*. 2. ed. Paris: PUF, 2007.

BRANCO, Adriano Murgel; DALLARI, Adilson Abreu. *O financiamento de obras e serviços públicos*. São Paulo: Paz e Terra, 2006.

BRESSER-PEREIRA, Luiz Carlos. *Reforma do estado para a cidadania*: a reforma gerencial brasileira na perspectiva internacional. São Paulo: ENAP/Editora 34, 1998.

BRESSER-PEREIRA, Luiz Carlos; NAKANO, Yoshiaki. *Inflação e recessão*: a teoria da inércia inflacionária. 3. ed. São Paulo: Brasiliense, 1991.

BREUS, Thiago Lima. *Contratação pública estratégica*. São Paulo: Almedina, 2020.

BREUS, Thiago Lima. *Políticas públicas no estado constitucional*. Belo Horizonte: Fórum, 2007.

BRIGHAM, Eugene F.; EHRHARDT, Michael C. *Administração financeira*. Tradução de J. N. A. Salazar e S. S. M. Cucci. São Paulo: Thomson, 2007.

BROSSARD, Paulo. Resgate ou encampação. *Revista de Direito Administrativo – RDA*, 19/409-417. Disponível em: https://bibliotecadigital.fgv.br/ojs/index.php/rda/article/view/11433.

BRUFATTO, Tamiris Vilar. *Teoria da base objetiva do negócio jurídico*. São Paulo: Almedina, 2020.

BUARQUE, Cristovam. *Avaliação econômica de projetos*. 23. tir. Rio de Janeiro: Elsevier, 1984.

BUCCI, Maria Paula Dallari. *Direito Administrativo e políticas públicas*. São Paulo: Saraiva, 2002.

CABRAL, Antonio do Passo; MENDONÇA, José Vicente Santos de (coords.). *Decisão Administrativa Coordenada*. São Paulo: JusPodivm, 2022.

CAETANO, Marcello. *Manual de Direito Administrativo*. 10. ed., 9. reimpr., t. I. Coimbra: Livraria Almedina, 2007; 10. ed., 9. reimpr., t. II. Coimbra: Livraria Almedina, 2008.

CALABRESI, Guido. *The Cost of Accidents:* a Legal and Economical Analysis. New Haven/Londres: Yale University Press, 1970.

CÂMARA, Jacintho Arruda. *Tarifa nas concessões*. São Paulo: Malheiros Editores, 2009.

CÂMARA, Jacintho Arruda; SOUZA, Ana Paula Peresi de. Existem cláusulas exorbitantes nos contratos administrativos?. *Revista de Direito Administrativo – RDA*, 279/185-208. Disponível em: https://bibliotecadigital.fgv.br/ojs/index.php/rda/article/view/82011.

CÂMARA, Jacintho Arruda; SOUZA, Rodrigo Pagani de; SUNDFELD, Carlos Ari. A fiscalização estatal sobre o serviço móvel celular e seus reflexos tributários. *RDPE*, Belo Horizonte, Fórum, 4/17-41, out./dez. 2003.

CAMELO, Bradson; NÓBREGA, Marcos; TORRES, Ronny Charles L. *Análise econômica das licitações e contratos*. Belo Horizonte: Fórum, 2022.

CAMPOS, Rodrigo Pinto de. Conflito de competências entre Administração direta e agência reguladora: o caso da aviação civil. *RDPE*, Belo Horizonte, Fórum, 23/159-170, jul./set. 2008.

CANOTILHO, José Joaquim Gomes. Civilização do direito constitucional ou constitucionalização do direito civil?. *In:* GRAU, Eros Roberto; GUERRA FILHO, Willis Santiago (org.). *Direito Constitucional:* estudos em homenagem a Paulo Bonavides. 1. ed., 2. tir. São Paulo: Malheiros Editores, 2003.

CANOTILHO, José Joaquim Gomes. *Direito Constitucional e teoria da Constituição*. 7. ed. Coimbra: Livraria Almedina, 2003.

CANOTILHO, José Joaquim Gomes. O direito constitucional passa: o direito administrativo passa também. *In:* AA.VV. *Estudos em homenagem ao Professor Dr. Rogério Soares*. Coimbra: Coimbra Editora, 2001.

CANOTILHO, José Joaquim Gomes. O Estado garantidor: claros-escuros de um conceito. *In:* AVELÃS NUNES, António José; MIRANDA COUTINHO, J. N. de (org.). *O direito e o futuro, o futuro do direito*. Coimbra: Livraria Almedina, 2008.

CANOTILHO, José Joaquim Gomes. Tomemos a sério os direitos económicos, sociais e culturais. *In: Estudos sobre Direitos Fundamentais*. Coimbra: Coimbra Editora, 2004.

CANOTILHO, José Joaquim Gomes; MOREIRA, Vital. *Constituição da República Portuguesa anotada*. 4. ed. v. I. Coimbra: Coimbra Editora, 2007.

CANTO, Mariana Dall'Agnol; GUZELA, Rafaella Peçanha. Prorrogações em contratos de concessão. *In:* MOREIRA, Egon Bockmann (coord.). *Tratado do equilíbrio econômico-financeiro*. 2. ed. Belo Horizonte: Fórum, 2019.

CARDOSO, André Guskow. Ainda a questão da alocação e repartição de riscos nas parcerias público-privadas. *In:* JUSTEN FILHO, Marçal; SCHWIND, R. W. (coord.). *Parcerias público-privadas*. São Paulo: RT, 2015.

CARLÓN RUIZ, Matilde. Nuevas técnicas para nuevos tiempos: del servicio público al universal. *In:* MUÑOZ MACHADO, S. (dir.). *Derecho de la regulación económica*. v. I. Madri: Iustel, 2009.

CARNEIRO, Dionísio Dias; MODIANO Eduardo. Ajuste externo e desequilíbrio interno: 1980-1984. *In:* PAIVA ABREU, M. de (org.). *A Ordem do Progresso*. 16. tir. Rio de Janeiro: Campus, 1990.

CARROL, Lewis. Sylvie and Bruno concluded. *In: The Complete Works of Lewis Carrol*. Nova York: Vintage Books, 1976.

CARVALHO FILHO, José dos Santos. *Consórcios públicos*. Rio de Janeiro: Lumen Juris, 2009.

CARVALHO FILHO, José dos Santos. *Manual de Direito Administrativo*. 35. ed. São Paulo: Atlas, 2021.

CARVALHO, Afrânio de. Propriedade dos bens da concessão. Publicado em duas partes, na *Revista de Direito Administrativo – RDA*, 45/22-46. Disponível em: https://bibliotecadigital.fgv.br/ojs/index.php/rda/article/view/15920/14749 e na *Revista de Direito Administrativo – RDA*, 44/1-25. Disponível em: https://bibliotecadigital.fgv.br/ojs/index.php/rda/article/view/15593/14464.

CARVALHO, Orlando de. *A teoria geral da relação jurídica: seu sentido e limites*. 2. ed. Coimbra, Centelha, 1981.

CARVALHO, Orlando de. Contrato administrativo e acto jurídico público. *In: Escritos: páginas de direito, I*. Coimbra: Livraria Almedina, 1998.

CARVALHO, Patrícia. *Joint Venture:* uma visão jurídico-econômica para o desenvolvimento empresarial. 1. ed., 4. reimpr. Curitiba: Juruá, 2007.

CARVALHO, Paulo de Barros. Prefácio. *In:* ÁVILA, Humberto. *Teoria da igualdade tributária*. 2. ed. São Paulo: Malheiros Editores, 2009.

CARVALHO, Vinicios Marques de; CASTRO, Ricardo Medeiros de. Políticas públicas regulatórias e de defesa da concorrência: qual espaço de cooperação?. *RDPE*, Belo Horizonte, Fórum, 28/145-175, out./dez. 2009.

CARVALHOSA, Modesto. *Comentários à Lei de Sociedades Anônimas*. 4. ed. v. 1. São Paulo: Saraiva, 2002.

CAVALCANTI, Bianor Scelza; PECI, Alketa. A outra face da regulação: o cidadão-usuário de serviços públicos e o novo modelo regulatório brasileiro. *RDPE*, Belo Horizonte, Fórum, 2/9-31, jul./set. 2003.

CAVALCANTI, Themístocles Brandão. *A Constituição Federal comentada*. 3. ed. v. III. Rio de Janeiro. José Konfino Editor, 1958.

CHEVALIER, J.-M.; EKELAND, I.; FRISON-ROCHE, M.-A. (org.). *L'Idée de Service Public Est-Elle Encore Soustenable?*. Paris: PUF, 1999.

CHUEIRI, Vera Karam de; MOREIRA, Egon Bockmann; CÂMARA, Heloisa Fernandes; GODOY, Miguel Gualano de. *Fundamentos de Direito Constitucional*. 3. ed. Salvador: Juspodivm, 2024.

CINTRA DO AMARAL, Antônio Carlos. *Concessão de serviço público*. 2. ed. São Paulo: Malheiros Editores, 2002.

CIRNE LIMA, Ruy. A relação jurídica no direito administrativo. *RDP*, São Paulo: RT, 85/26-42, mar./jan. 1988.

CIRNE LIMA, Ruy. *Pareceres (Direito Público)*. Porto Alegre, Sulina, 1963.

CIRNE LIMA, Ruy. *Princípios de Direito Administrativo*. 7. ed. São Paulo: Malheiros Editores, 2007.

CIRNE LIMA, Ruy. *Sistema de Direito Administrativo brasileiro*. Porto Alegre, Santa Maria, 1953.

CLUZEL-MÉTAYER, Lucie. *Le Service Public et l'Exigence de Qualité*. Paris, Dalloz, 2006.

COLOM PIAZUELO, Eloy. La gestión de los servicios públicos por las Administraciones locales e el dominio público: posibilidades de articulación. *REDA*, Madri, Civitas, 101/35-70, mar./jan. 1999.

COMPARATO, Fábio Konder. A reforma da empresa. *In: Direito Empresarial:* estudos e pareceres. 1. ed., 2. tir. São Paulo: Saraiva, 1995.

COMPARATO, Fábio Konder. *Comentários às disposições transitórias da Nova Lei de Sociedades por Ações*. Rio de Janeiro: Forense, 1978.

COMPARATO, Fábio Konder. *Direito Empresarial:* estudos e pareceres. 1. ed., 2. tir. São Paulo: Saraiva, 1995.

COMPARATO, Fábio Konder. *Direito público*. São Paulo: Saraiva, 1996.

COMPARATO, Fábio Konder. Juízo de constitucionalidade de políticas públicas. *In:* BANDEIRA DE MELLO, Celso Antônio (org.). *Estudos em homenagem a Geraldo Ataliba* – 2 – Direito Administrativo e Direito Constitucional. São Paulo: Malheiros Editores, 1997.

COMPARATO, Fábio Konder. Monopólio público e domínio público: exploração indireta da atividade monopolizada. *In: Direito Público*. São Paulo: Saraiva, 1996.

COMPARATO, Fábio Konder; SALOMÃO FILHO, Calixto. *O poder de controle na sociedade anônima*. 4. ed. Rio de Janeiro: Forense, 2005.

CORDEIRO, António Menezes. Contratos públicos: subsídios para a dogmática administrativa, com exemplo no princípio do equilíbrio econômico-financeiro. *Cadernos O Direito*, Coimbra, Livraria Almedina, 2/1-135, 2007.

CORDEIRO, António Menezes. *Da boa-fé no Direito Civil*. 3. reimpr. Coimbra: Livraria Almedina, 2007.

COROTTO, Susana. *Ajuste judicial do contrato*. Curitiba: Juruá, 2021.

CORREIA, Fernando Alves. A concessão de uso privativo do domínio público: breves notas sobre o regime jurídico de um instrumento de valorização e rentabilidade dos bens dominiais. *In:* LÓPEZ-MUÑIZ, José Luis; QUADROS, Fausto de. *Direito e justiça: VI Colóquio Luso-Espanhol de Direito Administrativo*. Lisboa: Universidade Católica Editora, 2005.

CORREIA, José Manuel Sérvulo. *Direito do contencioso administrativo*. v. I. Lisboa: Lex, 2005.

CORREIA, José Manuel Sérvulo. *Legalidade e autonomia contratual nos contratos administrativos*. reimpr. Coimbra: Livraria Almedina, 2003.

CORREIA, José Sérvulo. Da conferência procedimental. *In:* CARVALHO, Ana Celeste (org.). *O Novo Código do Procedimento Administrativo*. Lisboa: Centro de Estudos Judiciários, 2016, p. 111-112. Disponível em: http://www.cej.mj.pt/cej/recursos/ebooks/Administrativo_fiscal/eb_novo_CPCA.pdf.

CORTIANO JR., Eroulths. *O discurso jurídico da propriedade e suas rupturas*. Rio de Janeiro: Renovar, 2002.

COSSALTER, Phillipe. A *private finance iniciative*. Tradução de Marçal Justen Filho. *RDPE*, Belo Horizonte, Fórum, 6/127-180, abr./jun. 2004.

COSTA, Maria D'Assunção; BONFIM, Natália Felipe Lima. Prorrogação dos contratos de concessão: aspectos gerais. *RDPE*, Belo Horizonte, Fórum, 25/197-210, mar./jan. 2009.

COUTINHO, Diogo; FARACO, Alexandre. Regulação de indústrias de rede: entre flexibilidade e estabilidade. *Revista de Economia Política*, São Paulo, Editora 34, 27(2)/261-280, abr./jun. 2007.

COUTINHO, Diogo; PEREIRA NETO, Caio Mário da Silva. Universalização das telecomunicações no Brasil: uma tarefa inacabada. *RDPE*, Belo Horizonte, Fórum, 2/9-58, abr./jun. 2003.

COUTO E SILVA, Almiro do. O princípio da segurança jurídica (proteção à confiança) no direito público brasileiro e o direito da administração pública de anular seus próprios atos administrativos. *Revista de Direito Administrativo – RDA*, Rio de Janeiro, FGV, 237, jul./set. 2004.

COUTO E SILVA, Almiro do. Os indivíduos e o Estado na realização de tarefas públicas. *In:* BANDEIRA DE MELLO, Celso Antônio (org.). *Estudos em homenagem a Geraldo Ataliba* – 2 – Direito Administrativo e Direito Constitucional. São Paulo: Malheiros Editores, 1997.

COUTO E SILVA, Almiro do. Princípios da legalidade da Administração Pública e da segurança jurídica no Estado de Direito Contemporâneo. *RDP*, São Paulo: RT, 84/46-63, out./dez. 1987.

COUTO E SILVA, Almiro do. Privatização no Brasil e o novo exercício de funções públicas por particulares. Serviço público 'à brasileira'?. *RDA*, Rio de Janeiro, Renovar, 230/45-74, out./dez. 2002.

COUTO E SILVA, Clóvis do. *A obrigação como processo*. São Paulo: José Bushatsky, 1976.

COUTO E SILVA, Clóvis do. A teoria da base do negócio jurídico no Direito Brasileiro. *In:* FRADERA, V. M. J. (org.). *O direito privado brasileiro na Visão de Clóvis do Couto e Silva*. Porto Alegre: Livraria do Advogado, 1997.

CRISTÓVAM, José Sérgio da Silva; BERGAMINI, José Carlos Loitey. Governança corporativa na Lei das Estatais: aspectos destacados sobre transparência, gestão de riscos e compliance. *Revista de Direito Administrativo – RDA*, Rio de Janeiro, FGV, 278/179-210, maio/ago. 2019. Disponível em: http://bibliotecadigital.fgv.br/ojs/index.php/rda/article/view/80054/76588.

CRUZ, Carlos Oliveira; SARMENTO, Joaquim Miranda. *Manual de parcerias público-privadas e concessões*. Belo Horizonte, Fórum, 2020.

CUÉLLAR, Leila. *As agências reguladoras e seu poder normativo*. São Paulo: Dialética, 2001.

CUÉLLAR, Leila. *Introdução às Agências Reguladoras Brasileiras*. Belo Horizonte, Fórum, 2008.

CUÉLLAR, Leila. Serviço de abastecimento de água e a suspensão do fornecimento. *In:* CUÉLLAR, Leila; MOREIRA, Egon Bockmann. *Estudos de direito econômico*. Belo Horizonte: Fórum, 2004.

CUÉLLAR, Leila; MOREIRA, Egon Bockmann. As agências reguladoras brasileiras e a crise energética. *In:* MOREIRA, Vital (org.). *Estudos de regulação pública – I*. Coimbra: Coimbra Editora, 2004.

CUÉLLAR, Leila; MOREIRA, Egon Bockmann; GARCIA, Flávio Amaral; CRUZ, Elisa Schmidlin. *Direito Administrativo e Alternative Dispute Resolution*. 2. ed. Belo Horizonte: Fórum, 2022.

CUNHA, Paulo César Melo da. *Regulação jurídica da saúde suplementar no Brasil*. Rio de Janeiro: Lumen Juris, 2003.

CUNHA, Sérgio Sérvulo da. *Princípios Constitucionais*. São Paulo: Saraiva, 2006.

DABIN, Jean. *El derecho subjetivo*. Tradução de F. Javier Osset. Granada: Comares, 2006.

DALLARI, Adilson Abreu. *Aspectos jurídicos da licitação*. 7. ed. São Paulo: Saraiva, 2006.

DALLARI, Adilson Abreu. Direito ao uso dos serviços públicos. *RTDP*, São Paulo, Malheiros Editores, 13/210-215, 1996.

DALLARI, Adilson Abreu. Uso do espaço urbano por concessionárias de serviços de telecomunicações. *RDA*, Rio de Janeiro, Renovar, 223/29-52, mar./jan. 2001.

DALLARI, Adilson Abreu; BRANCO, Adriano Murgel. *O financiamento de obras e serviços públicos*. São Paulo: Paz e Terra, 2006.

DANNEMANN, Gerhard; SCHULZE, Reiner (ed.), *German Civil Code*. v. I. Munique, C. H. Beck/Nomos, 2020.

DEMSETZ, Harold. Why regulate utilities?. *In*: STIGLER, George J. (ed.). *Chicago Studies in Political Economy*. Chicago: University of Chicago Press, 1988.

DI PIETRO, Maria Sylvia Zanella. *Direito Administrativo*. 18. ed. São Paulo: Atlas, 2005.

DI PIETRO, Maria Sylvia Zanella. *Parcerias na Administração Pública*. 5. ed. São Paulo: Atlas, 2006.

DI PIETRO, Maria Sylvia Zanella. *Uso privativo de bem público por particular*. São Paulo: RT, 1983.

DIAS, Eduardo Rocha. A cobrança pela outorga de concessões, permissões e autorizações de serviços de telecomunicações. *RDPE*, Belo Horizonte, Fórum, 6/43-66, abr./jun. 2004.

DOURADO, Maria Cristina Cesar de Oliveira. O repensar do conceito de serviço público. *Revista A&C*, Curitiba, Juruá, 6/75-88, 2001.

DREYFUS, Jean-David. *Contribution a une Théorie Générale des Contrats entre Personnes Publiques*. Paris: L'Harmattan, 1997.

DUGUIT, Léon. *Les Transformations du Droit Public*. Paris: La Mémoire du Droit, 1999.

DUTRA, Joísa (dir.); SMIDERLE, Juliana Jerônimo; CAPODEFERRO, Morganna Werneck; PARENTE, Ana Tereza Marques Parente. Reformulação do Marco Legal do Saneamento no Brasil. *FGV – CERI*. Disponível em: https://ceri.fgv.br/sites/default/files/publicacoes/2020-04/cartilha_reforma_saneamento_digital.pdf.pdf.

DUTRA, Joísa; LOUREIRO, Gustavo Kaercher. Regulação contratual ou discricionária no saneamento?. *JOTA*. Disponível em: https://www.jota.info/opiniao-e-analise/artigos/regulacao-contratual-ou-discricionaria-no-saneamento-05042021.

DUTRA, Joísa; MOREIRA, Egon Bockmann; LOUREIRO, Gustavo Kaercher. Competência e governança no setor de saneamento. Texto para Discussão *FGV CERI*, abril/2021. Disponível em: https://ceri.fgv.br/sites/default/files/publicacoes/2021-04/competencia-e-governanca-no-setor-de-saneamento_quem-faz-o-que.pdf.

DUTRA, Pedro. Concorrência em mercado regulado. *In: Livre concorrência e regulação de mercados*. Rio de Janeiro: Renovar, 2003.

DUTRA, Pedro. Desagregação e compartilhamento do uso de rede de telecomunicações. *In: Livre concorrência e regulação de mercados*. Rio de Janeiro: Renovar, 2003.

DUTRA, Pedro; REIS, Thiago. *O soberano da regulação:* o TCU e a infraestrutura. São Paulo: Singular, 2020.

DWIVEDI, O. P.; JABBRA, Joseph G. Public service responsibility and accountability. *In:* JABBRA, J. G.; DWIVEDI, O. P. (ed.). *Public Service Accountability:* a Comparative Perspective. Connecticut: Kumarian Press, 1988.

EHRHARDT, Michael C.; BRIGHAM, Eugene F. *Administração financeira*. Tradução de J. N. A. Salazar e S. S. M. Cucci. São Paulo: Thomson, 2007.

EKELAND, I.; CHEVALIER, J.-M.; FRISON-ROCHE, M.-A (org.). *L'Idée de Service Public Est-Elle Encore Soustenable?*. Paris: PUF, 1999.

ENEI, José Virgílio Lopes. *Project Finance:* financiamento com foco em empreendimentos. São Paulo: Saraiva, 2007.

ESTEVE PARDO, José. De la policía administrativa a la gestión de riesgos. *REDA*, Madri, Civitas, 119/323-346, jul./set. 2003.

ESTORNINHO, Maria João. Concessão de serviço público: que futuro?. *In:* LÓPEZ-MUÑIZ, José Luis; QUADROS, Fausto de. *Direito e justiça*: VI Colóquio Luso-Espanhol de Direito Administrativo. Lisboa: Universidade Católica Editora, 2005.

FACHIN, Luiz Edson. *Teoria crítica do Direito Civil*. Rio de Janeiro: Renovar, 2000.

FARACO, Alexandre. Concorrência e universalização nas telecomunicações: evoluções recentes no Direito Brasileiro. *RDPE*, Belo Horizonte, Fórum, 8/9-37, out./dez. 2004.

FARACO, Alexandre. *Regulação e Direito Concorrencial:* as telecomunicações. São Paulo: Cultural Paulista, 2003.

FARACO, Alexandre; COUTINHO, Diogo. Regulação de indústrias de rede: entre flexibilidade e estabilidade. *Revista de Economia Política*, São Paulo, Editora 34, 27(2)/261-280, abr./jun. 2007.

FARACO, Alexandre; COUTINHO, Diogo; PEREIRA NETO, Caio Mário da Silva. Universalização das telecomunicações no Brasil: uma tarefa inacabada. *RDPE*, Belo Horizonte, Fórum, 2/9-58, abr./jun. 2003.

FARIA, Viviana Cardoso de Sá e; BORGES, Luiz Ferreira Xavier. *Project finance*: considerações sobre a aplicação em infraestrutura no Brasil. *Revista do BNDES*, Rio de Janeiro, 18/241-280, dez. 2002. Disponível em: http://www.bndes.gov.br/conhecimento/revista/rev1808.pdf.

FERNANDES, Felipe Nogueira; PINHEIRO, Bruno de Oliveira. A concessão de portos organizados: o caso CODESA. *In:* CHAVES, Mauro Cézar Santiago; ÁVILA, Natália Resende Andrade (coord.). *Direito e infraestrutura no Brasil:* temas relevantes nos setores aéreo e portuário. Brasília: Publicações da Escola da AGU 13(4), dez. 2021/fev. 2022. Disponível em: https://seer.agu.gov.br/index.php/EAGU/issue/view/170/339.

FERNÁNDEZ ACEVEDO, Rafel. *Las concesiones administrativas de dominio público*. 2. ed. Madri: Civitas, 2012.

FERNÁNDEZ, Tomás-Ramón; GARCÍA DE ENTERRÍA, Eduardo. *Curso de Derecho Administrativo*. 12. ed. v. I. Madri: Thomson/Civitas, 2004; 9. ed. v. II. Madri: Thomson/Civitas, 2004.

FERRARA, Francesco. *Interpretação e aplicação das leis*. 3. ed. Tradução de M. A. Domingues de Andrade. Coimbra: Arménio Amado Editor, 1978.

FERRAZ JR., Tércio Sampaio. Separação estrutural entre serviços de telefonia e limites ao poder das agências para alteração de contratos de concessão. *RDPE*, Belo Horizonte, Fórum, 8/197-227, out./dez. 2004.

FERRAZ JR., Tércio Sampaio; MARANHÃO, Juliano Souza de Albuquerque. O princípio de eficiência e a gestão empresarial na prestação de serviços públicos: a exploração econômica das margens de rodovias. *RDPE*, Belo Horizonte, Fórum, 17/191-209, mar./jan. 2007.

FERRAZ, Ana Cândida da Cunha. *Processos Informais de Mudança da Constituição*. São Paulo: Max Limonad, 1986.

FERRAZ, Sérgio; FIGUEIREDO, Lúcia Valle. *Dispensa e inexigibilidade de licitação*. 3. ed. São Paulo: Malheiros Editores, 1994.

FERRAZ, Sérgio; SAAD, Amauri Feres. *Autorização de serviço público*. São Paulo: Malheiros Editores, 2018.

FIGUEIREDO DIAS, Gabriela. *Project finance*: primeiras notas. *In: IDET:* Miscelâneas n. 3. Coimbra: Livraria Almedina, 2004.

FIGUEIREDO, Lúcia Valle. *Curso de Direito Administrativo*. 9. ed. São Paulo: Malheiros Editores, 2008.

FIGUEIREDO, Lúcia Valle. *Direitos dos licitantes*. 4. ed. São Paulo: Malheiros Editores, 1994.

FIGUEIREDO, Lúcia Valle; FERRAZ, Sérgio. *Dispensa e inexigibilidade de licitação*. 3. ed. São Paulo: Malheiros Editores, 1994.

FISCHER, Roger; URY, William; PATTON, Bruce. *Getting to Yes*: negotiating agreements without giving in. 3. ed. NY: Penguin Books, 2011.

FLEINER, Fritz. *Instituciones de Derecho Administrativo*. Tradução de S. A. Gendin. Barcelona: Labor, 1933.

FORGIONI, Paula A. A interpretação dos negócios empresariais no novo Código Civil brasileiro. *RDM*, São Paulo, Malheiros Editores, 130/7-38, abr./jun. 2003.

FORGIONI, Paula A. Tullio Ascarelli, a Teoria Geral do Direito e os contratos de distribuição. *RDM*, São Paulo, Malheiros Editores, 137/30-48, mar./jan. 2005.

FORTE, André Matos; ALMEIDA, João Paulo Simões de; MARQUES, Maria Manuel Leitão. Regulação sectorial e concorrência. *RDPE*, Belo Horizonte, Fórum, 9/187-205, mar./jan. 2005.

FOULQUIER, Norbert. *Les Droits Publics Subjectifs des Administrés:* Emergence d'un Concept en Droit Administratif Français du XIXe au XXe Siècle. Paris: Dalloz, 2003.

FRADE, Catarina; LEITÃO MARQUES, Maria Manuel. Risco e insegurança alimentar: da (in)segurança da escassez à (in)segurança da abundância. *RDPE*, Belo Horizonte, Fórum, 7/73-96, jul./set. 2004.

FRANKENBERG, Günther. Tirania da dignidade?; paradoxos e paródias de um valor supremo. *In: Gramática da Constituição e do Direito*. Tradução de E. Antoniuk. Belo Horizonte: Del Rey, 2007.

FREIRE, André Luiz. Saneamento básico: conceito jurídico e serviços públicos. *In:* CAMPILONGO, Celso; GONZAGA, Alvaro de Azevedo; FREIRE, André Luiz (coord.). *Enciclopédia jurídica da PUC-SP*. Tomo Direitos Difusos e Coletivos. São Paulo: Pontifícia Universidade Católica de São Paulo: 2017. Disponível em: https://enciclopediajuridica.pucsp.br/verbete/325/edicao-1/saneamento-basico:-conceito-juridico-e-servicos-publicos.

FREIRE, André Luiz. *Direito dos Contratos Administrativos*. São Paulo: Thomson Reuters/RT, 2023.

FREITAS, José Carlos Higa de. Comentários aos arts. 5º-B e 5º-C. *In:* MILLER, Thiago Testini de Mello; RÊNIO, Lucas; SILVA, Aline Bayer da (ed.). *Comentários à Lei 12.815/2013*. São Paulo: Telha, 2020.

FREITAS, Rafael Véras de. A reversão nos contratos de concessão e seu regime jurídico-econômico. *Revista de Direito Público da Economia – RDPE*, Belo Horizonte, Fórum, 70/149-176, abr./jun. 2020.

FREITAS, Rafael Véras de. As prorrogações e a relicitação previstas na Lei nº 13.448/2017. *In:* MOREIRA, Egon Bockmann (coord.). *Tratado do equilíbrio econômico-financeiro*. 2. ed. Belo Horizonte: Fórum, 2019.

FREITAS, Rafael Véras de; RIBEIRO, Leonardo Coelho. O prazo como elemento da economia contratual: as espécies de 'prorrogação'. *In:* MOREIRA, Egon Bockmann (coord.). *Tratado do Equilíbrio Econômico-Financeiro.* 2. ed. Belo Horizonte: Fórum, 2019.

FRIEDMAN, Milton. *There's no such thing as a free lunch: essays on public policy.* Chicago: Open Court Publishing Company, 1975.

FRIEDMAN, Milton; SAVAGE, J. C. The utility analysis of choices involving risk. *The Journal of Political Economy,* LVI(4)/279-304, ago. 1948.

FRISON-ROCHE, Marie-Anne. Les rythmes dans l'évolution conjointe et commune des services publics. *In*: CHEVALIER, J.-M., EKELAND, I.; FRISON-ROCHE, M.-A. (orgs.). *L'Idée de Service Public Est-Elle Encore Soustenable?.* Paris: PUF, 1999.

FRISON-ROCHE, Marie-Anne. Os novos campos da regulação. Tradução de Thales Morais da Costa. *RDPE,* Belo Horizonte, Fórum, 10/191-204, abr./jun. 2005.

GALÍPOLO, Gabriel; HENRIQUES, Ewerton de Souza. Rentabilidade e equilíbrio econômico-financeiro do contrato. *In:* MOREIRA, Egon Bockmann (coord.). *Tratado do equilíbrio econômico-financeiro.* 2. ed., Belo Horizonte, Fórum, 2019.

GALLEGO ANABITARTE, Alfredo. Las relaciones especiales de sujeción y el principio de la legalidad de la Administración. *RAP,* Madri, Instituto de Estudios Políticos, 34/11-51, jan./abr. 1961.

GARCÍA DE ENTERRÍA, Eduardo. Sobre los derechos públicos subjetivos. *REDA*), Madri, Civitas, 6/427 e ss. CD-Rom, jul./set. 1975.

GARCÍA DE ENTERRÍA, Eduardo; FERNÁNDEZ, Tomás-Ramón. *Curso de Derecho Administrativo.* 12. ed. v. I. Madri: Thomson/Civitas, 2004; 9. ed. v. II. Madri: Thomson/Civitas, 2004.

GARCÍA MACHO, Ricardo. *Las relaciones de especial sujeción en la Constitución Española.* Madri: Tecnos, 1992.

GARCIA, Flávio Amaral. A imprevisão na previsão e os contratos concessionais. *In:* MOREIRA, Egon Bockmann (org.). *Tratado do Equilíbrio Econômico Financeiro.* 2. ed. Belo Horizonte: Fórum, 2019.

GARCIA, Flávio Amaral. *A mutabilidade nos contratos de concessão.* São Paulo: Malheiros Editores/Juspodivm, 2. ed. 2022.

GARCIA, Flávio Amaral. A remuneração nas concessões de rodovias. *RDPE,* Belo Horizonte, Fórum, 5/53, mar./jan. 2004.

GARCIA, Flávio Amaral. Aspectos jurídicos da cobrança antecipada de pedágio nas concessões públicas de rodovias. *In: Licitações e contratos administrativos.* 2. ed. Rio de Janeiro: Lumen Juris, 2009.

GARCIA, Flávio Amaral. Programa de Parcerias de Investimentos – PPI e o direito da infraestrutura. *Revista Eletrônica da PGE-RJ* 1. Disponível em: https://revistaeletronica.pge.rj.gov.br/index.php/pge/article/view/8.

GARCIA, Flávio Amaral. *Regulação Jurídica das Rodovias Concedidas.* Rio de Janeiro: Lumen Juris, 2004.

GARCIA, Flavio Amaral; FREITAS, Rafael Véras de. Portos brasileiros e a nova assimetria regulatória: os títulos habilitantes para a exploração da infraestrutura portuária. *In:* MOREIRA, Egon Bockmann (coord.). *Portos e seus regimes jurídicos.* Belo Horizonte: Fórum, 2014.

GARCIA, Flavio Amaral; MOREIRA, Egon Bockmann. O projeto da nova lei de licitações brasileira e alguns de seus desafios. *Revista de Contratos Públicos – CEDIPRE,* Coimbra, Almedina, 21/13-54, 2019.

GARCIA, Maria da Glória F. P. D. *Direito das Políticas Públicas.* Coimbra: Livraria Almedina, 2009.

GARRIDO FALLA, Fernando; LOSADA GONZÁLEZ, Herminio; PALOMAR OLMEDA, Alberto. *Tratado de Derecho Administrativo.* 14. ed. v. I. Madri: Tecnos, 2005.

GASPARINI, Diogenes. *Direito Administrativo.* 11. ed. São Paulo: Saraiva, 2006.

GAUDEMET, Yves; LAUBADÈRE, André de. *Traité de Droit Administratif.* 11. ed., t. 2. Paris: LGDJ, 1998.

GAUDEMET, Yves; VENEZIA, Jean-Claude. *Traité de Droit Administratif.* 15. ed., t. 1. Paris, LGDJ, 1999.

GEBRAN NETO, João Pedro. *A aplicação imediata dos direitos e garantias individuais.* São Paulo: RT, 2002.

GERTNER, Robert H.; BAIRD, Douglas G.; PICKER, Randal C. *Game Theory and the Law*. 6. reimpr. Cambridge: Harvard University Press, 2003.

GIACOMUZZI, José Guilherme. *Foundations of Public Contracts*. UK: Elgar, 2022.

GIANNINI, Massimo Severo. *Il pubblico potere:* stati e amministrazioni pubbliche. Bolonha: Il Mulino, 1986.

GITMAN, Lawrence J. *Princípios de administração financeira*. 10. ed. Tradução de A. Z. Sanvicente. São Paulo: Pearson Addison Wesley, 2004.

GOMES DE MATTOS, M. R. (coord.). *O abuso de poder do Estado*. Rio de Janeiro: América Jurídica, 2005.

GOMES, Orlando. *Contratos*. 12. ed. Rio de Janeiro: Forense, 1990.

GOMES, Orlando. *Novos Temas de Direito Civil*. Rio de Janeiro: Forense, 1983.

GOMES, Orlando. *Obrigações*. 8. ed. Rio de Janeiro: Forense, 1986.

GOMES, Orlando. *Transformações gerais do direito das obrigações*. 2. ed. São Paulo: RT, 1980.

GÓMEZ-FERRER MORANT, Rafael (dir.). *Comentario a la Ley de Contratos de las Administraciones Públicas*. 2. ed. Madri: Civitas, 2004.

GÓMEZ-FERRER MORANT, Rafael. El contrato de obras. La concesión de obras públicas como contrato. *In:* GÓMEZ-FERRER MORANT, Rafael (dir.). *Comentario a la Ley de Contratos de las Administraciones Públicas*. 2. ed. Madri: Civitas, 2004.

GONÇALVES, Pedro (org.). *Estudos de Contratação Pública – I*. Coimbra: Coimbra Editora, 2008.

GONÇALVES, Pedro Costa. Ensaio sobre a boa governação da Administração Pública a partir do mote da *new public governance*. *Revista de Direito Público da Economia – RDPE*, Belo Horizonte, Fórum, 42/141-169, abr./jun. 2013.

GONÇALVES, Pedro Costa. Gestão de contratos públicos em tempo de crise. *In:* GONÇALVES, Pedro Costa (org.). *Estudos de contratação pública*. v. III. Coimbra: Coimbra Editora, 2010.

GONÇALVES, Pedro Costa. *Manual de Direito Administrativo*. v. I. Coimbra: Almedina, 2019.

GONÇALVES, Pedro Costa. *Reflexões sobre o estado regulador e o estado contratante*. Coimbra: Coimbra, 2013.

GONÇALVES, Pedro. *A concessão de serviços públicos*. Coimbra: Livraria Almedina, 1999.

GONÇALVES, Pedro. A relação jurídica fundada em contrato administrativo. *Cadernos de Justiça Administrativa* 64/36-46. Braga: CEJUR, jul./ago. 2007.

GONÇALVES, Pedro. Direito administrativo da regulação. *In: Regulação, electricidade e telecomunicações:* estudos de direito administrativo da regulação. Coimbra: Coimbra Editora, 2008.

GONÇALVES, Pedro. *Direito das telecomunicações*. Coimbra: Livraria Almedina, 1999.

GONÇALVES, Pedro. *Entidades privadas com poderes públicos*. Coimbra: Livraria Almedina, 2005.

GONÇALVES, Pedro. *O contrato administrativo*: uma instituição do Direito Administrativo do nosso tempo. Coimbra: Livraria Almedina, 2003.

GONÇALVES, Pedro. *Regulação, electricidade e telecomunicações:* estudos de direito administrativo da regulação. Coimbra: Coimbra Editora, 2008.

GONÇALVES, Pedro; MARTINS, Licínio Lopes. Os serviços públicos económicos e a concessão no Estado regulador. *In:* MOREIRA, Vital (org.). *Estudos de Regulação Pública – I*. Coimbra: Coimbra Editora, 2004.

GONZÁLEZ PÉREZ, Jesús. *Los derechos reales administrativos*. 2. ed., reimpr. Madri: Civitas, 1989.

GONZÁLEZ-VARAS IBÁÑEZ, Santiago. *El Derecho Administrativo privado*. Madri: Montecorvo, 1996.

GORDILLO, Agustín. *Tratado de Derecho Administrativo*. 5. ed., t. II. Belo Horizonte: Del Rey/Fundación de Derecho Administrativo, 2003.

GRAU, Eros Roberto. *A ordem econômica na Constituição de 1988*. 13. ed. São Paulo: Malheiros Editores, 2008.

GRAU, Eros Roberto. Concessionária de serviço público: Bens públicos: Direito de uso (parecer). *RDA*, Rio de Janeiro, Renovar, 218/343-356, out./dez. 1999.

GRAU, Eros Roberto. *Direito, conceitos e normas jurídicas*. São Paulo: RT, 1988.

GRAU, Eros Roberto. *Planejamento econômico e regra jurídica*. São Paulo: RT, 1978.

GRAU, Eros Roberto. Suspensão do fornecimento de energia elétrica (parecer). *RTDP*, São Paulo, Malheiros Editores, 36/137-149, 2001.

GRAU, Eros Roberto. Uso compartilhado de infraestrutura para a prestação de serviços públicos e a 'natureza jurídica' da remuneração a ser percebida em razão desse uso. (parecer). *RTDP*, São Paulo: Malheiros Editores, 34/103-116, 2001.

GRECO, Marco Aurélio. *Contribuições (uma figura* sui generis*)*. São Paulo: Dialética, 2000.

GRECO, Marco Aurélio; SOUZA, Hamilton Dias de. Taxa e preço público. *In:* MARTINS, Ives Gandra da Silva (coord.). *Caderno de Pesquisas Tributárias 10:* taxa e preço público. São Paulo: Centro de Estudos de Extensão Universitária/Resenha Tributária, 1985.

GROTTI, Dinorá A. Musetti. A experiência brasileira nas concessões de serviço público. *Interesse Público*, Porto Alegre, Notadez, 42/77-125, mar./abr. 2007.

GROTTI, Dinorá A. Musetti. A greve no serviço público. *IDAF*, Curitiba, Zênite, 92/723-736, mar. 2009.

GROTTI, Dinorá A. Musetti. *O serviço público e a Constituição Brasileira de 1988*. São Paulo: Malheiros Editores, 2003.

GROTTI, Dinorá Adelaide Musetti. A experiência brasileira nas concessões de serviço público. Disponível em: https://www4.tce.sp.gov.br/sites/default/files/A-experiencia-brasileira-concessoes-servico-publico-artigo_0.pdf.

GUARINO, Giuseppe. *Potere Giuridico e Diritto Soggetivo*. reimpr. Nápoles: Dott. Eugenio Jovene, 1990.

GUERRA, Sérgio (org.). *Temas de Direito Regulatório*. Rio de Janeiro: Freiras Bastos, 2004.

GUERRA, Sérgio. A reversibilidade dos bens nas concessões de serviços públicos. *Revista de Direito Público da Economia – RDPE*, Belo Horizonte, Fórum, 8/187-195, out./dez. 2004.

GUERRA, Sérgio. Bens reversíveis nas concessões. *Revistas Colunistas Direito do Estado*, 2016. Disponível em: http://www.direitodoestado.com.br/colunistas/sergio-guerra/bens-reversiveis-nas-concessoes.

GUERRA, Sérgio. Concessões de serviços públicos: aspectos relevantes sobre o equilíbrio econômico-financeiro e a Taxa Interna de Retorno (TIR). *In:* MOREIRA, Egon Bockmann (coord.). *Tratado do equilíbrio econômico-financeiro*. 2. ed. Belo Horizonte: Fórum, 2019.

GUERRA, Sérgio; PALMA, Juliana Bonacorsi de. Art. 26 da LINDB: novo regime jurídico de negociação com a Administração Pública. *Revista de Direito Administrativo – RDA*, Edição Especial, nov. 2018. Disponível em: https://bibliotecadigital.fgv.br/ojs/index.php/rda/article/view/77653/74316.

GUIMARÃES MENEGALE, J. *Direito Administrativo e Ciência da Administração*. 3. ed. Rio de Janeiro, Borsói, 1957.

GUIMARÃES, Bernardo Strobel. Conceito de relação de consumo e atividades prestadas por entidades sem fins lucrativos. *RDM*, São Paulo, Malheiros Editores, 135/164-187, jul./set. 2004.

GUIMARÃES, Bernardo Strobel. Princípio da continuidade do serviço público e dever de licitar. *RDPE*, Belo Horizonte, Fórum, 18/221-252, abr./jun. 2007.

GUIMARÃES, Bernardo Strobel; CAGGIANO, Heloisa Conrado. Prorrogação contratual e relicitação na Lei nº 14.448/17: perguntas e respostas. *In:* MOREIRA, Egon Bockmann (coord.). *Tratado do equilíbrio econômico-financeiro*. 2. ed. Belo Horizonte: Fórum, 2019.

GUIMARÃES, Edgar. Controle dos atos admissionais pelos Tribunais de Contas. *In:* MOTTA, F. (org.). *Concurso público e Constituição*. Belo Horizonte: Fórum, 2005.

GUIMARÃES, Felipe Montenegro Viviani. Da constitucionalidade da prorrogação antecipada das concessões de serviço público. *Revista de Direito Administrativo – RDA*, 279/181-215. Disponível em: https://bibliotecadigital.fgv.br/ojs/index.php/rda/article/view/82962.

GUIMARÃES, Felipe Montenegro Viviani. *Prorrogação por interesse público das concessões de serviço público*. São Paulo: Quartier Latin, 2018.

GUIMARÃES, Fernando Vernalha. A repartição de riscos na parceria público-privada. *RDPE*, Belo Horizonte, Fórum, 24/157-171, out./dez. 2008.

GUIMARÃES, Fernando Vernalha. Alocação de riscos na PPP. *In:* M. Justen Filho e R. W. Schwind (coord.). *Parcerias Público-Privadas*. São Paulo: RT, 2015.

GUIMARÃES, Fernando Vernalha. *Alteração Unilateral do contrato administrativo*: interpretação de dispositivos da Lei 8.666/1993. São Paulo: Malheiros Editores, 2003.

GUIMARÃES, Fernando Vernalha. As parcerias público-privadas e a transferência de atividades de suporte ao poder de polícia. *In:* SUNDFELD, Carlos Ari (coord.). *Parcerias público-privadas*. 1. ed., 2. tir. São Paulo: Malheiros Editores, 2007.

GUIMARÃES, Fernando Vernalha. As receitas alternativas nas concessões de serviços públicos no Direito Brasileiro. *RDPE*, Belo Horizonte, Fórum, 21/121-148, mar./jan. 2008.

GUIMARÃES, Fernando Vernalha. *Concessão de serviço público*. 2. ed. São Paulo: Saraiva, 2014.

GUIMARÃES, Fernando Vernalha. O regime tarifário na concessão de serviço público. *RDPE*, Belo Horizonte, Fórum, 27/51-76, jul./set. 2009.

GUIMARÃES, Fernando Vernalha. *PPP – Parceria Público-Privada*. 2. ed. São Paulo: Saraiva, 2014.

GUIMARÃES, Letícia. *O princípio da continuidade dos serviços públicos*. Dissertação de Mestrado. São Paulo, PUC/SP, 2007.

HARB, Karina Houat. *A revisão na concessão comum de serviço público*. São Paulo: Malheiros Editores, 2012.

HARRINGTON, JR., Joseph E.; VERNON, John M.; VISCUSI, W. Kip. *Economics of Regulation and Antitrust*. 3. ed. Cambridge, MIT Press, 2001.

HART, Oliver. *Firms, Contracts and Financial Structure*. Oxford: Claredon Press, 1995.

HART, Oliver. Incomplete contracts and public ownership: remarks and an application to public-private partnership. *The Economic Journal*, 113/69-76, 2003.

HAURIOU, Maurice. *Précis de Droit Administratif et de Droit Public*. 12. ed., reed. Paris: Dalloz, 2002.

HENRIQUES, Ewerton de Souza. Contabilização dos ativos em concessões e PPPs. *Revista de Direito Público da Economia – RDPE*, Belo Horizonte, Fórum, 74/56-57, abr./jun. 2021.

HESPANHA, António Manuel. *O caleidoscópio do direito*: o direito e a justiça nos dias e no mundo de hoje. Coimbra: Livraria Almedina, 2007.

HESSE, Konrad. *Elementos de Direito Constitucional da República Federal da Alemanha*. Tradução de Luís Afonso Heck. Porto Alegre: Sérgio Fabris Editor, 1998.

HOHFELD, Wesley Newcomb. *Fundamental Legal Conceptions as Applied in Judicial Reasoning*. Ed. por D. Campbell e P. Thomas. Aldershot: Ashgate Publ., 2001.

HORBACH, Carlos Batisde. Direito administrativo e direito privado na obra de Ruy Cirne Lima. *Fórum Administrativo*, Belo Horizonte, Fórum, 98/52-60, abr. 2009.

HUDSON, Richard L.; MANDELBROT, Bénoit. *The (Mis)Behavior of Markets*: a Fractasl View of Risk, Ruin & Reward. Nova York, Basic Books, 2004.

HYMAN, David N. *Public Finance*. 6. ed. Forth Worth, Dryden Press, 1999.

JABBRA, Joseph G.; DWIVEDI, O. P. Public service responsibility and accountability. *In:* JABBRA, J. G.; DWIVEDI, O. P. (ed.). *Public Service Accountability: a Comparative Perspective*. Connecticut: Kumarian Press, 1988.

JAFFE, Jeffrey F.; ROSS, Stephen A.; WESTERFIELD, Randolph W. *Administração financeira:* corporate finance. Tradução de A. Z. Sanvicente. São Paulo: Atlas, 2002.

JARDIM, Torquato. A concessão de obra pública no sistema constitucional. *Revista de Informação Legislativa*, 115/191-202, jul./set. 1992. Disponível em: https://www2.senado.leg.br/bdsf/bitstream/handle/id/176049/000472188.pdf?sequence=3&isAllowed=y.

JELLINEK, Georg. *Reforma y mutación de la Constitución*. Tradução de C. Foster. Madri: Centro de Estudios Constitucionales, 1991.

JÈZE, Gaston. *Principios generales del Derecho Administrativo*. v. II, t. 1, e v. III. Tradução de Julio N. San Millán Almagro. Buenos Aires: Depalma, 1949.

JIMÉNEZ-BLANCO, Antonio; ORTEGA ÁLVAREZ, Luis; PAREJO ALFONSO, Luciano. *Manual de Derecho Administrativo*. 5. ed. v. 1. Barcelona: Ariel, 1998.

JORDÃO, Eduardo. Art. 22 da LINDB: acabou o romance: o reforço do pragmatismo no direito público brasileiro. *Revista de Direito Administrativo – RDA*, Edição Especial, nov. 2018. Disponível em: https://bibliotecadigital.fgv.br/ojs/index.php/rda/article/view/77650/74313.

JORDÃO, Eduardo. Quem controla a Administração?. *In*: SUNDFELD, Carlos Ari *et al*. *Curso de Direito Administrativo em Ação*. São Paulo: Malheiros; JusPodivm, 2024.

JOSKOW, Paul L. (ed.). *Economic regulation*. Northampton: Edward Elgar Publishing, 2000.

JOSKOW, Paul L.; SCHMALENSEE, Richard. Incentive regulation for electric utilities. *In*: JOSKOW, Paul L. (ed.). *Economic regulation*. Northampton: Edward Elgar Publishing, 2000.

JUSTEN FILHO, Marçal. A ampliação do prazo contratual em concessões de serviço público. *Revista de Direito Administrativo Contemporâneo – ReDac*, São Paulo, RT, 23, mar./abr. 2016.

JUSTEN FILHO, Marçal. Algumas considerações acerca da concessão de serviço público. *In:* BANDEIRA DE MELLO, Celso Antônio (org.). *Estudos em homenagem a Geraldo Ataliba/-2 – Direito Administrativo e Direito Constitucional*. São Paulo: Malheiros Editores, 1997.

JUSTEN FILHO, Marçal. Algumas considerações acerca das licitações em matéria de serviços públicos. *RBDP*, Belo Horizonte, Fórum, 7/117-180, out./dez. 2004.

JUSTEN FILHO, Marçal. As diversas configurações da concessão de serviço público. *RDPE*, Belo Horizonte, Fórum, 1/95-176, mar./jan. 2003.

JUSTEN FILHO, Marçal. *Comentários à Lei de Licitações e Contratações Administrativas: Lei 14.133/2021*. São Paulo: Thomson Reuters/RT, 2021.

JUSTEN FILHO, Marçal. *Concessões de serviços públicos*. São Paulo: Dialética, 1997.

JUSTEN FILHO, Marçal. Considerações acerca da modificação subjetiva dos contratos administrativos. *Fórum de Contratação e Gestão Pública*, Belo Horizonte, Fórum, 41, maio 2005.

JUSTEN FILHO, Marçal. *Curso de Direito Administrativo*. 15. ed. Rio de Janeiro: Forense, 2024.

JUSTEN FILHO, Marçal. Novos sujeitos na Administração Pública: os consórcios públicos criados pela Lei federal 11.107. *In:* OSÓRIO, F. M.; SOUTO, Marcos Juruena Villela (coord.). *Direito Administrativo:* estudos em homenagem a Diogo de Figueiredo Moreira Neto. Rio de Janeiro: Lumen Juris, 2006.

JUSTEN FILHO, Marçal. *O direito das agências reguladoras independentes*. São Paulo: Dialética, 2002.

JUSTEN FILHO, Marçal. *Sujeição passiva tributária*. Belém: CEJUP, 1986.

JUSTEN FILHO, Marçal. *Teoria geral das concessões de serviços públicos*. São Paulo: Dialética, 2003.

JUSTEN, Mônica Spezia. *A noção de serviço público no Direito Europeu*. São Paulo: Dialética, 2003.

KAHNEMAN, Daniel; TVERSKY, Amos (ed). *Choices, Values, and Frames*. Cambridge: Cambridge University Press, 2000.

KARNI, Edi. Attitudes towards risks. *In:* NEWMAN, Peter (ed.). *The New Palgrave Dictionary of Economics and the Law*. v. 1. Nova York: Palgrave MacMillan, 2002.

KELSEN, Hans. *Teoria pura do Direito*. Tradução de J. B. Machado, revisão brasileira de S. Vieira. São Paulo: Martins Fontes, 1987.

KEYNES, John Maynard. *A Treatise on Probability*. reimpr. Mineola: Dover Phoenix, 2004.

KEYNES, John Maynard. *The End of* Laissez-Faire/*The Economic Consequences of the Peace*. Nova York: Prometeu, 2004.

KLEVORICK, Alvin K.; BAUMOL, William J. Input choices and Rate-of-Return Regulation: an overview of the discussion. *In:* JOSKOW, P. L. (ed.). *Economic Regulation*. Northampton: Edward Elgar Publishing, 2000.

KNIGHT, Frank H. *Risk, Uncertainty, and Profit*. Nova York: Dover, 2006.

KRELL, Andreas J. *Leis de normas gerais, regulamentação do poder executivo e cooperação intergovernamental em tempos de reforma administrativa*. Belo Horizonte: Fórum, 2008.

KRELL, Andreas Joachim. A constitucionalidade da regulamentação da Lei de Consórcios Públicos (n. 11.107/2005) por decreto presidencial. *RDE*, Rio de Janeiro, Renovar, 5/341-395, mar./jan. 2007.

KRIER, James E. Risk assessment. *In:* NEWMAN, Peter (ed.). *The New Palgrave Dictionary of Economics and the Law*. v. 3. Nova York: Palgrave MacMillan, 2002.

KRUEGER, Anne O. The political economy of the rent-seeking society. *The American Economic Review*, 64(3)/291-303. Jun. 1974.

LAGUNA DE PAZ, José Carlos. *La autorización administrativa*. Madri: Civitas, 2006.

LARENZ, Karl. *Base del negocio jurídico y cumplimiento de los contratos*. Tradução de C. Fernández Rodríguez. Granada: Comares, 2002.

LARENZ, Karl. *Derecho Civil:* parte general. Tradução de M. Izquierdo e Macías-Picavea. Madri: Editorial Revista de Derecho Privado, 1978.

LASAGABASTER HERRARTE, Iñaki. *Las relaciones de sujeción especial*. Madri: Civitas, 1994.

LASHERAS, Miguel Ángel. *La regulación económica de los servicios públicos*. Barcelona: Ariel, 1999.

LAUBADÈRE, André de. *Direito público económico*. Tradução de M. T. Costa. Coimbra: Livraria Almedina, 1985.

LAUBADÈRE, André de; GAUDEMET, Yves. *Traité de Droit Administratif*. 11. ed., t. 2. Paris: LGDJ, 1998.

LAUBADÈRE, André de; VENEZIA, Jean-Claude. *Traité de Droit Administratif*. 15. ed., t. 1. Paris: LGDJ, 1999.

LEÃES, Luiz Gastão Paes de Barros. Construção e operação do gasoduto para importação do gás boliviano: o exercício do monopólio do gás pela União. *RTDP*, São Paulo, Malheiros Editores, 14/160-170, 1996.

LEAL, Víctor Nunes. Técnica legislativa. *In: Problemas de direito público*. Rio de Janeiro: Forense, 1960.

LEAL, Víctor Nunes. Valor das decisões do Tribunal de Contas. *In: Problemas de direito público*. Rio de Janeiro: Forense, 1960.

LEITÃO MARQUES, Maria Manuel; FRADE, Catarina. Risco e insegurança alimentar: da (in)segurança da escassez à (in)segurança da abundância. *RDPE*, Belo Horizonte, Fórum, 7/73-96, jul./set. 2004.

LEITÃO, Alexandra. Os contratos interadministrativos. *In:* GONÇALVES, Pedro (org.). *Estudos de contratação pública – I*. Coimbra: Coimbra Editora, 2008.

LEONARDO, Rodrigo Xavier. *Redes contratuais no mercado habitacional*. São Paulo: RT, 2004.

LEONARDO, Rodrigo Xavier. Redes contratuais: uma contextualização entre empresa e mercado. *RDPE*, Belo Horizonte, Fórum, 7/225-234, jul./set. 2004.

LIBERATI, Eugenio Bruti. *Consenso e Funzione nei Contratti di Dirittto Pubblico*. Milão: Giuffrè Editore, 1996.

LINDITCH, Florian. Recherche sur la place de l'amortissement en droit administratif, contribution au thème de 'l'acte administratif et le temps'. *AJDA* fevereiro/1996. Disponível em: http://www.ajda.fr.

LIRA, Bruno; NÓBREGA, Marcos. O estatuto do RDC é contrário aos cartéis em licitação?: uma breve análise baseada na teoria dos leilões. *Revista Eletrônica de Direito do Estado – REDE*, Salvador, Direito do Estado, 30, abr.-jun. 2012. Disponível em: http://www.direitodoestado.com.br/codrevista.asp?cod=620.

LITTLECHILD, S. C. *Elements of Telecomunications Economics*. Londres, Peter Peregrinus, 1979.

LITTLECHILD, S. C.; BEESLEY, M. E. The regulation of privatised monopolies in the United Kingdom. *In:* VELJANOVSKI, C. *Regulators and the Market*. Londres: Institute of Economics Affairs, 1991.

LÔBO, Paulo. *Direito Civil*. v. 2: Obrigações. 6. ed. São Paulo: Saraiva, 2020.

LÔBO, Paulo. *Direito Civil*. v. 3: Contratos. 6. ed. São Paulo: Saraiva, 2020.

LÔBO, Paulo. *Direito Civil:* parte geral. São Paulo: Saraiva, 2009.

LOPES, Francisco. *O choque heterodoxo:* combate à inflação e reforma monetária. Rio de Janeiro: Campus, 1986.

LOPES, José Reinaldo de Lima. Raciocínio jurídico e economia. *RDPE*, Belo Horizonte, Fórum, 8/137-170, out./dez. 2004.

LÓPEZ BENÍTEZ, Mariano. *Naturaleza y presupuestos constitucionales de las relaciones de especial sujeción*. Madri: Civitas, 1994.

LÓPEZ-MUÑIZ, José Luis; QUADROS, Fausto de. *Direito e Justiça:* VI Colóquio Luso-Espanhol de Direito Administrativo. Lisboa, Universidade Católica Editora, 2005.

LOSADA GONZÁLEZ, Herminio, GARRIDO FALLA, Fernando; PALOMAR OLMEDA, Alberto. *Tratado de Derecho Administrativo*. 14. ed. v. I. Madri: Tecnos, 2005.

LOUREIRO, Gustavo Kaercher, RODRIGUES, Itiberê de Oliveira Castellano. Tem mesmo base constitucional o equilíbrio econômico-financeiro nas concessões?. *In:* LOUREIRO, Gustavo Kaercher. *Estudos sobre o regime econômico-financeiro de contratos de concessão*. São Paulo: Quartier Latin, 2020.

LOUREIRO, Gustavo Kaercher; COSTA, Eduardo Cunha da. O problema da titularidade dos serviços públicos de saneamento básico e os interesses federativos intermediários. *FGV-CERI*. Disponível em: https://ceri.fgv.br/sites/default/files/publicacoes/2021-09/titularidade-dos-serivcos-de-saneamento.pdf.

LOUREIRO, Gustavo Kaercher; MOREIRA, Egon Bockmann. A privatização de empresas estatais de saneamento: breve estudo do 'caso Corsan'. *In:* GUIMARÃES, Fernando Vernalha (coord.). *O novo direito do saneamento básico*. Belo Horizonte: Fórum, 2022.

LUHMANN, Niklas. *Risk:* a Sociological Theory. 3. reimpr. Tradução de R. Barret. New Brunswick: Aldine Transaction, 2007.

MAÇÃS, Fernanda. A concessão de serviço público e o Código dos Contratos Públicos. *In:* GONÇALVES, Pedro (org.). *Estudos de Contratação Pública – I*. Coimbra: Coimbra Editora, 2008.

MACEDO JR., Ronaldo Porto. A proteção dos usuários de serviços públicos: a perspectiva do direito do consumidor. *In:* SUNDFELD, Carlos Ari (coord.). *Direito Administrativo Econômico*. 1. ed., 2. tir. São Paulo: Malheiros Editores, 2002.

MACHADO, Cristiane Lucidi. Receitas alternativas, complementares, acessórias e de projetos especiais nas concessões. *RDPE*, Belo Horizonte, Fórum, 7/97-107, jul./set. 2004.

MACHADO, Luiz Alberto. *Direito criminal*. São Paulo: RT, 1987.

MACHADO, Luiz Alberto; ATALIBA, Geraldo (coord.). Iniciativa privada e serviços públicos: fórmulas de estímulo e garantias para atrair capitais e experiência gerencial privados para os serviços públicos. Separata da *RDP*, São Paulo, RT, 98, abr./jun. 1991.

MACHETE, Pedro. *Estado de Direito democrático e administração paritária*. Coimbra: Livraria Almedina, 2007.

MACIEL, Carolina Stéphanie Francis dos Santos. Articulação administrativa: por uma reforma cultural da administração pública. *Revista de Direito Administrativo – RDA*, Rio de Janeiro, FGV, 280/201-225, maio/ago. 2021. Disponível em: https://bibliotecadigital.fgv.br/ojs/index.php/rda/article/view/84495/80109.

MALVESSI, Oscar; BONOMI, Cláudio Augusto. Project Finance *no Brasil:* fundamentos e estudos de casos. 2. ed. São Paulo: Atlas, 2004.

MAMELI, Barbara. *Servizio Pubblico e Concessione*. Milão: Giuffrè Editore, 1998.

MANDELBROT, Bénoit; HUDSON, Richard L. *The (Mis)Behavior of Markets:* a Fractasl View of Risk, Ruin & Reward. Nova York: Basic Books, 2004.

MARANHÃO, Juliano Souza de Albuquerque. Separação estrutural entre serviços de telefonia e limites ao poder das agências para alteração de contratos de concessão. *RDPE*, Belo Horizonte, Fórum, 8/197-227. Belo Horizonte, Fórum, out./dez. 2004.

MARANHÃO, Juliano Souza de Albuquerque; FERRAZ JR., Tércio Sampaio. O princípio de eficiência e a gestão empresarial na prestação de serviços públicos: a exploração econômica das margens de rodovias. *RDPE*, Belo Horizonte, Fórum, 17/191-209, mar./jan. 2007.

MARINONI, Luiz Guilherme. *Teoria geral do processo*. São Paulo: RT, 2006.

MAROLLA, Eugenia Cristina Cleto. *Concessões de serviço público*. São Paulo: Verbatim, 2011.

MARQUES NETO, Floriano de Azevedo. Algumas notas sobre a concessão de rodovias. *RTDP*, São Paulo, Malheiros Editores, 40/167-181, 2002.

MARQUES NETO, Floriano de Azevedo. As políticas de universalização, legalidade e isonomia: o caso 'telefone social'. *RDPE*, Belo Horizonte, Fórum, 14/75-115, abr./jun. 2006.

MARQUES NETO, Floriano de Azevedo. *Bens públicos*. Belo Horizonte: Fórum, 2009.

MARQUES NETO, Floriano de Azevedo. Bens reversíveis nas concessões do setor de telecomunicações. *Revista de Direito Público da Economia – RDPE*, Belo Horizonte, Fórum, 8/99-121, out./dez. 2004.

MARQUES NETO, Floriano de Azevedo. Breves considerações sobre o equilíbrio econômico-financeiro nas concessões. *Revista de Informação Legislativa*, 159/193-197. Disponível em: http://www.senado.gov.br/web/cegraf/ril/Pdf/pdf_159/RIL159-14.pdf.

MARQUES NETO, Floriano de Azevedo. Concessões portuárias. *In:* MOREIRA, Egon Bockmann (coord.). *Portos e seus regimes jurídicos*. Belo Horizonte: Fórum, 2014.

MARQUES NETO, Floriano de Azevedo. *Concessões*. Belo Horizonte: Fórum, 2015.

MARQUES NETO, Floriano de Azevedo. Direito das telecomunicações e ANATEL. *In:* SUNDFELD, Carlos Ari (coord.). *Direito Administrativo Econômico*. 1. ed., 2. tir. São Paulo: Malheiros Editores, 2002.

MARQUES NETO, Floriano de Azevedo. Domínio público estadual e serviço federal: aspectos jurídicos sobre o uso de bens estaduais para instalações de energia elétrica. *RDPE*, Belo Horizonte, Fórum, 17/75-110, mar./jan. 2007.

MARQUES NETO, Floriano de Azevedo. Os consórcios públicos. *RDE*, Rio de Janeiro, Renovar, 2/289-340, abr./jun. 2006.

MARQUES NETO, Floriano de Azevedo. Regulação estatal e autorregulação na economia contemporânea. *Revista de Direito Público da Economia – RDPE*, Belo Horizonte, Fórum, 33/73-88, jan./mar. 2011.

MARQUES NETO, Floriano de Azevedo; FREITAS, Rafael Véras de. *Comentários à Lei nº 13.655/2018 (Lei da Segurança para a Inovação Pública)*. Belo Horizonte: Fórum, 2019.

MARQUES NETO, Floriano de Azevedo; LOUREIRO, Caio de Souza. O caráter impessoal dos contratos de concessão de direito real de uso de bem público. *Revista de Direito Administrativo Contemporâneo*, 23, mar./abr. 2016.

MARQUES NETO, Floriano de Azevedo; PALMA, Juliana Bonacorsi de. Captura pública do regulador: caso reforma do setor elétrico (2013), TCU e MME/MF/AGU. *In:* MARQUES NETO, Floriano; MOREIRA, Egon Bockmann; GUERRA, Sérgio. *Dinâmica da regulação*. 3. ed. Belo Horizonte: Fórum, 2022.

MARQUES, Cláudia Lima. *Contratos no Código de Defesa do Consumidor*. 4. ed. São Paulo: RT, 2002.

MARQUES, Cláudia Lima. Proposta de uma teoria geral dos serviços com base no Código de Defesa do Consumidor. *Revista de Direito do Consumidor*, São Paulo, RT, 33/79-122, mar./jan. 2000.

MARQUES, Maria Manuel Leitão. O acesso aos mercados regulados e o direito da concorrência. *RDPE*, Belo Horizonte, Fórum, 2/303-316. Belo Horizonte, Fórum, abr./jun. 2003.

MARQUES, Maria Manuel Leitão; ALMEIDA, João Paulo Simões de; FORTE, André Matos. Regulação sectorial e concorrência. *RDPE*, Belo Horizonte, Fórum, 9/187-205, mar./jan. 2005.

MARTÍNEZ MARÍN, Antonio. *El buen funcionamiento de los servicios públicos*. Madri: Tecnos, 1990.

MARTINEZ, Pedro Romano; PUJOL, José Manuel Marçal. *Empreitada de obras públicas*. Coimbra: Livraria Almedina, 1995.

MARTINS, Ives Gandra da Silva (coord.). *Caderno de Pesquisas Tributárias 10*: taxa e preço público. São Paulo: Centro de Estudos de Extensão Universitária/Resenha Tributária, 1985.

MARTINS, Licínio Lopes. *Empreitada de Obras Públicas*. Coimbra, Almedina, 2014.

MARTINS, Licínio Lopes. O equilíbrio econômico-financeiro do contrato administrativo: algumas reflexões. *Revista de Contratos Públicos – RCP*, Belo Horizonte, Fórum, 1/199-240, mar./ago. 2012.

MARTINS, Licínio Lopes; GONÇALVES, Pedro. Os serviços públicos económicos e a concessão no Estado regulador. *In:* MOREIRA, Vital (org.). *Estudos de Regulação Pública – I*. Coimbra: Coimbra Editora, 2004.

MARTINS-COSTA, Judith. *In:* TEIXEIRA, Sálvio de Figueiredo (coord.). *Comentários ao novo Código Civil*. 2. ed. v. V, t. I. Rio de Janeiro: Forense, 2005.

MASAGãO, Mário. *Natureza jurídica da concessão de serviço público*. São Paulo: Saraiva, 1933.

MATTARELLA, Bernardo Giorgio. Il Provvedimento. *In:* CASSESE, S. (coord.). *Trattato di Diritto Amministrativo: Diritto Amministrativo Generale*. t. I. Milão: Giuffrè, 2000.

MAURER, Hartmut. *Direito Administrativo Geral*. Tradução de Luís Afonso Heck. Barueri: Manole, 2006.

MAURER, Hartmut. *Droit Administratif Allemand*. Tradução de M. Fromont. Paris: LGDJ, 1992.

MAXIMILIANO, Carlos. *Hermenêutica e Aplicação do Direito*. 9. ed. Rio de Janeiro: Forense, 1984.

MAYER, Giovana. Notas sobre o regime dos portos brasileiros. *In:* MOREIRA, Egon Bockmann (coord.). *Portos e seus regimes jurídicos*. Belo Horizonte: Fórum, 2014.

MAYER, Giovanna. *Regulação portuária brasileira:* uma reflexão sob a luz da análise econômica do Direito. Dissertação de Mestrado. Curitiba: Programa de Pós-Graduação em Direito da UFPR, 2009.

MAYER, Otto. *Derecho Administrativo Alemán*. 2. ed., t. I e IV. Tradução de H. H. Heredía e E. Krotoschin. Buenos Aires: Depalma, 1982.

MEDAUAR, Odete. *Controle administrativo das autarquias*. São Paulo: José Bushatsky, 1976.

MEDAUAR, Odete. *Direito Administrativo moderno*. 12. ed. São Paulo: RT, 2008.

MEIRELLES TEIXEIRA, J. H. Permissão e concessão de serviço público (parecer). *RDP*, 6/100-134 e *RDP* 7/114-138, São Paulo, RT, out./dez. 1968 e mar./jan. 1969.

MEIRELLES, Hely Lopes. Formação, efeitos e extinção dos atos administrativos negociais. *Revista de Direito Administrativo – RDA*, Rio de Janeiro, FGV, 158/15-19, jan. 1984. Disponível em: <http://bibliotecadigital.fgv.br/ojs/index.php/rda/article/view/44264/43099.

MELIÁN GIL, José Luis. *Progreso tecnológico y servicios públicos*. Madri: Civitas, 2006.

MELLO, Marcos Bernardes de. *Teoria do fato jurídico:* plano da validade. 8. ed. São Paulo: Saraiva, 2008.

MELLO, Rafael Munhoz de. O poder normativo das agências reguladoras e as relações de especial sujeição. *RDPE*, Belo Horizonte, Fórum, 1/283-304, mar./jan. 2003.

MELLO, Rafael Munhoz de. *Princípios constitucionais de Direito Administrativo Sancionador:* (as Sanções Administrativas à Luz da Constituição Federal de 1988). São Paulo: Malheiros Editores, 2007.

MELO, Pedro. *A distribuição do risco nos contratos de concessão de obras públicas*. Coimbra: Almedina, 2011.

MENDES, Renato Geraldo. Aspectos fundamentais do contrato administrativo: relação entre encargos e remuneração. *ILC*, Curitiba, Zênite, 155/5-18, jan. 2007.

MENDES, Renato Geraldo. *O regime jurídico da contratação pública*. Curitiba: Zênite, 2008.

MENDES, Renato Geraldo; MOREIRA, Egon Bockmann. *Inexigibilidade de licitação*: repensando a contratação pública e o dever de licitar. 2. ed. Curitiba: Zênite, 2023.

MENDONÇA, Helder Ferreira de. Metas para inflação e taxa de juros no Brasil: uma análise do efeito dos preços livres e administrados. *Revista de Economia Política*, São Paulo, Editora 34, 27(3)/431-451, jul./set. 2007.

MENDONÇA, José Vicente Santos de. Art. 21 da LINDB. Indicando consequências e regularizando atos e negócios. *Revista de Direito Administrativo – RDA*, Rio de Janeiro, Ed. Especial: Direito Público na Lei de Introdução às Normas de Direito Brasileiro – LINDB (Lei nº. 13.655/2018), p. 43-61.

MENEGAT, Fernando. *Serviço público, regulação e concorrência*. Rio de Janeiro: Lumen Juris, 2020.

MERKL, Adolf. *Teoría general del Derecho Administrativo*. Madri: Editorial Revista de Derecho Privado, 1935.

MESCHERIAKOFF, Alain-Serge. *Droit des Services Publics*. Paris: PUF, 1991.

MESSINEO, Francesco. *Doctrina general del contrato*. t. I e II. Tradução de R. O. Fontanarrosa, S. Sentís Melendo e M. Volterra. Buenos Aires: EJEA, 1986.

MIRANDA, Henrique Savonitti. *Licitações e contratos administrativos*. 5. ed. São Paulo: Thomson Reuters, 2021.

MIRANDA, Jorge. *Manual de Direito Constitucional*. 3. ed., t. IV (Direitos Fundamentais). Coimbra: Coimbra Editora, 2000.

MNOOKIN, Robert H. *Beyond Winning: negotiating to create value in deals and disputes*. Cambridge: Harvard Univ. Press, 2000.

MODERNE, Franck. *Les Conventions de Prestations de Services entre l'État et les Collectivités Locales*. Paris: EFE, 1996.

MODESTO, Paulo. Anteprojeto de nova lei de organização administrativa: síntese e contexto. *Revista Eletrônica de Direito do Estado – REDE* 27, Salvador, Instituto Brasileiro de Direito Público, jul./set. 2011. Disponível em: http://www.direitodoestado.com.br/codrevista.asp?cod=524.

MODESTO, Paulo. Reforma do Estado, formas de prestação de serviços ao público e parcerias público-privadas: demarcando as fronteiras dos conceitos de 'serviço público', 'serviços de relevância pública' e 'serviços de exploração econômica' para as parcerias público-privadas. *In:* SUNDFELD, Carlos Ari (coord.). *Parcerias público-privadas*. 1. ed., 2. tir. São Paulo: Malheiros Editores, 2007.

MODIANO, Eduardo. A ópera dos três cruzados: 1985-1989. *In:* PAIVA ABREU, M. de (org.). *A ordem do progresso*. 16. tir. Rio de Janeiro: Campus, 1990.

MODIANO, Eduardo; CARNEIRO, Dionísio Dias. Ajuste externo e desequilíbrio interno: 1980-1984. *In:* PAIVA ABREU, M. de (org.). *A ordem do progresso*. 16. tir. Rio de Janeiro: Campus, 1990.

MONIZ, Ana Raquel Gonçalves. *O domínio público:* o critério e o regime jurídico da dominialidade. Coimbra: Livraria Almedina, 2006.

MONTEIRO, Vera. *A caracterização do contrato de concessão após a Lei 11.079/2004*. Tese, São Paulo: Faculdade de Direito da USP, 2009.

MONTEIRO, Vera, Quem presta serviços públicos?. *In*: SUNDFELD, Carlos Ari *et al*. *Curso de Direito Administrativo em Ação*. São Paulo: Malheiros; JusPodivm, 2024. p. 306-323.

MORAES, Luíza Rangel de. Ações de classe especial. *Revista de Direito Bancário, do Mercado de Capitais e da Arbitragem*, São Paulo, RT, 22/129-155, out./dez. 2003.

MORAES, Luíza Rangel de. Considerações sobre *BOT: project finance* e suas aplicações em concessões de serviços públicos. *RDA*, Rio de Janeiro, Renovar, 122/135-150, abr./jun. 1998.

MORAES, Luíza Rangel de; WALD, Alexandre de M.; WALD, Arnoldo. *O direito de parceria e a Lei de Concessões*. 2. ed. São Paulo: Saraiva, 2004.

MORAES, Maria Celina Bodin de; BARBOZA, Heloísa Helena; TEPEDINO, Gustavo. *Código Civil Interpretado*. v. II. Rio de Janeiro: Renovar, 2006.

MORAIS, Luiz Domingos Silva. *Empresas Comuns:* Joint Ventures: no Direito Comunitário da Concorrência. Coimbra: Livraria Almedina, 2006.

MOREIRA NETO, Diogo de Figueiredo. *Curso de Direito Administrativo*. 16. ed. Rio de Janeiro: Forense, 2014.

MOREIRA NETO, Diogo de Figueiredo. *Curso de Direito Administrativo*. 15. ed. Rio de Janeiro: Forense, 2009.

MOREIRA NETO, Diogo de Figueiredo. *Mutações do direito público*. Rio de Janeiro: Renovar, 2006.

MOREIRA NETO, Diogo de Figueiredo. Mutações nos serviços públicos. *In: Mutações do direito público*. Rio de Janeiro: Renovar, 2006.

MOREIRA NETO, Diogo de Figueiredo. O futuro das cláusulas exorbitantes nos contratos administrativos. *In:* ARAGÃO, Alexandre Santos de; MARQUES NETO, Floriano de Azevedo (coord.). *Direito Administrativo e seus novos paradigmas*. 2. ed. Belo Horizonte: Fórum, 2016.

MOREIRA, Egon Bockmann; BAGATIN, Andreia Cristina; ARENHART, Sérgio Cruz; FERRARO, Marcella Pereira. *Comentários à Lei de Ação Civil Pública*. 32. ed. São Paulo: Thomson Reuters/RT, 20240.

MOREIRA, Egon Bockmann; BAGATIN, Andreia Cristina. Contratos administrativos, direito à greve e os 'eventos de força maior'. *RT*, São Paulo, RT, 875/41-53, set. 2008.

MOREIRA, Egon Bockmann; CAGGIANO, Heloisa Conrado. A prorrogação antecipada nos contratos de concessão de ferrovia: análise do julgamento do STF na ADI nº 5.911. *In:* TOJAL, Sebastião Botto de Barros; OLIVEIRA, Jorge Henrique de (coord.). *Direito e infraestrutura*. v. 2. Belo Horizonte: Fórum, 2021.

MOREIRA, Egon Bockmann; CRUZ, Elisa Schmidlin. Regulação e arbitragem: caso Petrobras vs. ANP. *In:* MARQUES NETO, Floriano de Azevedo; MOREIRA, Egon Bockmann; GUERRA, Sérgio. *Dinâmica da regulação.* 3. ed. Belo Horizonte: Fórum, 2021.

MOREIRA, Egon Bockmann; CUÉLLAR, Leila. As agências reguladoras brasileiras e a crise energética. *In:* MOREIRA, Vital (org.). *Estudos de regulação pública – I.* Coimbra: Coimbra Editora, 2004.

MOREIRA, Egon Bockmann; GARCIA, Flávio Amaral. *Contratos Administrativos na Lei de Licitações.* São Paulo: Thomson Reuters/RT, 2024.

MOREIRA, Egon Bockmann; GRUPENMACHER, Betina Treiger; KANAYAMA, Rodrigo Luís; AGOTTANI, Diogo Zelak. *Precatórios:* o seu novo regime jurídico. 5. ed. São Paulo: Thomson Reuters/RT, 20231, p. 62-74.

MOREIRA, Egon Bockmann; GUIMARÃES, Bernardo Strobel. Sociedades de Propósito Específico na Lei de PPP. *In:* JUSTEN FILHO Marçal; SCHWIND, Rafael Wallbach. *Parcerias público-privadas*: reflexões sobre os 10 anos da Lei 11.079/2004. São Paulo: RT, 2015, p. 493-528.

MOREIRA, Egon Bockmann; GUIMARÃES, Fernando Vernalha. *Licitação pública.* 2. ed. São Paulo: Malheiros Editores, 2015.

MOREIRA, Egon Bockmann; GUZELA, Rafaella Peçanha. Contratos administrativos de longo prazo, equilíbrio econômico-financeiro e Taxa Interna de Retorno (TIR). *In:* MOREIRA, Egon Bockmann (coord.). *Tratado do equilíbrio econômico-financeiro.* 2. ed. Belo Horizonte: Fórum, 2019.

MOREIRA, Egon Bockmann. A Lei de Licitações, o princípio da boa-fé objetiva e o abuso de direito. *In:* GOMES DE MATTOS, M. R. (coord.). *O abuso de poder do Estado.* Rio de Janeiro: América Jurídica, 2005.

MOREIRA, Egon Bockmann. Agências administrativas, poder regulamentar e o Sistema Financeiro Nacional. *In:* CUÉLLAR, Leila; MOREIRA, Egon Bockmann. *Estudos de Direito Econômico.* Belo Horizonte: Fórum, 2004.

MOREIRA, Egon Bockmann. Agências reguladoras independentes, poder econômico e sanções administrativas. *In:* GUERRA, S. (org.). *Temas de Direito Regulatório.* Rio de Janeiro: Freiras Bastos, 2004.

MOREIRA, Egon Bockmann. Anotações sobre a história do direito econômico brasileiro (Parte I: 1930-1956). *RDPE,* Belo Horizonte, Fórum, 6/67-96, abr./jun. 2004; (Parte II: 1956-1964). *RDPE,* Belo Horizonte, Fórum, 11/121-143, jul./set. 2005.

MOREIRA, Egon Bockmann. Atos administrativos negociais. *In:* WALD, Arnoldo; JUSTEN FILHO, Marçal; PEREIRA, Cesar (org.). *O Direito Administrativo na atualidade*: estudos em homenagem ao centenário de Hely Lopes Meirelles. São Paulo: Malheiros Editores, 2017.

MOREIRA, Egon Bockmann. Breves notas sobre a Parte Geral da Lei das Parcerias Público-Privadas. *RT,* São Paulo, RT, 848/11-26, jun. 2006.

MOREIRA, Egon Bockmann. Concessão de rodovias: Código do Consumidor: Ação civil pública. (parecer). *RDA,* Rio de Janeiro, Renovar, 222/315-328, out./dez. 2000.

MOREIRA, Egon Bockmann. Concessão de serviço público: usina de asfalto. *ILC,* Curitiba, Zênite, 140/879-881, out. 2005.

MOREIRA, Egon Bockmann. Contrato de concessão de serviço público: sua compreensão contemporânea. *RTDP,* São Paulo, Malheiros Editores, 44/133-145, 2003.

MOREIRA, Egon Bockmann. Contratos de concessão, força maior extraordinária e revisão da matriz de riscos. *JOTA.* Disponível em: https://www.jota.info/opiniao-e-analise/artigos/contratos-de-concessao-forca-maior-extraordinaria-e-revisao-da-matriz-de-riscos-30042020.

MOREIRA, Egon Bockmann. Direito Econômico: regimes jurídicos, normatividade e fontes. *In:* TELLES, C.; PIRES, T. M.; CORBO, W. (coord.). *O direito público por elas*: homenagem à professora Patrícia Baptista. Rio de Janeiro: Lumen Juris, 2021.

MOREIRA, Egon Bockmann. *Estudos de Direito Econômico.* Belo Horizonte: Fórum, 2004.

MOREIRA, Egon Bockmann. Notas sobre os sistemas de controle dos atos e contratos administrativos. *Fórum Administrativo,* Belo Horizonte, Fórum, 55/6.079-6.087, set. 2005.

MOREIRA, Egon Bockmann. O contrato administrativo como instrumento de governo. *In:* GONÇALVES, Pedro Costa (org.). *Estudos de contratação pública.* v. IV. Coimbra: Coimbra, 2013.

MOREIRA, Egon Bockmann. O edital e os 'esclarecimentos à licitação' (Lei 8.666/1993, art. 40, VIII). *RTDP*, São Paulo, Malheiros Editores, 32/101-106, 2000.

MOREIRA, Egon Bockmann. O novo Código de Processo Civil e sua aplicação no processo administrativo. *Revista de Direito Administrativo – RDA*, Rio de Janeiro, FGV, 273/313-334, set./dez. 2016. Disponível em: https://bibliotecadigital.fgv.br/ojs/index.php/rda/article/view/66665/64689.

MOREIRA, Egon Bockmann. O Novo Marco Legal do Saneamento e a impossibilidade de prorrogação dos contratos de programa. *Blog Zênite*. Disponível em: https://zenite.blog.br/o-novo-marco-legal-do-saneamento-e-a-impossibilidade-de-prorrogacao-de-contratos-de-programa/.

MOREIRA, Egon Bockmann. Os consórcios empresariais e as licitações públicas (considerações em torno do art. 33 da Lei 8.666/93). *RT*, São Paulo, RT, 833/11-25, mar. 2005.

MOREIRA, Egon Bockmann. Os serviços públicos e sua lógica jurídico-econômica: reflexões a partir do artigo 175 da Constituição. *Revista de Direito Público da Economia – RDPE*, Belo Horizonte, Fórum, 68/9-43, out./dez. 2019.

MOREIRA, Egon Bockmann. Para que a Administração faz processos?. *In*: SUNDFELD, Carlos Ari *et al*. *Curso de Direito Administrativo em Ação*. São Paulo: Malheiros; JusPodivm, 2024.

MOREIRA, Egon Bockmann. Por uma nova compreensão das 'normas gerais de licitação'. *JOTA*. Disponível em: https://www.jota.info/opiniao-e-analise/colunas/publicistas/por-uma-nova-compreensao-das-normas-gerais-de-licitacao-04052021.

MOREIRA, Egon Bockmann. Portos brasileiros e seus regimes jurídicos. *In*: MOREIRA, Egon Bockmann (coord.). *Portos e seus regimes jurídicos*. Belo Horizonte: Fórum, 2014.

MOREIRA, Egon Bockmann. *Processo administrativo*: princípios constitucionais e a Lei 9.784/1999. 6. ed. Belo Horizonte: Fórum, 2022.

MOREIRA, Egon Bockmann. Quando as concessões mudam? . *In*: SUNDFELD, Carlos Ari *et al*. *Curso de Direito Administrativo em Ação*. São Paulo: Malheiros; JusPodivm, 2024.

MOREIRA, Egon Bockmann. Regulação sucessiva: quem tem a última palavra?: caso Pílula do Câncer: ADI 5.501, STF. *In:* MARQUES NETO, Floriano de Azevedo; MOREIRA, Egon Bockmann; GUERRA, Sérgio. *Dinâmica da regulação*. 3. ed. Belo Horizonte: Fórum, 2022.

MOREIRA, Egon Bockmann. Serviço de água e esgotamento: notas sobre o Decreto 10.710/2021 e a 'comprovação' da capacidade econômico-financeira. *Revista Colunistas Direito do Estado*. Disponível em: http://www.direitodoestado.com.br/colunistas/egon-bockmann-moreira/servicos-de-agua-e-esgotamento-notas-sobre-o-decreto-10710-2021-e-a-comprovacao-da-capacidade-economico-financeira.

MOREIRA, Vital (org.). *Estudos de regulação pública – I*. Coimbra: Coimbra Editora, 2004.

MOREIRA, Vital. *Administração autônoma e associações públicas*. Coimbra: Coimbra Editora, 1997.

MOREIRA, Vital. *Autorregulação profissional e administração pública*. Coimbra: Livraria Almedina, 1997.

MOREIRA, Vital. Os serviços públicos tradicionais sob o impacto da União Europeia. *RDPE*, Belo Horizonte, Fórum, 1/227-248, mar./jan. 2003.

MOREIRA, Vital; CANOTILHO, José Joaquim Gomes. *Constituição da República Portuguesa Anotada*. 4. ed. v. I. Coimbra: Coimbra Editora, 2007.

MORGENSTERN, Oskar; Von NEUMANN, John. *Theory of Games and Economical Behavior*. Princeton: Princeton University Press, 1972.

MUÑOZ MACHADO, S. (dir.). *Derecho de la regulación económica*. v. I. Madri: Iustel, 2009.

MUÑOZ, G. A.; SALOMÓN, J. L. *Problemática de administración contemporánea*. Buenos Aires: Ad-Hoc, 1997.

MUSSI, Luiz Daniel Haj. Acordo de acionistas na sociedade de economia mista. *RDPE*, Belo Horizonte, Fórum, 9/239-252, mar./jan. 2005.

NABAIS, José Casalta. Algumas reflexões críticas sobre os direitos fundamentais. *RDPE*, Belo Horizonte, Fórum, 22/61-95, abr./jun. 2008.

NABAIS, José Casalta. *Contratos fiscais:* reflexões acerca da sua admissibilidade. Coimbra: Coimbra Editora, 1994.

NABAIS, José Casalta. *Por uma Liberdade com responsabilidade*: estudos sobre direitos e deveres fundamentais. Coimbra: Coimbra Editora, 2007.

NAKANO, Yoshiaki; BRESSER-PEREIRA, Luiz Carlos. *Inflação e recessão*: a teoria da inércia inflacionária. 3. ed. São Paulo: Brasiliense, 1991.

NALIN, Paulo. *Do contrato: conceito pós-moderno:* em busca de sua formulação na perspectiva civil-constitucional. 2. ed. Curitiba: Juruá, 2006.

NERY JR., Nelson. *Código Brasileiro de Defesa do Consumidor Comentado pelos autores do anteprojeto* (em colaboração com GRINOVER, A. P., BENJAMIN, A. H., FINK., D. R., FILOMENO, J. G. B., WATANABE, K.; DENARI, Z.). 9. ed. Rio de Janeiro: Forense Universitária, 2007.

NESTER, Alexandre Wagner. Concessões de serviços públicos, encampação e devido processo legal. *RDPE*, Belo Horizonte, Fórum, 7/237-251, jul./set. 2004.

NESTER, Alexandre Wagner. *Regulação e concorrência (compartilhamento de infraestruturas e redes)*. São Paulo: Dialética, 2006.

NEVES, César das; BORGES, Luiz Ferreira Xavier. Parceria público-privada: riscos e mitigação de riscos em operações estruturadas de infraestrutura. *Revista do BNDES*, Rio de Janeiro, 23/73-118, jun. 2005. Disponível em: http://www.bndes.gov.br/conhecimento/revista/rev2305.pdf.

NEWBERY, David M. Rate-of-return regulation *versus* price regulation for public utilities. *In:* NEWMAN, P. (ed.). *The New Palgrave Dictionary of Economics and the Law*. v. 3. Nova York: Palgrave MacMillan, 2002.

NEWMAN, Peter (ed.). *The New Palgrave Dictionary of Economics and the Law*. v. 1. Nova York: Palgrave MacMillan, 2002.

NIETO, Alejandro. *Derecho Administrativo Sancionador*. 3. ed. Madri: Tecnos, 2002.

NÓBREGA, Marcos. Novos marcos teóricos em licitação no Brasil: olhar para além do sistema jurídico. *In:* NÓBREGA, M. *Direito e economia da infraestrutura*. Belo Horizonte: Fórum, 2020.

NÓBREGA, Marcos. Por que optar pela contratação integrada?: vantagens e riscos. *Revista de Direito Público da Economia – RDPE*, Belo Horizonte, Fórum, 51/109-128, jul./set. 2015.

NÓBREGA, Marcos. Riscos em projetos de infraestrutura. *In:* NÓBREGA, M. *Direito e economia da infraestrutura*. Belo Horizonte: Fórum, 2020.

NORTH, Douglas C. *Institutions, Institutional Change and Economic Performance*. Cambridge: Cambridge University Press, 1990.

NOVAIS, Elaine Cardoso de Matos. *Serviços públicos e relação de consumo*. Curitiba: Juruá, 2006.

NUSDEO, Ana Maria de Oliveira. Agências reguladoras e concorrência. *In:* SUNDFELD, Carlos Ari (org.). *Direito Administrativo Econômico*. 1. ed., 2. tir. São Paulo: Malheiros Editores, 2002.

NUSDEO, Fábio. *Curso de Economia:* introdução ao Direito Econômico. 5. ed. São Paulo: RT, 2008.

OCDE. Principles for Public Governance of Public-Private Partnerships. Disponível em: https://www.oecd.org/gov/budgeting/oecd-principles-for-public-governance-of-public-private-partnerships.htm.

OLIVEIRA, Fernando Andrade de. O poder do Estado e o exercício da polícia administrativa. *RTDP*, São Paulo, Malheiros Editores, 29/71-98, 2000.

OLIVEIRA, José Roberto Pimenta. Parcerias público-privadas: indelegabilidade no exercício da atividade administrativa de polícia e na atividade administrativa penitenciária. *In:* SUNDFELD, Carlos Ari (coord.). *Parcerias público-privadas*. 1. ed., 2. tir. São Paulo: Malheiros Editores, 2007.

OLIVEIRA, José Roberto Pimenta. *Princípios da razoabilidade e da proporcionalidade no Direito Administrativo brasileiro*. São Paulo: Malheiros Editores, 2006.

OLIVEIRA, Rafael Carvalho Resende. *Curso de Direito Administrativo*. 9. ed. Rio de Janeiro: Forense/Método, 2021.

OLIVEIRA, Rafael Carvalho Rezende. *Nova Lei de Licitações e contratos administrativos*. Rio de Janeiro: Forense, 2021.

OLIVEIRA, Rafael Sérgio Lima de. O diálogo competitivo do projeto de lei de licitação e contrato brasileiro. Disponível em: http://licitacaoecontrato.com.br/assets/artigos/artigo_download_2.pdf.

OLIVEIRA, Régis Fernandes de. *Delegação e avocação administrativas*. 2. ed. São Paulo: RT, 2005.

OLIVEIRA, Régis Fernandes de. *Taxas de polícia*. 2. ed. São Paulo: RT, 2004.

OLIVEIRA, Roberto Guena de (coord.). *Avaliação do equilíbrio econômico-financeiro dos contratos de concessão de rodovias*. São Paulo: FIPE/USP, 2001.

OLIVEIRA, Roberto Guena de. Análise de custo-benefício. *In:* BIDERMAN, C.; ARVATE, P. (orgs.). *Economia do setor público no Brasil*. Rio de Janeiro: Elsevier, 2004.

OLIVEIRA, Rodrigo Esteves de. O acto administrativo contratual. *Cadernos de Justiça Administrativa*, Braga, CEJUR, 63/3-17, maio/jun. 2007.

ORTEGA ÁLVAREZ, Luis; JIMÉNEZ-BLANCO, Antonio; PAREJO ALFONSO, Luciano. *Manual de Derecho Administrativo*. 5. ed. v. 1. Barcelona, Ariel, 1998.

OSÓRIO, F. M.; SOUTO, Marcos Juruena Villela (coord.). *Direito Administrativo:* estudos em homenagem a Diogo de Figueiredo Moreira Neto. Rio de Janeiro: Lumen Juris, 2006.

OTERO, Paulo. Coordenadas jurídicas da privatização da Administração Pública. *In:* AVELÃS NUNES, António José (org.). *Os caminhos da privatização da administração pública*. Coimbra: Coimbra Editora, 2001.

OTERO, Paulo. *Privatizações, Reprivatizações e transferências de participações sociais no interior do sector público*. Coimbra: Coimbra Editora, 1999.

OTERO, Paulo. *Vinculação e liberdade de conformação jurídica do sector empresarial do Estado*. Coimbra: Coimbra Editora, 1998.

PAIVA ABREU, M. de (org.). *A ordem do progresso*. 16. tir. Rio de Janeiro: Campus, 1990.

PALOMAR OLMEDA, Alberto, GARRIDO FALLA, Fernando; LOSADA GONZÁLEZ, Herminio. *Tratado de Derecho Administrativo*. 14. ed. v. I. Madri: Tecnos, 2005.

PAREJO ALFONSO, Luciano. La categoría de las relaciones especiales de sujeción. *In:* MUÑOZ, G. A.; SALOMÓN, J. L. *Problemática de Administración contemporánea*. Buenos Aires: Ad-Hoc, 1997.

PAREJO ALFONSO, Luciano; JIMÉNEZ-BLANCO, Antonio; ORTEGA ÁLVAREZ, Luis. *Manual de Derecho Administrativo*. 5. ed. v. 1. Barcelona, Ariel, 1998.

PARGENDLER, Mariana. State Ownership and Corporate Governance. *Fordham Law Review* 80, jun. 2012. Disponível em: https://ir.lawnet.fordham.edu/cgi/viewcontent.cgi?article=4812&context=flr.

PECI, Alketa; CAVALCANTI, Bianor Scelza. A outra face da regulação: o cidadão-usuário de serviços públicos e o novo modelo regulatório brasileiro. *RDPE*, Belo Horizonte, Fórum, 2/9-31, jul./set. 2003.

PELA, Juliana Krueger. *As golden shares no direito societário*. São Paulo: Quartier Latin, 2012.

PÉQUIGNOT, Georges. *Théorie Générale du Contrat Administratif*. Paris: A. Pédone, 1945.

PEREIRA NETO, Caio Mario da Silva; ADAMI, Mateus Piva; CARVALHO, Felipe Moreira de. Reversibilidade de bens em concessões de telecomunicações. *Revista de Direito Público da Economia – RDPE*, Belo Horizonte, Fórum, 55/73-110, jul./set. 2016.

PEREIRA NETO, Caio Mário da Silva; COUTINHO, Diogo; FARACO, Alexandre. Universalização das telecomunicações no Brasil: uma tarefa inacabada. *RDPE*, Belo Horizonte, Fórum, 2/9-58, abr./jun. 2003.

PEREIRA, César Augusto Guimarães. *Usuários de serviços públicos*. São Paulo: Saraiva, 2006.

PEREIRA, Luiz Fernando Casagrande. *Medidas urgentes no direito societário. São Paulo: RT, 2002.*

PÉREZ MORENO, A. (coord.). *Administración instrumental:* libro homenaje a Manuel Francisco Clavero Arevalo. t. I. Madri: Civitas, 1994.

PEREZ, Marcos Augusto. *O risco nos contratos de concessão de serviço público*. Belo Horizonte: Fórum, 2006.

PICKER, Randal C.; BAIRD, Douglas G.; E GERTNER, Robert H. *Game Theory and the Law*. 6ª reimpr. Cambridge: Harvard University Press, 2003.

PIMENTA, Eduardo Goulart. *Joint Ventures*: contratos de parceria empresarial no direito brasileiro. São Paulo: Juarez de Oliveira, 2005.

PINHEIRO, Armando Castelar; SADDI, Jairo. *Direito, economia e mercados*. Rio de Janeiro: Elsevier, 2005.

PINHO, Clóvis Alberto Bertolini de; RIBEIRO, Márcia Carla Pereira. Corrupção e *compliance* nas empresas públicas e sociedades de economia mista: racionalidade das disposições da Lei de Empresas Estatais (Lei nº 13.303/2016). *Revista De Direito Administrativo – RDA*, Rio de Janeiro, FGV, 277/241-272, jan./abr. 2018. Disponível em: http://bibliotecadigital.fgv.br/ojs/index.php/rda/article/view/74808/71636.

PINTO E NETTO, Luísa Cristina. *A contratualização da função pública*. Belo Horizonte: Del Rey, 2005.

PINTO, Carlos Alberto da Mota. *Teoria Geral do Direito Civil*. 3. ed. Coimbra: Coimbra Editora, 1989.

PINTO, Marcos Barbosa. Repartição de riscos nas parcerias público-privadas. *Revista do BNDES, Rio de Janeiro*, Rio de Janeiro, 25/155-182, jun. 2006. Disponível em: http://www.bndes.gov.br/conhecimento/revista/rev2506.pdf.

PIRES, Maria Coeli Simões; BARBOSA, Maria Elisa Braz. *Consórcios públicos*: instrumento do federalismo cooperativo. Belo Horizonte: Fórum, 2008.

POMPEU, Cid Tomanik. *Autorização Administrativa*. 2. ed. São Paulo: RT, 2007.

PONTES DE MIRANDA, F. C. *Comentários à Constituição de 1967 com a Emenda n. 1 de 1969*. 3. ed., t. II. Rio de Janeiro: Forense, 1987.

PONTES DE MIRANDA, F. C. *Tratado de direito privado*. 2. ed., t. 38. Rio de Janeiro: Borsói, 1962.

PONTES DE MIRANDA, F. C. *Tratado de direito privado*. t. I. 3. ed. Rio de Janeiro: Borsoi, 1970.

PORTO NETO, Benedicto. *Concessão de serviço público no Regime da Lei 8.987/95*: conceitos e princípios. São Paulo: Malheiros Editores, 1998.

PORTO NETO, Benedicto. Contrato administrativo: Plano Real e correção monetária por atraso no pagamento. *RTDP*, São Paulo, Malheiros Editores, 11/170-177, 1995.

PORTO NETO, Benedicto; PORTO FILHO, Pedro Paulo de Rezende. Contratos celebrados pela Administração Pública: ampliação do papel do acordo de vontades entre as partes. *ILC*, Curitiba, Zênite, 180/125-131 fev. 2009.

POSNER, Richard A. *Natural Monopoly and its Regulation* (30th anniversary ed.). Washington: Cato Institute, 1999.

PRADO, Lucas Navarro; RIBEIRO, Maurício Portugal. *Comentários à Lei de PPP:* parceria público-privada, fundamentos econômico-jurídicos. São Paulo: Malheiros Editores, 2007 e 2009.

PUJOL, José Manuel Marçal; MARTINEZ, Pedro Romano. *Empreitada de obras públicas*. Coimbra: Livraria Almedina, 1995.

QUADROS, Fausto de; LÓPEZ-MUÑIZ, José Luis. *Direito e Justiça:* VI Colóquio Luso-Espanhol de Direito Administrativo. Lisboa: Universidade Católica Editora, 2005.

QUEIROZ, Cristina. *Direitos fundamentais sociais*. Coimbra: Coimbra Editora, 2006.

QUINTANA LÓPEZ, Tomás. Algunas cuestiones sobre la cláusula de progreso en el contrato de concesión de obras públicas. *REDA*, Madri, Civitas, 131/421-444, jul./set. 2006.

QUINTO ROMERO, Javier de. Principios económicos de tarificación. *In:* ARIÑO ORTIZ, Gaspar (ed.). *Precios y tarifas en sectores regulados*. Granada, Comares, 2001.

RAINHO, Renata Vaz Marques Costa. Da caducidade à relicitação: o encerramento consensual dos contratos de concessão. *In:* DIAS, Maria Tereza Fonseca (org.). *Governança das contratações públicas contemporâneas*. São Paulo: Dialética, 2021.

REALE, Miguel. A ordem econômica na Constituição de 1988. *In: Aplicações da Constituição de 1988*. São Paulo: Saraiva, 1990.

REALE, Miguel. *Aplicações da Constituição de 1988*. São Paulo: Saraiva, 1990.

REALE, Miguel. Atos administrativos negociais. *In: Aplicações da Constituição de 1988*. São Paulo: Saraiva, 1990.

REALE, Miguel. Concessão e permissão de serviço público (parecer). *RDP*, São Paulo, RT, 6/77-87, out./dez. 1968.

REALE, Miguel. Diretrizes de hermenêutica contratual. *In: Questões de Direito Privado*. São Paulo: Saraiva, 1997.

REALE, Miguel. *Questões de direito privado*. São Paulo: Saraiva, 1997.

RIBEIRO, Gabriela Miniussi Engler Pinto Portugal. *Novos investimentos em contratos de parceria*. São Paulo: Almedina, 2021.

RIBEIRO, Maurício Portugal. *Concessões e PPPs*. Disponível em: https://portugalribeiro.com.br/ebooks/concessoes-e-ppps/melhores-praticas-na-modelagem-de-licitacoes-de-concessoes-e-ppps-a-busca-dos-participantes-adequados-e-da-maximizacao-da-competicao/a-divulgacao-do-projeto-e-o-nivel-de-detalhamento-dos-estudos/.

RIBEIRO, Maurício Portugal. *Concessões e PPPs*. Disponível em: https://portugalribeiro.com.br/ebooks/concessoes-e-ppps/as-melhores-praticas-para-modelagem-de-contratos-de-concessoes-e-ppps-alinhando-os-incentivos-para-a-prestacao-adequada-e-eficiente-dos-servicos/distribuicao-de-riscos-e-equilibrio-economico-financeiro/.

RIBEIRO, Maurício Portugal; PRADO, Lucas Navarro. *Comentários à Lei de PPP:* parceria público-privada, fundamentos econômico-jurídicos. São Paulo: Malheiros Editores, 2007 e 2009.

RIBEIRO, Maurício Portugal; SANDE, Felipe. Mitos, incompreensões e equívocos sobre o uso da TIR – Taxa Interna de Retorno para equilíbrio econômico-financeiro de contratos administrativos. Disponível em: https://papers.ssrn.com/sol3/papers.cfm?abstract_id=3771770.

RIVERO, Jean. *Direito Administrativo*. Tradução de R. Erhardt Soares. Coimbra: Livraria Almedina, 1981.

ROCHA, Cármen Lúcia Antunes. *Estudo sobre concessão e permissão de serviço público no Direito brasileiro*. São Paulo: Saraiva, 1996.

RODRIGUES, Nuno Cunha. *Golden Shares:* as empresas participadas e os privilégios do estado enquanto accionista minoritário. Coimbra: Coimbra Editora, 2004.

ROLLAND, Louis. *Précis de Droit Administratif*. 9. ed. Paris: Dalloz, 1947.

ROMANO, Santi. *Fragmentos de un Diccionario Jurídico*. Tradução de S. Sentís Melendo e M. Ayerra Redín. Buenos Aires: EJEA, 1964.

ROSILHO, André. *Tribunal de Contas da União*. São Paulo: Quartier Latin, 2019.

ROSILHO, André; SUNDFELD, Carlos Ari; PALMA, Juliana Bonacorsi de; GABRIEL, Yasser. Controle Público. *JOTA*. Disponível em: https://www.jota.info/opiniao-e-analise/colunas/controle-publico.

ROSS, Alf. *Sobre el Derecho y la Justicia*. 4. ed. Tradução de Genaro R. Carrió. Buenos Aires: Universitaria, 1963.

ROSS, Stephen A.; JAFFE, Jeffrey F.; WESTERFIELD, Randolph W. *Administração financeira: corporate finance*. Tradução de A. Z. Sanvicente. São Paulo: Atlas, 2002.

ROUBIER, Paul. *Droits Subjectifs et Situations Juridiques*. Paris: Dalloz, 2005.

SALA ARQUER, José Manuel. Las concesiones de servicio público en un contexto liberalizado. *In:* LÓPEZ-MUÑIZ, José Luis; QUADROS, Fausto de. *Direito e justiça:* VI Colóquio Luso-Espanhol de Direito Administrativo. Lisboa: Universidade Católica Editora, 2005.

SALAS HERNÁNDEZ, Javier. Sobre la naturaleza jurídica de las relaciones entre los usuarios de servicios públicos y las empresas concesionarias. *REDA*, Madri: Civitas, 4/29 ss. (CD-Rom), mar./jan. 1975.

SALOMÃO FILHO, Calixto. Breves acenos para uma análise estruturalista dos contratos. *RDPE*, Belo Horizonte, Fórum, 17/41-74, mar./jan. 2007.

SALOMÃO FILHO, Calixto. Direito como instrumento de transformação social e econômica. *RDPE*, Belo Horizonte, Fórum, 1/15-44, mar./jan. 2003.

SALOMÃO FILHO, Calixto. Função social dos contratos: primeiras anotações. *RDM*, São Paulo, Malheiros Editores, 132/7-24, out./dez. 2003.

SALOMÃO FILHO, Calixto. *Golden share*: utilidade e limites. *In: O novo Direito Societário*. 3. ed. São Paulo: Malheiros Editores, 2006.

SALOMÃO FILHO, Calixto. *O novo Direito Societário*. 3. ed. São Paulo: Malheiros Editores, 2006.

SALOMÃO FILHO, Calixto. *Regulação e concorrência*. São Paulo: Malheiros Editores, 2002.

SALOMÃO FILHO, Calixto. Tratamento jurídico dos monopólios em setores regulados e não regulados. *In: Regulação e concorrência*. São Paulo: Malheiros Editores, 2002.

SALOMÃO FILHO, Calixto; COMPARATO, Fábio Konder. *O poder de controle na sociedade anônima*. 4. ed. Rio de Janeiro: Forense, 2005.

SALOMÃO NETO, Eduardo. *Direito bancário*. São Paulo: Atlas, 2005.

SALOMÓN, J. L.; MUÑOZ, G. A. *Problemática de administración contemporánea*. Buenos Aires: Ad-Hoc, 1997.

SALOMONI, Jorge Luis. La cuestión de las relaciones de sujeción especial en el derecho público argentino. *In:* MUÑOZ, G. A.; SALOMONI, J. L. *Problemática de administración contemporánea*. Buenos Aires: Ad-Hoc, 1997.

SANTOS, José Anacleto Adbuch. *Contratos de concessão de serviços públicos:* equilíbrio econômico-financeiro. Curitiba: Juruá, 2002.

SANTOS, José Anacleto Adbuch. Governança nos contratos públicos. Disponível em: https://www.jmleventos.com.br/pagina.php?area=coluna-juridica&acao=download&dp_id=218.

SAVAGE, J. C.; FRIEDMAN, Milton. The utility analysis of choices involving risk. *The Journal of Political Economy*, LVI(4)/279-304, ago. 1948.

SCAFF, Fernando Facury. Ensaio sobre o conteúdo jurídico do princípio da lucratividade. *RDA*, Rio de Janeiro, Renovar, 224/340-347, abr./jun. 2001.

SCARTEZZINI, Ana Maria Goffi Flaquer. *O princípio da continuidade do serviço público*. São Paulo: Malheiros Editores, 2006.

SCHIRATO, Vitor Rein. As infraestruturas privadas no Novo Marco Setorial de Portos. *In:* MOREIRA, Egon Bockmann (coord.). *Portos e seus regimes jurídicos*. Belo Horizonte: Fórum, 2014.

SCHIRATO, Vitor Rhein. *Livre iniciativa nos serviços públicos*. Belo Horizonte: Fórum, 2012.

SCHIRATO, Vitor Rhein. Recensão do direito das concessões de serviço público. *Revista de Contratos Públicos*, Coimbra, CEDIPRE/Coimbra, 3, 2011.

SCHMALENSEE, Richard. *The Control of Natural Monopolies*. Lexington: Lexington Books, 1979.

SCHMALENSEE, Richard; JOSKOW, Paul L. Incentive regulation for electric utilities. *In*: JOSKOW, Paul L. (ed.). *Economic Regulation*. Northampton: Edward Elgar Publishing, 2000.

SCHMIDT-ASSMANN, Eberhard. *La teoría general del derecho administrativo como sistema*. Tradução de Mariano Bacigalupo *et al*. Madri: Marcial Pons, 2003.

SCHWIND, Rafael Wallbach. O custo dos direitos: o caso da gratuidade prevista no Estatuto do Idoso e a remuneração do concessionário de transporte urbano. *RDPE*, Belo Horizonte, Fórum, 21/215-240, mar./jan. 2008.

SCHWIND, Rafael Wallbach. *Remuneração do concessionário*. Belo Horizonte: Fórum, 2010.

SEABRA FAGUNDES, Miguel. Da encampação nas concessões de serviço público. *Revista de Direito Público – RDP*, São Paulo, RT, 74/42-43, abr./jun. 1985.

SEABRA FAGUNDES, Miguel. *O controle dos atos administrativos pelo Poder Judiciário*. 4. ed. Rio de Janeiro: Forense, 1967.

SILVA, Clarissa Sampaio. *Direitos Fundamentais e relações especiais de sujeição:* o caso dos agentes públicos. Belo Horizonte: Fórum, 2009.

SILVA, José Afonso da. *Aplicabilidade das normas constitucionais*. 7. ed., 3. tir. São Paulo: Malheiros Editores, 2009.

SILVA, José Afonso da. *Comentário contextual à Constituição. 6. ed. São Paulo: Malheiros Editores, 2009.*

SILVA, Vasco Pereira da. *Em busca do acto administrativo perdido*. Coimbra: Livraria Almedina, 1998.

SILVA, Vasco Pereira da. *Por um contencioso administrativo dos particulares*. Coimbra: Livraria Almedina, 1997.

SILVA, Vasco Pereira da. *Verde cor de direito:* lições de direito do ambiente. Coimbra: Livraria Almedina, 2002.

SILVA, Virgílio Afonso da. *A constitucionalização do direito*: os direitos fundamentais nas relações entre particulares. 1. ed., 2. tir. São Paulo: Malheiros Editores, 2008.

SILVA, Virgílio Afonso da. *Direitos fundamentais:* conteúdo fundamental, restrições e eficácia. 2. ed., 3. tir. São Paulo: Malheiros Editores, 2017.

SIMONSEN, Mário Henrique. *30 anos de indexação*. Rio de Janeiro: FGV, 1995.

SOARES, Rogério Ehrhardt. *Direito público e sociedade técnica*. Coimbra: Atlántida, 1969.

SOUTO, Marcos Juruena Villela. *Desestatização:* privatização, concessões, terceirizações e regulação. 4. ed. Rio de Janeiro: Lumen Juris, 2001.

SOUTO, Marcos Juruena Villela. *Direito administrativo das concessões*. 5. ed. Rio de Janeiro: Lumen Juris, 2004.

SOUTO, Marcos Juruena Villela. *Direito Administrativo Regulatório*. 2. ed. Rio de Janeiro: Lumen Juris, 2005.

SOUTO, Marcos Juruena Villela; OSÓRIO, F. M. (coord.). *Direito Administrativo*: estudos em homenagem a Diogo de Figueiredo Moreira Neto. Rio de Janeiro: Lumen Juris, 2006.

SOUZA, Hamilton Dias de; GRECO, Marco Aurélio. Taxa e preço público. *In:* MARTINS, Ives Gandra da Silva (coord.). *Caderno de Pesquisas Tributárias 10*: Taxa e Preço Público. São Paulo: Centro de Estudos de Extensão Universitária/Resenha Tributária, 1985.

SOUZA, Luciane Moessa de. *Meios consensuais de solução de conflitos envolvendo entes públicos*. Belo Horizonte: Fórum, 2012.

SOUZA, Rodrigo Pagani de; CÂMARA, Jacintho Arruda; SUNDFELD, Carlos Ari. A fiscalização estatal sobre o serviço móvel celular e seus reflexos tributários. *RDPE*, Belo Horizonte, Fórum, 4/17-41, out./dez. 2003.

SOUZA, Rubens Gomes de. *Compêndio de legislação tributária*. Ed. póstuma. São Paulo: Resenha Tributária, 1981.

STIGLER, George J. (ed.). *Chicago Studies in Political Economy*. Chicago: University of Chicago Press, 1988.

STIGLITZ, Joseph E. *Economics of the Public Sector*. 3. ed. Nova York: W. W. Norton, 2000.

STIGLITZ, Joseph E.; WALSH, Carl E. *Introdução à macroeconomia*. Tradução de M. J. C. Monteiro. Rio de Janeiro: Campus, 2003.

STOLLEIS, Michael. *O direito público na Alemanha*. Tradução de G. B. O. Mendes. São Paulo: Saraiva, 2018.

STROBER, Rolf; BACHOF, Otto; WOLFF, Hans J. *Direito Administrativo*. v. 1. Tradução de A. Francisco de Souza. Lisboa: Fundação Calouste Gulbenkian, 2006.

SUNDFELD, Carlos Ari (coord.). *Direito Administrativo Econômico*. 1. ed., 2. tir. São Paulo: Malheiros Editores, 2002.

SUNDFELD, Carlos Ari Sundfeld; JORDÃO, Eduardo; MOREIRA, Egon Bockmann; MARQUES NETO, Floriano de Azevedo; BINENBOJM, Gustavo; CÂMARA, Jacintho Arruda; MENDONÇA, José Vicente Santos de; JUSTEN FILHO, Marçal; MONTEIRO, Vera. É constitucional transferir contratos de concessão. *JOTA*. Disponível em: https://www.jota.info/opiniao-e-analise/colunas/publicistas/e-constitucional-transferir-contratos-de-concessao-17082021.

SUNDFELD, Carlos Ari. A participação privada nas empresas estatais. *In:* SUNDFELD, Carlos Ari (coord.). *Direito Administrativo Econômico*. 1. ed., 2. tir. São Paulo: Malheiros Editores, 2002.

SUNDFELD, Carlos Ari. A regulação de preços e tarifas dos serviços de telecomunicações. *In:* SUNDFELD, Carlos Ari (coord.). *Direito Administrativo Econômico*. 1. ed., 2. tir. São Paulo: Malheiros Editores, 2002.

SUNDFELD, Carlos Ari. *Direito Administrativo Ordenador*. 1. ed., 3. tir. São Paulo: Malheiros Editores, 2003.

SUNDFELD, Carlos Ari. *Direito Administrativo*: o novo olhar da LINDB. Belo Horizonte: Fórum, 2022.

SUNDFELD, Carlos Ari. Introdução às agências reguladoras. *In:* SUNDFELD, Carlos Ari (coord.). *Direito Administrativo Econômico*. 1. ed., 2. tir. São Paulo: Malheiros Editores, 2002.

SUNDFELD, Carlos Ari. *Licitação e contrato administrativo*. 2. ed. São Paulo: Malheiros Editores, 1995.

SUNDFELD, Carlos Ari. *Parcerias público-privadas*. 1. ed., 2. tir. São Paulo: Malheiros Editores, 2007.

SUNDFELD, Carlos Ari. Sistema constitucional das competências. *RTDP*, São Paulo, Malheiros Editores, 1/272-281, 1993.

SUNDFELD, Carlos Ari. Subconcessão e transferência de concessão. *In:* TELLES, C.; PIRES, T. M.; CORBO, W. (coord.). *O direito público por elas:* homenagem à professora Patrícia Baptista. Rio de Janeiro: Lumen Juris, 2021.

SUNDFELD, Carlos Ari; CÂMARA, Jacintho Arruda. Bens reversíveis nas concessões públicas: a inviabilidade de uma teoria geral. *Revista da Faculdade de Direito – UFPR*, Curitiba, UFPR, 61(2)/149-174, maio/ago. 2016.

SUNDFELD, Carlos Ari; CÂMARA, Jacintho Arruda; SOUZA, Rodrigo Pagani de. A fiscalização estatal sobre o serviço móvel celular e seus reflexos tributários. *RDPE*, Belo Horizonte, Fórum, 4/17-41, out./dez. 2003.

SUNDFELD, Carlos Ari; MOREIRA, Egon Bockmann. PPP MAIS: um caminho para práticas avançadas nas parcerias estatais com a iniciativa privada. *Revista de Direito Público da Economia – RDPE*, Belo Horizonte, Fórum, 53/9-49, jan./mar. 2016.

SUNDFELD, Carlos Ari; ROSILHO, André (org.). *Tribunal de Contas da União no Direito e na Realidade*, São Paulo: Atlas/sbdp, 2021.

SUNSTEIN, Cass R. (ed.). *Behavioral Law & Economics*. Cambridge,: Cambridge University Press, 2000.

SUNSTEIN, Cass R. *Laws of Fear:* Beyond the Precautionary Principle. Cambridge: Cambridge University Press, 2005.

SZTAJN, Raquel. Associações e sociedades: semelhanças e distinções à luz da noção de contrato plurilateral. *Revista de Direito Privado*, São Paulo, RT, 21/223-234, mar./jan. 2005.

TÁCITO, Caio. Concessão de serviço de transporte aéreo: equilíbrio financeiro (parecer). *RTDP*, São Paulo: Malheiros Editores, 16/67-70, 1996.

TÁCITO, Caio. *Direito Administrativo*. São Paulo: Saraiva, 1975.

TÁCITO, Caio. O poder de polícia e seus limites. *In: Temas de Direito Público*. v. 1. Rio de Janeiro: Renovar, 1997.

TÁCITO, Caio. *Temas de Direito Público*. v. 1. Rio de Janeiro: Renovar, 1997.

TAFUR, Diego Jacome Valois; JUSKSAITIS, Guilherme Jardim; ISSA, Rafael Hamze. *Experiências práticas em concessões e PPP*. v. II. São Paulo: Quartier Latin, 2021.

TEIXEIRA, Sálvio de Figueiredo (coord.). *Comentários ao Novo Código Civil*. 2. ed. v. V, t. I. Rio de Janeiro: Forense, 2005.

TELLES, Inocêncio Galvão. *Manual dos contratos em geral*. 4. ed. Coimbra: Coimbra Editora, 2002.

TEPEDINO, Gustavo. Premissas metodológicas para a constitucionalização do Direito Civil. *In: Temas de Direito Civil*. Rio de Janeiro: Renovar, 1999.

TEPEDINO, Gustavo. *Temas de Direito Civil*. Rio de Janeiro: Renovar, 1999.

TEPEDINO, Gustavo; BARBOZA, Heloísa Helena; MORAES, Maria Celina Bodin de. *Código Civil interpretado*. v. II. Rio de Janeiro: Renovar, 2006.

TIMM, Luciano Benetti. *A prestação de serviços:* do Código Civil ao Código de Defesa do Consumidor. 3. ed. Rio de Janeiro: Forense, 2006.

TIMM, Luciano Benetti; ALVES, Francisco Kümmel. Custos de transação no contrato de seguro: proteger o segurado é socialmente desejável?. *RDPE*, Belo Horizonte, Fórum, 19/125-158, jul./set. 2007.

TIROLE, Jean. Remarks on incomplete contracting. *In:* AGHION, P.; DEWATRIPONT, M.; LEGROS. P.; ZINGALES, L. (ed.), *The Impact of Incomplete Contracts in Economy*. NY: Oxford Univ. Press, 2016.

TOJAL, Sebastião Botto de Barros (coord.). *Contratos com o poder público*. São Paulo: AASP, 2009.

TOLLISON, Robert D. Rent-seeking. *In:* NEWMAN, P. (ed.). *The New Palgrave Dictionary of Economics and the Law*. v. 3. Nova York: Palgrave MacMillan, 2002.

TORGAL, Lino. Prorrogação do prazo de obras e de serviços públicos. *Revista de Contratos Públicos*, Coimbra, Coimbra, 1/232, jan./abr. de 2011.

TORNOS MÁS, Joaquín. Derecho y obligaciones del concesionario. *In:* GÓMEZ-FERRER MORANT, Rafael (dir.). *Comentario a la ley de contratos de las administraciones públicas*. 2. ed. Madri: Civitas, 2004.

TÔRRES, Heleno Taveira (coord.). *Serviços públicos e Direito Tributário*. São Paulo: Quartier Latin, 2005.

TORRES, Ronny Charles Lopes de. *Leis de Licitações Públicas Comentadas*. 12. ed. Salvador: Juspodivm, 2021.

TRAIN, Kenneth E. *Optimal Regulation:* the Economic Theory of Natural Monopoly. Cambridge: MIT Press, 1994.

TVERSKY, Amos; KAHNEMAN, Daniel (ed.). *Choices, Values, and Frames*. Cambridge: Cambridge University Press, 2000.

VALCARCEL FERNÁNDEZ, Patricia. *Execución y financiación de obras públicas*. Madri: Thomson Civitas, 2006.

VALCÁRCEL FERNÁNDEZ, Patricia. Works and services concession contracts: the way to boost PPP in Spain? *In:* BOGDANOWICZ, P.; CANTARA, R.; TELLES, P. (ed.), *Public-Private Partnerships and Concessions in the EU*. UK: Edward Elgar Publishing, 2020.

VARIAN, Hal R. *Intermediate Microeconomics:* a Modern Approach. 5. ed. Nova York, 1999.

VASCONCELOS, Pedro Pais de. *Contratos atípicos*. Coimbra: Livraria Almedina, 1995.

VASCONCELOS, Pedro Pais de. *Teoria geral do Direito Civil*. 4. ed. Coimbra: Livraria Almedina, 2007.

VAZ, Manuel Afonso. *Direito Económico*. 4. ed. Coimbra: Coimbra Editora, 1998.

VEGA, Pedro de. *La reforma constitucional*: y la problemática del poder constituyente. Madri: Tecnos, 1985.

VELJANOVSKI, C. *Regulators and the Market*. Londres: Institute of Economics Affairs, 1991.

VELLUTINI, Roberto. *Estruturas de* project finance *em projetos privados*: fundamentos e estudos de casos no setor elétrico do Brasil. Rio de Janeiro: Elsevier, 2006.

VENEZIA, Jean-Claude; GAUDEMET, Yves; LAUBADÈRE, André de. *Traité de Droit Administratif*. 15. ed., t. 1. Paris: LGDJ, 1999.

VERNON, John M., HARRINGTON, JR., Joseph E.; VISCUSI, W. Kip. *Economics of Regulation and Antitrust*. 3. ed. Cambridge: MIT Press, 2001.

VILLAR EZCURRA, José Luis; VILLAR PALASÍ, José Luis. El principio de riesgo y ventura. *In:* GÓMEZ-FERRER MORANT, Rafael (dir.). *Comentario a la Ley de Contratos de las Administraciones Públicas*. 2. ed. Madri: Civitas, 2004.

VILLAR PALASÍ, José Luis; VILLAR EZCURRA, José Luis. El principio de riesgo y ventura. *In:* GÓMEZ-FERRER MORANT, Rafael (dir.). *Comentario a la Ley de Contratos de las Administraciones Públicas*. 2. ed. Madri: Civitas, 2004.

VILLAR ROJAS, Francisco José. *Las instalaciones esenciales para la competencia*. Granada: Comares, 2004.

VIRGA, Pietro. *Il Provvedimento Amministrativo*. 4. ed. Milão: Giuffrè Editore, 1972.

VISCUSI, W. Kip; HARRINGTON, JR., Joseph E.; VERNON, John M. *Economics of Regulation and Antitrust*. 3. ed. Cambridge: MIT Press, 2001.

VOGEL, Stephen K. *Freer Markets, More Rules*: Regulatory Reform in Advanced Industrial Countries. Ithaca/Londres: Cornell Univertity Press, 1996.

VOJVODIC, Adriana de Moraes. Nos labirintos do STF: em busca do conceito de serviço público. *In:* COUTINHO, Diogo R.; VOJVODIC, Adriana (org.). *Jurisprudência constitucional:* como decide o STF? São Paulo: Malheiros Editores/sbdp, 2009, p. 414 e ss. Disponível em: http://www.sbdp.org.br/ver_monografia.php?idMono=76.

VON NEUMANN, John; MORGENSTERN, Oskar. *Theory of Games and Economical Behavior*. Princeton: Princeton University Press, 1972.

VORONOFF, Alice. *Direito administrativo sancionador no Brasil*. Belo Horizonte: Fórum, 2018.

WALD, Arnoldo. *In:* TEIXEIRA, Sálvio de Figueiredo (coord.). *Comentários ao novo Código Civil*. v. XIV. Rio de Janeiro: Forense, 2005.

WALD, Arnoldo. *Obrigações e contratos*. 17. ed. São Paulo: Saraiva, 2006.

WALD, Arnoldo. Ressurgimento da concessão. *RDP*, São Paulo, RT, 95/108-109, jul./set. 1990.

WALD, Arnoldo; MORAES, Luíza Rangel de; WALD, Alexandre de M.; WALD, Arnoldo. *O direito de parceria e a lei de concessões*. 2. ed. São Paulo: Saraiva, 2004.

WALSH, Carl E.; STIGLITZ, Joseph E. *Introdução à macroeconomia*. Tradução de M. J. C. Monteiro. Rio de Janeiro: Campus, 2003.

WATERSON, Michael. *Regulation of the firm and natural monopoly*. Oxford: Basil Blackwell, 1988.

WEIL, Prosper. *O Direito Administrativo*. Tradução de M. da Glória Ferreira Pinto. Coimbra: Livraria Almedina, 1977.

WESTERFIELD, Randolph W.; JAFFE, Jeffrey F.; ROSS, Stephen A. *Administração financeira:* Corporate Finance. Tradução de A. Z. Sanvicente. São Paulo: Atlas, 2002.

WOLFF, Hans J.; BACHOF, Otto; STROBER, Rolf. *Direito Administrativo*. v. 1. Tradução de A. Francisco de Souza. Lisboa: Fundação Calouste Gulbenkian, 2006.

WOOD, Philip R. *Project Finance, Subordinated Debt and State Loans*. Londres: Sweet & Maxwell, 1995.

XAVIER, Helena de Araújo Lopes. *O regime especial da concorrência no direito das telecomunicações*. Rio de Janeiro: Forense, 2003.

YESCOMBE, E. R. *Principles of Project Finance*. Londres: Academic, 2002.

ZAGREBELSKY, Gustavo. *El derecho dúctil: ley, derechos, justicia*. Tradução de M. Gascón. Madri: Editorial Trotta, 2008.

SÍTIOS DA INTERNET, PODCASTS E YOUTUBE DE INTERESSE ESPECÍFICO

https://www.agenciainfra.com/blog/ – agência de informações, notícias e debates sobre a infraestrura brasileira.

http://biblioteca.senado.gov.br:8991/F/?func=find-b-0&local_base=BBD – Sítio da Biblioteca Brasileira de Direito, que permite o acesso à base de dados de toda a bibliografia jurídica nacional.

http://www.bndes.gov.br – O endereço virtual do Banco Nacional de Desenvolvimento Econômico e Social-BNDES traz informações a respeito dos processos de desestatização, bem como balanços periódicos de seus resultados, além da Revista do BNDES.

http://www.direitodoestado.com.br – Editado e coordenado por Paulo Modesto, este sítio congrega periódicos (Revista Colunistas, Revista Eletrônica de Direito do Estado; Revista Eletrônica da Reforma do Estado; e Revista Eletrônica de Direito Administrativo Econômico), além de vídeos com palestras e depoimentos de célebres juristas brasileiros e estrangeiros.

http://www.fd.uc.pt/cedipre – Sítio do Centro de Estudos de Direito Público e Regulação-CEDIPRE da Faculdade de Direito da Universidade de Coimbra, que tem como diretor Pedro Costa Gonçalves. O endereço eletrônico dá acesso à Revista de Direito Público e Regulação.

http://www.ibge.gov.br – O sítio do Instituto Brasileiro de Geografia e Estatística-IBGE permite acesso aos mais importantes dados econômicos e sociais brasileiros.

http://www.lexml.gov.br – Portal especializado em informação jurídica e legislativa, que estrutura e correlaciona todos os dados nacionais disponíveis (leis, decretos, acórdãos, súmulas, projetos de leis, entre outros documentos das esferas federal, estadual e municipal dos Poderes Executivo, Legislativo e Judiciário de todo o Brasil).

https://www.bresserpereira.org.br – Organizado por Luiz Carlos Bresser-Pereira, contém os principais textos da reforma gerencial do Estado Brasileiro.

http://www.sbdp.org.br – Fundada e presidida por Carlos Ari Sundfeld, a Sociedade Brasileira de Direito Público-sbdp tem em seu sítio tanto o precioso *Índice* de Direito Público (que abrange periódicos científicos e livros) como vários artigos, monografias e debates sobre temas do direito público contemporâneo.

http://www.stf.jus.br e http://www.stj.jus.br – Sítios do STF e STJ.

https://zenite.blog.br – Organizado por Renato Geraldo Mendes e equipe, traz informações atualizadas sobre licitações e contratos, com artigos e decisões jurisprudenciais.

Podcast Aula de Amanhã – Desenvolvido por Egon Bockmann Moreira, traz aulas curtas sobre os principais temas do Direito Público contemporâneo. Disponível no Spotfy e em outras plataformas.

Podcast Infracast: Concessões, Parcerias Público-Privadas e Privatizações – Desenvolvido por Isadora Cohen e Gabriel Fajardo, traz entrevistas e debates voltados exclusivamente ao direito e a questões práticas da infraestrutura brasileira. Disponível no Spotfy e em outras plataformas.

Direito de Infraestrutura e Direito Regulatório – Canal do YouTube desenvolvido por Maurício Portugal Ribeiro, pretende discutir os temas, casos e curiosidades em torno do direito da infraestrutura e regulatório, buscando contribuir para o aperfeiçoamento das instituições e contratos nos setores de infraestrutura no Brasil.

LEI Nº 8.987, DE 13 DE FEVEREIRO DE 1995

Dispõe sobre o regime de concessão e permissão da prestação de serviços públicos previsto no art. 175 da Constituição Federal, e dá outras providências.

O PRESIDENTE DA REPÚBLICA Faço saber que o Congresso Nacional decreta e eu sanciono a seguinte Lei:

Capítulo I
DAS DISPOSIÇÕES PRELIMINARES

Art. 1º As concessões de serviços públicos e de obras públicas e as permissões de serviços públicos reger-se-ão pelos termos do art. 175 da Constituição Federal, por esta Lei, pelas normas legais pertinentes e pelas cláusulas dos indispensáveis contratos.

Parágrafo único. A União, os Estados, o Distrito Federal e os Municípios promoverão a revisão e as adaptações necessárias de sua legislação às prescrições desta Lei, buscando atender as peculiaridades das diversas modalidades dos seus serviços.

Art. 2º Para os fins do disposto nesta Lei, considera-se:

I – poder concedente: a União, o Estado, o Distrito Federal ou o Município, em cuja competência se encontre o serviço público, precedido ou não da execução de obra pública, objeto de concessão ou permissão;

II – concessão de serviço público: a delegação de sua prestação, feita pelo poder concedente, mediante licitação, na modalidade concorrência ou diálogo competitivo, a pessoa jurídica ou consórcio de empresas que demonstre capacidade para seu desempenho, por sua conta e risco e por prazo determinado; (Redação dada pela Lei nº 14.133, de 2021)

III – concessão de serviço público precedida da execução de obra pública: a construção, total ou parcial, conservação, reforma, ampliação ou melhoramento de quaisquer obras de interesse público, delegados pelo poder concedente, mediante licitação, na modalidade concorrência ou diálogo competitivo, a pessoa jurídica ou consórcio de empresas que demonstre capacidade para a sua realização, por sua conta e risco, de forma que o investimento da concessionária seja remunerado e amortizado mediante a exploração do serviço ou da obra por prazo determinado; (Redação dada pela Lei nº 14.133, de 2021)

IV – permissão de serviço público: a delegação, a título precário, mediante licitação, da prestação de serviços públicos, feita pelo poder concedente à pessoa física ou jurídica que demonstre capacidade para seu desempenho, por sua conta e risco.

Art. 3º As concessões e permissões sujeitar-se-ão à fiscalização pelo poder concedente responsável pela delegação, com a cooperação dos usuários.

Art. 4º A concessão de serviço público, precedida ou não da execução de obra pública, será formalizada mediante contrato, que deverá observar os termos desta Lei, das normas pertinentes e do edital de licitação.

Art. 5º O poder concedente publicará, previamente ao edital de licitação, ato justificando a conveniência da outorga de concessão ou permissão, caracterizando seu objeto, área e prazo.

Capítulo II
DO SERVIÇO ADEQUADO

Art. 6º Toda concessão ou permissão pressupõe a prestação de serviço adequado ao pleno atendimento dos usuários, conforme estabelecido nesta Lei, nas normas pertinentes e no respectivo contrato.

§1º Serviço adequado é o que satisfaz as condições de regularidade, continuidade, eficiência, segurança, atualidade, generalidade, cortesia na sua prestação e modicidade das tarifas.

§2º A atualidade compreende a modernidade das técnicas, do equipamento e das instalações e a sua conservação, bem como a melhoria e expansão do serviço.

§3º Não se caracteriza como descontinuidade do serviço a sua interrupção em situação de emergência ou após prévio aviso, quando:

I – motivada por razões de ordem técnica ou de segurança das instalações; e,

II – por inadimplemento do usuário, considerado o interesse da coletividade.

§4º A interrupção do serviço na hipótese prevista no inciso II do §3º deste artigo não poderá iniciar-se na sexta-feira, no sábado ou no domingo, nem em feriado ou no dia anterior a feriado. (Incluído pela Lei nº 14.015, de 2020)

Capítulo III
DOS DIREITOS E OBRIGAÇÕES DOS USUÁRIOS

Art. 7º. Sem prejuízo do disposto na Lei nº 8.078, de 11 de setembro de 1990, são direitos e obrigações dos usuários:

I – receber serviço adequado;

II – receber do poder concedente e da concessionária informações para a defesa de interesses individuais ou coletivos;

III – obter e utilizar o serviço, com liberdade de escolha entre vários prestadores de serviços, quando for o caso, observadas as normas do poder concedente. (Redação dada pela Lei nº 9.648, de 1998)

IV – levar ao conhecimento do poder público e da concessionária as irregularidades de que tenham conhecimento, referentes ao serviço prestado;

V – comunicar às autoridades competentes os atos ilícitos praticados pela concessionária na prestação do serviço;

VI – contribuir para a permanência das boas condições dos bens públicos através dos quais lhes são prestados os serviços.

Art. 7º-A. As concessionárias de serviços públicos, de direito público e privado, nos Estados e no Distrito Federal, são obrigadas a oferecer ao consumidor e ao usuário, dentro do mês de vencimento, o mínimo de seis datas opcionais para escolherem os dias de vencimento de seus débitos. (Incluído pela Lei nº 9.791, de 1999)

Parágrafo único. (VETADO) (Incluído pela Lei nº 9.791, de 1999)

Capítulo IV
DA POLÍTICA TARIFÁRIA

Art. 8º (VETADO)

Art. 9º A tarifa do serviço público concedido será fixada pelo preço da proposta vencedora da licitação e preservada pelas regras de revisão previstas nesta Lei, no edital e no contrato.

§1º A tarifa não será subordinada à legislação específica anterior e somente nos casos expressamente previstos em lei, sua cobrança poderá ser condicionada à existência de serviço público alternativo e gratuito para o usuário. (Redação dada pela Lei nº 9.648, de 1998)

§2º Os contratos poderão prever mecanismos de revisão das tarifas, a fim de manter-se o equilíbrio econômico-financeiro.

§3º Ressalvados os impostos sobre a renda, a criação, alteração ou extinção de quaisquer tributos ou encargos legais, após a apresentação da proposta, quando comprovado seu impacto, implicará a revisão da tarifa, para mais ou para menos, conforme o caso.

§4º Em havendo alteração unilateral do contrato que afete o seu inicial equilíbrio econômico-financeiro, o poder concedente deverá restabelecê-lo, concomitantemente à alteração.

§5º A concessionária deverá divulgar em seu sítio eletrônico, de forma clara e de fácil compreensão pelos usuários, tabela com o valor das tarifas praticadas e a evolução das revisões ou reajustes realizados nos últimos cinco anos.(Incluído pela Lei nº 13.673, de 2018)

Art. 10. Sempre que forem atendidas as condições do contrato, considera-se mantido seu equilíbrio econômico-financeiro.

Art. 11. No atendimento às peculiaridades de cada serviço público, poderá o poder concedente prever, em favor da concessionária, no edital de licitação, a possibilidade de outras fontes provenientes de receitas alternativas, complementares, acessórias ou de projetos associados, com ou sem exclusividade, com vistas a favorecer a modicidade das tarifas, observado o disposto no art. 17 desta Lei.

Parágrafo único. As fontes de receita previstas neste artigo serão obrigatoriamente consideradas para a aferição do inicial equilíbrio econômico-financeiro do contrato.

Art. 12. (VETADO)

Art. 13. As tarifas poderão ser diferenciadas em função das características técnicas e dos custos específicos provenientes do atendimento aos distintos segmentos de usuários.

Capítulo V
DA LICITAÇÃO

Art. 14. Toda concessão de serviço público, precedida ou não da execução de obra pública, será objeto de prévia licitação, nos termos da legislação própria e com observância dos princípios da legalidade, moralidade, publicidade, igualdade, do julgamento por critérios objetivos e da vinculação ao instrumento convocatório.

Art. 15. No julgamento da licitação será considerado um dos seguintes critérios: (Redação dada pela Lei nº 9.648, de 1998)

I – o menor valor da tarifa do serviço público a ser prestado; (Redação dada pela Lei nº 9.648, de 1998)

II – a maior oferta, nos casos de pagamento ao poder concedente pela outorga da concessão; (Redação dada pela Lei nº 9.648, de 1998)

III – a combinação, dois a dois, dos critérios referidos nos incisos I, II e VII; (Redação dada pela Lei nº 9.648, de 1998)

IV – melhor proposta técnica, com preço fixado no edital; (Incluído pela Lei nº 9.648, de 1998)

V – melhor proposta em razão da combinação dos critérios de menor valor da tarifa do serviço público a ser prestado com o de melhor técnica; (Incluído pela Lei nº 9.648, de 1998)

VI – melhor proposta em razão da combinação dos critérios de maior oferta pela outorga da concessão com o de melhor técnica; ou (Incluído pela Lei nº 9.648, de 1998)

VII – melhor oferta de pagamento pela outorga após qualificação de propostas técnicas. (Incluído pela Lei nº 9.648, de 1998)

§1º A aplicação do critério previsto no inciso III só será admitida quando previamente estabelecida no edital de licitação, inclusive com regras e fórmulas precisas para avaliação econômico-financeira. (Redação dada pela Lei nº 9.648, de 1998)

§2º Para fins de aplicação do disposto nos incisos IV, V, VI e VII, o edital de licitação conterá parâmetros e exigências para formulação de propostas técnicas. (Redação dada pela Lei nº 9.648, de 1998)

§3º O poder concedente recusará propostas manifestamente inexequíveis ou financeiramente incompatíveis com os objetivos da licitação. (Redação dada pela Lei nº 9.648, de 1998)

§4º Em igualdade de condições, será dada preferência à proposta apresentada por empresa brasileira. (Redação dada pela Lei nº 9.648, de 1998)

Art. 16. A outorga de concessão ou permissão não terá caráter de exclusividade, salvo no caso de inviabilidade técnica ou econômica justificada no ato a que se refere o art. 5º desta Lei.

Art. 17. Considerar-se-á desclassificada a proposta que, para sua viabilização, necessite de vantagens ou subsídios que não estejam previamente autorizados em lei e à disposição de todos os concorrentes.

§1º Considerar-se-á, também, desclassificada a proposta de entidade estatal alheia à esfera político-administrativa do poder concedente que, para sua viabilização, necessite de vantagens ou subsídios do poder público controlador da referida entidade. (Renumerado do parágrafo único pela Lei nº 9.648, de 1998)

§2º Inclui-se nas vantagens ou subsídios de que trata este artigo, qualquer tipo de tratamento tributário diferenciado, ainda que em conseqüência da natureza jurídica do licitante, que comprometa a isonomia fiscal que deve prevalecer entre todos os concorrentes. (Incluído pela Lei nº 9.648, de 1998)

Art. 18. O edital de licitação será elaborado pelo poder concedente, observados, no que couber, os critérios e as normas gerais da legislação própria sobre licitações e contratos e conterá, especialmente:

I – o objeto, metas e prazo da concessão;

II – a descrição das condições necessárias à prestação adequada do serviço;

III – os prazos para recebimento das propostas, julgamento da licitação e assinatura do contrato;

IV – prazo, local e horário em que serão fornecidos, aos interessados, os dados, estudos e projetos necessários à elaboração dos orçamentos e apresentação das propostas;

V – os critérios e a relação dos documentos exigidos para a aferição da capacidade técnica, da idoneidade financeira e da regularidade jurídica e fiscal;

VI – as possíveis fontes de receitas alternativas, complementares ou acessórias, bem como as provenientes de projetos associados;

VII – os direitos e obrigações do poder concedente e da concessionária em relação a alterações e expansões a serem realizadas no futuro, para garantir a continuidade da prestação do serviço;

VIII – os critérios de reajuste e revisão da tarifa;

IX – os critérios, indicadores, fórmulas e parâmetros a serem utilizados no julgamento técnico e econômico-financeiro da proposta;

X – a indicação dos bens reversíveis;

XI – as características dos bens reversíveis e as condições em que estes serão postos à disposição, nos casos em que houver sido extinta a concessão anterior;

XII – a expressa indicação do responsável pelo ônus das desapropriações necessárias à execução do serviço ou da obra pública, ou para a instituição de servidão administrativa;

XIII – as condições de liderança da empresa responsável, na hipótese em que for permitida a participação de empresas em consórcio;

XIV – nos casos de concessão, a minuta do respectivo contrato, que conterá as cláusulas essenciais referidas no art. 23 desta Lei, quando aplicáveis;

XV – nos casos de concessão de serviços públicos precedida da execução de obra pública, os dados relativos à obra, dentre os quais os elementos do projeto básico que permitam sua plena caracterização, bem assim as garantias exigidas para essa parte específica do contrato, adequadas a cada caso e limitadas ao valor da obra; (Redação dada pela Lei nº 9.648, de 1998)

XVI – nos casos de permissão, os termos do contrato de adesão a ser firmado.

Art. 18-A. O edital poderá prever a inversão da ordem das fases de habilitação e julgamento, hipótese em que: (Incluído pela Lei nº 11.196, de 2005)

I – encerrada a fase de classificação das propostas ou o oferecimento de lances, será aberto o invólucro com os documentos de habilitação do licitante mais bem classificado, para verificação do atendimento das condições fixadas no edital;(Incluído pela Lei nº 11.196, de 2005)

II – verificado o atendimento das exigências do edital, o licitante será declarado vencedor; (Incluído pela Lei nº 11.196, de 2005)

III – inabilitado o licitante melhor classificado, serão analisados os documentos habilitatórios do licitante com a proposta classificada em segundo lugar, e assim sucessivamente, até que um licitante classificado atenda às condições fixadas no edital; (Incluído pela Lei nº 11.196, de 2005)

IV – proclamado o resultado final do certame, o objeto será adjudicado ao vencedor nas condições técnicas e econômicas por ele ofertadas. (Incluído pela Lei nº 11.196, de 2005)

Art. 19. Quando permitida, na licitação, a participação de empresas em consórcio, observar-se-ão as seguintes normas:

I – comprovação de compromisso, público ou particular, de constituição de consórcio, subscrito pelas consorciadas;

II – indicação da empresa responsável pelo consórcio;

III – apresentação dos documentos exigidos nos incisos V e XIII do artigo anterior, por parte de cada consorciada;

IV – impedimento de participação de empresas consorciadas na mesma licitação, por intermédio de mais de um consórcio ou isoladamente.

§1º O licitante vencedor fica obrigado a promover, antes da celebração do contrato, a constituição e registro do consórcio, nos termos do compromisso referido no inciso I deste artigo.

§2º A empresa líder do consórcio é a responsável perante o poder concedente pelo cumprimento do contrato de concessão, sem prejuízo da responsabilidade solidária das demais consorciadas.

Art. 20. É facultado ao poder concedente, desde que previsto no edital, no interesse do serviço a ser concedido, determinar que o licitante vencedor, no caso de consórcio, se constitua em empresa antes da celebração do contrato.

Art. 21. Os estudos, investigações, levantamentos, projetos, obras e despesas ou investimentos já efetuados, vinculados à concessão, de utilidade para a licitação, realizados pelo poder concedente ou com a sua autorização, estarão à disposição dos interessados, devendo o vencedor da licitação ressarcir os dispêndios correspondentes, especificados no edital.

Art. 22. É assegurada a qualquer pessoa a obtenção de certidão sobre atos, contratos, decisões ou pareceres relativos à licitação ou às próprias concessões.

Capítulo VI
DO CONTRATO DE CONCESSÃO

Art. 23. São cláusulas essenciais do contrato de concessão as relativas:

I – ao objeto, à área e ao prazo da concessão;

II – ao modo, forma e condições de prestação do serviço;

III – aos critérios, indicadores, fórmulas e parâmetros definidores da qualidade do serviço;

IV – ao preço do serviço e aos critérios e procedimentos para o reajuste e a revisão das tarifas;

V – aos direitos, garantias e obrigações do poder concedente e da concessionária, inclusive os relacionados às previsíveis necessidades de futura alteração e expansão do serviço e conseqüente modernização, aperfeiçoamento e ampliação dos equipamentos e das instalações;

VI – aos direitos e deveres dos usuários para obtenção e utilização do serviço;

VII – à forma de fiscalização das instalações, dos equipamentos, dos métodos e práticas de execução do serviço, bem como a indicação dos órgãos competentes para exercê-la;

VIII – às penalidades contratuais e administrativas a que se sujeita a concessionária e sua forma de aplicação;

IX – aos casos de extinção da concessão;

X – aos bens reversíveis;

XI – aos critérios para o cálculo e a forma de pagamento das indenizações devidas à concessionária, quando for o caso;

XII – às condições para prorrogação do contrato;

XIII – à obrigatoriedade, forma e periodicidade da prestação de contas da concessionária ao poder concedente;

XIV – à exigência da publicação de demonstrações financeiras periódicas da concessionária; e

XV – ao foro e ao modo amigável de solução das divergências contratuais.

Parágrafo único. Os contratos relativos à concessão de serviço público precedido da execução de obra pública deverão, adicionalmente:

I – estipular os cronogramas físico-financeiros de execução das obras vinculadas à concessão; e

II – exigir garantia do fiel cumprimento, pela concessionária, das obrigações relativas às obras vinculadas à concessão.

Art. 23-A. O contrato de concessão poderá prever o emprego de mecanismos privados para resolução de disputas decorrentes ou relacionadas ao contrato, inclusive a arbitragem, a ser realizada no Brasil e em língua portuguesa, nos termos da Lei nº 9.307, de 23 de setembro de 1996. (Incluído pela Lei nº 11.196, de 2005)

Art. 24. (VETADO)

Art. 25. Incumbe à concessionária a execução do serviço concedido, cabendo-lhe responder por todos os prejuízos causados ao poder concedente, aos usuários ou a terceiros, sem que a fiscalização exercida pelo órgão competente exclua ou atenue essa responsabilidade.

§1º Sem prejuízo da responsabilidade a que se refere este artigo, a concessionária poderá contratar com terceiros o desenvolvimento de atividades inerentes, acessórias ou complementares ao serviço concedido, bem como a implementação de projetos associados. (Vide ADC 57)

§2º Os contratos celebrados entre a concessionária e os terceiros a que se refere o parágrafo anterior reger-se-ão pelo direito privado, não se estabelecendo qualquer relação jurídica entre os terceiros e o poder concedente.

§3º A execução das atividades contratadas com terceiros pressupõe o cumprimento das normas regulamentares da modalidade do serviço concedido.

Art. 26. É admitida a subconcessão, nos termos previstos no contrato de concessão, desde que expressamente autorizada pelo poder concedente.

§1º A outorga de subconcessão será sempre precedida de concorrência.

§2º O subconcessionário se sub-rogará todos os direitos e obrigações da subconcedente dentro dos limites da subconcessão.

Art. 27. A transferência de concessão ou do controle societário da concessionária sem prévia anuência do poder concedente implicará a caducidade da concessão.

§1º Para fins de obtenção da anuência de que trata o caput deste artigo, o pretendente deverá: (Renumerado do parágrafo único pela Lei nº 11.196, de 2005)

I – atender às exigências de capacidade técnica, idoneidade financeira e regularidade jurídica e fiscal necessárias à assunção do serviço; e

II – comprometer-se a cumprir todas as cláusulas do contrato em vigor.

§2º (Revogado). (Redação dada pela Lei nº 13.097, de 2015)

§3º (Revogado). (Redação dada pela Lei nº 13.097, de 2015)

§4º (Revogado).(Redação dada pela Lei nº 13.097, de 2015)

Art. 27-A. Nas condições estabelecidas no contrato de concessão, o poder concedente autorizará a assunção do controle ou da administração temporária da concessionária por seus financiadores e garantidores com quem não mantenha vínculo societário direto, para promover sua reestruturação financeira e assegurar a continuidade da prestação dos serviços. (Incluído pela Lei nº 13.097, de 2015)

§1º Na hipótese prevista no **caput**, o poder concedente exigirá dos financiadores e dos garantidores que atendam às exigências de regularidade jurídica e fiscal, podendo alterar ou dispensar os demais requisitos previstos no inciso I do parágrafo único do art. 27.(Incluído pela Lei nº 13.097, de 2015)

§2º A assunção do controle ou da administração temporária autorizadas na forma do **caput** deste artigo não alterará as obrigações da concessionária e de seus controladores para com terceiros, poder concedente e usuários dos serviços públicos. (Incluído pela Lei nº 13.097, de 2015)

§3º Configura-se o controle da concessionária, para os fins dispostos no **caput** deste artigo, a propriedade resolúvel de ações ou quotas por seus financiadores e garantidores que atendam os requisitos do art. 116 da Lei nº 6.404, de 15 de dezembro de 1976. (Incluído pela Lei nº 13.097, de 2015)

§4º Configura-se a administração temporária da concessionária por seus financiadores e garantidores quando, sem a transferência da propriedade de ações ou quotas, forem outorgados os seguintes poderes: (Incluído pela Lei nº 13.097, de 2015)

I – indicar os membros do Conselho de Administração, a serem eleitos em Assembleia Geral pelos acionistas, nas sociedades regidas pela Lei 6.404, de 15 de dezembro de 1976; ou administradores, a serem eleitos pelos quotistas, nas demais sociedades; (Incluído pela Lei nº 13.097, de 2015)

II – indicar os membros do Conselho Fiscal, a serem eleitos pelos acionistas ou quotistas controladores em Assembleia Geral; (Incluído pela Lei nº 13.097, de 2015)

III – exercer poder de veto sobre qualquer proposta submetida à votação dos acionistas ou quotistas da concessionária, que representem, ou possam representar, prejuízos aos fins previstos no **caput** deste artigo; (Incluído pela Lei nº 13.097, de 2015)

IV – outros poderes necessários ao alcance dos fins previstos no **caput** deste artigo.(Incluído pela Lei nº 13.097, de 2015)

§5º A administração temporária autorizada na forma deste artigo não acarretará responsabilidade aos financiadores e garantidores em relação à tributação, encargos, ônus, sanções, obrigações ou compromissos com terceiros, inclusive com o poder concedente ou empregados. (Incluído pela Lei nº 13.097, de 2015)

§6º O Poder Concedente disciplinará sobre o prazo da administração temporária. (Incluído pela Lei nº 13.097, de 2015)

Art. 28. Nos contratos de financiamento, as concessionárias poderão oferecer em garantia os direitos emergentes da concessão, até o limite que não comprometa a operacionalização e a continuidade da prestação do serviço.

Parágrafo único.(Revogado pela Lei nº 9.074, de 1995)

Art. 28-A. Para garantir contratos de mútuo de longo prazo, destinados a investimentos relacionados a contratos de concessão, em qualquer de suas modalidades, as concessionárias poderão ceder ao mutuante, em caráter fiduciário, parcela de seus créditos operacionais futuros, observadas as seguintes condições: (Incluído pela Lei nº 11.196, de 2005)

I – o contrato de cessão dos créditos deverá ser registrado em Cartório de Títulos e Documentos para ter eficácia perante terceiros;

II – sem prejuízo do disposto no inciso I do caput deste artigo, a cessão do crédito não terá eficácia em relação ao Poder Público concedente senão quando for este formalmente notificado; (Incluído pela Lei nº 11.196, de 2005)

III – os créditos futuros cedidos nos termos deste artigo serão constituídos sob a titularidade do mutuante, independentemente de qualquer formalidade adicional; (Incluído pela Lei nº 11.196, de 2005)

IV – o mutuante poderá indicar instituição financeira para efetuar a cobrança e receber os pagamentos dos créditos cedidos ou permitir que a concessionária o faça, na qualidade de representante e depositária; (Incluído pela Lei nº 11.196, de 2005)

V – na hipótese de ter sido indicada instituição financeira, conforme previsto no inciso IV do caput deste artigo, fica a concessionária obrigada a apresentar a essa os créditos para cobrança; (Incluído pela Lei nº 11.196, de 2005)

VI – os pagamentos dos créditos cedidos deverão ser depositados pela concessionária ou pela instituição encarregada da cobrança em conta corrente bancária vinculada ao contrato de mútuo;(Incluído pela Lei nº 11.196, de 2005)

VII – a instituição financeira depositária deverá transferir os valores recebidos ao mutuante à medida que as obrigações do contrato de mútuo tornarem-se exigíveis; e (Incluído pela Lei nº 11.196, de 2005)

VIII – o contrato de cessão disporá sobre a devolução à concessionária dos recursos excedentes, sendo vedada a retenção do saldo após o adimplemento integral do contrato. (Incluído pela Lei nº 11.196, de 2005)

Parágrafo único. Para os fins deste artigo, serão considerados contratos de longo prazo aqueles cujas obrigações tenham prazo médio de vencimento superior a 5 (cinco) anos. (Incluído pela Lei nº 11.196, de 2005)

Capítulo VII
DOS ENCARGOS DO PODER CONCEDENTE

Art. 29. Incumbe ao poder concedente:

I – regulamentar o serviço concedido e fiscalizar permanentemente a sua prestação;

II – aplicar as penalidades regulamentares e contratuais;

III – intervir na prestação do serviço, nos casos e condições previstos em lei;

IV – extinguir a concessão, nos casos previstos nesta Lei e na forma prevista no contrato;

V – homologar reajustes e proceder à revisão das tarifas na forma desta Lei, das normas pertinentes e do contrato;

VI – cumprir e fazer cumprir as disposições regulamentares do serviço e as cláusulas contratuais da concessão;

VII – zelar pela boa qualidade do serviço, receber, apurar e solucionar queixas e reclamações dos usuários, que serão cientificados, em até trinta dias, das providências tomadas;

VIII – declarar de utilidade pública os bens necessários à execução do serviço ou obra pública, promovendo as desapropriações, diretamente ou mediante outorga de poderes à concessionária, caso em que será desta a responsabilidade pelas indenizações cabíveis;

IX – declarar de necessidade ou utilidade pública, para fins de instituição de servidão administrativa, os bens necessários à execução de serviço ou obra pública, promovendo-a diretamente ou mediante outorga de poderes à concessionária, caso em que será desta a responsabilidade pelas indenizações cabíveis;

X – estimular o aumento da qualidade, produtividade, preservação do meio-ambiente e conservação;

XI – incentivar a competitividade; e

XII – estimular a formação de associações de usuários para defesa de interesses relativos ao serviço.

Art. 30. No exercício da fiscalização, o poder concedente terá acesso aos dados relativos à administração, contabilidade, recursos técnicos, econômicos e financeiros da concessionária.

Parágrafo único. A fiscalização do serviço será feita por intermédio de órgão técnico do poder concedente ou por entidade com ele conveniada, e, periodicamente, conforme previsto em norma regulamentar, por comissão composta de representantes do poder concedente, da concessionária e dos usuários.

Capítulo VIII
DOS ENCARGOS DA CONCESSIONÁRIA

Art. 31. Incumbe à concessionária:

I – prestar serviço adequado, na forma prevista nesta Lei, nas normas técnicas aplicáveis e no contrato;

II – manter em dia o inventário e o registro dos bens vinculados à concessão;

III – prestar contas da gestão do serviço ao poder concedente e aos usuários, nos termos definidos no contrato;

IV – cumprir e fazer cumprir as normas do serviço e as cláusulas contratuais da concessão;

V – permitir aos encarregados da fiscalização livre acesso, em qualquer época, às obras, aos equipamentos e às instalações integrantes do serviço, bem como a seus registros contábeis;

VI – promover as desapropriações e constituir servidões autorizadas pelo poder concedente, conforme previsto no edital e no contrato;

VII – zelar pela integridade dos bens vinculados à prestação do serviço, bem como segurá-los adequadamente; e

VIII – captar, aplicar e gerir os recursos financeiros necessários à prestação do serviço.

Parágrafo único. As contratações, inclusive de mão-de-obra, feitas pela concessionária serão regidas pelas disposições de direito privado e pela legislação trabalhista, não se estabelecendo qualquer relação entre os terceiros contratados pela concessionária e o poder concedente.

Capítulo IX
DA INTERVENÇÃO

Art. 32. O poder concedente poderá intervir na concessão, com o fim de assegurar a adequação na prestação do serviço, bem como o fiel cumprimento das normas contratuais, regulamentares e legais pertinentes.

Parágrafo único. A intervenção far-se-á por decreto do poder concedente, que conterá a designação do interventor, o prazo da intervenção e os objetivos e limites da medida.

Art. 33. Declarada a intervenção, o poder concedente deverá, no prazo de trinta dias, instaurar procedimento administrativo para comprovar as causas determinantes da medida e apurar responsabilidades, assegurado o direito de ampla defesa.

§1º Se ficar comprovado que a intervenção não observou os pressupostos legais e regulamentares será declarada sua nulidade, devendo o serviço ser imediatamente devolvido à concessionária, sem prejuízo de seu direito à indenização.

§2º O procedimento administrativo a que se refere o **caput** deste artigo deverá ser concluído no prazo de até cento e oitenta dias, sob pena de considerar-se inválida a intervenção.

Art. 34. Cessada a intervenção, se não for extinta a concessão, a administração do serviço será devolvida à concessionária, precedida de prestação de contas pelo interventor, que responderá pelos atos praticados durante a sua gestão.

Capítulo X
DA EXTINÇÃO DA CONCESSÃO

Art. 35. Extingue-se a concessão por:

I – advento do termo contratual;

II – encampação;

III – caducidade;

IV – rescisão;

V – anulação; e

VI – falência ou extinção da empresa concessionária e falecimento ou incapacidade do titular, no caso de empresa individual.

§1º Extinta a concessão, retornam ao poder concedente todos os bens reversíveis, direitos e privilégios transferidos ao concessionário conforme previsto no edital e estabelecido no contrato.

§2º Extinta a concessão, haverá a imediata assunção do serviço pelo poder concedente, procedendo-se aos levantamentos, avaliações e liquidações necessários.

§3º A assunção do serviço autoriza a ocupação das instalações e a utilização, pelo poder concedente, de todos os bens reversíveis.

§4º Nos casos previstos nos incisos I e II deste artigo, o poder concedente, antecipando-se à extinção da concessão, procederá aos levantamentos e avaliações necessários à determinação dos montantes da indenização que será devida à concessionária, na forma dos arts. 36 e 37 desta Lei.

Art. 36. A reversão no advento do termo contratual far-se-á com a indenização das parcelas dos investimentos vinculados a bens reversíveis, ainda não amortizados ou depreciados, que tenham sido realizados com o objetivo de garantir a continuidade e atualidade do serviço concedido.

Art. 37. Considera-se encampação a retomada do serviço pelo poder concedente durante o prazo da concessão, por motivo de interesse público, mediante lei autorizativa específica e após prévio pagamento da indenização, na forma do artigo anterior.

Art. 38. A inexecução total ou parcial do contrato acarretará, a critério do poder concedente, a declaração de caducidade da concessão ou a aplicação das sanções contratuais, respeitadas as disposições deste artigo, do art. 27, e as normas convencionadas entre as partes.

§1º A caducidade da concessão poderá ser declarada pelo poder concedente quando:

I – o serviço estiver sendo prestado de forma inadequada ou deficiente, tendo por base as normas, critérios, indicadores e parâmetros definidores da qualidade do serviço;

II – a concessionária descumprir cláusulas contratuais ou disposições legais ou regulamentares concernentes à concessão;

III – a concessionária paralisar o serviço ou concorrer para tanto, ressalvadas as hipóteses decorrentes de caso fortuito ou força maior;

IV – a concessionária perder as condições econômicas, técnicas ou operacionais para manter a adequada prestação do serviço concedido;

V – a concessionária não cumprir as penalidades impostas por infrações, nos devidos prazos;

VI – a concessionária não atender a intimação do poder concedente no sentido de regularizar a prestação do serviço; e

VII – a concessionária não atender a intimação do poder concedente para, em 180 (cento e oitenta) dias, apresentar a documentação relativa a regularidade fiscal, no curso da concessão, na forma do art. 29 da Lei nº 8.666, de 21 de junho de 1993. (Redação dada pela Lei nº 12.767, de 2012)

§2º A declaração da caducidade da concessão deverá ser precedida da verificação da inadimplência da concessionária em processo administrativo, assegurado o direito de ampla defesa.

§3º Não será instaurado processo administrativo de inadimplência antes de comunicados à concessionária, detalhadamente, os descumprimentos contratuais referidos no §1º deste artigo, dando-lhe um prazo para corrigir as falhas e transgressões apontadas e para o enquadramento, nos termos contratuais.

§4º Instaurado o processo administrativo e comprovada a inadimplência, a caducidade será declarada por decreto do poder concedente, independentemente de indenização prévia, calculada no decurso do processo.

§5º A indenização de que trata o parágrafo anterior, será devida na forma do art. 36 desta Lei e do contrato, descontado o valor das multas contratuais e dos danos causados pela concessionária.

§6º Declarada a caducidade, não resultará para o poder concedente qualquer espécie de responsabilidade em relação aos encargos, ônus, obrigações ou compromissos com terceiros ou com empregados da concessionária.

Art. 39. O contrato de concessão poderá ser rescindido por iniciativa da concessionária, no caso de descumprimento das normas contratuais pelo poder concedente, mediante ação judicial especialmente intentada para esse fim.

Parágrafo único. Na hipótese prevista no **caput** deste artigo, os serviços prestados pela concessionária não poderão ser interrompidos ou paralisados, até a decisão judicial transitada em julgado.

Capítulo XI
DAS PERMISSÕES

Art. 40. A permissão de serviço público será formalizada mediante contrato de adesão, que observará os termos desta Lei, das demais normas pertinentes e do edital de licitação, inclusive quanto à precariedade e à revogabilidade unilateral do contrato pelo poder concedente.

Parágrafo único. Aplica-se às permissões o disposto nesta Lei.

Capítulo XII
DISPOSIÇÕES FINAIS E TRANSITÓRIAS

Art. 41. O disposto nesta Lei não se aplica à concessão, permissão e autorização para o serviço de radiodifusão sonora e de sons e imagens.

Art. 42. As concessões de serviço público outorgadas anteriormente à entrada em vigor desta Lei consideram-se válidas pelo prazo fixado no contrato ou no ato de outorga, observado o disposto no art. 43 desta Lei.(Vide Lei nº 9.074, de 1995)

§1º Vencido o prazo mencionado no contrato ou ato de outorga, o serviço poderá ser prestado por órgão ou entidade do poder concedente, ou delegado a terceiros, mediante novo contrato. (Redação dada pela Lei nº 11.445, de 2007). (Vigência) (Vide ADIN 4058)

§2º As concessões em caráter precário, as que estiverem com prazo vencido e as que estiverem em vigor por prazo indeterminado, inclusive por força de legislação anterior, permanecerão válidas pelo prazo necessário à realização dos levantamentos e avaliações indispensáveis à organização das licitações que precederão a outorga das concessões que as substituirão, prazo esse que não será inferior a 24 (vinte e quatro) meses.

§3º As concessões a que se refere o §2º deste artigo, inclusive as que não possuam instrumento que as formalize ou que possuam cláusula que preveja prorrogação, terão validade máxima até o dia 31 de dezembro de 2010, desde que, até o dia 30 de junho de 2009, tenham sido cumpridas, cumulativamente, as seguintes condições:(Incluído pela Lei nº 11.445, de 2007). (Vigência)

I – levantamento mais amplo e retroativo possível dos elementos físicos constituintes da infraestrutura de bens reversíveis e dos dados financeiros, contábeis e comerciais relativos à prestação dos serviços, em dimensão necessária e suficiente para a realização do cálculo de eventual indenização relativa aos investimentos ainda não amortizados pelas receitas emergentes da concessão, observadas as disposições legais e contratuais que regulavam a prestação do serviço ou a ela aplicáveis nos 20 (vinte) anos anteriores ao da publicação desta Lei; (Incluído pela Lei nº 11.445, de 2007). (Vigência)

II – celebração de acordo entre o poder concedente e o concessionário sobre os critérios e a forma de indenização de eventuais créditos remanescentes de investimentos ainda não amortizados ou depreciados, apurados a partir dos levantamentos referidos no inciso I deste parágrafo e auditados por instituição especializada escolhida de comum acordo pelas partes; e (Incluído pela Lei nº 11.445, de 2007). (Vigência)

III – publicação na imprensa oficial de ato formal de autoridade do poder concedente, autorizando a prestação precária dos serviços por prazo de até 6 (seis) meses, renovável até 31 de dezembro de 2008, mediante comprovação do cumprimento do disposto nos incisos I e II deste parágrafo. (Incluído pela Lei nº 11.445, de 2007). (Vigência)

§4º Não ocorrendo o acordo previsto no inciso II do §3º deste artigo, o cálculo da indenização de investimentos será feito com base nos critérios previstos no instrumento de concessão antes celebrado ou, na omissão deste, por avaliação de seu valor econômico ou reavaliação patrimonial, depreciação e amortização de ativos imobilizados definidos pelas legislações fiscal e das sociedades por ações, efetuada por empresa de auditoria independente escolhida de comum acordo pelas partes. (Incluído pela Lei nº 11.445, de 2007). (Vigência)

§5º No caso do §4º deste artigo, o pagamento de eventual indenização será realizado, mediante garantia real, por meio de 4 (quatro) parcelas anuais, iguais e sucessivas, da parte ainda não amortizada de investimentos e de outras indenizações relacionadas à prestação dos serviços, realizados com capital próprio do concessionário ou de seu controlador, ou originários de operações de financiamento, ou obtidos mediante emissão de ações, debêntures e outros títulos mobiliários, com a primeira parcela paga até o último dia útil do exercício financeiro em que ocorrer a reversão. (Incluído pela Lei nº 11.445, de 2007). (Vigência)

§6º Ocorrendo acordo, poderá a indenização de que trata o §5º deste artigo ser paga mediante receitas de novo contrato que venha a disciplinar a prestação do serviço. (Incluído pela Lei nº 11.445, de 2007). (Vigência)

Art. 43. Ficam extintas todas as concessões de serviços públicos outorgadas sem licitação na vigência da Constituição de 1988. (Vide Lei nº 9.074, de 1995)

Parágrafo único. Ficam também extintas todas as concessões outorgadas sem licitação anteriormente à Constituição de 1988, cujas obras ou serviços não tenham sido iniciados ou que se encontrem paralisados quando da entrada em vigor desta Lei.

Art. 44. As concessionárias que tiverem obras que se encontrem atrasadas, na data da publicação desta Lei, apresentarão ao poder concedente, dentro de cento e oitenta dias, plano efetivo de conclusão das obras. (Vide Lei nº 9.074, de 1995)

Parágrafo único. Caso a concessionária não apresente o plano a que se refere este artigo ou se este plano não oferecer condições efetivas para o término da obra, o poder concedente poderá declarar extinta a concessão, relativa a essa obra.

Art. 45. Nas hipóteses de que tratam os arts. 43 e 44 desta Lei, o poder concedente indenizará as obras e serviços realizados somente no caso e com os recursos da nova licitação.

Parágrafo único. A licitação de que trata o **caput** deste artigo deverá, obrigatoriamente, levar em conta, para fins de avaliação, o estágio das obras paralisadas ou atrasadas, de modo a permitir a utilização do critério de julgamento estabelecido no inciso III do art. 15 desta Lei.

Art. 46. Esta Lei entra em vigor na data de sua publicação.

Art. 47. Revogam-se as disposições em contrário.

Brasília, 13 de fevereiro de 1995; 174º da Independência e 107º da República.

FERNANDO HENRIQUE CARDOSO
Nelson Jobim

Este texto não substitui o publicado no *DOU* de 14.2.1995 e republicado em 28.9.1998.

ÍNDICE ALFABÉTICO-REMISSIVO

(os números referem-se aos parágrafos)

Ação de classe especial – definição, 2, 30
Ação preferencial, 103
Accountability, 23 (nota 143 – definição)
Acesso à informação, 75
Adaptabilidade, 58, 63
Administração de infraestrutura, 33, 53, 105
Administração indireta, 16
Agência Estadual Reguladora dos Serviços Públicos Delegados do Estado de São Paulo (ARTESP), 46 (nota 269)
Agência Estadual Reguladora dos Serviços Públicos Delegados do Rio Grande do Sul (AGERGS), 46
Agência Nacional de Energia Elétrica (ANEEL), 64 (nota 334), 84 (nota 451)
Agência Nacional de Telecomunicações (ANATEL), 8 (nota 35), 20, 33, 41 (nota 250), 47
Agência Nacional de Transportes Terrestres (ANTT), 16 (nota 89), 23 (nota 154), 47
Álea ordinária e extraordinária, 8, 23, 98, 104
Alocação de riscos, 23
Alteração das circunstâncias, 43, 95, 99, 104
Alteração unilateral do contrato, 20, 23, 43, 98, 99, 104, 105
Alternative dispute resolution, v. "métodos adequados de solução de conflitos"
Amortização, 25, 31, 64, 81, 100
Amortização financeira, 128
Antinomia, 90
Anulação, 127
Arbitragem, v. "métodos adequados de solução de conflitos"
Arrendamento portuário, 16-A
Assimetria de informações, 23, 24, 33
Associação pública, 18
Atividade econômica – e iniciativa dual, 13
Ato administrativo complexo, 17
Ato administrativo contratual, 13
Ato administrativo de outorga, 20
Atualidade, 62
Audiência pública, 42, 50, 54, 56, 81
Autarquia – v. "Administração indireta"
Autorização, 13, 32

Base objetiva – v. "Teoria da base do negócio"
Bens reversíveis, 128
BOT, 29
Brownfield – v. "Projeto *brownfield*"

Caducidade, 126
Câmaras de compensação, 109
Capacidade de aprendizagem contratual, 6, 8, 12, 23, 41, 43, 93, 105
Cláusulas contratuais, 12
Cláusulas de *hardship*, 8, 105
CMPC – Custo Médio Ponderado de Capital, 100, 103 (conceito)
Comissão tripartite, 41
Compartilhamento de infraestrutura, 27, 40, 85
Competência – e "cruzamento de –", 40
Concedente (definição), 15
– e consórcio público, 18
Concessão-convênio, 13
Concessão comum de serviço público, 19 (e definições)
– e objeto, área e prazo, 55
– e projeto autossustentável, 20, 64, 84
Concessão de serviço precedida de obra pública, 4, 28
Concessão de obra pública, 4,
Concessão de serviço público, 4
– e efeito constitutivo, 20
– e efeito mandamental, 20
Concessão e conteúdo do contrato, 20-A
Concessão e objeto do contrato, 20-A
Concessão e partes no contrato, 20-A
Concessão multilateral, 17
Concessões cruzadas, 109
Concorrência, 85
– e concorrência *ex ante/ex post*, 6, 8, 13, 85
Condições do contrato – v. "Teoria da base do negócio"
Consórcio de empresas, 22
Consórcio público, 15, 18
– e fiscalização, 49
Consulta pública, 42, 54
Consumidor, 74
Conteúdo contratual, 20
Continuidade, 58, 62, 66

– e inadimplemento, 66
– e interrupção, 65
Contrato administrativo, 20
– e formalização, 50
Contrato administrativo de adesão, 13, 32, 52
Contratos coligados, 30
Contratos incompletos – v. "Teoria dos contratos incompletos"
Controle, 49
Convênio de cooperação, 17
Convênios de serviço público, 15, 17, 18 (distinção de consórcio público)
– e fiscalização, 49
Cooperação (dever de), 36, 41, 42, 77, 104
Cooperação interorgânica, 40
Créditos de carbono, 110
Critérios de julgamento das propostas, 21-B
Custo de oportunidade, 101, 102
Custos de transação, 7

DBOFT, 29
Debênture, 103
Decretos regulamentares, 9
Decisão coordenada, 40
Definições normativas, 14
Delegação, 17, 20
– v. também "Outorga"
Desagregação, 86
Desestatização – conceito, 1
– e concessões e permissões, 3
– e privatização formal, 2
– e privatização substancial, 2, 33
Deveres – e obrigações, 68
– na relação concessionária, 20, 62, 70, 72, 77, 78
Deveres fundamentais sociais, 72
Diálogo competitivo, 21-A
Direito de greve – e interrupção do serviço, 67
Direito Intertemporal, 90
Direito Privado Administrativo, 11, 13, 70, 84, 98
Direito Real Administrativo, 27
Direito subjetivo público, 20, 69, 70, 71, 98
Direitos – na relação concessionária, 60, 61, 62, 70, 72, 75, 76, 98
Direitos fundamentais sociais, 71
Discriminação positiva – v. "Princípio da igualdade"
Dispensa de licitação, 21
Dispute board, v. "métodos adequados de solução de conflitos"
Domínio público, 27

Edital, 50, 52, 60
– e esclarecimentos, 51
Efeitos de rede, 63, 85
Elementos de projeto básico, 26, 29
Empreitada, v. "obra pública"
Empresa-sombra, 94
Empresas estatais, 13
– v. também "Administração indireta"
Empresa estatal e poder concedente, 16-A
Encampação, 44, 124 – e indenização, 124, 125
Encargos legais, 97
Equilíbrio econômico-financeiro, 23, 31, 48, 64, 93, 100
– e impacto tributário, 97
– e variação dos índices, 95
Escola do serviço público, 58, 67
Essential facilities – v. "Compartilhamento de infraestrutura"
Estado-de-garantia, 33, 53, 105
Estagflação, 8
Estatuto – v. "Regime estatutário da concessão"
Estrutura tarifária, 84
Exceção de contrato não cumprido, 127
Externalidades, 53, 60, 63, 109
Extinção contratual, 122, 123

Faixa de domínio, 107
Falência, 127
Fato do príncipe, 23, 48, 98, 104
Fator X, 94
Fiscalização, 35, 77
– e custos, 44
- e Lei 14.133/2021, 34-A
– e modalidades, 41
– e poder de polícia, 36
Fontes secundárias de receita, 107
Força maior, 98, 100, 104
Fórmula paramétrica, 93
Fundação – v. "Administração indireta"

Generalidade – na prestação do serviço, 62
Gestão associada – v. "Consórcio de serviço público" e "Convênio de serviço público"
Golden share – v. "Ação de classe especial"
Governança, 40-A
Gratuidade – v. "Serviço público"
Greenfield – v. "Projeto *greenfield*"

Hidden action* e *hidden information, v. "Assimetria de informações"
Hiperinflação, 96

Incertezas, 23, 23-A
Inexigibilidade de licitação, 21
Inflação, 8, 93

– e expectativas inflacionárias, 96
Infraestrutura, 63 (definição)
Instituto jurídico, 20
Interpretação objetiva, 12
Interrupção (na prestação do serviço), 65
Intervenção, 114
Interventor, 119
Investimentos de longa maturação, 7, 8, 85
IPC-X, 94, 104

Jogos de soma zero, 5
Joint venture – v. "Sociedade de Propósito Específico"

Leis de Rolland, 5, 8, 58
Lei Geral das agências reguladoras, 40
Lei Geral de Licitações, - e aplicação subsidiária, 9-A, 34-A
Liberdade tarifária, 81
Licitação, 10, 12, 20, 21 (e modalidades de licitação)
LINDB, – e alteração unilateral, 98-A, – e encampação, 125, – e caducidade, 126, – e intervenção, 120, – e fiscalização, 41, – e reequilíbrio, 104-A

Matriz de alocação de riscos, 23-A
Mediação, v. "métodos adequados de solução de conflitos"
Métodos adequados de solução de conflitos, 129
Modelo concessionário, 24
Modicidade tarifária, 42, 48, 64
Monopólio legal – e exclusividade, 85
Monopólio natural, 85 (conceito)
– e mercado não-contestável, 84, 85, 87, 94
Mutabilidade contratual, 6, 43, 98, 105
– e cláusula de *hardship*, 8, 105
– e cláusula de progresso, 8
– e princípio da segurança jurídica, 8

Nível tarifário, 84
Normas gerais, 9
Novo Marco Saneamento Básico, 92
Novo Mercado, 103

Objeto contratual, 20
Obra pública, 26
– e empreitada pública
Obrigações de serviço público, 60
Outorga, 1, 21-B, 21-C

Pacta sunt servanda – e mutabilidade contratual, 8
Participação dos usuários, 15
Permissão de serviço público, 32, 52, 106 (equilíbrio econômico-financeiro)
Piso tarifário – v. "Tarifa mínima"
PND – v. "Desestatização"
PPI – 25-A
PPPMAIS – 25-A
Poder concedente, v. "Concedente"
Poder concedente e empresa estatal, 16-A
Poder de controle, 2, 22, 37
Polícia administrativa, 13
– e delegação de, 35
Política pública, 15, 24, 53, 57, 60
Política tarifária, 5, 81
Posse – e remédios possessórios, 27
Prazo, 25, 32
Precatórios – 21-C
Preço administrativo, 93, 96
Preço de outorga, 31, 21-B, 21-C
Prerrogativas administrativas, 15, 20
Princípio da boa-fé objetiva, 8, 100
Princípio da confiança, 7, 8
Princípio da dignidade da pessoa, 5, 6, 62, 66
Princípio da eficiência, 8, 62
Princípio da igualdade, 58, 60, 62, 88, 112
– e "discriminação positiva", 62
Princípio da indução, 8, 23
Princípio da legalidade, 98, 104
Princípio da liberdade de empresa, 5, 13
Princípio da livre iniciativa, 5, 13
Princípio da precaução, 23
Princípio da proporcionalidade, 98, 104 (e reequilíbrio contratual)
Princípio da publicidade, 54, 55, 62, 75
Princípio da responsabilidade objetiva, 3, 33
– e omissão, 33
Princípio da reserva de administração, 123
Princípio da segurança jurídica, 7
– e mutabilidade contratual, 8, 43
Princípio da segregação de funções, 33, 40-A
Princípio da vedação ao confisco, 125
Princípio do devido processo legal, 44 – e intervenção, 114 ss., – e encampação, 124 ss.
Programa Nacional de Desestatização – v. "Desestatização"
Proibição de licitar – e *pactum de non licitando*, 85
Project finance, 22, 30
Projeto autossustentável – v. "Concessão comum"
Projeto básico – v. "Elementos de projeto básico"
Projeto *brownfield*, 4
Projeto concessionário, 60
– e "mérito" do projeto, 53
Projeto *greenfield*, 4
Projetos associados, 5, 109

Proposta, 52
Prorrogação antecipada, 25-A, 123
Prorrogação contratual, 8, 25, 97
Prorrogação corretora, 25
Public utilities, 6

Reajuste tarifário, 93
– e homologação, 93
Receitas acessórias, alternativas e complementares, 5, 82, 107, 108
Recuperação judicial, 127
Redes contratuais – v. "Teoria das redes contratuais"
Reequilíbrio simultâneo, 98, 104, 104-A
Regime estatutário da concessão, 15, 20, 37, 59, 68, 70
Regulação contratual, 43
Regulação discricionária, 43
Regulação técnica, 41
Regularidade, 62
Relação administrativa especial, 20, 36, 37, 46
Relação de especial sujeição – v. "Relação administrativa especial"
Relação jurídica, 20
Relação jurídica administrativa, 20
Relação jurídica concessionária, 68
Relação multilateral, 20, 69
Relicitação, 8, 25-A, 123, 127
Remuneração, 31, 81, 82, 85, 87
Rent-seeking, 5
Rescisão, 127
Res extra commercium, 27
Resgate, v. "Encampação"
Retomada, v. "Encampação"
Revisão periódica, 64, 93
Risco, 23
ROR – Rate of Return Regulation, 94

Saneamento, 92
Serviço adequado, 42, 59, 60, 61, 62, 64
Serviço administrativo, 13
Serviço econômico de interesse geral, 6, 13
Serviço público – definição, 2, 6
– e direitos fundamentais, 71
– e regime de direito privado, 13
– gratuito e alternativo, 91
– natureza jurídica e regime jurídico, 10, 11, 12
– previsão constitucional, 2
Serviço universal, 60, 63
Sistema Brasileiro de Defesa da Concorrência, 41
Situação jurídica, 20
Sociedade de Propósito Específico, 18, 22 (e definição), 30
SPE – v. "Sociedade de Propósito Específico"
Step-in-right, 30
Subsídio cruzado, 63, 81, 86, 87, 88, 109, 113
Subsídio público, 82
Súmulas STJ
– n. 407, 88
– n. 356, 89
Súmulas vinculantes STF – n. 3, 44, 49
– n. 5, 44
– n. 29, 46

Tarifa, 31 – nível e estrutura de preços, 84
– e "cesta tarifária", 87
– e discriminação de tarifas, 88, 112
– e disponibilidade do serviço, 92
Tarifa mínima, 89, 113
Tarifa ótima, 64, 84
Tarifa progressiva, 113
Tarifa-teto, 94
Taxa de fiscalização, 46
Taxa de retorno, 5, 94
Taxa regulatória, 47
Técnica e preço, 21-B
Teoria da base do negócio, 7, 23, 98
– e circunstâncias do contrato, 8
– e condições do contrato, 8, 104
Teoria da imprevisão, 48, 98, 100, 104
Teoria das redes contratuais, 20, 30
Teoria dos contratos incompletos, 6, 23, 100
Teoria dos leilões, 21
Teoria dos motivos determinantes, 51, 98, – v. "Encampação"
Termo aditivo, 43
Tipos de licitação, 21-B
TIR – Taxa Interna de Retorno, 100, 102 (conceito)
Titularidade do serviço público, 15
Tribunal de Contas, 18, 23, 44, 49, 102
Tributos, 97

Unbundling – v. "Desagregação"
Universalização – v. "Serviço universal"
Usuário – deveres e obrigações, 42, 72, 77
– direito subjetivo, 42, 71, 80
– inadimplemento, 66

Variáveis endógenas e exógenas, 24, 43
Value for Money, 53-A
VPL – Valor Presente Líquido, 100, 101 (conceito)

WACC – Weight of Average Cost of Money – v. "CMPC – Custo Médio Ponderado de Capital"

Yardstick regulation, 94

Esta obra foi composta em fonte Palatino Linotype, corpo 10
e impressa em papel Offset 75g (miolo) e Supremo 250g (capa)
pela Gráfica Formato.